Karl David Heinrich Rau

Grundsätze der Volkswirtschaftslehre

Karl David Heinrich Rau

Grundsätze der Volkswirtschaftslehre

ISBN/EAN: 9783743316782

Hergestellt in Europa, USA, Kanada, Australien, Japan

Cover: Foto ©Paul-Georg Meister /pixelio.de

Manufactured and distributed by brebook publishing software (www.brebook.com)

Karl David Heinrich Rau

Grundsätze der Volkswirtschaftslehre

Inhalt.

Einleitung.
		Seite
I.	Wesen und Theile der politischen Oekonomie, §. 1.	1
II.	Aeußere Verhältnisse der politischen Oekonomie, §. 21.	19
III.	Geschichte der politischen Oekonomie, §. 28.	25

Volkswirthschaftslehre.

Erstes Buch. Wesen des Volksvermögens.
1. Abschnitt. Bestandtheile des Volksvermögens, §. 46. ... 58
2. ″ Schätzung des Volksvermögens, §. 55. ... 68
3. ″ Veränderungen im Volksvermögen, §. 68. ... 86
4. ″ Zustände der Volkswirthschaft, §. 73. ... 92

Zweites Buch. Entstehung der Vermögenstheile.
1. Abschnitt. Bedingungen der Gütererzeugung im Allgemeinen, §. 82. ... 99
2. ″ Naturkräfte als Güterquellen, §. 86. ... 102
3. ″ Die Arbeit als Güterquelle.
    I. Einleitung, §. 92. 93. ... 113
    II. Zweige der Arbeit, §. 94. ... 114
    III. Bedingungen einer großen hervorbringenden Wirkung der Arbeit, §. 110. ... 126
4. Abschnitt. Grundstücke als Güterquellen, §. 119. ... 136
5. ″ Das Capital.
    I. Einleitung, §. 121. ... 139
    II. Bestandtheile und Arten des Capitales, §. 123. ... 141
    III. Entstehung des Capitales, §. 133. ... 155
6. Abschnitt. Zusammenwirken der Güterquellen, §. 135. ... 157

Drittes Buch. Vertheilung des Vermögens.
1. Abschnitt. Die Vertheilung im Allgemeinen betrachtet, §. 140. 161
2. ″ Preis beim Tausche.
    1. Abtheilung. Bestimmgründe des Preises, §. 146. ... 165
    2. ″ Veränderungen der Preise und Bemessung derselben, §. 168. ... 188
3. Abschnitt. Zweige des Einkommens.
    1. Abtheilung. Der Arbeitslohn.
        1. Hauptstück. Bestimmgründe des Lohnes im Allgemeinen, §. 187. ... 216
        2. ″ Größe des Lohns in verschiedenen Zeiten und Ländern, §. 199. ... 239
    2. Abtheilung, Die Grundrente, §. 206. ... 254
    3. ″ Die Zinsrente, §. 222. ... 279
    4. ″ Der Gewerbsverdienst, §. 237. ... 294
    5. ″ Das Volkseinkommen im Ganzen, §. 245. 304

4. Abschnitt. Umlauf der Güter. Seite.
 I. Abtheilung. Allgemeine Betrachtung des Güterumlaufs
  §. 252. 312
 2. ″ Das Geld, §. 257. 315
 3. ″ Der Credit.
  1. Hauptstück. Wirkung des Credits im Allgemeinen, §. 278. 346
  2. ″ Wirkung des Credits auf den Geldumlauf,
   §. 282. 350
   I. Hinterlegungsbanken, §. 283. 350
   II. Anweisungen und Wechsel, §. 286. 355
   III. Abrechnen und Ueberweisen, §. 292. 364
   IV. Bankhäuser, Leihbanken, §. 292a. 365
   V. Papiergeld.
    A. Im Allgemeinen, §. 293. 367
    B. Bankscheine insbesondere, §. 304. 382
  Anhang. Grundzüge zur Geschichte und Beschreibung
   der Zettelbanken, §. 310. 391

Viertes Buch. Verzehrung der Vermögenstheile.
 1. Abschnitt. Die Verzehrung im Allgemeinen betrachtet, §. 318. 416
 2. ″ Verhältniß der Verzehrung zur Hervorbringung,
  §. 327. 422

Fünftes Buch. Die hervorbringenden Gewerbe.
 Einleitung. §. 348. 440
 I. Abschnitt. Verhältnisse der Erdarbeit.
  1. Abtheilung. Der Bergbau, §. 350. 441
  2. ″ Wilde Jagd und Fischerei, §. 356. . . 450
  3. ″ Die Landwirthschaft.
   I. Hauptstück. Die Landwirthschaft im Allgemeinen be-
    trachtet, §. 358. 453
   2. ″ Einzelne Zweige der Landwirthschaft.
    §. 379. Gartenkräuter, Rebbau 487
    §. 381. Obstbau 491
    §. 382. Ackerbau 491
    §. 382a. Grasland 495
    §. 383. Forstwirthschaft 495
 2. Abschnitt. Verhältnisse der Gewerke, §. 392. 516
 3. ″ Verhältnisse des Handels.
  Einleitung, §. 406. 542
  I. Abtheilung. Der Großhandel.
   I. Der Binnenhandel, §. 409. 545
   II. Der Aus- und Einfuhrhandel.
    A. Allgemeine Betrachtung desselben, §. 412. . 547
    B. Verhältniß zwischen der Aus- u. Einfuhr, §. 418. 553
   III. Der Zwischenhandel, §. 432. 575
  2. Abtheilung. Der Kleinhandel, §. 435. 578
  3. ″ Der Papierhandel, §. 437. 580
  Anhang zu §. 154. 586

Einleitung.

I. Wesen und Theile der politischen Oekonomie.

§. 1.

Viele Bestandtheile der den Menschen umgebenden Sinnenwelt, d. i. körperliche Sachen, dienen als Hülfsmittel für menschliche Zwecke und werden deshalb zu den Gütern gerechnet, d. h. zu den Gegenständen, auf die sich das Begehrungsvermögen des Menschen richtet, oder die den Absichten desselben entsprechen. Zur Unterscheidung von andern Arten werden jene sinnlichen Güter mit dem Namen körperliche, materielle (*a*) oder äußere (*b*), besser aber sachliche oder Sachgüter (*c*) bezeichnet. Ihnen sind zunächst die persönlichen Güter (*d*) entgegengesetzt, welche in Zuständen oder Eigenschaften des Menschen bestehen und theils ihrer selbst willen (als Zwecke), theils als Mittel zur Erlangung anderer Güter begehrt und geschätzt werden (*e*). Die Sachgüter sind zum Theile für das Leben oder das Wohlbefinden der Menschen so nothwendig, daß sie nicht ohne wesentlichen Nachtheil entbehrt werden können und der Mensch folglich in einer gewissen Abhängigkeit von ihrem Besitze und Gebrauche steht (d. h. sie sind ihm Bedürfniß), zum Theile erweisen sie sich wenigstens als nützlich oder angenehm und geben auch Gelegenheit, sich den Beistand anderer Menschen zu verschaffen.

(*a*) Z. B. bei v. Jakob, Nationalökon. §. 31. — Lotz, Staatswirthschaftslehre, I. 18. Diese Bezeichnung ist minder passend, weil man eigentlich den menschlichen Körper auch zu den materiellen Gütern rechnen müßte, der doch kein Sachgut ist.
(*b*) Storch (Handb. der Nationalw. I. 50) nennt ausdrücklich die körperlichen Güter äußere. — Hermann (Staatswirthsch. Unters., S. 1.) versteht unter äußeren Gütern für jeden einzelnen Menschen diejenigen, welche er durch den Beistand der Außenwelt erhält, wohin also auch die inneren Güter anderer Menschen gerechnet werden.
(*c*) Brauchlichkeiten nach Zacharia, Vierzig Bücher, V, 1.

(d) **Hagen** (Von der Staatslehre, S. 63), unterscheidet 1) persönliche Güter, und zwar a) rein persönliche, b) wissenschaftliche, — 2) dingliche Güter. — Bei **Platon** findet sich eine Unterscheidung göttlicher und menschlicher (sinnlicher) Güter, zu denen Gesundheit, Schönheit, Stärke und Reichthum gezählt werden.

(e) Z. B. Geschicklichkeit in Gewerbsgeschäften. — Eine dritte Art von Gütern, welche man **gesellschaftliche** nennen kann, beruht in dem Verhältniß des einzelnen Menschen zu anderen, deren Gesinnung oder Handlungen ihm Vortheil bringen, z. B. Ruhm, Credit. **Hermann** a. a. O. nennt sie Lebensverhältnisse.

§. 2.

Um Sachgüter beliebig als Mittel zu gebrauchen, muß man sich dieselben zu ausschließlicher Verfügung angeeignet haben. Die Menge von Sachgütern, welche sich in einem gewissen Zeitpuncte in der Gewalt (a) einer Person befinden, bildet das **Vermögen** derselben (b). Die Sorge für das Vermögen, nämlich die Erwerbung, Erhaltung und Anwendung desselben, erscheint als eine der allgemeinsten und wichtigsten menschlichen Angelegenheiten, weil in ihm die Mittel zur Erhaltung des Lebens und zur Beförderung vieler Zwecke enthalten sind. Die sämmtlichen Verrichtungen, welche zur Versorgung einer gewissen Person mit Sachgütern bestimmt sind und sich folglich auf die Erlangung und Benutzung des Vermögens derselben beziehen, faßt man unter dem Namen **Wirthschaft** zusammen (c), jede einzelne auf diesen Zweck gerichtete Thätigkeit ist eine **wirthschaftliche, ökonomische**. Die wirthschaftlichen Thätigkeiten bilden ein eigenthümliches Gebiet des menschlichen Wirkens, welches sich die Aneignung und Bezwingung der äußern Natur zum Ziele setzt und mit den Fortschritten der Naturkenntniß immer größeren Erfolg erringt (d). Der geordnete Inbegriff aller diesen Gegenstand betreffenden Wahrheiten ist die **Wirthschaftslehre, Oekonomie** (e).

(a) Ursprünglich konnte der Mensch nur das zu seinem Vermögen zählen, worüber er die physische Gewalt besaß; im Staate aber, bei einer wohlgeordneten Rechtsordnung, genügt die rechtliche Gewalt ohne Besitz; aber nur die einer Person eigenthümlich zustehende, nicht schon die übertragene Gewalt, z. B. eines Verwalters, begründet den Begriff des Vermögens.

(b) In einem **subjectiven** Sinne versteht man auch unter dem Vermögen die Gewalt über Sachgüter selbst, wenn z. B. dieselbe dem Besitze persönlicher Güter, wie Schönheit, Bildung, oder der Ehre entgegengesetzt wird, vgl. §. 49. Für den Begriff von **Vermögen** fehlt in den meisten Sprachen ein guter Ausdruck. Die Franzosen müssen sich dazu des Wortes Reichthum, richesse, bedienen, welches aber eigentlich ein großes Maaß von Vermögen bedeutet, sowie das englische wealth. Auch für Sachgut haben sie keine ganz passende Bezeichnung, weßhalb sie une richesse oder une valour sagen; englisch commodity. Bei den Griechen finden sich schon sehr bestimmte Namen; Sachgut ist κτῆμα, ein zum Leben dienliches Werkzeug (Aristoteles, Politik, I, 3), Vermögen κτῆσις.

(c) Dieses Wort wird in verschiedenen Bedeutungen gebraucht. Außer der oben angegebenen engeren giebt es noch eine weitere mehr objective, nach welcher nicht blos alle Verrichtungen, sondern auch alle vorhandenen Mittel, nämlich Vermögenstheile und Einrichtungen, z. B. Gebäude, Geräthschaften, welche dazu dienen, die Zwecke eines gewissen Subjects mit Hülfe von Sachgütern zu erreichen, zur Wirthschaft desselben gerechnet werden, wie man z. B. von der Wirthschaft und dem Oekonomen (Verwalter) einer Stiftung, eines Zuchthauses, eines Vereins für wissenschaftliche oder künstlerische Zwecke u. dgl. spricht. Ein wesentlicher Bestandtheil ist die Besorgung des Gebrauchs der Sachgüter für die in einer Familie beisammenlebenden Menschen, die **Haus-wirthschaft**. — In einer dritten Bedeutung wendet man den Ausdruck Wirthschaft vorzugsweise auf die Gewinnung organischer Naturerzeugnisse an, Landwirthschaft, Forst-W. und manche einzelne Zweige beider, Felder-W., Koppel-W., Plenter-W. u. s. f.

(d) Die menschliche Thätigkeit wird auch noch aus einem anderen Grunde gegen die Natur gerichtet, nämlich um ihren schädlichen Einflüssen auf unseren Körper zu widerstehen. Rau, Ueber die Kameralwiss. S. 16. (Heidelb. 1825).

(e) Nach dem Griechischen sollte man eigentlich nur die Wirthschaft Oekonomie, die Wirthschaftslehre aber Oekonomik nennen, auch wird neuerlich von Uhde (1849) und Roscher (1854) das Wort National-Oekonomik gebraucht.

§. 3.

Betrachtet man den Zweck der Wirthschaft und die auf seine Erreichung gerichtete Thätigkeit in Bezug auf die Art des Zusammenlebens der Menschen, so muß man unterscheiden

1) die abgesondert neben einander stehenden einzelnen Menschen, Familien und anderen größeren oder kleineren Vereine, in denen wirthschaftliche Gemeinschaft unter einem einheitlichen Willen besteht. Die Regeln, nach welchen in solchen Kreisen des Privatlebens die Befriedigung der Bedürfnisse durch Erwerb, Erhaltung und Anwendung sachlicher Güter am vortheilhaftesten vorgenommen wird, bilden den Inhalt der **bürgerlichen Wirthschaftslehre** oder **Privatökonomie**, einer sehr ausgedehnten Wissenschaft, deren Theile gewöhnlich abgesondert, ohne Beachtung ihres Zusammengehörens behandelt werden;

2) die Verbindung der in einem Lande beisammenwohnenden Menschen zu einem **Staate**. In diesem muß sich die nämliche Abhängigkeit von sachlichen Gütern zeigen, wie bei den

Einzelnen, das Wohl des Staates ist ebenfalls von dem Besitze eines die Befriedigung der Bedürfnisse sichernden Vermögens bedingt, und die den Sachgütern gewidmete Thätigkeit muß daher eine von den verschiedenen Seiten des Staatslebens ausmachen. Die Wissenschaft von den wirthschaftlichen Angelegenheiten des Staats oder von der Versorgung desselben vermittelst sachlicher Güter ist die politische Oekonomie, öffentliche Wirthschaftslehre, Staatswirthschaftslehre im weiteren Wortverstande, französisch économie politique, englisch political economy (a).

(a) Whately hat den Namen Katallaktik (von καταλλαγή, Tausch) vorgeschlagen. Besser noch wäre der bei Aristoteles vorkommende Ausdruck Chrematistik, übrigens spricht schon dieser Philosoph von einer οἰκονομία ἰδιωτική (Privatwirthschaft), πολιτική, ϭατραπική und βασιλική (Stadt-, Provincial- und Reichswirthschaft).

§. 4.

Um die Aufgaben, welche die politische Oekonomie zu lösen hat, deutlich zu erkennen, muß man die Zusammensetzung des Staates betrachten. Dieser besteht nämlich

1) aus einer Anzahl beisammenlebender Menschen, welche, als Genossen der Staatsverbindung und in dieser Eigenschaft gewisse Rechte genießend, Staatsbürger heißen; ihre Gesammtheit, als eine Vielheit gedacht, ist das Volk, die Nation im staatswissenschaftlichen Sinne des Wortes (a) oder die bürgerliche Gesellschaft;

2) aus einer höheren Gewalt, welche zur Beförderung derjenigen Zwecke, die in der Bestimmung des Staates liegen, mit einem einheitlichen Willen und einer entsprechenden Macht ausgerüstet ist, weshalb sie Gesetze giebt und dieselben aufrecht erhält. Das mit ihr bekleidete Subject ist das Staatsoberhaupt. Die höhere Gewalt als solche, ohne Rücksicht auf die Beschaffenheit des Oberhauptes, blos in Bezug auf ihre Bestimmung gedacht, wird Regierung (b) genannt, mit welchem Ausdrucke man zugleich die Thätigkeit des Oberhauptes und seiner obersten Beamten zur Leitung der öffentlichen Angelegenheiten bezeichnet.

(a) Wo noch kein Staat bestünde, da gäbe es kein Volk in diesem Sinne, sondern nur im historisch-genealogischen, in Beziehung auf Abstammung und Absonderung, wobei aber keine Begränzung eines wirthschaftlichen Ganzen stattfände. Vgl. **Dahlmann**, Politik, 1, 2.

(b) Neuerlich öfter **Staatsregierung**, zur Unterscheidung von den Regierungscollegien einzelner Landestheile.

§. 5.

Da sowohl die Regierung im Staate als das Volk Bedürfnisse sachlicher Güter empfindet und wirthschaftliche Zwecke verfolgt, so muß sich die politische Oekonomie auch mit den Wirthschaftsangelegenheiten beider beschäftigen, die aber wesentlich von einander unterschieden sind. Während die **Regierung** zur Beförderung der Staatszwecke eine Einzelwirthschaft führt, werden dagegen die Bedürfnisse des **Volkes** zunächst durch die wirthschaftliche Bemühung aller Mitglieder desselben, also durch die von einander unabhängigen Wirthschaften der einzelnen Familien und Vereine befriedigt. Der Inbegriff dieser wirthschaftlichen Thätigkeiten aller einem Staate angehörenden Personen wird **Volkswirthschaft** genannt (a). Diese ist keine einfache, von einem einzelnen Willen gelenkte Wirthschaft, sondern eine Vielheit selbstständiger Wirthschaften, die aber im Begriff als ein höheres Ganzes zusammengefaßt werden können.

(a) Dieser Ausdruck kommt zuerst vor bei **Hufeland**, Neue Grundleg. der Staatsw. I, 14. — Der von **Riedel** (Nationalökon. I, §. 7—10.) aufgestellte Begriff der Volkswirthschaft weicht darin ab, daß er 1) nur diejenigen wirthschaftlichen Privatthätigkeiten aufnimmt, welche zugleich der Gesammtheit nützlich sind, und 2) dagegen auch die mitwirkenden Regierungsthätigkeiten mitbegreift.

§. 6.

Jeder Wirthschaft muß ein zu verwaltendes Vermögen entsprechen. Wie nun der Gegenstand der bürgerlichen Wirthschaft das Vermögen einzelner Personen, so ist der Gegenstand der Volkswirthschaft das **Volks-** oder **Nationalvermögen**, d. h. der Inbegriff aller im Vermögen der Staatsbürger befindlichen sachlichen Güter (a). Privat- und Volksvermögen sind daher nicht einander entgegengesetzt, sondern das zweite ist die Gesammtheit des ersten innerhalb eines Staates. Dem Volksvermögen stehen diejenigen Güter gegenüber, welche dem Staate im Ganzen angehören, das **Staatsvermögen**.

(a) Das Volksvermögen besteht demnach nicht blos aus solchen Gütern, deren Eigenthum und Gebrauch allen Staatsbürgern gemein sind, wie etwa die res publica der Römer.

§. 7.

Wo die Volkswirthschaft einige Ausbildung erlangt hat, da stehen die in ihr enthaltenen Privatwirthschaften nicht vereinzelt nebeneinander, sondern bilden ein Ganzes, welches aus vielen in einander greifenden Thätigkeiten zusammengesetzt ist und welches man mit einem Organismus vergleichen könnte (a). Dieser Zusammenhang der Volkswirthschaft ist auf folgende Weise zu erklären:

1) Der Zweck, nach dem die Menschen in wirthschaftlichen Angelegenheiten zu handeln pflegen, ist die Erlangung des größten Vortheils durch Sachgüter mit der geringsten Beschwerde und dem geringsten Aufwande von Vermögenstheilen (b).

2) Die Erfahrung lehrt bald, daß hiebei ein größerer Erfolg erreicht wird, wenn die Menschen sich in die wirthschaftlichen Verrichtungen theilen und die Früchte derselben unter einander austauschen. Jeder leistet folglich den Andern einen auf den Genuß sachlicher Güter sich beziehenden Vortheil, und empfängt von ihnen ähnliche Gegenleistungen.

(a) Rau, Ansichten der Volksw. S. 22. — Roscher, Grundlagen der Nat.-Oek. S. 19. — Bei dieser Betrachtung wird das Dasein und die Nothwendigkeit des Privateigenthums vorausgesetzt.

(b) Dieß ist nicht allein eine allgemeine Thatsache, sondern der genannte Zweck findet sich auch mit Nothwendigkeit in der Stellung des menschlichen Geschlechts gegen die Sinnenwelt begründet. „Die Begierde nach Vermögenserwerb (ricchezza) ist in uns eben so natürlich als die Liebe zum Leben selbst. Denn die Natur hat die unvernünftigen Thiere mit allem dem versorgt, was zu ihrem Leben erforderlich ist, aber dem Menschen, den sie arm, nackt und vielen Bedürfnissen unterworfen schuf, pflanzte sie jene Begierde nach Sachgütern ein und verlieh ihm Scharfsinn und Kunstgeschick, dieselben zu erlangen." Paolo Paruta (venezianischer Politiker, † 1599.) Della perfettione della vita politica, S. 259. Aehnlich J. St. Mill, Essays, S. 144. Der öfter ausgesprochene Vorwurf, daß die Volkswirthschaftslehre nach obiger Darstellung auf Eigennutz oder Selbstsucht (Egoismus) gegründet werde, entspringt aus einer Verwechslung der sittlich nicht allein zulässigen, sondern selbst gebotenen wirthschaftlichen Bestrebungen mit der einseitigen Verfolgung derselben über ihre vernunftmäßigen Grenzen hinaus. Die Ausartung des Erwerbeifers durch Selbstsucht liegt nicht gerade in dem Maaße der angewendeten Kraft, sondern in der Nichtbeachtung der Schranken, welche Menschen- und Vaterlandsliebe, Mäßigkeit und verschiedene andere Pflichten dem Verlangen nach Besitz und Genuß der Sachgüter in den Weg stellen. Schon in dem Familienleben treibt die Liebe zu den Angehörigen den Einzelnen an, sich Manches zu versagen. — Abweichend z. B. Knies, Polit. Oekonomie S. 151.

§. 8.

3) Durch diese Einrichtung geräth Jeder in eine Abhängigkeit von Anderen, die ihn an das gesellige Leben fesselt und ihm die durch sachliche Güter bedingte Erreichung seiner Absichten um Vieles erleichtert. Dieses Band, welches die menschliche Gesellschaft zusammen zu halten beiträgt, ist darum so fest, weil es von Antrieben ausgeht, die mit der Persönlichkeit zusammenhängen und sich unfehlbar auf die Dauer geltend machen.

4) Da man für Arbeiten, welche Anderen keine Vortheile gewähren, auch von ihnen keine Vergütung erhält, und Jeder darauf bedacht sein muß, sich mit dem zu beschäftigen, welches die reichlichste und sicherste Belohnung findet, so geschieht es von selbst, daß die Einzelnen, wenn sie auch nur ihren eigenen Vortheil im Auge haben, doch zu einem gemeinnützigen Erfolge zusammenwirken und daß hiedurch die Bedürfnisse des Volkes ihre Befriedigung finden.

5) Wenn eine Verrichtung oder eine andere Leistung von Mehreren nebeneinander vorgenommen wird, so bringt das Streben nach Gewinn einen Wetteifer unter ihnen hervor, der für die Gesammtheit höchst nützlich wird (a).

6) Der dem Einzelnen zufallende wirthschaftliche Vortheil steigt und fällt daher meistens zugleich mit der Größe seiner Leistung für Andere.

7) Ein Verhältniß zwischen Menschen, die zu gegenseitigen Leistungen (fortdauernd oder vorübergehend) ihres Vortheils willen übereingekommen sind, wird Verkehr genannt. Derjenige Verkehr, in welchem Sachgüter vorkommen, z. B. Tausch, Leihen, Dingen von Arbeitern ꝛc., ist das Verbindungsmittel, wodurch die Volkswirthschaft zu einem zusammenhängenden Ganzen wird (b).

8) Die Gemeinschaft besonderer wirthschaftlicher Zwecke veranlaßt Annäherungen und Verbindungen Einzelner, die eine übereinstimmende Handlungsweise annehmen und einander unterstützen. Diese auf einem wirthschaftlichen Grunde ruhenden Gruppen (Genossenschaften) bilden einen Theil derjenigen Verbindungen, deren Gesammtheit man Gesellschaft zu nennen angefangen hat, und gehören, soweit sie in die Gränzen eines Staats fallen, der Volkswirthschaft an (c).

(a) Dieß ist der schon von dem alten griechischen Dichter Hesiodos geschilderte wohlthätige Streit (Wettstreit) unter den Menschen. ἀγαϑὴ ἔρις. S. dessen Werke und Tage, V. 10 ff.
(b) Vgl. Lotz, Handb. I, 296**).
(c) Stein, Geschichte der socialen Bewegung in Frankreich I, XXXIX. — v. Mohl in Staatswiss. Zeitschr. 1851. S. 49.

§. 9.

Die Wissenschaft, welche die Natur der Volkswirthschaft entwickelt, oder welche zeigt, wie ein Volk durch die wirthschaftlichen Bestrebungen seiner Mitglieder fortwährend mit Sachgütern versorgt wird, ist die **Volkswirthschaftslehre** oder **Rationalökonomie** (a) und bildet den ersten, **theoretischen** Haupttheil der politischen Oekonomie. Sie soll lehren:

1) wie in einem ganzen Volke die Vermögenstheile **zu Stande gebracht und herbeigeschafft** werden.

2) wie dieselben von den Erzeugern in **andere Hände übergehen** und sich unter die verschiedenen Stände und Mitglieder der Gesellschaft **vertheilen**,

3) wie sie für menschliche Zwecke **angewendet** und dabei früher oder später **aufgebraucht (verzehrt)** werden.

Diese Wirkungen bilden sich von selbst, indem die Einzelnen ihre wirthschaftlichen Zwecke (§. 7. Nr. 1.) verfolgen, sie werden nicht erst durch die Beförderungsmaaßregeln von Seite der Staatsgewalt hervorgerufen und sie entstanden, wenn auch in unvollkommenem Maaße, lange vor aller Einmischung der Regierung. Die Volkswirthschaftslehre hat daher die Wirthschaftsverhältnisse der Völker, ganz abgesehen von den darauf einwirkenden Gesetzen und Einrichtungen des Staates, nach ihrem inneren Wesen darzustellen (b).

(a) Andere Namen: Theorie des Volksvermögens, Theorie des Nationalreichthums, Metaphysik der Betriebsamkeit, Güterlehre, Volksgüterlehre (Schmitthenner) ꝛc. Vgl. Steinlein, Volkswirthschaftslehre, I, XV.
(b) Ungefähr wie in der Medicin, der Anatomie und Physiologie keine Regeln der Therapie und Chirurgie eingemengt werden dürfen. Indeß darf jener Satz nicht so verstanden werden, als solle das Wirthschaftswesen von Menschen außerhalb des Staates dargestellt werden, und als komme es der Volkswirthschaftslehre nicht zu, darüber zu urtheilen, ob gewisse volkswirthschaftliche Erscheinungen in Beziehung auf die Staatszwecke günstig oder ungünstig seien.

§. 10.

Die Erscheinungen in der Volkswirthschaft, wie verschieden und wechselnd sie auch sein mögen, lassen sich doch auf gewisse Ursachen zurückführen. Hierdurch ergeben sich Gesetze, welche aussprechen, daß eine gewisse Ursache eine bestimmte Wirkung hervorbringen müsse oder hervorzubringen strebe (*a*). Diese einfachen Gesetze können, wie die der Naturwissenschaft, durch einen Ausdruck in mathematischer Form verdeutlicht werden (*b*). Sehr oft aber treffen mehrere Ursachen, es sei nun sich widerstrebend oder unterstützend, zusammen, weßhalb dann die Wirkung keiner einzelnen rein und vollständig erscheint; entweder wird die schwächere Ursache von der stärkeren überwältigt, so daß jene nur ein erfolgloses Bestreben wahrnehmen läßt, oder es entsteht eine Wirkung zusammengesetzter Art, in der man den Einfluß mehrerer sich beschränkender Kräfte erkennt. Daher gilt jedes volkswirthschaftliche Gesetz nur unter der Voraussetzung, daß keine Störung durch andere Ursachen eintrete (*c*), und zeigt sich in der Wirklichkeit nur als eine Regel, welche Ausnahmen zuläßt (*d*). Je mehr Fälle gleicher Art beobachtet werden, desto mehr kommt die Herrschaft des auf jene sich beziehenden Gesetzes zum Vorschein, wie dieß z. B. auch bei den nur im Großen zutreffenden Gesetzen für die Geburts- und Sterbfälle der Menschen stattfindet. Es giebt Fälle, wo sich kaum in Voraus erkennen läßt, was geschehen, d. h. welches Gesetz eintreten werde, weil es auf Antriebe und Neigungen der Menschen ankommt, deren Stärke äußerlich nicht erkennbar ist.

(*a*) З. B. daß die weite Versendung einer Waare, besonders zu Lande, die Kosten erhöht, — daß die Capitale sich der einträglichsten Anlegung zuwenden, — daß eine reiche Ernte den Preis der Früchte erniedrigt.

(*b*) Der Gebrauch algebraischer Formeln ist von Canard angefangen, von Lang, Kröncke, Gr. Buquoy u. A. nachgeahmt, von Say u. A. getadelt worden. Manche Lehrsätze, die sich auf zählbare Dinge beziehen, können vermittelst einfacher Formeln anschaulicher und kürzer ausgedrückt werden, als in der Schriftsprache, während für diesen Behuf sehr zusammengesetzte Formeln minder nützlich sind, weil es bei ihnen schwer wird, die Bedeutung aller Buchstaben im Gedächtnisse zu behalten. Indeß geben manche Gegenstände der politischen Oekonomie auch zu mathematischen Untersuchungen Anlaß, die sich ohne arithmetische Zeichen nicht wohl mittheilen lassen, z. B. bei A. Cournot, s. §. 45 (*d*). — Auch Scialoja (Principj S. 357) erwartet noch großen Nutzen aus einer mathematischen Behandlung volkswirthschaftlicher Gegenstände.

(c) Mit dieser Darstellung übereinstimmend J. St. Mill, Essays on some unsettled questions of polit. ec. 1844. S. 144. — Gegründete Erinnerungen gegen das zu weit getriebene Bestreben, die volkswirthschaftlichen Lehren zu vereinfachen, woraus nothwendig Einseitigkeit, Entfernung von den Ergebnissen reifer Erfahrung und die Gefahr, zu unpraktischen Regeln verleitet zu werden, entspringen, bei **Malthus**, Principles of polit. econ., introduct. S. 1. 6.

(d) Z. B. in dem zweiten und dritten der oben (a) angegebenen Gesetze: die Ergreifung des einträglichsten Gewerbes kann durch äußere Umstände, — das Sinken der Fruchtpreise von Speculationskäufen, Kriegsgefahr ꝛc. verhindert werden.

§. 11.

Es entsteht hiebei die Frage, wie solche volkswirthschaftliche Gesetze möglich seien, während doch von den verschiedenen Vorstellungen, Neigungen und Absichten der in ihrem Willen freien Menschen, von den verschiedenen Beschaffenheiten der Länder und den wechselnden Naturereignissen die größte Manchfaltigkeit in den volkswirthschaftlichen Erscheinungen einzelner Länder und Zeiten bewirkt wird. Bei näherer Betrachtung läßt sich das Walten allgemeiner Ursachen erkennen, welche in der Handlungsweise der Menschen eine gewisse Gleichförmigkeit hervorbringen. Sie beruhen:

1) auf den Gesetzen der Körperwelt, nach denen die verschiedenen Arten sachlicher Güter entstehen, sich verändern und zerstört werden. Die auf solche Zwecke gerichteten menschlichen Thätigkeiten müssen sich auf diese Naturgesetze stützen und daher so lange in gleicher Weise ausgeübt werden, als nicht Fortschritte in der Naturkenntniß oder in der Anwendung derselben gemacht werden (a);

2) auf dem unwandelbaren Verhältnisse des Menschen zu den sachlichen Gütern, als den unentbehrlichen Hülfsmitteln zur Erreichung seiner meisten Zwecke. Daher ist die Erlangung, Erhaltung und Benutzung sachlicher Güter Gegenstand eines gleichmäßigen allgemeinen Bestrebens (§. 7. Nr. 1.) und die aus diesem Zweck der ganzen Wirthschaft fließenden wirthschaftlichen Regeln (b) machen sich nothwendig im Großen geltend (c), obschon im Einzelnen die Bedürfnisse und ihre Befriedigungsmittel sich verschiedentlich gestalten und auch andere, namentlich höhere, übersinnliche Beweggründe vielfältig ihren Einfluß behaupten (d).

(a) З. B. das Aufwachsen nutzbarer Pflanzen mit Hülfe des Nahrungsstoffes im Boden und in der Atmosphäre, die Entstehung von Milch,
Fleisch und Fett aus der Nahrung der Hausthiere, der Bedarf an Brennstoffen zum Schmelzen des Glases und Eisens ꝛc.

(b) З. B. der Lohnarbeiter verlangt einen Lohn, der seinen Unterhaltsbedarf deckt, der Gewerbsmann will seine Unternehmung nicht mit Verlust betreiben, der Verkäufer sucht den besten Erlös ꝛc.

(c) Es erhellt hieraus, daß die Gesetze der Volkswirthschaft mit der Wil-
lensfreiheit der Menschen wohl vereinbar sind und darum, weil man sie
natürliche nennt, keineswegs blos auf die Nothwendigkeit der willen-
losen Natur bezogen werden dürfen.

(d) Die wirthschaftlichen Bestrebungen der Menschen äußern sich zwar in
verschiedenen Ländern und Zeiten auf ungleiche Weise, die Grundverhältnisse bleiben jedoch die nämlichen und es giebt deshalb Gesetze, die
von dem Wechsel jener Umstände unabhängig sind.

§. 12.

Die volkswirthschaftlichen Lehrsätze müssen immer aus der Erfahrung abgeleitet werden. Dieß kann auf einem doppelten Wege geschehen:

1) indem man von den sich gleich bleibenden Neigungen und Absichten der Menschen im Allgemeinen (§. 11.) ausgeht, und untersucht, welche Handlungsweise und welche Folgen unter gewissen Umständen hieraus zu erwarten sind;

2) indem man sich an besondere historische und statistische Thatsachen hält, ihre Ursachen erforscht und hieraus allgemeine Gesetze zu bilden sucht (Induction). Viele Sätze sind auf diesem Wege zuerst aufgefunden worden. Man muß indeß bei der Benutzung desselben sehr vorsichtig zu Werke gehen, um nicht voreilig auf falsche Folgerungen zu gerathen (a). Weil nämlich in jedem gegebenen Falle eine eigenthümliche Verknüpfung mannichfaltiger Umstände obwaltet, so kann man mit Sicherheit aus einer einzelnen Thatsache noch keine Regel bilden, sondern nur aus mehreren mit einander übereinstimmenden Erfahrungen gleicher Art, wenn zugleich die Richtigkeit der Thatumstände außer Zweifel gesetzt ist und dieselben so vollständig bekannt sind, daß man den Einfluß der verschiedenen gleichzeitig einwirkenden Ursachen zu unterscheiden vermag. Was auf diese Weise bei sorgfältiger Untersuchung als Gesetz erscheint, muß dann erst mit jenen allgemeinen Erfahrungssätzen (1) verglichen und nach ihnen geprüft werden.

(a) Die politische Oekonomie bietet viele Beispiele solcher einseitiger Folgerungen, indem man sich, um gewisse Erscheinungen zu erklären, nur an

eine oder die andere Ursache hielt und andere gleich einflußreiche übersah. Dieß zeigen u. a. die vielen Versuche, die Wohlfeilheit des Getreides im Decennium von 1820—1830, oder die Blüthe des britischen Gewerbfleißes zu erklären.

§. 13.

Unter den Zwecken, welche in der Vernunftbestimmung des Staates enthalten sind, und daher von der Regierung verfolgt werden müssen, befinden sich auch solche, die aus dem Verhältniß der Menschen zu den Sachgütern entspringen, d. h. **wirthschaftliche**. Der Inbegriff der Regeln für das Verfahren der Regierung in Absicht auf wirthschaftliche Angelegenheiten ist die **wirthschaftliche oder ökonomische Politik** (a) und kann als der zweite, **praktische Haupttheil** der politischen Oekonomie betrachtet werden. Das Verhältniß dieses Theils zu dem ersten, der Volkswirthschaftslehre, ergiebt sich daraus, daß die Volkswirthschaft von der Regierung als etwas vor ihrer Einwirkung Bestehendes vorausgesetzt werden muß, §. 9. Dieselbe beruht auf den selbstständigen Bestrebungen der Bürger (§. 7.), die, wenn sie von der Regierung gelähmt würden, durch nichts Anderes ersetzt werden könnten. Daher haben die in der Volkswirthschaft wirkenden Kräfte auf die sorgfältigste Schonung von Seite der Regierung Anspruch, und weil hiezu die Kenntniß der Volkswirthschaftslehre nothwendig ist, so müssen die Regeln für die wirthschaftlichen Bestrebungen der Regierung auf jene Wissenschaft gegründet werden.

(a) von Rotteck begreift unter dem letzteren Namen auch die Volkswirthschaftslehre.

§. 13a.

Die wirthschaftliche Politik ist der Volkswirthschaftslehre in vielen Hinsichten ganz unähnlich; während **diese** die mannichfaltigen Gestaltungen der wirthschaftlichen Verhältnisse auf unwandelbare Gesetze zurückzuführen sucht und das Besondere hauptsächlich wegen des in ihm sich kundgebenden Allgemeinen beachtet, hat **jene** die Bestimmung, für jede Besonderheit von Umständen das zweckmäßigste Verfahren zur Erreichung gewisser Zwecke anzugeben. Ihr Ziel ist nicht die Wahrheit, sondern der nützliche Erfolg. Sie hat, weil verschiedene Fälle häufig verschiedene Behandlung erfordern, ein unübersehbares weites Gebiet und erhält durch neue Bedürfnisse und Versuche einen unaufhörlichen und reichlichen Zuwachs (a). Doch dürfte man auch die Volkswirthschaftslehre nicht als eine geschlossene und vollendete Wissenschaft ansehen, weil sie berufen ist, die wirthschaftlichen Erscheinungen jedes Zeitalters zu begreifen und zu erklären, weshalb ihr im Fortgange der geselligen Entwicklung stets neue Aufgaben zur Lösung vorgelegt werden, aus denen sie manche Erweiterung und Berichtigung ihrer Lehrsätze gewinnt.

(a) Mehrere ausländische Schriftsteller geben von der politischen Oekonomie eine so enge Erklärung, daß nur die Volkswirthschaftslehre in dieselbe paßt, und sie wollen auch wirklich die wirthschaftliche Politik in andere Wissenschaften verweisen. Say, (Handb. VI. 290.) tadelt, daß man, namentlich in Deutschland, die politische Oekonomie in das Gebiet der Politik habe übergreifen lassen und erklärt die Staatsverwaltungslehre (science de l'administration) mehr für eine Kunst, als für eine Wissenschaft. Coquelin (Dictionn. de l'écon. pol. I, 646) bemerkt, das Wort Econ. pol. habe einen Doppelsinn, indem es bald eine exacte Wissenschaft, bald eine Kunst (art) bedeute, welche eine praktische Anwendung der ersten sei. — Wie Mac-Culloch, so sieht auch Senior in der polit. Oekon. nur die Wissenschaft von dem Wesen, der Hervorbringung und Vertheilung des Vermögens, und scheidet wirklich alle praktischen Lehren, als in das Gebiet der Gesetzgebungswissenschaft gehörig, von jener Wissenschaft aus, was Andere, ihrer Erklärung von derselben zuwider, nicht streng beobachtet haben. Es muß jedoch gestattet sein, solche Regierungsmaaßregeln, bei denen wirthschaftliche Zwecke vorwalten, in der Betrachtung zusammenzufassen und der Volkswirthschaftslehre als angewandten Theil zur Seite zu stellen. — Eine geachtete englische Schriftstellerin, Frau Marcet, nimmt zwar obige engere Erklärung ebenfalls an, räumt aber doch ein, daß die pol. Oek. einen theoretischen und einen praktischen Theil habe, eine Wissenschaft und eine Kunst. Conversations, S. 15. 17. der 7. Ausg.

§. 14.

Die Sorge der Regierung für die wirthschaftlichen Zwecke im Staate kann sich sowohl auf die Vermögensangelegenheiten des Volkes, als auf ihr eigenes Bedürfniß von Sachgütern beziehen.

In der ersten Hinsicht ist es für die Wohlfahrt eines Staates keineswegs gleichgültig, ob das Volk sich in einem günstigen oder ungünstigen Vermögenszustande befindet, vielmehr bringt ein guter Erfolg der Volkswirthschaft für das Staatsleben große Vortheile und muß daher von der Regierung eifrig erstrebt werden. Dieß wird durch nachstehende Betrachtungen erläutert.

1) Das Verlangen der Menschen nach Unterhaltsmitteln und Gütergenuß ist ein so mächtiger Antrieb, daß er leicht zur Ver-

letzung der Rechte verleitet, wenn sich keine mit der gesetzlichen
Ordnung verträglichen Mittel zur Befriedigung der Bedürfnisse
darbieten. Die Maaßregeln der Staatsgewalt im Gebiete der
Rechtspflege und Polizei vermögen daher die innere Sicherheit
nicht gehörig zu befestigen, wenn nicht allen Bürgern Gelegenheit gegeben ist, das Nöthige durch ihre Arbeit zu erlangen.
Mit der Zunahme des allgemeinen Wohlstandes wächst auch
die Achtung des Eigenthums und der Rechte überhaupt.

2) Ein reichliches Vermögen bietet Hülfsmittel dar, um alle
diejenigen Bestrebungen zu unterstützen, deren Früchte das Leben
verschönern und veredeln. Mit dem Wohlstande der Völker
pflegt die Ausbildung des Geistes, die Erweiterung und Verbreitung der Kenntnisse, die Läuterung des Sinnes für das
Schöne Hand in Hand gehen, und es besteht, wie die Geschichte
bezeugt, zwischen Reichthum und Bildung eine innige Wechselwirkung. Künste und Wissenschaften finden bei armen Völkern
zu wenig Empfänglichkeit und Pflege, und wie sie in reicheren
Ländern gedeihen, so zieht ihre Blüthe auch wieder Fortschritte
in den Gewerben nach sich (a).

3) Fleiß und Sparsamkeit, die mächtigsten Mittel, um zum
Wohlstande zu gelangen, sind auch der sittlichen Veredlung der
Menschen günstig und diese gewinnt, indem jene von der Re-
gierung befördert werden.

(a) „Die Geschichte kennt auch nicht ein einziges Volk, welches unthätig,
arm und cultivirt zu gleicher Zeit gewesen wäre; sie kennt kein edles
Volk, das nicht im Schooße der Wohlhabenheit lebte, den eigene Industrie schuf." Lueder, Ueber Nationalindustrie, I, XXVII. — Ausführung dieser Sätze bei Uhde, Nat.-Oek. I, 131.

§. 15.

4) Man hat öfters befürchtet, die Beförderung des Gewerbfleißes
möchte den Erwerbseifer zu sehr verstärken und eine dem sittlichen
Charakter verderbliche Gewinnsucht erregen. Solche Erscheinungen
bleiben freilich nicht ganz aus, allein es ist dagegen zu bedenken, daß auch die Dürftigkeit nicht selten ein Hinderniß edler
Gesinnung wird, daß bei der vielseitigen Entwicklung der Gesellschaft neue Gefahren für die Reinheit der Gesinnung nicht
vermieden werden können, daß aber sowohl die Volksbildungssorge des Staates als die Kirche dahin streben müssen, die

Bürger anderen und höheren Angelegenheiten zuzuwenden und von der Habsucht abzuziehen (a).

5) Der Wohlstand der Bürger setzt auch die Regierung in den Stand, mehr Einkünfte zu beziehen und vermittelst derselben für alle öffentlichen Zwecke nachdrücklicher thätig zu sein.

(a) Die Alten waren mehr darauf bedacht, die Bedürfnisse zu vereinfachen und den Hang nach Gütergenuß zu bekämpfen, während man in neuerer Zeit es vorzieht, diesen Hang als Sporn zum Arbeitsfleiße zu benutzen und so seine Befriedigung auf unschädliche Weise zu erleichtern. Vgl. Pecchio, Storia della econ. publ. S. 290. — Droz Econ. pol. S. 282. — Mit den oben erwähnten Einwürfen hängt die oft vernommene Anklage gegen unser Zeitalter zusammen, als hege dieses eine unwürdige Vorliebe für die sogen. materiellen Interessen, d. h. die wirthschaftlichen Bestrebungen. Wahr ist es, daß diese allgemeinere Theilnahme finden, als jemals, daß sie mit mehr Einsicht verfolgt werden und reichlichere Früchte hervorbringen, als früher, allein diese Früchte finden auch viele wohlthätige Anwendungen, sie haben es möglich gemacht, die Lage der untersten Schichten der Gesellschaft zu verbessern, die Bildungsmittel zu vervielfältigen und überhaupt läßt sich keineswegs beweisen, daß die Selbstsucht auf Kosten besserer Gefühle zugenommen habe. — Jene Vorwürfe sind von Fallati (Ueber die sogen. materielle Tendenz der Gegenwart, Tüb. 1842) und Dunoyer (Journal des Economistes, Nr. 19. Juni 1843) widerlegt worden, s. auch Bastiat ebd. X, 209 (1845) gegen Lamartine.

§. 16.

Die Aufgabe der Regierung in Bezug auf die Versorgung mit sachlichen Gütern ist eine doppelte (§. 4.):

1) **Beförderung der wirthschaftlichen Zwecke des Volks.** Es liegt weder in den Kräften noch in den Pflichten der Regierung, die Wirthschaft jedes Staatsbürgers unter ihre Aufsicht und Leitung zu nehmen, aber die Volkswirthschaft im Ganzen und in ihren Zweigen (a) bedarf einer Einwirkung von Seite der Staatsgewalt, damit sie in solchen Fällen von Hindernissen befreit und befördert werde, wo die Bemühungen der Einzelnen keinen befriedigenden Erfolg haben, und damit sie ferner auf die wirthschaftliche Wohlfahrt Aller im Staate hingelenkt und mit den Zwecken desselben in Uebereinstimmung gebracht werde (b).

2) **Befriedigung der eigenen Bedürfnisse der Regierung,** welche, um für das Wohl der Gesammtheit nachdrücklich zu wirken, sich in den Besitz eines Vorraths von materiellen Mitteln setzen und folglich eine Wirthschaft führen muß, §. 5. Diese Regierungswirthschaft (Finanzwesen)

ist deßhalb auf das Genaueste mit der Volkswirthschaft verflochten.

(a) Z. B. der Handel, die Forstwirthschaft ꝛc.
(b) Es leidet keinen Zweifel, daß auch durch freie Vereinigungen der Bürger manche Zwecke erreicht werden können, deren Verfolgung sonst der Staatsgewalt obliegt. Der Gemeinsinn hat in kleinen und größeren Verbindungen viel Treffliches geschaffen und die Regierungen mancher Mühe überhoben. Seine Wirkungen sind darum, weil er in vielen Fällen mit dem richtig verstandenen Privatvortheile zusammentrifft, nur desto dauernder und ausgebreiteter; indessen müssen solche Anstalten unter der Oberaufsicht der Staatsgewalt stehen. Es kann in allen Zweigen der Regierungsthätigkeit vorkommen, daß Privaten, die sich auf einen höheren Standpunct stellen, aus eigenem Antriebe im Interesse der Gesammtheit handeln. Vgl. Hermann, Staatswirthsch. Untersuchungen, S. 15. — Kasthofer, Der Lehrer im Walde, I, 7. §. 4. „von der Gemeinnützigkeit."

§. 17.

Der praktische Theil der politischen Oekonomie oder die wirthschaftliche Staatsklugheitslehre (wirthschaftliche Politik) begreift demnach nothwendig zwei Abschnitte in sich:

1) die Volkswirthschafts-Politik, d. i. die Lehre von der Volkswirthschaftspflege oder Wohlstandssorge (a). Die hierher gehörigen Regierungsmaaßregeln waren sonst unter den Benennungen Wirthschafts-, Gewerbs-, Bevölkerungs-, Armen-Polizei ꝛc. in dem weiten Umfange der Polizei zerstreut; neuerlich hat man sie als ein fest verbundenes Ganzes, welches sich genau an das System der Volkswirthschaftslehre anschließt, zu betrachten gelernt. Die Volkswirthschaftspolitik wird von vielen Schriftstellern noch fortwährend als Theil der Polizeiwissenschaft im weiteren Sinne angesehen, aber bei einer genauen Unterscheidung der verschiedenen Staatszwecke und der auf dieselben gerichteten Regierungsthätigkeiten gelangt man zu einer engeren Begränzung der Polizei, welcher sich sodann die Volkswirthschaftspflege als ein selbstständiger Regierungszweig zur Seite stellt, II, §. 6 a;

2) die Lehre von der Regierungswirthschaft oder die Finanzwissenschaft, die auch im engeren Sinne des Worts Staatswirthschaftslehre genannt worden ist.

(a) In Deutschland werden oft die Volkswirthschaftslehre und die Volkswirthschaftspolitik zusammengenommen durch die Benennungen Nationalwirthschaftslehre, Nationalökonomie, bezeichnet. Letzterer Ausdruck wurde schon 1774 von dem italienischen Schriftsteller Ortes gebraucht (economia nazionale), in Deutschland führten ihn 1805 gleichzeitig v. Jakob und Graf v. Soden ein, den Franzosen und Engländern aber ist er unbekannt, auch erkennen beide keine weitere Eintheilung der politischen Oekonomie in bestimmte Haupttheile mit besonderen Benennungen an. Jener Gebrauch des Wortes Nationalökonomie in einem weiteren Sinne ist schon nicht zu billigen, noch weit mehr aber schadet die wirkliche Verschmelzung der beiden unter ihm begriffenen Theile, also das Durcheinandermengen theoretischer und praktischer Lehren. Unpassend ist es, die Verbindung dieser beiden Theile mit dem Namen Staatswirthschaftslehre zu belegen, der dem Wortverstande nach diese Bedeutung nicht haben kann. Vgl. Rau, Ueber die Kameralwissensch. S. 33. — Einige nennen die Volkswirthschaftspflege Staatswirthschaft, z. B. Politz und Bülau.

§. 18.

Der Güterverkehr der Menschen erstreckt sich über die Gränzen des einzelnen Staates hinaus und verbindet mehrere Länder, selbst mehrere Erdtheile mit einander. Es läßt sich daher eine große Weltwirthschaft annehmen, die wenigstens alle gebildeteren Völker der Erde umschlingt. Dieselbe ist jedoch nur ein größeres Ganzes, nicht eine Wirthschaft einer noch höheren Ordnung, weil nicht die Völker oder Staaten im Ganzen, sondern nur die Einzelnen in jenem weiteren Verkehre stehen und dieser nicht so lebhaft ist, daß die Wirthschaften der Völker sich innig durchdringen, in vollständige Wechselwirkung treten und Ergebnisse hervorbringen könnten, die für alle gemeinschaftlich wären. Daher giebt es neben der bürgerlichen und Staatswirthschaftslehre keinen dritten Theil, der aus der Wissenschaft von jener Weltwirthschaft bestände.

§. 19.

Es lassen sich mehrere Ursachen angeben, aus denen der Verkehr zwischen den Ländern nicht so mannichfaltig und so stark sein kann, wie zwischen den Familien und anderen wirthschaftlichen Vereinen in einem Volke.

1) Durch das Beisammenleben der Menschen in einem Lande werden die wirthschaftlichen Verbindungen sehr erleichtert, die Entfernung dagegen hat größere Kosten, Gefahren und Schwierigkeiten des Uebergangs von Sachgütern und Personen in andere Länder zur Folge.

2) Die Gemeinschaft der Sprache und der Sitten in einem Volke (a), ferner die vielen persönlichen Verbindungen und Berührungen unter den Bürgern eines Staates wirken auf ähnliche Weise.

3) Die Gleichförmigkeit der Gesetze, Münzen, Maaße, ferner die zahlreichen Straßen und manche andere Staatseinrichtungen gewähren dem inneren Verkehr Schutz und Erleichterung, sowie auch die Maaßregeln der Volkswirthschaftspflege viel dazu beitragen, der Volkswirthschaft inneren Zusammenhang und Absonderung gegen außen zu geben.

(a) Vorausgesetzt, daß die Staatsgränze auch die Völker im Sinne der Abstammung scheidet, §. 4 (a).

§. 20.

Viele Lehrsätze der Volkswirthschaftslehre gelten ganz im Allgemeinen von dem Güterverkehre der Menschen, ohne sich auf die Abgränzung der Staatsgebiete zu beziehen; z. B. die Lehre vom Werthe und Preise, von den Arten der bürgerlichen Einkünfte, von dem Wesen des Geldes, des Credits. Viele andere Lehren dagegen setzen ganz wesentlich die Rücksicht auf ein besonderes (nur nicht gerade auf irgend ein bestimmtes) Land voraus, z. B. die Untersuchungen über die Menge des umlaufenden Geldes, über das Verhältniß zwischen Ein- und Ausfuhr, über das Gleichgewicht zwischen Erzeugung und Verzehrung, die Wirkungen der Volksvermehrung ꝛc. (a). Die Lage, Naturbeschaffenheit, Bevölkerung des Landes, die herrschenden Gewerbe, der Handel mit anderen Völkern, der geschichtlich nachzuweisende Entwicklungsgang und dergl. geben der Volkswirthschaft in jedem Staate eine Besonderheit, welche auch von jeder Regierung sorgfältig aufgefaßt und bei ihren Beförderungsmaaßregeln berücksichtigt werden muß. Die Volkswirthschaftslehre hat die verschiedenen Gestaltungen dieser wirthschaftlichen Verhältnisse zu untersuchen; betrachtet sie neben dem inneren auch den auswärtigen Verkehr eines Volkes nach seinen Bedingungen und Wirkungen, so fällt auch auf jene große, durch alle Erdtheile sich ziehende Wirthschaft das nöthige Licht, und es bleibt nur noch die historisch-statistische Betrachtung derselben zu wünschen übrig (b).

(a) Unterscheidung der blos geselligen und der staatsgesellschaftlichen Oekonomie, Schön, Neue Unters. S. 6. Doch würde eine Trennung der Volkswirthschaftslehre in zwei solche Theile für die Erkenntniß nicht vortheilhaft sein.
(b) Rau, Ueber die Kameralwissensch. S. 29. Vgl. (v. Cancrin) Weltreichthum, Nationalreichthum und Staatswirthschaft. München, 1821.

II. Aeußere Verhältnisse der politischen Oekonomie.

§. 21.

Die Volkswirthschaftspflege und die Regierungswirthschaft sind Zweige der Regierungsthätigkeit oder der Staatsverwaltung im weiteren Sinne und stehen neben den auf andere Staatszwecke gerichteten Gebieten jener Thätigkeit, welche theils, wie die Justiz, Polizei und Bildungssorge, das Gemeinwohl im Inneren des Staates pflegen, theils, wie die Staatsvertheidigung (Militärwesen) und die auswärtigen Verhandlungen, das Verhältniß eines Staates gegen das Ausland sicher stellen sollen. Welche Zwecke überhaupt die Staatsgewalt verfolgen, wie weit sie für dieselben wirken und was sie den Einzelnen überlassen solle, dieß kann nicht auf geschichtlichem Wege, sondern nur durch philosophische Betrachtung erkannt werden. Man muß auf die Vernunftbestimmung des Menschengeschlechts und des Staats zurückgehen und hieraus das System der Staatszwecke ableiten. Es ergiebt sich auf diesem Wege, daß der Staat die Sicherheit (Beschützung) der Gesammtheit und der Einzelnen gegen innere und äußere Störungen erhalten, die allseitige Bildung befördern und auf die Versorgung mit Sachgütern hinwirken soll. Diese Entwicklung fällt in das Gebiet der Staatswissenschaft oder Politik und zwar in den philosophischen oder idealen Theil derselben, welcher die höchsten praktischen Gesetze für das ganze Staatsleben aufstellt und mit der Wissenschaft der sittlichen Gesetzgebung für das Privatleben (Sitten- und Rechtslehre, Ethik) aus gleicher Quelle fließt.

§. 22.

Der praktische Theil der politischen Oekonomie entspringt demnach aus einer Verbindung staatswissenschaftlicher Grundsätze mit den Wahrheiten der Volkswirthschaftslehre. Jene geben die Zwecke an die Hand, welche die Regierung sich vorsetzen, und die Gränzen, innerhalb deren sie dieselben verfolgen soll, diese leiten die Auswahl der besten hiezu dienlichen Mittel. Aus dieser doppelten Abstammung der wirthschaftlichen Politik folgt, daß sie nach zwei Seiten hin Verwandtschaften haben muß. Sie ist nämlich zugleich ein Theil der Staatswissenschaft, und insbesondere der **Staatsklugheitslehre** (Politik im engeren Sinne), welche sich damit beschäftigt, wie die allgemeinen Vernunftgebote in Bezug auf Verfassung und Verwaltung eines Staates unter gegebenen Umständen des Raumes und der Zeit am besten verwirklicht werden können. In der Verbindung mit den anderen Theilen der Staatsverwaltungslehre werden gewöhnlich die Grundsätze der Volkswirthschaftslehre und Finanzverwaltung nicht mit solcher Ausführlichkeit abgehandelt, als in der politischen Oekonomie (a), dagegen treten bei der Darstellung derselben aus dem Gesichtspunkte der Staatswissenschaft die allgemeinen politischen Rücksichten mehr hervor. Die Volkswirthschaftslehre dagegen ist kein Theil der Staatswissenschaft im engeren, bestimmten Sinne, welche die Vervollkommnung der Staaten nach den Geboten der Vernunft zur Aufgabe hat, — wohl aber eine ihrer wichtigsten Hülfslehren (b).

(a) Ein ähnliches Verhältniß findet bei mehreren Staatsverwaltungsgegenständen Statt. Die Staatswissenschaft muß das Einzelne der Strategie, Taktik, sowie des Festungsbaues und der Waffenlehre der Kriegskunst überlassen, aber aus ihr die allgemeinen Sätze über die Herbeischaffung der Vertheidigungsmittel, die verschiedenen Arten der bewaffneten Macht ꝛc. aufnehmen. Ebenso muß das, was in der Polizeiwissenschaft über die Gesundheitspflege vorkommt, in der Medicin und Chemie begründet und weiter ausgeführt werden, und in derselben Beziehung steht die Volksbildungslehre zur Pädagogik.
(b) Vgl. Pölitz, Die Staatswissenschaften, II, 8. (2. Ausg. 1827.) — Hagen, Von der Staatslehre, S. 352. In dem Kreise der Staatswissenschaften im weiteren Sinne, d. h. der sämmtlichen auf das Staatsleben sich beziehenden Erkenntnisse, wie verschieden auch ihr Grund und Ziel sein mag, verdient allerdings auch die Volkswirthschaftslehre eine Stelle. Eiselen (Handb. d. Syst. der Staatswiss. 1828.), Schmitthenner (Zwölf Bücher vom Staate, I, 32. 1839.) und Stein (Syst. d. Staatswiss. I. 1852) nehmen sie in das Gebiet der Staatswissenschaft auf, weil diese nach ihrer Ansicht auch das Volksleben darzustellen hat.

§. 23.

In der politischen Oekonomie werden vielfältig die Lehren der bürgerlichen Wirthschaftslehre, hauptsächlich der Gewerbskunde (Bergbau-, Land- und Forstwirthschaftslehre, Technologie und Handelslehre) benutzt, weil

1) viele gewerbliche Unternehmungen und Anstalten, z. B. die verschiedenen Arten des Landbaues, die Maschinen, die Wechsel und Banken ꝛc. genau erkannt sein müssen, wenn man ihre volkswirthschaftlichen Wirkungen richtig erklären will (a).

Der Standpunct der Betrachtung ist allerdings ein ganz verschiedener; die Gewerbskunde lehrt, wie die Zweige des Gewerbsfleißes für den Vortheil eines Unternehmers am nützlichsten betrieben werden können, während die Volkswirthschaftslehre sie als Glieder eines höheren Ganzen (der Volkswirthschaft) ansieht und die in ihnen wahrzunehmenden Erscheinungen unter allgemeine Gesetze bringt (*b*).

2) Der praktische Theil der politischen Oekonomie stützt sich ebenfalls vielfältig auf die Gewerbskunde, sowohl um zur Beförderung des Gewerbewesens die besten Maaßregeln zu finden, als um von gewissen Gewerben Einkünfte für die Regierung zu gewinnen.

(*a*) Wenn auch jene Gewerbskenntnisse mehr zur Erforschung und Aufstellung, als zum Verständniß volkswirthschaftlicher Lehren erforderlich sind, so tragen sie doch viel dazu bei, dieselben zu veranschaulichen.
(*b*) Nach Mill (Grundsätze, I, 25) wird in der Gewerbskunde der wirthschaftliche Zustand der Nationen soweit betrachtet, als er auf naturwissenschaftlicher Kenntniß beruht, in der politischen Oekonomie aber, soweit er aus moralischen oder psychologischen Ursachen zu erklären ist. Dieß ist zwar ziemlich zutreffend, macht aber den wahren Unterschied nicht deutlich.

§. 24.

Die Kenntniß der wirklichen Staaten wird aus der Staatengeschichte für den Lauf der Zeit, aus der Staatenkunde (Statistik) für einen einzelnen Zeitpunct erlangt. Die Geschichte giebt Gelegenheit, den Einfluß wechselnder Umstände auf die Gestaltung der Volkswirthschaft (*a*) und auch wieder den Einfluß der wirthschaftlichen Verhältnisse auf die Ereignisse in dem Staatsleben zu erkennen. Ferner bietet sie, und insbesondere die für die Staatsverwaltung lehrreichere neuere Staatengeschichte, eine Fülle der schätzbarsten Erfahrungen dar über die günstigen oder nachtheiligen Folgen der von den Regierungen in Hinsicht auf wirthschaftliche Angelegenheiten gewählten Handlungsweise. Diese Belehrung ist deßhalb um so höher anzuschlagen, weil man überhaupt in der Staatsverwaltung selten Versuche anstellen kann, ohne die Wohlfahrt des Staates zu gefährden, und sich daher aus der Betrachtung früherer Fälle belehren muß. Uebrigens bringt die Geschichte erst dann diese Vortheile in vollem Maaße, wenn sie den Wirthschaftsangelegenheiten der Völker und Regierungen die gebührende Aufmerksamkeit widmet und wenn diese Gegenstände von den Geschichtsforschern mit Sachkenntniß behandelt werden. Die Geschichte des Gewerbfleißes greift am meisten in die Volkswirthschaftslehre ein (b).

(a) Die geschichtliche Betrachtung der Wirthschaftsangelegenheiten im Staate, deren Nutzen neuerlich von Knies (Die polit. Oekon. vom Standpunct der geschichtlichen Methode, 1853) ausführlich geschildert worden ist, läßt noch viele lehrreiche Aufklärungen erwarten. Sie wird die allgemeinen volkswirthschaftlichen Gesetze nicht beseitigen, sondern ihr Walten unter den verschiedensten Verhältnissen kenntlich machen.

(b) G. v. Gülich, Geschichtliche Darstellung des Handels, der Gewerbe und des Ackerbaues der bedeutendsten handeltreibenden Staaten unserer Zeit, Jena, 1830—45, V Bde. (fleißig gearbeitet und lehrreich). Ein älteres sehr nützliches Werk ist: Fischer, Geschichte des teutschen Handels, I. u. II. Bd. 2. Ausg. 1793. 1797 III. u. IV. Bd. 1791. 1792

§. 25.

Die **Statistik** enthält die sämmtlichen Thatsachen, welche den Zustand der Staaten in einem gegebenen Zeitpuncte (gewöhnlich in der Gegenwart) darstellen. Die Vermögensangelegenheiten nehmen unter den Gegenständen der Statistik eine besonders wichtige Stelle ein, weil sie am leichtesten einen Ausdruck in Zahlen zulassen, der in jener Wissenschaft die Bestimmtheit und Genauigkeit sehr befördert (a). Die statistischen Angaben über Hervorbringung, Vertheilung, Besitz und Verzehrung der sachlichen Güter in jedem Volke und über das Finanzwesen sind für die politische Oekonomie höchst nützlich, indem sie dienen, deren Lehren zu bestätigen, zu ergänzen, oder zu berichtigen oder auf besondere Fälle anzuwenden. Viele Ergebnisse der Statistik fordern auch zur Erforschung ihrer Ursachen auf und führen hiedurch zu neuen staatswirthschaftlichen Untersuchungen. Dieß gilt besonders von der Zusammenstellung statistischer Nachrichten über den nämlichen Gegenstand aus mehreren Ländern (**vergleichende Statistik**), wobei jedoch große Behutsamkeit nöthig ist, um wirklich Gleichartiges, Richtig-Verstandenes und Zuverlässiges neben einander zu setzen. Auch das Aneinanderreihen von Angaben, welche die Veränderungen gewisser Umstände in einem und demselben Lande von Jahr zu Jahr nachweisen, ist sehr fruchtbar. Wiederum gewährt auch die politische Oekonomie bei den statistischen Forschungen große Hülfe, weil sie die Gesichtspuncte angiebt, nach welchen die Thatsachen gesammelt, geprüft und geordnet werden müssen. Es ist daher die Verbindung statistischer und staatswirthschaftlicher Untersuchungen für beide Wissenschaften sehr fruchtbar (b).

(a) Das nicht Zählbare ist aber darum nicht weniger Gegenstand der Statistik, welche, wenn sie nur auf Zahlen beschränkt würde, ihren systematischen Zusammenhang verlieren müßte.

(b) Vgl. Ancillon, Zur Vermittlung der Extreme in den Meinungen, 1, 89. Schubert, Handb. der allgem. Staatskunde von Europa, I, 9, (1835). — Say (Handb. VI, 179—217) bestreitet den Satz, daß sich die Nationalökonomie zum Theile auf die Statistik stütze und glaubt, diese nehme vielmehr jene zur Grundlage. Dagegen v. Malchus in Rau, Archiv 1, 323. Das Verhältniß beider Wissenschaften ist eine Wechselwirkung, vgl. §. 12. — Nutzen der Statistik für die wirthschaftliche Politik, vgl. Mone, Historia statisticae, S. 24 (Lovan 1828). Ueber Wesen, Nutzen und Methode der Statistik spricht mit der Sicherheit des Meisters Quetelet, Lettres sur la théorie des probabilités, Brux. 1846, S. 256—365. — In diesem Gebiete ist noch Vieles zu thun übrig, was besonders durch öftere Bearbeitung der Theorie der Statistik befördert werden wird. Unter den Schriftstellern, welche jene beiden Wissenschaften miteinander zu verknüpfen suchten, sind besonders zu nennen: L. Krug, Betrachtungen über den Nationalreichthum des Preuß. Staats. Berlin, 1805. II Bde. — Ganilh, La théorie de l'économie politique fondée sur les faits résultans des statistiques de la France et de l'Angleterre. Paris 1815. II. 2te Ausg. 1822. — Chaptal, De l'industrie française, P. 1819. IL. — v. Malchus, Statistik und Staatenkunde, 1826. — Bernoulli, Schweizerisches Archiv für Statistik und Nationalökonomie, 1827—31. V Bde. — Dupin, Forces productives et commerciales de la France, 1827. II, 4o. — Mac-Culloch, Dictionary of trade, deutsch von Richter: Handbuch für Kaufleute, Leipzig, 1834. 35. II und Supplementband, 1837. — Dessen Statistical account of the british empire. Lond. 1837. II Bd., n. A. 1850. — G. Porter, Progress of the nation in its various social and economical relations. 3. Ausg. London 1851. — J. G. Hoffmann, Die Bevölkerung des preuß. Staats. Berlin 1839. — Engel, Jahrbuch der Statistik und Staatswirthschaft des K. Sachsen. I. 1853. — Es giebt auch Bearbeitungen des volkswirthschaftlichen Theiles der Statistik z. B. v. Reden, Das K. Hannover, 1839 II B. Deff. Das Kaiserreich Rußland, Berl. 1843. Deff. Allgem. vergleichende Handels- und Gewerbs-Geographie und Statistik, 1844. — Schnitzler, De la création de la richesse et des intérêts materiels en France. P. 1842. II B. Deff. Statistique générale de la Fr., P. 1846, II B.

§. 26.

Die politische Oekonomie erweist sich in folgenden Beziehungen fruchtbringend und in das wirkliche Leben eingreifend (a):

1) Sie zeigt dem Staatsmann die Bahn, welche die Staaten zu Reichthum und Macht hinführt und auf welcher keine Regierung zurückbleiben kann, ohne sich dem strengen Tadel der Nachwelt auszusetzen.

2) Sie giebt dem Finanzbeamten Belehrung über seinen ganzen Wirkungskreis.

3) Sie leistet auch für andere Gebiete der Staatsverwaltung nützliche Dienste, namentlich für die Justizbeamten, weil die Natur der auf Sachgüter sich beziehenden Verhältnisse unter den Menschen durch sie beleuchtet wird, weil manche Rechtsgesetze auf Beweggründen aus dem Gebiete der Volkswirthschaftslehre beruhen oder doch nach demselben beurtheilt werden müssen, und weil auch die Entscheidung von Rechtsstreitigkeiten häufig die nähere Kenntniß wirthschaftlicher Angelegenheiten voraussetzt, — ferner für den Advocaten aus den nämlichen Ursachen und sodann darum, weil viele Privatangelegenheiten, in denen er Beistand zu leisten hat, in das Administrativfach einschlagen (*b*).

4) Sie läßt den Gewerbsmann die Stelle, die sein Nahrungszweig im ganzen Gewerbewesen einnimmt oder einnehmen kann, erkennen, und deutet ihm an, welche Betriebsarten und Fortschritte die gemeinnützigsten, sichersten und einträglichsten sein werden (*c*).

5) Sie giebt jedem denkenden Staatsbürger schätzbare Aufschlüsse über viele Erscheinungen des täglichen Lebens, welche allgemeine Aufmerksamkeit und Theilnahme anregen, aber ohne Hülfe der Wissenschaft nicht gründlich beurtheilt werden können, und sie zerstreut hiedurch manche schädliche Vorurtheile (*d*).

6) Sie wirft ein helles Licht auf den Gliederbau, die Grundverhältnisse der bürgerlichen Gesellschaft und das Spiel der Thätigkeiten in ihr. Zwar ist die wirthschaftliche Seite derselben nicht die einzige und die Staatswirthschaftslehre darf deßhalb nicht schon als die vollständige Theorie der Gesellschaft angenommen werden (*e*), allein sie giebt wenigstens einen sehr bedeutenden Beitrag zu derselben und ist daher jedem Forscher unentbehrlich, der, etwa auf geschichtlichem Wege oder von einem anderen Standpunct aus, die gesellschaftlichen Verhältnisse ergründen will.

(*a*) Rau, in dessen Archiv I, 1.
(*b*) Say, Handb. I, 47. — Rau, Archiv, II, 88. — Rossi in Wolowski, Revue de législation, VI, 246, 1837, (Beleuchtung verschiedener Bestimmungen des bürgerlichen Rechts aus volkswirthschaftlichem Gesichtspunct.)
(*c*) Say, Handb. I, S. 48. — Versuch, die Volkswirthschaftslehre als eine Grundlage der Gewerbswissenschaften darzustellen, in: Schulze,

Ueber Wesen und Studium der Wirthschafts- oder Cameralwissenschaften. Jena, 1826.

(d) Z. B. über Getreidehandel, Polizeitaxen ꝛc. — Neuere Versuche, die Lehren der Nationalökonomie in gemeinverständlicher Form zu verbreiten, durch zwei englische Frauen, Marcet und Martineau, f. §. 45.

(e) Dieß ist von mehreren Neueren geschehen, z. B. Scialoja. Auch Bianchini will die politische Oekonomie zur Wissenschaft von der bürgerlichen Wohlfahrt erweitert wissen, f. §. 28 (a). Richtig dagegen de Augustinis, Istituzioni di econ. sociale, I, 62. — Daher ist volkswirthschaftlich und social genau genommen nicht gleichbedeutend, denn das letztere umfaßt mehr. Doch wird es heutiges Tages oft in jenem Sinne genommen.

§. 27.

Die Ergebnisse der öffentlichen Wirthschaftslehre sind auch, wenn man die Angelegenheiten des Menschengeschlechtes aus einem höheren sittlichen und weltbürgerlichen Gesichtspuncte überschaut, beruhigend und erfreulich, §. 14. 15. Sie zeigen, daß der Wohlstand nur da seine bleibende Wohnstätte findet, wo Gerechtigkeit, gesetzliche Ordnung, bürgerliche Freiheit, Sicherheit und Bildung Wurzeln geschlagen haben. Sie geben, was insbesondere das Verhältniß der Staaten zu einander betrifft, die Ueberzeugung, daß der Wohlstand eines Volkes nicht durch Eroberungen, Erpressungen oder Schwächung der Betriebsamkeit anderer Völker, sondern nur durch den eigenen Kunstfleiß und den hierauf gegründeten, freien, beiden Theilen nützlichen Tauschverkehr dauernd gefördert werden könne. Man hat aufgehört, in der Blüthe anderer Staaten ein Hinderniß der eigenen Wohlfahrt zu erblicken und findet schon hierin einen Antrieb, den völkerrechtlichen Bestand und die freundliche Annäherung zwischen den Staaten zu unterstützen (a).

(a) Aehnliche Bemerkungen giebt auch Scialoja, Principj, S. 364 und schließt mit folgenden Worten: „Diese Wissenschaft wird von Tag zu Tage größeren Einfluß gewinnen. Sie wird allen Völkern der Erde beweisen, daß der Mensch seines Schicksals eigener Schmied ist, und daß nicht Zufall oder Glück, sondern Kunst und Wissenschaft die Völker groß machen."

III. Geschichte der politischen Oekonomie.

§. 28.

Die Geschichte der Vorstellungen, die jedes Volk und jedes Zeitalter von dem Wesen des Volksvermögens und den Bedingungen des Volkswohlstandes, sowie von der wirthschaftlichen

Politik hatte, stützt sich zunächst auf die hierüber verfaßten Schriften, schöpft aber auch aus der Kenntniß der Staatseinrichtungen, insoferne diese als Erzeugnisse wirthschaftlicher Meinungen gelten können. (a) Aus dieser Geschichte ist deutlich zu erkennen, wie schwer es ist, sich von der bürgerlichen Wirthschaft zu einer richtigen Erkenntniß des Wirthschaftswesens ganzer Staaten zu erheben, und wie sowohl der Anstoß zum Nachdenken über das letztere als die Richtung, welche man bei diesen Untersuchungen einschlug, meistens von äußeren Umständen ausgingen. Ueber einzelne Abschnitte der wirthschaftlichen Politik, insbesondere der Finanzwissenschaft, mußten sich schon früh bestimmte Ansichten bilden, weil die Regierungen nicht umhin konnten, zu handeln; die geordnete Erkenntniß der Volkswirthschaft in ihrem Zusammenhange entstand dagegen sehr spät, nicht vor dem 18. Jahrhundert. Die Alten drangen in das Wesen derselben nicht tief ein und viele der wichtigsten Gegenstände blieben ihnen ganz fremd; daher beschränkte sich die Volkswirthschaftspflege auf wenige einfache Maaßregeln, deren Zweckmäßigkeit leicht zu beurtheilen war; auch das Finanzwesen beruhte nicht auf festen Grundsätzen, und zeigte oft nur das Bestreben, auf den kürzesten Wegen, ohne Beachtung der Folgen, Einkünfte für die Staatscasse zu gewinnen (b). Unter die Ursachen dieser Unbekanntschaft mit den inneren Gesetzen des Nahrungswesens gehört die zum Theile aus der Sklaverei zu erklärende allgemeine Geringschätzung der stoffveredelnden Gewerbe (Gewerke), und, was insbesondere die Griechen betrifft, die alle Aufmerksamkeit auf sich ziehende Regsamkeit des öffentlichen Lebens, wobei die Parteikämpfe im Innern und das Ringen nach Macht gegen Außen die meisten Kräfte in Anspruch nahmen und keine lebhafte Theilnahme an wirthschaftlichen Angelegenheiten aufkommen ließen (c).

(a) Die Geschichte der politischen Oekonomie ist erst in der neuesten Zeit ausführlich behandelt worden und es ist hierin noch viel zu leisten. Blanqui, Histoire de l'économie politique en Europe, P. 1837. II B. 3. Ausg. 1845. Deutsch von Buß, 1845. II B. — Villeneuve de Bargemont, Histoire de l'écon. polit. P. 1841. II B. — Lodov. Bianchini, Della scienza del ben vivere sociale e della economia degli stati. I. Palermo, 1845. (Dieser erste Band ist ganz von geschichtlichem Inhalte. Er schildert die Staatseinrichtungen vom Anfang des Mittelalters an, die allgemeinen wissenschaftlichen Richtungen und die besonderen schriftstellerischen Arbeiten im staatswissenschaftlichen und staatswirthschaftlichen Fache.)

(*b*) Indeſſen fehlt es in der Staatsverwaltung des Alterthums, ſoweit ſie uns bekannt geworden iſt, nicht an wohlberechneten, den Ortsverhältniſſen angemeſſenen Einrichtungen, obgleich die vielen großen Anſtalten, die den Gewerbfleiß der neuern Völker unterſtützen, jenem Zeitalter verborgen blieben. Hauptſchriften hierüber: Heeren, Ideen über die Politik, den Verkehr und den Handel der vornehmſten Völker der alten Welt. Dritte Ausg. Göttingen, 1815. III B. — L. Reynier, († 1824), De l'économie publique et rurale des Perses et des Phéniciens. Genève et Paris, 1819. (Der Verfaſſer handelt unter dieſem Titel die Staatseinrichtungen und das Gewerbweſen ab.) — De l'écon. publ. et rur. des Arabes et des Juifs. Ebend. 1820. — De l'écon. publ. et rur. des Égyptiens et Carthaginois. Ebend. 1823. — De l'écon. publ. et rur. des Grecs. Ebend. 1825. — Böckh, Die Staatshaushaltung der Athener. Berlin 1817. II. 2. Gl. 1850.

(*c*) Simonde de Sismondi, Nouveaux principes d'écon. pol. I, 15. — Rau, Anſichten der Volkswirthſchaft I. Abh. — Lotz, Handbuch der Staatswirthſch. I, 76. — Say, Handb. VI, 266. — Blanqui, am angeführten Ort. — Baumſtark, Volkswirthſchaftliche Erläuterungen, 1838. I. Abh. — Schätzbare Beiträge bei Uhde a. a. O.

§. 29.

Unter den philoſophiſchen Schriftſtellern der Griechen findet ſich bei Xenophon (*a*) und Ariſtoteles (*b*) am meiſten hieher Gehöriges, während Platons Ausſprüche im Zuſammenhange mit ſeinem ganzen philoſophiſchen Syſteme genommen werden müſſen und deßhalb weniger für die Anſichten ſeiner Zeit beweiſen. Die griechiſchen Philoſophen betrachteten den Gütererwerb eben ſowohl als alle Staatsangelegenheiten von der moraliſchen Seite. Das Vermögen erſchien ihnen daher nur ſchätzenswerth als Mittel zu einem edlen und wohlthätigen Leben, dagegen erklärten ſie das unbegränzte, aus Genußſucht hervorgehende Streben nach Reichthum für unſittlich, indem das wahrhafte Bedürfniß äußerer Güter ſeine Gränzen habe. Deßhalb, und weil man bei den Gewerben zugleich den Einfluß beachtete, den ſie auf geiſtige und körperliche Bildung des Menſchen zu haben ſchienen (*c*), auch auf das Grundeigenthum vorzüglichen Werth legte (*d*), wurde der Landbau für den einzigen Nahrungszweig gehalten, welcher eines freien, feingeſitteten Mannes würdig ſei; an die anderen Gewerbe und Lohnarbeiten knüpfte ſich die Vorſtellung von Unanſtändigkeit und ſchimpflicher Abhängigkeit von Anderen; auch der Handel, obſchon als nützlich anerkannt in Anſehung der Güter, die er herbeiführt, wurde doch den wucherlichen Erwerbskünſten beigeſellt und das Weſen des Capitals nicht geahnt, während man über die Natur des

Geldes richtig dachte (e). So zeigt sich, daß bei einzelnen hellen Blicken in das wirthschaftliche Gebiet dasselbe doch nicht in seinem Zusammenhange aufgefaßt wurde.

(a) Vorzüglich das Gespräch, welches οἰκονομικὸς λόγος, oeconomicus, überschrieben ist. Hildebrand, Xenophontis et Aristotelis de Oecon. publica doctrinae illustrantur, Marburger Prorectoratsprogramm, 1845.
(b) Im ersten Buche seiner Politik. Ueber beide Schriften s. insbesondere Rau, Ansichten a. a. O. — A. theilt die Erwerbsarten so ein: 1) Eigene Gewinnung der Nahrungsmittel; 2) Erwerb im Verkehre, dessen Regeln die Chrematistik bilden. a) Gewinnung nützlicher Stoffe für den Verkauf, ökonomische Chrematistik, b) unedler Gewinn aus dem bloßen Tausche, Metabletik oder Kapelik, z. B. Geldwucher. — Von der Oekonomik des A. soll das erste Buch nach Einigen den Theophrast zum Verfasser haben, auch die Aechtheit des 2ten ist zweifelhaft. Hildebrand, S. 7.
(c) Nur auf die Sklaven wurde diese Betrachtung nicht angewendet, wie man jene überhaupt nur für Mittel, nicht für Wesen, die ihre Bestimmung in sich tragen, anzusehen geneigt war.
(d) Stein, in der Zeitschrift f. die ges. Staatswiss. 1853. S. 115 ff.
(e) Aristot. Politic. I, 9. Ethicor. ad Nicom. lib. V. und auf ähnliche Weise Paulus L. 1. Pandect. de contrah. emt. (XVIII, 1.).

§. 30.

Die Römer (a) gingen in diesem Gegenstande im Allgemeinen nicht weiter, als ihre Lehrer, die Griechen. Es konnte zwar nicht fehlen, daß vielseitig gebildete und im Denken geübte Männer, wie namentlich Cicero, einzelne Gegenstände der politischen Oekonomie, besonders die Stammbegriffe und Grundsätze derselben, öfters berührten und richtig auffaßten (b), aber sie ahnten nicht, daß dieselben sich mit anderen, noch unbekannten Wahrheiten zu einem wissenschaftlichen Ganzen verbinden lassen, und verfolgten sie nicht. Das häufig ausgesprochene Lob der Sparsamkeit und Genügsamkeit hängt mit einer subjectiven Ansicht des Reichthums zusammen, nach welcher dieser sich hauptsächlich nach dem Maaße der Bedürfnisse bestimmen sollte (c), indeß läßt sich deutlich bemerken, daß auch von der anderen Seite der Reiz und Vortheil des reichlichen Gütergenusses, die gemeinnützigen Wirkungen des Reichthums Einzelner und das Gebot der Staatsklugheit, den Volkswohlstand zu erhöhen, nicht ganz verkannt wurden (d). Das Urtheil über Werth und Nutzen der verschiedenen Gewerbsclassen stimmte mit der Meinung der Griechen ziemlich überein (e), vermochte jedoch nicht, die für unsittlich gehaltenen Erwerbsmittel zu verdrängen (f).

(a) Hermann, Diss. exhibens sententias Romanorum ad oeconomiam universam s. nationalem pertinentes. Erlangae, 1823. Die hier mit großem Fleiße zusammengesuchten Stellen aus römischen Schriftstellern machen es sehr deutlich, wie viel diesen unbekannt war. — Die ebenfalls verdienstliche Abhandlung von N. C. Calkoen (Over eenige staatshuishoudkundige gevoelens en stellingen in de geschriften der Ouden en vooral in die van Cicero vorkommende), nach des Verf. frühem Tode von Prof. den Ter in den Bydragen tot Regtsgeleerdheit en Wetgering, VI, 3. St. S. 413, 1832, bekannt gemacht, stellt Aeußerungen Cicero's mit den Lehren neuerer Schriftsteller zusammen. — Ueber die römische Staatsverwaltung in staatsökonomischer Beziehung s. Dureau de la Malle, Économie politique des Romains, P. 1840. II. (verbreitet sich auch über andere Staatseinrichtungen). — Ueber die Gewerke bei den Römern Weinlig, Industria Romanorum digestorum et codicum locis nonnullis explanata. Erlang. 1846. Partic. I. und II.

(b) Z. B. die verschiedenen Zweige der Gewerbsarbeit, die hohe Wichtigkeit der Arbeit, der Einfluß der Wissenschaften auf die Production, das Zusammenwirken der Menschen im Verkehre. In hoc naturam debemus ducem sequi et communes utilitates in medium afferre, mutatione officiorum, dando, accipiendo, tum artibus, tum opera, tum facultatibus devincire hominum inter homines societatem. Cic. offic. 1, 7.

(c) Stellen in Calkoen a. a. O. §. 1.

(d) Cic. de rep. III, 12. betrachtet die Erwerbung des Reichthums als Forderung der sapientia, die freilich von der justitia unterschieden wird; s. ferner Calkoen, §. 3, 4, 16.

(e) Die Hauptstelle ist Cicero offic. I, 42. Illiberales autem et sordidi quaestus mercenariorum . . ., sordidi etiam putandi, qui mercantur a mercatoribus, quod statim vendant, . . . opificesque omnes in sordida arte versantur, nec vero quidquam ingenuum potest habere officina . . . . Mercatura autem, si tenuis est, sordida putanda est, sin magna et copiosa multa undique apportans, ... non est admodum vituperanda, atque etiam, si satiata quaestu vel contenta potius, ... videtur jure optimo posse laudari. Omnium autem rerum, quibus aliquid acquiritur, nihil est agricultura melius, nihil uberius, nihil dulcius, nihil homine libero dignius.

(f) Hermann a. a. O. S. 29.

§. 31.

Während des Mittelalters ruhten die Untersuchungen über Wirthschaftsangelegenheiten (a); erst gegen das Ende dieses Zeitraums entstand die äußere Veranlassung, welche ihre Wiedererweckung herbeiführte, nachdem bei der neuen Belebung des wissenschaftlichen Eifers auch die Staatswissenschaft wieder Pflege und Bearbeitung in mannichfaltiger Weise gefunden hatte. Die Befestigung der landesherrlichen Gewalt brachte eine kraftvollere Wirksamkeit in allen Verwaltungszweigen hervor, dieß vergrößerte aber nothwendig die Staatsausgaben, und in den Schwierigkeiten, welche mit der Aufbringung der erforderlichen Staatseinkünfte verknüpft waren, lag eine Aufforderung, nicht nur mehr Ordnung in das Finanzwesen zu bringen, sondern auch mehr Aufmerksamkeit als bisher auf den Gewerbfleiß der Bürger zu verwenden und auf die Erhöhung des Volkswohlstandes hinzuwirken. Hiezu fehlte es aber an sicheren leitenden Grundsätzen, man vermochte sich noch nicht zu einem Ueberblick der ganzen Volkswirthschaft und zur Einsicht in den inneren Zusammenhang ihrer Theile zu erheben, man hielt sich daher mehr an einzelne Erscheinungen, suchte einzelnen auffallenden Uebelständen zu begegnen und einzelne Gewerbszweige zu befördern (*b*). Eine Volkswirthschaftspflege, die der Volkswirthschaftslehre vorausging, konnte nicht frei von Einseitigkeiten und Mißgriffen sein. In den Städten, besonders in den freien Handelsstädten, hatte sich im Mittelalter der meiste Wohlstand, die größte Regsamkeit und Kenntniß gewerblicher Angelegenheiten entwickelt, hier waren Handwerke, Fabriken, Handelszweige blühend geworden und verschiedene Hülfsanstalten für den Verkehr entstanden, daher war man geneigt, von hier Regeln für die Leitung des Gewerbewesens aufzunehmen, ohne zu bedenken, daß dieselben für größere Länder nicht ganz passend sein konnten. .

(*a*) Ueber **Thomas von Aquino** († 1274), der sich an Aristoteles anschließt, s. **Schön**, neue Unters. S. 10. — Ueber die Volkswirthschaft und ökonomische Politik im Mittelalter, vorzüglich in Oberitalien, enthält lehrreiche Nachrichten L. **Cibrario**, Della economia politica del medio evo, Torino 1839.

(*b*) Ein einzelner Lichtpunct im Mittelalter ist die, neulich von Fr. von **Raumer** (Geschichte der Hohenstauffen) ausführlich geschilderte Verwaltung Friedrichs II. in Neapel zu Anfang des 13. Jahrhunderts.

§. 32.

In der Geschichte der politischen Oekonomie der drei letzten Jahrhunderte (*a*) treten drei verschiedene Grundansichten hervor, welche man unter dem Namen der **drei staatswirthschaftlichen Systeme** aufführt. Dieselben bilden auch wirklich die denkwürdigsten und einflußreichsten Erscheinungen in dem Gedankengange und stehen unter einander in einer gewissen Verbindung als Ausbildungsstufen der Wissenschaft, denn in den zwei älteren Systemen zeigen sich Einseitigkeiten und Irrthümer, deren Ausgleichung und Berichtigung dem dritten, neusten vorbehalten blieb. Gleichwohl läßt sich nicht das ganze Schriftenthum unter die Reihenfolge dieser drei Systeme ordnen, weil nicht alle Zeitgenossen in die eigenthümlichen Lehren derselben eingingen. Dieß wird sehr leicht begreiflich, wenn man bedenkt, wie Vieles in dem Zustande der bürgerlichen Gesellschaft noch während dieses Zeitraums der Entstehung und Verbreitung des Wohlstandes unter den Staatsbürgern im Wege stand, wie viele Verbesserungen folglich zu empfehlen waren, deren Nützlichkeit schon bei einer oberflächlichen, wenn nur unbefangenen Erwägung nicht zu verkennen war, z. B. der Druck der Feudallasten auf die Landleute, das erstarrte selbstsüchtige Zunftwesen, die Privilegien in mancherlei Gewerben, die schlechten Straßen, das schlechte Münzwesen, die hohen Zölle im Innern der Länder, die Willkür in der Erhebung verschiedener Abgaben, das mangelhafte Steuerwesen, die Verschwendung in den Staatsausgaben, die Veruntreuung öffentlicher Gelder und dergl. Es lassen sich ausgezeichnete Staatsmänner nachweisen, wie Sully (*b*) und Andere (*c*), deren Strebeziel in der Heilung dieser Gebrechen bestand und welche den verschiedenen Zweigen des Gewerbfleißes gleiche Sorgfalt widmeten, wie denn auch manche Schriftsteller sich durch ein richtiges Gefühl von den Abwegen der früheren Systeme frei erhielten, oder, wenn sie dieß nicht ganz vermochten, doch zugleich durch andere wohlbegründete Lehren sich bleibende Verdienste erwarben.

(*a*) Travers Twiss, View of the progress of politic. econ. in Europe since the 16. century. Lond. 1847.

(*b*) Marimilian von Bethune, Marquis von Rosny, Herzog von Sully (geb. 1560, gest. 1641), leitete von 1598 bis 1610 unter Heinrich IV. die französische Staatswirthschaft. Der Hauptgegenstand seiner Bemühungen war, die unglaubliche Zerrüttung im Finanzwesen, die Zersplitterung und Veruntreuung der Staatseinkünfte, die Bedrückungen der Finanzpächter zu beseitigen. Dieß gelang ihm auf das Vollständigste, auch legte er den Grund zu einer Verbesserung des Staatsrechnungswesens. In der Ueberzeugung, daß die Landwirthschaft die Hauptquelle des Volkswohlstandes sei, ließ er sich die Emporbringung dieses Gewerbes angelegen sein, was bei der bedrängten Lage der von vieljährigen Kriegsleiden niedergebeugten französischen Landwirthe doppelt nöthig war. Auch hierin war sein Bestreben erfolgreich, er befreite den Landbau von manchen Lasten, gab dem Getreidehandel Freiheit und erhöhte dadurch die Betriebsamkeit im ganzen Lande. Die Getreideausfuhr wurde anfänglich mit einem besonderen Zoll, nachher 1601 ohne denselben freigegeben. (Das k. Edict hierüber vom 20. Febr. 1601 in des Essarts, Dictionnaire universel de Police, IV, 429. Paris 1787). Indeß kam Sully, der mit vielen Schwierigkeiten zu kämpfen hatte, nicht dazu, seine Ueberzeugungen vielseitig zu entwickeln und in Ausführung zu bringen, sowie er auch von manchen Irrthümern nicht frei zu sprechen ist, z. B. übermäßiger Abneigung gegen den Luxus, gegen die Seidenproduction und theilweise sogar einer Hinneigung zum Handelssystem ꝛc. Sein Leben und seine Grundsätze hat er in seinen Memoiren für die Nachwelt aufgezeichnet. Auszug daraus, nur die Staatsgeschäfte betreffend: Esprit de Sully, Dresde 1768. Vgl. auch Kryger über Sully und Colbert, in Schrebers Neuen Kameralschriften, VIII, 1, aus dem Schwedischen übers. — Parrot, Versuch einer allgemeinen Entwickelung der staatswirthschaftl. Grundsätze und Verordnungen Sully's. Stuttg. 1779. 4°. — Blanqui, Hist. I, 392.

(c) Ein deutscher Fürst, Kurfürst August von Sachsen (gest. 1586), übertraf Sully an vielfacher Wirksamkeit für alle Zweige der Betriebsamkeit. Pölitz, Jahrb. d. Geschichte u. Staatskunst, 1828. I, 130. — Hasse, De cura peculiari, quam Saxoniae principes inprimisque Augustus Elector rei familiari impenderunt. Lips. 1828.

§. 33.

Das Zeitalter Sully's hatte nicht genug Empfänglichkeit für seine Grundsätze, weil es nach einer andern Richtung hingerissen wurde. Die Entdeckung des Wasserweges nach Ostindien hatte den Portugiesen den überaus einträglichen ostindischen Handel, die Entdeckung Amerika's den Spaniern die reichen Gold- und Silberbergwerke von Merico, Peru und Chili eröffnet. Die Holländer traten gegen Ende des sechszehnten Jahrhunderts als Nebenbuhler der Portugiesen auf, verdrängten dieselben gänzlich und erreichten durch den Colonialhandel einen erstaunlichen Grad von Reichthum und Macht (a). Auch die Engländer nahmen, seitdem Elisabeth und Cromwell den Seehandel zu heben begonnen hatten, an diesen Gewinnsten Theil. Die edlen Metalle strömten aus America nach Europa und erhöhten die Preise aller Dinge, wodurch die Gewerbsunternehmer gewannen und zur Erweiterung ihrer Geschäfte ermuntert wurden. Gold und Silber wurden daher als das wünschenswertheste sachliche Gut angesehen, durch dessen Besitz man unfehlbar reich und mächtig werde (b). Der Sinn der Regierungen lenkte sich allgemein auf den auswärtigen Handel; auch die meisten Schriftsteller theilten die Meinung, daß er das Hauptmittel sei, um Reichthum zu erlangen. So bildeten sich allmählig die Vorstellungen und Regeln aus, die man jetzt in ihrem Zusammenhange das Handels- (Mercantil-) System nennt.

(a) Indeß waren die Holländer schon vorher wohlhabend zufolge des Handels mit dem nördlichen Europa, s. Lueder, Geschichte des holländ.

Handels. Nach Luzacs Hollands Rykdom bearbeitet. S. 87. (Leipz. 1788).

(*b*) Man übersah, daß die damalige Steigerung des Gewerbfleißes und Wohlstandes hauptsächlich dem gewinnvollen Handel mit Colonialwaaren, dem regeren Unternehmungsgeiste, den vermehrten Handelsverbindungen und dem durch neue Genüsse und Bedürfnisse verstärkten Erwerbseifer zuzuschreiben war.

§. 34.

Die Grundsätze des Handelssystems waren im 16. und 17. Jahrhunderte sehr verbreitet und ihr Ursprung ist zum Theile noch älter. Keine einzelne Person kann als Urheber dieses Lehrgebäudes bezeichnet werden, wohl aber läßt sich Joh. Bapt. Colbert, französischer Finanzminister unter Ludwig XVI., als derjenige Staatsmann nennen, der das Handelssystem zuerst beharrlich und vollständig ausführte, weßhalb man dasselbe späterhin bisweilen nach ihm benannte (*a*) und ihn wie ein Vorbild betrachtete (*b*). Die gewaltsamen Eingriffe in den Gang des Gewerbewesens, wie sie Colbert in seinen Verordnungen vornahm, waren zu jener Zeit überhaupt üblich. Die Unbekanntschaft mit dem Wesen der Volkswirthschaft hatte sich schon lange darin gezeigt, daß man sich nicht scheute, irgend einen für nützlich erachteten Erfolg mit rücksichtslosen Zwangsmitteln, z. B. Verboten der Aus- oder Einfuhr, zu befördern (*c*) und die Gewerbsunternehmer mancherlei willkürlichen Beschränkungen zu unterwerfen, wodurch man begreiflich dem Aufschwunge der Erwerbsgeschäfte im Ganzen schadete. Hatte der eine Staat in solchen ungestümen Anordnungen ein übles Beispiel gegeben, so war es natürlich, daß andere Regierungen dasselbe nachahmten und gegen den ersten Urheber erwiderten, besonders wenn ihre eigenen Unterthanen von den Maaßregeln desselben litten. Erst durch die späteren Fortschritte der Wissenschaft lernte man den Gang der Volkswirthschaft zu beachten und zu schonen (*d*).

(*a*) Colbertismus, Colbert'sches System.

(*b*) Colbert war geb. 1619, wurde 1661 Contrôleur général des finances, starb 1683. Wie Sully fand auch er große Verwirrung im Finanzwesen vor, deren Hebung ihm so gut gelang, daß er das reine Staatseinkommen von 89 auf 105 Mill. Liv. erhöhte. Da die Verschwendung eines üppigen Hofes und mehrere Kriege die Staatscasse in hohem Grade in Anspruch nahmen, so faßte er, um ihr neue Hülfsquellen zu eröffnen, den Gedanken, Fabriken und Handel in Schwung zu setzen und so den allgemeinen Wohlstand zu erhöhen. Ermunterungen und Prämien zogen geschickte Künstler herbei, die Seidenfabriken zu Lyon und Tours, deren Grund freilich schon von Heinrich IV. gelegt war, die Tuchfabriken zu Sedan, Abbeville ꝛc., die Strumpf- und Tapetenwirkereien, die Spiegelfabriken und andere mehr hoben sich auf überraschende Weise. Mit Hülfe der Begünstigungen der inländischen Schifffahrt vermehrte sich die Zahl der Handelsschiffe und die Lebhaftigkeit des Seehandels; Handelsverträge beförderten den Absatz französischer Waaren in anderen Ländern, große Handelsgesellschaften kamen zufolge ertheilter Privilegien zu Stande. Doch war letztere Wirkung von geringem Nutzen; die westindische Handelscompagnie ging schon 1669, nach 5 Jahren, wieder ein. Zu diesen Maaßregeln, für die ihm noch jetzt Frankreich dankbar ist, gesellten sich noch andere, z. B. Gründung der académie française, 1663, der académie des sciences, 1666, Anlegung des Canals von Languedoc, 1661 ff. Manches Andere gelang ihm nicht, besonders die beabsichtigte Aufhebung der innern Zölle und die Verbesserung des Steuerwesens. Zu seinen wichtigsten Unternehmungen gehören 1) die Anordnung der auf die Beschützung des inländischen Fabrikwesens hinzielenden Gränzzölle, hauptsächlich durch die Verordnungen von 1664 und 1667, welche vorzüglich gegen die Holländer gerichtet waren. Die beiden Tarife, deren zweiter höhere Zollsätze enthielt, aber in Folge des Nymwegischen Friedens 1678 wieder zurückgenommen werden mußte, waren von Savary entworfen. Das Zolledict von 1664 zählt alle unter Ludwig XIV. getroffenen Beförderungsmaaßregeln des Gewerbewesens auf und spricht das nunmehrige Vorhaben aus, d'attirer l'abondance, wozu der auswärtige Handel dienen sollte. — 2) Die vielen Verordnungen, vermittelst deren man die pünktlichste Beobachtung des bei den verschiedenen Gewerbszweigen damals üblichen Verfahrens erzwingen wollte, eine Maaßregel, die von Colbert's Nachfolgern noch viel weiter getrieben wurde und den Gewerbfleiß nicht wenig beengte. Chaptal De l'industrie franç. I, XLII. — Ueber Colbert s. Necker, Éloge de C., P. 1780. — (de Monthion) Particularités et observations sur les ministres des finances de la France les plus célèbres, S. 20. Paris 1812. — Lemontey in der Revue encyclopédique, Junius 1822. T. XIV. — Blanqui, Hist. I, 410. II, 5. — Bianchini, I, 139. — Clement, Histoire de la vie et de l'administration de Colbert, Paris 1846. — Cochut in Revue des deux mondes, XV, 462. (1846).

(c) Belege bei C. Moreau, Ueber Wollhandel und Wollmanufactur in Großbritannien, deutsch Berl., 1829. 4°. Im J. 1337 Verbot der Wollausfuhr bei Todesstrafe, Verbot der Tucheinfuhr. In Venedig und in Spanien unter Karl V. wurden solche Handelsverbote und Zollmaaßregeln ebenfalls früher getroffen, als in Frankreich, und Colbert übte im Grunde eine Erwiderung aus, wie sie seitdem oft vorgekommen ist.

(d) Rau, Zur Kritik über Lists nationales System der politischen Oekon. S. 90.

§. 36.

Der Grundirrthum des Handelsystems (a) liegt in dem falschen Schlusse, daß, wie der einzelne Bürger sich durch Geldgewinn bereichert, so auch in einem ganzen Volke die Vermehrung des Metallgeldes das beste Mittel zur Erhöhung des Wohlstandes sei. Von dieser Ueberschätzung des Metallgeldes vermochte man sich nicht loszureißen, ob man gleich auch nicht verkennen konnte, daß dasselbe für sich gar kein menschliches Bedürfniß befriedige (b). Für Länder, die nicht aus eigenen Bergwerken Gold und Silber erhalten können, bot sich kein anderes dauerndes Mittel zur Erlangung dieser Stoffe dar, als sie im Handel vom Auslande herbeizuziehen. Dieß glaubte man damit bewirken zu können, daß viele im Lande erzeugte Waaren zu andern Völkern hinausgeführt, aber nur wenige fremde hereingebracht würden, indem man annahm, daß dann der ganze Ueberschuß der Ausfuhr über die Einfuhr vom Auslande in Geld bezahlt werden müsse. Der Unterschied zwischen der Größe der Aus- und Einfuhr wurde Handelsbilanz genannt und dieselbe dann als günstig angesehen, wenn die Ausfuhr größer war als die Einfuhr. Die statistische Erforschung der Handelsbilanz jedes Staates ward zu einer wichtigen Aufgabe, der innere Handel aber, da er keine Vermehrung der Geldmenge bewirkte, erschien als gleichgültig oder doch unbedeutend.

(a) Ueber dasselbe Adam Smith, Unters. II, 233—541. — Storch, Handb. I, 57. III, 260. — Loß, Handb. I, 95. — Geier, Charakteristik des Handels, Würzb. 1825. S. 123. — Mac-Culloch, Grundsätze der pol. Oekon. S. 22. — Schmitthenner, Zwölf Bücher vom Staate, I, 84.

(b) Die Schriftsteller versuchten allerlei Wendungen, um dem Widerspruche auszuweichen, der nothwendig zwischen diesen beiden Sätzen liegt; sie nahmen z. B., wie von Bielfeld und Steuart, die Bemerkung zu Hülfe, das Geld sei wenigstens das unzerstörbarste Gut und daher zur Ansammlung von Vermögen am brauchbarsten, Rau, Ansichten der Volkswirthschaft, S. 146. — Ferbonnais und Ferrier betrachten das Geld als das Mittel, die Production zu erhalten und zu befördern, und legen darum auf seinen Anwuchs großen Werth.

§. 36.

Zur Gewinnung einer soviel als möglich günstigen Handelsbilanz erachtete man für dienlich, alle Zweige von Fabrikarbeit im eigenen Lande hervorzurufen, damit man nicht bloß keine Kunstwaaren einzuführen brauchte, sondern noch große Vorräthe derselben auszuführen hätte; die Ausfuhr von Rohstoffen hielt man nicht für so nützlich, weil sie weniger Geld einbringe. Es wurden überhaupt folgende Mittel in Anwendung gebracht und empfohlen:

1) Man suchte durch Verbote oder wenigstens durch ansehnliche Zölle zu verhindern, daß fremde Kunstwaaren ein- und rohe inländische Stoffe ausgeführt würden. Letztere Maaßregel

beabsichtigte theils, daß die Ausländer genöthigt würden, statt des rohen Stoffes vielmehr die daraus verfertigte Waare zu kaufen, theils aber, daß die inländischen Fabrikanten die Stoffe und Lebensmittel wohlfeil einkaufen könnten. — Die auf Ein- und Ausfuhr gelegten Zölle machten jene künstlichen Einrichtungen an den Landesgränzen nothwendig, die sich noch heutiges Tages in den meisten Ländern erhalten haben, jedoch zum Theile auch dazu dienen, eine Staatseinnahme zu geben.

2) Dagegen wurde die Ausfuhr von Fabrikwaaren sowie die Einfuhr roher Stoffe freigegeben oder noch besonders mit Prämien begünstiget.

3) Das Ausführen von Gold und Silber wurde nachdrücklich verboten (a).

4) Zur Errichtung neuer Gewerbszweige wendete man Belohnungen, Vorschüsse und mancherlei andere Ermunterungsmittel an.

5) Es wurden Handelsverträge mit anderen Staaten geschlossen, um die Ausfuhr von Landeserzeugnissen zu befördern.

6) Große Handelsgesellschaften wurden mit Privilegien ausgestattet, um schwierige Zweige des auswärtigen Handels zu unternehmen.

7) Man strebte nach dem Besitze von Colonien in anderen Erdtheilen, die man dann lediglich als Mittel behandelte, sowohl um den Fabriken des Mutterlandes größeren Absatz zu verschaffen, als um zu einem einträglichen Handel mit Colonialwaaren Gelegenheit zu geben.

(a) Dieß geschah schon im alten Rom (Cic. pro Flacco c. 28) und 1393 in Florenz. Hüllmann, Städtewesen IV, 99. Die venetianische Handelspolitik war aufgeklärt, sie verbot sogar den Kaufleuten, aus Ländern, auf deren Erzeugnisse man besondern Werth legte, z. B. aus Frankreich und Flandern, baares Geld nach Venedig zu bringen, Depping, Histoire du commerce entre le Levant et l'Europe. P. 1830. — Minerva, Aug. 1830. S. 233 — In England wurden schon im 14. Jahrhundert Anordnungen getroffen, um das Geld im Lande zu erhalten und zu mehren. Die Handelscorporationen in gewissen Städten mußten darauf achten, daß ein Theil des Erlöses aus der Wollenausfuhr in fremder Münze oder Barren einging. Fremde Kaufleute, welche Waaren einführten, wurden angehalten, ihren Gelderlös zum Ankauf englischer Waaren für die Ausfuhr zu verwenden und man stellte sie zur Ueberwachung dieses Gebots unter die Aufsicht angesehener Bürger (1440). Pilger, die ins Ausland reiseten, durften nur Wechsel mitnehmen und der Aussteller, wenn er ein Fremder war, mußte sich verpflichten, englische Waaren dafür auszuführen. Edinb. Rev. Nr. 172.

S. 426. (April 1847). Später suchte man den nämlichen Zweck durch Einfuhrzölle zu erreichen.

§. 37.

Das Handelsystem läßt schon darin die Kindheit der politischen Oekonomie erkennen, daß seine Lehren nicht in methodischen Zusammenhang gebracht, nicht auf tiefere Forschungen gegründet, sondern nur oberflächlich aufgefaßt wurden (a). Man trifft die einzelnen diesem Systeme angehörenden Sätze schon bei Schriftstellern des sechszehnten Jahrhunderts (b), noch häufiger im siebenzehnten und in der ersten Hälfte des achtzehnten Jahrhunderts (c). Unter den italienischen Schriftstellern, die vom sechszehnten Jahrhundert an einzelne Abschnitte der politischen Oekonomie mit Scharfsinn bearbeiteten, sind mehrere dem Handelsysteme ganz ergeben, andere wenigstens einigermaaßen von demselben befangen (d). Indeß findet sich keineswegs eine vollständige Uebereinstimmung in Ansehung der obigen Sätze (§. 35. 36.); manche Schriftsteller neigen sich in Hauptpuncten, z. B. in der Würdigung des inneren Verkehres und der Bestimmung des Geldes, schon zu richtigeren Vorstellungen und geben sich nur noch durch den allzu hohen Werth, den sie auf die günstige Handelsbilanz legen, als Anhänger des Handelsystems kund (e). Nur Wenige erhielten sich ganz frei von diesem Irrthum (f). In der neuesten Zeit hat Fr. List durch lebhafte Vorliebe für das Fabrikwesen, welches er nach seinen volkswirthschaftlichen Wirkungen weit über den Landbau erhebt, und durch eifrige Empfehlung der Zollschutzmaaßregeln sich dem älteren Handelsysteme genähert, ohne indeß die frühere Lehre von der Handelsbilanz, welche spätere Untersuchungen gänzlich widerlegt haben, wieder aufzunehmen (g).

(a) Literatur des Handelsystems bei Steinlein, I, 15. — Ueber die englischen Schriftsteller des 16. u. 17. Jahrh. hat Roscher Licht verbreitet: Zur Geschichte der engl. Volkswirthschaftslehre, Leipz. 1851. — Nachträge 1851.

(b) Jean Bodin oder Bodinus († 1590), La république, Liv. VI. ch. 2. Par. 1586 fol. und öfter; lateinisch: De republica, Par. 1586 fol. und öfter, älteste Octavausgabe ebd. 1591. 8. (S. 655 der Ausg. v. 1586, S. 964 von 1591.) Vgl. Rau, Primae lineae historiae politices, Erlang. 1816, S. 33. Hand. der Staatsw. I, 59. Bianchini, I, 152. — Baudrillard, J. Bodin et son temps. P. 1853.

(c) Th. Mun, Treasure by foreign trade, London, 1664, vermuthlich zwischen 1635 und 1640 geschrieben. Roscher, a. a. O. S. 44.

J. Child, A new discourse of trade. London, 1668. Französ. 1753.
J. F. Melon, Essai politique sur le commerce, Amst. 1735. Neuerlich abgedruckt in Collection des principaux économistes, I. Deutsch: Jena. 1740. Dessen gesammelte kleine Schriften, Kopenh. 1756.
C. Klock, De aerario. Norimb. 1651, 2. ed opera Chr. Peller, 1671 fol. Lib. II. cap. 24. 25. 66—70. 73.
J. J. Becher, Politische Discurs von den eigentlichen Ursachen des Auf- und Abnehmens der Städte, Länder und Republiken. Frankf. 1672. 6te Ausg. 1759. S. 103 ff. der 3. Ausg. v. 1685.
W. v. Schröder, Fürstliche Schatz- und Rentkammer, Leipz. 1686 und öfter, Cap. 29, S. 109 der Ausg. v. 1721.
Ch. Davenant († 1714), Political and commercial works. Lond. 1771. V. B., einzeln erschienen 1699 ff.
J. Law († 1729), Considérations sur le commerce et sur l'argent. à la Haye, 1720; das englische Original schon 1705. (E. wird von Schön, Neue Unters. S. 15, als der wahre Repräsentant des Handelssystems angesehen.)
W. F. B. (Joh. v. Horneck): Oesterreich über alles, wann es nur will, d. i. wohlmeynender Fürschlag, wie mittelst einer wohlbestellten Landes-Oekonomie 2c. Leipz. 1654 u. ö., besonders S. 33 der Ausg. v. 1707. Eine modernisirte Ausg. dieses Buches, welches in mehreren Auflagen verbreitet worden und nicht ohne Einfluß auf die österreichische Regierung geblieben war, hat den Titel: J. v. Horneck, Bemerkungen über die österreich. Staatsökonomie, umgearb. v. W. F. Herrmann. 1784.
J. H. G. v. Justi († 1770), Staatswirthschaft, Leipzig 1755. 2. Ausg. 1758. II Bde. I, 195.
J. F. de Bielfeld, Institutions politiques. à la Haye, 1760. II B. 4. u. öfter. I. Ch. 10—14. Deutsch: Lehrbegriff der Staatskunst, 3. A. 1777. III. Ueber ihn, v. Schröter u. v. Justi vgl. Rau, Ansichten, S. 146—148.
Jos. v. Sonnenfels († 1817), Grundsätze der Polizei-, Handlungs- und Finanzwiss. III B. 1765. 8. Ausg. 1819. 1822.
J. Steuart († 1780), Inquiry into the principles of political economy, London 1767. II B. 4. Neu abgedruckt in d. Verfaff. Works. Lond. 1825. VI B. 8. Deutsch: Untersuchung der Grundsätze der Staatswirthschaft, a. d. E. Hamb. 1769. 1770. II B. 4. Tübingen, 1769—1772, VI B. 8, neue Aufl. ebend. 1786. IV B. — Vgl. Rehberg, Sämmtl. Schriften. IV, 299, (1829.)
J. G. Büsch († 1800), Abhandlung von dem Geldumlaufe, Hamb. 1780, II B. 2. Ausg. 1800.
F. L. A. Ferrier, Du gouvernement considéré dans ses rapports avec le commerce. Par. 1805, n. A. 1821, widerlegt von du Bois-Aymé, Examen de quelques questions d'éc. polit., et notamment de l'ouvrage de M. F., P. 1823. s. auch Storch, Handb. I, 77.
de Cazaux, Bases fondamentales de l'écon. polit. d'après la nature des choses. P. 1826, s. le Producteur III, 576.

(d) Die große Anzahl der zum Theile sehr gehaltreichen, im übrigen Europa zu wenig beachteten Schriften der italienischen Staatsökonomen ist von Custodi in folgender Sammlung neu herausgegeben worden: Scrittori classici Italiani di Economia politica, Milano bei Destefanis, 1803—1804, Parte antica, VII B., Parte moderna XXXXII B. Der 50ste Band, 1816, enthält die Register. Ueber den Inhalt dieser Sammlung und die einzelnen Verf. s. Müller, Chronologische Darstellung der italienischen Klassiker über Nationalökonomie, Pesth, 1820. Anziehend und geistreich schildert diese Schriftsteller (Graf) G. Pecchio

(† 1835), Storia della economia publica in Italia. Lugano, 1829. französ.
v. Gallois, P. 1830. (Ueber den Verf. s. C. Ugoni, Vita e scritti
di Gius. Pecchio, Parigi, 1836.) — Man ging in Italien von der
privatwirthschaftlichen Betrachtung des Handels aus (Scaruffi, 1579,
Davanzati, 1588, Turbolo u. A.), stellte mit besonderer Vorliebe
Untersuchungen über das Geldwesen an und gerieth so auf die Abwege
des Handelssystems. Demselben sind vollkommen ergeben)

    A. Serra, Trattato delle cause, che possono far abondare li regni
d'oro e d'argento, dove non sono miniere. Napoli, 1613. — Classici,
part. I, die älteste geordnete Entwickelung des Handelssystems, die sich
jedoch hauptsächlich mit den Ursachen des verschiedenen Geldreichthums
der Länder beschäftigt und über die anzuwendenten Maaßregeln nur
Andeutungen giebt. Galiani, Custodi und Pecchio betrachten
Serra als den frühsten Schriftsteller über die polit. Oekonomie in
ganz Europa, und Bianchini sucht zu zeigen, daß derselbe kein Mer-
cantilist sei (Scienza del ben vivere soc. I, 156). Dieser Beweis gelingt jedoch nicht, denn Serra bezieht Alles auf den Zweck, den Geldvorrath eines Landes zu vermehren. Nur in Ansehung der Geldausfuhr
weicht er von Anderen ab, indem er sie nicht verboten sehen will.

    G. Belloni, Diss. sopra il commercio. Roma, 1750. — Class.
P. mod. II. D. v. Schumann: Vom Commercien- und Münzwesen,
Leipz. 1752.

(e) 3. B. der Neapolitaner A. Genovesi († 1769), Lezioni di commercio osia d'economia civile. Bassano, 1769, II. — Classici P. mod.
T. VII—X. Deutsch: Grunds. der bürgerl. Oekonomie, übers. v. Wiß-
mann, Leipz. 1776. II. Dieses Werk enthält manche verdienstvolle
Untersuchungen, z. B. über den Preis der Dinge, erkennt auch die
Wichtigkeit des Landbaus vollkommen an (I, 139 der d. Uebers.), geht
jedoch auch in die Ueberschätzung der Handelsbilanz u. die daraus abgeleiteten Regeln ein, I, 336, II, 193. 205. Einige Hinneigung zu
diesem Systeme zeigen auch C. A. Broggia (dei tributi und delle
monete, Nap. 1743. — Ser. cl. P. a. IV.) u. A. — Noch richtiger
urtheilt Will Petty († 1687), über das Geld, doch steht er in demselben ein Gut höherer Art, Roscher, S. 81.

(f) Dahin gehören der Spanier Diego Saavedra Faxardo († 1648)
in dem Buche: Idea d'un principe Christiano, represendada in cien
empresas; latein. Idea principis Christiano-Politici 101 symbolis expressa.
Amstel. 1661. S. 590 sq. „Potissimao divitiae ac opes terrae fructus
sunt, nec ditiores in regnis fodinae, quam agricultura. Plus emolu-
menti acclivia montis Vesuvii latera adferunt, quam Potosus mons cum
intimis suis visceribus, licet argentiferis". Aehnlich die anonyme Schrift
Virginiae Verger aus dem Anfang des 17. Jahrh., und Ch. Davenant, Roscher, Zur Gesch. ꝛc. S. 28. 112. — P. Paruta, Della
perfettione della vita politica. Venet. 1579. fol. S. 265. — Eifrig für
die Handelsfreiheit spricht der tiefdenkende Dudley North, Discourses
on trade Lond. 1691, n. A. Edinb. 1846, s. Mac-Culloch, Grundsätze S. 30, Roscher S. 85. — de Bois-Guillebert, Factum
de la France, 1707, neu herausgegeben von Daire in Économistes
financiers du XVIII. siècle, 1843. Auch Child (s. oben) äußerte schon
Zweifel gegen einzelne Lehren.

g) List († 1846), Das nationale System der politischen Oekonomie, I. B.
1841 (unvollendet). Der Versuch, die Grundlagen des Smith'-
schen Systems zu erschüttern, konnte nicht gelingen, inzwischen haben
die praktischen Lehren des Verf. viele Anhänger gefunden, und in ge-

wissen Gränzen, sowie unter gewissen Voraussetzungen, läßt sich auch eine Beschützung der inländischen Gewerbe wissenschaftlich vertheidigen. List setzt dem nationalen das kosmopolitische System der Staatswirthschaftslehre entgegen; dieses soll die Wohlfahrt der ganzen menschlichen Gesellschaft, jenes aber die der einzelnen Staaten zum Gegenstande haben. Dieser Unterschied ist nicht begründet, denn alle Bearbeiter der politischen Oekonomie haben ihre Vorschläge und Rathschläge auf das Wohl einzelner Staaten gerichtet und wenn sie sich für Handelsfreiheit aussprachen, so geschah es aus der letzteren Hinsicht. — Das mit Talent und Feuer, aber auch mit Leidenschaft und Einseitigkeit geschriebene Werk List's hat mehrere Gegner gefunden, z. B. Brüggemann, List's nationales System ic. 1842. — Osiander, Enttäuschung des Publikums ic. Tübing. 1842. — Rau, f. §. 34 (d) = Archiv, V, 252. 349.

§. 38.

Das zweite System der politischen Oekonomie, das physiokratische (a) oder ökonomistische entstand in Frankreich um die Mitte des achtzehnten Jahrhunderts, veranlaßt von dem Anblick des traurigen wirthschaftlichen Zustandes, welcher dort unter der verschwenderischen Regierung Ludwigs XV. wahrgenommen wurde. Der Stifter dieses Lehrgebäudes, der königliche Leibarzt François Quesnay (geb. 1694, gest. 1774), wurde durch den Verfall des Landbaues am meisten angeregt und wandte sich daher auf den von Sully (§. 32.) betretenen Weg, weßhalb er und seine Anhänger diesen Staatsmann als Vorbild ansahen. Die Physiokraten blieben indeß nicht bei den staatswirthschaftlichen Lehrsätzen stehen, sondern stellten überhaupt das Ideal einer vollkommenen Staatseinrichtung auf, in welcher Recht, Tugend und Wahrheit herrschen, Armuth und Willkür aber verbannt sein sollten. Diese aus den Gebieten der Wirthschafts-, Sitten- und Rechtslehre zusammengefügten Sätze wurden mit lebhafter Phantasie, mit Begeisterung für das Gute und nicht ohne dialektische, ja sogar sophistische Kunst zu einem dem Scheine nach wohlverbundenen Lehrgebäude verwebt, welches durch diese speculative Form wie durch seine Grundgedanken dem Handelsysteme gerade entgegengesetzt war.

(a) Physiokratie, wörtlich durch Naturherrschaft zu übersetzen; die „natürliche Ordnung, l'ordre naturel," gehörte unter die Losungswörter dieses Systems.

§. 39.

Die Physiokraten gehen von der Wahrheit aus, daß alle materiellen Güter durch die Natur hervorgebracht und durch den

Menschen der Erde abgewonnen werden, woraus sie die Folge ableiten, die einzige Beschäftigung, welche die Gütermasse zu vermehren vermöge, sei diese Gewinnung roher Stoffe durch Arbeit an und in der Erde, — ein Satz, den man zugeben müßte, wenn die Größe des Vermögens sich blos nach der Menge von Stoffen bestimmte. Die weitere Verarbeitung der Stoffe und der Umtausch im Handel können nach dieser Lehre keine neuen Güter erzeugen, sie erhöhen nur den Werth der Stoffe um so viel, als während und zum Behufe dieser Verrichtungen andere Bodenerzeugnisse verzehrt werden, sie sind daher wesentlich von dem Landbau verschieden, durch welchen allein ein Ueberschuß von Erzeugnissen über die aufgewendeten Kosten, als Geschenk der Naturkräfte, gewonnen wird. Für diesen Ueberschuß (die Grundrente) wurde der Kunstausdruck **reiner Ertrag**, produit net, eingeführt (a).

(a) Die Physiokraten rechnen zu den von dem rohen Ertrage abzuziehenden Culturkosten (reprises de la culture):
1) den Ersatz der jährlichen Auslagen, avances annuelles, welche stets von Neuem zur Erzielung des Rohertrages aufgewendet werden müssen;
2) die Vergütung für die ursprünglichen oder Bestandauslagen, avances primitives, die nämlich für die zum Betriebe der Landwirthschaft erforderlichen Einrichtungen, als Geräthe, Vieh u. dgl. gemacht werden mußten, und von denen jährlich beträchtliche Zinsen erstattet werden müssen. Diese Bestandauslagen sollen nach Quesnay ungefähr fünfmal soviel als die jährlichen betragen.

§. 40.

Durch die Erstattung der Culturkosten aus dem rohen Ertrage der Landwirthschaft erhalten die Landwirthe, welche die **hervorbringende Classe**, classe productive, der Gesellschaft genannt werden, ihr Einkommen. An diese schließen sich die **Grundeigenthümer**, classe des propriétaires, wohin auch die Zehntberechtigten und das Staatsoberhaupt gerechnet werden; dieser Classe wird der reine Ertrag von den Landwirthen entrichtet (a). Beiden steht die **unfruchtbare Classe**, classe stérile, alle übrigen begreifend, gegenüber, welche zwar mancherlei Nutzen für die Gesellschaft durch ihre Thätigkeit zu Wege bringt, nur aber nichts zur Vermehrung des Vermögens beiträgt und von volkswirthschaftlicher Seite blos durch ihre Ersparungen nützen kann. Sie erhält die benöthigten sachlichen Güter von den ersteren Classen zur Bezahlung der Dienste, die sie ihr leistet (b).

(a) In dem reinen Ertrage liegt indeß nach der Meinung der Physiokraten noch der Ersatz einer dritten Art von Kosten, der sogenannten Grundauslagen, avances foncières, welche zum Behufe der Urbarmachung und der Bodenverbesserungen (Meliorationen) gemacht worden sind und deren Wirkung fortdauernd ist. Die Grundeigenthümer und ihre Ahnen haben das Verdienst, diese Auslagen unternommen zu haben und sie noch stets zu vermehren, und daher erscheint der reine Ertrag nicht ganz als ein Geschenk der Natur. Ueberhaupt sucht das physiokratische System die Grundeigenthümer sehr zu begünstigen, sie werden als die Bürger im vorzüglichen Sinne, als die Beschirmer der andern Stände dargestellt, weshalb sie auch bei der landständischen Verfassung allein Vertreter werden sollen. Offenbar waren es nicht diese Sätze, sondern die naturrechtlichen, wegen deren man die Physiokraten beschuldigte, mit zum Ausbruche der französischen Revolution, obgleich ohne es zu wollen, beigetragen zu haben. „L'état ne réside essentiellement que dans le souverain, qui en est le chef, dans les propriétaires du produit net, et dans les entrepreneurs de culture." De l'ésprit des économistes, Seite 22.

(b) Die Vertheilung der Producte suchte Quesnay durch eine fingirte Berechnung zu verdeutlichen, sein tableau économique. Wenn z. B. in einem Lande für 5000 Mill. Liv. rohe Stoffe gewonnen werden, so mögen davon beiläufig erhalten:
1) die Landwirthe
   a) für die Jahresauslagen . . . . . . 2000 Mill.
   b) für Verzinsung und allmäligen Ersatz der Bestandauslagen . . . . 1000 „
                            3000 Mill.
2) Die Grundherrn als Reinertrag . . . . . 2000 „
                    Summe 5000 Mill.

Nun geben die Landwirthe sowohl als die Grundeigner für 1000 M. L. Producte an die sterile Classe gegen allerlei Dienste ab. Es werden also verzehrt:
1) von den Landwirthen selbst . . . . . . 2000 M. L.
2) von den Grundeigenthümern . . . . . . 1000 „ „
3) von der sterilen Classe
   a) an Nahrungsmitteln . . . . 1000 „ „
   b) an rohen Stoffen zur Verarbeitung . . . 1000 „ „
                  Summe wieder 5000 M. L.

§. 41.

Aus diesen Vordersätzen wurden hauptsächlich nachstehende praktische Regeln abgeleitet:

1) Die Landwirthschaft verdient die vorzügliche Begünstigung der Regierung; besonders ist darauf zu sehen, daß die productiven Auslagen nicht vermindert, sondern vielmehr erweitert werden.

2) Alle die Freiheit der Bodenbenutzung hemmenden Lasten müssen zu Gunsten der Landwirthe entfernt werden, man muß

ferner den Absatz ihrer Erzeugnisse sowohl im In- als im Auslande befördern, um ihre Einnahme zu vergrößern.

3) Handel und Gewerbe müssen ebenfalls von allen Beschränkungen befreit sein, weil die auf beide zu verwendenden Ausgaben unproductiv sind und die freie Concurrenz die gute Folge hat, daß die Gesellschaft ihre Bedürfnisse durch jene Ausgaben so wohlfeil als möglich befriedigen kann. (Laissez faire et laissez passer!)

4) Da alle Staatsabgaben nur aus dem Ueberschusse der Erzeugung über die Kosten bestritten werden können und dieser Reinertrag sich ursprünglich nur in den Händen der Grundeigenthümer befindet, so fallen denselben im Grunde auch alle jene Abgaben zur Last, denn die anderen Classen werden doch nur durch das, was sie für ihre Dienste von den Grundeigenthümern einnehmen, in den Stand gesetzt, Steuern und andere Abgaben an den Staat zu bezahlen. Daher ist es am bequemsten, statt aller anderen Abgaben nur eine einzige, nämlich eine Grundsteuer, einzuführen, welche dasjenige auf dem kürzesten Wege und mit den geringsten Erhebungskosten von den Grundeigenthümern nimmt, was sie doch, nur unter mancherlei Formen, mittelbar zu tragen haben (a).

(a) Versuch, diese einzige Grundsteuer, das berühmte impôt unique, in Baden einzuführen, 1771—1801, v. Drais, Baden unter Karl Friedrich, I, 315. Der Versuch mißlang, aber auch sein Gelingen hätte wenig bewiesen, da er nur in Dörfern angestellt wurde, in welchen wenig andere Einkünfte als aus der Landwirthschaft vorzukommen pflegen. Die Unausführbarkeit der vierten Regel ist so einleuchtend, daß sie von mehreren Physiokraten selbst zugegeben wird, aber sie erklären dieselbe nur aus äußeren Umständen, ohne die Irrigkeit der obersten Sätze zuzugestehen.

§. 42.

Das physiokratische System (a), ungeachtet seiner Einseitigkeit und der Unhaltbarkeit seines Hauptsatzes, hatte doch das Verdienstliche, ein Beispiel tieferer Forschung über volkswirthschaftliche Gegenstände zu geben, neue Begriffe und Kunstausdrücke aufzustellen, die Wichtigkeit des Landbaues hervorzuheben, der Freiheit in Gewerbsachen das Wort zu reden, den Glauben an die große Bedeutung der Handelsbilanz zu bekämpfen, und überhaupt den Widerstreit gegen das Handelssystem zu beginnen, woburch es eine richtigere Ansicht vorbereitete. Außer Frankreich (b) fand dasselbe hauptsächlich in Deutschland eifrige Anhänger (c), während es von anderen Gelehrten lebhaft bestritten wurde (d). Mehrere italienische Schriftsteller sprachen, theils vor, theils nach Quesnay, einzelne physiokratische Lehrsätze aus (e). Die neueren Physiokraten suchen die Lehren ihrer Schule mit den durch Smith in die Wissenschaft eingeführten Wahrheiten in Einklang zu bringen (f).

(a) S. die Literatur bei Steinlein, I, 34. — Vgl. Schmitthenner, Zwölf Bücher, I, 95. — Blanqui, Hist. II, 88. — Bianchini, I, 208. — Kellner, Zur Geschichte des Physiokratismus. Göttingen 1847. — Daire in Journ. des Écon. XVII, 349. XVIII, 113.

(b) Quesnay sprach seine Ansichten zuerst in Diderot's Encyclopädie, Art. fermier und grain aus. Hauptschriften desselben sind: Tableau économique. Versailles, 1758. — Maximes générales du gouvernement économique. Ebd. 1758. (Beide Schriften stehen auch im 1. Bande von Dupont's Physiokratie.)

V. de Riquetti, Marquis de Mirabeau (der Vater), L'ami des hommes ou traité de la population. Avignon, 1756. III. Deutsch, Hamburg 1759. II. — Théorie de l'impôt. P. 1760. — Philosophie rurale, Amst. 1763. Auszug: M's. Landwirthschaftsphilos., a. d. Fr. von Wichmann, 1797. 98. II.

Mercier de la Rivière, L'ordre naturel et essentiel des sociétés politiques. Paris, 1767. 4.

(N. Baudeau) De l'origine et des progrès d'une science nouvelle. Lond. et P. 1768. Deutsch, Karlsr. 1770.

A. R. J. Turgot († 1781), Recherches sur la nature et l'origine des richesses. Par. 1774. Deutsch von Mauvillon, Lemgo, 1775. — Neue Ausg. unter dem Titel Réflexions sur la formation et la distribution des richesses. Par. 1784, auch im 5. Bande der Oeuvres complettes, Par. 1808 bis 1811. VIII Bde., neue Ausgabe von Daire und Dussard als III. und IV. Bd. der Pariser Collection des principaux économistes. Turgot handelte auch als Finanzminister im Sinne des physiokratischen Systems, über welches er sich zwar in manchen Puncten erhob, ohne sich jedoch von den Grundgedanken losreißen zu können. Er erkannte z. B. die Natur der Capitalrente, suchte aber dennoch zu zeigen, daß sie für den Staat nicht disponibel sei. Seine Réflexions sind das beste physiokratische Werk.

G. F. le Trosne, De l'ordre social. Par. 1777. Deutsch v. Wichmann: Lehrbegriff der Staatsordnung. Leipz. 1780.

Physiocratie ou constitution naturelle du gouvernement le plus avantageux au genre humain. Recueil publié par S. P. Du Pont. Yverdon, 1768—69, VI Bd., vom 2. Bande an unter dem Haupttitel: Discussions et développements sur quelques-unes des notions d'économie politique. Die drei letzten Bände betreffen nur den Getreidehandel.

V. de Gournay, einer der einflußreichsten Physiokraten, der besonders die Handelsfreiheit eifrig verfocht, trat nicht als Schriftsteller auf.

(c) (Karl Friedr. Markgraf v. Baden, † 1811) Abrégé des principes de l'écon. pol. Carlsr. 1772. Abgedruckt bei Will, s. unten. Deutsch von Saß. Dessau, 1753.

J. A. Schlettwein, Les moyens d'arrêter la misère publique. Carlsr. 1772. Deutsch, 1772. — Die wichtigste Angelegenheit für das ganze Publikum oder ꝛc. Karlsruhe, 1772. 73. II. neue A. 1776. – Grundfeste der Staaten. Gießen, 1779. – Archiv für den Menschen und Bürger. Leipz. 1780—84. VIII. B. — Neues Archiv. 1785—89. IV. Bd.

Jf. Iselin, Versuch über die gesellschaftl. Ordnung. Basel, 1772. — Träume eines Menschenfreundes. Basel, 1776. II. B. u. A. 1784. — Ephemeriden der Menschheit. 1762 ff. VI. B.

J. Mauvillon, Sammlung von Aufsätzen über Gegenstände aus der Staatskunst. Leipz. 1776. II. — Physiokratische Briefe an Herrn Dohm. Braunschw. 1780.

J. G. G. Springer, Oekonom. u. cameral. Tabellen. Frkf. 1772. — Ueber das physiokrat. System. Nürnb. 1781.

(d) F. A. de Forbonnais, Principes et observations économiques. Amst. 1767. Deutsch v. Neugebauer, Wien, 1767.

G. B. de Mably, Doutes proposés aux philosophes économistes. Par. 1768.

(J. Pinto) Traité de la circulation et du crédit. Amsterd. 1771. Deutsch: Sammlung von Aufsätzen ꝛc. (von K. A. v. Struensee). Liegnitz, 1776. S. 145.

C. W. Dohm, Kurze Vorstellung des physiokratischen Systems. Cassel, 1778.

(von Pfeiffer) Antiphysiokrat oder umständl. Unters. d. sogen. physiokrat. Systems. Frankf. 1780.

G. A. Will, Versuch über die Physiokratie. Nürnb. 1782.

Mehrere andere sind angeführt bei Rüdiger, Anfangsgründe der allgem. Staatslehre. Halle, 1795 S. 144—46.

(e) S. A. Bandini († 1760), Discorso economico, geschrieben 1723, gedruckt erst 1775. = Scrittori cl. P. mod. I. Bandini wird als Vorläufer der Physiokraten angesehen, da er zur Verbesserung der Sumpfgegend (Maremma) von Siena größere Freiheit des Landbaues und Verkehrs, insbesondere freie Getreideausfuhr, Vereinfachung der Gesetze, der Verwaltung und des Steuerwesens, namentlich eine einzige Grundabgabe vorschlägt. Auszug bei Müller, Darstellung der ital. Classiker, S. 66. — Pecchio, Storia, S. 70.

C. Beccaria († 1793), Elementi di economia publica, geschrieben 1769—71 als Vorlesungen auf der Cattedra di scienze camerali in Mailand, zuerst gedruckt in der Sammlung der Scrittori cl. P. mod. T. XI. XII. (Nur einige physiokrat. Vorstellungen in der Vergleichung des Landbaues mit den andern Gewerben, z. B. I. §. 14 ff.)

G. Filangieri, († 1788), Della legislazione. Nap. 1780—85, VII. Bd. Deutsch, Ansbach, 1788—91. Das 2te Buch, = Scritt. cl. P. mod. T. XXXII. (Für Befreiung der Landwirthschaft und des Handels und einzige Grundsteuer.)

(f) G. Garnier, Abrégé élémentaire des principes de l'économie polit. Paris 1796.

le Prince D. de G. (Gallizin), De l'esprit des économistes ou les économistes justifiés d'avoir posé par leurs principes les bases de la révolution française. Brunsvik, 1799. Deutsch, Duisburg, 1798.

Dutens, Philosophie de l'économie politique ou nouvelle exposition de cette science. Par. 1835. II. B.

H. Jouffroy, Catéchisme d'econ. polit. Leipz. & Paris, 1844.

Th. A. H. Schmalz († 1831), Encyklopädie der Kameralwissenschaften, 1796. n. A. 1819. — Handb. der Staatswirthschaft, Berlin, 1808. — Staatswirthschaftslehre in Briefen an einen deutschen Erbprinzen. Berl. 1848. II.

L. Krug, Abriß d. Staatsökon. Berlin, 1807. (Enthält nur wirthschaftliche Politik mit einigen physiokratischen Ansichten).

§. 43.

Das dritte staatswirthschaftliche Lehrgebäude wurde von dem großen schottischen Gelehrten Adam Smith (geb. 1723, gest. 1790) aufgestellt (*a*) und wird gewöhnlich nach demselben benannt; man gab ihm auch bisweilen den unbestimmten Namen Industriesystem. Smith erhob sich in der richtigen Auffassung der volkswirthschaftlichen Erscheinungen und in der Erforschung ihrer Ursachen über die Einseitigkeit der beiden früheren Systeme, indem er sowohl den Landbau als die Gewerke (Fabrication) und den Handel als Mittel zur Bereicherung der Völker darstellte, doch fand er in der Lehre der Physiokraten mehr nützliche Vorarbeiten als im Handelssystem, und nahm daher mehr von jenen in sein Lehrgebäude auf (*b*). Viele einzelne Sätze desselben waren schon von früheren Schriftstellern erkannt und ausgesprochen worden (*c*), doch bleibt Smith unstreitig das große Verdienst, sie in Zusammenhang gebracht, das Wesen der Volkswirthschaft tiefer als seine Vorgänger ergründet und vollständiger erklärt, und hiedurch den Regeln der wirthschaftlichen Politik eine festere Unterlage gegeben zu haben.

(*a*) A d. Smith, Inquiry into the nature and causes of the wealth of nations. Lond. 1776. II B. 4, neue Ausg. von Buchanan, 1814. IV B., mehrere neuere von Mac-Culloch, 4. A. 1851 in 1 Bd., Nachdruck, Basel, 1801. IV. — Deutsch von Schiller (Joh. Fr.), Leipz. 1777, 78. II B., der dritte Bd. von Wichmann, L. 1792. — Bessere Uebersetzung von Garve, fortgesetzt von Dörrien, Breslau, 1793—96. IV. 3te A. 1810. III. (Nach dieser Ausgabe wird Smith in gegenwärtigem Lehrbuche citirt). Neueste Uebers. v. M. Stirner, Die Nationalökonomen d. Franz. u. Engl., Bd. V—VIII, 1846, 47. — Französische beste Uebersetzung von Garnier, Par. 1802. V B., 2te Ausg., 1822. VI. B. — von Blanqui, 1842, neueste Ausg. v. demselben mit V. u. VI. Bd. der Collection des principaux économistes. — Dieß Meisterwerk läßt doch in der äußeren Anordnung Manches zu wünschen übrig, was dazu beigetragen haben mag, daß dasselbe sich nicht schnell in Europa verbreitet hat.

(*b*) Betrachtet man die volkswirthschaftliche Grundlage jedes dieser Systeme, nämlich die Vorstellung von der Entstehungsart des Volkswohlstandes, so kann man sie so bezeichnen:
  1) System der Handelsbilanz oder des Geldzuflusses durch Waarenausfuhr;
  2) System des von der Landwirthschaft herrührenden Reinertrages;
  3) System der Gütererzeugung durch Arbeit, in der Landwirthschaft, der Fabrication und dem Handel.

(*c*) Hieher gehört zunächst A. Smith's Freund, der schottische Geschichtschreiber und Philosoph David Hume († 1776). Seine beiden

Schriften: Essays moral and political, Edinb. 1743 u. ö., und Political discourses, 1752 u. ö. sind auch enthalten in der größeren Sammlung: Essays and treatises on several subjects. Lond. 1753. IV B. u. ö. Die politischen u. ökonomischen Aufsätze hieraus: D. H. politische Versuche, aus dem Engl. (v. Kraus), Königsb. 1800. n. A. 1813. — Ferner Steuart, s. §. 37 (e) und mehrere ältere englische Schriftsteller, s. Roscher, a. a. O. — Auch mehrere Italiener müssen als Vorläufer Smith's angesehen werden, der sie jedoch, Galiani ausgenommen, vermuthlich nicht gekannt hat. Besonders nennenswerth sind:

F. Galiani († 1787), Della moneta. Napoli, 1750. n. A. 1780. = Scritt. cl. P. mod. III. IV. (So gründlich, daß man glaubt, der 21jährige Jüngling habe den Beistand älterer Freunde benutzt).

F. G. Pagnini Saggio sopra il giusto pregio delle cose. 1751. = Scritt. cl. P. mod. II.

C. Beccaria, s. §. 42 (a).

Giammaria Ortes, Dell' economia nazionale. Venez. 1774. = Scritt. cl. P. mod. T. XXI. (Höchst originell; blieb bis zum Abdruck in der angeführten Sammlung fast ganz unbekannt). — Riflessioni sulla populazione. 1794. — Scritt. cl. T. XXIV. (Ist hierin Vorläufer von Malthus).

P. Conte Verri († 1797), Meditazioni sulla economia politica. Mil. 1771. — Scritt. cl. P. mod. XV. Französisch: Réflexions sur l'éc. pol. Laus. 1771. Écon. politique. Paris, 1808. Deutsch von Schmid, Mannh. 1785. (Vorzüglich).

Vgl. Hasse, Cuinam nostri aevi populo debeamus primas oeconomiae publicae et statisticae notiones? Lips. 1828. 4. (Schildert die Verdienste der Italiener und Deutschen). — Pecchio, a. Storia.

§. 44.

Die Hauptgedanken des Smith'schen Systems sind folgende:

1) Die Sachgüter werden durch die menschliche Arbeit mit Hülfe der Grundstücke und des Capitals hervorgebracht, und der Werth der Güter bestimmt sich durch die Menge der auf sie gewendeten Arbeit (a).

2) Nicht blos die auf Gewinnung roher Stoffe von der Erde gerichtete Arbeit, sondern auch die Thätigkeiten der Stoffveredlung (Gewerksarbeit, Fabrikation) und des Handels bewirken die Vermehrung des Vermögens, sind also productiv.

3) Die wichtigsten Mittel, welche die productive Wirkung der Arbeit verstärken, sind die zweckmäßige Theilung der Arbeiten und der Gebrauch des Capitales.

4) Jene drei Classen von Gewerben (s. 2.) verdienen in gleichem Maaße von der Regierung unterstützt zu werden.

5) Das freie Mitwerben (Concurrenz) stellt von selbst die angemessensten Preise der Dinge her, bewirkt die Ausgleichung

des Bedürfnisses mit den Vorräthen, verschafft den Theilnehmern an der Production ihre gebührenden Antheile als Grundrente, Capitalgewinn und Arbeitslohn und leistet überhaupt in der Volkswirthschaft nützliche Dienste.

6) die Regierung soll nur insofern auf die wirthschaftlichen Angelegenheiten des Volkes einwirken, als sie die Hindernisse, die der Entwickelung des Gewerbsfleißes im Wege stehen, zu entfernen sucht, sonst aber die Freiheit in Gewerbsangelegenheiten walten lassen, namentlich auch im auswärtigen Handel.

7) In Beziehung auf ihre eigenen Einnahmen soll die Regierung nicht an dem Betriebe von Gewerben Theil nehmen, sondern ihren Bedarf auf die am wenigsten störende Weise durch Besteuerung von dem reinen Einkommen der Bürger aufbringen.

(a) Smith hat allerdings die Mitwirkung des Bodens und des Capitales anerkannt und gehörig berücksichtigt (f. Baumstark, Staatswissensch. Versuche, S. 509), aber es ist auch nicht zu verkennen, daß er die Arbeit als die Urquelle des Vermögens vorzüglich heraushebt und die ganze Eintheilung seines Werkes auf sie gründet. Das Capital wird von ihm als ein Mittel angegeben Arbeit zu beschäftigen und zu fördern, und er nimmt an, daß die Capitalgewinnste aus dem Erzeugnisse der Arbeit abgegeben werden (I, 76.). Der Ausdruck: „Product der Arbeit und des Bodens" kommt häufig im Smith'schen Werke vor, auch wird bei Gelegenheit der Landrente von dem natürlichen Producte des Bodens gesprochen (I, 77.). Man sieht, daß er in der Hochschätzung der Arbeit den Physiokraten entgegen tritt, in Ansehung der Wichtigkeit der natürlichen Productionskräfte aber mit ihnen gegen die Mercantilisten streitet.

§. 45.

Wenn gleich manche einzelne Sätze dieses Systems, wie sie Smith aufstellte, einer genaueren Bestimmung, andere einer Berichtigung bedurften (a), auch das Ganze noch systematischer dargestellt werden mußte, so sind doch die Grundgedanken so sehr aus der Natur der Sache geschöpft, daß die Untersuchungen neuerer Forscher nur eine allmählige innere Fortbildung herbeiführten, ohne ein anderes System aufzustellen. Daher wird auch die heutige politische Oekonomie, obschon sie sich keineswegs mehr auf den Inhalt der von Smith selbst ausgesprochenen Lehren beschränkt, doch noch als das System desselben betrachtet (b). Das neunzehnte Jahrhundert brachte eine Fülle von Erscheinungen und Erfahrungen im wirthschaftlichen Gebiete hervor, aus denen sowohl neue Lehrsätze für die Erkenntniß der Volkswirthschaft gewonnen, als neue Aufgaben für die Wirthschaftspolitik abgeleitet werden konnten. Diese Bereicherung und jene Vervollkommnung der Wissenschaft, durch die Bemühungen deutscher (c), englischer (d), französischer (e), italienischer (f) und anderer (g) Gelehrten bewirkt, hat die Folge gehabt, daß die Wichtigkeit jener Wissenschaft immer allgemeiner anerkannt wird und ihr Einfluß auf die Verwaltung der wirklichen Staaten an Stärke und Ausbreitung fortdauernd zunimmt. Die abgesonderte Bearbeitung der Volkswirthschaftslehre, welche durch Trennung von den praktischen Lehren viel an Zusammenhang, Klarheit und systematischer Ordnung gewann, wurde vorzüglich in Deutschland mit gutem Erfolge vorgenommen.

(a) Ueber die Gegner Smith's in England, z. B. Pownal, Craufurt, Hamilton, Gray, s. Sartorius, Handb. der Staatswirthschaft, Vorrede, S. XV, und Storch, Handb., I, 77. Am wichtigsten ist Earl of Lauderdale († 1839), Inquiry into the nature and origin of public wealth. Edinb. 1804. Deutsch durch v. Schön (abgekürzt) Berlin, 1808.

(b) Literatur bei Steinlein, Volkswirthschaftslehre, I, 106 ff.

(c) 1) Umarbeitungen des Smith'schen Werkes.

G. Sartorius († 1828), Handbuch der Staatswirthschaft. Berl. 1796. Neue Ausgabe: Von den Elementen des Nationalreichthums und von der Staatswirthschaft. Götting. 1806. (Trug nebst Lueder am meisten zur Verbreitung des Systems in Deutschland bei).

A. F. Lueder († 1819), Ueber Nationalindustrie und Staatswirthschaft, nach A. Smith bearbeitet. Berlin 1800—4. III B. — Die Nationalindustrie und ihre Wirkungen. Braunschw. 1808. (Auszug).

Chr. J. Kraus († 1807), Staatswirthschaft, herausg. von Hs. v. Auerwald, Königsb. 1808—11. V. 2ter Abdruck 1837. (Nur die 4 ersten Bände gehören hierher, der 5te enthält wirthschaftliche Politik nach eigenen Ansichten des Verf.).

2) Bearbeitungen der Wissenschaft mit mehr eigenthümlichen Forschungen.

L. H. v. Jakob († 1827), Grundsätze der Nationalökonomie. Halle, 1806. 3. A. 1825.

Chr. v. Schlözer, Anfangsgründe der Staatswirthschaft. Riga, 1805. 7. II. B.

J. Graf von Soden († 1831), Die Nationalökonomie. Leipzig, 1805—23. IX B. Bd. I—III. enthalten die Nationalökon., B. IV. den Auszug aus den drei ersten, Bd. V. die Finanzwissenschaft, Bd. VI. die Volkswirthschaftspflege („Staatsnationalwirthschaftslehre" bei dem Verf.), die drei letzten gehören nicht zur politischen Oekonomie. Graf Soden und Jakob haben um die wissenschaftliche Gestaltung der Volkswirthschaftslehre großes Verdienst (§. 15 (a)), doch führten sie die Ausscheidung der praktischen Sätze aus derselben nicht ganz durch. Soden's Werk ist reich an lehrreichen Ausführungen einzelner Gegenstände.

G. Hufeland († 1817), Neue Grundlegung d. Staatswirthschaftskunst. Gießen, 1807—13. II B. (Unvollendet).

J. F. E. Lotz († 1838), Revision der Grundbegriffe der Nationalwirthschaftslehre. Coburg, 1811—14, IV. — Handbuch der Staatswirthschaftslehre. Erlangen, 1821. 22. III. 2. Ausg. 1837. (Vorzüglich).

J. P. Harl († 1843), Handbuch d. Staatswirthschaft und Finanz. Erlang. 1811.

Fr. B. Weber, Lehrbuch der polit. Oekonomie. Bresl. 1843. II.

N. W. v. Leipziger, Geist der Nationalökonomie und Staatswirthschaft. Berl. 1813. II.

H. Storch († 1835), Cours d'économie politique. St. Pétersb. 1815. VI B. — Paris, 1823. IV B. (avec des notes explicatives et critiques par M. Say). — Deutsch: Handbuch der Nationalwirthschaftslehre, mit Zusätzen von Rau. Hamburg, 1819, 20. III B. Die Zusätze auch besonders abgedruckt, ebd. 1820.

G. Gr. v. Buquoy, Theorie der Nationalwirthschaft. Leipz. 1816. 4. — Hiezu 3 Nachträge, 1816—18. 4.

J. F. G. Eiselen, Grundzüge der Staatswirthschaft. Berl. 1818. — Die Lehre von der Volkswirthschaft, Halle, 1843.

(v. Ehrenthal) Die Staatswirthschaft nach Naturgesetzen. Lpz. 1819.

A. F. Lueder, Die Nationalökon. od. Volkswirthschaftsl. Jena, 1820.

K. Arnd, Die neuere Güterlehre. Weimar, 1821. — Die materiellen Grundlagen und sittlichen Forderungen der europäischen Cultur. Stuttg. 1835. — Die naturgemäße Volkswirthschaft. Han. 1845. 2te A. 1851.

J. A. Oberndorfer, System der Nationalökon. Landsh. 1822.

K. H. L. Pölitz († 1838), Volkswirthschaft, Staatswirthschaft und Finanzwissenschaft — und Polizeiwissenschaft. Leipz. 1823. Zweite A. 1827. (Auch als zweiter Band von: Die Staatswissenschaften im Lichte unserer Zeit).

v. Seutter, Die Staatswirthschaft. Ulm, 1823. III.

G. F. Krause, Versuch eines Systems der National- und Staatsökonomie. Leipz. 1830. II.

Fr. J. Schmitthenner († 1850), Grundriß der histor. u. polit. Wissenschaften. Gießen, 1830. I. S. 104. 214. 287. — Zwölf Bücher vom Staate, I, 324. 1840.

K. Steinlein, Handb. d. Volkswirthschaftslehre. Münch., 1831. I.

K. F. Schenk, Das Bedürfniß der Volkswirthschaft. I. Bd. Die allg. Grundsätze der Volkswirthschaftslehre. II B. Die Grundsätze d. Volkswirthschaftspflege. Stuttg. 1831.

K. S. Zachariä († 1843), Staatswirthschaftslehre. Heidelb. 1832. I., oder der 5. B. der 40 Bücher vom Staate. — In der n. Ausg. dieses Werkes ist die Staatswirthschaftslehre der 7. Bd. 1843.

K. v. Rotteck († 1840), Oekonomische Politik. Stuttg. 1835.

J. Schön († 1839), Neue Untersuchung der Nationalökonomie und der natürlichen Volkswirthschaftsordnung, Stuttg. 1835.

E. P. Pons, Die Staatsökonomie. 1. Abschnitt, Physik der Gesellschaft. Berlin, 1836.

A. Fr. Riedel, Nationalökonomie oder Volkswirthschaft. Berlin 1838—1841. III.

W. v. Prittwitz, Die Kunst reich zu werden, oder gemeinfaßliche Darstellung der Volkswirthschaft. Mannheim, 1840. 2te Ausg. — Die Volkswirthschaftslehre, gemeinfaßlich dargestellt. 1846.

A. Barth, Vorlesungen über Nationalökonomie. Augsb. 1843.

C. W. Ch. Schütz, Grundsätze der Nationalökonomie. Stuttg. 1843. (Die Volkswirthschaftspolitik ist mit eingeflochten).

W. Roscher, Grundriß zu Vorlesungen über die Staatswirthsch. nach geschichtlicher Methode. Gött. 1843. — System der Volkswirthschaft. I. Grundlagen der Nationalökonomie. 1854. II. 1859.

H. Eisenhart, Positives System der Volkswirthschaft, oder ökon. Socialtheorie. Leipzig 1844. (Mit vorzüglicher Hinneigung zu List).

J. Kudler († 1853), Grundlehren der Volkswirthschaft. Wien, 1846. II B.

Br. Hildebrand, Die Nationalökonomie in Gegenwart und Zukunft. I. 1848.

C. W. Uhde, Die Grundzüge der Nationalökonomie, I. 1849.

L. Stein, System der Staatswissenschaft. I. 1852.

K. Knies, Die polit. Oekonomie vom Standpunct der geschichtlichen Methode. 1853.

3) Sammlung vermischter Aufsätze und Zeitschriften.

v. Struensee, Abhandlungen über wichtige Gegenstände d. Staatswirthschaft. Berlin 1800. III.

G. Sartorius, Abhandlungen, die Elemente des Nationalreichthums und die Staatswirthschaft betreff. Gött. 1806.

Chr. F. Kraus, Aufsätze über staatswirthschaftliche Gegenstände. Königsb. 1808. II B.

K. Murhard, Ideen über wichtige Gegenstände aus dem Gebiete der Nationalökon. und Staatswirthschaft. Gött. 1808.

K. H. Rau, Ansichten der Volkswirthschaft. Leipz. 1821.

C. Sulzer, Ideen über Völkerglück. Zürich 1825.

P. Kaufmann, Untersuchungen im Gebiete der polit. Oekonomie. 1. Abth. Bonn, 1829. 2. Abth. 1s H. 1830.

F. B. W. Hermann, Staatswirthschaftliche Untersuchungen, 1832, (Vorzüglich).

K. S. Zachariä, Abhandlungen aus dem Gebiete der Staatswirthschaftslehre. Heidelb. 1835.

E. Baumstark, s. unten (d).

J. F. Knapp, Vierzehn Abhandlungen über Gegenstände der Nationalökon. u. Staatswirthschaft. Darmst. 1840.

Rodbertus=Jagetzow, Zur Erkenntniß unserer staatswirthschaftl. Zustände. I. Neubrandenb. 1842.

K. H. Rau, Archiv der politischen Oekonomie, seit 1835, V Bde. Rau u. Hanssen, Archiv ꝛc., Neue Folge, 1843—53. X Bde.

4) Zur Geschichte der neuern Volkswirthschaft und Wirthschaftspolitik.

(R. v. Bosse), Essai sur l'histoire de l'économie politique. Paris et Lond. 1818. II Bde. — Dessen Darstellung des staatswirthschaftlichen Zustandes in den deutschen Bundesstaaten auf seinen geschichtl. Grundlagen. Braunschw. 1820.

G. v. Gülich, Geschichtliche Darstellung des Handels, der Gewerbe und des Ackerbaus der bedeutendsten handeltreibenden Staaten unserer Zeit, Jena 1830—1845. V B.

(d) Rob. Malthus († 1834), An essay on the principle of population. Lond. 1806. II. 5. A. 1831. Deutsch von Hegewisch. Altona 1807. II. — Principles of political economy. Lond. 1820. Franz. von Constancio. Paris, 1821. II. — Definitions in political economy. Lond. 1827.

Dav. Ricardo († 1823), Principles of political economy and taxation. London 1819. 2. A. 1821. Franz. von Constancio, avec des notes explicatives et critiques par M. Say, 1819. Neue Ausg. v. Fonteyraud, XIII. Bd. der Collection. II. Deutsch: (nicht gut übersetzt) v. Schmid. Weimar, 1821. Bessere Uebersetzung von E. Baumstark: Grundgesetze der Volkswirthschaft und Besteuerung. Leipz. 1835. Der dieser Uebers. beigefügte 2te Band hat den Nebentitel: Volkswirthschaftliche Erläuterungen, vorzüglich über D. Ric. Sy-

4*

stem. 1838. — Ric. stellte in diesem tiefgedachten, aber minder gut geordneten Werke viele eigenthümliche Sätze auf, welche in Großbritannien zahlreiche Anhänger fanden.

J. Mill, Elements of political economy. Lond. 1821. 3te A. Franz. von Parisot, Par. 1823. Deutsch von Jakob. Halle, 1824. (Guter Abriß des Ricardo'schen Systems).

M' (Mac) Culloch, A discourse on the rise, progress, peculiar objects and importance of pol. ec. Lond. 1825. 2. A. Franz. von Prevost. Genève et Paris, 1825. — Principles of political economy. Edinb. 1825. N. A. 1849. Deutsch von C. M. v. Weber. Stuttg. 1831. Franz. v. Blanche, 1858. II. (Gehört ebenfalls zur Schule von Ricarto).

R. Torrens, An essay on the production of wealth. Lond. 1821.

Thomas Smith, An attempt to define some of the first principles of political economy. Lond. 1821.

R. Whately, Introductory lectures on political economy. Lond. 1831. (Nur einleitend).

Th. Chalmers, On political economy. Glasg. 1832.

Harriet Martineau, Illustrations of polit. ec. Lond. 1832. 34. XXV Bändchen, die ersten 1833 schon zum 3ten Mal aufgelegt; s. Rau, Archiv, I, 265.

Poulett Scrope, Principles of political economy. Lond. 1833.

Mistress Marcet († 1858), Hopkin's Notions of political economy. Lond. 1833. Franz. v Carol. Cherbuliez, 1834. — Conversations on political economy. 7. Ausg. Lond. 1839.

W. N. Senior, Outline of the science of the political economy. Lond. 1836, ein Abdruck aus der Encyclopaedia metropolitana. 4. n. A. 1850. S. (Vorzüglich) — Uebersetzt mit Zugaben Senior's in: Principes fondamentaux de l'écon. pol. . . . . par le Comte J. Arrivabene. Paris 1836.

J. S. Eisdell, A treatise on the industry of nations or the principles of national economy and taxation. Lond. 1839. II.

W. Ellis, Outlines of social economy, L. 1850. D. v. Willer, 1852. — Progressive lessons in soc. science, 1850.

J. Stuart Mill, Essays of some unsettled questions of polit. ec. L. 1844. — Principles of polit. ec. 3. A. 1852, b. von Soetbeer, II B. 1851 52. Franz. von Dussard u. Courcelle-Seneuil, II B. 1852.

(e) N. F. Canard, Principes d'écon. politique. Paris 1801. Deutsch, Ulm, 1806. — Neu übersetzt von Wolf: Grundf. der polit. Oekon. Augsb. 1824.

J. B. Say (geb. 1767, † 1832), Traité d'écon. polit. P. 1802, 5. ed. 1826. III. B. 6. Ausg. von Hor. Say, als IX. Bd. d. Collection. Deutsch von Jakob: Abhandl. über die Nat.-Oef. Halle, 1807. II, und von Morstadt: Darstellung der Nationalökon. Heidelb. 1818. II, n. A. 1830. 31. III — Cours complet d'écon. polit. pratique. P. 1828. 29. VI. 3. Ausg. v. Hor. Say, 1852. II B., als X und XI. Bd. der Collection, deutsch von J. v. Th. (Theobald): Vollst. Handb. der pract. Nationalökon. Stuttg. 1829—30. VI. Abgekürzte Ueberf. von F. A. Rüder, fortgef. von Sporschill, 1828—31. VI Bde. (Vgl. Pölitz Jahrb d. Geschichte u. Staatskunst, April 1829). Neue Uebers. v. M. Stirner, Die Nationalökonomen der Franz. u. Engl. 1845. I—III. — Katechismus der Nationalökon., deutsch von v. Fahnenberg, 1816; nach der 3. Ausg. überf. Stuttg 1827. — Mélanges et correspondance d'économie politique, publ. par Comte. P. 1833 Say hat durch seine musterhaft klare, anziehende Darstellung das Studium der pol. Oekonomie mehr als irgend Jemand befördert, zugleich die Wissenschaft bedeutend vervollkommnet.

J. C. L. Simonde de Sismondi († 1842), De la richesse commerciale ou principes de l'écon. pol. appliqués à la législation du commerce. Genève, 1803. II B. — Nouveaux principes d'écon. polit. Par. 1818. II B. 2. Ausg. 1822. — Études sur l'écon. polit. 1837. II. (Vorzüglich).

Ch. Ganilh († 1837), Des systèmes d'écon. pol. Par. 1809. II B. 2te A. 1821. II B. Deutsch: Untersuchungen über die Systeme der pol. Oek. Berlin, 1811. II. — Théorie de l'écon. polit. S. §. 21 Note (a). — Dictionnaire analitique de l'écon. politique. P. 1826.

Louis Say (der ältere Bruder), Considérations sur l'industrie et sur la législation. Paris 1822. — Traité élémentaire de la richesse individuelle et de la richesse publique. Par. 1827. — Études sur la richesse des nations. P. 1836.

Destutt de Tracy, Traité d'écon. pol. P. 1823.

A. de Carrion-Nisas, Principes d'écon. pol. Par. 1824. (Theil der bibliotheque de 19me siècle).

P. H. Suzanne, Principes de l'économie politique. 1826. Deutsch, Mainz 1827.

A. Blanqui († 1854), Précis élémentaire d'écon. polit. Par. 1826. Deutsch, von Heldmann: Grundriß der Staatswirthschaft, 1828. — Cours d'économie industrielle. Par. 1837. — Cours . . Par. 1838. — (Vorlesungen, in jedem Jahre über andere Abschnitte gehalten).

J. Droz († 1850), Économie polit. Par. 1829, neueste Ausg. von Mich. Chevalier, 1854. (Sehr gut). Deutsch von Keller, 1830, und von Bergk, 1830.

R. Guyard, De la richesse ou essais de Ploutonomie. P. 1829. II.

Rossi († 1848), Cours d'écon. polit. II B. P. 1838. — III. und IV. B. 1851 und 1854.

A. Cournot, Recherches sur les principes mathématiques de la théorie des richesses. Par. 1838.

Mary Meynieu, Élémens d'écon. pol. P. 1838. (In Gesprächform, elementarisch).

de Pinheiro-Ferreira, Précis d'un cours d'écon. pol. P. 1840. (Kurzer Abriß).

Ios. Garnier, Élémens d'écon. polit. P. 1843. n. A. 1847.

M. Chevalier, Cours d'écon. polit. 1842—50. III B.

Fr. Bastiat († 1850), Harmonies économiques. P. 1850.

Th. Fix († 1846), Revue mensuelle d'écon. polit. 1834—36. V.

Journal des Économistes. Paris, seit 1842, jährlich II Bände in 12 Heften.

Dictionnaire de l'écon. polit., publié sous la direction de Coquelin et Guillaumin. P. 1851. 53. II B. (sehr gehaltreich, von einer Anzahl französischer Gelehrten ausgearbeitet).

Collection des principaux économistes. Paris, 1840—48. XV Bde. (enthält ältere Schriftsteller, Vauban, Boisguillebert, Law, Melon, Dutot, — Schriften mehrerer Physiokraten, — Oeuvres de Turgot, in II Bdn. — A. Smith, Malthus, Ricardo, Say, Hume, Necker u. A.).

(*f*) G. Palmieri († 1794), Riflessioni sulla publica felicità, relativamente al Regno di Napoli — Della ricchezza nazionale. = Scritt. cl. P. mod. T. XXXVII. XXXVIII.

Fr. Mengotti, Il Colbertismo osia della libertà di commercio de' prodotti della terra. Fir. 1791. = Scr. cl. P. mod. T. XXXVI. Deutsch von Utschneider. München, 1794.

Melch. Gioja († 1629), Nuovo prospetto delle scienze economiche. Milano, 1815—17. VIII. 4. Dieß große Werk sollte den ganzen in der Literatur der politischen Oekonomie niedergelegten Gedankenvorrath aufnehmen und verarbeiten. Es wird zufolge der vielen Tabellen und Schematisirungen häufig trocken und unbefriedigend, enthält jedoch viele eingestreute Gedanken von großem Werthe.

C. Bosselini, Nuovo essame delle sorgenti della privata e pubblica ricchezza. Mod. 1817. II.

F. Fuoco, Saggi economici. Pisa, 1825.

M. Agazzini, La scienca dell' econom. politica. Mil. 1827. Französisch schon 1822.

Scudori, Principj di civile econ. Nap. 1829. III.

De Augustinis, Institutioni di economia sociale. Nap. 1837. I. (Fortf. erschien nicht).

Scialoja, Principj della economia sociale. Nap. 1840. Franz. von Devillers, P. 1844. — Trattato elementare di econ. sociale. 1850.

Bianchini, Della scienza del ben vivere. Nap. 1845. I.

Meneghini, Elementi di econ. civile. Tor. 1851.

Boccardo, Trattato teorico-pratico di economia politica. III B. Torino 1853.

Trinchera, Corso di econ. polit. I. Tor. 1854.

(g) Graf Fr. Skarbek gab 1820 und 1821 zwei polnische Werke über Nationalökonomie und Volkswirthschaftspflege heraus. Umarbeitung derselben: Théorie des richesses sociales. Paris, 1829. II.

A. Bulowski, Versuch über den Volkswohlstand, II B. St Petersburg 1847, in russischer Sprache.

Th. Cooper (Prof. in Süd-Carolina), Lectures of the elements of political economy. Columbia 1826.

H. C. Carey, Principles of politic. economy, Philadelphia, Bd. I. u. II. 1839, Bd. III. u IV. 1840.

Opdyke, A treatise on pol. econ. New-York 1851.

Peshine Smith (Nordamericaner), Manuel d'écon. pol., trad. par O. Bagnet, 1854.

Alvaro Flores Estrada, Cours éclectique d'économie politique, trad. sur les mscr. originaux par L. Galibert. Paris, 1833. III.

Eus. Maria del Valle, Corso de economia politica. Madrid, 1842,

Colmeiro, Tratado elementar de econom. polit. Madrid 1545.

A. Sandelin, Répertoire général de l'écon. politique ancienne et moderne. La Haye, 1846—49. VI. (Auszüge aus den vorzüglicheren Schriften, nach der Buchstabenfolge der Gegenstände geordnet).

§. 45a.

Die allgemeinen Grundzüge der Volkswirthschaft, welche überall und zu allen Zeiten in den wirklichen Staaten zum Vorschein kamen, sind Sondereigenthum, — wirthschaftliche Selbstständigkeit der Familie, — Mitwerben der Einzelnen, welche mit freier Wahl sich gewissen Erwerbszweigen widmen. Mit diesem Zustande ist auch die Möglichkeit gewisser Mißbräuche und volkswirthschaftlicher Gebrechen verbunden, als Verschwendung, Härte der Reichen, Druck gegen die unbegüterten Arbeiter,

Verarmung Einzelner, Verluste durch übermäßiges Mitwerben u. dergl. Der Anblick solcher Uebelstände hat oft zu Vorschlägen einer Umgestaltung der Volkswirthschaft geführt. Das Verlangen einer solchen ist zu verschiedenen Zeiten aus religiösen Antrieben oder aus der Begeisterung für Ideale der philosophischen Sittenlehre hervorgegangen (a). In der neuesten Zeit ist jenes Verlangen vorzüglich von dem Anblick der ungünstigen Lage vieler Lohnarbeiter angeregt worden. Der heutige Aufschwung der Gewerbe, die staunenswerthen Fortschritte des Kunstfleißes, die große Ausdehnung und Vermehrung der Fabrikunternehmungen sind unverkennbar mit mancher Bedrängniß und Noth unter den unbegüterten Arbeitern verbunden und dieß muß den menschenfreundlichen Beobachter mit Bedauern und Besorgniß erfüllen. Der Eindruck solcher Erscheinungen hat besonders häufig zu einer Abneigung gegen die Macht des beweglichen Vermögens (Capitals) und gegen den großen Abstand zwischen Reichen und Dürftigen geführt und mancherlei Verbesserungsentwürfe veranlaßt, die bald mehr, bald weniger gegen die bisherigen Einrichtungen ankämpfen, deren Unausführbarkeit oder Unzweckmäßigkeit jedoch dem unbefangenen Beurtheiler bald deutlich wurde (b). Die von den Schriftstellern aufgestellten Ansichten und Vorschläge dieser Art sind schwer in gewisse Abtheilungen zu ordnen, weil sie unter sich sehr von einander abweichen (c), doch werden gewöhnlich zwei Hauptgruppen unterschieden:

1) Die Socialisten streben darnach, die bisherige Vereinzelung der Menschen durch Vereine (Associationen) aufzuheben, deren Mitglieder mehr oder weniger von ihrer Selbstständigkeit aufgeben, dafür aber an den Früchten des Zusammenwirkens Antheil genießen würden (d); je weiter sich die auf der Vereinigung beruhende Gemeinschaft über alle wirthschaftlichen Angelegenheiten erstreckt, desto mehr nähert sich der Socialismus dem zweiten Systeme.

2) Die Communisten (e) empfehlen volle Gemeinschaft des Vermögens und Erwerbes, wobei nach Einigen Jedem gleicher Gütergenuß gesichert und gleiche Arbeitslast auferlegt (f), nach Anderen Allen vollkommene Freiheit des Arbeitens und Genießens eingeräumt werden sollte (g).

Obgleich nun keine dieser neuen Lehren ein befriedigendes Ergebniß hatte, so sind sie doch als Zeichen vorhandener Gebrechen und Mißstimmungen bemerkenswerth und die Wissenschaft hat aus ihnen die Verpflichtung aufgenommen, mehr, als es früher geschehen war, auf die wirthschaftliche Wohlfahrt der verschiedenen Volksclassen, namentlich der unbegüterten Lohnarbeiter, zu achten.

(a) Das Verlangen nach Gütergemeinschaft ist zu verschiedenen Zeiten, besonders in Perioden großer Erschütterung und Aufregung der Arbeiterclassen zum Vorschein gekommen. Schon Plato dachte an sie so wie Plotinus († 270 n. Chr.), der die Ideen des ersteren zu verwirklichen suchte. Die jüdischen Essener lebten in einer Gütergemeinschaft. Der Dualismus der orientalischen Philosophie, als die Lehre vom Kampfe des bösen mit dem guten Principe, führte oft zu dem Bestreben, die Sinnlichkeit zu unterdrücken und in höchster Genügsamkeit einzeln oder in Gesellschaft zu leben, wie manche schwärmerische Secten (Manichäer, — Patarener im 13. Jahrh. u. A.). Auch die Wiedertäufer und die Genfer Libertiner verwarfen das Privateigenthum. Frank in Séances et travaux de l'acad. des sc. moral. et polit. XIV, 187. — Reybaud in Revue des 2 mondes, XXXI, 5 (1842). — Hundeshagen in Theolog. Studien und Kritiken, 1845, 3. u. 4. Heft. — Roscher, System der Volkswirthschaft I, 124. — Die Utopia des Canzlers Morus († 1535) eröffnete die Reihe der dichterisch ausgemalten Staatsideale des 16 und 17. Jahrhunderts, die von den Urhebern der neueren Verbesserungspläne wieder hochgeschätzt wurden, Mohl in der staatswiss. Zeitschrift, 1845, I, 24.

(b) Zachariä, Abhandl. S. 89. — Blanqui, Hist. de l'écon. polit. II, 303. — Reybaud, Études sur les réformateurs contemporains ou socialistes modernes. P. 1840. — D. Vierteljahrschrift Nr. XI, 1846, S. 1—12. — Stein, Der Socialismus und Communismus des neueren Frankreichs, Leipz. 1842. Nachtrag 1849. Ders., Geschichte der socialen Bewegung in Frankreich, III B. 1850. — Schütz, Grundsätze S. 41. — Roscher in der Zeitschrift für Geschichtswissenschaft, III. 418. 540. IV, 10. 1845. — Passy in Journ. des Econ. XII, 34. auch Compte rendu de l'ac. VIII, 5. — De Cavour in Bibl. univ. de Genève, 1846, I. — Biedermann, Vorlesungen über Socialismus, 1847. — Grieb, Populäre Gesellschaftsökon. 1848. — Hildebrand, Nation.-Oek. I.

(c) Der französ. Schriftsteller P. J. Proudhon, der alle anderen neueren Secten bekämpft und kein festes System aufstellt, ist deßhalb keiner Gruppe zuzurechnen. Zu seiner ältesten Behauptung: la propriété c'est le vol kam späterhin die Aufstellung der Anarchie als des Ideals für die Gesellschaft, und der Plan einer unausführbaren Volksbank. Qu'est-ce que la propriété? P. 1848. Système des contradictions économiques, II B. 1846, deutsch v. Jordan, 1848. Organisation du crédit, 1847. Confessions d'un révolutionnaire, 1849. Idée génér. de la révolut. au 19. siècle, 1851. La révolution sociale, 1852.

(d) Hieher gehören hauptsächlich 1) der sogen. Industrialismus oder St. Simonismus, gegründet durch Heinr. v. St. Simon († 1825). Dieser wollte nicht völlige Gemeinschaft, aber die Austheilung der Arbeiten und der Erzeugnisse durch die höchste Gewalt nach den Fähigkeiten eines Jeden, also eine höchst centralisirte Leitung aller volkswirthschaftlichen Angelegenheiten, wobei die Erblichkeit des Vermögens aufhörte, und eine Art von Priesterherrschaft nach einer neuen Religion, s. besonders seine Schrift Du système industriel. Paris, 1821 und Doctrine de St. Simon. II, 146. P. 1830. Eine solche, den Staat in eine einzelne Familie umwandelnde Einrichtung würde die Selbstständigkeit des Privatlebens vernichten, einen der mächtigsten Antriebe zum Kraftgebrauche lähmen und eine höchst gefährliche Allgewalt in die Hände der Regierung legen. — 2) Die Lehre von Karl Fourier († 1837) und der sogen. école sociétaire. F. beabsichtigte gesellschaftliche Vereine (Phalangen, von 1800—2000 Menschen, im Phalanstère beisammenwohnend), in denen Gewerbe auf gemeinsame Rechnung betrieben würden und die Mitglieder einen verhältnißmäßigen Antheil am Ertrage erhielten, die Arbeiter aber durch Abwechslung in den Beschäftigungen und erheiterndes Zusammenwirken Mehrerer ohne Zwang angefeuert würden; Fourier, Traité de l'association domestique agricole. Par. 1822. II Bde. Le nouveau monde industriel et sociétaire, 1829. — Considérant, Destinée sociale; exposition élémentaire complète de la théorie sociétaire. P. 1836. 3S. II B. — Ordinaire in Rau, Archiv, II, 203. — Roscher, System d. Volkswirthschaft, I, 90. — 3) Der Vorschlag von L. Blanc, Fabrikunternehmungen in die Hände der darin beschäftigten Arbeiter zu geben und ihnen das nöthige Capital durch den Staat zu liefern, s. deff. Organisation du travail, 4. A. 1845. Weil, der Staat und die Industrie, 1843. Aehnlich die Absichten der sog. christlichen Socialisten in England, Economist, Nr. 414 S. 980. Die Versuche, Unternehmungen auf gemeinschaftliche Rechnung der Arbeiter zu Stande zu bringen, sind übrigens mit dem Fortbestehen der volkswirthschaftlichen Ordnung wohl vereinbar. — Das socialistische Lehrgebäude von Mario (Untersuchungen über die Organisation der Arbeit, 1848—54, III B.) ist noch nicht ganz beendet.

(e) Rapp aus Würtemberg gründete 1805 in Nordamerica eine auf Gütergemeinschaft beruhende Niederlassung, deren Sitz seit 1825 zu Economy im Staate Ohio ist. Dieß Beispiel fand dort Nachahmung, s. Julius, Reise, I, 194. Auch R. Owen empfahl das System der „Cooperation" u. Gemeinschaft, s. Roy, Lettres sur le système de la coopération mutuelle et de la communauté de tous les biens d'après le plan de M. Owen, P. 1828. — Der Communismus will die Gleichheit durch Aufhebung des Privateigenthums bewirken und diese gänzliche Umgestaltung der bürgerlichen Gesellschaft bald vermittelst eines gewaltsamen Umsturzes (wie Babeuf, hingerichtet 1796), bald auf dem langsameren Wege der allgemein werdenden Ueberzeugung zu Stande bringen, wie Cabet, dessen Voyage en Icarie (1840) mit den obengenannten Staatsromanen verglichen werden kann.

(f) Die sog. Gleichheitscommunisten, wie Babeuf, Cabet, Weitling.

(g) Die sog. Freiheitscommunisten, wie Dezamy.

Volkswirthschaftslehre.

Erstes Buch.
Wesen des Volksvermögens.

Erster Abschnitt.
Bestandtheile des Volksvermögens.

§. 46.

Wie alles Vermögen nur Gewalt über Sachgüter ist (§. 1.), so begreift auch das Volksvermögen nur diese in sich, und die wirthschaftlichen Thätigkeiten sind zunächst nur auf den Besitz und Gebrauch derselben gerichtet (a). Diese Güter, als sinnliche Gegenstände, in denen der Mensch Mittel zu seinen Zwecken findet, unterscheiden sich wesentlich von den persönlichen Gütern, die mit dem Menschen selbst unzertrennlich verbunden sind und sich in ihrer Entstehung, Uebertragung, Dauer und Zerstörung ganz anders verhalten. Wollte man, dem Sprachgebrauche zuwider, den Begriff des Vermögens und der Wirthschaft so sehr erweitern, daß beide sich auch auf die persönlichen Güter erstreckten (b), so würde das Eigenthümliche der Wirthschaftsangelegenheiten verschwinden und die politische Oekonomie sich zur Wissenschaft aller Güter für den Staat, d. h. zur Staatswissenschaft ausdehnen (c). Indeß hat jene Wissenschaft sich dennoch auch mit den persönlichen Gütern zu beschäftigen,

1) weil dieselben die Hervorbringung und Erwerbung von Sachgütern so sehr unterstützen, daß der Wohlstand der Völker wie der Einzelnen von dem Beistande sittlicher und geistiger Kräfte bedingt wird;

2) weil alle wirthschaftlichen Verrichtungen zuletzt darauf hinzielen, den Zustand der Menschen zu verbessern, und weil daher das Vermögen nicht für sich allein, sondern nach seiner Beziehung auf die menschliche Gesellschaft, d. h. in seiner Anwendung zur Erzeugung persönlicher Güter, zu würdigen ist.

(*a*) So betrachtet es A. Smith und die meisten Staatsökonomen. s. besonders Schmalz, Staatswirthschaftsl. I, 12. — Droz, Éc. pol. S. 15. — Zachariä, Staatsw. L. S. 5. 42. — Rossi, Cours, 1, 29. — Riedel, Nationalök. I, §. 12. (Der Verf. unterscheidet übrigens neben dem sachlichen oder im engeren Sinne sog. Volksvermögen auch ein persönliches, das Arbeitsvermögen, S. 43.) — Schmitthenner, Zwölf B. vom Staate, I. §. 326. (Der Verf. rechnet indeß unter die ökonomischen Güter nicht blos materielle Substanzen, sondern auch immaterielle „insoweit als dieselben auf die Erzeugung und Erhaltung äußerer Güter Einfluß haben," S. 249.)

(*b*) Storch hat auf die persönlichen Güter die bei den sachlichen gangbaren Benennungen, Begriffe und Eintheilungen mit gutem Erfolge angewendet, s. dess. Handb. der Nationalwirthsch. II. — Versuche, beide Arten von Gütern in der wissenschaftlichen Behandlung zusammenzufassen, von Arnd und Gioja (§. 45. Note *b* u. *f*); auch Bülau, Handb. d. Staatsw. L.; eben dahin neigen sich Hufeland, n. Grundlegung, I, S. 34. Pölitz, Staatswiss. II, §. 18, u. Hasse, Cuinam nostri aevi populo etc. S. 12. — Es ist bemerkenswerth, daß auch diejenigen, welche den Begriff des Vermögens über die Sachgüter hinaus erweitern wollen, doch in den späteren Abschnitten der Wissenschaft sich nur an jene Güter halten.

(*c*) Es läßt sich deßhalb keinesweges behaupten, daß die Staatsökonomie durch Ausschließung der persönlichen Güter in eine fehlerhafte Einseitigkeit gerathe, denn durch diese Beschränkung gewinnt sie ein abgerundetes eigenthümliches Gebiet und erlangt erst die volle Gründlichkeit und Fruchtbarkeit. Die persönlichen Güter erfordern zwar eine Pflege durch den Staat, aber diese Thätigkeit, die man Staatserziehung, Culturpolitik, Volksbildungssorge nennen kann, ist von der Sorge für den Volkswohlstand verschieden und verdient in dem Systeme der Staatsverwaltung eine eigene Stelle. „Man hat es oft den Staatsökonomen schwer vorgeworfen, daß sie ihre Aufmerksamkeit blos auf die sachlichen Güter (wealth) richten und alle Beachtung der Glückseligkeit und Tugend verabsäumen. — Niemand tadelt einen Schriftsteller über die Taktik, daß er seine Aufmerksamkeit blos auf kriegerische Angelegenheiten richtet, eben so wenig schließt man aus dieser Handlungsweise, daß er einen immerwährenden Krieg empfiehlt. Allerdings würde ein Schriftsteller, der, nachdem er gezeigt hat, daß ein gewisses Verfahren Sachgüter erzeugt, dasselbe blos darum zur Nachahmung empfiehlt, den großen Fehler begehen, Wohlfahrt (happiness) und den Besitz von sachlichem Vermögen (wealth) für einerlei zu halten. Aber sein Irrthum liegt nicht darin, daß er seine Aufmerksamkeit auf das sachliche Vermögen beschränkt, sondern in der Verwechselung von Wohlfahrt und Vermögensbesitz." Senior, Outl. S. 139.

§. 46 a.

Auch die persönlichen Dienste, d. h. Arbeiten, wodurch der Mensch unmittelbar dem Menschen einen Vortheil (ein persönliches Gut) zu Wege bringt, z. B. Unterricht, Pflege, Beschützung, sind keine Theile des Vermögens. Mehrere neuere Schriftsteller haben diejenigen Dienste in das Vermögen gerechnet, welche gegen eine Vergütung in Sachgütern geleistet werden und daher gleich diesen selbst einen Preis (Tauschwerth) haben, z. B. die bezahlten Thätigkeiten des Arztes, Lehrers, Künstlers ꝛc. (a). Wenn alles dasjenige für einen Theil des Vermögens gehalten werden sollte, was einen Preis hat und in den wirthschaftlichen Verkehr kommt, so müßte dieß von sämmtlichen Lohnarbeiten, nicht blos von den persönlichen Diensten gelten. Ferner sind diese zwar wie die sachlichen Güter Mittel zur Befriedigung menschlicher Bedürfnisse, und dienen dazu, Vermögen zu erwerben, unterscheiden sich aber wieder von jenen Gütern zu sehr, um mit Nutzen für die Wissenschaft mit ihnen im Begriff von Vermögen zusammengefaßt werden zu können, was schon daraus erhellt, daß sie wie alle Thätigkeiten nur in einer Folge von Zeitmomenten zur Erscheinung kommen, also nicht gleichzeitig vorhanden sind und nicht in einem Vorrathe besessen werden können, daß ferner ihr Erfolg meistens eine entsprechende Mitwirkung dessen erfordert, für welchen der Dienst geleistet wird (b). Die Fähigkeit eines Menschen, gewisse Dienste zu leisten, ist von der wirklichen Verrichtung derselben zu unterscheiden und bildet ein persönliches Gut, welches, seiner ungewissen Dauer wegen, nicht einmal nach einem Preise geschätzt werden kann. Die käuflichen Dienste selbst sind eine Verwendungsart der Sachgüter, wie der unmittelbare Gebrauch derselben, aber hieraus folgt nicht, daß sie ihnen als Vermögenstheile gleichgestellt werden müßten. Weder ein Einzelner noch ein Volk ist durch eine gewisse Menge möglicher oder bereits begonnener Arbeiten selbst schon reich, sondern nur wenn er vermittelst derselben Sachgüter erworben oder erzeugt hat (c). Indeß haben die Dienste für die Volkswirthschaft aus zwei Ursachen Wichtigkeit, sowohl wegen ihrer Wirkungen, als weil sie denen, die sie leisten, einen Antheil an dem jährlichen Erzeugniß von Sachgütern verschaffen (d).

(a) Für die Einrechnung der Dienste in das Vermögen: Say, Handb. I, 133. — Storch, Zur Kritik des Begriffs v. Nationalreichthum. St. Petersb. 1827. — Steinlein, I, 220. — Hermann, Unters. S. 5. 6. (hält die Dienste zwar für Theile des Reichthums, aber nicht des Vermögens, weil er den Begriff des letzteren auf äußere Güter von einiger Dauer beschränkt). — Baumstark, Kameralist. Encyklop., S. 547. — Roscher, System der Volksw. 1, 4. — Dagegen u. a. Kaufmann, Unters., das ganze 1. Heft der 2. Abth.

(b) Z. B. Aufmerksamkeit des Hörers, Fleiß des Schülers, Folgsamkeit des Kranken.

(c) Eine Sängerin, die im Schiffbruch ihre Habe verliert, ist nicht mehr reich, aber sie kann es wieder werden und mag in dieser Wahrscheinlichkeit einstweilen Credit haben.

(d) Es hängt von der Definition des Vermögens ab, ob die Dienste zu demselben gehören oder nicht, wie dieß auch bei dem im vorigen §. abgehandelten Gegenstande der Fall ist. — Storch a. a. O. läßt sich hauptsächlich dadurch bestimmen, daß die Dienste dem Einzelnen ein Einkommen gewähren, welches von freiwillig gesuchter und bezahlter Arbeit herrührt. Aber dieß Einkommen besteht doch nur in einem Theile der erzeugten sachlichen Güter.

§. 47.

Es giebt sachliche Güter, welche sich außerhalb des Vermögens befinden und daher kein Gegenstand der wirthschaftlichen Sorgfalt sind (a). Manche Güter und darunter selbst sehr nützliche, wie das Licht und die Wärme der Sonne, das Weltmeer u. dgl., gestatten ihrer Natur nach keine ausschließliche Inhabung und Verfügung (§. 2.), doch können sie wenigstens mittelbar auf das Vermögen Einfluß haben, indem sie die Nützlichkeit einzelner Bestandtheile desselben erhöhen (b). Andere Güter, welche ihrer Wesenheit nach eine Aneignung zulassen würden, sind darum noch herrenlos geblieben, weil sie in Fülle von der Natur hervorgebracht werden und kein Beweggrund vorhanden ist, von einem überflüssigen Vorrath Besitz zu ergreifen, z. B. Wasser in vielen Gegenden, selbst Holz hie und da. Solche Güter sind daher noch preislos und man wendet keine Mühe an, sie zu erhalten und zu schonen, weßhalb sie von den Einzelnen nicht als Vermögenstheile angesehen werden, obschon sie, wenn sie einem Volke im Ganzen zugehören, für den wirthschaftlichen Zustand desselben keineswegs gleichgültig sind. Daher ist die spätere ausschließliche Besitzergreifung, die sie in das Vermögen einzelner Bürger bringt, keine wahre Bereicherung des Volkes. Es können aber nur Natur-, nicht Kunsterzeugnisse von dieser Art sein, weil letztere stets Kosten verursachen, die man nicht unnütz aufzuwenden geneigt ist (c).

(a) Solche Güter werden von Say (Handb. I, 99.) natürliche, im Gegensatze der socialen, von Hermann (Unters. S. 3.) freie,

zur Unterscheidung von den wirthschaftlichen genannt. — Nicht-
erwerbliche Güter nach Zachariä, Staatsw. L. S. 51.
- (*b*) Ländereien werden z. B. wegen ihrer Lage am Meere oder unter einem
günstigen Himmelsstriche höher geschätzt.
- (*c*) Güter dieser beiden Arten werden nicht für einen Gegenwerth in Sachgütern erkauft. Daher stellen die zahlreichen Schriftsteller des Auslandes, welche den Begriff und Ausdruck Vermögen nicht kennen,
die Vertauschbarkeit als das Kennzeichen derjenigen Dinge auf, die den
Gegenstand der politischen Oekonomie ausmachen; vgl. §. 64. Diese
Eigenschaft einer Sache wird indeß nicht nothwendig durch vorausgegangene Arbeit und Kostenaufwand bedingt, denn auch ein bloß durch
Naturkräfte entstandenes Gut, z. B. ein noch in der Erde liegendes
Fossil kann Gegenstand eines Tausches werden, wenn es in so geringer
Menge vorhanden ist, daß man es der Mühe werth hält, sich dasselbe
anzueignen.

§. 48.

Das **Volksvermögen** umfaßt sämmtliche in der Gewalt
der Staatsbürger (*a*) befindliche sachliche Güter. Es unterscheidet sich dadurch von dem **Staatsvermögen**, welches im
Besitze der Regierung ist und von ihr zum Besten des ganzen
Staates benutzt wird, §. 6 und III, §. 4. Beide Begriffe wurden in früherer Zeit häufig mit einander vermengt, man schrieb
der Staatsgewalt eine Art von Obereigenthum über das Vermögen der Bürger zu und diese Verwirrung stand der Verbreitung richtiger Vorstellungen von der Volkswirthschaft sehr im
Wege. Es ist jedoch gestattet, das Volks- und Staatsvermögen
in einem Lande im Begriffe zusammenzufassen. Die Summe
beider, das **Staatsvermögen im weiteren Sinne**, bezeichnet
den ganzen Antheil des einzelnen Staates an der auf der Erde
überhaupt vorhandenen Gütermasse (*b*).
- (*a*) Es versteht sich, daß hierunter auch das Vermögen der Gemeinden und
verschiedener anderer moralischer Personen begriffen ist, die dem Staats-
verbande angehören.
- (*b*) Einige nennen dieß Ganze **Volksvermögen**, z. B. Schenk, I, 15.

§. 49.

Das Vermögen bezieht sich zwar lediglich auf sachliche Güter
(§. 46), allein die Gewalt über dieselben kann verschiedener Art
sein; sie muß nicht nothwendig in der körperlichen Inhabung
oder in dem vollen Eigenthume bestehen, weil auch andere Rechte
ihrem Besitzer die Macht geben, sachliche Güter für seine Zwecke
zu gebrauchen, nur nicht in jeder beliebigen Weise, sondern in
gewissen Gränzen (*a*). Dahin gehören z. B. Rechte der Be-

nutzung einer fremden Sache, Rechte, die sich leicht in Sachgüter umsetzen lassen (d. h. verkäuflich sind), oder solche, die
schon für sich allein eine fortdauernde Einnahme von Sachgütern
bewirken, wie Zehntrechte, endlich Forderungen an andere Personen, wenn sie nur **unbestritten** sind, auf bestimmte
Gütermengen gehen und wenn auf das Eingehen von dem
Schuldner **sicher** zu rechnen ist (*b*). Daher setzt sich das Vermögen einer Person im subjectiven Sinne (§. 2 (*b*)) aus den
Eigenthumsrechten und aus den anderen Rechten der erwähnten
Art zusammen. Untersucht man von diesem Gesichtspuncte
aus das Vermögen eines ganzen Volkes, so ergiebt sich, daß
die zu dem Privatvermögen der Volksmitglieder gehörenden
Rechte nur dann einen eigenen Bestandtheil des Volksvermögens
bilden, wenn die ihnen entsprechenden Verbindlichkeiten sich auf
Seite des Auslandes befinden. Müssen aber Forderungen an
Fremde dem Volksvermögen zugezählt werden, so ist es auch
nothwendig, die Schuldigkeiten des Inlandes an das Ausland
in Abzug zu bringen und bei diesem Abgleiche zeigt sich natürlich die Schuld mancher Völker größer als ihr Guthaben (*c*).
Solche Rechte, welche ein Mitglied des Volkes gegen andere
geltend macht, sind für das Volksvermögen im Ganzen genommen gleichgültig und geben nur der Vertheilung desselben unter
die Einzelnen eine andere Gestaltung, als die, auf welche aus
dem bloßen Eigenthum geschlossen werden müßte (*d*).

(*a*) Insofern ist es allerdings richtig, daß das Vermögen auch unkörperliche
Dinge in sich begreift, aber nur wegen der verschiedenen Formen der
Verfügungsgewalt, während doch immer allein die sachlichen Güter den
Gegenstand bilden, auf den die Verfügung gerichtet ist. Daher kann
auch das Vermögen einer ohne auswärtige Verbindungen lebenden Anzahl von Menschen oder der ganzen Menschheit nicht größer sein als
die Menge aller Sachgüter, welche von jenen zusammengenommen beherrscht werden.

(*b*) So wenig als die bloße Arbeitsfähigkeit, ist das Recht, ein gewisses
Gewerbe zu treiben, schon ein Vermögenstheil, weil der wirkliche Erwerb
daraus von der Handlungsweise des Gewerbsmannes und von äußeren
Umständen abhängt: anders bei verkäuflichen und in beschränkter Zahl
bestehenden Gewerbsrechten und Privilegien, s. (*e*). Eine Kundschaft
ist kein Vermögenstheil, weil man über sie nicht verfügen kann, denn
sie beruht auf der Gunst und dem Vertrauen Anderer. Was man
öfter als Verkauf einer Kundschaft betrachtet hat (Hermann, Roscher),
dies ist nur etwa Abtretung eines Platzes, der Geräthschaften, Empfehlung bei den Kunden u. dgl.

(*c*) In den nordamerikanischen Freistaaten sollen von den Schuldbriefen der
Union, der einzelnen Staaten und Städte, von den Actien der Eisen-

bahn- und anderen Gesellschaften 184 Mill. Doll. oder ⅕ des ganzen Betrages in den Händen Fremder sein (1853).

(d) Die in das Privatvermögen fallenden Rechte der Bürger gegeneinander lassen sich in 2 Classen theilen. Bei der einen steht dem Berechtigten ein Schuldner oder irgendwie Verpflichteter gegenüber, dessen Schuld oder Belastung sich gegen das Recht des Ersteren aufhebt. Bei der zweiten Classe ist kein einzelner Verpflichteter vorhanden, das Recht giebt nur einen Vorzug in der Benutzung eines Erwerbszweiges, z. B. Erfindungsprivilegien, verkäufliche Gewerbsbefugnisse (Realgerechtigkeiten); es müssen jedoch auch hier immer andere Bürger einen Nachtheil leiden, wie die Erschwerung des Ergreifens eines gewissen Gewerbes, die Vertheuerung der Gewerbserzeugnisse und dgl. In Paris wird jede der 72 Mäklerstellen auf ungefähr 1 Mill. Fr. geschätzt. Selbst eine Firma kann ein ansehnlicher Vermögenstheil sein, z. B. die von J. M. Farina. Vgl. Bernouilli, Schweiz. Archiv, V, 55 und Hermann, Unters. S. 6.

§. 50.

Die inländischen Bestandtheile des Volksvermögens können auf doppelte Weise eingetheilt werden:

1) Nach ihrer Entstehung und ihrem Verhältniß zur Erde setzt man die Theile der Erdoberfläche, d. h. die Grundstücke, den einzelnen von der Erde getrennten und dadurch beweglich gewordenen und zu beliebiger Verfügung tauglichen Erzeugnissen entgegen (a). Die Grundstücke sind in Hinsicht ihrer Ausdehnung ein ziemlich unveränderlicher Vermögenstheil und ihre Gesammtheit innerhalb eines Staatsgebietes, das Land, bildet deßhalb eine natürliche Ausstattung des Volkes für alle Zeiten, nur daß die Grundstücke in ihrer Beschaffenheit durch Natureinflüsse oder Kunst umgewandelt werden können (b). Die Abgränzungen derselben auf der Erde entstehen nur zufällig durch Besitznahme, während jedes bewegliche Erzeugniß seine räumliche Begränzung an sich trägt.

2) Nach ihrer Bestimmung für gewisse Zwecke. Diese sind zwar von höchst verschiedener Art, zerfallen jedoch zunächst in zwei Abtheilungen;

a) ein Theil der Güter dient unmittelbar dazu, irgend einen Vortheil (Nutzen oder Vergnügen) für die Personen hervorzubringen und kann deßhalb mit dem Namen Genußmittel bezeichnet werden;

b) ein anderer Theil wird nur als Mittel benutzt, neue Sachgüter in das Vermögen zu bringen, sei es durch eigene Erzeugung, sei es durch den Verkehr. Diese blos mittelbar nützlichen Dinge sind Erwerbsmittel.

Manche Güter lassen sich beliebig zu der einen oder anderen Verwendung gebrauchen (e), bei manchen treffen auch beide Zwecke gleichzeitig zusammen (d). Genußmittel, welche von dem Eigenthümer an Andere gegen Vergütung zum Gebrauche überlassen werden, sind für jenen Erwerbsmittel, ohne ihre erstgenannte Eigenschaft zu verlieren (e). Es giebt aber viele Erwerbsmittel, die nur dieses sind.

(a) Sie können aber die Beweglichkeit wieder verlieren, indem sie künstlich mit Grundstücken verbunden werden. Dabei tritt ferner der Unterschied ein, daß sie theils den Grundstücken gänzlich einverleibt werden und von ihnen nicht weiter zu unterscheiden sind, wie die aufgebrachten Erden und Düngestoffe, theils wenigstens nur die Nutzbarkeit der Grundstücke erhöhen, wie Stützmauern, Schleußen, Brunnen, theils aber als besondere unbeweglich gewordene Güter einen eigenthümlichen Nutzen gewähren, wie Gebäude.

(b) Eine Ausnahme macht höchstens das Abspülen oder Abreißen des Landes durch das Wasser, was aber in der Regel unbedeutend ist. Der Dollart verschlang 1277 gegen 4 ☐. Meilen mit 50,000 Einwohnern. — Sonst werden die Grundstücke häufig durch Naturkräfte verschlechtert, z. B. sumpfig gemacht, in Gebirgen mit Gletschern oder Steingeröll überdeckt, dagegen andere vermittelst der Kunst verbessert.

(c) Z. B. ein Reitpferd von einem müßigen Reichen oder einem Landwirthe.

(d) Z. B. die Nahrungsmittel der Gewerbsarbeiter, — ein Wald, der zugleich Lustgarten und Jagdgehege ist.

(e) Vermiethete Bücher, Kleider, Reitpferde, — Theatergeräthschaften, — Badeanstalten.

§. 51.

Verbindet man diese zwei verschiedenen Eintheilungen der Sachgüter mit einander, so ergiebt sich Folgendes. Die Grundstücke dienen größtentheils als Erwerbsmittel, insbesondere für den Land- und Bergbau (a). Die von der Erde getrennten Erzeugnisse dagegen vertheilen sich mit geringerer Ungleichheit unter die beiden genannten Verwendungszwecke. Man unterscheidet demnach

1) die beweglichen (oder wenigstens beweglich gewesenen) Genußmittel, wie Kleidung, Nahrung, Wohnung ꝛc. Eine in irgend einer Beziehung zusammengefaßte Menge solcher Güter wird Gebrauchsvorrath genannt.

2) Ein irgendwie zusammengehörender Vorrath von beweglichen Erwerbsmitteln (b) heißt ein Capital (Erwerbstamm, werbender Gütervorrath). Die Erlangung neuer Vermögenstheile ist in den meisten Fällen durch das Vorhandensein und den Beistand älterer bedingt, daher muß ein Theil des

Vermögens der unmittelbaren Verwendung zu persönlichen Gütern entzogen und zur Unterstützung des Erwerbes gebraucht werden. Das Capital als solches leistet einen mittelbaren Nutzen, und hieran sind seine Bestandtheile leicht zu erkennen, wenn sie gleich bisweilen auch unmittelbar als Genußmittel wirken, §. 50. Während diese überhaupt sogleich jetzt den Menschen persönliche Vortheile geben, hilft dagegen das Capital andere Sachgüter zu erlangen, welche später jenen Dienst leisten können.

(a) Nur ein kleiner Theil jedes Landes ist zu Lustgärten, öffentlichen Plätzen, Land= und Wasserstraßen ꝛc. verwendet oder mit Wohnungen überbaut.

(b) Z. B. von rohen Stoffen, aus denen, oder von Werkzeugen, mit denen ein gewisses Gut verfertigt wird, — der Viehstand des Landwirthes ꝛc.

(c) Einige Neuere haben den Begriff von Capital soweit ausgedehnt, daß er auch den Gebrauchsvorrath einschließt, wie Say, Handb. I, 220 (capitaux productifs d'agréments ou d'utilité), Mac=Culloch, S. 72, Steinlein (Nähr= und Zehrcapitel) I, 338 vgl. 346, Hermann Unters. S. 60. (Erwerb= und Nutzcapital, welches, wie Gebäude ꝛc. unmittelbar Vortheil giebt), Roscher, System der Volksw. I, 67. (Productiv= und Gebrauchscapital, welches letztere zur Hervorbringung von persönlichen Diensten oder nützlichen Verhältnissen verwendet wird).

§. 52.

Nicht jedes einzelne Gut ist seiner Beschaffenheit nach zu diesen beiden Anwendungen (§. 51.) brauchbar, der Verkehr macht es aber möglich, statt eines einzelnen Vermögenstheils einen andern zu erlangen, der die gewünschte Benutzungsart gestattet, z. B. vermittelst des Tausches. Gesammelte Gütermassen, welche noch keiner von beiden Bestimmungen gewidmet worden sind, gehören weder zu den Genußmitteln noch zum Capitale und sollten als **unbestimmte Vorräthe** aufgeführt werden, doch pflegt man sie insgemein zu dem Capitale zu rechnen (a).

(a) Gütervorräthe, die als Capital dienen sollen, jedoch in einem gewissen Zeitpuncte noch keine Anwendung gefunden haben, werden **todte Capitale** genannt.

§. 53.

Im Sinne der Volkswirthschaftslehre gehören nur diejenigen beweglichen Güter zu dem **Capitale**, welche als Hülfsmittel gebraucht werden, um dem Volksvermögen einen Zuwachs zu verschaffen, §. 51. Anders gestaltet sich der Begriff des Capitales aus dem Standpuncte der Privatwirthschaft, welche sich nur die Versorgung einer Familie mit Sachgütern zum Ziele

jetzt, ohne die Wirkung dieses Erfolges auf die ganze Volkswirthschaft zu beachten oder auch nur zu kennen. Den Einzelnen stehen mancherlei Wege des Erwerbes offen, und darunter
auch solche, bei denen das Volksvermögen nicht vergrößert wird,
indem schon vorhandene Bestandtheile desselben von einem Eigenthümer auf den andern übergehen. In Beziehung auf eine
Privatwirthschaft, welche man anderen ähnlichen bürgerlichen
Wirthschaften gegenüber betrachtet, erscheint also alles dasjenige
bewegliche Vermögen als **werbend** oder als **Capital**, welches
überhaupt von dem Eigenthümer nicht blos für einen persönlichen Genuß, sondern zum Erwerbe anderer Güter benutzt
wird (a).

(a) A. Smith, II, 122. — Storch, I, 140. — Da neue Güterzuflüsse
überhaupt auf zwei Wegen erreichbar sind, durch eigene Erzeugung und
durch Erwerbung aus fremdem Vermögen (§. 69), so können die als
Mittel hierzu dienlichen Erzeugnisse, deren Inbegriff überhaupt Capital heißt, in verschiedenen Beziehungen betrachtet werden.
   1) Für die Privatwirthschaft sind diejenigen Erzeugnisse Capital,
welche die eigene Hervorbringung von Gütern oder die Erlangung
derselben *von anderen Menschen* unterstützen.
   2) in der Volkswirthschaft diejenigen, welche eine inländische Gütererzeugung oder eine Einnahme *von anderen Völkern* zu
Wege bringen;
   3) würde man die Wirthschaft der Menschheit auf der Erde als ein
Ganzes ansehen, so könnte der Begriff des Capitales nur auf
den Beistand zur Gütererzeugung überhaupt beschränkt werden.
Der privat- und der volkswirthschaftliche Begriff von Capital sind
demnach gleichmäßig in dem Wesen beider Wirthschaften begründet und
die doppelte Bedeutung desselben Ausdrucks, wie unbequem immer für
die erste Erlernung der Wissenschaft, ist nicht zu umgehen.

§. 54.

In der Privatwirthschaftslehre und im Sprachgebrauche des
gemeinen Lebens rechnet man deßhalb zum Capitale nicht allein

   1) das wahre volkswirthschaftliche Capital, sondern auch

   2) solche Genußmittel, die der Eigenthümer als Mittel gebraucht, sich eine Einnahme zu verschaffen, §. 50.

   3) Auch die zum Ausleihen bestimmten Geldsummen und
die aus den Darleihen entstehenden verzinslichen Forderungen,
welche für die Gläubiger die Stelle der hingeliehenen Gütermenge einnehmen, werden insgemein Capitale genannt. Die
ins Ausland verliehenen Summen können zwar als Theile des
Volkscapitals angesehen werden, da sie eine Zinseneinnahme in
das Volksvermögen bringen (§. 51. 53), verwandeln sich jedoch,

sobald die Anlegung erfolgt ist, in Forderungen, §. 49. Inländische Forderungen haben auf die Größe des Volkscapitals keinen Bezug. Die dargeliehenen Summen selbst werden von den Schuldnern bald auf Capitale, bald auf Genußmittel verwendet. — Unter Capitalisten pflegt man nur jene Zinsgläubiger zu verstehen.

Zweiter Abschnitt.
Schätzung des Volksvermögens.

§. 55.

Die Größe des Vermögens kann in der wirthschaftlichen Betrachtung nicht nach der bloßen Masse der in ihm enthaltenen Stoffe bemessen werden, sondern sie hängt von der Menge von Vortheilen ab, welche die Bestandtheile des Vermögens den Menschen gewähren oder von dem Einflusse, den sie auf den Zustand derselben äußern. Die Volkswirthschaftslehre muß daher jedem einzelnen sachlichen Gute in Beziehung auf seine Tauglichkeit zur Beförderung derjenigen Zwecke, für die es bestimmt ist, seine Stelle anweisen. Die Beurtheilung des Grades dieser Tauglichkeit ist die Schätzung. Die Lehre von der Schätzung des Vermögens im privat- und volkswirthschaftlichen Gesichtspuncte berührt so viele Abschnitte der Staatswirthschaftslehre und ist selbst für die bürgerlichen Wirthschaftsangelegenheiten so wichtig, daß sie eine sorgfältige Entwicklung erfordert, die aber in der Unbestimmtheit des Sprachgebrauchs eine besondere Schwierigkeit findet.

§. 56.

Nach der Gewohnheit im täglichen Leben wird in der Schätzung der Güter zunächst der Preis derselben beachtet, d. h. die Menge anderer Güter, welche man bei einem Tausche für eine gewisse Sache erlangen kann. Im Tausche werden zwei Quantitäten von Sachgütern gegen einander hingegeben und angenommen, also einander insofern gleichgesetzt, woraus man leicht auf die Meinung geführt wird, sie seien einander auch ihrem Wesen nach gleich. Der Preis entsteht durch eine Uebereinkunft und seine Größe wird hiebei nach Zahl und Maaß genau bezeichnet, so daß er höchst leicht zu erkennen ist. Ein gewisses Gut erhält kann einen Preis, d. h. es wird **preisfähig**, wenn es übertragbar ist, wenn mehrere Menschen nach seinem Besitze streben und denselben nicht ohne ein Opfer erlangen können, indem der ganze Vorrath schon in das Eigenthum Einzelner getreten ist (a). Ueber das Wesen eines Gutes und die Dienste, die es den Menschen leistet, giebt der Preis desselben keinen Aufschluß, weil er nur anzeigt, mit welchem Aufwande anderer Güter jenes zu erlangen ist oder wieviel von letzteren dafür eingetauscht werden können. Mit dem Preise werden bisweilen die **Kosten** eines Sachgutes verwechselt, d. i. die Menge anderer Güter, die Jemand aufwenden muß, um sich jenes zu verschaffen. Der Einzelne kann dieß sowohl durch eigene Hervorbringung als durch Erwerbung im Tausche bewirken, daher lassen sich die **Erzeugungs-** und die **Anschaffungskosten** unterscheiden, in welchen letzteren der für das Gut hingegebene Preis nebst den Versendungskosten u. dergl. enthalten ist (b). Bei einem Tausche kann man den schon gemachten Kostenaufwand des Verkäufers mit dem bedungenen Preise vergleichen, um zu beurtheilen, ob der Tausch für jenen vortheilhaft sei oder nicht. Auch die Kosten eines Gutes genügen nicht für die Schätzung desselben und es bleibt sogar zweifelhaft, ob man Vortheil dabei hat, wenn man jenen Aufwand für die Erlangung des Gutes vornimmt. Der Preis der Sachen kommt in den meisten Fällen dem Kostenbetrage nahe.

(a) Man hat daher oft behauptet, der Preis setze einen gewissen Grad von Seltenheit voraus (z. B. Walras in Séances et travaux de l'acad. XVI, 15. 1849), allein es ist nur erforderlich, daß der Begehrende sich nicht mehr unentgeltlich mit dem gewünschten Gute versorgen kann. Richtiger bezeichnet Scialoja als Bedingung des Preises eine gewisse Schwierigkeit der Erwerbung, Principj, S. 26.

(b) Im gemeinen Leben werden die Zeitwörter **kosten** und **gelten** (einen gewissen Preis haben) für gleichbedeutend gebraucht, was jedoch da, wo die ebenerwähnten Nebenausgaben vorkommen, nicht vollkommen richtig ist.

§. 57.

Eine tiefer begründete und in alle Wirthschaftsangelegenheiten mehr eingreifende Schätzung wird gewonnen, wenn man die Fähigkeit der Güter, menschliche Zwecke zu befördern, d. h. ihre **Nützlichkeit** (a), genauer erforscht. Jedes Sachgut hat Nützlichkeit, werden aber in Hinsicht auf dieselbe mehrere Güter mit einander verglichen, so zeigen sich verschiedene Abstufungen. Der im menschlichen Urtheil anerkannte Grad von Nützlichkeit eines Sachgutes ist der Werth desselben (*b*). Dieser drückt also das Maaß des Einflusses aus, den ein Gut auf den Zustand des Besitzers auszuüben vermag, oder die Stärke der Anziehung, welche jede Sache für das Begehren der Menschen äußert. Untersucht man jedoch näher, wie die Sachgüter den menschlichen Zwecken zu Hülfe kommen, so ergeben sich verschiedene Arten des Werthes. Auf diesem Wege ist man schon früh zu der Unterscheidung eines **Gebrauchs-** und **Tauschwerthes** geleitet worden (*c*), welche zwar nicht ganz genügt, aber doch zu einer vollständigeren Darstellung den Weg bahnte. Der Werth der Erwerbsmittel muß anders beurtheilt werden, als der der Genußmittel, auch macht es einen erheblichen Unterschied, ob man bei der Werthschätzung eines Gutes eine vereinzelt stehende, oder eine im Verkehre begriffene Wirthschaft voraussetzt. Hieraus entspringt die nachstehende Eintheilung (*d*).

(*a*) Dieß Wort wird in der Volkswirthschaftslehre in einem weiteren Sinne genommen, so daß es auch die Annehmlichkeit, Schönheit ꝛc. in sich schließt.

(*b*) Wenn der Werth nicht den **Grad**, sondern die **Nützlichkeit** selbst bedeuten sollte, so wäre einer von beiden Ausdrücken überflüssig. Doch ist selbst der gewöhnliche Gebrauch der Wörter **Werth** und **Würde** dagegen. Es läßt sich demnach von dem Werthe einer Sache allein, ohne Vergleichung anderer Güter oder mehrerer individueller Schätzungen, nicht sprechen. Wenn man im gemeinen Sprachgebrauche einer Sache schlechthin Werth zuschreibt, ohne sie mit einer einzelnen anderen zu vergleichen, so ist hierunter ein gegen viele andere oder die meisten anderen Güter **hoher** Werth zu verstehen.

(*c*) Die Unterscheidung eines Gebrauchs- und Tauschwerthes ist schon von **Aristoteles** (Politicor. I, 9) deutlich ausgesprochen worden. **Adam Smith** hat diesen Unterschied aufgenommen, ohne aber den Gebrauchswerth weiter zu verfolgen und zu benutzen. Unters. I, 43. — Mehrere neuere Schriftsteller haben sich mit der genaueren Bestimmung der Begriffe von Werth und Preis beschäftigt und beide sorgfältig zu unterscheiden gesucht. **Graf Soden**, IV, 22. — **Hufeland**, N. Grundlegung, I, 118. — **Lotz**, Revision, I, §. 3 und Handb. I, 20. — **Storch**, I, 27, und: Ueber die Natur des Nationaleinkommens, S. XXXIV. — **Rau**, Zus. 16 zu Storch und in der Schrift: Malthus und Say über die Ursachen der jetzigen Handelsstockung, S. 259 (Hamburg 1821). — **Ricardo**, Princ. Cap. 1. u. 20. — **Torrens**, Prod. of w., S. 7. — **Louis Say**, Considér., S. 47. Deff. Études, S. 45. — **W. Kosegarten**, De valoris et pretii vi et momentis in oecon. politica. Bonnae, 1838. — **Baumstark**, Volksw. Erläut. S. 297. — **Rossi**, Cours 1, 45. — **Riedel**, I, §. 30. — **Thomas**, Die Theorie des Verkehrs. 1. Abtheil. Berlin 1841. S. 11. — **Mill**,

I, 451. — Friedländer, Theorie des Werths, Dorpat, 1852. 4. (zugleich Geschichte dieser Lehre). — Versuch, die Stammbegriffe der Volkswirthschaftslehre festzustellen, von L. Say in der Schrift: Pourquoi l'éc. pol. est-elle une science si peu généralement étudiée? P. 1837. — Mehrere Neuere nennen den Gebrauchswerth Nützlichkeit und behalten das Worth Werth lediglich zur Bezeichnung des Tauschwerthes oder Preises, z. B. Torrens, On the product. of wealth, S. 8. Mac-Culloch, Grunds. S. 4, auch Storch, Natur des Nationaleink., S. XXXVI. Es ist hiebei zu beachten, daß im französischen und englischen Sprachgebrauche valeur, value nicht genau dem deutschen Worte Werth entsprechen, denn jene Ausdrücke, von valor, valere abstammend, gehen mehr auf die äußere Anerkennung, das Gelten, also auf den Preis im Verkehr, während Werth mehr auf die einem Gute anhaftenden nützlichen Eigenschaften bezogen wird. Unter Valoure schlechthin wird der Tauschwerth verstanden.

(d) Vgl. Hufeland, I, 124. — Baumstark, Volksw. Erläut. S. 312. — Schmitthenner, Zwölf B. I, 336. — Kudler, B.-W. I, 55. — Thomas a. a. O. zerlegt den Werth in drei Begriffe, nämlich: 1) die Hochschätzung von Dingen ihrer Beschaffenheit willen, z. B. wegen ihrer Schönheit, Würde; 2) die von der Gemüthsstimmung eines Subjects bestimmte Schätzung, Werth; 3) die Schätzung eines Gutes wegen der ursachlichen Verbindung mit einem anderen, Nützlichkeit. Zu diesen drei Schätzungen rechnet der Verfasser ferner 4) die Kosten, 5) den Preis. Jene sind jedoch nur als einzelne Ursachen und Arten des Werthes anzusehen. — Im täglichen Leben werden die Arten des Werthes nicht unterschieden, weßhalb man denselben bald dem Preise entgegensetzt, bald beide Ausdrücke verwechselt.

§. 58.

Es giebt zwei Hauptarten des Werthes:

1) Der Grad von Tauglichkeit eines Gutes, seinem Besitzer bei der eigenen Anwendung für einen, in der Bestimmung des Gutes liegenden, nicht erst durch den Verkehr vermittelten Zweck einen Vortheil zu gewähren, ist der Gebrauchswerth oder Werth im engeren Sinne (*d*). Dieser ist als die Grundlage jeder Schätzung anzusehen und verdient bei jedem Sachgute vor Allem und hauptsächlich beachtet zu werden, wenn er auch nicht nothwendig für jeden Besitzer eines Gutes vorhanden ist (*b*). Er bleibt sich, wenn man ihn einmal erkannt hat, so lange gleich, als nicht in den Absichten der Menschen oder in der Brauchbarkeit eines Mittels für dieselben ein Wechsel eintritt. Wendet man den Begriff von Gebrauchswerth auf die beiden Gattungen von Gütern an (§. 50. Nr. 2), so ergiebt sich Folgendes:

a) Der Werth eines Genußmittels liegt in der Fähigkeit desselben, persönliche Güter, d. h. Nutzen oder Vergnügen hervorzubringen, er ist also ein unmittelbarer Gebrauchswerth, den man auch **Genußwerth** nennen kann, z. B. der Nahrungsmittel, der Arzneien, der Werke der bildenden Kunst ꝛc. (*c*). Man darf sich denselben nicht überhaupt als etwas Willkürliches, der Laune und dem Spiel der Einbildungskraft Angehörendes denken, denn meistens beruht er auf festen Zwecken der Menschen und gewissen Eigenschaften unserer Sachgüter (*d*).

b) Der Werth derjenigen **Erwerbsmittel**, die der Besitzer dazu benutzt, um andere Güter von anerkanntem Gebrauchswerthe für seinen Bedarf hervorzubringen, richtet sich nach der Stärke des Beistandes, den sie hiezu leisten, d. h. nach der mit ihrer Hülfe entstehenden Werthmenge, nach Abzug des etwa nöthigen Kostenaufwandes (*e*). Fortgesetzte Beobachtungen in dem Betriebe der Gütererzeugung haben viele Erfahrungssätze zur Bemessung dieses Erzeugungswerthes geliefert, vorzüglich im Gebiete der Landwirthschaft (*f*).

(*a*) Diese eigene Anwendung (Gebrauch) setzt fortdauernden Besitz des Gutes voraus.

(*b*) Nur das Geld als Werkzeug des Verkehrs ist ohne allen Gebrauchswerth. — Viele Waaren eines Kaufmanns, viele Bücher eines Buchhändlers haben für diesen selbst keinen Gebrauchswerth.

(*c*) Benutzungswerth nach **Hufeland**, Verbrauchswerth nach **Baumstark**, Genußwerth nach **Schmitthenner**.

(*d*) — Value dwells not in particular will;
It holds its estimate and dignity
As well wherein 'tis precious of itself,
As in the prizer.
Shakspeare, Troil. and Cress. II, 2.

(*e*) Z. B. Unterhaltungskosten eines Thieres, einer Maschine ꝛc.

(*f*) Z. B. Milchergiebigkeit einer Kuh, — Nährkraft eines Centners Heu für Melkthiere oder Mastvieh, — Düngekraft eines Centners Stallmist, — Ertragsfähigkeit eines Morgens Acker oder Wald bei einer gewissen Bodenart und anderen gegebenen Umständen, — Leistung einer Dreschmaschine ꝛc. Die landwirthschaftlichen Schriftsteller führen gewöhnlich bei solchen Ausmittlungen den Erzeugungswerth der verschiedenen Gegenstände auf 1 Raum- oder Gewichtstheil Roggen zurück, **Block**, Resultate der Versuche über Erzeugung und Gewinnung des Düngers, 1823. 4. und spätere Schriften deff. — Angaben über den Werth der verschiedenen Futterarten, auf Heu zurückgeführt (Heuwerth), bei v. **Weckherlin**, Landw. Thierproduction, I, 178.

§. 59.

Der **Genußwerth** eines Gutes insbesondere wird von folgenden Umständen bestimmt:

a) von der **Stelle**, die der nächste Gebrauchszweck desselben in der Gesammtheit menschlicher Zwecke einnimmt. Diese stehen in einer Rangfolge, welche theils auf der sinnlichen Natur des Menschen, theils auf moralischen Gründen beruht und sich in kein Zahlenverhältniß bringen läßt. Die Befriedigungsmittel der dringendsten Bedürfnisse haben aus dieser Ursache den höchsten Werth (*a*). Haben zwei Güter einerlei Bestimmung, so kann dem einen darum ein höherer Werth zukommen, weil es zugleich auch noch andere Zwecke befördert;

b) von dem Verhältniß des einzelnen Gutes zu anderen, welche zu dem nämlichen Zwecke anwendbar sind. Fehlt es an solchen anderen Mitteln, so ist das einzige vorhandene in Beziehung auf diesen Zweck (relativ) u n e n t b e h r l i c h (*b*), und sein Werth richtet sich ganz nach der Wichtigkeit desselben; sind aber jene vorhanden, so ist der Werth eines jeden einzelnen g e g e n d i e a n d e r e n davon abhängig, in welchem Grade es zur Erreichung seiner Bestimmung geschickt ist, z. B. von der Stärke, Dauer, Sicherheit ꝛc. seiner Wirkung. Dieses Werthverhältniß mehrerer Mittel gegen einander ist in solchen Fällen, wo es blos auf körperlichen Eigenschaften beruht, leicht auszumitteln (*c*). Die Auffindung eines besseren Mittels vermindert den Werth des bisherigen besten keineswegs, hat aber die Folge, daß nun das neu entdeckte einen höheren Werth erlangt (*d*).

(*a*) Man vergleiche z. B. den Werth eines Maskenanzuges und eines Hembes, einer Pendeluhr und eines Bettes. — Aus dieser Ursache werden die aufeinander folgenden Wertherhöhungen durch fortgesetzte Vervollkommnung einer Art von Gütern, z. B. von der hölzernen Bank bis zum zierlichsten und kostbarsten Sopha, insofern immer geringer, als jede neue Verbesserung einen kleineren Zuwachs der Vortheile für das menschliche Leben zu Wege bringt. — F r i e d l ä n d e r, S. 47 nimmt 3 Abstufungen an, 1) Mittel zur Erhaltung des Lebens, 2) Bildungsmittel, 3) Mittel zu einem naturgemäßen Sinnesgenuß, und stellt weitere Untersuchungen über den Gebrauchswerth an.

(*b*) Unbedingt (absolut) unentbehrlich ist ein Gut, wenn es für einen zum menschlichen Leben nothwendigen Zweck das einzige Mittel bildet.

(*c*) Z. B. der Werth mehrerer Nahrungsmittel, Holzarten, Zeuche zur Kleidung und Beleuchtungsstoffe g e g e n e i n a n d e r. 100 Raumtheile Waizen sind ungefähr so viel werth, als 133 Theile Roggen oder 166 Gerste.

(*d*) Der Waid ist zum Blaufärben, die Talglichter und Oellampen sind zur Beleuchtung noch eben so nützlich, als vor der Anwendung des Indigo und der Gasbeleuchtung, aber jene Stoffe werden nun von andern Mitteln an Werth übertroffen. Ist das bessere Mittel in hinreichender Menge zu haben, so kommt leicht das ältere ganz außer Gebrauch und die übrigen Vorräthe verlieren allen Preis.

§. 60.

2) Der Grad der Tauglichkeit einer Sache, ihren Besitzer zum Erwerbe anderer Güter im Verkehre behülflich zu sein, läßt sich **Verkehrswerth** nennen (a). Dieser ist zwar nicht unabhängig vom Gebrauchswerthe, setzt denselben vielmehr voraus, steht aber auch unter dem Einflusse veränderlicher, äußerer Umstände, die sich im Verkehre kund geben. Der Verkehrswerth beruht auf offenbaren Thatsachen, nämlich den vertragsmäßig bestimmten Preisen der Güter und Leistungen, er kann deßhalb leicht ermittelt und in Zahlen ausgedrückt werden, §. 56. Seine Erforschung ist bei manchen Gegenständen zu einer ausgebildeten Kunst geworden (Taration, Werthabschätzung). Der Verkehrswerth bezieht sich zwar immer auf besondere Zeiten und Oertlichkeiten, in denen gewisse Preise bestehen, indeß ist doch der einzelne Preis allzu zufällig, um für eine Schätzung benutzt zu werden, die zu einem allgemeineren Gebrauch bestimmt ist. Man muß also den Verkehrswerth entweder auf Mittelpreise eines vergangenen Zeitraums, oder auf die nach den bisherigen Preisen für die nähere Zukunft zu bildenden Vermuthungen stützen. Auch der Verkehrswerth kann auf doppelte Weise bestimmt werden.

a) Wird das zu schätzende Gut als Verkaufsgegenstand, d. h. als Mittel zur Erlangung eines Gegenwerths (Aequivalents) im Tausche betrachtet, so ergiebt sich sein Verkehrswerth aus dem dafür zu erwartenden Preise nach Abzug der etwa nöthigen Fracht- und anderen Verkaufskosten. Der Verkehrswerth verdient in diesem Falle ausschließlich den Namen **Tauschwerth**. Er kann bei allen überhaupt preisfähigen Gütern, also auch bei Genußmitteln, erforscht werden, weil es dem Besitzer freisteht, sie zu veräußern und hiedurch in Erwerbsmittel umzuwandeln (b).

b) Viele Güter dienen dazu, andere verkäufliche Sachgüter oder persönliche Leistungen zu Stande zu bringen, die dann eine Einnahme geben. Der Verkehrswerth hängt in diesem Falle theils davon ab, in welchem Grade ein solches Erwerbsmittel die Erzeugung eines verkäuflichen Gegenstandes unterstützt (§. 58 Nr. 1 b), theils von den Preisen dieses Gegenstandes (c). So richtet sich z. B. der Verkehrswerth eines Morgens Ackerland von gegebener Beschaffenheit nicht blos nach seinem muthmaßlichen mittleren Ertrage und den abzuziehenden Kosten der Bewirthschaftung, sondern auch nach dem Preise der gewonnenen Rohstoffe (d). Ist ein Erwerbsmittel Quelle regelmäßig wiederkehrender Einnahmen, so hat man aus der Erfahrung auszumitteln, wie vielfach der jährliche kostenfreie Ertrag genommen werden muß, um den Verkehrswerth jenes dauernden Gutes zu finden (e).

(a) **Erwerbswerth** nach Baumstark.
(b) Smith und viele Andere verstehen unter dem Preise nur denjenigen Tauschwerth, welcher in Geld gegeben wird; ebenso noch Mill, I, 453. Allein der Kauf gegen Geld ist nur als eine Art des Tausches (freilich die häufigste) anzusehen. Warum sollte man bei Völkern, die den Gebrauch des Geldes noch nicht kennen, die aber viel tauschen, nicht eben so gut von Preisen der vertauschten Dinge sprechen? Der Begriff des Preises ist folglich so allgemein zu fassen, daß jedes Tauschäquivalent, es sei Geld oder etwas Anderes, unter ihn gebracht werden kann. Nach Friedländer a. a. O. wäre der Tauschwerth nur der verglichene Gebrauchswerth, und erst im Preise kämen die Kosten als mitwirkend hinzu.
(c) Z. B. Werth eines vermietheten Hauses, Gartens, Bettes u. dgl., — einer Gewichtsmenge Münzsilber (mit Kupferbeimischung), Eisenerz, Runkelrüben zur Zucker- oder Milcherzeugung für den Verkauf ꝛc.
(d) Auf diesen Verkehrswerth paßt daher der Ausdruck Tauschwerth nicht so gut. Wenn 1 Centner Heu 5 Pfd. Fleisch und Fett zu 12 kr. erzeugt (v. Weckherlin, Landw. Thierproduction, II, 337), so ist (abgesehen von den anderen Kosten der Mastung und dem Miste) sein Verkehrswerth 1 fl.; sein Tauschwerth im Falle des Verkaufs kann hievon abweichen, obgleich er in der Regel sich jenem zu nähern strebt. Beim Heu lassen sich mehrere Werthe nach den verschiedenen Verwendungen angeben, indem z. B. der Centner bei Kühen gegen 44½ Pfd. Milch giebt (ebd. II, 364) und, das Pfd. zu 1⅛ kr., 1 fl. 6¾ kr. abwirft. — Ist der mittelbare Verkehrswerth im obigen Falle b) größer als der beim Verkaufe bestehende, so ist es vortheilhaft, das Gut nicht zu verkaufen. So verwendet man die Milch besser zum Ausbuttern, wenn ihr Preis zu niedrig steht. — Der Productionswerth Schmitthenner's, sowie der Schaffwerth Baumstark's umfassen sowohl diese Art des Verkehrswerthes, als den oben (§. 59. 1. b.) erklärten Erzeugungswerth.
(e) Man bedient sich hiezu insgemein des üblichen Zinsfußes, so daß man z. B. ein Grundstück, welches über die Kosten jährlich 20 fl. einbringt, zu dem 25fachen Werth oder 500 fl. anschlägt.

§. 61.

Eine weitere, nicht weniger im Wesen der Sache gegründete und zur Erklärung der volkswirthschaftlichen Erscheinungen nothwendige Unterscheidung bei dem Gebrauchswerthe entsteht aus der Rücksicht auf den Umfang der Werthschätzung, und zwar kann diese sowohl bei den zu schätzenden Gegenständen als bei den schätzenden Personen (§. 62) betrachtet werden. In der erstgenannten Hinsicht ergiebt sich Folgendes:

1) Es giebt einen Werth **ganzer Gattungen und Arten** von Gütern, z. B. des Waizens, des Kupfers, des Sohlleders ꝛc. (a), den man erkennt, wenn man den Grad der Nützlichkeit dieser Sachen für die Menschen im Allgemeinen erwägt. Dieser **abstracte** oder **Gattungswerth** ist es hauptsächlich, auf den sich die obigen Erklärungen (§. 57. 58.) beziehen (b).

2) Der Gebrauchswerth einer einzelnen (concreten) Quantität eines Sachgutes, oder eines einzelnen Stückes, z. B. eines bestimmten Scheffels Getreide, eines bestimmten Pferdes ꝛc. für eine gewisse Person (**concreter Werth**) fällt sehr oft nicht mit dem Gattungswerthe dieses Gegenstandes zusammen, sondern bleibt weit unter demselben oder verschwindet ganz. Er steht nämlich zugleich unter dem Einfluß äußerer Umstände, und zwar der Größe des Bedarfes und des schon im Besitze der Person befindlichen Vorrathes von demselben Gute. Für die meisten Zwecke hat man nur eine bestimmte Menge von Gütern einer gewissen Art nöthig und ein größerer Vorrath erscheint als überflüssig, weil es an einer Veranlassung fehlt, von seiner Nützlichkeit wirklich Gebrauch zu machen. Der Gebrauchswerth eines solchen überflüssigen Theiles des Besitzes für den Besitzer ist als **ruhend** anzusehen und diese Vorräthe werden nur nach ihrem Verkehrswerthe als Erwerbsmittel oder als Mittel, Anderen Wohlthaten zu erweisen, in Anschlag gebracht. Wer nicht als Handeltreibender auf den Wiederverkauf Bedacht nimmt, wird von jedem Gute nur soviel mit einer Aufopferung erkaufen, als er selbst zu verwenden gedenkt (c). Deßhalb hat oft eine Sache von dem höchsten Gattungswerth für viele Personen keinen oder nur einen geringen concreten Werth. Bis zur Gränze des Bedarfes dagegen ist dieser dem Gattungswerthe gleich, und eine Vermehrung des letzteren innerhalb jener Gränze ist also eine Vergrößerung des Vermögens.

(a) Die zu einerlei Art von Gütern gehörenden Sorten haben ungleichen Gattungswerth. — Uebrigens versteht es sich, daß man auch zur Bestimmung des Gattungswerthes gewisse Quantitäten zu Grunde legen muß, z. B. 1 Cubikfuß Leuchtgas, 1 Pfd. Brennöl ꝛc.

(*b*) **Riedel**, Nationalök. I, [§. 52, hat die Unterscheidung dieser beiden Arten des Werthes aufgenommen und den Gattungswerth mit dem Namen *abstracter* Werth bezeichnet.

(*c*) Wer z. B. auf 1 Jahr 30 Centner Roggen nöthig hat und deren 70 besitzt, wird bei den entbehrlichen 40 nur darauf achten, was sie ihm im Tausche eintragen können. Wenn sich der Besitzer entschlösse, auch einen Theil der nöthigen 30 Centner ohne Rücksicht auf ihren Werth zu verkaufen, so geschähe dieß nur in der Voraussetzung, den Bedarf leicht und um niedrigeren Preis wieder ergänzen zu können. — Das zweite Exemplar des geschätztesten Buches, Kupferstichs ꝛc. ist für den Eigenthümer fast ohne concreten Werth. — Wer sich mit dem Bedarfe versorgt hat, kauft nicht mehr von derselben Sache, wenn sie auch noch so wohlfeil ist, er müßte sie denn wieder verkaufen oder länger aufbewahren wollen und können. — Es lassen sich hiebei noch Abstufungen denken, indem man z. B. gerne über den Bedarf hinaus einigen Vorrath zur Behaglichkeit oder aus Vorsicht in Bereitschaft hält, dessen concreter Werth aber schon kleiner ist.

§. 61 a.

Während der Gattungswerth bloß im Allgemeinen die Beziehung eines Gutes zu den menschlichen Zwecken ausspricht, giebt der concrete Werth einen Antrieb für den Willen, weil er jedem Einzelnen zeigt, was zur Verbesserung seines wirthschaftlichen Zustandes dient. Das allgemeine Streben der Menschen geht dahin, die größte Menge von concretem Werthe in ihrem Vermögen zu haben, und darauf werden die Einkäufe sowie die Verkäufe gerichtet. Bei der Schätzung der Genußmittel ist der concrete Werth ganz entscheidend. Bedarf man auch von manchen Gütern nicht gerade einer bestimmten Menge, wie bei manchen Luxusgegenständen, so pflegt wenigstens der concrete Werth eines einzelnen Stückes oder Quantums desto kleiner zu werden, je höher der ganze Vorrath eines Eigenthümers steigt. Der Zweck, neues Vermögen im Allgemeinen zu erwerben, ist zwar für die meisten Menschen unbeschränkt, doch zeigt sich auch in den Erwerbsmitteln nicht selten eine Gränze, jenseits welcher der concrete Werth abnimmt, theils wegen der größeren Schwierigkeit der Verwaltung und Benutzung, theils weil zwischen den verschiedenen Erwerbsmitteln ein Ebenmaaß stattfinden muß (*a*). Uebrigens kann ein gegebenes Sachgut bei gleichem Gattungswerthe nicht bloß für mehrere Personen, sondern in verschiedenen Zeiten auch für eine und dieselbe Person ungleichen concreten Werth haben, wenn in dem Umfang des Bedarfes und der Vorräthe Veränderungen eintreten.

(*a*) Z. B. zu einem Landgute von 100 Morgen gehört nur eine gewisse Zahl von Pferden, Pflügen u. dgl.

§. 62.

Die einzelnen Menschen können in dem Urtheile über den Gebrauchswerth eines Sachgutes von einander abweichen, indem bald ihre nächsten Zwecke verschieden sind, bald auch die Tauglichkeit der Mittel zu denselben nicht für Alle dieselbe ist. Neigungen, Gewohnheiten, Bedürfnisse, Berufszweige, natürliche und künstlich erworbene Fähigkeiten ꝛc. haben auf die individuelle Werthschätzung Einfluß, welche, als in der Persönlichkeit liegend, für Andere unerforschlich ist, so weit sie sich nicht in den Preisen kund giebt, für welche Jemand ein Gut kauft oder verkauft (*a*). Mehrere Menschen, die in irgend einer Hinsicht (Beschäftigung, Stand, Körperbeschaffenheit) einander gleich stehen, stimmen häufig auch in der Werthschätzung einzelner Güter überein (*b*), und bei den nöthigen Dingen ist sogar ein gleichförmiges Urtheil aller Mitglieder eines Volkes möglich (*c*), während zwischen mehreren Völkern noch Verschiedenheiten aus körperlichen oder geistigen Ursachen bestehen können (*d*). Will man den Gattungswerth eines Gutes nach einem aus der Volkswirthschaftslehre genommenen Gesichtspuncte ermessen, wie dieß auch in manchen Fällen von der Regierung geschehen muß, so hat man von der Gesammtheit der Bedürfnisse eines vernunftmäßigen Lebens auf einer gewissen Bildungsstufe und nach den Eigenthümlichkeiten eines Volkes auszugehen und die Nützlichkeit jedes Gutes nach seinem Verhältniß zu diesem Systeme sittlich zulässiger Zwecke zu untersuchen (*e*).

(*a*) Der **Werth der Vorliebe** oder **Affectionswerth** ist eine besondere Art des individuellen, beruhend nicht auf einem eigentlichen Nutzen, sondern auf einem Gefühle, welches aus dem Gemüthe entspringt. Er zeigt sich auch bei wirklichen Tauschfällen öfters als **Affections- (Liebhaber-) Preis**. Ist der Gegenstand einer solchen Vorliebe nur einmal vorhanden, z. B. das Gemälde einer uns theuren Person, so fällt der Gattungswerth mit dem concreten zusammen; denn auf diesen Fall ist die Unterscheidung beider gar nicht anwendbar. Anders dagegen z. B. bei einem in vielen Exemplaren vorhandenen Abbilde einer Person in Steindruck.

(*b*) Werth einer alten Münze für Numismatiker, eines Meteorsteins für den Mineralogen.

(*c*) Man hat deßhalb einen **allgemeinen, besonderen** und **individuellen** Werth unterschieden.

(*d*) Zeitungen werden in England und anderen Ländern von Europa, Chocolate wird in Italien, Roggen in Deutschland, Mais in Italien höher geschätzt als anderswo, Pelze, Oefen, Glasfenster in heißen

Ländern weniger oder gar nicht. — Ueber die Natur des gemeinen Werthes s. Zachariä, S. 128.

(*a*) Nach solchen Erwägungen wird man z. B. den Feldbau vor der Kunstgärtnerei, die Eisenfabrication vor der Bijouterie, die Leinweberei vor dem Spitzenklöppeln ꝛc. zu begünstigen haben.

§. 63.

In frühen Zeiten, als jede Familie durch ihre eigene Thätigkeit alle ihre Bedürfnisse befriedigte, wurde jede Art von Gütern nach ihrem Gebrauchswerthe und jedes einzelne Stück nach seinem concreten Werthe für den Besitzer oder Erwerber geschätzt (*a*). Dasjenige Vermögen erschien als groß, welches in seinen Bestandtheilen eine beträchtliche Menge von concretem Gebrauchswerthe enthielt, so daß es den Bedürfnissen und Wünschen des Besitzers eine ziemlich vollständige Befriedigung darbot. Später, als die Erwerbsthätigkeiten vielfacher und künstlicher wurden, der Verkehr mehr Lebhaftigkeit erhielt und zu seiner Erleichterung ein Gut als allgemeiner Stellvertreter aller anderen (Geld) gebraucht wurde, zog der Verkehrswerth, insbesondere der in Geld ausgedrückte, immer größere Aufmerksamkeit auf sich. Man gewöhnte sich daran, jedes Gut nach der Geldmenge anzuschlagen, die für dasselbe im Verkaufe wahrscheinlich zu erhalten sein werde, und sah in diesem Geldpreise eines Gegenstandes den vollgültigen Ersatz und Gegenwerth desselben. Hierin wurde man durch die Wahrnehmung bestärkt, daß bei einem ausgebildeten Gewerbfleiß und regen Verkehre die meisten Güter beliebig einzukaufen sind, wenn man ihren Geldpreis anbietet. Es wurde allgemein üblich, das Vermögen der Menschen nach den Geldpreisen seiner Bestandtheile zu bemessen (*b*) und man wurde sogar zu der Meinung geführt, diejenigen Sachen, die im gewöhnlichen Leben keinen oder nur einen niedrigen Preis haben, seien auch von ganz geringem Werthe.

(*a*) Diese ursprüngliche Schätzung der Dinge nennt Beccaria nicht ganz passend **absoluten Werth** im Gegensatze des später hinzugetretenen **relativen** oder Tauschwerthes, Elementi di econ. publ., in den Scritt. class. XIX, 339.

(*b*) Cournot, Rech. S. 3, stützt den Begriff von Vermögen, richesses, gänzlich auf den Tauschwerth, weil dieser allein berechnet und bewiesen werden könne, während bei der Schätzung der Nützlichkeit das Wahre und Irrige nicht erweislich sei. Wenn man einen Theil eines Vorrathes zerstört, um den Ueberrest desto vortheilhafter zu verkaufen, wie es

z. B. von Buchhändlern mit Exemplaren von Büchern und von den Holländern mit Gewürzen geschehen ist, so wird dieß von jenem Schriftsteller S. 7 une véritable création de richesse dans le sens commercial du mot genannt. Es ist aber nur Gewinn am Preise auf Kosten der Käufer und mit Verminderung der vorhandenen Menge von Gebrauchswerth.

§. 64.

Es läßt sich zeigen, daß schon für die privatwirthschaftliche Schätzung der Sachgüter der Preis und der von demselben bestimmte Verkehrswerth keineswegs zureicht, und daß der Einzelne, um für seinen wahren wirthschaftlichen Vortheil zu sorgen, immer auf den Gebrauchswerth zurückgehen muß, wie dieß auch der Erfahrung zufolge allgemein geschieht (a).

1) Der Verkehrswerth eines Gutes weist nur auf die damit zu erlangende oder die dafür aufzuwendende Menge eines anderen hin, und dieß würde wenig helfen, wenn man nicht den Gebrauchswerth beider kennte. Man kauft oder verkauft ein Gut, je nachdem man dessen concreten Gebrauchswerth größer oder kleiner findet als den Preis desselben (b).

2) Die Preise und Verkehrswerthe pflegen in Geldsummen ausgedrückt zu werden. Eine solche hat aber keinen Gebrauchs-, sondern nur einen Verkehrswerth und empfängt denselben von den Dingen, die man für sie anschaffen will. Hierin waltet offenbar die größte Verschiedenheit, daher läßt sich kein allgemeiner Werth einer Geldsumme angeben, vielmehr kann diese nur nach den Bedürfnissen und Vermögensumständen jedes einzelnen Besitzers geschätzt werden, indem dieser sie zur Erwerbung derjenigen Gegenstände verwenden wird, die für ihn gerade den höchsten concreten Werth haben (c). Ueber je mehr Geldsummen einer gewissen Größe Jemand zu verfügen hat, d. h. je begüterter er ist, desto mehr leichtentbehrliche und geringfügige Dinge vermag er sich neben den werthvollen zu verschaffen. Betrachtet man also den Werth einer solchen Summe nicht gerade in einem einzelnen Zeitpunct, sondern für die Wirthschaft einer Person im Ganzen, so ergiebt sich, daß jene einen desto niedrigeren concreten Werth hat, einen je kleineren Theil der ganzen verfügbaren Gütermasse sie ausmacht; sie ist für den Reichen wenig, für den Dürftigen viel werth.

3) Manche Güter sind auch da, wo schon lebhafter Verkehr besteht, nicht preisfähig (§. 56), weil es noch herrenlose Vorräthe giebt, die man unentgeldlich an sich bringen kann (d), oder weil aus irgend einer äußeren Ursache keine Veräußerung vorkommt (e). Im ersten Falle ist gar kein Verkehrswerth vorhanden und man muß sich allein an den Gebrauchswerth halten, im zweiten Falle giebt es wenigstens keinen Tauschwerth solcher Güter, wenn auch vielleicht einen Miethwerth (f).

4) Der gegenwärtige Preis eines Gutes ist dann kein hinreichender Stellvertreter desselben für den Besitzer, wenn die Wiedererlangung schwierig oder zweifelhaft erscheint (g).

(a) Hiermit stimmt auch Torrens überein, Production of wealth, S. 10. 11: „Nur ein schwankender und ungenauer Sprachgebrauch konnte zu dem Satze geführt haben, daß der Tauschwerth (Preis) das Wesen des Vermögens ausmacht. Wenn wir sagen, ein nützlicher Gegenstand habe Tauschwerth, so ist das ein bildlicher Ausdruck, der genau genommen keine diesen Dingen anhängende Eigenschaft, kein Merkmal derselben ausspricht, sondern nur bedeutet, daß Menschen vorhanden sind, welche Vermögen und Willen haben, andere nützliche Dinge für sie zu geben" ꝛc. — Rossi, Cours I, 65.

(b) Schon Condillac hatte behauptet, zwei Dinge von einerlei Preis könnten in ihrem Werthe sehr verschieden sein. Wenn Say (Handb. I, 164. II, 154) dieß bestreitet und den Preis als den von vielen Menschen anerkannten Werth ansieht, so bezieht sich das nur auf den Tauschwerth, nicht auf den Gebrauchswerth, den Condillac offenbar im Sinne gehabt hatte. Say sagt (Anmerkungen zu Ricardo, II, 69): „Wenn zwei Dinge einerlei Marktpreis haben, so beweist dieß, daß nach der Meinung der Menschen an diesem Orte und zu dieser Zeit aus der Verzehrung beider Sachen gleicher Grad von Vortheil (satisfaction) zu genießen ist." Dieß wäre nur richtig, wenn die Menschen für jede Sache desto mehr zu geben pflegten, je mehr Nutzen sie in ihr finden, allein dieß thut man nicht, wenn man wohlfeiler kaufen kann und man ist froh, das allernützlichste Gut recht wohlfeil zu erwerben.

(c) Der Landmann, dem man für ein Erzeugniß 100 fl. bietet, wird vielleicht überlegen, wie viel Geräthe, Kleidung, Baumaterial dafür zu erlangen sind, der Handwerker in einem ähnlichen Falle, wie viel rohe Stoffe verschiedener Art; der Reiche denkt vielleicht bei jener Summe an irgend ein zierliches Geräth oder Kleidungsstück, welches er leicht missen könnte.

(d) Wasser, Eis und Schnee erlangen in solchen Zeiten und Orten einen Preis, wo man auf ihre Herbeischaffung oder Aufbewahrung einige Mühe wenden muß. (Schnee wird in Neapel und Sicilien allerwärts und täglich verkauft, in Städten das Pfund ungefähr für 1 Grano.) Ersteres ist aber auch da, wo es keinen Preis hat, weil es überall umsonst zu erlangen ist, von dem größten Werthe. Das Vermögen des Einzelnen kann also Güter von beträchtlichem Werthe in sich begreifen, die nicht preisfähig sind, z. B. Holz in einem schwachbevölkerten waldreichen Lande. Die im gemeinen Leben übliche Bezeichnung des Vermögens nach den Preisen seiner Bestandtheile würde in einem solchen Falle den Vermögensstand des Einzelnen sehr unvollkommen angeben, und bei der Bestimmung des Volksvermögens müßten diese preislosen Güter so gut als die anderen berücksichtigt werden.

(*e*) Z. B. die res sacrae und religiosae der Römer, — die unveräußerlichen Grundbesitzungen der Spartaner nach Lykurg's Gesetzen. Auch die Landstraßen haben keinen Preis, weil sie nie veräußert werden. Bei der Schätzung des gesammten Vermögens im Staate kann man sie nur nach ihren Kosten in Anschlag bringen. Aber wie weit bleiben diese hinter dem Nutzen zurück, den die Straßen für die Gesellschaft haben!

(*f*) Sind Grundstücke unveräußerlich, so läßt sich wenigstens ein Werthanschlag aus dem reinen Ertrage bilden.

(*g*) Lohnarbeiter befinden sich darum in einer viel vortheilhafteren Lage, wenn sie so viel Land besitzen, um die nöthigsten Lebensmittel selbst bauen zu können und von der Vertheuerung derselben unabhängig zu sein.

§. 65.

Geht man von der privatwirthschaftlichen zur volkswirthschaftlichen Schätzung der Vermögenstheile über, so ist zu bedenken, daß in der Wirthschaft eines Volkes die meisten Bedürfnisse durch inländische Erzeugnisse befriedigt werden und der Austausch mit anderen Ländern durch Ein- und Ausfuhr nur einen kleinen Theil der ganzen erzeugten und verzehrten Gütermasse umfaßt (*a*). Man kann die Volkswirthschaft als größtentheils in sich abgeschlossen ansehen. Der Preis und Verkehrswerth der Güter kommt bei der Bemessung des Volksvermögens nur bei den aus- und eingehenden Erzeugnissen in Betracht, bei allen anderen entscheidet der concrete Gebrauchswerth, nach welchem sich der Gütergenuß, somit zum Theil das Wohlbefinden und die Zufriedenheit eines Volkes richtet. Der Preis derjenigen Güter, die nicht in den auswärtigen Verkehr gelangen, wird von inländischen Käufern an inländische Verkäufer entrichtet, sein höherer oder niedriger Stand nützt nur der einen und schadet der anderen dieser beiden Classen, ist aber für das Ganze gleichgültig (*b*). Um also die Größe des Volksvermögens zu erkennen, muß man seine Bestandtheile, soweit sie für das inländische Bedürfniß dienen, nach ihrem concreten volkswirthschaftlichen Gebrauchswerthe in Anschlag bringen, den auszuführenden Theil aber nach den ausländischen Verkaufspreisen, nach Abzug der Versendungskosten. In einem schwachbevölkerten Lande können Massen von Holz, Erz u. dergl. zur Zeit noch ohne concreten volkswirthschaftlichen und ohne Verkehrswerth sein. Indeß dürfte man in diesem Falle bei Gütern, die sich nicht wiedererzeugen, wie die Mineralkörper, auch die künftige Befriebigung der Bedürfnisse und deren wahrscheinliche Erweiterung bei zunehmender Volksmenge nicht unbeachtet lassen, weßhalb in Hinsicht auf spätere Zeiten auch ein volkswirthschaftlicher Werth eines gegenwärtig noch überflüssigen Vorrathes anzuerkenen sein kann.

(*a*) Aus dem von Moreau de Jonnès (Le commerce au dix-neuvième siècle, I, 114 ff. Paris 1825) aufgestellten Berechnungen folgt, daß die jährliche Verzehrung fremder Producte in Nordamerica 9,⁶ Proc., in Frankreich 6, in Großbritannien 5,⁸ Proc. der ganzen Consumtion ist; die Ausfuhr beträgt in diesen 3 Staaten 10,⁴ — 6,²⁰ — 9,⁸ (?) Procente des jährlichen Gütererzeugnisses. Es versteht sich, daß man solche Angaben nicht als genau, nur als annähernd richtig betrachten darf.

(*b*) Abgesehen davon, daß der eine Preis für die Erzeuger ermunternder sein mag als der andere.

§. 66.

Die Unzulänglichkeit des Verkehrswerths und Preises zur Veranschlagung des Volksvermögens wird durch nachfolgende Sätze in noch helleres Licht gesetzt:

1) Der Preis der Dinge wird hauptsächlich von den Kosten der Hervorbringung und Herbeischaffung bestimmt. Die Entstehungsart eines Gutes hat aber mit der Nützlichkeit desselben keinen Zusammenhang, das kostbarere ist nicht immer das schätzbarere, daher deutet eine gegebene Summe von Preis oder Verkehrswerth keine bestimmte Masse von Gebrauchswerth an, vielmehr kann sie sich auf Gegenstände von höchst verschiedenem Werthe beziehen. Wenn ein werthvolles, ja unentbehrliches Gut in einem Lande ganz preislos ist (§. 64. 3), so bildet es gerade wegen seiner Fülle einen sehr erwünschten Bestandtheil des Volksvermögens. Viele der zur Wohlfahrt eines Volkes am meisten beitragenden Güter, z. B. Mehl, Kochsalz, Steinkohlen, Eisenwaaren, können mit geringerem Kostenaufwande hervorgebracht werden und haben deßhalb einen viel niedrigeren Preis als andere, leicht entbehrliche Sachen, die man nur darum zu kaufen vermag, weil die wichtigeren Güter wenig kosten. Dieser Umstand erleichtert die Befriedigung der Bedürfnisse, während er das nach Preisen angeschlagene Vermögen geringer erscheinen läßt.

2) Es tragen sich häufig Preisveränderungen zu, aus denen man keinesweges auf entsprechende Aenderungen im Volksvermögen schließen dürfte (*a*). Beispiele hiervon sind folgende:

a) Eine gewisse Gütermasse kann späterhin, wenn man sie mit geringeren Kosten zu erzeugen lernt, niedriger im Preise stehen, ohne darum ein kleinerer Theil des Volksvermögens zu werden (b).

b) Wenn eine Mißernte den Preis des Getreidevorrathes steigert, so kann die verminderte Größe desselben noch dieselbe oder eine höhere Preissumme ausmachen, als in früheren Jahren.

c) Die Zunahme des beweglichen Vermögens erhöht den Preis des unbeweglichen auch bei gleichem volkswirthschaftlichen Werthe desselben (c).

d) Auch in dem, zum Maaße der Preise gewählten Gute können sowohl von Zeit zu Zeit, als von Land zu Land, Verschiedenheiten Statt finden, durch welche der Preisanschlag des ganzen Volksvermögens ohne Aenderung in dessen Größe erhöht oder erniedrigt wird, §. 174.

(a) Für das Verhältniß der Volksclassen unter einander sind allerdings Preisveränderungen, selbst ohne vorgegangene Aenderungen in der Menge und den Kosten der Güter, sehr erheblich, es finden Gewinnste und Verluste Statt, die sich aber im Ganzen ausgleichen.

(b) Bei der britischen Ausfuhr von Baumwollengarn ist von 1820—1849 nach dem sog. declarirten Werthe das Pfund von $29{,}^{48}$ auf $10{,}^{76}$ Pence oder auf 36 Proc., der Yard ungefärbtes Baumwollenzeug von $11{,}^5$ auf $2{,}^{85}$ P. oder auf $24{,}^7$ Proc. gesunken, wozu die Fortschritte der Kunst viel beigetragen haben. Bei den im Lande gebliebenen Baumwollenwaaren hat diese Kostenverminderung ohne Zweifel ebenfalls stattgefunden und hier kam sie den Käufern zu Gute.

(c) Say, der ungeachtet der Richtigkeit seiner aufgestellten Begriffe von Gebrauchswerth, den er Nützlichkeit, und von Preis, den er Valeur nennt, doch wie die meisten Schriftsteller jenen Werth zu sehr aus den Augen verliert, wird durch obige Sätze auf „eine der schwierigsten Fragen der Nationalökonomie" geführt: Da der Reichthum in dem Werthe der Dinge, die man besitzt, besteht, wie kann eine Nation um so reicher sein, je niedriger diese Dinge im Preise stehen? Handb. II, 256. Er sucht sie zu lösen, indem er bemerkt, daß unser Vermögen eigentlich in den Productivfonds, d. h. der Industrie, den Capitalen und Grundstücken besteht, und daß diese um so werthvoller sind, je mehr Producte man mit ihrer Hülfe erzeugen kann. Die ganze Schwierigkeit fällt nach obiger Darstellung hinweg, denn es ist einleuchtend, daß ein wohlfeiler gewordenes Gut für die Volkswirthschaft nichts an seinem Gebrauchswerthe verloren hat. Say nähert sich dieser Ansicht, indem er hinzusetzt: „es ist ein Vortheil für den Menschen, wenn er seine Genüsse vervielfältigen und die Opfer, mittelst denen er sich dieselben verschafft, vermindern kann." — Proudhon (Philosophie der Staatsök. I, 34) macht der politischen Oekonomie einen Vorwurf aus dem Widerspruche, daß eine Vermehrung der „Werthe" durch Production den Preis der Erzeugnisse erniedrige, was aber nicht einmal immer geschieht.

§. 67.

Obgleich die bloßen Geldpreise der Güter zu einer volkswirthschaftlichen Schätzung derselben nicht zureichen, vielmehr auf den Gebrauchswerth und seine scharfe Unterscheidung vom Preise ein vorzügliches Gewicht gelegt werden muß (a), so verdienen doch auch die Preise eine sorgfältige Erforschung, weil sich nach ihnen die Antheile der Einzelnen und der verschiedenen Volksclassen an den vorhandenen Gütern richten und der ganze Verkehr sich in ihnen bewegt. Daher nimmt die Lehre vom Preise der Tauschgüter und der anderen bezahlten Leistungen in der Volkswirthschaftslehre eine wichtige Stelle ein (b). Für statistischen Gebrauch ist man ebenfalls genöthiget, sich vorzüglich an die Preisangaben zu halten, muß sie aber dadurch bezeichnender für den Vermögenszustand eines Volkes zu machen suchen, daß man zugleich ausmittelt,

1) in welchem Preise gegen das gewählte Maaß (Geld) die werthvollsten Arten von Gütern stehen, woraus dann abzunehmen ist, welchen Umfang von Nutzen und Genuß eine gewisse Preissumme zu gewähren im Stande ist;

2) in welchen Quantitäten die nützlichsten Güter in dem Volksvermögen enthalten sind (c).

Auch darf man nicht Preise eines einzelnen Zeitpunctes, sondern nur Durchschnitte eines Zeitraumes zu Grunde legen.

(a) Ricardo a. a. O. sucht zu zeigen, daß der Reichthum sich nicht nach dem von ihm so genannten Werthe richte, sondern nach der Menge nothwendiger, nützlicher und angenehmer Dinge; unter Werth (value) versteht er aber die Kosten und den durch dieselben bestimmten Preis. (Senior a. a. O. S. 131 tadelt mit Recht diese unnöthige und verwirrende Sprachverdrehung, „such (innovations) for instance, as the substitution of the word *value* for *cost*" durch Ricardo.) Say (Anmerk. zu dieser Stelle, II, 77 der franz. Uebers.) behauptet dagegen „der Reichthum sei nichts Anderes als der Marktpreis der Dinge, die man besitzt", giebt aber zu, daß dieser veränderlich und relativ sei. — Ein Ungenannter im Quarterly Review (Jan. 1831) setzt dem Reichthum (wealth), der aus einer Preismenge bestehe, die Nationalwohlfahrt (happiness) entgegen, die sich nach der Nützlichkeit (utility im Gegensatze von value) bestimme und in der behaglichen, durch Befriedigung der wichtigeren Bedürfnisse begründeten Lebensweise der Mehrzahl von Menschen äußere. Bemerkenswerth ist die Aeußerung, daß die Erzeugnisse der Landwirthschaft die der anderen Gewerbe an Nützlichkeit übertreffen, die ihnen, obschon gleich im Preise, doch keineswegs an Werth gleich seien, though equal in *price*, by no means equal in *worth*, wo dieß Wort ganz in obigem Sinn, verschieden von value, gebraucht wird. Die Sachgüter überhaupt Werthe zu nennen, ist ein

Gallicismus, den der größere Reichthum der deutschen Sprache unnöthig macht.

(b) Darum darf aber doch der Tauschwerth nicht als Seele oder Mittelpunct der Volkswirthschaft angesehen werden. Wie die ganze Gütervertheilung im Verkehre nur das Mittelglied zwischen Erzeugung und Verbrauch, so ist der Preis nur die Bedingung und Regel des Uebergangs der Güter und Leistungen an andere Personen, die Hauptsache aber ist das an dieselben gelangende Maaß von Genuß der Sachgüter.— Entgegengesetzter Meinung sind z. B. Arnd, Die naturgemäße V.-W. S. 16. 477. — Cousin in Compte rendu de l'ac. des sc. mor. et pol. X, 441. 1846.

(c) Bei einem ganzen Volke ist es nur in geringem Grade möglich, das Vermögen bei gleicher Preismenge aus solchen Gütern zusammenzusetzen, die die größte concrete Werthmenge darbieten, vergl. §. 61a; es muß z. B. das bestehende Verhältniß zwischen Grundstücken und Capitalen als ziemlich unabänderlich angesehen werden.

Dritter Abschnitt.
Veränderungen im Volksvermögen.

§. 68.

Das Vermögen eines Volkes läßt viele Veränderungen in seinen Bestandtheilen wahrnehmen, namentlich sowohl Abgang als Zugang derselben. Die häufigen und regelmäßig sich wiederholenden Arten des Austritts von einzelnen Sachgütern aus dem Volksvermögen (a) sind das Hingeben an das Ausland und die Zerstörung ihres Gebrauchswerthes (b). Diese Werthszerstörung wird Verzehrung, Consumtion genannt. Sie besteht nicht etwa in einer Vernichtung des Stoffes, welche undenkbar wäre, sondern nur in einer solchen Veränderung, z. B. Umgestaltung, wobei seine bisherige Tauglichkeit verloren geht. Es lassen sich bei der Verzehrung mehrere Verschiedenheiten bemerken.

1) Sie erfolgt plötzlich oder allmälig. Im letzten Falle heißt sie Abnützung (c).

2) Ist sie eine Folge des Gebrauches der Güter für menschliche Zwecke, so wird sie Verbrauch genannt. Man kann die meisten Güter nicht gebrauchen, ohne daß sie dabei mehr oder weniger verbraucht würden (d), wobei sie aber immer ihrer Bestimmung gemäß irgend einen Vortheil gewähren. Dagegen

werden auch Güter öfters von den Naturkräften zerstört, ohne einen Vortheil für die Menschen zu bewirken, §. 319.

3) Das Vermögen wird entweder ohne Ersatz um die zerstörte Werthmenge vermindert, oder die Verzehrung ist zugleich Ursache der Zerstörung eines neuen Werthes anderer Art, der bald größer, bald kleiner ist, als der zerstörte, und bald an den nämlichen Stoffen haftet, wie jener, bald an anderen (e).

(a) Also abgesehen vom Diebstahl, Verlieren ꝛc.
(b) Wenn ein Vermögenstheil nur seinen Verkehrswerth verlöre, so bliebe noch der Gebrauchswerth übrig. Auch wird nur die Zerstörung des Gattungswerthes Consumtion genannt, nicht schon das Erlöschen des concreten Werthes eines Gutes, weil dieser durch geänderte Verhältnisse im Besitze leicht wieder auflebt.
(c) In derselben lassen sich bei manchen Gütern gewisse aufeinanderfolgende Abstufungen unterscheiden, z. B. 1) Zerstörung der bloßen Neuheit durch anfangenden Gebrauch, z. B. eines Buches oder Kleidungsstückes, hierauf 2) Verringerung des gefälligen Aussehens, sodann 3) Abnahme der Haltbarkeit ꝛc.
(d) Es giebt nur wenige Ausnahmen, z. B. Edelsteine, — manche bloß zum Anschauen bestimmte Dinge, — ferner Ländereien, da sie bei dem Anbaue zwar in geringem Grade an ihrer Güte verlieren (erschöpft, verunreinigt werden ꝛc.), aber keine weitere Verschlechterung erleiden, wofern nicht außerordentliche Zufälle eintreten, §. 50 (b). — Bau- und Bildwerke von festen Steinarten sind überaus dauerhaft. Das Amphitheater zu Pola aus istrischem Marmor hat in 2000 Jahren an den Kanten der Steine nur zwei Linien Dicke verloren. Burger, Reise durch Oberitalien, I, 7.
(e) Eine bloße Vervollkommnung eines Gutes, wodurch die bisherige Tauglichkeit erhöht wird, z. B. das Walken, Rauhen und Scheeren des Tuches, das Umschmelzen, Reinigen und Verarbeiten des Eisens ist keine Verzehrung, wohl aber wird Brennstoff, Farbstoff, Dünger, Viehfutter, Getreide zum Branntweinbrennen ꝛc. consumirt, weil hiebei eine ganz andere Art von Gütern entsteht.

§. 69.

Wie die Verminderung des Volksvermögens, so kann auch die Vermehrung desselben auf doppeltem Wege entstehen; theils werden Vermögenstheile im auswärtigen Verkehre erworben, theils treten neue Werthmengen zum erstenmal in menschliche Gewalt und werden von Mitgliedern des Volkes in Empfang genommen. Eine solche Vergrößerung des Volksvermögens vermittelst eines am Stoffe haftenden Gebrauchswerthes, welcher vorher noch gar nicht im Vermögen der Menschen war, heißt Hervorbringung, Gütererzeugung, Production (a). Auch sie ist entweder das Werk der menschlichen Thätigkeit, oder erfolgt ohne Zuthun des Menschen durch natürliche Kräfte, doch erfordert die Aneignung des neuen Erzeugnisses immer einige menschliche Arbeit. Die Werthserhöhung, insoferne sie aus einer körperlichen Veränderung hervorgeht, kann, wie die Verzehrung, nur auf Umgestaltungen, Verbindungen und Trennung der auf der Erde vorhandenen Stoffe beruhen, deren Menge im Ganzen, wenn man die Atmosphäre mit einrechnet, unabänderlich ist.

Für den Einzelnen kann die Erwerbung der Güter von Anderen (b) eben so ergiebig sein, als die Production, ein Volk aber sichert nur durch letztere die Befriedigung seiner Bedürfnisse, und auch dasjenige, was vom Auslande erlangt werden soll, ist am leichtesten vermittelst des Eintausches gegen eigene Erzeugnisse zu erhalten (c).

(a) Eine Erzeugung neuer Güter, bei der mehr schon vorhandene verzehrt würden, als das Product vergüten kann, wäre nach obiger Begriffsbestimmung keine wahre Production, weil sie keine Vermehrung des Vermögens bewirkt, wenn sie auch technisch betrachtet zu der nämlichen Gattung von Verrichtungen gehören mag, wie die wirklich productiven. Hermann (Unters., S. 22) unterscheidet eine technische und wirthschaftliche Production, wie früher Graf Soden (Nationalökon. I, 148.) eine ökonomistische, unökonomistische und antiökonomistische Production angenommen hatte. Eine Vermehrung von Verkehrswerth ohne Zunahme des Gebrauchswerthes wäre bei den im Lande bleibenden Gütern kein Zuwachs für das Volk, weil sie nur einen Theil der Einwohner auf Kosten der anderen bereicherte.

(b) Erwerben heißt in weiterem Verstande soviel als in das Eigenthum empfangen; im engeren Sinne, wie ihn die Wirthschaftslehre gewöhnlich braucht, kommt noch das Merkmal hinzu, daß die Erlangung der neuen Vermögenstheile durch irgend ein Opfer von Arbeit, Hingabe anderer Güter ꝛc. erkauft werden muß. So steht das Erworbene dem Ererbten, Geschenkten ꝛc. entgegen.

(c) Andere Wege des volkswirthschaftlichen Erwerbes vom Auslande sind der Zinsenbezug von ausgeliehenen Capitalen oder Arbeiten für fremde Lohnherren, z. B. Hollandsgänger in Westfalen, Speditions- u. Commissionsgeschäfte und Waarentransport für Ausländer u. dgl.

§. 70.

Die in einem gegebenen Zeitpuncte in dem Vermögen einer Person enthaltenen Güter bilden den **Vermögensstamm** derselben, welcher theils **werbend** ist, theils aus **Genußmitteln** besteht. Ihm werden die im Laufe eines gewissen Zeitabschnittes eintretenden Zuflüsse entgegengesetzt, bei denen man mehrere Begriffe zu unterscheiden hat.

1) Die sämmtlichen neu in den Besitz einer Person gelangenden Werthmengen nennt man im weiteren Sinne des Wortes

Einnahmen, obgleich ursprünglich hierunter nur die von anderen Menschen empfangenen, nicht die durch eigene Erzeugung gewonnenen Güter verstanden wurden; so werden auch zu den Ausgaben nicht bloß die hingegebenen, sondern zugleich die vom Eigenthümer selbst verzehrten Güter gezählt.

2) Diejenigen Einnahmen, welche aus einer gewissen Erwerbsquelle, z. B. einem Zweige von Arbeit oder einem werbenden Vermögenstheile herrühren, werden in Beziehung auf diese Quelle und ohne Rücksicht auf die Personen, denen sie zufallen, unter der Benennung **Ertrag** (a), und zwar **roher** oder **Brutto-Ertrag**, zusammengefaßt, um diese Gesammtheit von Einnahmen von demjenigen Theile zu unterscheiden, der nach Abzug gewisser Ausgaben übrig bleibt, §. 71.

3) Während der Ertrag als die Wirkung einer äußeren Ursache von Güterzuflüssen gedacht wird, ist dagegen bei dem Begriff von **Einkommen** (Einkünften) die Beziehung auf eine Person, die es empfängt, ganz wesentlich. Dasselbe besteht nämlich aus denjenigen Einnahmen, die einer regelmäßigen Wiederholung fähig sind und von dem Empfänger für seinen eigenen Vortheil verwendet werden können, ohne daß der Vermögensstamm darunter litte, oder Andere darauf einen Anspruch machen könnten. Die Einkünfte sind für den Empfänger neue Vermögenstheile und werden dem im Anfange eines Zeitraums, z. B. eines Jahres, schon vorhandenen Stamme entgegengesetzt. Der Ertrag einer Erwerbsquelle kann mehreren Personen Einkommen geben.

4) Es giebt Einnahmen, die weder zu dem Einkommen, noch auch nur zu dem Ertrage gerechnet werden dürfen und welche daher die fortdauernde Befriedigung der Bedürfnisse nicht sicher zu stellen vermögen (b). Dahin gehören:

a) **Einnahmen aus einem einfachen Wechsel in den Bestandtheilen des Vermögensstammes.** Sie wiederholen sich nicht und verbessern den Vermögenszustand nur insoferne, als sie zu einem einmaligen Gewinne Anlaß geben, z. B. Ankauf eines Grundstücks mit einem Capitale, Borgen eines Capitales, wobei ein negatives Vermögen (eine Schuld) entsteht (c), Abtragen einer Schuld, Eingehen einer ausgeliehenen Summe.

b) Die Gütermenge, aus der ein gewisser roher Ertrag besteht, kann mehrmals in verschiedener Form dem Eigenthümer Einnahmen geben, welche mit gleichartigen Ausgaben in Verbindung stehen (d). Da diese aufeinanderfolgenden Einnahmen nur einem einzigen Ertrage angehören, so pflegt man nur die unter ihnen enthaltene Geldeinnahme zu beachten, die als Wirkung eines Geldaufwandes erscheint.

c) Einnahmen, in denen zwar eine Bereicherung liegt, die aber zufällig sind, wie Erbschaften, Geschenke ꝛc., und auf die daher nicht öfter oder fortwährend zu rechnen ist.

(a) Z. B. eines Landgutes, einer Fabrik, eines persönlichen Dienstes, eines einzelnen Handelsgeschäftes. Es ist hiebei gestattet, je nach dem Zwecke der Erforschung ein größeres Ganzes, oder einen Theil eines solchen abgesondert in Betracht zu ziehen; z. B. Ertrag eines einzelnen Ackers in einem Landgute, einer einzelnen Handelsunternehmung.

(b) Es ist für jede Sonderwirthschaft nothwendig, klar zu erkennen, welcher Theil der Einnahmen als Einkommen gelten könne und dem Empfänger zur Verfügung stehe.

(c) Das geborgte Capital kann zwar zu einer Quelle von Einkünften gemacht werden durch zweckmäßige Anwendung, dieß ist aber keine Folge des bloßen Borgens.

(d) Z. B. ein Fabrikherr nimmt 1) eine Quantität neu verfertigter Waaren ein, verkauft sie 2) gegen eine Geldeinnahme, und verschafft sich 3) mit dieser wieder die Güter, die er zu gebrauchen Willens ist.

§. 71.

5) Der rohe Ertrag muß meistens mit einer Aufopferung von Sachgütern erkauft werden, die entweder noch vorher als Auslagen aufzuwenden, oder nachher aus dem Ertrage hinwegzunehmen sind. Dieser Aufwand ist ein Mittel, um den Ertrag zu Wege zu bringen, es sind Kosten, die vor Allem aus dem Ertrage bestritten werden müssen, damit der Stamm unvermindert bleibe. Was nach Abzug dieser Kosten übrig bleibt, ist der reine oder Netto-Ertrag, den man beliebig verwenden kann, ohne daß die Fortdauer des Ertrages darunter litte.

6) Eine ähnliche Betrachtung läßt sich auch auf das Einkommen anwenden. Wie der gesammte Ertrag, so wird auch das ganze Einkommen einer Person mit der Benennung rohes oder Brutto-Einkommen belegt. Zwar sind von demselben seinem Begriffe nach (§. 70. 3) schon die Antheile Anderer ausgeschieden, allein bei dem mit Hülfe von Arbeit erworbenen Einkommen ist der Unterhalt des Empfängers, und zwar der Unterhalt in einer für den Erwerb erforderlichen Weise (a) als

ein Kostenaufwand anzusehen, nach dessen Abzug erst das **reine, zu ganz beliebiger Verwendung verfügbare Einkommen** übrig bleibt. Das reine Einkommen fällt in der Regel mit dem Reinertrage einer einzelnen Erwerbsgelegenheit zusammen, doch kann sich ein einzelner Reinertrag unter Mehrere vertheilen (*b*) und eine Person in ihrem reinen Einkommen Antheile vom Reinertrage verschiedener Quellen vereinigen.

(*a*) Z. B. an einem bestimmten Orte, nach der Sitte eines gewissen Standes u. s. w.
(*b*) Z. B. bei einer Actiengesellschaft.

§. 71 a.

Trägt man diese Unterscheidungen auf die Wirthschaft eines ganzen Volkes über, so ergiebt sich Folgendes: 1) Die innere Gütererzeugung und der auswärtige Verkehr liefern jährlich eine Masse neuer Güter oder wenigstens eine neu hinzugekommene Werthmenge, die man das **rohe Volkseinkommen** zu nennen pflegt. Besser ist die Bezeichnung **Rohertrag des Volkes**, weil dieser Zufluß keineswegs ganz das Wesen des Einkommens an sich trägt; denn es müssen davon die Hingabe an das Ausland (Ausfuhr) und mancherlei Verzehrungen zum Behufe der Erzeugung bestritten werden, welche nicht zu menschlichem Genusse dienen, z. B. verbrauchte Stoffe. 2) Nur ein Theil jenes rohen Ertrages gelangt als **rohes Volkseinkommen** an Mitglieder des Volkes und bietet denselben Mittel für die persönlichen Zwecke der Bürger dar. 3) Was hievon übrig bleibt, nachdem der nöthige Unterhalt der mit der Erzielung jenes Rohertrags beschäftigten Arbeiter hinweggenommen worden ist, bildet das zu mancherlei Zwecken beliebig verwendbare **reine Volkseinkommen** (§. 245), welches zugleich der **reine Ertrag** der volkswirthschaftlichen Erwerbsgeschäfte ist.

§. 72.

Der am Ende eines angenommenen Zeitraumes von dem Einkommen noch übrige (nicht verzehrte oder ausgegebene) Theil ist der **Wirthschaftsüberschuß** (**Wirthschaftsbilanz**). Um seinen Betrag ist das Vermögen beim Anfang des folgenden Zeitabschnittes (Jahres) größer, als es beim Beginn des abgelaufenen war. Der Ueberschuß der ganzen Volkswirthschaft setzt sich aus den Wirthschaftsüberschüssen aller Einzelnen zusammen. Obgleich diese Größe für die Beurtheilung der Vermögensangelegenheiten eines Volkes sehr wichtig ist, so darf sie doch nicht als das einzige Kennzeichen des günstigen Zustandes der Volkswirthschaft angesehen werden. Denn da das Vermögen dann seine Bestimmung erreicht, wenn es Vortheile für das menschliche Leben giebt, so ist neben der Vermehrung des Vermögensstammes auch der geschehene Gebrauch und Verbrauch von Gütern für menschliche Zwecke und der Umfang des hierdurch bewirkten Gütergenusses in Betracht zu ziehen.

Vierter Abschnitt.
Zustände der Volkswirthschaft.

§. 73.

Wie die Bedürfnisse sachlicher Güter sich stets erneuern, so muß auch jede Wirthschaft auf Fortdauer in einem wenigstens gleichen Zustande gerichtet werden, d. h. sie muß **nachhaltig** sein (a). Diesem Grundsatze widerstreitet es, bloß von dem Vermögensstamme zu zehren, wodurch endlich dessen gänzliche Zerstörung herbeigeführt werden müßte. Die Größe des Capitals darf auf keine Weise vermindert werden, denn sonst würde auch das zum Theil von ihm bedingte Einkommen abnehmen, und von dem Gebrauchsvorrathe darf nicht mehr weggenommen werden, als man alljährlich wieder ergänzen kann, wenn nicht eine fortschreitende Schmälerung des Gütergenusses erfolgen soll.

(a) Schon der Einzelne sorgt über die Dauer seines Lebens hinaus für den Vermögenszustand der Seinigen; ein Volk muß vollends als unsterblich angenommen werden.

§. 74.

Hieraus folgt, daß die günstige oder ungünstige Beschaffenheit jeder Wirthschaft, d. i. der Grad, in welchem sie die Befriedigung der Bedürfnisse sichert und noch weiteren Gütergenuß gestattet, zunächst aus dem in ihr stattfindenden Einkommen in Vergleich mit dem Umfange der Bedürfnisse zu beurtheilen ist (a). Selbst ein großer Vorrath nicht werbender Güter würde ohne den

Beistand reichlicher Einkünfte den Eigenthümer nicht dauernd und vollständig mit Allem, was er begehrt, versorgen, wenn es nicht möglich wäre, jene Güter in werbende umzusetzen (b). Die wirthschaftliche Klugheit räth daher, den Gebrauchsvorrath nicht über ein gewisses Verhältniß zu den Einkünften hinaus zu vergrößern.

(a) Ebenso L. Say, Etudes, S. 10. — Nur ist dabei ein wichtiger Unterschied zu bemerken. Der Einzelne kann sich durch Arbeit oder durch einen werbenden Vermögensstand Einnahmen verschaffen, oder auch durch die Verbindung beider Mittel. Offenbar ist bei gleicher Größe des gesammten Einkommens der Arbeiter in einer minder vortheilhaften Lage als derjenige, dessen Einkommen auf Vermögensbesitz beruht, also dauernd gesichert ist. Dieß findet aber keine Anwendung auf ein ganzes Volk.

(b) Nach Kaufmann (Unters. I, 160) soll es beim Begriffe des Reichthums ꝛc. nicht auf das Einkommen, sondern nur auf die Größe des Vermögens ankommen. Diese Bestimmung ist von der hier aufgestellten aus dem obigen Grunde nicht wesentlich verschieden. Wollte der Reiche, statt sein Vermögen werbend anzulegen, lieber vom Stamme zehren, so brauchte er, um lebenslänglich auszureichen, einen noch größern Vorrath als bei jener Anwendung.

§. 75.

Bei den Einzelnen kann man unterscheiden:

1) allgemein menschliche Bedürfnisse, die auf die Erhaltung des Lebens und der Gesundheit abzielen,

2) solche, die den Mitgliedern eines besonderen Volkes gemeinschaftlich sind (a),

3) solche, die dem Stande entsprechen, den Jemand in der Gesellschaft einnimmt,

4) individuelle, die aus eigenthümlichen persönlichen Umständen, Erziehung, Gewohnheit, Denkungsart, Körperbeschaffenheit ꝛc., ferner Zahl, Alter und körperlichem Zustand der Familienglieder, entspringen und daher bei den einzelnen Menschen höchst verschieden sind. Da diese Bedürfnisse mit Ausnahme des Familienverhältnisses ebenso wie der individuelle Werth (§. 62) nicht äußerlich erkennbar sind und als zufällig gelten müssen, so pflegt man sie nicht in Betracht zu ziehen, wenn die Vermögensumstände eines Menschen in allgemeiner Beziehung, volkswirthschaftlich oder von der Regierung beurtheilt werden, z. B. bei der Bemessung der Besoldungen.

(a) Z. B. größere Bedürfnisse in kälteren Ländern oder bei gebildeteren Völkern. Es macht einen großen Unterschied, ob man die einfache

Lebensweise eines wenig entwickelten Volkes nach den geringen Bedürfnissen desselben, oder nach dem Maaßstabe eines gebildeteren, an vielerlei Genüsse gewöhnten Volkes beurtheilt.

§. 76.

Derjenige hat sein **Auskommen**, welcher durch seine fortdauernden Einkünfte in den Stand gesetzt wird, seine und seiner Familie wesentliche Bedürfnisse zu befriedigen. Das Auskommen bezeichnet also das Gleichgewicht zwischen den Bedürfnissen und dem Einkommen. Uebersteigt dieses den Bedarf, so entstehen folgende Zustände:

1) **Wohlstand** (aisance, wealth), wenn man sich noch über die volksthümlichen, standesmäßigen und Familien-Bedürfnisse hinaus Gütergenuß verschaffen`, oder statt dessen etwas übersparen kann;

2) **Reichthum** (a), wenn das Einkommen nicht bloß beträchtlich über den Bedarf hinausgeht, sondern auch unabhängig vom Leben und der Thätigkeit des einzelnen Empfängers aus einem werbenden Vermögen herrührt (b);

3) **Ueberfluß**, bei einem so großen Einkommen, daß man dasselbe nicht ganz für Nutzen und wahres Vergnügen zu verwenden weiß und keine Aufforderung zur Sparsamkeit findet. Der Ueberfluß, der besonders zur reichlichen Unterstützung anderer Menschen benutzt werden könnte, wird nur zu oft gemißbraucht zu Ausgaben ohne vernünftige Zwecke, d. h. zur **Verschwendung** (c).

(a) Dieser Ausdruck wird allein unter den in beiden §§. aufgeführten auch in objectivem Sinne gebraucht, um ein großes, den bezeichneten Zustand begründendes Vermögen anzudeuten. Vgl. §. 6 (a).

(b) Staatsdiener und Künstler sind auch bei einem verhältnißmäßig sehr großen Einkommen durch dasselbe allein noch nicht reich. Vgl. §. 74 (a).

(c) Bei den gebildeten Völkern sind darum seltener die Zeichen des Ueberflusses Einzelner zu sehen, weil diejenigen, welche für ihren Stand beträchtlich reich sind, die Lebensweise und die Bedürfnisse eines höheren Standes anzunehmen pflegen und weil die Kunst, die Genüsse zu verfeinern, hoch genug steigt, um auch ein sehr großes Einkommen erschöpfen zu können.

§. 77.

Andere Zustände ungünstiger Art treten ein, wenn das Einkommen hinter dem Umfange der Bedürfnisse zurückbleibt.

1) **Dürftigkeit** findet Statt, sobald nicht mehr alle, sondern nur noch die dringendsten Bedürfnisse ihre Befriedigung finden können. Einige Entbehrung ist von der Dürftigkeit unzertrennlich, und da unter den oben (§. 75) aufgeführten Bedürfnissen die standesmäßigen noch am leichtesten unbefriedigt bleiben können, so beziehen sich die Entbehrungen des Dürftigen hauptsächlich auf diese (*a*).

2) **Armuth** ist die Unfähigkeit, aus eigenen Mitteln auch nur den nothwendigen Lebensunterhalt zu bestreiten. Dieser Zustand ist mit der Abhängigkeit von fremder Unterstützung verbunden, weil sonst die Gesundheit und selbst das Leben gefährdet sein würden.

3) Fehlt es dem Armen an dieser Hülfe von anderen Menschen, so treten **Mangel** und **Elend** ein.

(*a*) So lange noch ein Vermögensstamm vorhanden ist, kann der Dürftigkeit durch Zusetzen desselben vorgebeugt werden. — Nach den Erklärungen von De Gérando (De la bienfaisance publique. I, 5) ist *pauvreté* das, was hier Dürftigkeit genannt wird, Armuth ist *indigence*. — Pinheiro-Ferrera (Précis, S. 150) nimmt folgende Abstufung an: *Médiocrité* (Auskommen), — *gêne*, — *pauvreté*, — *dénuement*, — *misère*.

§. 78.

Wendet man die vorstehenden Begriffe auf ein ganzes Volk an, so muß zuvörderst das rohe und reine Einkommen eines gegebenen Volkes im Verhältniß der Menschenmenge betrachtet werden, unter welche es sich vertheilt. Aber wenn man auch beide Größen durch die Volkszahl getheilt und so den durchschnittlichen Antheil eines Kopfes ausgemittelt hat, so ist es doch äußerst schwierig, aus dieser Angabe so, wie es bei Einzelnen geschieht (§. 75—77), auf den Vermögenszustand des Volkes zu schließen, selbst abgesehen von dem Umstande, daß solche Zahlensätze nur in Ansehung des Verkehrswerthes, nicht über den Gebrauchswerth zu erhalten sind. Ein Volk kann nicht in dem Sinne reich oder arm sein, daß es aus lauter reichen oder armen Mitgliedern bestünde, es zeigt vielmehr bei seinen verschiedenen Mitgliedern alle jene Vermögenszustände zugleich, auch richtet sich das übliche Maaß der Bedürfnisse in einem Volke zum Theil nach dem Einkommen, so daß mit diesem zugleich die herrschende Lebensweise sich verändert und der auf einen Kopf kommende mittlere Bedarf größer oder geringer wird. Nur vorübergehend, bis alle Folgen der Veränderung eingetreten sind, und so lange noch die Gewohnheiten aus besseren Zeiten fortdauern, könnte eine beträchtliche und plötzliche Abnahme des Einkommens Merkmale einer herrschenden Dürftigkeit und Empfindungen von Bedrängniß hervorbringen. Dagegen kann allerdings das Gesammteinkommen größer sein, als die Summe der Bedürfnisse, nur ist es schwer, diese mit Rücksicht auf die Gewohnheiten der verschiedenen Volksclassen zu berechnen.

§. 79.

Leichter läßt sich eine Vorstellung von dem Vermögenszustande eines Volkes bilden, wenn man dasselbe mit anderen vergleicht. Hierbei kann man sich alle miteinander verglichenen Völker als auf gleicher Bildungsstufe stehend, oder in ähnlichem Entwickelungsgange begriffen denken, ihre Bedürfnisse als gleich groß ganz außer Acht lassen und sich lediglich an den Durchschnittsbetrag des Einkommens (§. 71 a) halten. Ein Volk ist demnach reicher als ein anderes, wenn auf jeden Kopf jährlich eine größere Gütermasse kommt. Nach dieser Bestimmung giebt es reichere und ärmere Völker, während sonst keines, für sich allein betrachtet, reich oder arm genannt werden kann.

§. 80.

Ob ein Volk gegen andere gehalten reicher oder ärmer ist, dieß macht sich in verschiedenen Kennzeichen bemerklich. Dahin gehören unter anderen:

1) die Lebensweise der arbeitenden Classe, nämlich die Menge des Gütergenusses, welchen dieselbe vermöge ihres Lohnes sich verschaffen kann (a);

2) große, kostbare Unternehmungen der Staatsbürger, besonders wenn viele Einzelne an ihnen beträchtlichen Antheil haben (b);

3) großer Aufwand der Regierung für die öffentlichen Zwecke, wenn derselbe ohne Zeichen von Druck und Verarmung der Bürger aufgebracht wird;

4) beträchtliche Darleihen der Bürger ins Ausland (c).

Noch leichter und sicherer kann man in einem und demselben Lande auf die Zu- oder Abnahme des Volkseinkommens aus verschiedenen Erscheinungen schließen; z. B. aus den Veränderungen in der Anzahl der Armen, in der Sterblichkeit, im Umfange der Gütererzeugung, der Aus- und Einfuhr, der Feuerversicherungen, im Ertrage der Aufwandssteuern u. dergl. (*d*).

(*a*) Zunehmender Verbrauch der nicht unentbehrlichen Lebensmittel, z. B. Fleisch, Colonialwaaren, im Vergleich mit der Volksvermehrung; auch diese selbst ist in der Regel ein günstiges Zeichen. — Man hat den Grad der Sterblichkeit als ein solches Kennzeichen zu benutzen vorgeschlagen, in der Voraussetzung, daß geringe Mortalität einen günstigen Vermögenszustand der unteren Volksclassen beweise. Franç. d'Ivernois, in Biblioth. univ. März 1831, Sept. 1835. Doch müßten hierbei das Klima, die Beschäftigungen (Landwirthschaft oder Fabriken), die Beschaffenheit der Wohnungen, die Zahl von Geburten, der herrschende Krankheitscharacter u. dergl. berücksichtigt werden, s. §. 201. Vgl. Quetelet in Rev. enc. Aug. 1830.

(*b*) Z. B. viele Actiengesellschaften für Handelszweige, Canalbau, Urbarmachung u. dgl., die bisweilen in England sehr häufig und zum Theil unüberlegt gestiftet worden sind. Nur im Laufe des Jahres 1824 und in den ersten Monaten 1825 entstanden daselbst 276 Gesellschaften mit einem Capitale von 174 Mill. Pfd. St., darunter 81 für Canäle, Werften und Eisenbahnen mit 40 Mill. Pf. — Als die britische Regierung im Mai 1829 3 Mill. Pf. St. borgen wollte, wurden 18 Mill. in einem Tage angeboten. — In Paris entstanden 1835—37 610 Actiengesellschaften mit 562 Mill. Fr. Capital. In Belgien bildeten sich von 1833—1838 40 anonyme Gesellschaften mit wenigstens 300 Mill. Fr. Capital.

(*c*) Storch hat dieses Kennzeichen ausschließend berücksichtigt und die Völker in borgende (arme), leihende (reiche) und unabhängige, die zwischen beiden in der Mitte stehen, eingetheilt. I, 145.

(*d*) Zur Erläuterung dienen die von G. Porter (§. 25 (*b*)) geschilderten Fortschritte des britischen Reichs; die Eisenerzeugung stieg 1802—1848 von 170 000 auf 2 Mill. Tonnen, die Eisenausfuhr von 37 000 auf 701 000 T., die Tonnenzahl der eingelaufenen Schiffe von 1801—49 von 1·702 000 auf 6·920 000, die Summe der Feuerversicherungen von 232 auf 756 Mill. L. St. ꝛc.

§. 81.

In welchem Grade das Einkommen des Volkes zu dem wirthschaftlichen Wohle desselben beiträgt, dieß hängt nicht allein von seiner Größe ab, sondern auch

1) von der Art seiner Vertheilung. Das Vermögen erreicht seine Bestimmung besser, wenn es Vielen einen mäßigen Genuß gewährt, als wenn es sich bei Wenigen in beträchtlichen Massen anhäuft. Ein Volk könnte ein größeres Einkommen haben als ein anderes, aber doch in einem ungünstigeren Zustande sein,

wenn eine kleine Zahl von Menschen in hohem, an Ueberfluß gränzendem Reichthume lebte, während die Mehrzahl nicht einmal ihr völliges Auskommen hätte (*a*);

2) von der Quelle, aus der es fließt. Nur wenn es durch die eigene Arbeit des Volkes gewonnen wird, wirkt es von jeder Seite vortheilhaft und nur dann ruht es auf einer sichereu Grundlage, §. 14. 27 (*b*).

Wird der Zustand, in welchem ein Volk ein reichliches, wohlvertheiltes und aus der eigenen Arbeit der Bürger hervorgehendes Einkommen bezieht, **Wohlstand** genannt, so bezeichnet dieser die blühendste, den Zwecken des Staates (§. 20) am meisten entsprechende Beschaffenheit der Volkswirthschaft (*c*). Bei gleichem Maaße des Reichthums (§. 79) hat demnach dasjenige Volk mehr Wohlstand, welches weniger Arme und Dürftige zählt.

(*a*) Unvortheilhafte Vertheilung in Großbritanien. Nach den Statistical Illustrations, 3. Ausg. S. 36, hätte 1 Mill. Familien nur ein Jahreseinkommen von 22 L. St., eine zweite Mill. nur 33—50 L. St.

(*b*) Der größte Theil des Volkseinkommens fließt in jedem Fall aus dieser Quelle, ein kleinerer könnte aber aus Entrichtungen unterworfener Staaten oder aus dem Ertrage auswärtiger Besitzungen bestehen.

(*c*) Vgl. Rau, Zusatz 39 zu Storch. — Schulze, Ueber Wesen und Studium der Wirthschaftswissenschaften, S. 60.

Zweites Buch.
Entstehung der Vermögenstheile.

Erster Abschnitt.
Bedingungen der Gütererzeugung im Allgemeinen.

§. 82.

Zum Dasein eines sachlichen Gutes von einem gewissen Werthe ist eine äußere (objective) und eine in dem Denken der Menschen liegende innere (subjective) Bedingung erforderlich; es muß nämlich nicht allein ein körperlicher Gegenstand in einer gewissen Beschaffenheit, von welcher seine Anwendbarkeit für menschliche Zwecke abhängt, vorhanden sein, sondern auch diese Nützlichkeit durch das Urtheil des Verstandes anerkannt werden. §. 57. Erst dieses Urtheil erhebt die Dinge zu Gütern, wenn sie auch schon lange vorher in ihrer bestimmten Beschaffenheit da waren (a). In das Vermögen treten die Sachgüter erst, wenn Jemand sich dieselben aneignet.

(a) Storch, I, 72. — Lotz, Handb. I, 155. — Bisweilen wird eine Sache erst bei der Entstehung eines neuen Zweckes als ein Gut erkannt; je mehr Bedürfnisse der Mensch hat, desto mehr Güter lernt er als Mittel kennen. Blutegel, — Tabak, — Leuchtgas, — lithographischer Stein, — Lichtbilder, — Chloroform 2c.

§. 83.

Der Mensch kann daher auf doppelte Weise zur Entstehung von Vermögenstheilen beitragen:

1) indem er darauf hinwirkt, daß mehr solche körperliche Dinge, denen das Urtheil der Menschen schon einen bestimmten

Werth beilegt (a), in das Vermögen gelangen, — Production, §. 69. Durch diese werden bald Sachgüter, welche schon auf der Erde vorhanden waren, in menschliche Gewalt gebracht, z. B. im Fischfang, bald wird die Entstehung eines neuen oder höheren Werthes in den Stoffen bewirkt, z. B. im Landbau;

2) indem er die Eigenschaften der körperlichen Dinge erforscht, sie mit menschlichen Zwecken in Verbindung setzt und dadurch neue Arten oder höhere Grade der Nützlichkeit in ihnen entdeckt, weßhalb ihnen ein höherer Werth zugeschrieben wird. Diese die menschlichen Kenntnisse vervollkommnende Thätigkeit (b) kommt in ihrer Wirkung mit der Production überein (§. 69), und es ist schon hieraus ersichtlich, wie sehr die Fortschritte der geistigen Bildung, namentlich der Naturwissenschaften, den wirthschaftlichen Zwecken förderlich sein müssen (c).

(a) Diese Voraussetzung darf nie außer Acht gelassen werden. Nicht darum entsteht ein neues Gut, weil überhaupt eine mit Kosten verknüpfte Einwirkung auf die körperliche Beschaffenheit eines Stoffes vorging, sondern nur dann, wenn die Einwirkung so eingerichtet wurde, daß eine Sache von einer schon anerkannten Tauglichkeit zu Stande kam.

(b) Zachariä's ideeller objectiver Erwerb, St. W. L. S. 3. — Nützlichkeitsproduction nach Riedel, I, §. 79.

(c) Z. B. neuentdeckte Nützlichkeit des Kautschuk, der Gutta percha, des Anthracits, des bituminösen Kalks zur Gasbeleuchtung, des Lebertrans, des Asphalts, des Jods und der jodhaltigen Salzquellen ꝛc.

§. 84.

Der erste von diesen beiden Wegen, dem Vermögen neue Theile zuzuführen, ist der ergiebigere, der regelmäßigere und derjenige, welcher die meisten Kräfte beschäftigt. Der zweite für sich allein hat weder eine so große Wirkung, als jener, noch ist sein meistens zufälliger Erfolg im Voraus zu bestimmen, auch fruchtet er, ohne den ersten, schon darum weniger, weil in demselben Maaße, wie die vorhandenen Dinge höher geschätzt werden, auch die hiedurch veranlaßte Consumtion derselben wieder eine größere Verminderung des Vermögens nach sich zieht; zudem nimmt, je weiter Naturkenntniß und Gewerbskunst ausgebildet sind, die Gelegenheit zu neuen Entdeckungen und Anwendungen jener Art immer mehr ab. Daher muß auf die körperliche Hervorbringung der Güter (§. 83, 1) in der Volkswirthschaftslehre die meiste Aufmerksamkeit gewendet werden.

§. 85.

Zu den nächsten Bedingungen der körperlichen Gütererzeugung (den sogenannten Güterquellen, sources de la production, (a)) gehören

1) **Kräfte**, d. h. Ursachen von Veränderungen in der Körperwelt, und zwar sowohl Naturkräfte, als **menschliche Kraft** (b), deren Anwendung für den genannten Zweck die hervorbringende, productive Arbeit bildet; diese wirkt jedoch meistens in Verbindung mit den natürlichen Kräften;

2) schon vorhandene Vermögenstheile, welche zur Hervorbringung neuer Güter als Hülfsmittel gebraucht werden, ob sie gleich für sich allein, ohne die Thätigkeit jener Kräfte, wirkungslos sein würden und daher wie bloße Werkzeuge oder Stoffe betrachtet werden müssen. Dahin sind zu rechnen die Grundstücke und die Capitale.

(a) Say bediente sich späterhin des Ausdrucks fonds productifs und theilte diese so ein:
    I. fonds industriels (Arbeit),
    II. instrumens d'industrie, und zwar
        1. non appropriés, Meer, Atmosphäre ꝛc.,
        2. appropriés,
            a) naturels (Grundstücke),
            b) capitaux.
Die Mitwirkung aller dieser fonds zur Erzeugung neuer Güter nennt Say Productivdienste, eine Bezeichnung, die nur im uneigentlichen Sinne zu nehmen ist und die wichtige Verschiedenheit der gütererzeugenden Kräfte von den todten Hülfsmitteln nicht deutlich erkennen läßt.

(b) Nicht allein der menschliche Geist ist hier zu nennen, der zwar jeden Kraftgebrauch zur Arbeit leitet und dessen Schöpferkraft ganz vorzüglich in der Production mächtig ist, der aber doch ohne die Thätigkeit der Gliedmaßen nicht zureichen würde. Dagegen Lotz, Handb. I, 145. — Durch Ad. Smith veranlaßt, aber weiter gehend als dieser (§. 44 (a)), hat neuerlich Mac-Culloch, Grundsätze, S. 47 ff., wie früher Locke und Galiani, die Arbeit des Menschen als die einzige Productionsquelle angesehen. Diese Meinung ist von späteren Forschern berichtigt und die Mitwirkung der Natur in ihrer ganzen Wichtigkeit anerkannt worden, s. z. B. Storch, I, 80, Lotz, I, 147, v. Jakob, Nation. Oekon. §. 49 der 3. Ausg. Vgl. auch Zachariä, St. W. L. S. 27.— Viele Nationalökonomen zählen nur 3 Güterquellen, indem sie die Naturkräfte mit den Grundstücken in der Betrachtung zusammenfassen und beide in ihrer Verbindung als „Natur" aufführen." Diese Kräfte äußern sich jedoch auch vielfältig in den Capitalen, und die Grundstücke haben ebenso gut wie diese auf eine eigene Stelle in der Reihe der Erfordernisse zur Production Anspruch.

Zweiter Abschnitt.
Naturkräfte als Güterquellen.
§. 86.

Die natürlichen Kräfte üben auf die Entstehung der sachlichen Güter einen so mächtigen Einfluß, daß man, wie das Beispiel der Physiokraten zeigt, leicht verleitet werden kann, neben jenen alle übrigen Güterquellen außer Acht zu lassen. Ohne die freiwilligen Geschenke der Natur würde das Menschengeschlecht in seinem Kindesalter sich nicht erhalten haben, und auch die später hinzugetretenen Künste stützen sich immer auf den Beistand der Naturkräfte (a). Um die Art, wie diese wirken, näher zu beleuchten, sind die nutzbaren Erzeugnisse nach den Bedingungen ihrer Entstehung in mehrere Abtheilungen zu bringen, und zwar zunächst die rohen und verarbeiteten, sodann bei jenen wieder die organischen und unorganischen Stoffe zu unterscheiden.

I. **Organische Wesen** (Thiere, Pflanzen) bilden sich aus durch das Walten der schon in dem Keime wirkenden Lebenskraft und durch Aneignung (Assimilirung) der von außen aufgenommenen nährenden Stoffe. Zur fortwährenden Befriedigung menschlicher Bedürfnisse ist erforderlich, daß solche Körper in gleichem Maaße mit dem Verbrauche regelmäßig von Neuem erzeugt werden, was öfters ganz ohne menschliches Zuthun geschieht. Zu ihrer Entwickelung sind nothwendig

1) organische Lebenskräfte. Diese folgen in jeder Art von Pflanzen und Thieren eigenen, unveränderlichen Gesetzen, so daß die Fortpflanzung, das Wachsthum, die Abnahme und der Untergang jeder Art von belebten Wesen überall und immer gleiche Erscheinungen darbieten würden, wenn nicht äußere Einflüsse mancherlei Unterschiede hervorbrächten;

2) Kräfte, welche in den äußeren Umgebungen der organischen Körper wirken und in den einzelnen Erdtheilen, Ländern und Gegenden in ungleichem Grade thätig sind, weßhalb das Gedeihen nutzbarer Thiere und Pflanzen an den verschiedenen Puncten der Erde bald mehr, bald weniger begünstigt ist. Doch vermag die Kunst diese Einflüsse zum Theil zu beherrschen.

(a) Rau, Programm: De vi naturae in rempublicam. Heidelb. 1831. 4º. — Steinlein, Volksw. L. I, 239. — Revue encycl. Juli 1831 nach Cuvier. — v. Prittwitz, Andeutungen über die Gränzen der Civilisation, S. 5.

§. 87.

Die reichliche Erzeugung von nutzbaren Pflanzen, welche zur Ernährung von Menschen und Thieren und manchen anderen Zwecken dienen, ist eine Hauptbedingung des Wohlstandes der Völker. Die äußeren natürlichen Umstände, von denen dieselbe abhängt, zeigen sich

a) in dem Boden, der den Gewächsen einen Theil des erforderlichen Nahrungsstoffes mittheilt und das Gedeihen derselben nach Maaßgabe seiner Bestandtheile an organischen und unorganischen Stoffen, seiner hohen oder niedrigen, geneigten oder ebenen Lage u. dergl. mehr oder weniger befördert (a);

b) in der Atmosphäre, deren örtlich verschiedene Beschaffenheiten und Erscheinungen das Klima (b) bilden. Dieses greift in mannichfaltiger Hinsicht in das Staatsleben, besonders in die Volkswirthschaft ein. Die wichtigsten Bestandtheile des Klimas sind die Wärme der Luft und ihre Feuchtigkeit sammt ihren wässerigen Niederschlägen (c).

Die aus diesen Ursachen herrührende Verschiedenheit in der Fruchtbarkeit der Länder hat auf die ganze Erzeugung und Verzehrung von Sachgütern bei einem Volke großen Einfluß. Je mehr nützliche organische Stoffe dem Boden abgewonnen werden, desto mehr Menschen können auf gleichem Raume auch ohne auswärtigen Verkehr ihren Unterhalt finden, desto niedriger sind die Kosten und also die Preise jener Stoffe, desto leichter ist es, das Auskommen zu finden, und desto mehr Arbeit könnte folglich auf Erhöhung, Verfeinerung und Vervielfältigung des Gütergenusses oder auch auf die Pflege und Vermehrung der persönlichen Güter (§. 46) verwendet werden (d).

(a) Die landwirthschaftliche Bodenkunde (Agronomie) enthält hierüber die näheren Nachweisungen.
(b) Montesquieu, Esprit des lois L. XIV. — Zachariä, 40 Bücher vom Staate, I, 384. — Ch. V. de Bonstetten, L'homme du midi et l'homme du nord ou influence du climat. Genève, 1824. Deutsch v. Gleich, 1825. — Ancillon, Zur Vermittlung der Extreme, I, 1. Abth. Becquerel, Des climats, P. 1853. — Man unterscheidet das Klima ganzer Länder oder Gegenden und das hievon bisweilen sehr abweichende Ortsklima, wie z. B. der nordöstliche Abhang nach

Lamont um 0,⁸⁵ Grad kälter, der südwestliche um 0,⁵ Grad wärmer ist als die ganze Landschaft.

(c) Die klimatische Wärme wird hauptsächlich von der Lage eines Ortes zwischen dem Aequator und den Polen (**geographische Breite**) und von der Höhe über dem Meere bestimmt; doch wirkt auch der Schutz durch vorliegende Gebirge, die Erdbedeckung mit Wald, Sumpf oder Wasser u. dgl. bedeutend ein. Die mittlere Jahreswärme nimmt in mittleren Europa mit ungefähr 6 — 700 Fuß Erhöhung über dem Meere oder 30 Meilen weiterer Entfernung vom Aequator um 1 Grad R. ab. Je nördlicher ein Land liegt, desto mehr ist die Fruchtbarkeit auf die niedrigsten Theile desselben beschränkt, wie denn z. B. die Gränze des ewigen Schnees bei Quito unter dem Aequator gegen 15000, in den Alpen 8200—9000, in Island 2900, am Nordcap nur 2200 Fuß hoch ist. Es giebt daher sowohl in verschiedenen Höhenstufen als in verschiedenen geogr. Breiten mehrere Zonen der Gewächse und Grade der Fruchtbarkeit. In der Schweiz ist die obere Gränze der Rebe 1700 Fuß, — des häufigen Getreidebaus 2800 Fuß, des Zwetschgenbaums 3300—3500, des Birnbaums 3600, — der Buche und des Kirschbaums 3600 — 4800, — des Waizens 4000—4400, — der Kartoffel 4400—5000, — der Gerste 4600—5600, — der Tanne 5000, — der Arve und Lärche 6000—7000 F. Kasthofer, Beiträge z. Beurtheilung d. Vortheile der Colonisation eines Theils d. Alpenweiten. Leipzig 1827. — Franscini, Statistik d. Schweiz S. 19. — Sendtner, Die Vegetationsverhältnisse Südbaiers 1854.— Nach den sächsischen Anschlägen trägt der dortige Acker 2r Classe bis zu 500 Fuß Höhe 143 Metzen, bei 800 F. 132, bei 1600 F. 112 Metzen.

Asien ist bei gleicher Breite kälter als Europa, America noch kälter: der Ackerbau reicht in Lappland bis zum 69½ Grad nördl. Breite, bei Tobolsk bis zum 60., in Canada nur bis zum 50. Breitengrade. Die Linien der gleichen Wärme (**Humboldt's isothermische Linien**) weichen daher von den Parallelkreisen bedeutend ab. — Man leitet die größere Wärme von Europa aus dem vom Aequator gegen Nordosten ziehenden Strome von warmem Wasser (Golfstrom) und den über die afrikanische Sandwüste streichenden Südwinden ab. Gehler, Physikal. Wörterb. N. Ausg. XI. 1. Art. Temperatur.

Die geographische Verbreitung der Gewächse wird größtentheils von der Temperatur bedingt, aber nicht bloß von der Jahreswärme, sondern auch vom Maximum der Hitze und Kälte, von der Wärme der verschiedenen Jahreszeiten und dem Wechsel der Wärme in kurzen Zwischenräumen. Im Innern großer Länder ist der Unterschied der Sommer- und Winterwärme größer, als an den Küsten. Die künstlich gebauten Gewächse erstrecken sich nur so weit, als die Landwirthe ihren Anbau noch für vortheilhaft halten, de Candolle, Art. Géographie des plantes in Dictionn. des sciences natur. XVIII, 356. A. de Candolle, Bibl. univ. Genève, 1836. April, Mai. Der Bau des Zuckerrohrs erfordert mindestens 15°, des Kaffeebaums wenigstens 14° Jahreswärme. Guter Wein wird nur da erzeugt, wo die mittlere Wärme des Jahres 8° R. beträgt, die des Winters über 0 steigt und die des Sommers 15 — 16° erreicht; z. B. Neustadt a. d. Hardt (baier. Rheinpfalz): Winter + 1,⁶², Frühling 8,⁴⁸, Sommer 15,⁰⁶, Herbst 8,⁵, Durchschnitt 8,⁴. Man hat neuerlich versucht, den Bedarf der verschiedenen Gewächse an täglicher Wärme vom Frühjahr bis zur Ernte zu berechnen, z. B. Waizen in 140 Tagen zu ungefähr 12° R. gegen 1700° R. Man darf aber nur die Tage einrechnen, an denen die Wärme über einige Grade (z. B. 2 oder 3) hinaufgeht. Boussingault, Die Landw. in ihren Bez. z. Chemie 2c., II, 435 der d. Uebers. — A. de

Candolle, in Bibl. univ., Sc. phys. VII, 1. 1818. — De Gasparin, Cours d'agric. II, 329. Die 21000 Q.-Meilen große baumleere Steppenfläche des südlichen Rußlands ist in diesem Zustande hauptsächlich wegen des starken Temperaturwechsels, da die höchste Hitze und Kälte im Jahre wohl um 60° R. von einander abstehen, ferner wegen der Trockenheit, der Stürme und Wirbelwinde; vgl. Kohl, Reisen in Süd-Rußl., II, 61. de Tegoborski, Etudes sur les forces productives de la Russie, I, 33. 1852.

Man kann in Europa folgende Regionen unterscheiden:

1) von mehr als 10° R. mittl. Wärme, wo es in den tiefsten Gegenden selten friert und schneit, also in der Regel nur regnet (Zone des Regens, durch die Isotherme des veränderlichen Niederschlags aus der Atmosphäre begränzt, von Roon, Grundzüge der Erdkunde, I, 97), wo Orangen-, Citronen- und Oelbäume gedeihen und die Q.-Meile 6000 und mehr Menschen ernähren kann. Hierher gehören Bordeaux 10,^{88} — Brest 11,^{44} — Marseille 11,^{54} — Montpellier 12,^{16} — Rom 12,^{38} — Athen, Nizza 12,^{4} — Lissabon 13 — Palermo 13,^{41} Gr.;

2) von 3—9° m. W., wo überall Wintergetreide gedeiht, an wärmeren Stellen Obst, Tabak $\mathrm{xc.}$, an den wärmsten auch die Rebe, und für 3—4000 Menschen auf der Q.-Meile Nahrungsmittel erzielt werden (nämlich auf den Kopf der Einwohner gegen 8 preuß. Scheffel oder 3 bad. Malter Getreide, auf den preuß. Morgen 6 Scheffel über die Aussaat oder auf den bad. 3 Malter Ertrag gerechnet, dazu noch die Hälfte Land für andere Früchte, und an Wiese und Wald soviel als Acker angenommen und diese Bodenbenutzungen auf $^{3}/_{4}$ der Oberfläche angeschlagen). In diese Abtheilung fallen z. B. Drontheim 3,^{58} — Abo 3,^{68} — Stockholm 4 — Christiania 4,^{17} — Mitau 4,^{85} — Danzig 4,^{96} — Königsberg 5,^{19} — Lemberg 5,^{63} — Bern 5,^{83} — Breslau 6,^{3} — Edinburg 6,^{69} — Manchester 6,^{96} — Berlin, Göttingen, Zürich 7,^{2} — Genf 7,^{36} — Frankfurt a. M., Prag 7,^{68} — Stuttgart 7,^{71} — London 7,^{86} — Karlsruhe 8,^{38} — Brüssel, Paris 8,^{54} — Wien 8,^{69} Gr.;

3) den kalten Theil, in welchem nicht mehr überall Sommergetreide reift und durch Viehzucht und Fischerei kaum 1—200 Menschen auf der Q.-Meile Unterhalt erwerben. Beispiele geben Island, Tornea, — 0,^{4} — Kasan, + 1,^{57} — St. Petersburg 2 — Moskau 2,^{5} Gr.

Acht Zonen in Rußland: 1) Eisklima, 2) Z. des Rennthiermooses, 3) des Waldes und der Viehzucht, 4) des Sommergetreides, 5) des Roggens und Leins, 6) des Waizens und Obstes, 7) des Weins und Mais, 8) des Oelbaums, des Zuckerrohrs und der Seidenzucht, v. Cancrin in den Dorpater Jahrb. IV, 1. (1834.) — Nouv. Ann. des Voyages, 1835. — de Tegoborski, I, 22. — So werden auch in den nordamerikanischen Freistaaten die Gegenden des Zuckerrohrs, des Baumwollen- und Reisbaues, — des Waizenbaues, — und der vorherrschenden Viehzucht unterschieden.

Für Frankreich hat A. Doung die Gränzen des Wein-, Mais- und Oelbaues angegeben (Reisen durch Frankreich und einen Theil von Italien, II, 21, deutsch Berl. 1794), welche ziemlich genau mit der Hauptrichtung der Nordgränze Frankreichs am Canal parallel laufen. — Fünf klimatische Bezirke von Frankreich, s. Martins in Bibl. univ. Nr. 103, S. 138. Nr. 104, S. 347, de Gasparin, Cours II, 328.

(4) Je höher die Wärme einer Gegend steigt, desto mehr Regen bedarf diese zur Fruchtbarkeit wegen der schnelleren Verdünstung. Gleiche Regenmenge kann in einem kälteren Lande übermäßig, in einem wärmeren nützlich, in einem heißen ungenügend sein, und viele Landstriche

in heißen Ländern sind wegen der Trockenheit unfruchtbar. Es muß indeß hiebei auch die Vertheilung des Regens auf die verschiedenen Jahreszeiten beachtet werden. Bei 7—8 Gr. m. W. mögen 20—25 Zoll Regenhöhe im Jahre das günstigste Verhältniß sein, bei 10—12 Grad m. W. ungefähr 30 Zoll. Viele ebene Gegenden in Deutschland, Frankreich, Ungarn, Schweden ꝛc. haben nur 14—25 Par. Zoll Regenhöhe (Würzburg und Upsala 14, Prag und Sagan 15, Brüssel, Paris, Marseille, Stockholm 17, Berlin 19, Oxford, Coblenz 20, Mannheim 21, Edinburg, Harlem, London, Stuttgart 23, Heidelberg 24, Karlsruhe, Olmütz 25), manche Gebirge und Seegegenden, wie West-England, auch Oberitalien 30—45 (Liverpool 32, Mailand, Cherbourg 36, Bern, Bergamo 43, Genua 44), Rio Janeiro 55 Z., — Ostindien 70 und mehr, Westindien 80—90 Z. Viele Angaben in Gehler, Phys. Wört. N. Ausg. VII. 1834. — Versuch, viele Verschiedenheiten im natürlichen u. geselligen Zustande der Länder aus dem in der Luft schwebenden Wasserdampfe und mittelbar aus der Menge der fließenden Gewässer abzuleiten, bei Gobbi, Ueber die Abhängigk. d. phys. Populationskräfte von den einf. Grundstoffen. Leipz. 1842. 4. — Da die Fruchtbarkeit einzelner Jahrgänge größtentheils von einer günstigen Combination der Wärme und Feuchtigkeit bedingt wird, so läßt sich erwarten, daß man zwischen den Jahrestemperaturen und Regenhöhen einerseits, den Ernteerträgnissen und Fruchtpreisen andererseits einen Zusammenhang auffinden könne. In Bezug auf die Ernten ist dies versucht worden in Corso di Agricoltura. Firenze, 1803, V. 185. Die Preise hängen freilich zum Theile von Concurrenzverhältnissen ab und können sich daher nicht ganz nach natürlichen Ereignissen richten, doch zeigt sich z. B. in den folgenden Jahren des Decenniums von 1800—1809 genau die umgekehrte Fortschreitung der Durlacher Spelzpreise und der Karlsruher Jahreswärme:

1805	das Malter	13 fl.	24 kr.	m.	Wärme	7,12	Gr.
1803	﹕	﹕	11 ﹕	18 ﹕	﹕	﹕	7,61 ﹕
1804	﹕	﹕	9 ﹕	54 ﹕	﹕	﹕	8,20 ﹕
1800	﹕	﹕	9 ﹕	31 ﹕	﹕	﹕	8,50 ﹕
1807	﹕	﹕	8 ﹕	38 ﹕	﹕	﹕	8,80 ﹕
1801	﹕	﹕	8 ﹕	7 ﹕	﹕	﹕	9,16 ﹕

(d) Kältere Länder stehen in vielfacher Hinsicht gegen wärmere zurück:

1) Der Bodenertrag ist an Menge und Güte geringer,

a) weil manche Pflanzen, die ein größeres Wärmebedürfniß haben, gar nicht mehr fortkommen oder wenigstens die Erzeugnisse mindere Güte erreichen, z. B. die Trauben nicht so zuckerreich werden. 1 preuß. Morgen giebt in Carolina 15 Centner Reis, in Westindien 5 Ctr. Kaffee oder 11 Ctr. Zucker, Moreau de Jonès, Le commerce du 19. Siécle I, 11. — 1 Morgen mit Pisang (Musa paradisiaca) bepflanzt, nährt in Mexico auf dem besten Boden 23 Menschen und verursacht wenige Arbeit (v. Humboldt);

b) weil die Ernten schwächer ausfallen. 1 preuß. Morgen (0,7 bad. M.) trägt in Deutschland und Frankreich beiläufig 6—7 Centner Waizen, in dem bewässerten Lande bei Valencia bis zu 29 Centnern (Joubert de Passa), auf der Hochebene von Mexico (zwischen 4200 und 10000 Fuß über dem Meere) im Durchschnitt 27 Centner, bei Queretaro und Cholula aber gegen 43 Centner (38fache Aussaat). Der Mais bringt in Deutschland die Aussaat 80—100fach, in Brasilien 120—130fältig, in Mexico 3—800fach. Öfteres Erfrieren des Getreides in Schweden und Norwegen, Verschneien vor der Reife;

c) weil der Boden nicht so vielfach benutzt werden kann. Schon in Süd- und Mittel-Deutschland können Stoppelfrüchte nach der Getreideernte gebaut werden, im südlichen Europa reifen viele Feldfrüchte schon im Frühling und machen anderen Platz.

2) Da die Zeit des Pflanzenwuchses kürzer ist, so muß man mehr Winterfutter vorräthig haben und kann nicht so viel Vieh halten. Nach Schübler erfolgt die Entwickelung der Blüthen bei jedem Grade nördlicher Breite in Europa um ungefähr drei Tage später, Berghaus, Ann. Febr. 1831, S. 629. — Auf den steiermärkischen Alpen nimmt man nur 19 Wochen Weidezeit jährlich an.

3) Die Arbeit ist unter übrigens gleichen Umständen kostbarer, weil Kleidung, Wohnung und Feuerung mehr Aufwand erfordern und viele Beschäftigungen durch die kalte Jahreszeit lange unterbrochen werden; schon in Ehstland dauert die Feldarbeit nur 5 Monate. — Nach der sächs. Geschäftsanweisung zur Abschätzung d. Grundeigenthums (30. März 1838, §. 31) kostet 1 Ochsengespann in den höchsten Gegenden 4,^{ss}, in den niedrigsten 3,^{6} Metzen Roggen, weil hier nur 159, dort 200 Arbeitstage jährlich angenommen werden.

4) Es muß ein größerer Theil des Bodens der Holzgewinnung gewidmet werden.

§. 88.

Die Wirthschaftsverhältnisse der Völker sind jedoch nicht so ungleich, als es die verschiedene Fruchtbarkeit der Länder vermuthen lassen sollte. Dieß läßt sich so erklären:

1) Auch die günstigste natürliche Beschaffenheit eines Landes giebt nicht schon von selbst, sondern erst dann, wenn sich menschliche Arbeit zu ihr gesellt und sie benutzt, ein reichliches Volkseinkommen. Viele der schönsten Länder der Erde werden nur von wenigen und dürftigen Menschen bewohnt, weil fehlerhafte Staatseinrichtungen oder Trägheit und Rohheit des Volkes die zweckmäßige Benutzung des fruchtbaren Bodens verhindern (a).

2) Fleiß und Geschicklichkeit können auch in einem von der Natur wenig begünstigten Lande den Bodenertrag bedeutend erhöhen (b) und den Bewohnern durch die Betreibung von Gewerben, deren Erzeugnisse sie in anderen Gegenden absetzen, neue Hülfsquellen eröffnen; auch zeigt die Erfahrung, daß mit den Schwierigkeiten, welche die Befriedigung der Bedürfnisse findet, die Kraft, Ausdauer, Erfindsamkeit und Genügsamkeit der Menschen zunehmen (c). Es giebt Gegenden, in denen die Erwerbswege der Bewohner mit dem Boden fast keinen Zusammenhang haben; nur ist eine solche Art der Ernährung nothwendig der Gefahr von Unterbrechungen stärker ausgesetzt, als eine auf den Erzeugnissen des eigenen Landes beruhende, §. 395.

(a) Verfall der Länder unter türkischer Herrschaft, in Vergleich mit ihrer früheren Blüthe. In Persien versandet das Land mehr und mehr, und die Wüste dringt weiter vor, weil man die Quellen vernachläßiget. — Beschwerden in neu angebauten Ländern wegen der ungebändigten Gewässer, der schädlichen Thiere und dergl. Sismondi, De la rich. comm. I, 20—28. — In den heißen Ländern findet auch die Fabrikarbeit manche Schwierigkeiten, weshalb dort nicht alle Beschäftigungen mit gleichem Erfolge getrieben werden können und so hat die Natur selbst den minder warmen Ländern wieder einigen Vortheil zugewendet. Metalle rosten leichter, das Holzwerk wirft sich; der trockne Staub in Aegypten bringt die Räderwerke ins Stocken und die Fäden reißen beim Weben sehr häufig, Mengin, Histoire de l'Egypte sous le gouvern. de Mohammed Ali, 1823, und Storch, II, 166. — In dem warmen Dep. Aube in Südfrankreich wird der mittlere Ertrag des Waizens (16 Hektol. p. Hekt.) und des Mais (20—24 H.) nicht höher angegeben als in der Rheingegend.

(b) Z. B. Anwendung künstlicher Wärme in Treibbeeten, Schutz gegen die Kälte, Auswahl mittäglicher Abhänge ꝛc. Die Hitze eines brennenden Steinkohlenflözes bei Zwickau wurde 1837 zu diesem Zwecke benutzt und die Zucht erotischer Gewächse möglich gemacht. s. Geitner, Beschreib. der Treibgärtnerei auf den Erdbränden bei Planitz. Leipzig 1839.

(c) Belege geben die den Wassersgefahren ausgesetzten Länder, wie die Niederlande, und die Hochgebirge, in denen die Gewässer weit schwerer zu beherrschen sind, die Landstraßen nur mit großen Anstrengungen angelegt und erhalten werden, die Lawinen und Erdfälle dem Leben und den nutzbaren Boden Gefahr drohen. Je mehr dagegen das Klima für den Menschen gethan hat, desto näher liegt die Versuchung zum Leichtsinn, zur Sorglosigkeit. In den Polarländern setzt freilich die Kälte und mühsame Fristung des Lebens der Ausbildung des Menschen enge Schranken, dagegen ist auch bei den Unterhalt überaus erleichternde Fülle der Natur z. B. auf den Sandwichinseln,

  Where all partake the earth without dispute,
  And bread itself is gather'd as a fruit,
            Byron.

der Entwicklung vieler menschlichen Anlagen nicht vortheilhaft.

§. 89.

II. Die nutzbaren unorganischen Stoffe (vgl. §. 86), wie die Erze, gediegenen Metalle, Salze, Steinkohlen, Bausteine u. dgl. werden fast alle schon gebildet in der Erdrinde angetroffen, daher ist hier der fortdauernde Einfluß der Naturkräfte viel schwächer, als bei Pflanzen und Thieren (a), dagegen wird aber zur Gewinnung solcher Körper aus der Erde häufig von dem Beistande natürlicher Kräfte Gebrauch gemacht.

III. Die meisten Naturgebilde, sie seien organisch oder unorganisch, bedürfen einer weiteren Veränderung durch die Kunst, um für menschliche Zwecke völlig brauchbar zu werden, und hiebei leisten wieder Naturkräfte äußerst wichtige Dienste. Die

Thätigkeit des Menschen ist oft nur darauf gerichtet, Stoffe in solche Berührung mit einander zu bringen, daß die natürlichen Kräfte eine beabsichtigte Wirkung in ihnen verursachen können. Bei einigen dieser Kräfte kann die menschliche Kunst mit aller Freiheit schalten, während andere, z. B. die der Bäche und Flüsse, an bestimmte Oertlichkeiten gebunden sind, §. 120.

(a) Er zeigt sich z. B. in der natürlichen Entstehung des Salpeters, Salmiaks, Schwefels, im Krystallisiren des Kochsalzes aus Salzseen ꝛc.

§. 90.

Bei dieser Umgestaltung oder Verarbeitung (§. 89. III.) werden zwei Classen natürlicher Kräfte zu Hülfe genommen:

1) **chemische**, zufolge welcher die Stoffe sich verbinden, verändern und von einander trennen; als Beispiele dienen die auflösende Kraft des Wassers (a), das Austrocknen durch den Wind, die Fähigkeit der Wärme, Stoffe zu verflüchtigen (b), zu schmelzen (c), zu härten (d), oder andere nützliche Wirkungen hervorzubringen (e), die bleichende Wirkung des Sonnenlichts (f) und des Chlors (g), die Zersetzung von Stoffen unter Mitwirkung der Atmosphäre (h), mancherlei chemische Anziehungen und Scheidungen (i) u. dgl.

2) **mechanische**, welche eine Bewegung der Körper hervorbringen und dadurch zu einer Umgestaltung oder zu einer Versetzung der Stoffe an eine andere Stelle behülflich sind (k). Kräfte dieser Art liegen in der Muskelstärke der Thiere, in dem Winde, dem eingeschlossenen Wasserdampfe (l), dem Stoße und Drucke des Wassers (m), dem Luftdrucke (n), der Schwere (o), der Elasticität (p), der Dehnkraft der bei einer Verbrennung entstehenden Gase (q), der Electricität (r) u. dgl. Solche Kräfte werden nach und nach an die Stelle der menschlichen gesetzt, die sie öfters an Stärke weit übertreffen (s).

(a) Gerben, — Färben, Drucken, — Tünchen, Malen, — Bierbrauen, — Bereitung vieler Speisen und Heilmittel, — Gewinnung verschiedener Salze, z. B. des Kochsalzes durch Sinkwerke und Bohrlöcher.

(b) Trocknen der Zeuche, des Zuckers, Kochsalzes, Getreides ꝛc. durch Ofenwärme, — Salzsieden, — Destillation, — Austreiben des Quecksilbers nach dem Amalgamiren, — Kalkbrennen, — Leuchtgas.

(c) Schmelzen und Gießen der Metalle, — Glas, Glasur des Töpfergeschirrs, — Verzinnen, — Talg- und Wachslichter.

(d) Brennen der Ziegel und Irdenwaaren.

- (e) Vielfacher Nutzen heißer oder warmer Quellen zum Kochen, Waschen, Erwärmen von Zimmern und Treibhäusern, um Mühlräder eisfrei zu erhalten (Benutzung der Bohrbrunnen durch Bruckmann) ꝛc.
- (f) Auch Daguerre's Lichtbilder, Photographie.
- (g) Große Wichtigkeit des Chlor, auch zum Zerstören gesundheitswidriger Dünste.
- (h) Gährung als Mittel Weingeist oder Essigsäure zu erzeugen, — Verwittern der Alaunerze, Salpetererzeugung, — Düngerbereitung.
- (i) Vielfältige Benutzungen der chemischen Verwandtschaften; z. B. Chlorbereitung durch Mischung von Braunsteinoxyd und Salzsäure, — Anwendung des Galvanismus zur Verfertigung von Kupferabgüssen (Jakobi) und zur Ausscheidung des Goldes und Silbers aus Erzen (Becquerel) — Bereitung der Seife, — Gerben durch Verbindung des Gerbstoffs mit Leim ꝛc.
- (k) Nach neueren Forschungen erscheinen zwar auch die chemischen Veränderungen als Bewegung der Stofftheilchen (Molekülen), hiedurch wird aber der obige in der Erscheinung begründete Unterschied nicht aufgehoben.
- (l) Dampfmaschinen, Dampfschiffe, Dampfwägen, — Hemmung der Schifffahrt im Winter, dagegen Schneebahnen in den nördlichen Ländern.
- (m) Wasserräder, hydraulische Widder, — Wassersäulenmaschinen, Fourneyron's Turbine, — hydraulische Presse von Bramah, artesische Brunnen.
- (n) Pumpen, — Clegg's atmosphärische Eisenbahn.
- (o) Große Uhren; Anwendung des Pendels.
- (p) Taschen- und Standuhren.
- (q) Schießpulver, Schießbaumwolle.
- (r) Der Telegraph; Anwendung der Electricität auf den Jacquardstuhl durch Bonelli, zum Sprengen von Steinen.
- (s) Phantasie über fernere Benutzung von Naturkräften in Etzler, The paradise within the reach of all men, without labour, London 1842, deutsch: Ulm, 1844. — Man hat versucht, die bewegenden Kräfte zu berechnen, welche zur Gütererzeugung und zum Handel benutzt werden. Nach Dupin's Angaben, die sich wenigstens der Wahrheit annähern mögen (Forces productives et commerciales de la France, I, 19 ff.), war die Summe der zu Hülfe gerufenen Naturkräfte, auf menschliche Kräfte reducirt:

	in Großbritanien	in Frankreich
1) im Landbau, Arbeitsthiere	22·500 000	29·872 500
2) in den Gewerken und im Handel:		
a) Arbeitsthiere	1·750 000	2·100 000
b) Wasser in Mühlwerken u. dgl.	1·200 000	1·500 000
c) Wind in Mühlen	240 000	253 333
in der Schifffahrt	12·000 000	3·000 000
d) Wasserdampf	6·400 000	480 000
	44·090 000	36·205 833
Ueberschlag für Irland	7·241 166	
	51·331 166	
Rechnet man hiezu die muthmaßliche Anzahl menschlicher Arbeitskräfte mit	8·919 150	12·609 056
so ergiebt sich die Hauptsumme	60·250 316	48·814 889

Frankreich hatte im J. 1850 9288 stehende Dampfkessel mit 65 120 Pferdekräften in Gang, daneben 725 Dampfmaschinen auf Eisenbahnen und 279 Privat-Dampfboote. — Die nordamericanischen Freistaaten besaßen zu Ende des J. 1838 800 Dampfboote, 350 Dampfwägen und gegen 1860 andere Dampfmaschinen, zusammen mit 100 318 Pferdekr. — In Großbritanien waren 1839 blos in den Fabriken zum Spinnen, Weben ꝛc. der 4 Faserstoffe 3051 Dampfmaschinen mit 74 044 Pferdekräften in Gang. Die Handels-Dampfschiffe von Großbritanien beliefen sich 1838 auf 760 mit 56 490 Pferdekr. und 78 664 Tonnen Ladungsfähigkeit, 1849 auf 1142 mit 158 729 T., ohne die Colonieen. Porter, Progress, S. 232. 317. Belgien hatte 1839 1044 stehende Dampfmaschinen mit 25 312 Pferdekräften, 1650 schon 2040 steh. Masch. mit 51 055 Pferdekr., dazu 229 Dampfwägen mit 13 855 und 13 Dampfschiffe mit 1000 Pferdekr., zusammen 65 912 Pferdekr. — In Oesterreich waren 1846 329 stehende Dampfm., 240 Dampfwägen, 68 Dampfschiffe, zus. mit 24 734 Pferdekr. — Preußen besaß 1549 1444 stehende Masch., 429 Dampfwägen, 90 Dampfschiffe, zus. mit 66 859 Pferdekr., 1837 waren erst 7513 Pferdekr., Dieterici Mittheil. 1852 S. 14.

Egen (Untersuchungen über den Effect einiger in Rheinland-Westphalen bestehenden Wasserwerke, Berl. 1831) berechnete in Pferdekräften, die Tag und Nacht wirken, und deren jede mit 27 Menschenkräften nach Dupin's Bestimmungsart zu vergleichen ist, die Gewerbskräfte des preuß. Staates im J. 1828: Thiere 400 000, Wasser 100 000, Wind in Mühlen 16 500, in Schiffen 24 000, Dampf 4455, zusammen 544 985 Pferdekr., hiezu Menschenkr. 9·990 000, zusammen 914 985 Pferdekr. — 24·704 595 Arb. Kr.

Demnach kamen auf den Kopf der Einwohner von sämmtlichen mechanischen Kräften im britischen Reiche 2¾ Menschenkräfte (Dupin), im preußischen Staate 2, in Frankreich 1½.

Um die Leistung der Dampfmaschinen in Pferdekräften auszudrücken, rechnet man nach Watt auf eine solche Kraft die Emporhebung von 180 Pf. mit 3 Fuß Geschwindigkeit in der Secunde, also 540 Pf. mechanisches Moment oder gegen 33 000 Pf. in der Minute. Da aber Pferde nur etwa 8 Stunden täglich arbeiten, so ersetzt jede Pferdekraft der Maschine eigentlich 3 Pferde. In Frankreich wird zum Maaße der Kraft das Dynam gebraucht, welches nach Prony einen Effect von 1000 Kilogrammen 1 Meter hoch gehoben in der Minute, oder 6600 bab. Pfunde 1 Fuß hoch beträgt, also ungefähr ⅛ Pferdekraft. Die Mechaniker nehmen übrigens die Kraft eines lebenden Pferdes im Maschinenwesen minder hoch an; Prechtl (Technol. Encykl. II, 58.) setzt sie zu 120 Pf. Last 3½ Fuß in der Secunde gehoben, oder 400 Pf. 1 Fuß hoch; die mechanische Leistung eines Menschen wird nach Tredgold und Gregory zu ungefähr 31 engl. (28 Zoll) Pf. mit 2 Fuß Geschwindigkeit geschätzt.

Zur Hervorbringung einer Pferdekraft sind bei Watt's Dampfmaschinen der größeren Art etwa 10 engl. Pf., bei den kleinsten von 1 Pferdekraft gegen 22 Pf. Steinkohlen in einer Stunde erforderlich, bei den Maschinen der Fabrik zu Eschweiler 8⅔ bis 14½ pr. Pf. Steinkohlen, ersteres, wenn sie 20 Pferdekräfte, letzteres, wenn sie nur eine enthalten. Rennie's M. braucht nur 2,² Pf. Steinkohlen stündlich auf jede Pfkr. Yearbook of facts, 1843. S. 8. 1 Bushel (84—88 Pf.) Steinkohlen kann in Watt's Maschine 18—22 Mill. Pf. 1 Fuß heben, Woolf's Maschinen mit hohem Druck und Expansion haben die Leistung bis auf 56 Mill. Pf. gebracht, namentlich die große Maschine in der Wheal Abrahams Grube in Cornwallis, Prechtl,

Technol. Encykl. III, 669. — **Severin**, in Abhandl. d. k. techn. Deput. f. Gew., 1, 123. 326. Neuerlich hat man es in Cornwallis durch sorgfältiges Zusammenhalten der Wärme des Kessels im J. 1827 auf 67 Mill., 1832 auf 91, 1835 sogar auf 125 Mill. Pf. gebracht. Athenaeum, Nov. 1839. S. 822 (nach Thom. Lean).

§. 91.

Sowohl die chemischen als die mechanischen Naturkräfte würden, sich selbst überlassen, in den meisten Fällen keine Wertherhöhung hervorbringen, die mechanischen fast nie (*a*). Erst dann, wenn sie von den Menschen versammelt und auf einen bestimmten Zweck hingeleitet werden, erweisen sie sich wirksam zur Vermehrung der Gütermenge. Ihre Mitwirkung liefert eine große Masse von Gebrauchswerth mit ziemlich geringen Kosten, also mit einem ansehnlichen Gewinn, der sich wegen des niedrigen Preises der Erzeugnisse nicht gerade im Verkehrswerthe zeigt, aber gerade deßhalb einen desto größeren volkswirthschaftlichen Vortheil bildet. Ihre geschickte Benutzung ist eine der Hauptursachen des größeren Wohlstandes gebildeter Völker, und die fortschreitende Kenntniß der Natur sowohl als der Hülfsmittel zur vortheilhaften Hervorbringung von Bewegungen (Maschinenlehre) hat aus diesem Grunde einen höchst wichtigen Einfluß auf das Einkommen jedes Volkes (*b*).

(*a*) Man könnte höchstens an das Abschütteln der Baumfrüchte durch den Wind, das Fortspülen und Absetzen nützlicher Materien durch Gewässer u. dgl. erinnern. — Treibholz, an die Küsten von Island gespült; — der Dschilum (Hydaspes) und mehrere americanische Ströme, wie der Mississippi, führen ebenfalls mächtige Baumstämme mit sich.

(*b*) „Es ist die verbesserte Dampfmaschine, welche die Schlachten von Europa durchfocht und während des letzten furchtbaren Kampfes die politische Größe unseres Landes aufrecht hielt. Es ist die nämliche große Kraft, welche uns in den Stand setzt, unsere Staatsschuld zu verzinsen und den schweren Wettkampf gegen die Geschicklichkeit und das Capital aller anderen Länder zu bestehen." **Stuart**, History of the Steam engine, 1824.

Dritter Abschnitt.
Die Arbeit als Güterquelle.

I. Einleitung.
§. 92. 93.

Es kann fast kein Sachgut in den Gebrauch für menschliche Zwecke gelangen, ohne daß sich an ihm in irgend einem Grade Arbeit äußert, wäre es auch nur das Ergreifen und Sammeln der schon in ihrem rohen Zustande anwendbaren Naturerzeugnisse (a), und sehr viele Güter würden ohne Hülfe der Arbeit gar nicht entstehen (b). Diese gehört deßhalb offenbar unter die mächtigsten Bedingungen der Gütererzeugung, und da sie am vollständigsten unter der Herrschaft des menschlichen Willens steht, so muß sich schon deßhalb die Wirthschaftslehre am meisten mit ihr beschäftigen. Die Mehrzahl der Menschen ist genöthigt durch Arbeit ihren Unterhalt zu erwerben und dieser fortwährende Kraftgebrauch befördert zugleich die Ausbildung aller körperlichen und geistigen Anlagen des Menschen, §. 20 — (c). Wie die Größe des jährlichen Einkommens eines Volkes hauptsächlich von der hervorbringenden Arbeit desselben abhängt, so ist auch der vorhandene Stamm von beweglichem Vermögen die aufgesparte Frucht früherer Arbeiten. Indeß darf der Arbeiter nicht allein als Träger einer gütererzeugenden Kraft betrachtet werden, weil er zugleich Glied des Volkes ist und auf Theilnahme an dem Genusse des Erzeugten Anspruch hat.

(a) Es giebt zwischen der leichten Aneignung der Früchte wildwachsender Pflanzen und der künstlichen Verarbeitung von Stoffen sehr viele Abstufungen für das Verhältniß zwischen der Arbeit und den Naturkräften. Bei der von Schenk (Bedürfniß ꝛc. I, 74) geschilderten Entstehung nützlicher Naturproducte ohne Arbeit muß immer noch die größere oder geringere Mühe des Gewinnens, z. B. des Holzfällens, hinzukommen.

(b) Cicero, De officiis, II. cap. 3, 4. führt diesen Gedanken aus. Es ist hieraus leicht zu erklären, wie man, besonders dem physiokratischen Grundirrthume gegenüber, die Arbeit für die einzige Quelle der Güter halten konnte, §. 85. (b). — Hiezu kommt, daß der Preis der Dinge, insoferne er von den Kosten bestimmt wird, sich vorzüglich nach der angewendeten Arbeit richtet.

(c) Die Arbeit ist nicht nur nothwendig für unser Auskommen und eine Pflicht gegen die Gesellschaft, sondern sie kann und soll auch unsre

Freude, unser Trost sein, alle unsere besseren Kräfte üben und stärken. Beschäftigung, die nie ermattet ꝛc. Schiller (Ideale). — Freilich kann dieß von gedankenloser Handarbeit weniger erwartet werden, als von solcher, die auch den Geist beträchtlich in Anspruch nimmt. Den Müßiggang aber bezeichnet mit Recht ein alter Spruch als aller Laster Anfang.

II. Zweige der Arbeit.

§. 94.

Beachtet man den Zweck, welchen der Arbeiter bei seiner fortdauernden Beschäftigung im Auge hat, so ist dieß entweder bloß der Erwerb von Sachgütern, oder ein höheres, in der Idee eines gewissen Berufes liegendes Ziel, bei welchem der Erwerb zwar ebenfalls beabsichtigt, aber nicht zur Hauptsache gemacht werden darf. Beschäftigungen für den Zweck des Erwerbes heißen überhaupt Gewerbe. Untersucht man dagegen die volkswirthschaftlichen Wirkungen der Arbeiten, so ergiebt sich sogleich, daß nicht alle Arten derselben beitragen, eine Vermehrung der Gütermenge zu bewirken; manche Zweige derselben, wie nützlich sie auch in anderer Beziehung für die Gesellschaft sein mögen, sind doch ohne allen Einfluß auf den Stand des Volksvermögens und werden deßhalb nicht zu den **hervorbringenden, volkswirthschaftlich werbenden oder productiven** Beschäftigungen gerechnet. Es läßt sich aber erst dann beurtheilen, welche Arbeiten productiv oder unproductiv sind, wenn man die verschiedenen Zweige der Arbeit nach ihrer eigenthümlichen Wirkung abgetheilt und überblickt hat.

§. 95.

Zunächst sind zu unterscheiden (a):

A) **Wirthschaftliche Arbeiten**, welche auf die Befriedigung der Bedürfnisse durch sachliche Güter gerichtet sind, also die menschlichen Zwecke nur mittelbar befördern; hierzu dient:

    I. Vermehrung der Werthmenge der im Vermögen der Menschen befindlichen Sachgüter,

    II. Besorgung ihres Ueberganges in andere Hände,

    III. Erhaltung derselben und Erleichterung ihres Gebrauches.

B) Arbeiten, welche unmittelbar Vortheile für die Menschen (persönliche Güter, §. 46.) hervorbringen. Geschieht dieß für andere Personen, so sind solche Verrichtungen **persönliche Dienste** (§. 46a.), die entweder aus freiem Antriebe, oder nach Uebereinkunft und gegen Vergütung geleistet werden. Diese Dienste sind von einer überaus großen Manchfaltigkeit, deren Zergliederung aber hier nicht erforderlich ist. Man kann sie in Rücksicht auf ihre Veranlassung in Privat- und Staatsdienste, in Bezug auf ihre Zwecke und die dazu nöthigen Fähigkeiten des Dienstleistenden in höhere und niedere eintheilen; die letzteren gehören zu den Gewerben, §. 94.

(a) Rau, Ueber die Kameralwissenschaft, S. 54 ff.

§. 96.

A. I. Diejenigen Beschäftigungen, welche unmittelbar dazu bestimmt sind, eine werthvollere Gütermenge in menschliche Gewalt zu bringen, bestehen theils im Aufsuchen eines höheren Werthes schon vorhandener Dinge (§. 83. 84), theils in einer körperlichen Einwirkung auf den Stoff der Güter, welche die Werthmenge derselben zu vermehren dient. Die Verrichtungen dieser zweiten Art können deßhalb **Stoffarbeiten** genannt werden. Sie beginnen mit einer Arbeit an der Erde und werden bei jedem einzelnen Gute so weit geführt, bis dasselbe für seine Bestimmung vollkommen tauglich geworden ist. Die Mehrzahl der Arbeiter in jedem Lande ist mit Stoffarbeiten beschäftigt (a) und muß es sein, um die Gesellschaft mit allen benöthigten Sachen zu versorgen.

(a) In Preußen 1852 an 82 Proc. der männlichen Einw. über 14 Jahre, in Sachsen 1849 83½ Proc., in Belgien 1846 gegen 77 Pr.

§. 97.

Die durch die Stoffarbeiten zu bewirkenden Veränderungen können wieder von doppelter Art sein (a):

1) Trennung der Stoffe von ihrer natürlichen Umgebung, in der sie entstanden oder sich doch vor dem Beginne der menschlichen Thätigkeit befanden. Vermöge dieser Trennung von ihrem Entstehungsorte auf der Erde werden die Erscheinungen und Veränderungen unterbrochen, denen sonst nach natürlichen Ge-

setzen die Stoffe unterworfen gewesen wären (*b*), diese gelangen ganz in menschliche Gewalt und es wird nun eine weitere beliebige Einwirkung auf sie möglich. Für den Inbegriff der hieher gehörenden Beschäftigungen hat man die Ausdrücke **Erdbau** (v. Justi), **Urproduction** (v. Soden), **Bodenindustrie** (v. Jakob) gebraucht, sie können passender **Erdarbeit** oder **Stoffgewinnung** genannt werden. Sie begreifen unter sich

a) die Gewinnung der ohne menschliches Zuthun entstandenen natürlichen Erzeugnisse (*c*), und zwar

α) von Mineralien, deren Gewinnung dann, wenn jene Körper mit besonderen Kunstmitteln von ihrer Lagerstätte abgetrennt werden müssen, **Bergbau** heißt;

β) von organischen Körpern, also von wilden Gewächsen und Thieren oder Theilen derselben;

b) die Gewinnung von künstlich gezogenen Pflanzen und Thieren oder einzelnen Theilen derselben, also nach vorausgegangener Einwirkung auf deren Erzeugung; **Landbau** oder **Pflanzenbau** und **Thierzucht**, welche man mit dem Namen **Landwirthschaft** zusammenfaßt (*d*).

(*a*) Für eine systematische Darstellung der Stoffarbeiten oder der Technik sind mehrere Eintheilungen möglich. Die hier vorgetragene schließt sich an die gangbaren Begriffe von Landwirthschaft und Gewerken an. Eine andere 4gliedrige Abtheilung giebt A. Kölle, System d. Technik. Berl. 1822.

(*b*) Die Bäume z. B. würden auf der Wurzel, die Früchte an den Zweigen oder nach ihrem Abfalle verfaulen, die Thiere umkommen.

(*c*) Industries extractives nach Dunoyer, Journ. des Écon. III, (1842), Occupation nach Anderen, z. B. Roscher, System der Volkswirthschaft I, 56.

(*d*) Die Landwirthschaft Oekonomie zu nennen, ist ein Mißverständniß, welches vielleicht durch die ältere Bezeichnung oeconomia ruralis veranlaßt wurde, wobei man der Kürze wegen oft das Beiwort ruralis wegließ. Agricultur oder Ackerbau für Landwirthschaft zu sagen ist eine unrichtige Uebertragung aus den anderen Sprachen, die keinen so guten Ausdruck besitzen.

§. 98.

2) Umänderung der rohen Stoffe, um aus ihnen durch Verbindung, Trennung und Formveränderung Güter von höherem Gebrauchswerthe zu bereiten. Viele rohe, d. h. noch in ihrer natürlichen Beschaffenheit befindliche Materien sind ohne eine solche Umänderung gar nicht brauchbar und erhalten blos durch die Möglichkeit derselben einen Werth (*a*), andere erlangen

wenigstens eine weit höhere Nützlichkeit aus dieser Zurichtung. Die unter diesen Begriff fallenden Beschäftigungen können Gewerke, die ganze Gattung derselben kann Gewerksarbeit genannt werden (b). Andere Benennungen sind **technische Production** (v. Soden), **Manufactur-Industrie** (v. Jacob), **Fabrication** (c). Es gehören hieher die Handwerke, Fabriken und verschiedene Verrichtungen, welche man im gemeinen Leben zu keiner dieser Abtheilungen rechnet, z. B. Baukunst, Kochkunst.

(a) Z. B. Erze, Stoffe zur Glasbereitung.
(b) Rau, Ueber die Kam. W. S. 58. — Bei Darjes, Erste Gründe der Kameralwissenschaften, Jena 1756, S. 27 werden in den zur Stadtwirthschaft gehörenden Gewerben die Gewerke den Fabriken und Manufacturen entgegengesetzt; jene sollen sich mit Ausscheidungen beschäftigen, z. B. Bierbrauen, Zuckersieden ꝛc. — Gewerk ist mit Handwerk verwandt, welches aber noch das Merkmal des Betriebes im Kleinen, durch Menschenhand, enthält und daher nicht so gut zur Bezeichnung der ganzen Gattung geeignet ist. Das Bedürfniß eines bequemen Kunstausdrucks für diesen Begriff ist unverkennbar.
(c) Der neuerlich öfters gebrauchte Name Industrie hat eigentlich eine viel ausgedehntere Bedeutung und bezeichnet keinen einzelnen Gewerbszweig. Auch Gewerbe ist keine passende Benennung dieser Classe, denn ohne Zweifel sind Landwirthschaft, Bergbau, Handel ꝛc. ebenfalls Gewerbe.

§. 99.

A. II. Die Arbeiten, welche den Uebergang der Güter an andere Menschen befördern, ohne eine ihren Werth erhöhende Veränderung an ihnen vorzunehmen (§. 95.), oder die **Arbeiten der Güterübertragung, Verkehrsarbeiten** (a) zerfallen bei näherer Betrachtung ihrer Wirkungsart in zwei Gruppen:

1) **Handelsgeschäfte**, welche die Besorgung des Tausches sachlicher Güter zum Zwecke haben. Alle wirthschaftenden Personen sind häufig zum Tausche genöthiget, bald um die Mittel zur Befriedigung ihrer Bedürfnisse von anderen zu erlangen, bald um ihre überflüssigen Erzeugnisse abzusetzen, aber dieser Tauschverkehr wird nicht schon Handel genannt, sondern erst dann, wenn er als eine besondere Beschäftigung, d. i. als ein eigenes Gewerbe getrieben wird (b). Der Gewinn, den die Handelnden beabsichtigen, ist der Ueberschuß des bei dem Verkaufe von Gütern erhaltenen Gegenwerthes (des Erlöses) über den Einkaufspreis und die übrigen Kosten des Tausch-

geschäfts. Alle Arten von sachlichen Gütern, Grundstücke, Capitale, Genußmittel, selbst Urkunden, welche Forderungen ausdrücken, können Gegenstände des Handels sein. Manche dem Zweck des Handels dienende Verrichtungen, z. B. das Fortschaffen zu Land und zu Wasser, scheiden sich wieder als besondere Gewerbe aus und bilden Hülfsgeschäfte des Handels.

(*a*) Arbeiten der Vertheilung nach Riedel, Nationalök. I, §. 202.
(*b*) Murhard nennt jenen allgemeinen Tauschverkehr Handel im weiteren Sinne; Theorie und Politik des Handels, I, §. 4. — Dunoyer findet das Wesen des Handels in der Versetzung der Dinge in andere Räume und zieht den Namen industrie voiturière vor, a. a. O., wie auch Scialoja den Ausdruck industria translocatrice gebraucht, Princ. 43.

§. 100.

2) Besorgung einer solchen Uebertragung der Güter, bei welcher dieselben nicht, wie beim Tausche, gegen baldige Erstattung des Gegenwerthes erworben werden, sondern vielmehr der Eine die Vermögenstheile eines Andern eine Zeit lang benutzt und für den gestatteten Gebrauch eine Vergütung entrichtet; **Leih- und Miethgeschäfte.** Diese erfordern mehr oder weniger Arbeit, je nachdem die Güter in kleineren oder größeren Massen und auf kürzere oder längere Zeit übertragen werden; bisweilen ist der Bezug von Einkünften eines ausgeliehenen oder vermietheten Vermögens fast ohne alle Arbeit möglich. Zu jenen Gewerben sind zu zählen:

a) das **Darleihen, Ausleihen** von Gütern, die man bald aufzehrt oder wieder ausgiebt, gegen Zins und gewöhnlich gegen die Verpflichtung, eine gleich große Menge von Gütern gleicher Art zurück zu geben;

b) das **Vermiethen** und **Verpachten** von Gegenständen, die eine lange Dauer haben (*a*), gegen einen Mieth- oder Pachtzins.

(*a*) Zimmergeräthe, Betten, Kleider, Schmucksachen, Bücher, Musikalien, musikalische Instrumente, Pferde, Waffen &c.

§. 101.

A. III. Eine andere Art von Verrichtungen ist dazu bestimmt, den Gebrauch gewisser Güter für deren Besitzer zu erleichtern und ihre dabei vorgehende Verschlechterung zu verhindern oder sogleich wieder aufzuheben. Es liegt in der Natur mancher Gegenstände, daß sie ohne eine solche Hülfsthätigkeit nicht fortwährend benutzt werden können (a), die zwar dem Eigenthümer Mühe und Zeit erspart, aber nicht in das Gebiet der persönlichen Dienste gehört, weil der aus ihr entspringende Vortheil immer durch sachliche Güter vermittelt wird.

(a) Z. B. Reinigen der Wohnungen, Geräthe, Kleidungsstücke, Fütterung und Wartung von Thieren, Ausbesserung kleiner Beschädigungen, Aufziehen von Uhren ꝛc. Solche Arbeiten sind großentheils dem Gesinde übertragen. Es mischen sich in dieselben auch Gewerksverrichtungen, die aber jedesmal nur eine unbedeutende Werthserhöhung enthalten und blos wegen ihrer vielfachen Wiederholung einige Erheblichkeit erlangen.

§. 102.

Welche von diesen verschiedenen Arten der Arbeit (§. 95—100.) volkswirthschaftlich hervorbringend (productiv) und welche dagegen unproductiv seien, dieß ist eine Frage, in deren Beantwortung die Meinungen von einander abweichen (a). Die Physiokraten hielten nur die Erdarbeit für hervorbringend, Smith erklärte dagegen, es komme auch der Gewerksarbeit und dem Handel diese Eigenschaft zu, und zwar dem letzteren darum, weil die Versendungs- und die anderen Handelskosten den Tauschwerth der Waaren vergrößern (b). Daß nicht blos die Stoffgewinnung, sondern auch die Gewerksarbeit productiv sei, folgt unwidersprechlich aus der Unterscheidung des Stoffes der sachlichen Güter von ihrem Werthe (c); die hervorbringende Eigenschaft des Handels ist aber bisher noch streitig geblieben.

(a) Geschichte dieser Lehre bei Roscher, System d. V.W. I, 92.
(b) Untersuchungen II, 141. — Dieser Grund beweist nicht, was er beweisen soll, denn er bezieht sich nur auf die keinem Zweifel unterworfene Erhöhung des Kostensatzes und Preises der Güter, nicht aber auf den Gebrauchswerth derselben, und nur in der Vermehrung des letzteren liegt das Kennzeichen der Production.
(c) Nach den Preisen der Kunstwaaren und der rohen Stoffe werden letztere durch die Verarbeitung vervielfältigt bei Seiden-, Baumwollen- und Wollenzeuchen 2—3fach, bei groben Eisengußwaaren 2—4fach, bei Hufeisen 2½mal, Holzsägen 14, Messerklingen 35, Stahlnadeln 17—70, Federmesserklingen 657, Stahlschnallen 896, stählernen Säbelgriffen 972, Uhrfedern 500,000fach. Babbage, Ueber Maschinen- und Fabrikwesen, S. 160. — Volz, Gewerbskalender für 1833, S. 111.

§. 103.

Die beiden äußeren Bedingungen des Gebrauches gewisser Güter sind, daß man über dieselben eine Verfügungsgewalt habe und sie in der Nähe besitze. Beides gewährt der Handel, indem er Tausche zu Stande bringt, hiezu nöthigenfalls die Güter an einen anderen Ort versetzt (a) und hieburch denjenigen Personen nützt, die etwas absetzen oder erwerben wollen (b). Ueberflüssige Vorräthe, die für den Besitzer keinen concreten Werth haben, oder Dinge, denen er überhaupt einen geringeren Werth beilegt, werden in die Hände Anderer übergeführt, die in ihnen einen höheren Gattungs- oder doch einen größeren concreten Werth finden (c). Das Bestreben des Handelnden geht dahin, jeden Ueberfluß und jedes Bedürfniß zu erspähen und beide mit einander auszugleichen. Der aus dem Tausche entstehende Werthüberschuß (§. 99.) vergütet nicht allein die Handelskosten und giebt einen Handelsgewinn, sondern verschafft auch den Zehrern und Erzeugern noch einen Tauschgewinn, dessen Ursache in einer, den individuellen Wirthschaftsumständen und der concreten Werthschätzung besser entsprechenden Vertheilung der Sachgüter liegt (d). Diese werden aber in ihrer Beschaffenheit nicht verändert und erhalten im Allgemeinen keinen höheren Gebrauchswerth. Ueberblickt man das Volksvermögen als Ganzes, der Gesammtheit der Bedürfnisse gegenüber, so kann man dem inländischen Handel für sich allein betrachtet keine hervorbringende Eigenschaft zuschreiben, weil man bei jener Schätzung des jedesmaligen Volksvermögens schon die etwa noch bevorstehende Vertheilung voraussetzt, wie man auch das Einkommen eines Einzelnen unter der Annahme beurtheilt, daß dasselbe durch den Umtausch in diejenigen Güter umgesetzt werde, welche zur Befriedigung der Bedürfnisse erforderlich sind (e). Der Handel mit dem Auslande vermehrt das Volksvermögen durch den volkswirthschaftlichen Tauschgewinn (f), dieser Erfolg darf aber ebenfalls keiner Production zugeschrieben werden, sondern gehört zu den Einnahmen aus fremdem Vermögen (§. 69. 1), wobei allerdings wegen der Verschiedenheit der Werthschätzung in der Regel die beiden tauschenden Völker zugleich gewinnen.

(a) Say gründet die Productivität des Handels nicht auf den Tausch, sondern auf den Transport der Güter, der ihren Werth erhöhe, da die räumliche Stelle, an der sie sich befinden, eine ihrer „Modificationen", ihrer Art zu sein, ausmache. Handb. II, 151, ähnlich Droz, Econ. pol. S. 30. — Es kann jedoch auch ohne Versendung durch Austausch an Ort und Stelle ein nützlicher Handel stattfinden. Die Lage (situation) einer Sache ist von ihrer nützlichen Beschaffenheit, die den Gattungswerth bedingt, wesentlich verschieden, sie bezieht sich nur auf die Benutzung durch gewisse Personen und verliert ihr Vortheilhaftes, wenn die Besitzverhältnisse derselben sich ändern; zudem wird der Transport unnöthig, wenn der Consument sich zu der Waare begiebt. Man kann daher die Wirkungen des Handels denen der Gewerke nicht gleich setzen.

(b) Die Untersuchungen über die Productivität des Handels sind nur insoferne von wissenschaftlichem Interesse, als sie zur Anwendung der volkswirthschaftlichen Stammbegriffe Gelegenheit geben; sonst wird man ebensowohl die wesentliche Verschiedenheit des Handels von den Stoffarbeiten, als die große Nützlichkeit desselben in der Volkswirthschaft immer anerkennen müssen, wie man auch in jener Hinsicht urtheilen möge, und die Entscheidung hierüber ist davon abhängig, wie man die Begriffe von Werth und Production faßt.

(c) Beccaria erklärt daher den Handel als den Umtausch des nicht oder doch weniger Nützlichen gegen das Nützlichere.

(d) Diese Bereicherung des Einzelnen durch eine bessere Vertheilung zeigt sich in mancherlei Fällen sehr deutlich, z. B. bei der Zusammenlegung der Ländereien, — bei einer Vertheilung von Dienstkleidern unter die Soldaten eines Regiments nach Größe und Wuchs eines Jeden u. dgl.

(e) Mehrere, auch nicht physiokratische Schriftsteller sprechen dem Handel die hervorbringende Wirkung ab, z. B. Lotz, Handbuch I, 180, der ihn zu den persönlichen Dienstleistungen zählt. Verri verweiset die Kaufleute als Vermittler in eine dritte, zwischen den Producenten und Consumenten stehende Classe, Meditazioni §. XXIV. — Viele Andere nehmen die Productivität des Handels in Schutz. z. B. neben Say und Droz (s. oben Note (c)), Malthus, Principles. S. 442. (wegen des Gewinnstes der Tauschenden), M'Culloch, Grundsätze S. 119. (wegen der im Transporte und der Vertheilung in kleinere Quantitäten liegenden Vermehrung der Brauchbarkeit), Schön, Neue Unters. S. 59, s. auch Geier, Charakteristik des Handels, S. 38. ff. und die daselbst angeführten Stellen. — Riedel erklärt den Handel für hervorbringend, weil ein Gut mehr werth sei, wenn es durch Uebertragung an einen andern Ort, in einen andern Zeitraum, oder in das Recht einer andern Person „ein wirksameres Befriedigungsmittel für die im Volksbedarfe begriffenen Bedürfnisse geworden ist", Nationalök. I, §. 205. In §. 215 wird vom Verf. zugegeben, daß der beiderseitige Tauschgewinn sich nur in dem Werthe für beide tauschende Personen äußert. Nach v. Prittwitz (Volksw. §. 205) ist der Handel productiv, weil er nützlich ist, nach Scialoja (Princ. 42) und Kudler (Volksw. II, 173) wegen der von ihm bewirkten Wertherhöhung, wobei der letztere Schriftsteller die durch den H. bewirkte Bedingung des Gütergebrauchs mit dem Worte Zugänglichkeit bezeichnet, — nach Roscher, (System I, 94) in Folge der weiteren Fassung des Begriffs Production. — Man hat öfters den Handel darum mit den Stoffarbeiten verglichen, weil diese ebenfalls bisweilen nur eine Raumversetzung bewirken. So bemerkte M'Culloch (Grunds.): „die Arbeit des Bergmanns verschafft der Materie Brauchbarkeit dadurch, daß er sie aus den Eingeweiden der Erde auf ihre Oberfläche bringt; aber die Arbeit des Kaufmanns oder Fuhrmanns, der diese Kohlen von da, wo sie gegraben wurden, in die Stadt oder an den Platz bringt, wo sie verbraucht werden, giebt ihnen einen weiteren und vielleicht weit beträchtlicheren Werth." Aehnlich Hermann, Untersuch. S. 22. Hierbei ist aber zu bemerken: 1) Der Bergmann trennt die Steinkohlen von der Erde und bringt sie in menschliche Gewalt; 2) seine Wirkung ist dauernd und von allgemeinem Nutzen, der Fuhrmann bringt sie nur gewissen Menschen zu. — Neuerlich hat sich Mac=Culloch anders geäußert: „Ohne sich selbst mit irgend einer Art von Production zu befassen, leisten die Kaufleute den Producenten den größten Dienst." Ueber H. u. Handelsfreiheit, deutsch von Gambihler, Nürnb. 1834. S. 2. Statistical account of the British Empire II, 140: The influence of commerce upon national wealth is only indirect. Hiermit stimmt Eiselen überein, Volksw. §. 53, und Mill I, 47, der die Handelsleute und ihre Gehülfen als die vertheilende Classe aufführt.

(*f*) Ueber die Wirkungen des H. im Allgem. s. Art. Handel in der Allgem. Encykl. der Wissensch. von Ersch und Gruber (von Rau), und K. Murhard, Theorie und Politik des Handels I, 73.

§. 104.

Anders stellt sich jedoch die Sache dar, wenn man den Handel in seinem Verhältniß zu den Stoffarbeiten betrachtet. Der Fortgang derselben ist von dem Absatze der Erzeugnisse bedingt, der Absatz beruht auf dem Tausche und nimmt zu, wenn die Tauschgeschäfte sich vermehren. Diese sind demnach eben sowohl zur Erzeugung als zur Verzehrung der Güter förderlich (*a*) und bewirken den Zusammenhang beider. Eine besondere Classe der Handelnden kann die Tauschgeschäfte mit weit größerem Erfolge, so wie mit geringeren Kosten besorgen, als wenn die Erzeuger und Verzehrer von Gütern sie ganz übernehmen müßten. Viele Productionszweige werden erst dann hervorgerufen, wenn der Handel den Erzeugern die Aussicht auf vortheilhaften Verkauf darbietet und sie mit neuen Genüssen bekannt macht. Ferner wird den Stoffarbeiten ihr auf die Production gewendetes Capital früher erstattet, wenn der Handelnde ihnen ihre Erzeugnisse abnimmt und bezahlt, folglich können jene schon darum in gleicher Zeit mehr produciren, als wenn sie den Verkauf an die Verzehrer selbst abwarten müßten und ihre Auslagen später vergütet erhielten.

(*a*) Diese wird befördert, indem die wohlfeilste Befriedigung der Bedürfnisse möglich gemacht wird.

§. 105.

Der Handel erscheint daher als ein unentbehrliches, die Ausdehnung und Fortdauer der Stoffarbeiten bedingendes Hülfsgeschäft derselben; er steht mit ihnen in der genauesten Verbindung und ist vermöge derselben mittelbar hervorbringend.

Hieraus folgt: 1) Nicht jeder Handelszweig kann als hervorbringend anerkannt werden, sondern nur ein solcher, der neuen Erzeugnissen der Erd- und Gewerksarbeit Absatz verschafft und dadurch die Hervorbringung neuer Güter erleichtert. Es muß demnach der Handel mit älteren, bereits im Gebrauche gewesenen Sachen (a), z. B. Gemälden, Büchern, Geräthen, — ferner mit Wechseln, Schuldbriefen, mit Grundstücken und dergl., von dem Kreise der productiven Beschäftigungen ausgeschlossen werden. 2) Die Nützlichkeit des Handels für die Volkswirthschaft ist viel weniger aus den Gewinnsten, die er den Kaufleuten abwirft, als aus seinem Einflusse auf die Production und Consumtion zu beurtheilen. 3) Die Kosten der productiven Handelszweige sind zu den Erzeugungskosten der Güter zu zählen, weil diese ohne jenen Aufwand nicht fortwährend in der Ausdehnung, die der Handel möglich macht, entstehen könnten. Die Handelskosten werden von den Käufern der Waaren in dem Preise mit erstattet, und es leidet keinen Zweifel, daß der Werth derjenigen Güter, welche fortdauernd erzeugt und verkauft werden, wenigstens so groß sei, als dieser Preis. 4) Unterbrechungen in den productiven Zweigen des Handels müssen bald eine nachtheilige Lähmung der Stoffarbeiten nach sich ziehen.

(a) Es müßte denn der Einkauf solcher Gegenstände für die Stoffarbeiten nützlich sein, z. B. beim Lumpenhandel, — oder die Leichtigkeit des Wiederverkaufens die Anschaffung neuer Erzeugnisse befördern.

§. 106.

Die abgesonderte Beschäftigung mit dem Ausleihen und Vermiethen von Gütern (§. 100.) hat zur Hervorbringung selten eine nähere Beziehung. Wie nützlich es auch ist, daß die Besitzer von Grundstücken und Capital, wenn sie dieselben nicht selbst zur Erzeugung neuer Güter anwenden wollen, sie den Unternehmern productiver Arbeit überlassen, so geschieht dieß doch gewöhnlich in größeren Massen und auf längere Zeiten, so daß dieser Uebergang der Güter in andere Hände mit sehr geringer Mühe bewirkt werden kann. In solchen Fällen, wo beträchtliche Zeit und Bemühung auf dieses Ausleihen verwendet wird, pflegt es bei Gütern oder Geldsummen zu geschehen, die unmittelbar zum Genuſſe beſtimmt ſind, es befördert daher dann nur die Verzehrung.

Die **Gebrauchs- und Erhaltungsgeſchäfte** (§. 101.) haben ebenfalls keinen unmittelbaren Zuſammenhang mit der Production und nützen zunächſt durch Beförderung des Gütergenuſſes und Verminderung des Verbrauches, die jedoch auf das Volksvermögen gleiche Wirkung äußert, wie die Hervorbringung. Auch können Perſonen, welche ſich ſolchen Verrichtungen widmen, mittelbar der Production nützen, indem ſie den Erzeugern mancherlei Arbeiten abnehmen, die dieſelben ſonſt von hervorbringenden Thätigkeiten abgezogen haben würden.

§. 107.

Die **perſönlichen Dienſte** (§. 95. B) erzeugen zwar nicht ſelbſt Sachgüter (*a*), aber dennoch iſt ihnen mit Unrecht aller urſachliche Zuſammenhang mit der Hervorbringung abgeſprochen worden. Eine Menge von Arbeiten, welche darauf gerichtet ſind, die Sicherheit, die Geſundheit, die Einſicht (*b*), Geſchicklichkeit, ſelbſt die ſittliche Bildung der Menſchen zu befördern, es mag dieß auf Veranſtaltung des Staates oder einzelner Mitglieder der Geſellſchaft geſchehen, hat auf den Erfolg ſämmtlicher wirthſchaftlicher Geſchäfte, insbeſondere auf die Production mächtigen Einfluß. Dieß iſt eine nützliche Nebenwirkung ſolcher Beſchäftigungen, die ſchon wegen ihres nächſten Zweckes von dem höchſten Werthe für die Geſellſchaft ſind.

(*a*) Es iſt daher keineswegs widerſinnig, den Erzieher der Jugend in eine andere Claſſe von Arbeitern zu rechnen, als den Viehzüchter.

(*b*) Vorurtheile, Aberglauben und Unwiſſenheit verhindern die Benützung vieler Kunſtmittel, die zur Hervorbringung neuer Güter oder zur Erhaltung des Vermögens mitwirken, Blitzableiter, Thierärzte ꝛc. — Die von Davy erfundene Sicherheitslampe erhält nicht allein das Leben vieler Bergleute, ſondern hat auch die vollſtändigere Benutzung der Steinkohlenlager geſtattet, Porter, Progress of the nation, S. 274.

§. 108.

Die hervorbringende Wirkung der Dienſte kann nicht genau im Einzelnen dargethan werden, es läßt ſich weder angeben, welche Gütermenge ihnen die Entſtehung verdankt, noch auch nur beſtimmen, bei welchen Geſchäften und in welchen Fällen dieſe Wirkung aufhört. Der Grund hievon liegt in dem Umstande, daß zwar die Dienste, indem sie zunächst eine gewisse Wirkung auf die Personen äußern, der Gütererzeugung eine Beförderung oder Erleichterung darbieten, daß es aber immer noch von den Neigungen und Entschließungen der Menschen und mancherlei äußeren Umständen abhängt, welcher Erfolg hievon in der Production sichtbar wird (a). Bei manchen nützlichen oder angenehmen Diensten läßt sich keine productive Wirkung entdecken (b). Wenn es aber auch zweifelhaft bleibt, in welchem Grade der zunächst aus dem reinen Einkommen des Volkes bestrittene Unterhalt der persönlichen Dienste sich wieder productiv erweiset, so ist diese Ungewißheit wenigstens bei allen denjenigen Diensten unnachtheilig, welche wichtigeren persönlichen Gütern gewidmet sind, und zur Ausbildung des menschlichen Wesens beitragen (c).

(a) Der Arzt erhält z. B. das Leben eines geschickten Gewerbsmannes, aber dieser kann träge werden oder außer Thätigkeit kommen ꝛc.

(b) Z. B. bei vielen bloß auf Zeitvertreib abzielenden Beschäftigungen, Gauklern ꝛc.

(c) Vgl. Sismondi, Nouveaux princ. d'écon. pol. I, 141. — Storch (Ueber die Natur des Nationaleink. S. 27—87.) erklärt jede Arbeit für productiv, die freiwillig gesucht und so bezahlt wird, daß sie fortgesetzt werden kann, — wofern sie dem Ganzen nicht nachtheilig ist. Ebenso Hermann, Unters. S. 37, Roscher, System d. V. W. I, 99. — Ausführlich hat Gioja, Nuovo prospetto I, 246 ff., die productive Wirkung der Dienste nachgewiesen. — Bücher, Gemälde ꝛc. sind Sachgüter, daher ist die Thätigkeit des Schriftstellers, Malers, Buchdruckers ꝛc. unmittelbar hervorbringend.

§. 109.

Zufolge der bisherigen Erörterungen ist die den Begriffen nach vollkommen begründete Unterscheidung der productiven und unproductiven Arbeiten schwer so durchzuführen, daß eine bestimmte Gränzlinie beider Gattungen durch die Gesammtheit menschlicher Beschäftigungen gezogen würde. Nur die Stoffarbeiten sind allgemein und unmittelbar productiv; an diese schließen sich als unverkennbar mittelbar productiv die meisten Handelszweige, dann aber, im Gebiete der persönlichen Dienste, sind mit undeutlichem Uebergange die mittelbar und die nicht hervorbringenden Thätigkeiten vermischt (a).

(a) v. Jacob, Nationalök. §. 125.

III. Bedingungen einer großen hervorbringenden Wirkung der Arbeit.

§. 110.

Die Arbeit ist ein freier Gebrauch der Kräfte, sie steht folglich unter dem Einflusse des Denkens, Empfindens und Wollens der Menschen, und es können sowohl in den Triebfedern, welche zum Arbeiten bestimmen, als in der Art und Weise, wie die Arbeit eingerichtet ist, und in dem Erfolge derselben große Verschiedenheiten stattfinden. Dieß gilt auch namentlich von der hervorbringenden Arbeit, deren Wirkungen in einem Volke bald größer, bald geringer sind, 1) zufolge solcher Ursachen, die in der Arbeit selbst liegen (§. 111 ff.) und zwar theils in ihrer Menge, theils in ihrer Beschaffenheit, 2) zufolge äußerer Umstände, wohin der Beistand anderer Güterquellen, insbesondere des Capitals, und der Absatz zu rechnen sind (a).

(a) Vgl. Fulda, Grundsätze der Kameralwissenschaften. S. 110 ff.

§. 111.

Bei gleicher Volksmenge (a) kann die **Zahl der productiven Arbeiter** ungleich sein und hieraus eine Verschiedenheit des Gütererzeugnisses entspringen. Unter übrigens gleichen Umständen, insbesondere bei gleicher Kunst in den Stoffarbeiten, wird um so weniger hervorgebracht, je mehr Menschen gar nicht arbeiten oder nur mit solchen Diensten beschäftigt sind, welche die Erzeugung der Sachgüter nicht befördern. Dieß hängt von dem Verhältniß zwischen den verschiedenen Ständen der Gesellschaft und von der Vertheilung des Grundeigenthums ab. Ist dieses in großen Massen im Besitze Weniger, so kann leicht der Ertrag des Bodens zum Unterhalt vieler müßigen oder nicht productiv beschäftigten Menschen verwendet werden, wodurch das gesammte Erzeugniß und der Gütergenuß der Gesellschaft nothwendig gering bleibt (b). Wenn indessen die Kunst im Betriebe der Stoffarbeiten zunimmt, so wird es möglich, daß ohne Schmälerung des Volkseinkommens eine beträchtliche Anzahl von Menschen sich nützlichen persönlichen Diensten widmet, wodurch nicht allein die persönlichen Güter eifrig gepflegt werden, sondern auch eine günstige Rückwirkung auf die Erzeugung der Sachgüter erfolgt, §. 107. 108. — (c).

(a) Auf 1 Million kommen gegen 667000 arbeitsfähige Menschen, die, wenn man junge Leute von 12—17 Jahren und alte von 54—60 Jahren nur als halbe Arbeiter rechnet, 600000 volle Arbeitskräfte ausmachen. Dupin, Forces prod., I, 19.

(b) Große Zahl von Hausgenossen der reichen Grundherren im Mittelalter und noch jetzt in Rußland. — Viele unbeschäftigte, zur Seelsorge keineswegs erforderliche Geistliche im südlichen Europa.

(c) Je wohlhabender bei gleicher Bildung eine Gegend, desto mehr Aerzte, Lehrer, Künstler ꝛc. wird sie unter gleicher Einwohnerzahl haben. In Preußen kam 1849 ein Arzt auf 2787 Einw. (1822 erst auf 2928), aber in der Provinz Brandenburg schon auf 1827 (Einfluß der Hauptstadt), in Sachsen auf 2155, Rheinland 2583, Westfalen 2630, Schlesien 3010, Pommern 3471, Preußen 4848, Posen erst auf 5200 Einw. Amtl. Tab. II, 614. 1851. 1842 lebte ein Arzt auf 1650 Menschen in der Lombardei, auf 2650 in Oesterr. u. Enns, auf 7330 in Böhmen, 9440 in Oesterr. o. Enns, 11170 in Steiermark, 30490 in Galizien.

§. 112.

Von vorzüglich mächtigem Einfluß auf die Größe des Arbeitserzeugnisses ist der Fleiß des Arbeiters. Derselbe hängt, außer der Verschiedenheit des Charakters, des Temperamentes, der Gewohnheiten ꝛc. sowohl bei Einzelnen als bei ganzen Völkern (a), größtentheils von den Beweggründen ab, die auf den Arbeiter wirken, und ist deßhalb um so größer: 1) je mehr derselbe Aussicht hat, vermittelst der Arbeit seinen Zustand zu verbessern, insbesondere sein Einkommen zu vergrößern. Deßhalb findet man a) den größten Fleiß bei denen, deren Einkommen genau von ihrer Leistung abhängt, wie bei den Arbeitern auf eigene Rechnung und auf Stücklohn oder Verding (b); b) etwas geringeren bei solchen Arbeitern, die nach der Zeit, z. B. tage- oder wochenweise bezahlt werden; c) noch schwächeren bei den Frohnarbeitern (c), vollends bei unfreien Menschen, weil beide letztere von einer größeren Anstrengung keinen Vortheil zu erwarten haben (d); 2) je mehr der Arbeiter Bedürfnisse hat, die ihn zur Thätigkeit anspornen. Der Gütergenuß, welchen der Arbeitslohn hoffen läßt, muß den Hang zum Müßiggehen überwinden. Dieser ist bei rohen Völkern oder rohen Menschen, die mit wenigen Genüssen bekannt sind, oft so mächtig, daß er den im Lohne liegenden Reiz zur Arbeitsamkeit besiegt, sobald nur die dringendsten Bedürfnisse befriedigt sind. Bei fortschreitender geselliger Bildung fällt dieß Hinderniß der Production hinweg (e).

(a) Die germanischen Völker zeichnen sich durch ausdauernden Fleiß aus, auch die Slaven sind fleißiger als die romanischen Völker und die Celten. Mäßigkeit, verständige Ueberlegung, Sinn für häusliche Ordnung und andere Eigenschaften sind daher auch in Bezug auf die Gütererzeugung wichtig.

(b) Diese Art, den Arbeiter zu lohnen, wird in der neuesten Zeit immer häufiger und man zählt die Einführung des Stücklohns unter die Ursachen des blühenden Fabrikwesens in Großbritanien, Mac-Culloch, Stat. acc. II, 43.

(c) Nach bekannten landwirthschaftlichen Erfahrungen sind 4 Frohnarbeiter 3 bezahlten gleichzusetzen. Vgl. v. Flotow, Anleit. z. Fertigung der Ertragsanschläge 1, 80.

(d) Es versteht sich, daß bei Sklaven die Art, sie zu behandeln, einen großen Unterschied macht, und daß sie bis zu dem Eifer guter freier Dienstboten gebracht werden können. Schon Columella, De re rustica I, 8, giebt Rathschläge dieser Art. Jam illud saepe facio, ut quasi cum peritioribus de aliquibus operibus novis deliberem.... Tum etiam libentius eos id opus aggredi video, de quo secum deliberatum et consilio ipsorum susceptum putant. — Erläuternde Angaben hiezu bei Roscher, System I, 110.

(e) Trägheit der Türken, der Bewohner heißer Länder im Allgemeinen. — In Java kam (nach van den Bosch, Nederlandsche Bezittingen in Azie etc. Haag, 1818) der Kaffeebau in Verfall, weil die Engländer 1811 nach der Eroberung den Zwang, eine bestimmte Quantität Kaffee für geringen Preis zu liefern, aufhoben und weil die Eingebornen nur für ihre dringendsten Bedürfnisse zu arbeiten geneigt sind. Dasselbe zeigt sich neuerlich auf den britischen Inseln in Westindien. — Vgl. Crumpe, Preisschrift über die besten Mittel, dem Volke Arbeit und Verdienst zu geben, übersetzt v. Wichmann, S. 12. 24. (Leipz. 1796.)

§. 113.

In Bezug auf die Fähigkeit des Arbeiters, mit gutem Erfolge zu wirken, kann man mehrere Abstufungen unterscheiden:

1) **Fertigkeit** ist die Fähigkeit, gewisse Verrichtungen schnell und zugleich doch gut zu vollziehen. Sie wird durch Uebung erworben, jedoch durch Naturanlage mehr oder weniger begünstigt, auch beruht sie nicht ganz allein auf körperlicher Gewöhnung, denn auch die einfachste Verrichtung erfordert einige Mitwirkung des Verstandes.

2) Die **Geschicklichkeit** ist überhaupt das Vermögen, in einem Arbeitszweige die größte Wirkung hervorzubringen, die sich bald in der Güte, bald in der Menge der Erzeugnisse, bald in der Ersparung an Zeit und Kosten und dergl. äußert. Die Fertigkeit ist ein Bestandtheil der Geschicklichkeit, die aber

mehr in sich begreift und sehr von geistigen Bedingungen, namentlich Kenntnissen, Erfahrungen, Nachdenken und Scharfsinn abhängt, auch, wenn sie einen hohen Grad erreichen soll, angeborene Anlagen voraußsetzt. Der Besitz geschickter Arbeiter in allen Gewerbszweigen ist eine der wichtigsten Ursachen des Wohlstandes. Die Geschicklichkeit pflanzt sich leicht durch Unterweisung und Nacheiferung der jüngeren Arbeiter fort, dagegen gehört mehr Anstrengung dazu, sie beim Mangel von Vorbildern zu erringen; doch zeigen viele Beispiele, daß diese Schwierigkeit die Fortschritte der Gewerbskunst nicht aufzuhalten vermag, wenn es den Arbeitern an Eifer und Gelegenheit nicht gebricht (a).

3) Geschicklichkeit und Fleiß in Verbindung miteinander bilden den **Kunstfleiß** oder die **Industrie** (b), eine Fähigkeit, die, wenn es an Capital nicht fehlt, nothwendig große Wirkungen hervorbringen muß.

4) Verschieden hiervon ist die **Betriebsamkeit**, welche in der Fähigkeit besteht, Erwerbsgeschäfte mit dem größten Gewinn für den Unternehmer zu betreiben und daher nicht bloß den Kunstfleiß, sondern auch die sinnreiche Benutzung aller sparenden oder die Einnahmen erhöhenden Mittel zu Hülfe ruft (c).

(a) Die Einführung neuer Gewerbe gelingt am leichtesten, wenn man geschickte Arbeiter herbeiziehen kann. Flandrische Tuchmacher brachten (im 14ten Jahrhundert) die englischen Wollengewerke empor. Taube, Geschichte der engländ. Handelschaft, S. 19. (Leipz. 1776.) — Hüllmann, Städtewesen des Mittelalters, I, 239. (Bonn, 1826.) — Französische Protestanten bewirkten nach der Aufhebung des Edicts von Nantes die Einführung oder Verbesserung mehrerer Gewerbe in Deutschland; mehrere Porzellanfabriken kamen durch die Arbeiter, die man aus Meißen und nachher aus Wien herbeizog, zu Stande. — Die Araber brachten in Spanien manche Gewerbe in Aufnahme und ihre Vertreibung wurde für den Wohlstand des Landes sehr verderblich. — Die englischen Maschinenspinner sind weit besser bezahlt als die französischen oder teutschen, leisten aber soviel mehr, daß die Kosten im Verhältniß zu dem Producte doch nicht höher kommen. Mohl, Ueber die würtemb. Gewerbsindustrie, S. 325. (Stuttg. 1828.) — Deutsche Bergleute in anderen Ländern. Der volksthümliche Charakter hat auf Geschicklichkeit und Benehmen der Gewerbsarbeiter Einfluß.

(b) Das Wort Industrie wird oft in einem unbestimmten, unwissenschaftlichen Sinne gebraucht, so daß es soviel als Arbeit bedeutet. — Der Geschickte ohne Fleiß würde so wenig ausrichten als der Fleißige, wenn er ungeschickt wäre.

(c) Man sieht nicht selten Männer von ausgezeichneten Anlagen in Gewerbsunternehmungen zu Grunde gehen, weil es ihnen bei allem Kunstfleiß an der Gabe fehlt, die nöthigen wirthschaftlichen Erwägungen anzustellen, zu überlegen, was am meisten einbringt, wie man den Betrieb am wohlfeilsten einrichtet u. dgl. Dieß Schicksal hat manche Urheber von wichtigen technischen Erfindungen getroffen.

§. 114.

Eine vorzüglich wirksame Ursache eines erhöhten Erfolges der Arbeit ist die **Arbeitstheilung**. Sie besteht darin, daß Jeder sich nur auf wenige gleichartige Verrichtungen, oder auch nur auf eine einzige beschränkt und durch den Ertrag dieses ausschließlich betriebenen Arbeitszweiges bestimmt wird, auf die eigne Hervorbringung aller anderen Güter, deren er noch bedarf, zu verzichten. In manchen Fällen kann das ausschließlich betriebene Geschäft schon für sich allein ein nützliches Erzeugniß zu Stande bringen und daher selbstständig bestehen (a), in anderen Fällen müssen mehrere Menschen zusammenwirken, um eine gewisse Art von Gütern zu erzeugen (b). Die Beobachtung, daß auf diese Weise die Arbeit mehr ausrichten könne, liegt sehr nahe und mußte, in Verbindung mit der Verschiedenheit in den Neigungen und Anlagen der Menschen, schon früh zur Arbeitstheilung führen (c).

(a) Z. B. ein Abschreiber, Porträtmaler, Zahnarzt, ein Mäkler für eine einzelne Waarengattung, Blumengärtner, Holzschnitzer für eine Art von Bilderwerken 2c.

(b) Wie in den meisten Fabriken, wo mehrere Verrichtungen in einander greifen. In diesen Fällen setzt die Theilung eine Verbindung (Association, Combination) Mehrerer voraus.

(c) Smith, Unters. I, 13 ff. — Ueber die Priorität dieses Gedankens Storch, III, 5. — Schmitthenner, Zwölf B. I, 399.

§. 115.

Nicht blos in den Stoffarbeiten, sondern in der Pflege der Wissenschaften und Künste, im Staatsdienste und überhaupt in allen menschlichen Beschäftigungen (a) wird durch diese Theilung die Wirksamkeit der Arbeit erhöht, wofür sich folgende Gründe angeben lassen: 1) Die Geschicklichkeit wird wegen der unausgesetzten Gewöhnung in hohem Grade gesteigert, es nehmen selbst Theile des menschlichen Körpers eine Beschaffenheit an, welche zu einer Art von Verrichtungen förderlich ist, während sie vielleicht bei anderen sogar hindert (b). 2) Die fortdauernde Richtung des Verstandes auf ein einzelnes Geschäft macht es möglich, daß alle Mittel ausgesonnen werden, welche die Arbeit abkürzen, ihren Erfolg verstärken oder Unfälle verhüten; daher trägt die Arbeitstheilung auch bei, die Erfindung arbeitsparender Maschinen zu veranlassen (c). 3) Es wird der Zeitverlust verhütet, der mit dem öfteren Uebergange von einer Beschäftigung zur andern verbunden zu sein pflegt. 4) In vielen Fällen kann man eine viel größere Leistung mit gleicher Mühe wie eine kleinere, oder doch mit geringer Vermehrung der Beschwerde und Arbeitsdauer zu Stande bringen und so mehreren andern Menschen die nämliche Bemühung ersparen (d). 5) Man wird in den Stand gesetzt, für die leichteren Verrichtungen minder geschickte und daher wohlfeilere Gehülfen anzustellen, z. B. Weiber und Kinder, und die kostbareren Arbeiter bloß für die schwierigsten Verrichtungen zu benutzen (e). Hieraus erklärt sich die erstaunliche Wirkung der Arbeitstheilung in manchen Gewerbszweigen, die zu ihrer Anwendung besonders günstige Gelegenheit darbieten, was vornehmlich da der Fall ist, wo große Fertigkeit gefordert wird (f).

(a) Selbst die Diebe und Betrüger verlegen sich vorzugsweise auf einzelne Zweige solcher Verbrechen, Vidocq, Les voleurs, P. 1837. — Thiele, Die jüdischen Gauner, I, 87.

(b) Manche Gewerbe schärfen einzelne Sinne; anstrengende Arbeiten machen den Arm musculöser, die Oberhaut dicker und die Finger selbst ungelenker. Muskelkraft der Holzhauer, Lastträger, Schmiede ꝛc. Man hat genaue Beobachtungen hierüber angestellt, die selbst für den Criminalbeamten Werth haben, um die Beschäftigung, die Jemand getrieben hat, aus ihren körperlichen Spuren zu erkennen. Tardieu in Annales d'hygiène publ. XLII, 388 (1849.) — Feines Gefühl in den Fingern der Wollhändler. — Augenmaaß, Sicherheit in den Bewegungen. — Auf der Wippe kann ein Mensch täglich 10 000, zur Noth 14 000 Nadeln die Köpfe aufsetzen. Gatterer, Techn. Magazin, 1, 285. (1790). — Ein fertiger Feilenhauer thut in der Minute 200 Hiebe. (v. Rees und Blumenbach.) — In Gouda (Niederlande) formt ein Arbeiter täglich 10 000 kölnische Pfeifen. — Ein geschickter Kammmacher verfertigt 60—70 Kämme von solcher Feinheit, daß 40-48 Zähne auf den Zoll kommen, v. Rees, III, 130. — Die in den Nähnadelfabriken mit dem Einschlagen der Oehre beschäftigten Kinder sind so flink, daß sie durch das feinste Haar ein Loch schlagen und ein anderes Haar durchziehen können. Der ganze Arbeitslohn für 1000 Nadeln ist 67½ Cent. (18¾ fr.) Diction. technol. I. Art. Aiguille. — Ein Glasmacher bläst täglich 8—900 Flaschen, das Hundert für 26 Sous (36 fr.) (Moreau de Jonnès.) — Lütticher Ziegelstreicher; wenn ihrer 8 sich in die Hand arbeiten, bringt jeder 6000 Stück täglich zu Stande. — Bei Berchtesgaden bringen 4 Knaben wöchentlich 2000 kleine runde Schachteln fertig; 1 Mann macht wöchentlich 70—80 Einsätze von länglichen Schachteln zu 9 Stück und zu 3 fr.

(c) A. Smith a. a. O. erzählt, wie die Dampfmaschine durch einen Knaben, der der langweiligen Besorgung der Ventile überhoben sein wollte, vervollkommnet worden ist. Dieß scheint bei der Dampfmaschine von Newcomen Statt gefunden zu haben, und **Brighton** wird als derjenige genannt, der die Lenkung der Ventile mittelst einer vom Wagbaum herabgehenden Stange angebracht hat, **Severin** in den Abhandlungen d. K. techn. Deput. f. Gewerbe, 1, 21. (Berlin, 1826.) — Diesem Beispiele kann ein ähnliches an die Seite gesetzt werden: Ein armer Knabe, mit der Besorgung einer zur Beleuchtung dienenden Gasflamme beauftragt, mußte dieselbe oft wieder anzünden, wenn sie der Luftzug bei Oeffnung einer nahen Thüre verlöschte. Er gerieth dadurch auf die Erfindung, einen Spiraldraht über der Flamme anzubringen, welcher glühend wird und dieselbe wieder entzündet, wenn sie verlischt. **Dingler**, Polytechn. Journ. XIII, 532. — Die ermüdende Beschäftigung des Berechnens vieler ähnlichen Aufgaben, z. B. des Flächeninhaltes der gemessenen Grundstücke, hat verschiedenen Rechnungsmaschinen die Entstehung gegeben. — Hieher würde auch der Pflug des Grangé zu zählen sein, wenn man ihn für eine erhebliche Verbesserung halten dürfte. Doch sind die wichtigsten technischen Erfindungen nicht von Handarbeitern gemacht worden.

(d) Dieser Umstand verbindet sich häufig mit dem in Nr. 3 angeführten, z. B. bei der Oelpresse, die nach Gioja, (N. Prosp. I, 109.) für 4000 Familien arbeiten kann, wenn Jemand sich ganz mit ihr beschäftigt. Ein Hirte wartet so leicht eine größere Heerde (bis zu einer gewissen Gränze) als eine kleinere. Bei vielen chemischen Gewerken richtet sich die Arbeit wenig nach der verarbeiteten Quantität. Die Theilung der Beschäftigungen bewirkt zugleich neben der Arbeitsersparung einen viel geringeren Capitalaufwand; so wird z. B. Brod und Bier wohlfeiler in Gemeinde- oder Privat-Bäckereien und Brauereien erzeugt als in den einzelnen Haushaltungen.

(e) **Babbage**, Ueber Maschinen- und Fabrikwesen, deutsch v. **Friedeberg**. 1833, S. 171. — Diese Anordnung zeigt sich in vielen menschlichen Beschäftigungen höchst wirksam, indem sie es möglich macht, Menschen von ausgezeichneten Fähigkeiten einen Wirkungskreis anzuweisen, in dem sie am meisten leisten können.

(f) Dieß kann durch viele Beispiele erläutert werden. Ad. **Smith** nennt als solche 1) das Nagelschmieden. Geschickte Schmiede können, ihm zufolge, täglich 2300, solche, die nur bisweilen Nägel verfertigen, 800—1000, solche Schmiede aber, die das Verfertigen der Nägel nie betrieben haben, nur 2—300 fertig bringen. — Die Verfertigung der Schuhmachernägel geht am geschwindesten, von ihnen kann ein geschickter Arbeiter täglich 3000 Stück verfertigen, z. B. zu Schönau im Odenwalde; 2) die Stecknadelfabrication; 10 Arbeiter sollen täglich 48 000 Stück, also jeder 4800 verfertigen können, während ein Arbeiter für sich allein, ohne alle Theilung, nur etwa 20 Stück zu Stande brächte. — Smith hat nicht bedacht, daß in diesem Falle doch die verschiedenen Verrichtungen nicht immer nur mit einem einzigen Drahte, sondern mit vielen zugleich vorgenommen werden, und daß auf diese Weise die tägliche Leistung noch ziemlich groß sein kann. **Rau** zu Storch, III, 276. — Vergl. L. **Say**, Considér., 30. ff., wo auch gegen die obige Angabe der Leistung der 10 Menschen in der Fabrik Zweifel erhoben werden, und **Schön**, N. Unters. S. 56. — Die verzinnten blechernen Löffel gehen durch etwa 30 Hände, und es giebt eine Sorte, von welcher 12 Stück für 20 kr. verkauft werden, v. **Kees**, Darstell. des Fabriks- u. Gewerbsw., III, 699. (Wien, 1824, 2te A.) In Schönach (bad. Schwarzwald) wird das Dutzend für 16—22 kr. verkauft und zwei Menschen bringen täglich 6—8 Dutzend fertig. — In Sonneberg werden 1000 Schiefergriffel für 40 kr. bis zu 1 fl. verkauft und 360 Kindertrompetchen (ungemalt) für 1 fl. 30 kr., woraus auf die Schnelligkeit der Verfertigung zu schließen ist. — Auch die Zierlichkeit und Wohlfeilheit der Berchtesgadener und Grödener Holzschnitzarbeiten rührt von der weitgetriebenen Arbeitstheilung her, v. Rees, III, 141. — Nach Say (Handb. I, 256.) werden von 30 Menschen täglich 15 500 Spielkarten verfertiget.

§. 116.

Durch die Arbeitstheilung entsteht erst die oben (§. 7. 8.) betrachtete organische Verbindung der menschlichen Thätigkeiten, wobei dieselben einander wechselseitig bedingen und Jeder zur Befriedigung seiner Bedürfnisse der Anderen bedarf (a). Es sondern sich vermöge derselben verschiedene Stände der Gesellschaft und in jedem derselben wieder mancherlei Arbeitszweige von einander, häusliche Verrichtungen werden zu selbstständigen Gewerben und diese spalten sich wieder im Verlaufe der Zeit in mehrere (b). Diese Einrichtung ist daher der größte und folgenreichste Fortschritt, den ein Volk in seiner Entwicklung machen kann. Doch giebt es für diese Zertheilung und die davon herrührende Vervielfältigung des Arbeitsertrages eine in der Natur der verschiedenen Beschäftigungen liegende Gränze, indem jede von diesen aus einer bestimmten Zahl einfacher Verrichtungen besteht und höchstens ebenso viele Arbeiter sich in die Hände arbeiten können, ohne einander zu hindern (c). Auch kann nur dann eine Person mit einer einzelnen Verrichtung ausschließlich beschäftigt werden, wenn diese sich ohne Unterbrechung fortsetzen läßt (d) und wenn es für das große hieburch entstehende Erzeugniß nicht an Absatz fehlt (e).

(a) Der Tausch hat seine hohe Nützlichkeit für die Volkswirthschaft hauptsächlich als die Bedingung, unter der allein die Arbeitstheilung sich erhalten kann.

(b) Es liegt schon im Wesen der Arbeitstheilung, daß die vereinzelten Beschäftigungen nach einem gewissen Plane ineinander greifen müssen, um ihren vollen Nutzen zu leisten. Wie in einer großen Fabrik die Verrichtungen der Arbeiter von einem Vorsteher so geleitet und berechnet werden müssen, daß sie sich in richtigen Verhältnissen unterstützen und ein großes Gesammterzeugniß liefern, wie in einer zahlreichen Familie eine ähnliche Vertheilung der Geschäfte mit Vortheil angeordnet wird, so können auch mehrere von einander unabhängige Menschen sich wechselseitig beistehen. Solche Verbindungen sind nicht blos auf die getheilten Arbeiten beschränkt, sie können eben so gut bei gleichartigen Thätigkeiten vorkommen, die durch wohlüberlegtes Zusammenwirken einen größeren Erfolg verursachen. So bilden sich von selbst temporäre Gesellschaften von Holzhauern in den Waldungen, Holzflößern, Schnittern, und manche andere Zwecke würden durch ähnliche Vereinigungen am besten erreicht werden. Auf diese **Verbindung der Arbeiten** hat **Gioja** besonders aufmerksam gemacht, **Steinlein**, I, 317.

(c) Hiebei ist auch der für jede Verrichtung erforderliche Zeitaufwand zu berücksichtigen. Wenn ein gewisses Gewerbe in sechs Arbeiten zerfällt, von denen die eine dreimal soviel Zeit erfordert, eine andere zweimal soviel als die übrigen, so müssen zu einem guten Betriebe neun oder achtzehn Arbeiter ec. angestellt werden.

(d) Aus dieser Ursache lassen die landwirthschaftlichen Arbeiten keine so weit gehende Theilung zu, als die Gewerke, zumal auf kleinen Landgütern. **Thaer**, Rationelle Landwirthsch. I, 111.

(e) Daher geht die Theilung in stark bevölkerten Ländern und großen Städten am weitesten. Besondere Läden für Gegenstände, die zur Trauer gehören. Besondere Hunde- und Pferde-Halsbandmacher, Tintenfaßmacher, Packnadelmacher u. dgl. in Birmingham, **Kohl**, Reisen in England und Wales, I, 13 (1844).

§. 117.

Eine sehr weit getriebene Arbeitstheilung hat zu manchen Besorgnissen für den Zustand der Arbeiter Anlaß gegeben (a), wobei man theils die Abhängigkeit des nur an eine einzelne Verrichtung gewöhnten Arbeiters von seinem Lohnherrn, theils die nachtheilige Wirkung auf seine geistigen Anlagen und seine körperliche Ausbildung geltend machte. Diese Besorgnisse zeigen sich meistens als unbegründet oder übertrieben und werden wenigstens im Ganzen durch die großen Vortheile dieser Einrichtung überwogen. Die Geschicklichkeit der Arbeiter ist nicht leicht so höchst einseitig wie man es sich vorgestellt hat. Doch giebt es manche Beschäftigungen, welche durch ununterbrochene Fortsetzung der Gesundheit nachtheilig werden, z. B. Schleifen von Nadeln und anderen Gegenständen, Vergolden, Wollschlagen; auch können manche Arbeiten allerdings wegen ihrer Einförmigkeit fast gedankenlos getrieben werden, so daß sie den Menschen stumpf und zu anderen Verrichtungen unbrauchbar machen. Dieß tritt besonders dann ein, wenn die Arbeiter schon im Kindesalter zu einem solchen Geschäfte angehalten werden, wodurch sie die Fähigkeit zu anderen Erwerbszweigen verlieren. Dagegen können Geschäfte dieser Art auch am leichtesten den Menschen abgenommen und mit Hülfe anderer Kräfte ausgeführt werden (b).

(a) J. B. **Luden**, Handbuch der Staatsweisheit, I, §. 85.
(b) Vertheidigung der Arbeitstheilung gegen obige Vorwürfe bei **Say**, Handbuch I, 276. (gegen **Lemontey**) und **Bernoully**, Schweiz. Archiv, II, 51.

§. 118.

Die Einführung und Erweiterung der Arbeitstheilung erfordert in den meisten Fällen ein größeres Capital in den Händen der einzelnen Unternehmer, wenn nämlich 1) in einem gewissen Gewerbe die vorkommenden Verrichtungen vollkommener als bisher vertheilt werden sollen und hiezu die Anstellung einer größeren Arbeiterzahl erforderlich ist, was dann auch die Anschaffung mehrerer Maschinen, Werkzeuge, Materialien ꝛc. nöthig macht, oder wenn 2) eine bisherige Hülfsverrichtung sich zu einem selbstständigen Gewerbe ausscheidet, dessen Beginn nicht ohne einen neuen Capitalaufwand von Seite des Unternehmers möglich ist (a). Indeß ersparen hierbei auch wieder diejenigen Gewerbsleute, welche das Erzeugniß des neuen Gewerbes bisher selbst fertigen lassen mußten, ihre hiezu verwendeten Capitale und können dieselben ganz ihrem Hauptgeschäfte widmen oder anderweitig anlegen. Wenn diejenigen, welche zu einer solchen neuen Theilung der Geschäfte Gelegenheit und Neigung haben, unbegütert sind und nicht von den Capitalisten unterstützt werden, so kann hierdurch die Einführung der vortheilhaftesten Art des Gewerbsbetriebes verhindert werden (b), (c).

(a) Z. B. die abgesonderte Verfertigung der verschiedenen Bestandtheile einer Taschenuhr. So werden neuerlich die einzelnen inneren Theile (fournitures), z. B. Räder, Federn, Spindeln, Ketten — ferner rohe zusammengesetzte Gehwerke (ébauches, mouvemens), Zifferblätter, Zeiger, messingene Schlüssel, stählerne Schlüsselröhren, Gehäuse, von verschiedenen Unternehmern gefertigt, was mit Hülfe von mancherlei Maschinen weit wohlfeiler und besser geschieht, als zuvor. v. Kees, Darstell., III, 735 ff. — v. Kees u. Blumenbach, System. Darst. II, 542. — Bei der Uhrmacherei im Schwarzwalde giebt es auch besondere Gehäusmacher, Schildbreher, Schildmaler, Kettenmacher, Glockengießer. — Bereitung von Weizen und Pigmenten zum Kattundruck in eigenen Fabriken, abgesonderte Bereitung des Chlorkalkes für Bleicher und dgl.

(b) Das Zusammenwirken mehrerer Unternehmer kann die Beschränktheit des Capitals eines jeden einzelnen unschädlich machen. In England kann z. B. der Bierbrauer das Malz von dem Malzer kaufen und der Tuchbereiter kauft das Tuch von dem Weber.

(c) Die in §. 110, 2) erwähnten äußeren Umstände, von denen das Arbeitserzeugniß zum Theile abhängt, nämlich das Capital, und zwar vorzüglich die Maschinen und der Absatz werden in §. 125a., 122 und 240a. erklärt.

Vierter Abschnitt.
Grundstücke als Güterquellen.

§. 119.

Die gütererzeugenden Kräfte bedürfen körperlicher, schon in menschlicher Gewalt befindlicher Hülfsmittel (§. 85, 2), zu denen vor Allem der von einem Volke in Besitz genommene Theil der Oberfläche, das Land gehört, dessen einzelne Abschnitte Grundstücke heißen. Wie sehr durch eine Menge gut beschaffener Grundstücke die Hervorbringung unterstützt und folglich der Wohlstand des Volkes befördert wird, dieß ergiebt sich leicht, wenn man näher erforscht, was die Grundstücke für die productiven Kräfte leisten (a).

1) Viele Naturkräfte äußern sich nur in oder auf dem Erdboden.

a) Die Gewinnung organischer Körper (§. 86. 87.) erfordert Ländereien, deren Bodenmischung und andere Eigenschaften in Verbindung mit dem Klima, dem Pflanzenbau und der Thierzucht guten Erfolg versprechen. Weite Flächen von gutem Baulande haben daher für die Volkswirthschaft hohen Werth, während Flugsand, Felsgrund und steile Abhänge, kalte Bergrücken, unbezwingliche Sümpfe, unfruchtbarer Heideboden ꝛc. die landwirthschaftliche Benutzung unergiebig machen (b).

b) Auch andere Naturkräfte (c), vorzüglich die Triebkraft des Wassers und Windes (d), sind an gewisse Grundstücke gebunden. Fließende Gewässer mit hinlänglichem Gefälle und einer günstig beschaffenen Umgebung gewähren zur Betreibung von mancherlei Gewerben eine große Erleichterung (e), schiffbare Gewässer aber äußern auf den Verkehr eines Volkes mächtigen Einfluß. Während Meeresküsten und gute Häfen den auswärtigen Handel befördern, sind große Flüsse mit leichter Schifffahrt Belebungsmittel des Austausches innerhalb des Landes (f).

2) Auch die Arbeit hat Grundstücke nöthig, auf welchen sie vorgenommen wird und ihre Hülfsmittel und Erzeugnisse aufgestellt werden (g).

(a) Lehrreiche Betrachtungen über den Einfluß, den die Beschaffenheit der Länder auf die Richtung des Gewerbfleißes übt, in Mendelssohn, Das germanische Europa. Berlin, 1836. Ueber die Abhängigkeit der Handelsrichtungen und der Wohnsitze von der Naturform der Länder: Kohl, Der Verkehr u. die Ansiedlungen der Menschen. Dresd. 1841. — Ueber den Einfluß der Oberflächenform und des mineralischen Baues: Cotta, Deutschlands Boden, vorzüglich I, 581. 1853.

(b) Bei vielen Angaben über die Menge des unbenutzten Bodens in verschiedenen Ländern bleibt es ungewiß, inwiefern das öde Land eines Anbaues fähig sei. Höhere Gebirge enthalten verhältnißmäßig das meiste nicht baufähige Land. In Frankreich betragen die öden Weideplätze und Heiden 14 Proc. der ganzen Fläche, aber mit solcher Verschiedenheit für die einzelnen Gegenden, daß man in den drei Pyrenäen-Depart. 43 Proc., in den beiden Alpen-Depart. und Morbihan 42, Corsica 39, Gironde 33 Proc., dagegen im Dep. Nord und Somme nur 1,³ Proc., Aisne 1,⁵, Marne 2 Proc. findet. Nach neueren Angaben nimmt der Heideboden im Ganzen 10,⁷ Proc., im Dep. Landes sogar 78 Proc. ein. Das Dep. Oberalpen hat 45 Proc. ödes Gebirgsland, Schnitzler, Statist. I, 149. (1846). — In der Schweiz nimmt Franscini 64 Proc. als baufähig an. — In Scandinavien liegt gegen $1/3$ der ganzen Oberfläche über 2000 Fuß hoch, in Schweden allein nur $1/15$. In den nördlichsten Ländern von Schweden nehmen Acker und Wiese nur 0,⁷² Proc., in Malmö-Län dagegen 56 Proc. ein. (Forsell). — Das öde Land in Baiern beträgt 4,³ Proc. (Landw. Centralblatt, 1837, S. 593.) — In Schottland sind 73 Proc. ungebaut, in den Grafschaften Inverneß, Perth, Roß und Sutherland 80 Proc., auf den Hebriden und Orcaden 94 Proc., Mac-Culloch, Stat. Acc. I, 538. Irland hat 36 Proc. ödes Berg- und Moorland, Munster allein 48 Proc. (ebd. 542.), doch hält man neuerlich nur 11,⁰⁸ Proc. der Fläche von ganz Irland für unverbesserbar. Auch England hat viel Moor- und Heideboden. — Im europäischen Rußland beträgt das unbenutzte Land sammt den Bauplätzen 34 Proc. der ganzen Fläche, in der Provinz Wiatka nur 0,⁶, Nischnei-Nowgorod 2,⁶ Proc., dagegen Astrachan 96, Finnland 74, Archangel 62 Proc. Tegoborsky, I, 80. Der höchst fruchtbare Humusboden (Tschornasem) in Südrußland nimmt 17259 Q. M. oder 18 Proc. des ganzen Landes ein. Erdmann, Journ. f. prakt. Chemie, XII, 277. do Tegoborsky, I, 42. — In Flachländern können $4/5$ der Oberfläche als Garten-, Acker- und Grasland benutzt werden, z. B. in Ostflandern 84, Westflandern und preuß. Sachsen 83 Proc.

(c) Manche Biere sollen der eigenthümlichen Beschaffenheit des Wassers an gewissen Orten ihre Güte verdanken. — Die Schönheit der Lyoner Seidenzeuche wird zum Theile (ob mit Recht?) dem Wasser der Saone zugeschrieben. — In China befördert der trockene Nordwind (Packfung) die Schönheit und Haltbarkeit der Farben auf den Seidenzeugen, Revue encycl. Juin 1830, S. 670, nach Dobell.

(d) Holland würde seine vielen Säge-, Oel- und Getreidemühlen nicht haben können, wenn nicht die Ebenheit des Landes und die Nähe des Meeres die Wirkung hätten, daß man im größten Theil der Zeit auf hinreichenden Wind rechnen kann. So erhalten Flachländer einigen Ersatz dafür, daß sie weniger Bäche und starkfallende Flüsse haben.

(e) Deutschland hat in seinen vielen Berg- und Hügelgegenden eine Fülle von Wasserkräften, wegen deren man weniger Dampfmaschinen nöthig hat. Die kunstvollste Benutzung des fließenden Wassers zeigen Bergwerksgegenden, z. B. der Harz. Das ehemalige Herzogthum Berg hat nach **Egen** auf 24 Stunden Länge der fließenden Gewässer 600 Triebwerke mit etwa 4000 Pferdekräften.

(*f*) Die Größe und Richtung der schiffbaren Gewässer hat nicht blos für den Verkehr, sondern auch für die Ansiedlungen, Wanderungen, sogar für die Staatenbildung Wichtigkeit. Der Besitz eines ganzen Stromgebietes ist von großen Vortheilen für das Volk, da die den oberen Lauf eines Stromes einschließenden Gebirge hauptsächlich den Reichthum mineralischer Stoffe enthalten, die mittleren Gegenden aber und der untere Lauf sammt der Küste für Landbau und Handel günstiger sind, und die Verbindung dieser verschiedenen Höhenstufen eine Manchfaltigkeit von Erzeugnissen der Natur und Kunst zur Folge zu haben pflegt. Ein großes Stromgebiet in *einem* Staate giebt der Volkswirthschaft innigen Zusammenhang, auch der Besitz mehrerer ganzer Stromgebiete ist vortheilhaft, besonders wenn sie so niedrige Wasserscheiden haben, daß sie leicht durch Canäle verbunden werden können, und wenn sie sich nach verschiedenen Meeren senken, z. B. in Rußland und Frankreich; vgl. (v. Xylander) Die Erdbeziehung der Staaten. Münch. 1821. — Frankreich hat 139 schiffbare Flüsse und 1620 geogr. Meilen größere Ströme, nebst 1500 Meilen Küste. — Die tiefen Meerbusen geben Europa eine große Erleichterung des Verkehrs.

(*g*) Werkstätten, Arbeitsplätze für Seiler, Zimmerleute, Steinhauer, Köhler ꝛc., Trockenplätze, Bleichen.

§. 120.

Viele Grundstücke sind auch darum als eine Güterquelle anzusehen, weil sich in ihnen schon mancherlei nutzbare Stoffe vorfinden, die nur einer Abtrennung bedürfen (*a*). Es sind dieses größtentheils Mineralkörper, die bei den früheren Veränderungen der Erdrinde in derselben abgelagert worden sind. Diese Vorräthe werden daher durch das Herausnehmen (Gewinnung) von einem Jahrhundert zum andern weiter vermindert, sie sind hie und da schon erschöpft worden, und es ist deßhalb eine noch vorhandene Fülle solcher Stoffe innerhalb eines Landes ein sehr günstiger Umstand (*b*). Gebirge sind hierin reicher als die Ebenen und vergüten so ihre geringere Tauglichkeit zum Landbau. Die werthvollsten Mineralkörper sind die zu den nöthigsten Dingen verwendbaren Metalle, vorzüglich Eisen, ferner Kochsalz und Brennstoffe, die nicht allein den Lebensunterhalt und den Betrieb vieler Gewerke erleichtern, sondern auch, indem sie Waldungen entbehrlich machen, eine Erweiterung des Feldbaues und dadurch die Erzielung einer größeren Menge von Nahrungsmitteln gestatten (*c*).

(*a*) Es gehören hieher unter andern die Mineralwasser, — die Quellen von Steinöl u. dgl.

(*b*) Die geognostische Beschaffenheit eines Landes hat in mehreren Beziehungen für die Volkswirthschaft große Bedeutung.

(e) In der Nähe der Steinkohlengruben siedeln sich leicht verschiedene Gewerbe an, welche die Kohlen benutzen. Schon Franklin sagt: „Steinkohlen und Canäle haben England zu dem gemacht, was es ist." Ein besonders günstiges Zusammentreffen ist es, daß an manchen Stellen in Großbritanien die Eisenberge und Steinkohlen übereinander liegen und bisweilen noch dazu der für das Ausschmelzen nöthige Kalk. — In Großbritanien nehmen die Kohlenlager $^1/_{10}$, in Belgien $^1/_{70}$ des Landes, in Preußen $^1/_{90}$, in Frankreich 1 Proc. ein, in den nordamericanischen Freistaaten nach neueren Angaben gegen 4 Proc. Das sog. Kohlenfeld von Durham u. Northumberland soll gegen 36 geogr. Q. M. groß sein und 6000 Mill. Tonnen (zu 2031 deutschen Zollpfunden) enthalten, welche auf 1727 Jahre bei der gegenwärtigen Ausnutzung zureichen. Im südlichen Theile von Wales ist eine Kohlenfläche von etwa 56 geogr. Q. M. bei einer Mächtigkeit der Kohlenflöze von 100 Fuß, so daß die Q. M. 679 Mill. Tonnen in sich schließt und dieß Lager allein England 2000 Jahre versorgen könnte (Bakewell, Taylor.) Das Kohlenfeld im Gebiete des Clyde in Schottland hat 84 Flöze übereinander von 200 Fuß Mächtigkeit auf 72 geogr. Q. M. Fläche. Die britische Kohlengewinnung wurde 1854 auf 64$^4/_3$ Mill. Tonnen angeschlagen, wovon 1855 4.764000 T. ins Ausland gingen. Es wurden also an 60 Mill. T. oder gegen 1200 Mill. Ctr. im Lande verbraucht. Das Erzeugniß mag an der Grube zu 15 Mill. L. St., am Verbrauchsorte zu 28 Mill. geschätzt werden. Wenn nun 12 Ctr. Steinkohlen einer preuß. Klafter Nadelholz gleichgesetzt werden oder der daraus zu gewinnenden $^1/_3$ Kl. Kohlen, und der Holzertrag auf dem Morgen $^3/_5$ Kl. beträgt, so wären, um eben soviel Brennstoff an Holz zu gewinnen, 7754 Q. M. Wald nöthig, welche 1$^1/_3$ mal die ganze Oberfläche des brit. Reichs in Europa einnehmen würden! — In Preußen wurden 1856 über 44$^1/_4$ Mill. Tonnen (zu 3$^3/_4$ Ctr.) Steinkohlen gewonnen. — In Frankreich wird das Erzeugniß für 1846 auf 69$^1/_3$ Mill. Ctr. angenommen. — Oesterreich gewann 1847 gegen 14,9 Mill. Ctr. Stein- und Braunkohlen, könnte deren aber weit mehr aus den vorhandenen Lagerstätten beziehen. — In Belgien war der Ertrag der Kohlengruben im Durchschn. 1846—50 106$^1/_2$ Mill. Ctr. — 45$^1/_3$ Mill. Fr. Nordamerica ist sehr reich an fossilen Brennstoffen, von denen neuerlich gegen 152 Mill. Ctr. jährlich gefördert werden, — auch Spanien in Asturien.

Fünfter Abschnitt.

Das Capital.

I. Einleitung.

§. 121.

Soll die Arbeit viel hervorbringen und von der Mitwirkung der Naturkräfte Vortheil ziehen, so ist dazu der Beistand des Capitales (a) erforderlich, §. 51—54. Dieses ist zwar für sich allein nur ein todtes Hülfsmittel, wird aber in Verbindung mit jenen Kräften ein sehr wirksames Beförderungsmittel der Gütererzeugung. Ohne Capital würde der fruchtbarste Boden, das günstigste Klima, die größte Geschicklichkeit und Beharrlichkeit der Arbeiter nur wenig zu Stande bringen. Verbesserungen im Betriebe der Stoffarbeiten, z. B. weitere Theilung der Beschäftigungen, Einführung neuer Maschinen ꝛc., sind ebenso wie eine weitere Ausdehnung jener Arbeiten durch ein zureichendes Capital bedingt (§. 118), und jede Vergrößerung des Gesammt-Capitales eines Volkes (des Nationalcapitales) zieht daher eine Vermehrung des Volkseinkommens nach sich. Die Macht des Capitales zeigt sich wie bei ganzen Völkern, so auch in der Lage der einzelnen Gewerbsleute.

(a) A. Smith, II, 1. ff. — Say, Handb. I, 164. — v. Schlözer, Anfangsgründe der Staatsw. I, 16. — Storch, 1, 131. — Hermann, Unters. S. 43. — Mehrere Schriftsteller rechnen die Grundstücke zu den Capitalien. Dieß setzt eine weitere Ausdehnung des Begriffs vom Capital voraus, als es der Sprachgebrauch gestattet, auch müßte man dann doch sogleich wieder die beweglichen (eigentlichen) Capitale von denen, welche Theile der Erdfläche sind (den Grundstücken), unterscheiden, denn beide verhalten sich in vielen Beziehungen ganz verschieden.

§. 122.

Das Capital muß bei seiner Anwendung für einen Zweig der Hervorbringung zum Theil verzehrt oder ausgegeben werden. Die neu entstehenden Güter vergüten bei gutem Betriebe und Erfolge des Gewerbes diese Aufopferung vollständig und sogar noch mit Gewinn. Indeß ist das verzehrte und ausgegebene Capital so lange für den, der es anwendete, gebunden und zu jeder anderen Benutzungsweise unbrauchbar, bis es durch das neue Gütererzeugniß wieder ersetzt worden ist. Dieses dient zum Theil für den eigenen Gebrauch des Capitalbesitzers, zum Theil läßt es sich vermittelst des Tausches in andere Güter umsetzen, welche wieder bei einer neuen Production als Capital benutzt werden können. Das Vertauschen eines Gutes gegen andere, die den Absichten des Verkäufers entsprechen, d. h. einen höheren concreten Werth für ihn haben, oder der Absatz ist folglich das Mittel, das aufgewendete Capital zu beliebigem Gebrauche wieder herzustellen. Ohne Absatz würde das Capital, wie groß es auch sein möchte, gelähmt und erschöpft werden.

Je schneller der Absatz erfolgt, desto rascher können die hervorbringenden Verrichtungen betrieben werden, und die Größe des in einem gewissen Zeitraume zu erwartenden Absatzes bestimmt zugleich die mögliche Ausdehnung der Production, so wie die Gelegenheit, Kunstmittel anzuwenden, die nur bei einem gewissen Umfange des Geschäftes Vortheil bringen.

II. **Bestandtheile und Arten des Capitales.**

§. 123.

Um sowohl die Unentbehrlichkeit und Nützlichkeit des Capitales, als die Art des Beistandes, den es zur Vermehrung des Vermögens leistet, deutlicher zu erkennen, muß man zunächst die Stoffarbeiten und den Handel abgesondert betrachten und das Capitalbedürfniß beider zergliedern.

Die Stoffarbeiten bezwecken eine körperliche Veränderung in dem Gebiete der Sachgüter, durch welche eine größere Werthmenge entsteht. Hiezu wird erfordert:

I. ein Stoff, in dem die Veränderung vorgeht;

II. eine Ursache der Veränderung, d. h. eine Kraft, deren Erscheinen und Fortdauern großentheils von einer Anwendung gewisser Sachgüter bedingt wird;

III. eine Einwirkung der Kraft auf den Stoff, welche ebenfalls durch sachliche Hülfsmittel befördert werden muß.

Hieraus ergeben sich drei Classen von Capitaltheilen. Die große Verschiedenheit zwischen den einzelnen Zweigen der Stoffarbeiten und die Mannchfaltigkeit der in jedem derselben vorkommenden Zwecke und Mittel macht eine Durchführung dieser Eintheilung schwierig, doch lassen sich für den volkswirthschaftlichen Ueberblick gewisse Hauptgruppen anordnen, wenn auch zwischen ihnen manche Uebergänge und Mittelglieder bestehen mögen.

§. 123 a.

I. Sachgüter, an denen sich die Arbeit und die Naturkräfte äußern, und aus denen sich das neue Erzeugniß bildet, können Verwandlungsstoffe genannt werden (a). Sie sind zu jeder körperlichen Production nothwendig, nur nicht immer als

Capitale, indem sie sich in manchen Fällen gar nicht in menschlichem Vermögen befinden, sondern aus herrenlosen Massen gezogen werden, in anderen Fällen aber in dem Erdboden enthalten sind und daher Bestandtheile der Grundstücke bilden, wie bei der Mineralgewinnung (b). Dagegen ist in der Landwirthschaft (c) und ganz vorzüglich in den Gewerken ein aus Verwandlungsstoffen bestehender Capitalvorrath unentbehrlich und die Größe des neuen Gütererzeugnisses, räumlich bemessen, richtet sich nach der Menge verwendeter Stoffe dieser Art, außer insofern man durch Verhütung von Verlusten etwas an dem Bedarfe ersparen kann. Die Verwandlungsstoffe sind entweder in ihrem natürlichen Zustande (roh), oder schon durch Kunst verändert (verarbeitet) (d).

(a) Matières premières nach Storch, I, 153. — Verwandlungsgegenstände nach Gr. Buquoy, Nationalm. S. 6. 269.
(b) Seefische, Zugvögel als Gegenstand der Jagd. — die Waldbäume und Weidepflanzen ziehen ihre Nahrung ohne Düngung aus der Luft und dem Boden.
(c) Saatkorn, Düngemittel, Futter des Nutzviehes, auch das zum Schlachten bestimmte Vieh selbst.
(d) Deßhalb ist es unrichtig, die Verwandlungsstoffe überhaupt Rohstoffe zu nennen, wie es neuerlich öfters geschieht. — Nach der erforderlichen Menge kann man wieder Haupt- und Nebenstoffe unterscheiden.

§. 124.

II. **Mittel, um Kräfte hervorzurufen und zu unterhalten**, von denen die in den Stoffen beabsichtigten Wirkungen ausgehen.

1) Bei den natürlichen Kräften ist

a) für die Arbeitsthiere Nahrung, Arznei u. dgl. erforderlich,

b) für viele andere Kräfte ein Verbrauch von Stoffen, die, ohne in das neue Erzeugniß selbst einzugehen, doch die Entstehung desselben befördern. Die in der größten Menge nöthigen Dinge dieser Art sind die pflanzlichen und mineralischen Brennstoffe, welche in allen denjenigen Fällen zu dem Capitale zu rechnen sind, wo die aus ihnen sich entwickelnde Wärme zur Erzeugung gewisser Sachgüter unmittelbar oder mittelbar, z. B. durch Heizung von Dampfmaschinen, beiträgt. Außerdem können viele andere sowohl rohe, als verarbeitete Stoffe hieher gezählt werden, mit denen bald eine Veränderung in der chemischen

Beschaffenheit und den physischen Eigenschaften, bald eine Umgestaltung durch eine Bewegung verursacht wird (a). Mag es auch bisweilen wegen der Unvollkommenheit unserer Naturkenntnisse noch zweifelhaft sein, ob ein Körper in diese Abtheilung, oder zu den Verwandlungsstoffen gehöre, so beweist dieß doch nichts gegen die Richtigkeit des Unterschiedes selbst (b).

Die zu diesen Zwecken dienlichen Sachgüter, die **Hülfsstoffe** (c), können öfters durch andere wohlfeilere ersetzt und es kann dadurch viel an den Kosten erspart werden, wozu sich bei den Verwandlungsstoffen seltener Gelegenheit darbietet.

(a) Vgl. §. 90. — Chemisch wirkend sind z. B. Stoffe zum Bleichen der Zeuche, zum Reinigen des Leuchtgases, Gährungsmittel, Schwefelsäure zum Reinigen des Oels, Mittel zum Gerinnen einer Flüssigkeit, Beizen des Saatkorns zur Zerstörung des Brandes, Kalk zum Enthaaren der Felle, Kochsalz zum Tödten der Insecten im Boden, Quecksilber zum Herausziehen des Goldes aus Erzen, Kohle zum Entfärben des Zuckersaftes ꝛc. — durch physische Eigenschaften wirkend: Schlichte zum Steifen der Kette auf dem Webstuhl, Fett zum Geschmeidigmachen der Wolle, Schmieren bei Maschinen; Schießpulver erzeugt eine bewegende Kraft ꝛc.

(b) Es ist z. B. die Wirkung mancher Düngemittel noch streitig.

(c) Matériaux nach Storch a. a. O.

§. 125.

2) Die **menschliche Arbeit** erfordert ebenfalls die Benutzung schon vorhandener Sachgüter zu Unterhaltsmitteln, die theils für Nahrung, Feuerung, Beleuchtung ꝛc. schnell verzehrt, theils als Kleidung, Zimmergeräthe ꝛc. langsamer abgenützt werden, theils als Wohnung sehr lange dauern. Die Bedürfnisse des Arbeiters erheischen unausgesetzt diese Anwendung von Sachgütern, und dem Sklaven müssen dieselben nothwendig von dem Eigenthümer dargereicht werden, wie dem Arbeitsthiere, es ist also hiezu ein Capital nothwendig, welches desto größer sein muß, je langsamer die Arbeit ein Erzeugniß liefert und dadurch die Auslagen vergütet. Dasselbe gilt für einen Theil des Unterhaltsbedarfes von den durch einen Lohnherrn in Kost, Wohnung ꝛc. genommenen freien Arbeitern. Anders ist es bei bezahlten Arbeitern, welche häufig aus eigenem Vermögen eine Zeit lang ihren Unterhalt bestreiten und erst nachher im Lohne den Ersatz dafür empfangen. Könnte dieß erst dann geschehen, nachdem das Arbeitserzeugniß schon verkauft und bezahlt

ist, so hätte der Lohnherr gar kein Capital auf Lohn zu verwenden nöthig, weil er diesen aus dem Ertrag nähme. Dieß ist selten der Fall, weil der Arbeiter nicht leicht so lange warten kann, aber es ist bemerkenswerth, daß sich für den Lohnvorschuß nicht ebenso wie für die anderen Theile des Capitalaufwandes ein in der Natur jedes Productionszweiges liegendes (technisches) Maaß angeben läßt, weil es darauf ankommt, wie viel Vermögen der Arbeiter in der Hand hat und nach welchen Zwischenzeiten er gelohnt werden muß. Hat er sich einmal längere Zeit zu erhalten vermocht, so setzt ihn dann die stärkere Lohneinnahme in den Stand, dasselbe zu wiederholen. Der Lohn ist demnach ein Einkommen des Arbeiters, welches meistens aus dem Capitale des Lohnherrn vorgeschossen wird, sei es in Geld oder in den Genußmitteln selbst (a). Dieser Theil des Capitales hat ferner das Eigenthümliche, daß er neben seiner hervorbringenden Wirkung zugleich Mitglieder des Volkes unmittelbar erhält und ihnen Gütergenuß verschafft, §. 71. a. Wenn der Arbeiter von seinem Lohnherrn beherbergt wird, so begreift dessen Lohncapital auch Theile von lange dauerndem Gebrauche, wie Wohngemächer, Betten ꝛc. (b).

(a) Eine abweichende, nicht in Kürze zu erklärende Ansicht, nach welcher der Lohn nicht zum Capitalaufwande im engeren Sinne gehöre, indem er aus dem fertigen Producte bezahlt werde, ist entwickelt bei Rodbertus-Jagetzow, Zur Erkenntniß unserer staatswirthschaftl. Zustände I, 14 ff. Indeß räumt der Verf. ein, daß der Unternehmer einen in Geld bestehenden Fond zur einstweiligen Bezahlung der Arbeiter haben müsse, und daß dieser Fond zum Capitale im weiteren Sinne gehöre. Vgl. auch Schön, N. Unters. S. 65.

(b) Diejenigen Schriftsteller, welche den Begriff der Production auch auf die persönlichen Güter ausdehnen, müssen auch die Genußmittel zum Capital rechnen, §. 51 (e).

§. 125 a.

III. **Werkzeugliche Hülfsmittel** sind solche Theile des Capitales, welche die Wirkung der Kräfte auf die Stoffe fortdauernd unterstützen (a). Dieß kann auf die mannichfaltigste Weise geschehen, wie es die Verschiedenheit der Kräfte und der beabsichtigten Wirkungen mit sich bringt, doch kommen jene Hülfsmittel unter einander darin überein, daß sie als Begleiter der Kräfte mit diesen in Verbindung bleiben und durch fortbauernden Gebrauch, nicht wie die Verwandlungs- und Hülfsstoffe

durch ihre Verzehrung nützen, weßhalb ihre Abnützung nur als
ein unvermeidliches Uebel, nicht als eine Ursache in der Wirksamkeit anzusehen ist. Dahin gehören:

a) **Bauwerke**, als Ställe, Scheunen, Vorrathsräume,
Werkstätten, Grubengebäude zum Bergbau, Schleußen zur Bewässerung, Brunnen, Keller;

b) **Arbeitsthiere**;

c) **Gewerbsgeräthe**, und zwar

    α) **Geräthe unbestimmter Art**, zu vielerlei Ver-
richtungen und technischen Zwecken brauchbar, z. B.
Tische, Behälter, Gestelle, Gefäße, Säcke ꝛc.

    β) **Chemische Vorrichtungen**, zur Veränderung in
der Mischung der Stoffe dienend, z. B. Oefen, Heerde,
Kessel, Destillirgeräthe, Schmelztiegel, Gährgefäße u. dgl.

    γ) **Hülfsmittel zu mechanischen Verrichtungen**,
wohin man rechnet:

        aa) **Werkzeuge**, einfache Mittel zur Unterstützung
der menschlichen Kraftäußerung, also mit dem Arbeiter unmittelbar in Berührung stehend. Ohne
ihren Beistand würde der Mensch auf seine Gliedmaßen beschränkt sein, mit denen er überaus wenig
auszurichten vermöchte (*b*); z. B. Messer, Bohrer,
Hammer, Säge, Beil, Grabscheit, Dreschflegel,
Sichel ꝛc. Die Erfindung der Werkzeuge war der
erste große Schritt, den die menschliche Gesellschaft
auf der Bahn wirthschaftlicher Verbesserungen that.

        bb) **Maschinen**, welche ebenfalls durch Bewegung
wirken, aber zusammengesetzt sind, so daß die bewegende Kraft sich erst durch verschiedene Mittelglieder (Maschinentheile) fortpflanzt, ehe sie die
beabsichtigte Wirkung an dem Stoff hervorbringt,
weßhalb diese Wirkung und die Aeußerung der
Kraft einander ganz unähnlich sein können (*c*).
Die Maschinen, so wie auch die chemischen Vorrichtungen sind bald mit den Werkgebäuden fest
verbunden, bald beweglich in denselben aufgestellt.

(*a*) Eine ausführliche Erklärung der nachfolgenden Abtheilungen hat Riebel
gegeben. Nat. Oek. I, §. 376 ff.

(b) Gerade die unendliche Manchfaltigkeit von Verrichtungen, zu denen die menschlichen Gliedmaßen gebraucht werden können, bringt es mit sich, daß dieselben zu den meisten Zwecken für sich allein unzureichend sind. Das Thier bedarf keiner Werkzeuge, ist aber auch nur zu einer geringen Zahl von Verrichtungen fähig. Vergl. v. Autenrieth, Ueber den Menschen. Tübingen 1825. S. 1 ff. — Viele Werkzeuge sind an die Stelle der Gliedmaßen getreten, deren Wirkung sie verstärken, z. B. die Zange verrichtet den Dienst der Zähne oder der haltenden Finger besser, der Hammer ist eine härtere und unempfindliche Faust, die Schaufel eine größere flache Hand ꝛc. — Auch die Mittel zum Erlegen und Fangen der Thiere, z. B. Netze, gehören hieher.

(c) Die Maschine macht es möglich, daß eine Naturkraft, die blos eine einfache Bewegung hervorbringt, die Stelle eines geschickten Menschen vertritt, weßhalb kunstvolle Maschinen an die Automaten erinnern und automatische genannt werden können, z. B. die Spinn-, Web-, Stickmaschinen, Wirkstühle u. dgl. Dagegen kann das Werkzeug blos von dem Menschen unmittelbar angewendet werden; man vergleiche z. B. die Handsäge mit der Sägemühle, oder das ehemals üblich gewesene Stampfen des Getreides aus der Hand mit dem Mahlen. Die Bewegung des oberen Mühlsteines und das Schütteln am Beutel haben mit dem Fließen des Baches nicht die mindeste Aehnlichkeit, bei dem Stampfen aber muß die Bewegung des Armes genau der der Stampfkeule entsprechen, wie dieß überhaupt bei den Werkzeugen der Fall ist.

§. 126.

Die Maschinen sind eines der wirksamsten Mittel, den Erfolg der Arbeit zu verstärken, §. 110 (a), und leisten noch mehr, als die Arbeitstheilung. Ihre volkswirthschaftlichen Vortheile zeigen sich darin, daß 1) die menschliche Arbeit eine weit größere **Menge** von Erzeugnissen hervorbringt, hauptsächlich wegen der Benutzung natürlicher Kräfte (§. 90. 91), weßhalb auch die Kosten und Preise der Kunstwaaren niedriger werden und der Gütergenuß des Volkes zunimmt (b); 2) daß das Erzeugniß bei manchen Arbeitszweigen auch **vollkommener** und **werthvoller** ist, als es sonst durch Menschenhände und Werkzeuge werden konnte (c); 3) daß ungesunde oder doch sehr beschwerliche Arbeiten den Menschen abgenommen werden (d). Muß eine Maschine wieder durch Menschen bewegt werden, so ist diese Arbeit allerdings oft anstrengend, aber doch nicht gerade der Gesundheit schädlich (e); 4) daß in vielen Fällen schon einfache, kunstlose Arbeit zureicht, die Maschinen zu bedienen und dadurch Güter zu erzeugen, welche sonst große Geschicklichkeit erforderten (f), so daß nun Menschen von höheren Fähigkeiten sich anderen gemeinnützigen Beschäftigungen widmen können. Inzwischen werden auch wiederum die Maschinen erst durch einen beträchtlichen

Grad von Kunst möglich; sie sind eine Frucht der fortschreitenden Bildung in Verbindung mit der Vermehrung des Capitals.

(a) **Kunth**, Ueber Nutzen oder Schaden der Maschinen. Berl. 1824. — **Babbage**, a. Schrift (§. 115. (e)). — (**Brougham**) Die Resultate des Maschinenwesens, deutsch Lübeck, 1833, und v. **Riefen**, Leipzig, 1833. — A. de **Gasparin**, Considérations sur les machines. Par. 1835. — **Ure**, Das Fabrikwesen, deutsch v. Dietzmann. Leipzig, 1835.

(b) Es giebt kein größeres Beispiel von den gemeinnützigen Wirkungen des Maschinenwesens als die Baumwollenverarbeitung. Die einflußreichsten Erfindungen der Engländer in derselben sind 1) die Krempelmaschine, zwischen 1760 und 1774 allmählig von Mehreren zu Stande gebracht; 2) die Jenny, eine von **Highs** erfundene, von **Hargraves** 1767 verbesserte Spinnmaschine, jetzt hauptsächlich für Schaafwolle im Gebrauch; 3) die Spinnmaschine (Throstle, Drosselmaschine) sammt der Streckbank von Rich. **Arkwright** 1796 (jedoch nach neueren Untersuchungen auch ursprünglich von **Highs** ersonnen); 4) die aus beiden hervorgehende zusammengesetzte Spinnmaschine (Mule-jenny) von **Crompton**, 1775; 5) die Webmaschine (Power-loom), statt des gewöhnlichen Webstuhls, nach dem ersten Gedanken **Vaucanson's** (1747) von vielen Mechanikern versucht, am gelungensten von **Cartwright** 1784 hergestellt und seit 1805 häufig verbreitet. Hieran schließt sich eine Menge anderer Maschinen, die zum Theile, wie die zum Vorspinnen dienende Spindelbank (Flyroving, banc à broches), und die sog. selbstwirkende Spinnmaschine (Selfacting mule oder Selfactor) von **Roberts**, 1825, von bewundernswürdiger Künstlichkeit sind. Die Spinnmaschinen leisten 100- (**Bernouilli**), 120- (**Moreau de Jonnès**), bis 150mal (**Rees** und **Blumenbach**), nach neueren Angaben sogar 266mal soviel als Handspinnräder bei gleicher Arbeit. Eine Handspinnerin soll mit einem Gehülfen wöchentlich nur ½ Pfund feines Garn liefern können (doch vermuthlich mit Einrechnung des Kardätschens). Ein Mann mit zwei anknüpfenden Kindern kann zwei Feinspinnmaschinen zu 3—400 Spindeln versehen. Auf jeder Spindel der Feinspinnmaschine können jährlich gegen 80 Pfund Garn Nr. 12—16, gegen 26 Pfund Nr. 40, gegen 9 Pfund Nr. 100 gesponnen werden. Im Durchschnitt darf man etwa 25 Pfund jährlich annehmen. Im Jahre 1850 waren in Großbritanien ungefähr 21 Mill. Spindeln. Ein englischer Weber mit einem 12jährigen Kinde bringt auf 4 Maschinen-Webstühlen wöchentlich 22 Stück Baumwollenzeug zu 24 Yards (zu 3 Fuß) zu Stande, ein Handweber nur 48 D. = 72 Ell. und Großbritanien hat gegen 109000 Maschinenstühle. Eine Folge hievon ist die große Wohlfeilheit, die ungeheure Production und Consumtion von Baumwollenwaaren. 1776 bezahlte man für das Pfund Garn von der Feinheitsnummer 40 an 14 Schill. Spinnerlohn, jetzt ½ Schill. In Großbritanien war von roher Baumwolle:

	die Einfuhr		der Verbrauch	
im J. 1765	3.500 000 Pf.			
D. 1771—80	5.635 000 =			
1781—90	18.200 000 =			
1790—1800	32.000 000 =	1820—29 i. D.	178 Mill. Pf.	
1801—10	70.000 000 =	1834	302 = =	
1811—20	105.000 000 =	1839	460 = =	
1842—44	617.018 165 =	1842—44 i. D.	536 = =	
im J. 1857	969.318 896 =	1857	796 = =	

Das jährliche Erzeugniß der Verarbeitung wird für 1852 auf 61½ Mill. L. St. geschätzt, wovon aber 16⅘ Mill. für den Rohstoff abgehen. 1.200 000 Menschen sind mit diesem Gewerbszweige und den Hülfsarbeiten beschäftigt. Die Ausfuhr an Garn, Geweben und a. Baumwollenwaaren war i. J. 1849—52 nach dem angegebenen Preise (declared value) 28·827 000 L. St., i. 1857 39 Mill. L. St., 1842—44 erst 23·644 000 L. St. Die rasche Bevölkerungszunahme der englischen Fabrik- und Handelsstädte zeigt diesen Aufschwung ebenfalls deutlich, z. B.

	1770.	1801.	1831.	1841.	1551.
Manchester	41 000	84 000	182 000	240 000	316 000
Liverpool	34 000	79 700	189 000	286 000	376 000
Grafsch. Lancaster 1760	297 400	672 700	1·336 800	1·667 000	2·031 000
Glasgow		77 300	202 000	279 000	329 000

Vgl. Porter Progress of the nation, S. 176 (1851). — Baines, Gesch. der Baumwollenmanuf. in Großbr. Deutsch v. Bernoulli, Stuttg. 1836. — Kleinschrod in Rau, Archiv II, 335. — MacCulloch, Stat. acc. II, 61. — Dael, Die Baumwolle und deren Verarbeitung. Mainz, 1846. — Karmarsch, Handbuch der mechan. Technol. II, 1100. — Amtlicher Bericht über die Industr. Ausstell. zu London, II, 1.
  Die Kattundruckmaschine mit Messingwalzen kann in der Minute 24—30 Ellen mit 3 Farben bedrucken, also täglich gegen 11 000 E., und die Walzen werden mit Hülfe anderer Maschinen viel leichter gravirt als aus der Hand. Der Handdruck liefert nur etwa 330 Ellen einmal bedruckt. Neuerlich druckt man 5 Farben zugleich. — Ein Mann und zwei Knaben an Neuflize's Tuchscheermaschine mit schraubenförmigen Scheerblättern scheeren in 12 Stunden 1200 Ellen, was sonst 40 Tuchscheerer mit der Handscheere verrichteten. — Bauer und Königs Druckmaschine bedruckt in einer Stunde 1100—1200 Bogen auf beiden Seiten, während sonst nur 200—250 auf einer Seite durch die gewöhnliche Presse gedruckt werden können. Applegath's cylindrische Maschine liefert in der Stunde 5000 Abdrücke. — Der Bandstuhl liefert 12 bis 20 und mehr Bänder zugleich. — Contés Kupferstechmaschine schneidet die Luftstriche auf einer Landschaft von 3 Fuß Höhe und 26 Zoll Breite in 3—4 Tagen ein, wozu aus freier Hand 8 Monate erforderlich wären. Polytech. Journal, XIII, 7. — Verfertigung von Faßdauben durch Säge- und Hobelmaschinen, wobei 70 Proc. der Arbeit und 30 Proc. des Holzes erspart werden, von David, s. Hermann, die Industrieausst. zu Paris im J. 1839, S. 240. — Bei Taylor und Comp. in Lightpool werden durch ein Wasserrad von 40 Pferdekräften 5 Maschinen bewegt, mit denen wöchentlich 19 Mill. Stecknadeln verfertigt werden. Dingler, Pol. J. LXV, 399. — Eine Maschine zum Nagelschmieden aus kaltem Eisen liefert täglich 50 000 und mehr Nägel und wird von 1 Arbeiter bedient. — Maschinen zum Schriftsetzen sind von Young und Delcambre (Dingler, Pol. J. LXXXV, 420), von Rosenberg, (Yearbook of facts, 1843, S. 93.) und dem Böhmen Tschulif erfunden worden. Die zweite soll stündlich 10 800 Lettern setzen, die dritte noch mehr leisten. Die neue Maschine von Benjowsky setzt 5—6000 Lettern in der Stunde, Yearbook of facts, 1854, S. 108. — Die Dreschmaschinen ersetzen die 4—5fache Arbeiterzahl. — Die americanische Nähmaschine arbeitet schnell und gut.

(e) Man kann auf dem Spinnrad keinen so gleichförmigen und feinen Faden zu Stande bringen als auf der Maschine (ein Pfund Baumwollenfaden von Nr. 600 ist 62 deutsche Meilen lang), mit der Nadel keine so schönen Strümpfe stricken, als auf dem Wirkstuhle, ohne die Schöpfmaschine kein beliebig langes und so gleiches Papier machen u. dgl. — Reichenbach's Theilmaschine fehlt in der Entfernung der Theilstriche nur 1/25000 Zoll. — Die Säemaschine säet langsamer, aber gleichförmiger als die Hand und erspart an Aussaat.

(d) Die Teigknetmaschine von Lembert ersetzt die höchst anstrengende Arbeit des Handknetens, die Flackmaschinen machen das wegen des Staubes schädliche Schlagen der Wolle entbehrlich, das Rauhen des Tuches ohne Rauhtrommel ist wegen der Nässe ungesund ꝛc. Wie beschwerlich war das Getreidemahlen, Wasserheben aus Bergwerken, Walken, Hämmern, Schleifen, Sägen ꝛc. aus der Hand! Maschinen ersparen das Lasttragen und Rudern ꝛc. Villermé, Tabl. de l'état des ouvr. II, 242. 295. — Die auf dem Harze erfundene „Fahrkunst" in den Bergwerken, gewöhnlich von einer Dampfmaschine bewegt, erspart die Zeit und Anstrengung des Hinab- und Hinaufsteigens bei tiefen Schachten. Man hat sie neuerlich häufig in Fabriken angewendet, selbst im Londoner Hauptpostamt. Man hat berechnet, daß sie sich schon im ersten Jahre bezahlt macht. Dingler, P. Journ. CXXXI, 21.

(e) Z. B. das Drehen eines Rades, einer Kurbel, Verrichtungen, die wenigstens nicht schlimmer sind, als vielerlei Arbeiten der gewöhnlichen Handwerke. Vgl. Mohl, Würtemb. Gewerbsind., S. 200. 215. — Bernoulli, Schweiz. Archiv. II, 1. Abth. — Say, Handb. I, 238.

(f) Hierin findet eine große Verschiedenheit Statt. Die Wartung der meisten Maschinen ist leicht, manche aber, z. B. die Spinnmaschinen, erfordern vorzügliche Sorgfalt. Der Jacquardstuhl, der den Kunstweber entbehrlich macht, hat der Seidenweberei einen mächtigen Aufschwung gegeben; Jos. Jacquard, geb. 1752, † 1834, s. Grognier, Notice sur J. Lyon, 1836.

§. 127.

Der Handel, da er keine Veränderungen an den Stoffen bewirkt, hat

1) keine Verwandlungsstoffe nöthig, statt derselben aber Vorräthe von Gütern, welche zum Tausche bereit liegen (a) und auf deren Verkauf nach vorgängigem Einkaufe sich die Handelsthätigkeit bezieht. Ein Theil der Erzeugnisse muß immer für den Zweck des Handels vorräthig gehalten werden, weil der Tausch nicht zu jeder Zeit und nicht immer sogleich nach beendigter Hervorbringung vollzogen werden kann (b). Aus diesen Waarenvorräthen erhalten die menschlichen Bedürfnisse unmittelbar ihre Befriedigung. Die Dinge befinden sich jedoch nur vorübergehend und bisweilen ganz kurze Zeit in dieser Abtheilung, welche sich aus den Verwandlungsstoffen stets wieder ergänzt. Sieht man auf die künftige Bestimmung dieser Vorräthe, so werden dieselben theils als Genußmittel, theils als Capitale von einer der früher erklärten Arten in den Gebrauch

gezogen; aus ihnen und aus den Verwandlungsstoffen geht folglich das Erzeugniß neuer Güter hervor, welches sich in verschiedene Verwendungen zerstreut (c).

2) Er braucht Unterhaltsmittel der in ihm beschäftigten Arbeiter und verschiedene Hülfsstoffe (d).

3) Zur Aufbewahrung, zur Waarenversendung und zum Verkaufe sind mancherlei Geräthe (e) erforderlich, sowie Bauwerke, als Waarenhäuser, Straßen, Canäle, Eisenbahnen, Häfen ꝛc.

(a) Storch's Ouvrage fait (fertige Waaren) I, 154.
(b) Manche Dinge werden z. B. nur in einer gewissen Jahreszeit, oder wie der Wein, nicht einmal alljährlich in der erwünschten Menge und Güte erzeugt, andere kommen nur von Zeit zu Zeit in Gebrauch, wie Pelzwerke, Zeuche zu Trauerkleidern. Vgl. Nebenius, Der öffentliche Credit, I, 19. (2te A. 1829).
(c) Z. B. Futter der Fuhrpferde, Brennmaterial der Dampfschiffe.
(d) Behälter, Fuhrwerke, Maaße und Gewichte.
(e) Auch in den Stoffarbeiten werden viele Güter vorräthig gehalten, z. B. Baumwolle in einer Spinnfabrik, Kohlen in einem Hüttenwerk, allein diese Güter dürfen sogleich ihrer Bestimmung gemäß in die eben erklärten Arten des Capitals als Verwandlungs-, Hülfsstoffe, Unterhaltsmittel ꝛc. eingereiht werden, wenn gleich die wirkliche Anwendung noch verschoben ist.

§. 128.

Sowohl der eigentliche Handel, als der unmittelbar zwischen Erzeugern und Zehrern gepflogene Tauschverkehr (§. 99.) und überhaupt jeder Verkehr mit Sachgütern bedarf des Geldes (§. 62), nämlich einer Sache, welche von allen Menschen gern angenommen wird, um wieder im Verkehr hingegeben zu werden, folglich als allgemeiner Gegenwerth (Aequivalent) von Gütern und Leistungen dienen kann. Soweit nicht ein bloßes Zeichen (Papiergeld), sondern ein Gut von bestimmtem Werthe und Kostenbetrage (z. B. Metallgeld) als Geld gebraucht wird, bildet der Geldvorrath eine selbstständige Gütermasse und einen besondern Theil des Volksvermögens. Wie jeder Einzelne, der tauschen oder andere Geschäfte der Güterübertragung vornehmen, z. B. leihen, miethen, Lohn bezahlen will, einen Theil seines Vermögens in der Form des Geldes vorräthig haben muß, so ist auch einem ganzen Volke eine gewisse Geldmenge nöthig, die zur Erleichterung des Verkehrs als Werkzeug dient und die darum zum Capitale gerechnet werden darf, weil dieser Versehr mit der Hervorbringung neuer Güter in dem engsten ursächlichen Zusammenhange steht (a).

(a) Unter den Geldgeschäften befinden sich viele, die auf die Erzeugung neuer Güter gar keinen Bezug haben, z. B. die Bezahlung unproductiver Dienste. Genau betrachtet düfste man nur den Theil des Geldes als Capital ansehen, der zu den die Hervorbringung mittelbar oder unmittelbar fördernden Ausgaben gebraucht wird. Jedes Geldstück dient aber bald zu der einen, bald zu der anderen Bestimmung. Noch enger beschränkt Say die Capitaleigenschaft des Geldes, Handb. II, 270., vgl. Rau in Pölitz, Jahrb. 1829. IV. Heft.

§. 129.

Das Capital eines Volkes begreift demnach

A) solche Bestandtheile, die unmittelbar für einzelne Zweige der Verrichtungen erforderlich sind, nämlich 1) Verwandlungsstoffe, 2) Hülfsstoffe, 3) Unterhaltsmittel für die Arbeiter, 4) werkzeugliche Hülfsmittel, 5) Waaren oder Tauschvorräthe;

B) das allgemeine Erleichterungsmittel jedes Verkehres, das Geld.

Alle diese Theile, nur die Vorräthe ausgenommen, sind mehr oder weniger einer Verzehrung unterworfen. Die Verwandlungs- und Hülfsstoffe nebst den meisten Unterhaltsmitteln werden schneller und in demselben Maaße verbraucht, als sich neue Güter bilden, die übrigen Theile erleiden wenigstens eine Abnützung, von der auch das zum Gelde gebrauchte Material nicht frei bleibt. Das Capital und die Genußmittel kommen in dieser Hinsicht mit einander überein und ihr Unterschied liegt nur in dem Umstande, daß diese bei ihrer Verzehrung keinen Ersatz in sachlichen Gütern gewähren, während die Verminderung des Capitales durch neue gleichzeitig entstehende sachliche Güter wenigstens vergütet, wo nicht überwogen wird. Die Bestandtheile des Capitals können auch bei gleichbleibender Größe desselben im Ganzen wechseln, sowohl zufolge einer Consumtion und Production, als durch Vertauschung, §. 122.

§. 130.

Durch die Anwendung eines Capitales kann auch anderen Güterquellen ein höherer Werth und insbesondere eine stärkere productive Fähigkeit gegeben werden. Die so entstandenen Eigenschaften einer anderen Güterquelle dürfen nicht mehr zu den

Arten des Capitales gerechnet werden, wenn die auf sie gewendeten Güter aufgehört haben als abgesonderte Vermögenstheile vorhanden zu sein. So kann 1) mit einem Kostenaufwande ein Arbeiter höhere Geschicklichkeit erlangen, durch Unterricht, Reisen ꝛc. Man hat die auf solche Weise gesteigerte Fähigkeit der Arbeiter als **persönliches Capital** aufgeführt (a), weil sie die Stelle des hiezu aufgeopferten Capitales einnimmt. Allein die Eigenschaften der Menschen, wie wichtig sie immer als Ursachen der Güterentstehung sein mögen, gehören als persönliche Güter nicht in das Vermögen, also auch nicht in das Capital (§. 46); es ist unangemessen, den Menschen, zu dessen Wohlfahrt überhaupt die sachlichen Güter bestimmt sind, in irgend einer Beziehung unter die Sachen zu zählen. 2) Es können auch **Grundstücke** mit Hülfe eines Capitalaufwandes ergiebiger gemacht werden; **Grundverbesserungen (Meliorationen).** Diese sind offenbar ein Zweig der Production, aber wofern sie nicht ein von dem Boden zu unterscheidendes Bauwerk, sondern nur eine bessere Beschaffenheit des ersteren bewirken, wie z. B. die Entwässerung, das Aufführen von Erde, das Ebenen, die Bewässerungseinrichtungen u. dgl., so ist kein Capital mehr vorhanden, und es ist den Grundstücken eine Werthmenge zugewachsen, während jenes sich vermindert hat (b).

(a) Smith, II, 11. — Simonde, Rich. comm., I, 45. — Say, Handb. I, 237: „Ein erwachsener Mensch ist ein aufgesammeltes Capital." — M'Culloch, Grundsätze, S. 90: „Jedes Individuum, welches seine Reife erreicht hat, kann als Maschine betrachtet werden, welche 20 Jahre emsiger Aufmerksamkeit und ein ansehnliches Capital an Bauausgaben gekostet hat." — Richtig dagegen Hermann, Unters. S. 50. — Der Ausdruck persönliches Capital wäre nur in einem bildlichen Sinne zulässig, der einer strengen Wissenschaft nicht angemessen ist.

(b) Rau zu Storch, Zus. 40. — Dagegen Smith, II, 11. — Storch, I, 147. — Riedel, I, §. 379. — Roscher, System, I, 65.

§. 131.

Das Capital wird in Rücksicht seines Verhaltens gegen den, der es anwendet, in **stehendes** und **umlaufendes** (a) getheilt. Zu jenem rechnet man diejenigen Güter, welche im fortdauernden Gebrauche bei der Arbeit sich förderlich erweisen, wie die Gewerbsgebäude und Geräthe und die dauernden Unterhaltsmittel, z. B. Wohnungen, Hausgeräthe ꝛc. der Arbeiter;

dem **umlaufenden** Capitale gehören dagegen diejenigen an, welche erst dann hervorbringend wirken und eine Einnahme zu Wege bringen, wenn der Eigenthümer aufhört sie zu besitzen, indem er sie entweder weggiebt, oder selbst verzehrt; dieß Merkmal findet sich bei den anderen vorhin aufgezählten Bestandtheilen des Capitales (*b*). Die Verwandlungsstoffe, nachdem sie die bezweckte Veränderung erlitten haben, und die fertigen Waaren pflegen durch Tausch in andere Hände zu gelangen, ebenso das Geld; die Hülfsstoffe und diejenigen Unterhaltsmittel, welche nicht ohne Verbrauch zu benutzen sind, wie Nahrung, Heizstoff, werden bei der Arbeit verzehrt, auf sie paßt daher die übliche Benennung **umlaufend** weniger (*c*). Das Geld gehört zwar dem angegebenen Begriffe nach ebenfalls zu dem umlaufenden Capitale, weil es erst Vortheil bringt, wenn man es ausgiebt, unterscheidet sich aber auch wieder wesentlich von den anderen Bestandtheilen desselben, indem es stets im Umlaufe unter den Menschen bleibt. Betrachtet man also die Wirthschaft eines ganzen Volkes, so kann man das Geld desselben als ein unter den Mitgliedern umherlaufendes, in seiner Art ganz eigenthümliches Werkzeug des Verkehres betrachten, und es finden sich in ihm die Merkmale beider Arten des Capitales vereinigt (*d*).

(*a*) Miß **Martineau** schlägt dafür den Ausdruck **reproducibles Capital** vor, II, 51. (Hill and valley.)

(*b*) Das stehende Capital ist zwar meistens von längerer Dauer, während die Verzehrung des umlaufenden schneller erfolgt; die Werkzeuge des Schreiners z. B. nützen sich langsamer ab, als die Nahrungsmittel seiner Arbeiter, die Holzstücke ɔc. verbraucht werden, doch liegt das Unterscheidungsmerkmal beider Arten des Capitales nicht bloß in dieser ungleichen Dauer, wie **Ricardo** glaubt (der deßhalb diese ganze Eintheilung mißbilligt, Grundges. S. 17). Die Veredlung mancher verarbeiteter Stoffe dauert lange, z. B. der Häute in der Lohgerberei, und es findet nicht einmal immer eine wahre Verzehrung derselben Statt (§. 69. (*d*)), auch die fertigen Waaren werden, so lange sie im Capitale des Kaufmanns sind, nicht consumirt, während manche Geräthe, z. B. die Mehlbeutel von kurzer Dauer sind.

(*c*) Sie kann nur so verstanden werden, daß der Unternehmer statt der Capitaltheile, die aus seinem Besitze treten, andere Güter erwirbt, daß also ein Weggehen und Ankommen Statt findet.

(*d*) **Smith**, II, 6. 10.

§. 132.

Die Unterscheidung dieser beiden Arten des Capitales muß bei der Kostenberechnung zu Grunde gelegt werden, die in einem mit Hülfe des Capitales unternommenen Geschäfte, abgesehen von einem Gewinne, schon zur bloßen Schabloshaltung angestellt wird. Das umlaufende Capital muß nämlich durch das neue Erzeugniß, zu dessen Hervorbringung es gänzlich aufgewendet worden ist, auch wieder ganz ersetzt werden, von dem stehenden Capitale braucht nur die während der Erzeugung einer gewissen Gütermenge vorgegangene Abnützung vergütet zu werden, um den Eigenthümer zu entschädigen (a).

Das Größenverhältniß beider Arten ist in den einzelnen Zweigen der hervorbringenden Beschäftigungen sehr verschieden. Manche einfache Gewerke bedürfen im Verhältniß zum umlaufenden nur eines sehr kleinen stehenden Capitales, die Fischerei, der Handel, die Landwirthschaft schon eines viel größeren, die kunstreichen Gewerke und der Bergbau eines sehr großen. Der Einzelne, der Capitale benutzt, sucht von selbst die beiden Classen derselben in ein solches Verhältniß zu setzen, wie es nach dem Wesen jeder productiven Beschäftigung am vortheilhaftesten ist. Auch in der ganzen Volkswirthschaft kommt viel darauf an, daß zwischen beiden Arten des Capitales und den verschiedenen Bestandtheilen desselben ein richtiges Verhältniß obwalte. Bei den Fortschritten der Kunst und der Capitalanhäufung pflegen die stehenden Capitale stärker als die umlaufenden vermehrt zu werden, hauptsächlich diejenigen, welche die Wirksamkeit der Arbeit befördern, und der alte Reichthum eines Volkes giebt sich deutlich in der Menge seiner stehenden Capitale, als Gebäude, Maschinen, Straßen, Brücken und dergl. kund. In der Kindheit der Volkswirthschaft ist das stehende Capital auffallend klein.

(a) Es seien z. B. auf jedes von zwei Gewerben A und B in einem Jahre 28 000 fl. Capital angewendet, aber in ungleichem Verhältniß, nämlich:

	A	B
stehendes Capital	10 000 fl.	18 000 fl.
umlaufendes	18 000 fl.	10 000 fl.
zusammen	28 000 fl.	28 000 fl.

Die Abnützung des stehenden Capitales betrage 10 Procente, so kommt zu erstatten (ohne Zins und Gewinn)

	A	B
das ganze umlaufende Capital	18 000 fl.	10 000 fl.
Abnützung des stehenden	1 000 fl.	1 800 fl.
zusammen	19 000 fl.	11 800 fl.

Es wird folglich, obgleich in beiden Fällen das ganze angewendete Capital von gleicher Größe ist, das Erzeugniß von A 19 000 fl., das von B aber 11 000 fl. einbringen müssen, damit die Capitale vollkommen wieder ersetzt werden. Man sieht hieraus, daß die Einführung größerer stehender Capitale, zumal wenn sie sehr dauerhaft sind, die Kosten der Erzeugnisse wenig (etwa um 10 Proc. jener Capitale) erhöht, während eine Ersparung an den umlaufenden Capitalen sie weit beträchtlicher (um 100 Proc. der letzteren) erniedrigt.

III. Entstehung der Capitale.

§. 133.

Ein Capital entsteht, indem neue Güter hervorgebracht, sodann von der Verzehrung für bloßen persönlichen Vortheil übergespart und auf hervorbringende Arbeit angewendet werden (a). Auf diese Weise erfolgt regelmäßig die Vermehrung der Capitale. Achtet man näher auf die Art der neu übergesparten Gütervorräthe, so ist ihre Fähigkeit, das Rationalcapital zu vergrößern, sogleich außer Zweifel, wenn sie 1) unmittelbar selbst tauglich sind die Hervorbringung zu unterstützen, wie die Lebensmittel für Arbeiter, Verwandlungsstoffe und dergl.; 2) wenn sie aber aus andern Gütern, namentlich aus Geldsummen bestehen, in welcher Form die meisten Ersparnisse gemacht werden, so können sie an und für sich nicht als neue volkswirthschaftliche Capitale angesehen werden, und der Besitzer muß sie erst gegen andere Güter umsetzen, um sie hervorbringend zu machen (b). Da jedoch die regelmäßigen Geldeinkünfte, von denen man einen Theil zurücklegen kann, immer zuletzt von einer neuerzeugten oder aus dem Auslande herbeigeführten Gütermasse herstammen (§. 251), so läßt sich annehmen, daß jeder angesammelten Geldsumme irgend eine solche neu hinzugekommene Quantität von Waaren entspreche, an deren Stelle das Geld getreten ist, und daß auch wieder irgend eine andere, als Capital verwendbare Menge von Stoffen, Werkzeugen ꝛc. mit jener Geldsumme erkauft werden kann.

(a) Blieben die angehäuften Vorräthe ungebraucht liegen, so wären sie, genau betrachtet, gar kein Capital und trügen zur Vermehrung des Vermögens nicht bei (§. 52). Vgl. Lauderdale, Ueber Nationalwohlstand, S. 51. 52. — Wo indessen nur vollkommene Sicherheit der Rechte besteht, da finden die Menschen im Allgemeinen hinreichende Beweggründe, ihre Ersparnisse nicht ungenützt liegen zu lassen.

(5) Die ersparten Geldstücke selbst sind in den meisten Fällen schon früher im Volksvermögen gewesen.

§. 134.

Die jedesmalige Größe des Capitales eines Volkes ist eine Wirkung des Kunstfleißes und der Sparsamkeit der einzelnen Bürger, sowie der Festigkeit und Gerechtigkeit der Regierung; man kann sie größtentheils als eine Folge der geistigen und moralischen Kräfte in einem Staate ansehen, sofern nicht besondere Störungen obgewaltet haben. Die Zahl der sparsamen Menschen pflegt im Verhältniß zu der Menge von schlechten Wirthen so groß zu sein, daß das ganze Capital eines Volkes gewöhnlich nicht blos unvermindert bleibt, sondern auch fortwährend anwächst, obgleich in der Regel nur langsam. Der herrschende Grad von Vorsicht und Selbstbeherrschung oder von Leichtsinn und Genußsucht in einem Volke oder einzelnen Ständen desselben sowie die Geschicklichkeit und der Erfolg, womit die hervorbringenden Arbeiten betrieben werden, können die Zunahme des Capitales beschleunigen oder verzögern (a), besondere Ereignisse aber, wie unglückliche Kriege, bürgerliche Unruhen, Wassersnoth und dergl., können selbst eine Verringerung des Capitales verursachen (b). Eine Vermehrung desselben durch fortgesetztes Uebersparen wäre erst dann unnütz, wenn sich weder zu einer productiven Anwendung im Lande, noch zum Ausleihen oder Anlegen in anderen Ländern Gelegenheit zeigte. Auf eines von beiden Mitteln wird man aber immer rechnen können; es ist deßhalb kein Stillstand des Capitalanwachses zu besorgen, nur daß derselbe allmälig, bei der Abnahme des Zinsfußes und Gewinnes langsamer wird (c).

(a) Betrachtungen über die Stärke des Antriebes zum Sparen bei St. Mill, I, 191.

(b) Die Ueberschwemmungen in Schlesien in August 1854 verursachten einen Schaden von mehr als 8 Mill. Thlr.

(c) Die Schwierigkeit, für ein Capital im Lande gute Anwendung zu finden, ist oft nur eine Folge fehlerhafter Staatseinrichtungen oder beschränkter Kenntniß. In Deutschland war bisher eine Menge von einträglichen Unternehmungen, die in den Nachbarländern längst die besten Früchte getragen haben, noch nicht versucht worden. In den letzten Jahren, namentlich seitdem die Handelsfreiheit im größten Theile von Deutschland einen lebhafteren Eifer für große Unternehmungen entzündet hat, ist in dieser Hinsicht schon vieles ausgeführt und vorbereitet worden. Die Vervollkommnung der Gewerbskunst und die Vermehrung der menschlichen Bedürfnisse eröffnen fortdauernd ein weiteres Feld für die Benutzung neuer gesammelter Capitale. — Dagegen Lauderdale, a. a. O. S. 53 ff. Vgl. Lotz, Handb. der Staatsw. I, 207 ff.

Sechster Abschnitt.
Zusammenwirken der Güterquellen.

§. 135.

Die bisher betrachteten Güterquellen üben nur dann ihren Einfluß auf die Hervorbringung, wenn sie miteinander in Verbindung gesetzt werden. Die Naturkräfte, die sich sowohl in den Grundstücken, als in den Theilen des Capitales, nämlich den Stoffen und Werkgeräthen, äußern, leisten ohne den Beistand der Arbeit wenig Nützliches. Die Arbeit ist wieder von der Hülfe des Capitales abhängig, sie kann die Grundstücke nicht entbehren und wird von den Naturkräften unterstützt. Bei dieser wechselseitigen Abhängigkeit der Güterquellen von einander ist es von Wichtigkeit, daß sie in einem richtigen Verhältniß der Größe zu einander stehen. Wäre die eine von ihnen im Vergleich mit den übrigen sehr ausgedehnt, so hätte dieses für den Augenblick geringen Nutzen. Zwar lenken sich von selbst die Bestrebungen der Menschen darauf hin, ein solches Mißverhältniß zu heben; Arbeiter wandern aus und ein, Capitale werden vom Auslande herbeigeholt oder hinausgesendet, neues Bauland wird dem Meere, den Felsen ꝛc. abgewonnen ꝛc., aber diese Ausgleichung erfolgt nur allmälig und es kann daher die herrschende Richtung der productiven Geschäfte lange von einem solchen eigenthümlichen Verhältniß zwischen den Güterquellen bestimmt werden (a).

(a) Wenn die Menge von Grundstücken im Vergleiche mit dem Capitale und der Arbeiterzahl zu klein ist, so verlegt man sich vorzüglich auf solche Beschäftigungen, die, wie Gewerke und Handel, wenig Raum auf der Erdoberfläche erfordern.

§. 136.

Derjenige, welcher seines Gewinnes willen die Güterquellen miteinander in eine solche Verbindung setzt, daß sie eine hervorbringende Wirkung äußern, ist der **Unternehmer eines Productionszweiges** oder eines hervorbringenden **Gewerbes**, der **Gewerbsmann** (a). Häufig besitzen die

Grundeigenthümer kein solches Capital, wie es zur vortheilhaften Benutzung ihrer Grundstücke erfordert wird, auch gebricht es nicht selten sowohl ihnen als den Capitalisten an der Fähigkeit oder Neigung zur Betreibung productiver Arbeit. Ist nun schon aus dieser Ursache ein besonderer Unternehmer nothwendig, dem jene beiden ihre Vermögenstheile zur productiven Anwendung überlassen, so wird dieses Bedürfniß noch viel dringender durch den Umstand, daß die Beschäftigung mehrerer Arbeiter, die für einerlei Zweck zusammenwirken sollen, von Einem ausgehen muß, der ihre Verrichtungen leitet und sie mit Capital versorgt. Der Unternehmer ist es also, welcher die Vermittelung zwischen den Eigenthümern der einzelnen Güterquellen, d. i. den Grund- und Capitaleignern und den Arbeitern, vornimmt (b).

(a) Der Name Gewerbsmann ist der gangbarste und macht auch andere Ausdrücke z. B. Industrieller (industriel) überflüssig. Das Wort Unternehmer wird im gemeinen Leben am häufigsten von neuen und großen Arten der Gewerbsgeschäfte gebraucht, z. B. Theater, Bauten, Versicherungen. Die Landwirthe, Handwerker, Fabrik- und Handelsherren sind aber gleichfalls Unternehmer.

(b) Es ändert im Begriffe des Unternehmers nichts, daß derselbe in der Wirklichkeit oft zugleich Eigenthümer des Capitales und auch des Grundstückes ist, wie z. B. die selbstwirthschaftenden Grundeigenthümer. — Die Naturkräfte werden hier nicht besonders erwähnt, weil sie kein besonderer Vermögenstheil sind und der Unternehmer durch die Grundstücke und Capitale in den Stand gesetzt wird, jene zu benutzen.

§. 137.

Zu einer Unternehmung (a) gehört Folgendes: 1) das Zusammenbringen der erforderlichen Güterquellen, wozu, wenn diese überhaupt vorhanden sind, ein hinreichendes Capital aus eigenem oder fremdem Vermögen in der Hand des Unternehmers die Hauptbedingung ist, indem mit ihm die Grundstücke und Arbeitskräfte erworben werden können. Die Größe des erforderlichen Capitales macht in manchen Fällen die Vereinigung mehrerer Theilnehmer für eine einzige Unternehmung nothwendig. 2) Die Leitung des Geschäftes, eine Arbeit, und zwar eine schwierige, weil sie nicht allein Bekanntschaft mit den zu veranstaltenden einzelnen Verrichtungen, sondern auch höhere geistige und moralische Eigenschaften, z. B. vielerlei gründliche Kenntnisse, Erfahrungen, Combinationsvermögen, um die einzelnen Verrichtungen und Kunstmittel auf die vortheilhafteste Weise in

Zusammenhang zu setzen, ferner Besonnenheit, Festigkeit des Willens, Ordnungsliebe ꝛc. in Anspruch nimmt. Die Thätigkeit der einzelnen Gehülfen, die an der Ausführung Theil nehmen, ist nur auf eine besondere Seite des ganzen Geschäftes gerichtet und es ist die Aufgabe dessen, der die Unternehmung leitet, stets das Ganze zu überblicken und Alles in gutem Zusammenhange zu erhalten. 3) In den meisten Fällen auch die Uebernahme der Gefahr, daß das Unternehmen mißlingt oder doch nicht nach Erwartung gelingt und daß folglich das angewendete Vermögen ganz oder theilweise verloren geht. Nur sehr wenige Unternehmungen sind frei von allen solchen Gefahren, die aus mancherlei Zufällen herrühren (*b*).

(*a*) Man versteht unter einer solchen überhaupt eine in sich zusammenhängende, als ein abgesondertes Ganzes gedachte Anwendung von Capital und Arbeit für den Zweck des Gewinnes, vgl. die Erklärung von Ertrag, §. 70. Es giebt Unternehmungen von Stoffarbeiten, Handels- und Dienstgeschäften, — productive und unproductive, — eines Menschen oder einer Gesellschaft, — solche, die aus einem einzelnen, nur einmaligen Erlös gebenden Geschäfte bestehen, z. B. eine Handelsspeculation, so daß jeder Kaufmann eine Menge von Unternehmungen neben- und nacheinander veranstaltet, und solche, die ihrer Wesenheit nach, z. B. wegen des großen stehenden Capitales, längere Fortbetreibung erfordern, wie ein Bergwerk.

(*b*) Hieraus wird der Unterschied zwischen den Unternehmern und ihren Lohnarbeitern deutlich. Allerdings giebt es Unternehmungen, die mit so geringem Capital betrieben werden, daß sie nahe an bloße Lohnarbeit gränzen und daher einen Uebergang zwischen beiden Arten von Thätigkeit bilden, aber dies ist der seltnere Fall, in den meisten tritt der Unterschied desto stärker hervor.

§. 138.

Der Vortheil der Hervorbringung für die ganze Gesellschaft ist der Ueberschuß der neuerzeugten über die verzehrte Werthmenge. Die Eigenthümer von Grundstücken und Capitalen werden aber nur dann ihre Vermögenstheile zur Production verwenden oder verwenden lassen, die Arbeiter und Unternehmer nur dann ihre Thätigkeit äußern, wenn sie daraus einen wirthschaftlichen Vortheil erlangen, d. h. wenn ihnen ein Theil der neu hervorgebrachten Güter zufällt. Sie sprechen deßhalb nicht blos eine Schadloshaltung für ihre Ausgaben oder Verluste, sondern noch ein weiteres Einkommen an. Die Aussicht auf diese Theilnahme an dem Erzeugniß bedingt also die Mitwirkung der genannten Volksclassen zur Gütererzeugung (*a*).

(a) Producenten oder productive Arbeiter sind sowohl die Lohnarbeiter als die Unternehmer hervorbringender Thätigkeiten. Im engeren
Sinne versteht man bisweilen unter Producenten nur die Unternehmer.
Say nennt auch diejenigen Menschen Producenten, welche ihre Grundstücke oder Capitale zur Production hergeben und dafür eine Rente
empfangen, Handb. I, 169.

§. 139.

Es ergiebt sich hieraus die Nothwendigkeit mehrerer Arten von Einkünften, deren weitere Betrachtung der Lehre von der Vertheilung des Einkommens vorbehalten bleibt (a). Sie lassen sich, in ihrer Vereinzelung gedacht, so überblicken (b):

1) Vergütung für den Arbeiter als solchen, ohne Rücksicht auf andere Güterquellen: Lohn, §. 187 ff.

2) Einkommen des Eigenthümers nutzbarer Grundstücke, blos als Folge des Eigenthumes und der Widmung derselben zur Benutzung; Grundrente, §. 206 ff.

3) Belohnung des Capitalbesitzers für die Anwendung seines Capitales; Capitalrente, §. 222 ff.

4) Vergütung des Unternehmers (§. 135. 136.) für die Mühe und die Gefahren, die mit einer Unternehmung verbunden sind; Gewerbs- oder Unternehmungsverdienst, §. 237 ff.

(a) Hierdurch ist zugleich der Uebergang zu dem dritten Buche der Volkswirthschaftslehre vorbereitet.
(b) Dieselben Einkünfte werden auch denen zu Theil, welche ihre Güterquellen nur zur Hervorbringung persönlicher Güter anwenden; es giebt
einen Lohn der Dienste, eine Capitalrente verliehener und vermietheter
Genußmittel und einen Gewerbsgewinn aus der Unternehmung von
Dienstgewerben.

Drittes Buch.
Vertheilung des Vermögens.

Erster Abschnitt.
Die Vertheilung im Allgemeinen betreffend.

§. 140.

Die Vertheilung der sachlichen Güter unter die Mitglieder der Gesellschaft kann in doppeltem Sinne verstanden werden; man kann sie nämlich entweder auf den schon früher vorhandenen Vermögensstamm, oder auf die jährlich hinzukommende Gütermenge, das rohe Einkommen des Volkes (§. 70) beziehen.

Das Verhältniß, in welchem sich der Vermögensstamm, d. i. die vorhandene Masse von Grundstücken, Capitalen, Gebrauchsvorräthen und Forderungen an das Ausland, unter die Einzelnen im Volke vertheilt findet, wird in jedem Lande durch frühere Ereignisse und örtliche Umstände bedingt und zeigt sich von Land zu Land sehr verschieden (a). Während die Geschichte jedes Volkes dieß Verhältniß nach seiner Entstehung zu erklären, die Statistik dasselbe darzustellen hat, beschäftigt sich die Volkswirthschaftslehre nicht sowohl mit den Ursachen, als vielmehr mit den Folgen dieses Grundverhältnisses im Vermögensbesitze, und zwar hauptsächlich mit dem Einflusse desselben auf die Vertheilung des jährlichen rohen Einkommens. Von dieser wird zunächst der wirthschaftliche Zustand der verschiedenen Volksclassen und der Einzelnen bestimmt, denn es darf fortwährend nur so viel Vermögen für menschliche Zwecke verwendet und verbraucht werden, als durch das Einkommen wieder ersetzt wird.

(a) Wo z. B. ein Land unter fremde Sieger vertheilt wurde, ist das große Grundeigenthum und die Dürftigkeit der landbauenden Classe leicht erklärlich. Irland — England nach der Ankunft der Normannen, — die Türkei nach dem Eindringen der Osmanen. — In Frankreich werden gegen 5 Mill. Grundeigenthümer angenommen (Brincard in Journ. des Econ. 2. Sér. V, 173 rechnet sogar 7,⁷ Mill.). Der preuß. Staat hatte 1849 1·790 869 und 1852 1·965 462 ländliche Besitzungen, also eine auf je 9,⁴ und 8,⁵ Einwohner, genau genommen aber etwas weniger, weil Besitzungen eines Eigenthümers in mehreren Feldmarken mehrfach gezählt sind. Die Zahl der britischen Grundeigenthümer ist nicht genau bekannt. Beeke und M'Culloch nahmen 200 000 für England, b'Israeli 1850 250 000 für die 3 Reiche an. Die erstgenannte Zahl muß zu hoch sein, weil nur 223 000 Landwirthe (occupiers) in England und Wales vorhanden sind, nach Porter 236 000, vgl. S. 368 (c). H. Schulze, Nationalök. Bilder aus dem engl. Volksleben, 1853, S. 91. — Die Volkszählung von 1851 giebt für Großbritanien nur 35 303 Eigenthümer, wahrscheinlich etwas zu gering. Economist, 19. August 1854. — Das europäische Rußland ohne Polen und Finnland hat 109 318 Grundeigenthümer, auf deren jeden 0,⁸¹ □Meilen kommen. Togoborski, Études, I, 340. — Ueber die Veränderungen in der Vertheilung des Grundeigenthums in Frankreich Michelet, Das Volk, S. 49 (deutsch Mannheim 1846).

§. 141.

Die Vertheilung des rohen Volkseinkommens ist als Mittelglied zwischen der Hervorbringung und Verzehrung der Gegenstand einer besonderen Betrachtung (a), denn 1) sie steht mit der Hervorbringung in genauem Zusammenhange, indem a) das Maaß der Vertheilung von dem Grade der Mitwirkung eines Jeden zu jener theilweise bestimmt wird, z. B. die Capitalrente von der Menge der zu Hülfe genommenen Capitale, b) die Art der Vertheilung auch wieder auf den Umfang der künftigen Production Einfluß hat, denn diese kann da am größten werden, wo der größte Theil des Volkseinkommens in die Hände solcher Personen gelangt, welche Geschicklichkeit, Neigung und Gelegenheit haben, es hervorbringend anzuwenden; 2) sie bestimmt auch die Art des Verbrauches, das Verhältniß der productiven und der nichtproductiven Verzehrung und den Umfang des Gütergenusses der verschiedenen Volksclassen.

(a) Bei Lotz (Handb. I, 305) wird die Vertheilung in dem der Consumtion gewidmeten Abschnitte abgehandelt. — Ueber den heutigen Stand dieser Lehre s. Rich. Jones, An essay on the distribution of wealth and on the sources of taxation. Lond. 1831, Vorrede. 2. unveränderte Ausg. 1844.

§. 142.

Die Volksclassen können in Beziehung auf die Ursache, aus welcher sie von dem Volkseinkommen ihre Antheile erhalten, so abgetheilt werden:

1) **Grundeigner**;
2) **Eigenthümer** des wahren volkswirthschaftlichen Capitales und der gegen eine Vergütung verliehenen Genußmittel (§. 54); — **Capitalisten** im weiteren Sinne.
3) **Unternehmer** von hervorbringenden und von Dienstgewerben,
4) **Lohnarbeiter** in beiden Arten von Beschäftigungen;
5) Personen, die ohne eine Leistung von ihrer Seite erhalten werden, wie Arme, Sträflinge, oder die sich widerrechtlicher Weise ernähren, Diebe, Betrüger ꝛc.

§. 143.

Bei einer nicht mehr ganz einfachen und unentwickelten Volkswirthschaft wird nur ein kleiner Theil aller neu erzeugten Güter sogleich von Denjenigen verbraucht, welche sie hervorgebracht haben. Die meisten Erzeugnisse gelangen erst durch den Verkehr (§. 8.) zu Denen, deren Bedürfnisse sie befriedigen sollen. Der Verkehr ist es, welcher den Mitgliedern jener verschiedenen Volksclassen ihr Einkommen in irgend einer Art von Gütern zuführt und auch jedem Einzelnen die Erlangung irgend eines bestimmten Gutes von anderen Menschen durch den Tausch leicht macht. Um daher zu erkennen, wie die Vertheilung des jährlichen Erzeugnisses vor sich geht, muß man zuvor die Bedingungen des Güterverkehrs erforscht haben (a).

(a) Unkörperliche Gegenstände können hiebei als Gegenwerthe sachlicher Güter in Betracht kommen, z. B. die Arbeit. Aber derjenige Verkehr, bei welchem die gegenseitigen Leistungen gar nicht in sachlichen Gütern bestehen, kann hier keine Erwähnung finden, so wie auch in ihm kein genaues Beachten eines Maaßes vorkommt, weil hier die Beweggründe des Eigennutzes wegfallen; z. B. Austausch von Diensten.

§. 144.

Das Maaß, nach welchem im Verkehre Leistungen irgend einer Art in Vermögenstheilen vergütet werden, ist der **Preis**, §. 56. Die Einnahmen der Einzelnen bestehen größtentheils aus dem erhaltenen Preise ihrer für Andere geschehenen Leistungen, weßhalb zur Einsicht in den Güterverkehr die Untersuchung der Ursachen erforderlich ist, von welchen die Preise bestimmt werden. Hieraus wird es deutlich, daß die Lehre von der Vertheilung des Einkommens sich auf die natürlichen Gesetze des Preises und auf den von diesen bestimmten Verkehrswerth (§. 60) stützt (*a*).

(*a*) Darum wird aber doch die im 1. Buch enthaltene Beleuchtung des Gebrauchswerthes keineswegs überflüssig, denn man muß überall auf diesen zurückgehen, um die Erscheinungen des Verkehrs nach ihrem Einfluß auf den wirthschaftlichen Zustand der Menschen zu würdigen.

§. 145.

Insgemein versteht man unter dem **Preise** nur den Gegenwerth, der bei der Vertauschung eines sachlichen Gutes in anderen Gütern für dasselbe gegeben wird. Dieser **Tauschpreis** der Güter ist oben (§. 56 ff.) in seinem Verhältniß zu dem Werthe betrachtet worden. Indeß haben auch andere Leistungen einen Preis, da sie vertragsmäßig mit bestimmten Quantitäten von Vermögenstheilen vergolten werden, und dieser Preis regelt das Einkommen derjenigen Menschen, welche fortwährend solche Leistungen für Andere vornehmen, §. 139. Dahin gehört 1) der Preis der für einen Anderen verrichteten Arbeit, der **Lohn**; 2) der Preis der Bodenbenutzung, also die dem Grundeigenthümer vom Pachter entrichtete (ausbedungene) **Grundrente**; 3) der Preis der Capitalbenutzung, die **Capitalrente**, die der Vermiether oder Darleiher vom Miethenden oder Borgenden empfängt.

Zweiter Abschnitt.
Preis beim Tausche.

Erste Abtheilung.
Bestimmgründe des Preises.

§. 146.

In jedem Tausche werden bestimmte Mengen zweier Güter gegeneinander hingegeben und insofern einander gleichgesetzt, wie verschieden sie auch sonst dem Werthe und den Kosten nach sein mögen (a). Die gegebene und empfangene Menge des einen Gutes bildet hiebei wechselseitig den Preis des anderen (b), und es mußte daher in der Kindheit der Volkswirthschaft der Preis jedes einzelnen Gutes bald gegen dieses, bald gegen jenes andere Gut verabredet werden, wie es gerade zufällig die Vertauschungen mit sich brachten, §. 60 (b). Es gereicht aber zur größten Bequemlichkeit, wenn man die Preise aller Güter in Quantitäten einer und derselben Sache ausdrückt, die hiedurch zum allgemeinen Preismaaße wird. Das übliche Umlaufsmittel oder das Geld (§. 127) dient zugleich als Preismaaß, nach dessen Einführung fast nur noch Tausche gegen Geld vorkommen und alle Preise in Geldmengen ausbedungen werden, — Geldpreise, was die Auffassung und Uebersicht der Preisverhältnisse sehr erleichtert.

(a) Eine schätzbare Monographie der Lehre vom Preise in Hermann, Staatsw. Unters. 4. Abschn. S. 66—144. Ueber die Geschichte dieser Lehre Roscher, System der VW., I, 168. — Dieser Abschnitt der Volkswirthschaftslehre kann aus den Erfahrungen im täglichen Leben fortdauernde Bereicherung empfangen. Die Güte jeder Preistheorie läßt sich darnach prüfen, ob sie alle Erscheinungen im Verkehr zu erklären vermag, und ob sie für jede die einfachste, natürlichste Erklärung darbietet.

(b) Wird 1 Ctr. Roggen für 6 Ellen Leinwand gegeben, so sind diese der Preis des ersteren, man kann aber auch umgekehrt sagen, der Preis der Elle Leinwand ist $\frac{1}{6}$ Ctr. Roggen, es kommt also nur darauf an, welche von beiden Qualitäten als Einheit angenommen wird. Dieß pflegt bei der zu geschehen, auf die man vorzugsweise achtet, weil man sie einzutauschen oder abzusetzen beabsichtigt.

§. 146 a.

Der Preis eines Gutes wird in jedem einzelnen Falle durch die Uebereinkunft der beiden Betheiligten (Käufer und Verkäufer) festgesetzt. Jeder von beiden sucht einen Vortheil bei diesem Tauschgeschäfte und giebt zu demselben unter gewissen Bedingungen seine Einwilligung; er wird aber auch gewöhnlich von äußeren, nicht in seiner Gewalt liegenden Umständen in seinen Entschließungen beschränkt und wenn er den Tausch nicht ganz unterlassen will, genöthiget, sich mit einem gewissen Grade des beabsichtigten Vortheils zu begnügen, weßhalb hier ungeachtet der Freiheit im Einzelnen doch wenigstens eine bedingte Nothwendigkeit stattfindet. Die drei Umstände, von welchen die Größe des Preises abhängt, lassen sich so überblicken:

A. Bestimmgründe der einzelnen Tauschenden:
    1) der Werth der zu vertauschenden Güter, §. 147,
    2) die Kosten derselben, §. 148.
B. Gestaltung ganzer Gruppen von Kauf- und Verkauflustigen:
    3) das Mitwerben oder die Concurrenz, §. 152.

§. 147.

1) Der Werth, den wir einem Gegenstande beilegen, bestimmt die größte Aufopferung, zu der wir uns seiner Erlangung willen nöthigenfalls entschließen (*a*), und zwar bei den zu eigenem Gebrauche bestimmten Dingen der Gebrauchswerth (*b*), bei den anderen der Verkehrswerth. Niemand wird, wenn er frei und mit Ueberlegung handelt, eine Uebereinkunft schließen, bei der er verliert, d. h. bei welcher die eingetauschte Werthmenge kleiner ist als die hingegebene, es wäre denn aus anderen, nicht wirthschaftlichen Gründen, oder in der Hoffnung, künftig besto größere Gewinnste zu machen. Sieht man von solchen Fällen ab, so kann man als erstes Gesetz annehmen, daß der Preis eines Gegenstandes den Werth desselben für den Käufer nicht übersteigen könne, §. 64. 1) (*c*). Hieraus erklären sich nachstehende Erfahrungen: a) Wenn mehrere Menschen eine Sache einzutauschen begehren, so wird derjenige am meisten für sie geben wollen, für den sie den größten individuellen Werth hat, und der der aufzuwendenden Geldsumme den geringsten Werth beilegt, was eine Folge der größeren Wohlhabenheit ist (*d*),

wie dieß bei den Versteigerungen deutlich zu sehen ist. b) Die werthvollsten Güter können unter Umständen, die ihre Erlangung erschweren, die allerhöchsten Preise erhalten, was sich z. B. in den Preisen der Lebensmittel in einer belagerten Stadt, in einer Wüste oder zur Zeit einer Hungersnoth zeigt (*e*). c) Je geringer der Werth eines Gutes oder je entbehrlicher dasselbe ist, desto stärker vermindert sich bei der Erhöhung des Preises die Zahl der Kauflustigen, indem dann alle diejenigen auf den Ankauf verzichten, für welche dasselbe nicht so viel Werth hat, als der geforderte Preis beträgt. Manche leicht entbehrliche und doch kostbare Güter werden nur von Reichen gekauft und verlieren bisweilen den Absatz gänzlich. d) Wenn mehrere Dinge, die nicht beliebig vermehrbar sind und bei denen deßhalb keine Kosten in Betracht kommen, zu einerlei Gebrauch dienen, so richten sich die Preise ungefähr nach dem Verhältniß ihres Werthes (*f*). Dieß gilt namentlich von den nutzbaren Ländereien (*g*). e) Der Verkäufer hofft von demjenigen einen höheren Preis zu erlangen, der das begehrte Gut sehr nöthig hat oder überhaupt hoch schätzt (*h*).

(*a*) Der Käufer giebt jedoch diesen höchsten Betrag nur dann, wenn er das Gut um einen niedrigeren nicht erwerben kann. In den meisten Fällen ist hiezu Gelegenheit, daher kann zwar aus einem hohen Preise auf eine hohe Werthschätzung geschlossen werden, aber nicht umgekehrt. Wer tauscht nicht auch das Unentbehrliche gerne wohlfeil ein?

(*b*) Nämlich der Gattungswerth in der Gränze des concreten.

(*c*) Manche scheinbare Ausnahmen von dieser Regel fallen hinweg, wenn man den Werth richtig versteht, denn derselbe muß nicht gerade auf einem materiellen Nutzen, er kann auch auf Liebhaberei, Lust am Prunke, selbst auf Irrthum oder unsittlicher Neigung (z. B. berauschende Mittel) u. dgl. beruhen; Seltenheiten, Alterthümer u. dgl. Daß Diamanten in der That einen hohen Werth haben, zeigt Rossi, Cours, I, 67.

(*d*) §. 64. 2) Wenn z. B. der A ein Gut 1½mal so hoch schätzt als der B und 3mal so viel Einkünfte hat als dieser, so daß ihm eine gewisse Geldsumme nur so viel werth ist, als dem B ⅓ derselben, so wird er geneigt sein, 4½mal so viel für die Sache zu bezahlen, als B. Nur bei gleichen Vermögensumständen mehrerer Kauflustigen drückt sich in dem höchsten Preise, den jeder aufwenden will, seine Werthschätzung aus.

(*e*) Sage von einem Reichen, der auf einer Reise durch die Sahara einem dürftigen Begleiter die Hälfte vom Wasservorrathe des letzteren um ungeheuren Preis abkaufte, worauf dann beide umkamen.

(*f*) Verhält sich der Werth zweier Güter m und n wie 2 zu 3, so wird kein Käufer n theurer bezahlen als um ⅔ des Werthes m, und kein Verkäufer dasselbe wohlfeiler hingeben.

(*g*) Wenn ein Acker doppelt so hoch verkauft wird, als ein anderer, so kann man schließen, daß er beiläufig den doppelten Reinertrag geben müsse. Doch ist kein genaues Zusammentreffen der Preis- und Werthverhältnisse zu erwarten, da die Concurrenz manche Abweichungen verursachen kann, da Vorurtheile, Gewohnheiten ꝛc. die Anerkennung des Werthes oder dessen Berücksichtigung im Gebrauche verhindern können, auch oft ein Gut noch eine andere eigenthümliche Verwendungsart zuläßt. So richtet sich der Preis der Holzarten, obgleich er ziemlich unabhängig von den Productionskosten ist, nicht ganz nach der Brennkraft, weil z. B. Eichenholz als Bauholz gesucht ist; Torf wird auch bei großer Wohlfeilheit nicht sogleich in allgemeinen Gebrauch gesetzt, weil er einen Geruch hat und mehr Aschenraum erfordert ꝛc.

(*h*) Daher die bekannte Klugheitsregel, die höhere Werthschätzung nicht laut werden zu lassen, bis man gekauft hat, und wo möglich auf das Anbieten des Verkäufers zu warten.

§. 148.

2) Die **Kosten der Hervorbringung und Herbeischaffung** haben bei Sachen, welche regelmäßig erzeugt werden und beliebig zu erlangen sind, einen starken Einfluß auf die Größe des Preises. Der Verkäufer (*a*) ist gegen jeden Verlust gesichert, wenn er nur so viel für das Gut empfängt, als er für dasselbe aufwendete oder nöthigenfalls zu dessen Wiedererlangung aufzuwenden braucht. Er nimmt deßhalb bei einem den eigenen Bedarf übersteigenden Vorrathe eines Gutes, der für ihn nur einen Verkehrswerth hat (§. 61), hauptsächlich Rücksicht auf die angewendeten Kosten (*b*). Bei Dingen, deren wiederholte Hervorbringung und Vertauschung Zweck einer Gewerbsunternehmung ist, die also der Unternehmer gar nicht auf seine eigenen Gebrauchszwecke zu beziehen pflegt, wird von demselben nur erwogen, wie viel sie ihm kosten. Der Verkäufer sucht einen Preis zu erlangen, der die Kosten ersetzt und noch übersteigt, er scheut dagegen den Verlust, den er erleiden würde, wenn die Kosten nicht vollständig vergütet würden. Es ist daher ein zweites Gesetz, daß die Verkäufer abgeneigt sind, die Güter unter einem die Kosten ihrer Anschaffung nicht deckenden Preise hinzugeben.

(*a*) Anstatt bei einer und derselben Sache den Gesichtspunct des Verkäufers und Käufers zu trennen, kann man auch für einerlei Person die Betrachtung der hinzugebenden und zu erwerbenden Sache unterscheiden.

(*b*) Wenn z. B. der Landwirth nur seinen eigenen Bedarf an Lebensmitteln baut, und dieselben nicht anderswo zu kaufen weiß, so wird er nur durch einen sehr hohen Preis zum Verkaufe eines Theils seiner

Vorräthe bewogen werden können. Erzeugt er aber mehr, als er selbst
braucht, so ist ihm der Ueberschuß leicht feil, und so geschieht es, daß
Güter von hohem Werthe mit geringem Gegenwerthe eingetauscht werden können.

§. 149.

Für den **Käufer** kommen die Kosten des zu erwerbenden
Gutes neben dem Werthe desselben aus folgendem Grunde in
Berücksichtigung: Jeder ist seines Vortheils willen eifrig bedacht,
sich die begehrten Gegenstände mit der geringsten möglichen Aufopferung zu verschaffen. Er wird einen geforderten Preis nicht
bezahlen, wenn er eine Gelegenheit sieht, auf einem anderen
Wege denselben Gegenstand mit kleinerem Aufwande zu erlangen.
Diese Gelegenheit vermag er zu beurtheilen, wenn er die Kosten
kennt, für welche er selbst oder ein Dritter die Sache erzeugen
oder herbeischaffen könnte (a). Demnach kann (**drittes Gesetz**)
der Preis höchstens nur so groß sein, als der Kostenbetrag, für
welchen der Käufer das Gut auf andere Weise erhalten könnte.
Diese Gränze des Preises findet indessen in vielen Fällen keine
Anwendung, nämlich a) wenn sich für die einzutauschende Sache
kein bestimmter Kostenbetrag angeben läßt, z. B. Kunstwerke,
Naturseltenheiten; b) wenn man jene Kosten nicht kennt, wie
dieß bei Erzeugnissen fremder Länder und bei künstlichen Gewerkswaaren öfters der Fall ist; c) wenn die Hervorbringung
der Sache nur unter besonderen Bedingungen möglich ist, so
daß weder der Kauflustige noch andere Personen sie zu erzeugen
im Stande sind (§. 160); d) wenn der Käufer darum die Sache
über den Kosten bezahlt, weil er sie in besonderer Güte oder
doch gerade nach seinem Wunsche, oder zu bequemer Zeit, auf
die leichteste Weise ꝛc. erhält.

(a) Diese Hinsicht auf andere Verkäufer ist der Keim des Mitwerbens. Vermöge der Arbeitstheilung kann übrigens die Hervorbringung der meisten
Güter nur von einer gewissen Classe von Gewerbsleuten mit den geringsten Kosten bewirkt werden.

§. 150.

Die Kosten eines Gutes bleiben auch für den **Verkäufer**
gänzlich außer Betrachtung, a) wenn das Gut gar nicht beliebig hervorzubringen ist, so daß das eine Stück, wofern man
es hingiebt, nicht leicht durch ein anderes von gleicher Be-

schaffenheit ersetzt werden kann. In solchen Fällen kann man sich nur durch den concreten Werth bestimmen lassen, bei welchem in der individuellen Schätzung der Einzelnen weit weniger Uebereinstimmung besteht, als in den Kosten (a). Inzwischen bezieht sich bei weitem der größte Theil aller Tauschverhandlungen auf solche Güter, welche regelmäßig hervorgebracht werden (b); b) wenn das Gut in Verbindung mit einem anderen entsteht und dieses schon die Kosten vergütet (c).

(a) Die Verschiedenheit in den Urtheilen der Menschen über den Werth der Güter erleichtert sehr das Uebereinkommen zwischen den Tauschlustigen.

(b) Die bisher dargestellten Bestimmgründe des Preises ergeben folgende Bedingungen für dessen Größe: Wenn für einen der beiden Tauschenden die hinzugebende Sache a, die dafür zu erwerbende b heißt, so muß 1) der Werth von b größer sein, als der Werth von a (§. 147), 2) die Kosten von a dürfen nicht größer sein, als der Werth von b (§. 148); in gewissen Fällen auch 3) die Kosten von a kleiner, als die Kosten von b (§. 149). — Für den anderen Tauschenden müssen, wenn eine Uebereinkunft stattfinden soll, gerade die entgegengesetzten Bedingungen obwalten, welche man findet, indem man in diesen drei Sätzen b statt a setzt und umgekehrt. Wenn aber nun, wie es gewöhnlich geschieht, das eine von beiden Gütern a bloß nach seinem Werthe in Anschlag kommt, weil es eine Geldsumme ist, und wenn der Verkäufer des anderen Gutes b, welches nun allein die Waare ist, nicht auf dessen Werth, sondern nur auf die für dasselbe angewendeten Kosten achtet, so bleiben überhaupt noch folgende Bedingungen: 1) der Werth von b (Waare) für den Käufer muß größer sein, als der Werth von a (Preis in Geld), 2) die Kosten von b für den Verkäufer dürfen nicht größer sein, als der Werth von a für ihn. Gesetzt, der Werth von a für den Käufer sei 100 fl., und die Kosten von b für den Verkäufer betragen 70 fl., so muß der Preis, d. h. die Quantität von a, welche für b gegeben wird, sich zwischen 70 und 100 fl. halten, beide Größen erscheinen folglich als Gränzen des Preises. Je weiter diese Gränzen von einander entfernt sind, ein desto größerer Spielraum ist für den Preis vorhanden. Sind die obigen Bedingungen nicht mit einander vereinbar, so unterbleibt der Tausch, oder er wird wenigstens nicht oft wiederholt.

(c) Dieß gilt z. B. von den Kälbern, weil man schon der Milchnutzung willen die Kühe tragen lassen muß. Der Preis der Kälber richtet sich daher hauptsächlich nach dem Verkehrswerthe ihres Fleischgewichtes. Vgl. §. 165 (a) über Nebenerzeugnisse.

§. 151.

Aus den bisherigen Erörterungen ist die Frage, worin der **Gewinn beim Tausche** bestehe, leicht zu beantworten. Der Tausch bringt in der Regel den beiden Tauschenden einen Vortheil (§. 147), der daher rührt, daß die beiden vertauschten Quantitäten nicht gleich hoch geschätzt werden (a). a) Wenn der Käufer die gekaufte Sache zu seinem eigenen Gebrauche bestimmt, so liegt sein Gewinn aus dem Tausche in dem Unterschiede zwischen dem (concreten) Gebrauchswerthe des eingetauschten Gutes und der dafür gemachten Aufopferung, diese aber bemißt sich entweder nach dem Werthe der hingegebenen Sache, wenn dieselbe in einem nicht beliebig ersetzbaren Gute oder in Geld besteht — oder nach den Kosten derselben, wenn sie dafür leicht wieder herbeigeschafft werden kann. Ist der Preis einer eingetauschten Sache niedriger als die Kosten, mit denen man sie selbst erzeugt oder anderswo bezogen haben würde, so bildet der Unterschied zwischen dieser größeren und der wirklich gemachten geringeren Aufopferung einen Gewinn des Käufers, den man den **Gewinn aus den Kosten** nennen kann, der aber nur ein Theil des gesammten Tauschgewinnes ist (*b*). b) Soll die Waare wieder verkauft werden, so muß man den Einkauf und Verkauf zusammenfassen und den Gewinn beider Geschäfte aus der Vergleichung des Verkaufspreises mit dem Einkaufspreise und den andern Kosten abnehmen.

(*a*) Dieß erklärt sich leicht aus der Verschiedenheit der individuellen abstracten und concreten Werthschätzungen; wer aber einen Tausch nur aus einem einzelnen Standpuncte betrachtet, geräth leicht auf die Meinung, es habe nur der Eine gewonnen, der Andere verloren.

(*b*) Erwirbt Jemand eine Sache, die ihm 180 fl. werth ist, für 100 fl., so ist sein Gewinn aus dem Tausche überhaupt 80 fl. Würde er nun bei eigener Hervorbringung oder einer anderen Erwerbsart der Sache 136 fl. aufwenden müssen, so sind die durch den Tausch ersparten 36 fl. der Gewinn aus den Kosten, der Unterschied zwischen 180 fl. und dem höheren Kostensatze von 136 fl. ist der zweite Bestandtheil des gesammten Gewinnes. Diesen Theil des Gewinnes würde man auch machen können, wenn man die Sache selbst erzeugte oder anderwärts erkaufte, er entspringt nicht bloß aus dem besonderen Kauffalle, man bringt ihn daher gewöhnlich nicht in Anschlag, wie er denn auch meistens nicht wohl in Zahlen ausgedrückt werden kann. — Wäre der Werth nur 130 fl., so könnte von den Aufwande von 136 fl. nicht die Rede sein, weil Niemand mehr ausgeben mag, als der zu erwerbende Werth beträgt, dann fände also nur noch ein Tauschgewinn von 30 fl. Statt. — Abweichend ist die Ansicht von Lotz, nach welcher der Gewinn aus den Werthen und der aus den Kosten der beiden Güter ganz von einander verschieden sein, aber stets zusammentreffen sollen. Handb. I, 306. — Hermann (Staatsw. Unters. S. 69.) erinnert gegen obige Darstellung, daß die Vergleichung der Güter in Geld nur dem Tauschwerthe angehöre. Da man indeß vom Werthe einer Geldsumme sprechen kann, so ist es ohne Zweifel auch gestattet, den Gebrauchswerth einer Sache, wenigstens beispielsweise, in Geld auszudrücken.

§. 151 a.

Die Werthschätzung eines Gutes und der daraus hervorgehende Wunsch, dasselbe zu erlangen, kann sich nur dann in dem Anbieten eines entsprechenden Preises wirksam zeigen, wenn der Kauflustige zugleich die erforderlichen Mittel zum Ankaufe, d. h. eine hiezu verwendbare, nicht für andere wichtigere Zwecke in Anspruch genommene Geldsumme besitzt (a). Ebenso wird der Verkäufer bisweilen durch die Beschränktheit seines Capitals oder überhaupt durch ungünstige Vermögensumstände genöthigt, in einen Preis zu willigen, bei dem er an den Kosten Schaden leidet. Die wirthschaftliche Lage eines Menschen im Allgemeinen oder in einem einzelnen Augenblicke hat daher auf die Preise, die er zu geben oder anzunehmen beschließt, einen erheblichen Einfluß und vermag die bisher (§. 147—151) betrachtete obere und untere Gränze des Preises abzuändern.

(a) Die sog. Kaufkraft, das Kaufvermögen.

§. 152.

3) Das **Mitwerben**, d. h. das wetteifernde Bestreben Mehrerer, die in Bezug auf ein gewisses Gut gleiche Absicht des Einkaufes oder Verkaufes verfolgen, §. 146. Wenn mehrere Menschen ein Gut erwerben wollen und der Vorrath nicht für Alle zureicht, so kann der eine vor anderen sich nur dadurch den Vorzug verschaffen, daß er sich entschließt, einen höheren Preis zu bezahlen. Ebenso wird bei dem Wetteifer mehrerer Verkäufer, ihre Waare abzusetzen, und bei einem verhältnißmäßig schwächeren Begehren der Kauflustigen derjenige, der vor anderen verkaufen will, in einen niedrigeren Preis willigen müssen. Das Mitwerben der Kauflustigen, welches man die **Nachfrage** oder den **Begehr** nennt, nützt den Verkäufern, indem es den Preis zu erhöhen strebt; dagegen wirkt das Mitwerben der Verkauflustigen, das **Angebot**, zum Vortheile der Käufer auf eine Erniedrigung des Preises hin. Das beiderseitige Mitwerben stellt also den Preis für mehrere Tauschfälle zugleich innerhalb der für sämmtliche Concurrenten bestehenden Gränzen, d. h. des Werthes und Kostenbetrages, fest, und drängt ihn bald der oberen, bald der unteren Gränze zu. Es giebt jedoch Fälle, in denen nur auf der einen Seite ein Mitwerben stattfindet und dagegen der einzige vorhandene Käufer oder Verkäufer sehr günstige Bedingungen erlangen kann.

§. 153.

Im Mitwerben stehen sich nicht bloß die beiden Gruppen der Käufer und Verkäufer mit widerstreitenden Absichten gegenüber, sondern jeder Einzelne in einer dieser Gruppen verfolgt auch seinen Vortheil gegen seine Concurrenten. Die Zwecke eines Jeden sind von doppelter Art: 1) er will im Wetteifer mit seinen Mitwerbern einen Einkauf oder Verkauf zu Stande bringen, 2) er will aber zugleich denen, mit welchen er den Tausch eingeht, nicht mehr bewilligen, als hiezu nöthig ist. Diese beiden Absichten beschränken sich wechselseitig und es gehört genaue Beachtung der obwaltenden Umstände dazu, um den Tausch unter den günstigsten Bedingungen, die sich gerade erreichen lassen, abzuschließen.

§. 154.

Der Preis der meisten Güter wird durch das jedesmalige Verhältniß zwischen dem Mitwerben der Kauf- und Verkaufluftigen bestimmt. Die Wirksamkeit des beiderseitigen Mitwerbens hängt von zwei Umständen ab, nämlich

1) von der verhältnißmäßigen **Größe** desselben, d. h. dem Verhältniß, in welchem die begehrte und die angebotene Menge von Gütern einer gewissen Art zu einander stehen (*a*). a) Als wirksamer Begehr ist diejenige Gütermenge anzusehen, welche die Kauflustigen nach irgend einer Kundgebung ihrer Absicht zu erwerben suchen und für die sie einen, ungefähr die Kosten ersetzenden Preis zu bezahlen vermögen. b) Das wirksame Angebot ist die zum Verkaufe bestimmte und für verkäuflich erklärte Menge (*b*);

2) von der **Stärke (Intensität)** des Bestrebens oder von der Größe der Leistungen, die der eine oder andere Theil zur Erreichung seiner Absichten höchstens zu machen entschlossen ist (*c*). a) Die Stärke des Begehrs bestimmt sich theils nach dem Werthe, den die Kauflustigen auf das Gut legen (§. 147), theils nach ihren Vermögensumständen (§. 151a), theils nach der Meinung, die sie über das künftige Angebot hegen (*d*): b) das stärkere oder schwächere Verlangen der Verkäufer, ihre Waare abzusetzen, läßt sich als die augenblickliche concrete Werthschätzung des dafür einzunehmenden Geldes ansehen. Je kleiner

das Capital des Erzeugers ist, desto mehr liegt ihm am baldigen Verkaufe (e).

Diese Stärke des Mitwerbens ist gewöhnlich unter den einzelnen Kauf- und Verkauflustigen verschieden und wenn die Umstände sich für eine der beiden Gruppen ungünstig gestalten, so daß die Kauflustigen ein Steigen oder die Verkäufer ein Sinken des Preises voraussehen, so pflegt ein Theil von ihnen zurückzutreten, so daß nur noch diejenigen bei ihrem Vorsatze beharren, die ein stärkeres Verlangen haben. Wenn z. B. 1000 Scheffel einer Frucht bei einem Preise von 2 fl. begehrt sind, so sinkt der Begehr bei einem geforderten Preise von 2½ und 3 fl. vielleicht auf 850 und 700 Scheffel herab. Ein gewisser Begehr findet demnach nicht unbedingt, sondern nur unter der Voraussetzung eines gewissen Preises Statt (f).

(a) Es kommt nämlich nicht auf die Größe beider an sich, sondern darauf an, wie sie sich zu einander verhalten. Ein Begehr von 1000 Centnern und ein Angebot von 900 können den nämlichen Preis verursachen, als wenn beide zugleich doppelt oder dreifach wären.

(b) Nur das an den Tag gelegte Begehren oder Angebot wirkt auf den Preis, nicht schon angehäufte Vorräthe, die noch nicht feil geboten sind oder der bloße Vorsatz zu kaufen, wenn er noch nicht äußerlich sichtbar geworden ist, doch könnte das Dasein von Vorräthen ein künftiges stärkeres Angebot vermuthen lassen und ein vorhandenes Bedürfniß auf eine Zunahme des Begehrs schließen lassen. — Die Anzahl der Kauf- und Verkauflustigen wirkt ebenfalls nicht für sich allein, sondern bloß inserne man daraus auf die Größe der angebotenen oder begehrten Quantität schließt.

(c) Dieser Umstand ist oft nicht äußerlich erkennbar, bevor er sich in den zu Stande gekommenen Tauschen wirklich zeigt. Hiermit hängt die geringere Werthschätzung einer Geldsumme durch Wohlhabendere zusammen, §. 64. 2.

(d) Rossi, Cours, I, 83.

(e) Man sieht also, daß im Angebote wie im Begehr der concrete Werth die Haupttriebfeder bildet. — Der Preis des Getreides kann nach einer guten Ernte schon darum sehr niedrig werden, weil viele Landwirthe gedrängt sind, schnell abzusetzen. — Canard, Pol. Oek. §. 13., drückt die Wirkung des Mitwerbens so aus: Es sei L der Unterschied zwischen dem höchsten Preise, den die Verkäufer verlangen, und dem niedrigsten, den die Verkäufer anbieten. Der wirkliche Preis ist um x höher als das Minimum, so daß die Käufer die Waare um L—x herabhandeln. Nun sei B das Bedürfniß, N die Concurrenz der Käufer, b, n dasselbe für die Verkäufer, so ist

$$x : L-x = BN : bn, \text{ und } x = \frac{BN}{BN + bn} L;$$

hier ist besonders die unbefriedigende Erklärung des max. und min. auffallend. — Eine andere, geometrische Darstellung der Wirkungsart des Mitwerbens ist im Anhange zu diesem Bande mitgetheilt.

(*f*) Bei leicht entbehrlichen Gegenständen kann auch ein ziemlich häufiger Begehr den Preis nicht sehr erhöhen, weil, sowie derselbe steigt, ein Theil der Kauflustigen ihn für den Werth, den sie der Sache beilegen, zu hoch findet und zurück tritt, §. 147. c)..

§. 155.

Sind Angebot und Begehr ungefähr gleich groß, so bleibt der bisherige Preis unverändert, war aber ein solcher noch nicht vorhanden, so wird das Gut um einen mittleren Preis verkauft, der beiden Classen vortheilhaft ist. Wächst der Begehr über das Angebot, so muß ein Theil der Kauflustigen sich zurückziehen und der Preis soweit steigen, daß nur noch ein dem Angebote gleicher Begehr übrig bleibt. Je langsamer diese Abnahme des Begehrs erfolgt, d. h. je größer die Kauflust und die Mittel der Begehrenden sind, desto weiter wird der Preis erhöht. Ebenso geht derselbe herab, wenn das Angebot den Begehr übersteigt. In beiden Fällen wird also durch das Ausgleichen zwischen diesen beiden Größen der Preis bestimmt (*a*). Alle Umstände, welche auf Angebot und Begehr, und zwar auf Umfang und Stärke beider, Einfluß haben, wirken auch auf die Preise, und nicht bloß jede wirklich eingetretene Aenderung, sondern schon die bloße Wahrscheinlichkeit einer solchen kann einen Wechsel in den Preisen nach sich ziehen. Diese sind daher bei einem Theile der Güter sehr häufigen Schwankungen unterworfen, und es ist unmöglich, den künftigen Stand derselben mit Sicherheit vorauszusehen (*b*). Der Begehr eines Gutes beruht auf dem Verlangen sehr vieler Menschen, dasselbe zu besitzen, und dem Vermögen, es zu kaufen, er hat in den Neigungen, Bedürfnissen, Gewohnheiten Vieler seinen Grund, kann also von Einzelnen schwer beherrscht oder auch nur gelenkt werden (*c*); bei dem Angebote ist es anders, weil schon eine geringe Anzahl von wohlhabenden Erzeugern dasselbe beträchtlich vermehren, oder, wenn sie ein Gewerbe aufgiebt, vermindern kann. Die verkäuflichen Güter sind in Hinsicht auf die Veränderlichkeit des Begehres und Angebotes sehr verschieden, indem beide bei manchen Dingen, z. B. Salz, Holz, sich weit mehr gleichbleiben, als bei anderen, z. B. Staatsschuldbriefen, Getreide.

(*a*) Diese, im Anhange weiter entwickelte Darstellung der Vorgänge im Mitwerben wurde schon in der 4. Ausgabe 1841 hinzugefügt. Eine ähnliche Erklärung hat später auch St. Mill gegeben, Grundsätze, I, 466.

(*b*) Der Preis jeder Art von Gütern hängt von einer eigenthümlichen Verbindung mehrerer Umstände ab. Von Seite des Angebotes werden die ausgedehntesten Preisveränderungen durch den Wechsel guter und schlechter Ernten, von Seite des Begehres durch den Uebergang aus dem Kriege in den Frieden und umgekehrt bewirkt. Schon die entfernte Vermuthung eines solchen Ereignisses hat Einfluß, wie z. B. die Preise des Getreides und Weines sich ändern, wenn im Sommer die Witterung eine andere Beschaffenheit annimmt, welche die Hoffnungen auf die nächste Ernte verstärkt oder schwächt. Besonders wichtig sind die Veränderungen in der räumlichen Ausdehnung des Begehrs und Angebotes, z. B. der beabsichtigte Ankauf zur Ausfuhr oder das Hinzukommen feilgebotener Vorräthe vom Auslande. — Viel Material hiezu enthält Th. Tooke, Thoughts and details on the high and low prices of the last thirty years. London, 1823. II B. Neue Bearbeitung: A history of prices and the state of circulation from 1793 to 1837.–1838. II, u. 4 Bde. Fortsetzungen, deutsch von Asher, Dresd. 1858, 59. II B. — vgl. Hermann in Münchner gel. Anz. 1840, Nr. 97 ff. — Steigen verschiedener Arzneistoffe durch die Cholera (Blutegel in Paris sechsfach) — des Eisens durch die vielen Eisenbahnunternehmungen. — In guten Weinjahren kaufen die Weinbauenten mehr Flachs und Hanf ein, um ihre Vorräthe von Wäsche zu ergänzen. — Eine Theuerung des Futters drückt anfangs den Preis des Fleisches herab, weil weniger Vieh beibehalten und aufgezogen werden kann, steigert ihn aber dann hieturch späterhin.

(*c*) Die Furcht vor Mangel bewirkt oft ein plötzliches Anschwellen des Begehrs. — Bei Dingen, die nur in kleiner Menge zu Markt kommen, kann schon ein einziger Käufer auf den Preis wirken.

§. 156.

Der durch das Mitwerben festgesetzte, in vielen Tauschfällen gleichförmige Preis wird **Marktpreis** (*a*) (laufender, wirklicher, Tauschpreis, prix courant) genannt. Er wird im gemeinen Leben als der vollgültige Stellvertreter des Gutes angesehen, dem er zukommt, weil man sich dieses in der Regel sehr leicht verschaffen kann, wenn man jenen hingiebt. Man hat ihm den sogen. **natürlichen** (Smith, Say), **nothwendigen** (Simonde, Storch), **angemessenen** (Lotz), oder **Kostenpreis** (v. Jakob, v. Schlözer, Fulda, Kubler) entgegengesetzt, welcher jedoch, genau betrachtet, nur der Kostenbetrag (*b*), also noch nicht selbst ein Preis, sondern nur einer der Bestimmgründe desselben ist. Wenn der Preis wirklich mit dem Kostenbetrage zusammentrifft, so ist dieß zugleich eine Folge des Mitwerbens, also findet auch dann ein Marktpreis Statt (*c*). Da nur solche Dinge einen Marktpreis haben können, welche regelmäßig hervorgebracht und häufig vertauscht werden, so kann man ihm den **vereinzelten Preis** solcher Güter entgegensetzen, welche so selten in den Verkehr treten, daß ihre Preise bei verschiedenen Tauschfällen weit von einander abweichen können (d).

(a) Markt heißt hier bildlich das Aufeinanderwirken von Begehr und Angebot in großen Massen. Lotz setzt dem Kostenpreise den Tauschpreis entgegen, Handb. I, 44.
(b) Say bediente sich späterhin des Ausdruckes „ursprünglicher Preis", prix originaire, weil es der sei, den die Waare bei ihrem ersten Erscheinen in der Welt gekostet habe. Handb. I, 251.
(c) Smith selbst (I, 86) nennt eigentlich denjenigen Verkaufspreis den natürlichen, der mit dem Betrage der Kosten zusammenfällt, wobei er stillschweigend einzuräumen scheint, daß die Kosten nicht schon ein Preis sind; er bemerkt S. 87, der Marktpreis könne bald über, bald unter dem natürlichen, bald ihm gleich sein. — Man dürfte immerhin einen mit den Kosten zusammentreffenden Preis einen natürlichen oder kostenmäßigen nennen, wenn man nur zugesteht, daß derselbe dadurch nicht aufhört, Marktpreis zu sein.
(d) Rau. Zus. 16 zu Storch, III, 250.

§. 157.

Es ist ein ebensowohl aus der Erfahrung sich ergebendes, als aus allgemeinen Gründen abzuleitendes Gesetz, daß zufolge der auf den gleichförmigen wirthschaftlichen Absichten beruhenden Handlungsweise der Menschen die Preise den Kosten der Hervorbringung und Herbeischaffung nahe zu kommen streben. „Der natürliche Preis," sagt Smith, „ist gleichsam der Mittelpunct, gegen welchen sich die wandelbaren Marktpreise aller Waaren beständig hinneigen. Zufälle verschiedener Art können diese letzteren eine Zeit lang von jenem Mittelpuncte entfernt halten, — sie über ihn erheben oder unter ihn erniedrigen. Sie mögen aber durch noch so große Hindernisse abgehalten werden, sich in diesem Ruhepuncte festzusetzen, so äußern sie doch ein beständiges Streben, sich demselben zu nähern" (a). Diese Richtung in den Veränderungen der Preise findet Statt, obgleich sie von den Personen, welche einen solchen Erfolg hervorbringen, gewöhnlich nicht beabsichtigt wird.

(a) Untersuch. I, 90.

§. 158.

Die Ursachen dieses Gesetzes sind folgende: 1) Wenn der Preis unter die Kosten sinkt, so hat der Verkäufer, der die Waare zu Markte bringt, einen Verlust (a), vor dem er sich künftig zu hüten sucht, indem er eine solche Sache gar nicht mehr oder nur in geringerer Menge feilbietet. Daher muß bald das Angebot abnehmen, bis dadurch der Preis wieder in die Höhe getrieben wird (*b*). 2) Je mehr der Preis über die Kosten steigt, desto größere Gewinnste fallen den Verkäufern zu. Diese werden hiedurch ermuntert, größere Vorräthe anzubieten, und andere Personen finden einen Antrieb, ein solches Gut ebenfalls herbeizuschaffen, um an dem Gewinnste Theil zu nehmen (*c*). Dieser Zudrang zieht eine Vergrößerung des Angebots nach sich, welche nothwendig wieder die Preise erniedriget (*d*). In beiden Fällen ist es also das Angebot, welches, den Veränderungen des Begehres folgend, die Preise dem Kostensatze näher bringt. Je leichter und schneller das Angebot abgeändert werden kann, desto vollständiger tritt jene Wirkung ein. Hierbei ist jedoch zu berücksichtigen, daß der Umfang des Begehrs sich auf einen gewissen Preis bezieht (§. 154) und bei einem höheren oder niedrigeren Betrage desselben kleiner oder größer wird. Es sind z. B. von einer Waare 11000 Ctr. zu 2 fl., 8500 Ctr. zu 3 fl., 6000 Ctr. zu 4 fl. begehrt. Vermögen die Verkäufer 10000 Ctr. für 3 fl. zu liefern, so ist ein Ueberschuß des Angebotes vorhanden und der Preis geht herab, bis etwa bei einem Preise von 2½ fl. die Verkäufer gerade die dem Begehre entsprechende Menge von vielleicht 10000 Centnern zu Markte bringen können und ein Beharrungszustand eintritt (*e*). Die Schwankungen im Mitwerben bringen bisweilen für die Erzeuger und Kaufleute Verluste zu Wege, wenn der einzelne Verkäufer von den Unternehmungen der anderen und dem ganzen Umfange des sich vorbereitenden Angebotes keine Kenntniß hat, der Markt überfüllt wird und ein Theil des Vorrathes mit Schaden verkauft werden muß. Dieß geschieht bei dem Absatze in entfernte Gegenden am leichtesten, doch bleibt es auch bei dem inneren Verkehre nicht ganz aus (*f*). Die großen Vortheile des Mitwerbens für die ganze bürgerliche Gesellschaft müssen also nicht selten mit Aufopferungen Einzelner erkauft werden. Gelingt es, z. B. durch größere Vorsicht der Erzeuger, eine solche Einbuße am Capitale zu verhüten, ohne das Mitwerben selbst zu hemmen, so ist dieß offenbar sehr erwünscht.

(*a*) In diesem Falle beruht freilich der Tauschgewinn (§. 151) nur darauf, daß der baldige Absatz einer schwachbegehrten oder zu häufig angebotenen

Waare immer ein kleineres Uebel ist, als das längere Liegenlassen, wobei das Capital wirkungslos bleibt.

(*b*) Je größere Vorräthe eines Gutes da sind, desto länger kann es dauern, bis der Preis sich wieder hebt. — Uebrigens erhellt aus diesen Sätzen, daß der Kostensatz nicht sowohl bei einzelnen Tauschfällen, als bei der Mehrzahl derselben, für die Fortdauer, die unterste Gränze (Minimum) des Preises bildet (§. 148). — Es giebt Fälle, in denen die Verringerung des Angebotes den gesunkenen Preis nicht wieder erhöhen kann, weil der Begehr und die concrete Werthschätzung der Käufer abgenommen hat. Dann bleibt auch die Production beschränkt und nur diejenigen Erzeuger werden die Waare ferner anbieten, die sie wohlfeil genug hervorbringen können. Vgl. Hermann a. a. O. S. 82.

(*c*) Das Bestreben der Menschen, das Angebot in Gemäßheit des jedesmaligen Begehres zu vergrößern oder zu verkleinern, zeigt sich im täglichen Leben mächtig und allgemein. Erweitert sich der Begehr z. B. durch plötzliches Zusammentreffen vieler Menschen an einem Orte, so sieht man, wie die Verkäufer alles aufbieten, um größere Massen von Lebens- und mancherlei Genußmitteln herbeizuschaffen, es werden mehr Arbeiter beschäftigt, mehr Capitale zu Hülfe genommen ꝛc. — Vgl. Mill, Élémens, S. 88 ff.

(*d*) Es wäre denn, daß eine größere begehrte Menge eines Gutes nur mit vermehrten Kosten erzeugt und zu Markte gebracht werden könnte, Hermann, S. 81. — Bei Kunstwaaren trifft oft das Umgekehrte ein, Erniedrigung der Kosten bei einer größeren hervorgebrachten Menge.

(*e*) Daher sind bei einem leicht beweglichen Mitwerben auf die Dauer Werth und Kosten entscheidend.

(*f*) Auf diese Sätze stützen sich die neuerlich öfter ausgesprochenen Anklagen gegen das Mitwerben und die Vorschläge, dasselbe zu beseitigen, die jedoch verfehlt sind, weil die mächtigen Wirkungen der Concurrenz durch kein anderes Mittel zu ersetzen wären.

§. 159.

Wenn die Vergrößerung oder Verkleinerung des Angebotes nach Maaßgabe des jedesmaligen Begehres mit Schwierigkeiten verbunden ist, so können sich die Preise kürzere oder längere Zeit über oder unter den Kosten halten. Diese Schwierigkeiten verdienen eine sorgfältige Untersuchung, weil sie die Wirkung eines für die ganze politische Oekonomie sehr wichtigen Gesetzes (§. 157) beschränken. In vielen Fällen sind sie nicht erheblich, so daß das Zusammentreffen des Preises mit den Kosten sich nach jeder Aenderung des Begehres bis auf einen geringen Unterschied bald wieder herstellt, aber häufig äußern sie sich fortdauernd oder längere Zeit hindurch (*a*). Solche Hindernisse des freien Mitwerbens im Angebote, die eine Classe von Erzeugern oder sogar einen einzelnen unter denselben dauernd begünstigen, werden **Monopole** im weiteren Sinne genannt (*b*).

(*a*) Die Hindernisse, welche der leichten Beweglichkeit des Angebotes im Wege stehen, wie die Reibung der Bewegung in der Körperwelt, sind bisher keineswegs übersehen worden, aber man hat sich dieselben nicht häufig und bedeutend genug gedacht. Ricardo z. B. schreibt den Veränderungen im Mitwerben nur so vorübergehende Wirkungen auf den Preis zu, daß dieselben keine besondere Aufmerksamkeit verdienen sollen; er nimmt deßhalb durchgängig an, daß die Preise den Kosten gleich stehen, weßhalb Werth, Tauschwerth bei ihm so viel bedeutet als Kostenbetrag, natürlicher Preis. Uebers. von Baumstark, S. 66. 70.

(*b*) Monopol im engeren und eigentlichen Sinne ist ein von der Regierung verliehenes Vorzugsrecht für den Verkauf einer Waare.

§. 160.

Die Hindernisse einer leichten Bewegung des Angebotes können in **natürlichen** Umständen oder in **menschlichen** Verhältnissen ihren Grund haben.

1) **Natürliche Hindernisse** (*a*).

a) Es giebt manche Güter, deren Hervorbringung man nur in gewissen Oertlichkeiten betreiben kann. Dieß gilt vorzüglich von Mineralstoffen (§. 120), ferner von Gewächsen und Thieren, die nur in einem besonderen Klima, auf eigenthümlichen Standorten ꝛc. gedeihen, §. 87. 119. Der Preis solcher Dinge kann die Kosten ansehnlich übersteigen, wenn die erzeugte Menge hinter dem Begehre zurückbleibt (*b*).

b) In anderen Fällen wird ein Erzeugniß an der einen Stelle wenigstens besser oder mit geringeren Kosten hervorgebracht, als anderswo, so daß einzelne Erzeuger vor anderen in Vortheil stehen und einen Gewinn erhalten.

c) Bei manchen Gütern findet zwar die Hervorbringung keine solchen Schwierigkeiten, aber es steht doch die Größe des Erzeugnisses nicht ganz in menschlicher Gewalt. Dieß zeigt sich bei vielen Zweigen der Erdarbeit, am auffallendsten bei dem Anbau der Nährpflanzen (*c*). Die Getreidepreise wechseln, wie die Ernten, sie können, wenn diese eine Reihe von Jahren hindurch reichlich oder schlecht sind, unter die Kosten sinken oder eine Zeit lang über denselben stehen, §. 182 ff.

(*a*) Unterscheidung von vier Fällen natürlicher Monopole bei Senior, Outlines, S. 171, s. auch Hermann, S. 154.

(*b*) Gute Weinlagen, Mineral-Wasser. — Die Preise mancher Erzeugnisse eines wärmeren Klimas, namentlich der Colonialwaaren, sind dennoch nicht höher, als die Kosten, weil es eine hinreichende Menge von Ländereien in diesen Erdstrichen giebt, die unter einander in Mitwerben stehen.

(c) Auch der Wallfischfang ist von ungleichem Ertrage, die Seiden- und Bienenzucht giebt jährlich nicht gleiche Früchte, selbst bei der Schaafwolle hat man von Jahr zu Jahr kleine Verschiedenheiten des Ertrages bei gleicher Zahl von Schaafen wahrgenommen.

§. 161.

2) Zu den **menschlichen Verhältnissen**, welche die Veränderung des Angebotes erschweren, gehören außer manchen Staatseinrichtungen, z. B. Erfindungsprivilegien, Nachdrucksverboten u. dgl., nachstehende Umstände:

a) Auf Seite der **Arbeit**: Die Menschen, welche an eine Beschäftigung gewöhnt sind und in ihr Geschicklichkeit erworben haben, können nicht leicht zu einem andern Geschäfte übergehen, besonders wenn sie in Jahren vorgerückt und die Verrichtungen verschiedenartig sind. Namentlich sind Landleute so wenig geeignet, Gewerke zu ergreifen, als Handwerker und Fabrikarbeiter sich gern zum Landbau hinwenden. Für künstliche Verrichtungen fehlt es häufig an der erforderlichen Zahl von Arbeitern (§. 113), und es muß wenigstens einige Zeit vergehen, bis sie herangebildet worden sind. Gewerbsgeheimnisse, die in den Gewerken noch bisweilen vorkommen, doch wegen der vollkommneren wissenschaftlichen Beleuchtung der Gewerksarbeiten (Technologie) seltener als früherhin, halten das Mitwerben des Angebotes ganz zurück und können den Besitzern große Gewinnste sichern (*a*).

b) Auf Seite des **Capitales**: Zu manchen Unternehmungen ist ein so großes Capital erforderlich, daß nicht viele Menschen im Stande sind, solches aufzuwenden und die damit verbundene Gefahr zu übernehmen. Bei denjenigen Gewerben, die schon mit geringem Capitale betrieben werden können, ist deßhalb das Mitwerben des Angebotes ausgedehnter. Hat der Unternehmer bereits ein ansehnliches Capital in sein Geschäft verwendet, so erschwert ihm dieses den Uebergang zu einem andern, zumal dann, wenn er kostbare Gebäude und Geräthe besitzt, die bei einer andern Unternehmung nicht gebraucht werden können (*b*). Indeß hat dieser Umstand auf andere Menschen, die ein einträgliches Gewerbe erst neu ergreifen, keinen Bezug, wofern es überhaupt an Capitalien nicht gebricht.

c) Bei vielen Zweigen der Hervorbringung gehören Vorbereitungen und eine gewisse Zeit dazu, daß das Gewerbe von einem Unternehmer neu ergriffen oder das schon betriebene erweitert werde. Erscheint nun ein gewisser großer Begehr als vorübergehend, so trägt man Bedenken, jene Veranstaltungen zu treffen, die leicht vergeblich sein könnten, wenn der Begehr wieder abnimmt. Daher bildet die Regellosigkeit und Veränderlichkeit des letzteren ebenfalls ein Hinderniß der Ausgleichung, welches bei vielen Waaren obwaltet.

(a) Smith, I, 94. — Beispiele geben die Zieheisen zum Drahtziehen, — Tabaksbeizen einzelner Fabriken, — Kunstgriffe im Färben, — Fraunhofer's optische Gläser, — Schönbein's Schießbaumwolle. Bei Modeartikeln hält man die neuesten Muster geheim, um wenigstens einige Zeit lang geringere Concurrenz zu haben. Im Landbau hat man bei der Größe des Erzeugnisses von Stoffen gleicher Art nicht leicht Nutzen, wenn man ein Kunstmittel geheim hält.

(b) Das stehende Capital im Bergbaue ginge beim Aufgeben desselben fast ganz verloren. In solchen Fällen setzen die Unternehmer ein Gewerbe auch bei unvollständigem Ersatze der Kosten noch einige Zeit fort, wofern nur noch einige Aussicht auf Aenderung übrig bleibt. Das umlaufende Capital läßt sich leichter in eine andere Anwendung übertragen. — Ein ähnliches Verhältniß tritt auch dann ein, wenn in einem Gewerbe ein Theil der Unternehmer viel Capital auf ältere unvollkommene Maschinen ꝛc. gewendet hat und nun nicht sogleich dieselben mit besseren vertauschen kann.

§. 162.

Der Preis kann leichter eine Zeit lang über, als unter dem Betrage der Kosten stehen. Dieß hat folgende Ursachen: 1) Im letzteren Falle hat der Unternehmer einen Verlust, den er nicht lange ertragen kann. Der Antrieb, demselben auszuweichen, ist stärker als das Bestreben, an den Gewinnsten eines einträglichen Gewerbes Theil zu nehmen. 2) Es ist leichter, eine nicht mehr lohnende Unternehmung zu beschränken oder aufzugeben, als eine bestimmte andere zu beginnen, weil dabei manche der angeführten Umstände (§. 160. 161) hemmend in den Weg treten können, und schon die Neuheit des Gewerbes mancherlei Schwierigkeiten und Verluste mit sich bringt.

§. 163.

Es bedarf noch einer besonderen Untersuchung, wie es auf die Preise wirkt, wenn bei ungeändertem Mitwerben der Kostenbetrag zu- oder abnimmt (b). Man ist gewöhnlich der Meinung, der Preis müsse so lange gleich bleiben, als sich im Angebote und Begehre nichts geändert habe; aber bei näherer Erwägung zeigt sich, daß oft schon darum andere Preise bewilligt werden, weil man im Weigerungsfalle eine Veränderung im Mitwerben für unausbleiblich ansieht. 1) Wenn eine Waare, die den Verkäufern mehr kostet als bisher, noch den nämlichen Preis behielte, so müßten jene die ganze Kostenerhöhung aus ihrem Gewinne bestreiten, und da sie dieß in der Regel nicht können, so wäre eine Abnahme des Angebotes zu erwarten, die den Preis bald in die Höhe treiben würde: daher entschließen sich gewöhnlich die Käufer, lieber sogleich mehr zu geben (*b*). Ob es den Verkäufern gelingt, den Preis um die ganze Kostenerhöhung, oder nur um einen Theil derselben zu steigern, dieß hängt von den besonderen Umständen ab. a) Ist die Waare für Viele sehr werthvoll und die Kostenvermehrung mäßig, so kann es geschehen, daß alle Käufer, um die Befriedigung ihrer Bedürfnisse sicher zu stellen, einen den jetzigen Kosten entsprechenden Preis bewilligen. b) Entschließt sich nur ein Theil der Käufer hiezu, und bestehen die Verkäufer auf dem vollen Ersatze der erhöhten Kosten, so wird der Preis um dieselben hinaufgehen, aber eine kleinere Quantität der Waare hervorgebracht und abgesetzt werden. c) Die Verkäufer lassen sich bisweilen einen unvollständigen Ersatz gefallen, z. B. wenn sie bisher reichlichen Gewinn machten, oder wenn sie ungern zu einer andern Beschäftigung übergehen. Ebenso wirkt es, wenn ein Theil von ihnen die Waare wohlfeiler liefern kann als die übrigen (*c*). In solchen Fällen kann, wenn die Käufer nicht die ganze Kostenvermehrung vergüten wollen, der Preis auf einen mittleren Stand zwischen seinem bisherigen Betrage und den jetzigen Kosten kommen. d) Beharren die Käufer dabei, nicht mehr zu bezahlen, und die Verkäufer mehr zu fordern, so muß die Hervorbringung oder Herbeischaffung der Waare ganz aufhören. 2) Eine Abnahme der Kosten läßt bald ein erweitertes Angebot erwarten falls keine besonderen Hindernisse im Wege stehen, und hiedurch wird der Preis herabgedrückt. Daher kommen die durch die Fortschritte der Gewerbskunst veranlaßten Ersparungen an den Erzeugungskosten sowie die Erleichterung der Waarenversendung in der Regel nach kurzer Zwischenzeit den Käufern zu statten (*d*).

(a) **Ricardo**, Grundges. von **Baumstark**, S. 375. 427.
(b) Wenn einer der in diesem §. betrachteten Fälle eintritt, so wissen gewöhnlich die Verkäufer alle Umstände so gut zu beurtheilen, daß sie sogleich ihre Preisforderung so einrichten, wie der Preis sich sonst ohnehin nothwendig stellen würde.
(c) Man sieht, daß hierbei mancherlei Triebfedern und Umstände einwirken, und dieß macht es schwer, den Erfolg genau voraus zu bestimmen, was für die Aufwandssteuern sehr wichtig ist.
d) In Frankreich sank ungeachtet des Einfuhrzolles von 5 Franken der Centner Natrum, welches aus dem Seesalz bereitet wird, von 100 auf 9 Franken. Viele andere Güter fielen durch das inländische Mitwerben in ähnlichen Verhältnissen. **Chaptal**, De l'industrie française, II, 64. 70. 434. — **Say**, Sur la balance des consommations avec les productions, in Revue encyclop. Juli 1824.

§. 164.

Bisweilen ist ein Theil der Verkäufer eines Gutes zufolge natürlicher Vortheile, z. B. wegen größerer Nähe des Marktortes, wohlfeileren Einkaufs von Stoffen, größerer Geschicklichkeit und dergl., im Stande, die Waare mit geringeren Kosten zum Verkaufe zu bringen, als die anderen. Hiebei sind folgende Fälle möglich. 1) Wenn diejenigen Verkäufer, welche die geringsten Kosten aufzuwenden brauchen, jede beliebige Menge der Waare herbeischaffen können, so werden sie allein Absatz haben und das Mitwerben unter ihnen strebt dahin, den Preis auf den Betrag ihrer Kosten zu stellen. Wenn eine Waare von mehreren Puncten aus versendet wird, wie z. B. Colonialwaaren von verschiedenen Seehäfen in's Innere der Länder gehen, so richtet sich aus jener Ursache das Absatzgebiet jedes Versendungsortes nach den Frachtkosten und diese Gebiete gränzen nach Maaßgabe der Güte der Straßen, der Wasserverbindung ꝛc. an einander (a). 2) Vermögen jene Verkäufer nur eine beschränkte Menge von Waaren darzubieten, so bestimmt sich der Preis durch die Größe des Begehres. a) Ist nur ein solcher Vorrath begehrt, wie ihn die wohlfeiler producirenden Verkäufer liefern können, so sind nur diese im Stande, dieß Gewerbe fortzusetzen und es kommt ein geringerer Vorrath zu Markte. b) Wenn dagegen der Begehr über das Angebot dieses Theiles der Erzeuger hinausgeht, so muß der Preis so weit steigen, daß er auch den höheren Kostensatz anderer Verkäufer vergütet, wodurch dann jene wohlfeiler erzeugenden einen Gewinn erhalten. Die nämliche Wirkung auf den Preis tritt ein, wenn dieselben

Erzeuger eine kleinere Menge der Waare mit verhältnißmäßig geringeren Kosten herbeischaffen können, als eine größere, wenn sie z. B. 100000 Centner zu 4 fl., aber 150000 Ctr. nicht unter 5 und 200000 Ctr. nur zu 6 fl. zu Markte bringen können, wobei es ebenfalls von der Werthschätzung und den Mitteln der Käufer abhängt, welcher Vorrath Absatz und Kostenvergütung findet.

(*a*) Die Absatzgebiete von Havre, Rotterdam und Genua für Colonialwaaren gränzen in der Schweiz aneinander, in Mähren berührten sich bisher die Gebiete von Triest und Hamburg, die Gränzen sind aber wechselnd, weil weder die Frachtkosten noch die Preise in jenen Seestätten immer gleich bleiben. Eisenbahnen erweitern den Absatzbezirk, weßhalb Hamburg jetzt schon bis Wien versendet.

§. 165.

Die Kosten, welche der Verkäufer eines Gutes in Anschlag bringt, begreifen den ganzen Aufwand von anderen Gütern, den er machen mußte, um das bestimmte Gut zu Markte zu bringen (*a*). Es gehören dahin ebensowohl seine Ausgaben für die Mitwirkung anderer Personen, als seine eigene Verzehrung. Dieser Kostenberechnung aus dem Standpuncte des einzelnen Gewerbsunternehmers steht nicht im Wege, daß ein Theil jener Ausgaben, wie die entrichtete Grund- und Capitalrente, für die Empfänger reines Einkommen ist, und folglich nicht der ganze Kostenaufwand des Verkäufers aus nothwendigen Verzehrungen besteht (*b*). Diese aufgewendeten Güter werden vom Verkäufer gewöhnlich nach ihrem Preise in Anschlag gebracht, und dieß ist bei Dingen, die um einen Marktpreis regelmäßig wieder zu erlangen sind, dem Standpuncte des Einzelnen vollkommen angemessen. Wird jedoch ein Theil dieser verwendeten Güter von dem Verkäufer selbst und mit geringeren Kosten erzeugt, als für die er sie kaufen könnte, z. B. das zur Viehmästung oder Wollproduction erforderliche Futter oder der Dünger, so werden hiebei nur die eigenen Hervorbringungskosten in Anrechnung gebracht.

(*a*) Nur die nothwendigen Kosten können auf den Preis wirken, nicht ein aus Unkunde oder durch Zufall gemachter unnöthig großer Aufwand. — Um die Kosten vollständig zu erkennen, muß man auch Gefahren von Verlusten, Schaden aus unverkauften Resten 2c. mit einrechnen, ja selbst persönliche Unannehmlichkeiten, weil diese dem Unternehmer Anspruch auf höhere Vergütung seiner Mühe geben. — Wenn ein Haupterzeugniß die Kosten vergütet, so kommen diese bei dem Nebenerzeugniß nicht in Betracht (§. 150); allein wenn dieses regelmäßig einen gewissen Absatz und Preis gefunden hat, so pflegt dadurch der Preis des Hauptserzeugnisses erniedrigt zu werden, wie z. B. bei Stallkühen der Milcherlös die Fütterung, Wartung ꝛc. nicht völlig ersetzt und sowohl das Kalb als der Mist berechnet werden muß. Der letztere ist da wohlfeil, wo viele Pferde zu nichtlandwirthschaftlichem Gebrauche gehalten werden müssen und die Landwirthe der Umgegend schon genug Dünger haben. Das Stroh kommt seiner mehrfachen Verwendungen wegen bei der Berechnung des Bodenertrages gewöhnlich mit in Anschlag und bringt ¼ oder mehr des Getreideerlöses ein. Nach Block ist 1 Ctr. Stroh ⅙ Ctr. Roggen werth, in Belgien gilt es ¼ des gleichen Roggengewichtes. Bei den Lumpen kommen keine Erzeugungskosten vor, ihr Preis muß aber die Mühe und den Aufwand für das Sammeln vergüten und sie können bei starkem Begehr ansehnlich steigen, wie 1854.

(*b*) Der *volkswirthschaftliche Kostenbetrag*, der bei der Berechnung des reinen Volkseinkommens erforscht werden muß, ist daher von den hier erklärten Kosten des Verkäufers wesentlich verschieden, §. 247.

§. 166.

Der von dem Verkäufer zu berechnende Kostensatz begreift folgende Theile: 1) Lohn der von ihm gebrauchten Arbeiter, 2) Rente des benutzten Capitales und 3) der gebrauchten Grundstücke (*a*); 4) mittlerer Gewerbsverdienst, den er selbst beziehen muß, um dadurch zur Fortsetzung des bestimmten Gewerbes bewogen zu werden (*b*); 5) Preis der zum Behufe der Unternehmung verzehrten Güter, den er beim Einkaufe derselben erstattet (*c*). Der im Preise dieser Gegenstände enthaltene Kostenbetrag löst sich wieder in die nämlichen fünf Bestandtheile auf u. s. f. Der Verkäufer kann außer dem Gewerbsverdienste noch andere von diesen Bestandtheilen für sich erhalten, wenn er z. B. selbst mitarbeitet oder Eigenthümer des Capitales oder Grundstückes ist. Er muß in einem solchen Falle die ihm gebührende Vergütung so berechnen, wie sie sein würde, wenn er für Andere arbeitete und sein Capital oder Grundstück Anderen überließe. Doch steht es ihm frei, sich mit einer unter dem gewöhnlichen Betrage bleibenden Vergütung zu begnügen, und dieß geschieht nicht selten in der Absicht, um bei ungünstigem Mitwerben das Gewerbe noch fortsetzen zu können.

(*a*) Nur wenige Verrichtungen sind so einfach, daß sie kein Capital erfordern und also in den Kosten keine Capitalrente vorkommt; z. B. Sammeln von Beeren, Kräutern, Wurzeln ꝛc. In den frühsten Perioden der Gesellschaft, ehe noch Capital angesammelt war, fand dieß Verhältniß freilich allgemein Statt, und in solchen Zeiten fiel dem Verkäufer auch noch keine Ausgabe für Grundrente zur Last, wie dieselbe z. B. bei der Seefischerei nicht vorkommt; aber es gab damals auch nur wenige Productionszweige. — Inwiefern die Grundrente unter die Kosten gehört, s. §. 216.

(b) Diejenigen, welche den Gewerbsverdienst mit der Capitalrente in Verbindung bringen, rechnen nur drei Bestandtheile der Kosten auf, z. B. Smith, I, 8b. — Ricardo, (Princ. Cap. 1.) und J. Mill, (Élémens, 92. 99.) sehen blos den Arbeitslohn als Kostenbetrag an, weil sie das Capital als angehäufte Frucht einer früheren Arbeit, und den Preis desselben gleichfalls als Lohn ansehen; die Grundrente wird von ihnen aus einer andern Ursache ausgeschlossen, s. unten (§. 216a (a). Aber selbst wenn man den Betrag des angewandten Capitales ganz auf den Lohn der zu dessen Erzeugung vorgenommenen Arbeit zurückführen könnte, so bildete doch immer noch der Preis der gestatteten Capitalbenutzung, oder die Capitalrente, einen besonderen Bestandtheil der Kosten. — Nach Rodbertus-Jagetzow (Zur Erkenntniß ıc. I, 7.) bestehen alle Kosten nur aus der aufgewendeten Arbeit, denn nur der Mensch habe Kosten, nicht die Natur, welche das Material hergebe. Diese Ansicht könnte nur gelten, wenn man auf den Urbeginn der Wirthschaft zurückgeht und das Verhältniß des Menschengeschlechts zur Natur berücksichtigt, wobei freilich klar ist, daß jenes nichts als seine Arbeit mitbringt. Wie aber unter der heutigen Güterverteilung die Stellung des Unternehmers ist, liegen ihm offenbar jene oben angegebenen verschiedenen Ausgaben ob. — Torrens stellt eine scheinbar entgegengesetzte Behauptung auf, daß nämlich der natürliche Preis sich gänzlich nach dem angewendeten Capitale richte (Production of wealth, S. 24.) Dieß widerstreitet aber der obigen Bestimmung des Kostensatzes nicht, weil alle Bestandtheile desselben Ausgaben sind, die der Unternehmer mit seinem Capitale bestreitet. Derselbe (S. 51) läugnet, daß der Profit unter die Kosten gehöre, er sei vielmehr ein neu entstandenes Vermögen, ein Ueberschuß. Diese Meinung widerlegt sich von selbst durch genaue Zergliederung der Zinsrente und des Gewerbsgewinnes, und durch die Bemerkung, daß die übliche Zinsrente entweder wirklich ausgegeben, oder, wenn das Capital dem Unternehmer eigen ist, von ihm aufgeopfert wird.

(c) Bei verschiedenen Sorten einer Waare kann es geschehen, daß eine feinere gerade so viel weniger Rohstoff erfordert, als sie mehr Arbeit und Capitalrente kostet. Das wohlfeilste Baumwollengarn fällt in die Nr. 60—80, gröberes ist kostbarer, weil es mehr Stoff enthält, feineres, weil mehr Arbeit. So ist es auch mit den venezianischen Goldketten, von denen ein Braccio (2,¹² bad. Fuß) gilt:

von Nr. 0 (feinste) 60 Franken
   » » 1   40 »
   » » 2 u. 3 20 » (Minimum.)
   » » 4   21 »
   » » 24 (größte) 60 »

R. Mohl, Würtemb. Gewb. Ind. S. 268. — Babbage, a. a. O. S. 165.

§. 167.

Steigt der Preis eines Gutes über die Kosten, so kommt der Ueberschuß zunächst dem Unternehmer zu statten, welcher in diesem Falle einen den gewöhnlichen mittleren Satz übersteigenden Gewerbsverdienst bezieht, §. 158. 2). Dauert aber ein solcher

Stand des Preises fort, so können die Verhältnisse des Mitwerbens den Unternehmer nöthigen, einen Theil dieses Gewinnüberschusses an andere Personen, welche zu der Hervorbringung und Herbeischaffung der Waare mitwirken, insbesondere an die Arbeiter und Grundeigner, als Erhöhung des Lohnes und der Grundrente, abzugeben.

Zweite Abtheilung.

Veränderungen der Preise und Bemessung derselben.

§. 168.

Ein Gegenstand ist kostbar, wenn er im Vergleiche mit anderen Gütern beträchtliche Hervorbringungs- und Herbeischaffungskosten verursacht. Die Kostbarkeit eines Gutes, d. h. die Eigenschaft, ein gewisses großes Maaß von Kosten zu erfordern, ist nach Zeiten und Gegenden verschieden, und wird in der Beurtheilung des Einzelnen sowohl von der Erwerbung des Gutes im Tausche, als von der eigenen Erzeugung verstanden (a). Werden dagegen mehrere Preise einer und derselben Sache miteinander verglichen, so entstehen die Begriffe von **theuer** und **wohlfeil**. Ein Gut ist theuer oder wohlfeil, je nachdem sein Preis höher oder niedriger ist, als in vielen anderen Tauschfällen, dieß setzt also voraus, daß in verschiedenen Orten oder Zeiten die Preise eines Gutes von einander abweichen (b). Zwischen dem Zustande des Theuer- oder Wohlfeilseins (der **Theurung** und **Wohlfeilheit**) liegt der mittlere, dem durchschnittlichen Kostensatze entsprechende Preis, welcher zugleich der gewöhnliche ist (c). Wird eine Waare a gegen eine andere b theuer, so liegt hierin nothwendig, daß letztere gegen a wohlfeil geworden ist, daher finden **Theurung** und **Wohlfeilheit** immer nur bei einzelnen Arten oder Gattungen von Gütern im Vergleich mit anderen, oder, nach der Einführung eines allgemeinen Preismaaßes (Geld) im Vergleich mit diesem statt. Was man Theurung und Wohlfeilheit aller Güter gegen Metallgeld nennt, ist genau betrachtet nichts als Wohlfeilheit oder

Theurung der letzteren. Werden beide Bezeichnungen schlechthin, ohne Benennung einer Gattung von Gütern gebraucht, so bezieht man sie auf den Preis der gewöhnlichsten Nahrungsmittel (d).

(a) Der hohe Preis des Diamanten hängt mit seiner Kostbarkeit zusammen, denn bei der Seltenheit größerer Stücke fordert das Aufsuchen großen Kostenaufwand, auch das Schleifen ist kostspielig.

(b) Storch, I, 305.

(c) Nach Lotz beziehen sich beide Begriffe auf das Verhältniß zwischen den Marktpreisen und den Kosten; theuer ist die Sache, deren Preis über dem Kostensatze steht. Handb. I, 55. — Da nun die Kosten den gewöhnlichen mittleren Preis bestimmen, so werden beide Erklärungen in den meisten Fällen zusammentreffen. Aber der Sprachgebrauch nimmt bei jenen Ausdrücken auf die Kosten, deren Größe man oft gar nicht kennt, keine Rücksicht. Jedermann nennt den Zucker wohlfeil, wenn der Centner 25 fl., theuer wenn er 60 fl. gilt, die Kosten seien welche sie wollen. Selbst bei Dingen, die weit über ihrem Kostensatze verkauft werden, wie der Wein von ausgezeichneten Lagen, spricht man unbedenklich und allgemein von wohlfeil und theuer.

(d) Die Ausdrücke theuer und kostbar werden häufig mit einander verwechselt und in der Ermangelung eines anderen Wortes wird auch das Gegentheil von kostbar wohlfeil genannt.

§. 169.

Eine Sache kann theuer oder wohlfeil werden, d. h. einen ungewöhnlich hohen oder niedrigen Preis erhalten 1) durch zufällige Aenderungen im Angebote oder Begehre bei einerlei Hervorbringungskosten, 2) zufolge einer Veränderung in diesen Kosten.

Man hat ersteres die relative, letzteres die reale Theurung und Wohlfeilheit genannt (a). Ungeachtet der Entbehrlichkeit dieser nicht einmal ganz bezeichnenden Ausdrücke ist doch die Unterscheidung jener beiden Ursachen der Theurung und Wohlfeilheit erheblich, weil eine solche Preisveränderung eines Gutes, die aus einer Aenderung der Kosten hervorgeht, gewöhnlich weit dauernder ist, als eine solche, die von den häufigen und mannichfaltigen Schwankungen der Concurrenzverhältnisse bewirkt wird. Wird der erhöhte oder erniedrigte Preis einer Sache zum gewöhnlichen, so kann man dann nur noch bei der Vergleichung mit den Preisen anderer Zeiten die Sache theuer oder wohlfeil nennen.

(a) Storch I, 306.

§. 170.

Derjenige Preis eines Gutes, welcher mit den Kosten zusammentrifft und in der Mehrzahl der Fälle wirklich stattfindet (§. 157), muß auch als *der nützlichste* angesehen werden, weil er die Hervorbringung und Verzehrung gleichmäßig begünstiget und dem Vortheile aller Betheiligten entspricht. Er gewährt nämlich 1) den Erzeugern und Verkäufern vollständige Erstattung aller Ausgaben und Verzehrungen und setzt sie dadurch in den Stand, ihr Gewerbe fortdauernd zu betreiben (*a*); 2) er giebt zugleich den Käufern Gelegenheit, sich nützliche und angenehme Gegenstände mit einer so geringen Aufopferung anderer Güter zu verschaffen, als es auf die Dauer möglich ist (*b*).

(*a*) Vorausgesetzt, daß in diesem Kostensatze auch der Unternehmer seinen mittleren Gewerbegewinn findet, §. 139.

(*b*) Der Wunsch aller Verkäufer, daß ihre Waaren einen die Kosten übersteigenden Preis erhalten möchten, hat in volkswirthschaftlicher Hinsicht kein Gewicht, weil ihm das Verlangen der Käufer nach Wohlfeilheit gegenübersteht und der Vortheil aller Classen zugleich berücksichtigt werden muß, auch die Bestrebungen der Gewerbsunternehmer sich häufig widerstreiten, wie z. B. die Landwirthe einen hohen, die Tuchfabricanten aber einen niedrigen Preis der Wolle wünschen und zu bewirken suchen. — Steht der Preis einer Waare über den Kosten, so giebt dieß leicht einen Antrieb, dieselbe häufiger hervorzubringen und neue Capitale auf das Gewerbe zu wenden. Ein solcher Preis vergütet ferner die Verluste, welche etwa ein zu niedriger Preis den Verkäufern zugefügt hat. Tooke, Thoughts and details, III, 105 ff. Hier wird unter anderem gezeigt, daß die Zahl der dem Parlamente jährlich vorgelegten Gemeinheitstheilungsplane (inclosure-bills) zu- und abnahm, je nachdem die Getreidepreise (hauptsächlich des vorigen Jahres) höher oder niedriger standen, s. auch Porter, Progress, S. 148. Indeß lassen sich auch Fälle nachweisen, wo gerade die Wohlfeilheit einer Waare sich nützlich erwiesen und Fortschritte in der Gewerbskunst hervorgerufen hat. Porter, S. 145.

§. 171.

Untersucht man die volkswirthschaftlichen Wirkungen, welche eine Verminderung der Kosten eines gewissen Gutes hervorbringt, so ist

1) in Bezug auf die inländischen Käufer der Vortheil unzweifelhaft, denn die vermöge des Mitwerbens (§. 163. 2) in der Regel eintretende Preiserniedrigung bewirkt, daß gleiche Werthmenge mit einem geringeren Aufwande anderer Güter eingetauscht und somit ein größerer Gütergenuß erlangt werden kann. Sind es insbesondere Dinge von hohem Werthe und

allgemeinem Gebrauche, so liegt in jener Veränderung eine Erhöhung des Volkswohlstandes. Der niedrige Kostenbetrag und Preis der Lebensmittel kann auch durch Verringerung des Lohns andere Erzeugnisse wohlfeiler machen, in deren Kosten der letztere eine erhebliche Stelle einnimmt, und sich hiedurch doppelt wohlthätig erweisen. Der Vortheil der Käufer ist sehr verbreitet, weil jeder Staatsbürger Käufer vieler Güter ist und bei jeder Waare weit mehr Käufer als Verkäufer vorhanden sind.

2) Auch die **Verkäufer** haben Nutzen, da die Wohlfeilheit den Absatz erweitert und eine starke Zunahme desselben zu weiteren Kostenersparungen Veranlassung giebt, die wenigstens eine Zeit lang Gewinn versprechen; z. B. die Ausgabe für Zinsen vermindert sich wegen des schnelleren Ersatzes des umlaufenden und der vollständigeren Benutzung des stehenden Capitales, — es werden neue Maschinen zu Hülfe genommen 2c. Nur daraus kann vorübergehend ein Verlust entstehen, daß früher aufgewendete höhere Kosten nicht mehr vollständig ersetzt werden, z. B. bei Vorräthen, die vor der Kostenerniedrigung angeschafft waren.

§. 172.

3) Es muß indeß auch der Einfluß der Kostenerniedrigung auf die Lage der übrigen bei der **Hervorbringung betheiligten Personen** beleuchtet werden.

a) Liegt die Ursache in einem geringeren Verbrauche bei der Hervorbringung, also in **technischen Umständen**, so ist dieß gemeinnützlich, nur den Fall ausgenommen, wenn Arbeit erspart wird und Arbeiter ihre Nahrung verlieren, was jedoch gemeiniglich nur vorübergehend geschieht.

b) Vermindern sich die Ausgaben des Unternehmers darum, weil die Renten für Grundstücke und Capitale (§. 139) und der Lohn der Arbeiter abnehmen, so tritt eine andere Vertheilung des Volkseinkommens ein, bei der die Käufer auf Kosten einzelner Classen gewinnen. Auch schon vor den näheren Untersuchungen über den Arbeitslohn (§. 187 ff.) ist es einleuchtend, daß eine Wohlfeilheit der Waaren, die durch Entbehrungen der Arbeiter bewirkt würde, im Ganzen genommen keine günstige Erscheinung sein könnte, weil die Arbeiter nicht blos als Productionsmittel betrachtet werden dürfen (§. 129), sondern die zahlreichste Volksclasse bilden, der ein Antheil am allgemeinen Wohlstande gebührt (a). Ein Sinken der Grund- und Capitalrente ist den Empfängern derselben ebenfalls empfindlich, doch in geringerem Grade, weil ihnen noch ein Erwerb durch Arbeit freisteht.

(a) Dieß ist neuerlich auch von Hermann bemerkt worden, Münch. gel. Anz. 1847 Nr. 191 ff.

§. 173.

Entfernt sich der Preis eines Gutes in kurzer Zeit beträchtlich von dem Kostenbetrage, so pflegt dieß auf den Verkehr störenden Einfluß zu haben. 1) Große Wohlfeilheit verursacht den Verkäufern einen Verlust, der sie zum Einschränken oder sogar zum Aufgeben ihres Gewerbes zwingt. Bei dieser Verminderung des Capitales werden einige Zeit lang Arbeiter außer Thätigkeit gesetzt. Es ist nicht wahrscheinlich, daß die Käufer, denen die Wohlfeilheit zu Gute kommt, so viel Capital erübrigen, als die Verkäufer einbüßen. Auch der Uebergang von einem Geschäfte zu dem andern ist oft mit einem Opfer verbunden, §. 161 (a). 2) Starke Vertheurung ist den Käufern beschwerlich, nöthigt sie zu Einschränkungen in dem gewohnten Gütergenusse und legt ihnen sogar bei sehr werthvollen Dingen, die schon bisher eine bedeutende Ausgabe verursachten, eine schwere Entbehrung auf (b). Tritt nun hierdurch eine Verringerung des Absatzes ein, so ist diese auch für die Verkäufer nachtheilig und schwächt die Production (c).

(a) Die nämliche Wirkung zeigt sich dann, wenn bei einer Zunahme der Kosten der Preis stehen bleibt oder nicht verhältnißmäßig steigt, §. 163. Die Preisveränderungen einzelner Waaren erstrecken sich gewöhnlich weder schnell noch vollständig auf die Preise anderer Güter, zu deren Hervorbringung jene gebraucht werden.

(b) Man hat von London und Paris nachgewiesen, daß die Zahl der Sterbfälle mit den Fruchtpreisen der einzelnen Jahre steigt und fällt, Dyanière, in Mém. de l'institut nation. Sc. mor. et pol. I, 543. Aus den Angaben für England ist dieß nicht zu ersehen, nach der Tafel bei Mac-Culloch, Stat. I, 414, f. auch Bernoulli, Populationistik, II, 365. — In Frankreich war die Zahl der Gestorbenen auf 10 000 Lebende, 1845 212, — 1846 234, — 1847 241, und die Fruchtpreise stiegen in gleicher Folge. Moreau de Jonnès in Séances et travaux, XVII, 33, vergl. Dupin, ebb. S. 36. — Die Zusammenstellung der Sterbfälle und der Preise des Getreides sowie der Kartoffeln für Belgien (nach den Zahlen im Annuaire de l'observat. de Brux. 1854) und Sachsen (Statist. Mittheil. — Bevölf. II, 60 und Taf. XII) zeigt ebenfalls die Sterblichkeit der theuren Jahre nicht regelmäßig und beträchtlich größer, weil mancherlei andere Ursachen mit einwirken. Doch in den belgischen Städten war zwischen 1835 und 1852 die Zahl der Sterbfälle in den 5 theuersten Jahren (mit Ausschluß der Cholerajahre 1848—49) im D. 31861, in den 5 wohlfeilsten 28379.

(*c*) Wenn das vertheuerte Gut nicht wohl zu entbehren ist, so versagt man sich lieber irgend ein anderes minder wichtiges, und dann wird dessen Absatz vermindert.

§. 174.

Im gemeinen Leben setzt man unbedenklich voraus, daß die Veränderungen in den Preisen der verschiedenen Waaren sich genau aus dem jedesmaligen **Geldpreise** der letzteren erkennen lassen, weil man das Geld für einen genauen Maaßstab ansieht, §. 146. Dieß würde es sein, wenn sein Preis gegen alle übrigen Güter unveränderlich wäre; treten aber in diesem Veränderungen ein, so sind die Geldpreise nicht mehr vollkommen geeignet, den Wechsel in den Preisen der einzelnen verkäuflichen Dinge anzuzeigen. Betrachtet man in dieser Hinsicht den gewöhnlichsten Stoff des Geldes, nämlich **Gold und Silber**, so zeigt die Erfahrung Folgendes: Die Preise derselben gegen alle anderen Güter erleiden keine häufigen Veränderungen, indem a) die Kosten ihrer Gewinnung, welche hauptsächlich von der Reichhaltigkeit der Lagerstätten, ihrer Lage ꝛc. bestimmt werden, keinem oftmaligen und plötzlichen Wechsel ausgesetzt sind, auch b) das Angebot den Schwankungen des Begehres in einzelnen Ländern leicht nachfolgen kann, weil die edlen Metalle bei der Niedrigkeit ihrer Versendungskosten (*a*) schnell und häufig aus einem Lande in das andere, ja aus einem Erdtheile in den anderen gehen. Dagegen können sich in längeren Zeiträumen sowohl in der Ergiebigkeit der Bergwerke, als in dem Verhältnisse des Begehres zum Angebote erhebliche Aenderungen zutragen, deren Gränzen sich nicht voraussehen lassen (*b*), so wie auch der Preis der Münzmetalle in den verschiedenen Ländern nicht ganz derselbe sein kann.

(*a*) Ein Aufwand von 1 fl. Frachtkosten für den Centner (für ungefähr 24 Meilen) vertheuert das Gold ungefähr um $1/720$ Procent, Silber $1/45$ Proc., Quecksilber $5/8$ Proc., Baumwolle, Zinn 1—2 Proc., Rohzucker 6—8, Gußeisen 10—12, Waizen 25—33, Kochsalz 66, Steinkohlen um 150 Proc. des üblichen Preises, letztern an der Grube gerechnet.

(*b*) Es können die lang fortgebauten Bergwerke erschöpft oder dagegen neue reichere aufgefunden werden. Der Begehr nimmt zu, wenn man mehr Metallgeld braucht, z. B. wegen häufiger Einlösung des Papiergeldes, oder wenn andere Verarbeitungen der edlen Metalle allgemeiner werden.

§. 175.

Eine Veränderung in den Preisen der Münzmetalle ist dann anzunehmen, wenn die letzteren gegen alle oder doch gegen die meisten anderen Güter zugleich und gleichviel im Preise gestiegen oder gefallen sind; wenn dagegen nur die eine oder andere Gattung von Waaren im Preise gegen Münzmetalle steigt oder fällt, so beweist dieses, daß die Veränderung bei diesen Waaren vorgegangen ist. Die Entscheidung, ob das Eine oder das Andere erfolgt sei, ist jedoch nicht leicht, denn die Preise der einzelnen Waaren sind vielen Veränderungen ausgesetzt, die zum Theil erweislich aus besonderen Umständen, namentlich im Mitwerben oder in den Kosten herrühren und daher nicht mit den Aenderungen in der Menge der Münzmetalle zusammenhängen. Man muß folglich den Einfluß jener Ursachen zu beseitigen suchen und solche Verkehrsgegenstände auswählen, bei denen besondere Ursachen der erwähnten Art am wenigsten einwirken. Ferner ist es nöthig, wenn Preise verschiedener Dinge gegen Geld aus verschiedenen Zeiten oder Ländern miteinander verglichen werden sollen, vor allem die Münzsummen in Gewichtsmengen von Gold und Silber auszudrücken, weil der Metallgehalt der Münzstücke sich von Zeit zu Zeit geändert hat und von Land zu Land andere Münzsorten vorkommen (a). Auf diese Weise erkennt man, daß die Preise der edlen Metalle wirklich bedeutenden Veränderungen ausgesetzt sind, weßhalb diese Stoffe keinen ganz vollkommenen Maaßstab der Preise bilden.

(a) Bernoulli (Schweizer. Archiv, II, 44) zeigt, daß die oft angestaunte Wohlfeilheit früherer Jahrhunderte größtentheils auf dem damaligen größeren Gehalte der Münzen beruht. — Es wäre eine eben so verdienstliche als schwierige Arbeit, Münztabellen für jeden Staat nach der Zeitfolge aller eingetretenen Münzveränderungen zu entwerfen. Für Frankreich findet man Materialien hiezu in der Vorrede von Pastoret zu den Ordonnances des rois de la France, Bd. XV, für Italien im 13. und 14. Jahrh. bei Cibrario, Della econ. polit. del medio evo. S. 545.

§. 176.

Die größte bekannte Veränderung in den Preisen der Münzmetalle ging im 16. Jahrhundert vor, als die großen Massen

Goldes und Silbers aus den americanischen Bergwerken nach Europa zu strömen anfingen, auch überhaupt der Verkehr sich sehr belebte (a). Man hat angenommen, daß dieselben seit dieser Zeit auf den dritten, vierten oder sogar den sechsten Theil des Preises gesunken seien, den sie im Alterthume und im Mittelalter gehabt haben (b). Es läßt sich indeß keine solche Zahl als allgemein geltend und sicher angeben, 1) weil die Preiserniedrigung dieser Metalle nicht in allen Ländern von Europa in gleichem Grade eintreten konnte (c), 2) weil es einen Unterschied macht, welche Zeiträume vor und nach dem Anfang der stärksten Gold- und Silber-Einfuhr man zur Vergleichung wählt (d). — 3) weil es an zahlreichen, fortlaufenden und genauen Nachrichten über die Preise verschiedener Waaren in früheren Jahrhunderten fehlt. Man kennt größtentheils nur Getreidepreise, bei denen es zweifelhaft ist, ob ihre Veränderungen nicht von den vermehrten Kosten des Anbaues bei dem stärkeren Begehre und von der ungleichen Fruchtbarkeit ganzer Perioden herrührt (e). Außer jener Hauptveränderung sind mehrere andere minder beträchtliche vermuthet worden. Die Münzmetalle scheinen im 14. und 15. (f), sodann wieder im 18. Jahrhundert gegen ihren Stand im 16. und 17. (g) und endlich nach ihrem etwas niedrigeren Preise im Anfang des 19. Jahrhunderts abermals im dritten Jahrzehend desselben wieder eine Vertheuerung erlitten zu haben (h).

(a) Ueber die Preise des Silbers in den letzten 4 Jahrhunderten s. Smith I, 285 ff. — Sorgfältige Untersuchungen über die Geldpreise im Alterthume bei Garnier, franz. Uebers. von Smith, V, 64—81. — Böckh, Staatshaush. der Athener, I, 123. — Helferich, Von den period. Schwankungen im Werthe der edlen Metalle. Nürnb. 1843. — Roscher, System der B. W. I, 238.

(b) Garnier und Say berechneten anfangs, daß das Gold auf 1/3, das Silber auf 1/4 seines früheren Preises gesunken sei. Späterhin setzten sie diese Veränderung beim Silber auf 1/6. Nach Garnier galt 1 Pfd. Silber in älterer Zeit 6000 Pfd. Waizen, seit dem 16. Jahrhundert nur 1000 Pfd.; Say, Handb. III, 12 ff. Tooke und Newmarch (Gesch. d. Preise II, 428) nehmen von 1570—1640 nur ein Sinken auf 1/3 an. — Der mittlere Preis eines Ctr. Waizen war nach Garnier und Say:

I. Alte und mittlere Zeit.

in Athen zur Zeit des Demosthenes	58 kr.
in Rom unter Cäsar	52 =
unter Karl dem Großen	46 =
in Frankreich unter Karl VII. (1450)	42 =
in Frankreich im Jahre 1514	64 =
Durchschnitt	52 kr.

II. **Neuere Zeit.**

Im Jahre 1536	. . . . .	140 fr.
= = 1610	. . . . .	219 =
= = 1640	. . . . .	248 =
= = 1769	. . . . .	259 =
= = 1820	. . . . .	310 =
Durchschnitt	. . .	259 fr. = 4 fl. 19 fr.

In Ansehung der Preise aus dem Alterthume weichen neuere Untersuchungen von den Angaben Garnier's bedeutend ab. Die 5 Drachmen, welche der Metimnos damals galt, betragen, wenn man die ältere Drachme zu Grunde legt, nach Böckh (Staatshaushalt der Athener, I, 15.) 2 fl. 4 fr., nach Letronne (f. Wurm, De ponderum, nummorum . . . rationib. apud Roman. et Graec. Stuttg. 1820) 2 fl. 10 fr., und der Medimnos war nach Ideler = $^{15}/_{16}$ des preuß. Scheffels, den man zu 92 Pfund Waizen ansetzt (= 0,^{16} bad. Malt.). Daher war der Preis eines Centners Waizen

zu Sokrates Zeiten 85 fr. = 1 fl. 25 fr.
zu Demosthenes Zeiten 146 fr. = 2 fl. 26 fr.

Auch der römische Preis (1 modius zu 3 sestertii) ist viel höher und macht, da der modius 0,^{157} pr. Scheff., der sestertius 5,^{73} fr. betrug (Wurm, a. a. O.), gegen 117 fr. = 1 fl. 57 fr. auf den Centner.

(c) In Italien scheint im 16. Jahrhundert gar keine Vertheurung der Waaren gegen Metallgeld stattgefunden zu haben, weil dieses Land schon vor jener Zeit in Folge seines ausgedehnten Handels metallreicher war, als jedes andere, und die Abnahme des Verkehres nach der Veränderung des Handelszuges wenig Gelegenheit darbot, von den americanischen Metallzuflüssen etwas an sich zu ziehen. Carli, Del valore e della proporzione de' metalli monetati con i generi in Italia, in den Scr. class. P. mod. T. XIII. — Pecchio, Storia, S. 112.

(d) Z. B. ob man die 2te Hälfte des 15. und des 16. Jahrhunderts vergleicht, oder mehrere Jahrhunderte vor- und nachher.

(e) Say räth, Geldsummen, die aus früherer Zeit bekannt sind, nach den damaligen Getreidepreisen in Getreide und dann nach den heutigen Preisen desselben wieder in jetzigem Gelde auszudrücken. Dieß giebt jedoch keine genaue Vorstellung von der Lage, in der sich der Besitzer einer solchen Geldsumme in einer früheren Zeit befand, zumal da unterdessen auch die Preise der meisten Güter untereinander sich verändert haben. Vgl. Rau, Zus. zu Storch, Nr. 73. — Lotz, Handb. I, 406. Viele Ausmittlungen dieser Art bei Cibrario, Della econ. pol. S. 539. — Ergebnisse verschiedener Berechnungen aus den Getreidepreisen:

1) In Paris galt der sétier Waizen
in dem Zeitraume zwischen 1202 und 1532 7,^{65} Franken,
in der Periode von 1535—1765 . . . 21,^{94} Franken, also nicht voll dreimal soviel. Kraus, Vermischte Schriften I, Taf. IV.

2) Die von Ad. Smith nach Fleetwood mitgetheilten Nachrichten geben folgende Durchschnitte für den Quarter Waizen (5,^{138} preuß. Sch.) in heutigem Gelde:
in 72 Jahren zwischen 1202 und 1560 27$^5/_6$ Schill.
1499—1516 . . . . 10 =
in 12 Jahren zwischen 1561 und 1601 47 =
von 1595—1764 . . . . . 45 = , also 4$^1/_2$fach erhöht, gegen die früheren Jahrhunderte nur um 61 Proc.

3) Brüsseler Waizenpreise, Quotelot, Recherches stat. sur le royaume des Pays-Bas, 1829 (in Sols de Brab. zu 2,⁵³⁹ fr. für 1 rasière = 0,⁹ pr. Sch.):

1500—49	12,⁶	1600—99	70
1550—99	39	1700—99	63

also in der 2. Hälfte des 15. Jahrh. 3fach.

4) Preis des Sestario Waizen (=0,⁴⁰⁶ Hektol.) in Piemont und Savoyen in heutigem Gelde nach Cibrario, S. 481

zwischen 1289—1397 4,⁷ Lire
        : 1825—1835 8,¹⁷ :

also 73 Proc. höher, und der frühere Preis, das Hektol. zu 10,⁷² Franken, war schon ein ansehnlich höher.

5) Nach den von de Montvéran (Bulletin de la société franç. de statistique, Sept. 1830) gesammelten Nachrichten verhalten sich die Waizenpreise in Frankreich von 1307—1560 zu den neueren wie 1 zu 2,⁷⁶.

6) Nach von Groß (D. Vierteljahrsschrift Nr. 50, S. 186) kaufte man in Königsberg mit 1 Mark Silber

1448—1534 55,¹⁶ preuß. Scheff. Roggen
1568—1655 19,³⁵ : : :

oder ungefähr ⅓ der früheren Menge.

Schuckburg's Tabelle bei Kraus a. a. O. Taf. 1 beweist, daß zwölf verschiedene Waaren von 1550—1795 7½ mal theurer geworden sind, aber es sind dieß meistens solche Lebensmittel, deren fortwährende Preiserhöhung bekannt ist, so daß man daraus keinen Schluß auf die Geltung des Silbers machen kann, §. 185. — Wenn, wie Helferich a. a. O. zu zeigen sucht, der americanische Metallzufluß im 16. Jahrhundert kleiner war, als man gewöhnlich annimmt, so kommt die Preiserhöhung zum Theil auf Rechnung anderer gleichzeitiger Ursachen, des lebhafteren Verkehrs, der stärkeren Nachfrage nach Waaren und dergleichen.

(*f*) S. die Zahlen aus Smith's Werke in der vorigen Note.

(*g*) Doch nicht aller Orten, z. B. nicht in Baiern, Hermann, S. 123.

(*h*) Belege dafür:

München, der Scheffel Roggen:		Danzig, der engl. Quarter Waizen:	
1800—09	14,⁶⁹ fl.	1800—09	60 Sch.
1810—19	17,⁷⁵ :	1810—19	55,³³ :
1820—28	8,⁶⁵ :	1820—31	35,⁴¹ :

Belgien, das Hektoliter Waizen:		Heidelberg, das bad. Malter Spelz:	
1801—10	17,⁸³ Fr.	1800—09	4,⁶⁸ fl.
1811—20	23,⁶⁷ :	1810—20	5,⁶⁵ :
1821—30	16,¹⁰ :	1821—30	3,⁶⁶ :

Das Sinken der Getreidepreise in dieser Zeit darf jedoch nicht ganz aus jener Ursache abgeleitet werden, weil bei dem Getreide noch besondere Umstände mitwirkten, z. B. der Friede, der vermehrte Anbau und die fruchtbaren Jahre.

Ueber die Zweifel gegen die Annahme dieser Veränderungen in den neueren Gold- und Silberpreisen s. §. 277a.

§. 177.

Die Unvollkommenheiten, welche sich beim Gebrauche des Metallgeldes zum Preismaaße zeigen, sind zwar in dem gewöhnlichen Verkehre wenig fühlbar, erschweren aber nicht nur die deutliche Erkenntniß der Preisverhältnisse anderer Zeiten und Länder, sondern erweisen sich auch nachtheilig in solchen Fällen, wo es darauf ankommt, Leistungen auf lange Zeit hinaus so festzusetzen, daß sie für den Empfänger wie für den Leistenden gleich groß sind (a). Deßhalb hat man sich viel mit der Aufsuchung eines Gegenstandes beschäftiget, welcher von jenen Mängeln frei wäre und als ein vollkommener **Maaßstab des Preises**, oder wie man sich auszudrücken pflegte, des **Tauschwerthes**, angesehen werden könnte. Für die in einem solchen Maaße ausgedrückten Preise der Güter brauchte man die Benennung **Sach-** oder **Real-Preise**, im Gegensatze der **Renn-** oder **Nominal-Preise**, worunter die durch Geldsummen bezeichneten verstanden wurden. Man konnte jedoch nicht die Absicht hegen, das Metallgeld zu verdrängen, sondern man wollte nur die bei demselben vorkommenden Ungenauigkeiten mit Hülfe des anderen Maaßstabes berichtigen.

(a) Z. B. bei immerwährenden Abgaben, die an der Stelle der bisherigen bäuerlichen Lasten auf die Ländereien gelegt werden oder die nach dem Verkaufe von Staatsländereien auf denselben haftend bleiben sollen, — bei Staatsanleihen u. dergl.

§. 178.

Dieß Suchen nach einem vollkommenen Preismaaße ist vergeblich. Es giebt nämlich keinen im Verkehre stehenden Gegenstand, dessen Preis gegen die Gesammtheit der übrigen Güter nicht selbst wieder manchen Veränderungen unterläge, weil sich kein Gut findet, bei dem sowohl der Kostenbetrag als das beiderseitige Mitwerben unveränderlich sind; nur sind die Güter in der Häufigkeit, der Größe und der Gränze solcher Preisveränderungen sehr von einander verschieden. Noch viel weniger giebt es einen Gegenstand, von welchem eine gewisse Quantität den Eigenthümer zu allen Zeiten in die Lage setzte, eine gleiche Menge aller anderen Güter einzutauschen, weil diese aus Ursachen, die ihnen eigenthümlich sind, theils im Preise sinken, theils steigen. Wenn nun demnach kein Gut sich so ausschließend zum Preismaaße eignet, daß die in demselben ausgedrückten Preise anderer Güter genau die auf Seite der letzteren erfolgenden Veränderungen anzeigten, so ist doch das eine Gut zu einem solchen Gebrauche noch eher tauglich als das andere.

§. 179.

Smith erklärte die Arbeit für den wahren Maaßstab des Tauschwerthes (Preises) der Güter. „Der Mensch ist reich oder arm," bemerkte er, „nach Verhältniß der Quantität von Arbeit, welche ihm zu Gebote steht, oder welche zu erkaufen er die Mittel in Händen hat. Der Werth jeder Waare ist also für denjenigen, welcher sie nicht selbst zu verbrauchen, sondern gegen andere Waaren auszutauschen gedenkt, der Quantität Arbeit gleich, über welche er vermittelst derselben zu gebieten hat, oder die er dadurch erkaufen kann." — „An allen Orten und zu allen Zeiten ist eine gleiche Quantität Arbeit für den arbeitenden Mann selbst immer von gleichem Werthe. Ist seine Gesundheit, seine Stärke und seine Geistesmunterkeit die gewöhnliche, und hat er auch den gewöhnlichen Grad von Geisteskraft und Geschicklichkeit, so wird er zu derselben Arbeit immer ungefähr denselben Aufwand von Kräften, dieselben Aufopferungen seiner Zeit, seiner Bequemlichkeit und seines Vermögens nöthig haben." — „Das Verhältniß aller anderen Waaren gegen einander wird dann am sichersten geschätzt, wenn man ihr Verhältniß gegen die für jede zu erkaufende Arbeit ausfindig gemacht hat (a)." Wegen der großen Verschiedenartigkeit der Arbeit rieth Smith, sich hiebei der gemeinen, kunstlosen Handarbeit zu bedienen. Seine Ansicht wurde auch von Anderen angenommen (b).

(a) Unters. I, 45. 49. 56.
(b) Z. B. Malthus, Princ. Ch. I, Sect. 6. — v. Jakob, Nationalökon., S. 114. — Kudler, Volksw. I, 85. — Man würde demnach die Geldpreise der Dinge in der Menge von Tagen gemeiner Handarbeit ausdrücken, die man mit jenen Geldsummen belohnen kann. — Dagegen Sartorius, Abhandl. I, 16—33. — Vgl. Lotz, Handbuch I, 45.

§. 180.

Wäre auch die Beschwerde, welche die Arbeit dem Arbeiter verursacht, eine und dieselbe, was nicht einmal der Fall ist, so hätte dieß doch auf den hier in Betracht kommenden Gegenstand keinen Einfluß, da nach Smith's Vorschlage blos der jedesmalige Lohn der Arbeit zum Maaßstabe genommen wird (a), der Lohn aber ohne allen Zweifel sowohl in verschiedenen Zeiten, als an verschiedenen Orten sehr ungleich ist. Indeß knüpft sich hieran eine andere Betrachtung. Je nachdem nämlich wegen dieser Verschiedenheit des Lohnes ein gewisses Gut mehr oder weniger Tagewerke gemeiner Handarbeit erkauft, wird der arbeitenden Classe dessen Erwerbung schwerer oder leichter. Da nun der wirthschaftliche Zustand dieser Classe für die Beurtheilung des Wohlstandes eines Volkes von großer Wichtigkeit ist, so erscheint ein solcher Ausdruck der Preise in Arbeitstagen sehr lehrreich, nur nicht in dem Sinne jener Schriftsteller (b).

(a) Wenn man z. B. nach Jakob's Beispiele die Preise der Lebensmittel auf diese Weise ausdrückt und angiebt, 100 Ctr. Lebensmittel haben in Berlin und London den Tauschwerth von 300 Arbeitstagen, in Moskau von 240, auf den Societätsinseln von 120 Tagen, so werden allerdings die Preise der Lebensmittel durch Quantitäten von Arbeit bezeichnet, es ist aber offenbar, daß diese Quantitäten darum ungleich sind, weil der Arbeiter für seine Anstrengung, Beschwerde ꝛc. nicht überall und immer gleiche Vergütung erhält. Es ist nicht genug, aus jenen Zahlen zu lernen, über welche Masse von Anstrengung des Arbeiters ein Besitzer von 100 Centnern Lebensmitteln gebieten kann, wenn diese Kraftäußerung wiederum einen so ungleichförmigen Preis gegen andere Güter hat. — Vgl. dagegen von Jakob, 118 ff.

(b) Als Beispiel folgt hier die Angabe, wie viel Tage gemeiner Lohnarbeit an verschiedenen Orten ungefähr erforderlich waren, um dem Arbeiter folgende Unterhaltsmittel zu verschaffen, A in Manchester 1810—20, B in Hannover zu Anfang des 19. Jahrh., C ebendas. 1827, D in der Mark Brandenburg 1820—33, E in Graz 1826—45, F in der bad. Pfalz um 1850, G in Belgrad 1852, H in Sidney (Australien) 1849, I in New-York um die nämliche Zeit, K Ober-Canada nach M'Culloch, Handb. I, 381.

	A	B	C	D	E	F	G	H	I	K
1 Ctr. Rindfl.	26	33	35	34	36	41	11½	3	24	6,6
1 - Waizen	5,5	—	—	7,6	11	12	3	11½	6⅔	2
1 - Roggen	—	6,5	8,7	5,4	8,6	9,8	—	—	—	1,8
1 - Butter	43,3	57	64	83	84	83	—	49	20	22
¼ - Zucker	24	45,25	32	—	—	18	5	—	—	—

Nach Arthur Young's Aufzeichnungen (1787—90) konnte der französische Arbeiter 1 Centner Brod in 10½ Tagen, 1 Ctr. Fleisch in 36,8 T., der englische Brod in 10,4 T., Fleisch in 25,3 T. verdienen. In China verdient der Tagelöhner nach Timkowski (Reise, II, 359) 1 Ctr. Rindfleisch in etwa 34, Hirsengraupen in 14, Reisgraupen in 16, Butter in 85 Tagen.

§. 181.

Während Smith (§. 179) die für jede Waare zu erkaufende Menge von Arbeit als den besten Maaßstab des Preises ansah, legte dagegen Ricardo (a) großes Gewicht auf die Menge von Arbeit, welche zur Hervorbringung eines jeden

Gutes erforderlich ist. Aus ihr, je nachdem sie gleich geblieben oder anders geworden ist, soll man erkennen, auf welcher Seite die Ursache liegt, warum jetzt nicht mehr dieselbe Quantität des einen Gutes für das andere gegeben und empfangen wird. Der in dem Arbeitsaufwande ausgedrückte Preis soll der wahre Realpreis (Realwerth nach Ricardo) sein (*b*). Es giebt jedoch, wie von Ricardo selbst anerkannt worden ist, kein Gut von gleichbleibenden Kosten, vielmehr bringen Maschinen und andere arbeitsparende Einrichtungen große Veränderungen hervor, man kann ferner nicht zugeben, daß die Kosten blos aus Arbeit bestünden (§. 166), endlich würde man, da die Preise sich bald mehr, bald weniger von den Kosten entfernen, bei der Ausmittlung eines solchen Sachpreises nicht einmal das Verhältniß der wirklichen Preise zu erkennen vermögen. Wäre die Ausmittlung des Arbeitsbedarfs zur Erzeugung der Waaren von technischer Seite nicht so schwierig, so würde sie wenigstens dazu sehr dienlich sein, um den Stand der Gewerbskunst in jedem Zeitalter zu bezeichnen.

(*a*) Ueberf. v. Baumstark. S. 1 ff. — Ebenso M'Culloch, S. 170. — Dagegen auch Hermann, S. 131.

(*b*) „Der Werth (value) einer Waare, oder die Menge irgend eines anderen Gutes, für welches sie vertauscht werden wird, hängt von der verhältnißmäßigen (relative) Menge von Arbeit ab, die zu ihrer Hervorbringung nöthig ist." „Wenn es irgend eine Sache gäbe, zu deren Hervorbringung zu allen Zeiten die nämliche Menge Arbeit erforderlich wäre, so würde sie einen unveränderlichen Werth haben und ein vorzüglich guter Maaßstab (standard) sein, um die Veränderungen im Werthe anderer Dinge zu bemessen." Diesen durch die Hervorbringungskosten bestimmten Werth (Tauschwerth) betrachtet Ricardo als den „ursprünglichen und natürlichen Preis," von welchem die Marktpreise in Folge zufälliger Ursachen temporär abweichen können, S. 66. Nur solche Dinge, die durch den Menschen nicht beliebig vermehrt werden können, werden ausgenommen, weil bei ihnen die Seltenheit den Tauschwerth bestimme.

§. 182.

Das Getreide ist schon von Smith als ein für längere Perioden dem Gelde weit vorzuziehendes Preismaaß erklärt worden, und in der That hat es in dieser Hinsicht Vorzüge. Sowohl deßhalb, als wegen der Folgen, die der jedesmalige Getreidepreis für die minderbegüterten Einwohner eines Landes, für die Landwirthe und selbst für die Finanzverwaltung hat, verdient dieser Gegenstand eine nähere Beleuchtung.

I. **Veränderungen des Getreidepreises im Fortgange der Zeit** (a).

1) Die Ungleichheit der Ernten bringt von Jahr zu Jahr eine große Verschiedenheit im Preise hervor. Während das jährliche Erzeugniß an Mehlfrüchten unter dem Einflusse der Jahreswitterung starken Veränderungen ausgesetzt ist, bleibt sich der Begehr weit mehr gleich, denn wegen des hohen Werthes des Getreides bricht man sich auch in schlechteren Jahren an dem gewohnten Bedarfe nur ungern ab, in reichen Jahren aber erweitert sich der Verbrauch nicht im Verhältniß zum Ernteertrage. Zwar nährt man sich vollständiger und wählt zugleich feineres Mehl zur Verzehrung, aber dennoch hat der Nahrungsbedarf eine ziemlich nahe Gränze. Die Landwirthe suchen in ungünstigen Jahren noch ihren gewöhnlichen Bedarf zu behalten und die verkäufliche Menge nimmt folglich stärker ab als der ganze Ertrag des Getreidebaues. Deßhalb steigt und fällt der Getreidepreis mehr, als man aus dem Ernteergebniß erwarten sollte, er geht z. B., wenn eine Ernte um $1/4$ reicher oder ärmer war, als gewöhnlich, um weit mehr als $1/4$ über oder unter den mittleren Preis, und der Landwirth zieht also in reichen Getreidejahren eine geringere Geldeinnahme von dem Verkaufe seiner Erzeugnisse, als in mittleren und schlechten, obgleich der ganze Kostenaufwand in den letzteren, wenigstens in Hinsicht des Ernte-, Fuhr- und Dreschlohns, etwas kleiner ist. Es ist jedoch unmöglich, für das jedesmal obwaltende Verhältniß zwischen dem Ernteertrage und dem Preise eine allgemeine Regel in Zahlen aufzustellen, weil es hiebei noch auf mancherlei Nebenumstände, z. B. die Größe der vorigen Ernte, die Aus- und Einfuhr, den bisherigen Preis rc., ankommt (c). Gewöhnlich folgen gute, mittlere und schlechte Jahre in bunter Mischung aufeinander, so daß die Jahrespreise bald steigen, bald sinken, doch giebt es auch Beispiele einer mehrmaligen Wiederholung reicher oder spärlicher Ernten (d).

2) Was die Preise der einzelnen Jahreszeiten betrifft, so wird gewöhnlich als Regel angenommen, daß die Preise im Herbste und Winter, wo die meisten Vorräthe nach dem Ausbruche zu Markte kommen, am niedrigsten, dagegen im Frühling, wo das Angebot schwächer ist, am höchsten stehen, deßhalb

bedient man sich in solchen Geschäften, wo man aus Billigkeitsgründen niedrigere Preissätze anwenden will, oft der Martinipreise (11. November), oder besser eines Durchschnittes der Preise in den Wintermonaten. Im Frühlinge und Sommer verursachen auch Zinsen und Aufbewahrung einen größeren Kostenbetrag. Indeß trifft jene Regel nur dann annähernd zu, wenn die Ernten nicht sehr ungleich sind. In Fehljahren gehen die Preise gegen die Ernte zu und nach ihr immer mehr in die Höhe, bis sie im Winter oder Frühling ihren höchsten Stand erreichen. Eine gute Ernte dagegen erniedrigt schon einige Monate vor ihrem Eintreten den Preis und hält ihn niedrig, bis etwa die Aussicht auf die nächste Ernte ungünstig wird. Es kommt also hauptsächlich darauf an, wie zwei aufeinander folgende Ernten sich in der Ergiebigkeit zueinander verhalten. Auch können große Abwechslungen in der Nachfrage und dem stärkeren oder schwächeren Bedürfnisse der Landwirthe, ihr Getreide bald zu verkaufen, mancherlei Verschiedenheiten nach sich ziehen, weßhalb es kein festes Gesetz für die Preise der Jahreszeiten giebt (e).

(e) Damit man die Getreidepreise für wissenschaftliche oder praktische Zwecke benutzen könne, müssen sie sorgfältig ermittelt sein. Die Aufzeichnungen in den Marktregistern genügen nur dann, wenn der mittlere Preis jedes Markttages mit Rücksicht auf die für jeden einzelnen Preis verkauften Quantitäten bestimmt worden ist, so daß der Mittelpreis, mit der ganzen verkauften Menge vervielfacht, gerade die ganze wirklich bezahlte Summe giebt. Ferner muß man den Unterschied alter und neuer Frucht und alle Kaufbedingungen, z. B. die Zahlungstermine, beachten. Bad. Zehntablösungsgesetz, 15. November 1833, §. 32. Vollzugsverordnung vom 17. März 1834 (musterhaft). — Kommen in einem kürzeren, z. B. 12, 20 ꝛc. jährigen Zeitraume große Abweichungen der einzelnen Jahrespreise vor, so ist es für den praktischen Gebrauch rathsam, die höchsten und niedrigsten Preise aus der Rechnung wegzulassen. Dieß Ausstreichen der Extreme macht den Durchschnitt niedriger, weil die Preise der theuren Jahre mehr von dem mittleren Betrage abweichen, als die der wohlfeilen, wie denn z. B. in den Münchner Preisen von 1750—1800 der niedrigste um 47 Proc. unter dem 20jährigen Durchschnitte steht, der höchste aber (1772) um 147 Proc. darüber. Die Wirkung dieses Auslassens der höchsten und niedrigsten Preise läßt sich so erläutern:

    Berlin, 50jähriger Roggenpreis von 1774 - 1833   48,5 Sgr.
          20jähriger Mittelpreis von 1794—1813   59,3 ’
          derselbe, nach Auslassung der 2 höchsten und 2 niedrigsten . . . . . .   55 ’
    Köln, 60jähriger Roggenpreis von 1760—1820   45 ’
          13jähriger 1816—28 . . . . . .   53 ’
          derselbe, nach Ausscheidung des höchsten und niedrigsten . . .   49 ’

S. Sammlungen von Getreidepreisen bei **Unger**, Von der Ordnung der Fruchtpreise, Gött. 1752. I. — **Frohn**, Ueber Cultur, Handel u. Preise der Getr. in Baiern. München, 1799. Fol. — **Kraus**, Aufsätze über staatswirthsch. Gegenstände. Königsb. 1808. I. — **Rudhart**, Zustand des Königr. Baiern, I. Beil. S. 90. (1825). — **Will. Jacob**, Report on the trade in foreign corn. 1826, die Anhänge. — v. **Gülich**, Geschichtl. Darstell., Tabellen, II, 22. V, 161. — Beiträge zur Statistik d. preuß. Rheinlande, 1829. S. 92. — **Engel**, Jahrbuch f. Statistik u. Staatswirthschaft des K. Sachsen, I, 484. 1853. — **Seuffert**, Statistik d. Getreidehand. in Baiern. 1857.

(*b*) Wenn ein Landwirth gewöhnlich 54 Procent seines Getreideerzeugnisses verkaufen kann, und eine schlechte Ernte ihm nur $3/4$ des Mittelertrages giebt, so bleiben bei gleichem Bedarf für die Wirthschaft nur 29 Proc. einer gewöhnlichen Ernte zum Verbrauch übrig, also nicht viel über die Hälfte dessen, was sonst auf den Markt kommt.

(*c*) Die zweite gute oder schlechte Ernte erhöht oder erniedrigt den Preis weit mehr als die erste, ein Mißjahr nach einem sehr reichen bewirkt ein schwächeres Steigen, als nach einem mittleren etc. Ferner wird der mittlere Jahrespreis immer von der vorjährigen und diesjährigen Ernte zugleich bestimmt, indem diese erst im Juli und August erfolgt, und in den ersten Monaten des Jahres nicht einmal vorauszusehen ist, wie die Ernte ausfallen wird. Man würde daher besser nach Erntejahren rechnen. Auch die sehr ungleiche Nahrhaftigkeit der Brodfrüchte in verschiedenen Jahrgängen, ein gewöhnlich übersehener Umstand, hat Einfluß, **Nebenius** in Verhandl. der bad. zweiten Kammer von 1833, XIII, 1834. Nicht allein das Gewicht eines gewissen Raummaaßes und der Mehlertrag sind von Jahr zu Jahr verschieden, sondern auch die Zusammensetzung des Mehles. Nach **Millon** (Annales d'hygiène publ. XLI, 451) hatte der Waizen von 1847 $18\frac{1}{2}$, der von 1848 nur 14 Proc. Wasser. — Die berühmte, von d'**Avenant** bekannt gemachte Regel **King's** ist deßhalb nur beispielsweise zur Erläuterung zu gebrauchen. Sie ist folgende:

Wenn an der Ernte fehlt	so soll der Preis über den mittleren Satz steigen
$1/10$	um $3/10$
$2/10$	$8/10$
$3/10$	um das $1^{6}/_{10}$fache
$4/10$	″ ″ $2^{8}/_{10}$ ″
$5/10$	″ ″ $4^{1}/_{2}$ ″

Tooke, Thoughts and details, III, 90. Es ist schwer, die Größe der Ernten in einem Lande genau zu erforschen, weßhalb nur ungefähre Angaben zu erhalten sind. Zum Beispiele mag der Ertrag des Waizenbaues in Frankreich dienen, nach **Cordier**, Mémoire sur l'agriculture de la Flandre française. Paris, 1823.

	Ernte. Hectoliter.	Mittelpreis. Franken.	Ganzer Gelderträg. Franken.
1817	48·157 127	42,^{29}	2046·196 326
1818	52·879 752	27,^{27}	1442·031 655
1819	63·945 878	18,^{34}	1170·762 402
1820	44·526 586	20,^{11}	895·428 644
Durchschn.	52·377 593	27,^{05}	1388·604 757

Nach **Schnitzler** (Création de la rich. I, 34) ist der Ertrag eines Hektars Waizen in guten Jahren, wie 1826, 1832 u. 1833 13,^{43} Hectoliter, in mittleren wie 1830, 10,^{53}, in schlechten wie 1816, 1817 9,^{46};

das Verhältniß dieser Zahlen ist wie 127 : 100 : 87, während die Preise weit mehr von einander abweichen. — Der Ausfall des Roggenertrages von 1846 gegen eine Durchschnittsernte war im preußischen Staat ¹/₄, in Sachsen gegen 22 Proc., bei den Kartoffeln aber fehlten 1846 in Preußen 47, in Sachsen 24 Proc.

(d) So waren z. B. 1692—1699 und 1765—1776 zwei Reihen schlechter Getreidejahre mit hohen Preisen, dagegen fanden von 1730—1764 nur zwei schlechte Jahre Statt. Von 1775—1793 traten 6, von 1793—1812 dagegen 11 schlechte Jahre ein. In Belgien hatten von 1841—50 die meisten Provinzen 6 und mehr gute und sehr gute und keine schlechte Waizen-, auch nur eine schlechte Roggenernte, dagegen begann 1845 die Kartoffelkrankheit. Es leidet demnach keinen Zweifel, daß die von der Beschaffenheit der Ernten herrührende Erhöhung oder Erniedrigung des Preises über oder unter den mittleren Stand in einzelnen Fällen sogar 10, ja 20 Jahre fortdauern könne, wie der hohe Preis von 1692—1714 und von 1793—1812, der niedrige von 1729—1751 und in den Jahren 1818—31 zeigen. Tooke, On the high and low prices, III, 139. In Deutschland haben der dreißigjährige, der siebenjährige und der französische Revolutionskrieg die Preise anhaltend gehoben. In England konnten der Insellage willen die Kriege diese Wirkung nicht haben. Die vier guten Jahre von 1832—35 drückten den Waizenpreis von 66⅓ Schill. (Durchschnitt vor 1831) bis auf 39⅓ Schill. (1835) herab, wie er seit 1790 nicht mehr gestanden hatte.

(e) Kleinere Landwirthe sind früher mit dem Ausdreschen fertig als große, Wohlhabende können mit dem Verkaufe mehr zögern. — Das Preisverhältniß der einzelnen Monate kann dargestellt werden 1) nach den Durchschnittspreisen jedes Monates in einem längeren Zeitraum, 2) nach der Beobachtung der Rangfolge der Monate in den einzelnen Jahren. Dieß ist zweckmäßiger für praktischen Gebrauch. Bei 1) kann der niedrigste Monatspreis in theuren Jahren noch so hoch sein, daß hiedurch der Durchschnitt größer wird, als nach dem 2ten Verfahren.

Beispiele zu 1). Die zwölf Monate sind mit römischen Zahlen bezeichnet, und nach dem Aufsteigen vom niedrigsten zum höchsten Preise geordnet, die beigesetzten deutschen Zahlen drücken das Verhältniß der Durchschnittspreise der einzelnen Monate aus (und zwar bei München den Preis des Scheffels, bei Heidelberg den des Malters in Kreuzern).

Hamburg 1791—1822, Roggen: min. V (489) — X (498) — IV (500) — VI (502) — XI (502) — I (507) — IX (509) — II (510) — XII (513) — III (517) — VII (517) — VIII (528).

München 1747—97, Roggen: min. VI (473) — VIII (480) — VII (481) — III (491) — IV (492) — X (497) — V (499) — I (506) — II (507) — IX (509) — XII (517) — XI (518).

Heidelberg 1811—30. Hier sind die Preise von Martini bis Weihnachten mit M. bezeichnet.

Roggen: min. VIII (421) — IX (458) — II (467) — V (471) — I (472) — III (475) — VII (476) — IV (480) — X (483) — VI (497) — M. (501).

Spelz: min. VIII (264) — IX (269) — I. II (280) — X (281) — M. (285) — III (289) — V (298) — IV (301) — VII (310) — VI. (319).

Gerste: min. VIII (335) — IX (386) — VII (396) — I (402) — II. X (408) — III (417) — M. (423) — V (425) — IV (435) — VI (454).

Zu 2) In Hannover fiel in 50 Jahren der höchste Preis 9mal in den Januar, 8mal in den November und December, 6mal in den October,

5mal in den Februar, Mai, Juni, September, nur 1mal in den Juli; der niedrigste Preis war 10mal im Januar, 9mal im December, 8mal im August, October, November, 7mal im März, ... 2mal im Mai, 1mal im April.

In London war 1793—1847 in 54 Jahren der höchste Preis 8mal im August, 7mal im December, 6mal im Mai und Juli, der niedrigste 2mal im December, 10mal im Januar, 6mal im November.

In Berlin war in 23, von 1694 an ausgewählten Jahren, die einen starken Wechsel zeigten, das max. 17mal in den 3 Wintermonaten, nur 1mal im April und Mai, das min. 12mal in den Wintermonaten, 1mal im Mai, Juni und Juli. — Unger a. a. O. S. 2—24. — Frohn, a. a. O. S. 16. — Klebe, Grundsätze der Gemeinheitstheilung, 1, 58. — Jacob, a. a. O. S. 242. — Tooke, a. Schriften. — Dieterici in Statist. Mittheil. 1853. Nr. 7.

§. 182 a.

3) Ungeachtet der Schwankungen in den Preisen einzelner Jahre zeigen doch Durchschnitte längerer Zeitabschnitte eine gewisse Gleichförmigkeit, deren Ursachen nicht schwer aufzufinden sind. a) Die Entstehung der Früchte erfolgt unter einer sehr mächtigen Mitwirkung natürlicher Kräfte, deren Thätigkeit in jedem Lande sich gleich bleibt und so eingreifende Verbesserungen, wie sie in anderen Productionszweigen öfters vorkommen, nicht zuläßt, weßhalb in den Kosten der Hervorbringung keine großen Veränderungen Statt finden. b) Der hohe Werth des Getreides macht wenigstens von Seite der inländischen Käufer den Begehr im Ganzen ziemlich gleichbleibend, nur daß derselbe allmälig mit der Volksmenge anwächst; auch kann c) einer Zunahme des Begehrs mit der Zeit durch Ausdehnung und fleißigeren Betrieb des Anbaues entsprochen werden (a).

4) Gleichwohl darf man die in den durchschnittlichen Geldpreisen der Früchte sichtbaren Ungleichheiten nicht ganz den Veränderungen im Preise der Münzmetalle zuschreiben. Sie können nämlich auch herrühren a) von der allmäligen Zunahme der Kosten, wenn beim Anwachse der Volksmenge ein größerer Vorrath von Lebensmitteln gewonnen werden muß, woraus nothwendig auch eine langsame Preiserhöhung entsteht. Verbesserungen im Betriebe der Landwirthschaft und in den Hülfsmitteln zur Waarenversendung wirken jener Ursache mehr oder weniger entgegen (b); b) von der Ausdehnung des Verkehrs, die bald Zufuhren aus anderen Ländern, bald Absatz nach diesen herbeiführt und hiedurch die Preise anders stellt, als sie sich blos

nach ben inneren Wirthschaftsverhältnissen eines Landes festsetzen würben; c) von Störungen burch ben Krieg; d) von einer länger anhaltenden Fruchtbarkeit ober Unergiebigkeit. In biesen Hinsichten finben in jedem Lande eigenthümliche Verhältnisse Statt.

(a) Zehnjährige Durchschnitte zeigen noch beträchtliche Abweichungen: z. B. bei ben Münchner Roggenpreisen (1 bair. Scheffel = 4 preuß. Scheffel = 1,46 bab. Malt.).

1750—59	6,75 fl.	1790—99	10,44 fl.
1760—69	7 :	1800—09	14,66 :
1770—79	11,16 :	1810—19	17,75 :
1780—89	7,81 :	1820—28	8,5 :

Zwanzigjährige Durchschnitte sind schon gleichförmiger, z. B. die Lüneburg'schen Roggenpreise (1 Himten = 0,50 pr. Sch. = 0,8 bab. Malt.).

1600—19	17,96 Gr.	1660—79	18,90 Gr.
1620—39	26,03 :	1680—99	22,96 :
1640—59	17,78 :	1700—19	23,10 :

Bei fünfzig- und hundertjährigen Durchschnitten würden die Abweichungen noch geringer sein, wenn sie bloß von ben Ernten herrührten.

(b) Z. B. Braunschweiger Roggenpreise:

1500—1550	3,3 Mgr.	XVI. Jahrh.	7,4
1551—1600	11,4 :		
1601—1650	15,9 :	XVII. :	16,8
1651—1700	17,1 :		
1701—1750	22,5 :	XVIII. :	25.
1751—1800	27,5 :		

Brüsseler Preise (Quetelet, Rech. statist. sur le roy. des Paysbas, 1829) 1 Rasière (= 0,491 Hektol.) galt in brab. Sols (zu 9 fr. Cent.)

	Waizen.	Roggen.		Waizen.	Roggen.
1500—1549	12,3	9,8	1700—1749	57,8	39,8
1550—1599	39	27,4	1750—1799	68,9	46,8
1600—1649	68,4	47,8	1800—1829	105	66
1650—1699	71,8	53			

Roggenpreis in München:

in 50 Jahren von 1637—1687	4,3 fl.	
1688—1737	7,13 :	
1738—1787	8,86 :	
in 30 Jahren von 1788—1819	14,45 :	

Hermann, Unters. S. 123. — Spelzpreise in Heilbronn, bas bortige Malter = 2,8 pr. Scheff. = 1,065 bab. Malter.

wohlfeile Periode	1744—86	2,69 fl.
höhere Preise	1787—1818	5,89 :
wohlfeile Jahre	1818—36	3,63 :
abermal. Erhöhung	1837—43	5,14 :

Rau im Archiv, N. F. IV, 248.

§. 183.

II. **Oertliche Verschiebenheit in dem Getreidepreise.** Dieser bestimmt sich überall nach ben höchsten Kosten der Hervorbringung und Beifuhr, die man zur Versorgung eines gewissen Marktes aufzuwenden genöthigt ist. Er ist daher 1) da am **niedrigsten**, wo man den Bedarf bei schwacher Bevölkerung auf fruchtbarem Boden mit geringen Kosten gewinnt, besonders da, wo man noch Vorräthe zur Abfuhr in andere Gegenden übrig hat; 2) am **höchsten**, wo der Bedarf der Einwohner nur vermittelst eines kostbaren Anbaues oder der Zufuhr aus entfernten Gegenden zu erlangen ist, was theils von hoher Bevölkerung, theils von geringer Fruchtbarkeit herrühren kann. 3) Der Getreidepreis steht da auf einer **mittleren Höhe**, wo der Bedarf der Einwohner durch die inländische Hervorbringung mit mäßigen Kosten gerade gedeckt wird (a).

III. **Preise der einzelnen Fruchtgattungen.** Das Verhältniß, in welchem diese zu einander nach Maaßgabe ihres Gebrauchswerthes, d. h. der Nahrhaftigkeit, stehen, kommt mit dem Verhältniß der Anbaukosten ungefähr überein, weil die nahrhaftere Frucht gewöhnlich auch den Boden mehr aussaugt und mehr Pflege in Anspruch nimmt. Doch finden in den Preisen erhebliche Abweichungen von dem Werthsverhältniß Statt, wozu unter Anderm die bessere Absatzgelegenheit im Auslande, die gewohnte Vorliebe für die eine oder die andere Frucht und die Verschiedenheit des für jede derselben erforderlichen Bodens beiträgt (b).

(a) Rau, zu Storch, Zus. 78. Die Statistik hat erst in der neuesten Zeit angefangen, sich mit diesem Gegenstande zu beschäftigen.

In Frankreich war der 10jährige Durchschnittspreis von 1 Hektoliter Waizen (nach Arnould, Hist. gén. des fin. de la France, 1806, S. 56:)

- 20,30 Fr. im Durchschnitt des ganzen Landes,
- 30,71 = auf der Südseite der Alpen, wo Oel, Wein, Südfrüchte größeren Ertrag geben und Getreide eingeführt wird,
- 28,01 = in den Alpen- und Cevennengegenden,
- 23,85 = in der Pyrenäengegend,
- 20,93 = in der nordwestlichen Spitze (Bretagne),
- 16,87 = am Canale, wo starker Getreidebau und leichte Abfuhr zur See,
- 15,01 = in den fruchtbaren Gegenden von Lothringen und Champagne.

Neuerlich sind die Unterschiede geringer. Im J. 1838—48 war der höchste Preis 23 Fr. in dem südöstlichen Theile, der niedrigste 18,1 in der nordöstlichen Gegend, in Nordwest 18,9, Durchschnitt 19,85 Fr.

Im preußischen Staate war: Roggenpreis   Bevölkerung auf
                                      1816—37   1 Q.M. 1837.
    Preußen . . . .   32,² Sgr.   1827
    Großherz. Posen . . . . .   34,³ ʼ   2180
    Schlesien   38   ʼ   3612
    Brandenburg und Pommern .   38,⁴ ʼ   2093
    Sachsen . . . .   40,³ ʼ   3396
    Westfalen . . . .   47,⁷⁵ ʼ   3600
    Rheinprovinz . . . . . .   49,⁴ ʼ   5078
    Ganzer Staat   40   ʼ   2776

Der Preis ist hier nach Weglassung der zwei theuersten und wohlfeilsten Jahre angesetzt.

In Baden galt das Malter Spelzkern 1818—32:

unter 9 fl. in der Gegend vom Neckar bis an den Main, ferner in Oberschwaben, nördlich vom Bodensee (min. Wertheim, 7 fl. 36 kr. — Mößkirch, 8 fl. 24 kr. — Heidelberg, 8 fl. 43 kr. — Stockach, 8 fl. 48 kr.).

9—10 fl. in der Rheinebene zwischen Neckar und Murg und an benachbarten östlicheren Puncten, am Bodensee, auf den Höhen der Baar (Villingen ꝛc.)

10—11 fl. im Landestheil von der Murg südwärts bis jenseits der Kinzig (Lahr), im nördlichen Schwarzwald, im Rheinthal unterhalb des Sees.

11—12 fl. in der südwestlichen Ecke des Landes gegen Basel (Freiburg, Müllheim ꝛc.)

Die Preise nehmen also von Basel aus (12 fl. 16 kr.) theils rheinaufwärts gegen Osten, theils abwärts gegen Norden und sodann nordöstlich regelmäßig ab.

Neuere Mittelpreise des Waizens: | Zollcentner.
England, 1816—53, Quarter . . .   55,¹⁸⁴ Schill. | 7,¹⁷ fl.
Frankreich, 1816—50, Hektoliter . 19,⁶⁸ Fr. | 6,⁰⁵ ʼ
Belgien, 1816—50, Hektoliter . .   19,¹⁴⁴ Fr. | 5,⁸⁹ ʼ
Sachsen, 1832—54, Scheffel . . .   4,⁶⁰⁶ Thlr. | 5,¹⁷⁵ ʼ
Baden, 1818—50, Malter . . . .   14,⁵¹ fl. | 5,⁰³ ʼ
Preußen, 1816—53, Scheffel . . .   2,⁰⁹⁴ Thlr. | 4,⁹¹ ʼ

Der Roggen galt
in Preußen 1816—51 . . . . .   1,⁴⁵ Thlr. | 3,²⁰ ʼ
in Sachsen 1833—54, Scheffel . .   3,³⁵ Thlr. | 3,⁹⁰ ʼ
in Baden 1818—50, Malter . . .   7,⁵⁴⁴ fl. | 3,⁵ ʼ

(*b*) In dem Getreide ist zwar der Stickstoff am meisten nährend, aber auch das Stärkmehl nicht ohne Nährkraft, und hierüber fehlen noch Untersuchungen, weßhalb das Nahrhaftigkeitsverhältniß nicht genau bekannt ist, auch ist der Werth z. B. zum Brotbacken ein anderer als zum Bierbrauen. Wird ein Scheffel, Malter ꝛc. Roggen gleich 100 gesetzt, so ist:

	Waizen.	Gerste.	Hafer.
Der Werth der andern Früchte nach Block	134	79,⁵	56
ihre Aussaugung nach v. Thünen	130	75	50
Mittelpreis in Eimbeck 1648—1747	127	71	43,⁶
in Neuß, 1785—1835	136	76	50
in Berlin, 1766—1852	140	79	59
im preuß. Staat, 1816—51	143	75,⁴	53,⁸
in München 1747—96	147	83,⁶	58

	Waizen.	Gerste.	Hafer.
in Heidelberg, 1780—69 u. 1800—09	137	82	45
in Sachsen, 1823—54	140,17	76,89	49,65
in Brüssel im 16. Jahrh.	126,7	80	50
im 17. =	138,8	82,93	51,9
im 18. =	147	86,7	55,2
Belgien, 1801—50 =	155		
in Warschau, 1815—24	156	77	56,9

Der höhere Stand des Waizens gegen Roggen kann aus dem zunehmenden Verbrauche und der größeren Beliebtheit des Waizens, z. B. wegen der Weiße des Mehls, erklärt werden, weßhalb derselbe in England und Frankreich die Hauptbrotfrucht ist. Wenn eine Getreideart auf einem Markte nur in geringer Menge und dabei gewöhnlich nur in vorzüglicher Güte, oder dagegen in schlechter Beschaffenheit erscheint, so kann ihr Preis sehr von dem mittleren abweichen. Bei der Vergleichung darf man eigentlich nur da den Preis des Roggens zu Grunde legen, wo derselbe die Hauptfrucht für Verbrauch und Handel ist. Setzt man den Waizen = 100, so erhält man

	Roggen.	Gerste.	Hafer.
Großbritanien, 1823	32 . 61	56	38
Danzig, 1770—1831	58	51	30
Brüssel, 18. Jahrh.	68	59	37

Im südwestlichen Deutschland tritt an die Stelle des Waizens der ihm im Werthe und Preise ziemlich gleichkommende enthülsete (geschälte) Spelz, (Spelzkern, Kern.) Der ungeschälte Spelz (Dinkel) giebt gegen 42 Proc. Raumtheile Kern, dem Gewichte nach ungefähr 70 Proc. Setzt man den Kern zu 100, so ist der Preis des gleichen Raummaaßes Spelz zwischen 36 und 45, in Würtemb. D. von 1833—45: 42,35, im D. aller badischen Märkte von 1833—50 40,7, wobei der Roggen zu 68,4, die Gerste zu 59,4, der Hafer zu 35,9 stand. Zum Roggen verhält sich der Spelz dem Preise nach in Würtemberg wie 62,1, in Heilbronn, insbesondere wie 63,47, in Heidelberg wie 65, in Ueberlingen wie 58, in Umstadt wie 64 zu 100. Dem Gewichte nach lassen sich die Mehlfrüchte ungefähr so gegen einander setzen: wird der Centner Roggen zu 100 angenommen, so gilt der Centner Waizen gegen 126, Gerste 85, Hafer 82, Spelz 104—109.

§. 184.

Die in vorstehenden §§. erklärte Regelmäßigkeit in den mittleren Preisen des Getreides steht mit der Wichtigkeit desselben als des allgemeinsten Nährmittels in Verbindung. Der Preis desselben wirkt auch auf die Preise anderer Nährstoffe ein, denn wenn jenes theuer ist, werden diese stärker begehrt und erleiden ebenfalls eine Preiserhöhung. Dagegen wirkt auch der höhere oder niedrigere Preis dieser anderen Nahrungsmittel in Folge ihrer spärlichen oder reichlichen Erzeugung wieder auf den Getreidepreis zurück. Hauptsächlich ist dieß bei der Kartoffel der

Fall, die in einem großen Theile von Europa für die minderbegüterte Volksclasse schon den Mehlfrüchten an Unentbehrlichkeit gleichsteht und deren Ertrag neuerlich anhaltend geringer ist als vorher (*a*). Der Arbeitslohn, da er den nöthigsten Unterhalt sicher stellen muß, richtet sich einigermaßen nach den Durchschnittspreisen des Getreides, und diese stehen mit den Preisen vieler anderen Güter nothwendig in genauem Zusammenhang. Daher ist zwar nicht der jedesmalige wirkliche, wohl aber der Durchschnittspreis des Getreides gut zu einem Ausdrucke der Preisverhältnisse anderer Güter und zur Festsetzung von Leistungen für lange Zeit brauchbar (*b*).

(*a*) Die Kartoffeln standen dem Raummaaße nach gegen Roggen im preuß. Staate 1816—51 wie $32,^{4}$, in Sachsen 1838—52 wie $33,^{8}$, in Baden 1833—50 wie $30,^{7}$ zu 100. Vgl. §. 192.

(*b*) Sollte z. B. eine Summe von 300 Thalern in Getreide ausgedrückt werden, und wollte man sich der schlesischen Preise von 1816—37, nach Ausschließung der zwei höchsten und der zwei niedrigsten, bedienen, so wäre der Roggen zu 38 Sgr. anzunehmen und jene Summe betrüge $238,^{84}$ Scheffel Roggen. Wenn jedoch Jemand alljährlich dieses Getreidequantum selbst entrichten sollte, so würde dieß, wegen der von Jahr zu Jahr wechselnden Preise, eine höchst ungleiche Last sein; die Entrichtung müßte also nach den Durchschnitten der vorhergehenden Jahre jederzeit in Geld geschehen.

Thaer hat sich bei landwirthschaftlichen Berechnungen eines Maaßstabes bedient, welcher zugleich auf Arbeit und Getreidepreise gegründet ist; er nimmt nämlich an, daß der Taglohn für gemeine Handarbeit ungefähr dem Preise von $^1/_9$ Scheffel oder etwa $9^1/_2$ Pfund Roggen gleichkomme. Dieß würde nach dem preuß. Durchschnittspreise von 1816—51 $4,^{938}$ Sgr. = $17,^{27}$ kr. ausmachen, ist aber zu niedrig. Daher sind Andere der Meinung, der Taglöhner könne nicht bestehen, wenn er nicht wöchentlich 1 preuß. Scheffel, also täglich $^1/_6$ Scheffel oder 14 Pfund verdiene; Klebe, Grunds. der Gemeinheitstheil. I, 80. Dess. Anleit. z. Verfert. d. Grundanschl., 1828. S. 125. Dieß giebt für den Heidelberger Roggenpreis von 1818—50 $27^2/_3$ kr. und entspricht dem damaligen Feldtaglohn. 14 Pf. Roggen sind gegen 10 Pf. Waizen oder Kern, welche in Baden, im D. 30 kr. galten. Auch Malthus bemerkt, daß 1 Peck Waizen der mittlere Taglohn eines guten Arbeiters in guten Zeiten sei, und daß beide Gegenstände, Getreide und Arbeit mit einander verbunden, ein weit besseres Preismaaß geben, als einer allein, wenn man nämlich aus ihnen die Mitte nimmt, Principles, S. 128 ff. — 1 Peck kommt $^1/_6$ pr. Scheffel ziemlich nahe und ist $^1/_{32}$ des Quarters. Daß in England lange Zeit der Preis von 1 Peck Waizen als Aequivalent des Taglohnes angesehen wurde, bestätigt Sinclair, Grundgesetze des Ackerbaus, S. 103 der deutschen Uebersetzung. In Frankreich wurde schon um die Mitte des vorigen Jahrh. der Feldtaglohn zu 9—10 Pf. Waizen geschätzt. — Nach einem andern Vorschlage sollen, um Geldsummen in einem zuverlässigen Maaße auszudrücken, nicht blos die Preise des Getreides, sondern auch anderer wichtiger Verbrauchsgegenstände z. B. Leder, Metallwaaren, Zucker ꝛc. und zwar im Verhältniß der zu dem

Lebensunterhalte erforderlichen Quantitäten, zu Grunde gelegt werden, Lowe, England nach s. gegenw. Zustande, d. v. Jakob, 1823, S. 400. Aehnlich Hermann's Ansicht vom Sachwerthe des Geldes, Unters. S. 98. 110. 117. 135. W. Petty empfahl den täglichen Nährbedarf eines Menschen, Roscher, System, I, 225. — Die Contractpreise für den täglichen Bedarf eines Invaliden zu Chelsea an Brod, Butter, Käse, Fleisch, Salz u. Grütze waren 1800 8 Pence, 1805—07 11 P., 1813 und 14 13½ P., 1818 10 P., 1822—32 8½ Pence (25½ fr.). Marshall, Digest of all the accounts etc. II, 181.

§. 185.

Nach der vorstehenden Untersuchung über die Art und Weise, wie man die in den Preisen verschiedener Dinge vorgehenden Veränderungen erkennen und bemessen könne, bleibt noch übrig, die Regeln aufzusuchen, nach denen die Preise verschiedener Classen von Sachgütern sich im Verlaufe längerer Zeiträume zu verhalten pflegen. Fortdauernde Erhöhungen und Erniedrigungen finden ihren Grund größtentheils in dem Umfang des Begehrs und den Kosten der Erzeugung und Herbeischaffung. In dieser Hinsicht sind folgende Abtheilungen der Güter zu unterscheiden:

1) Rohe Pflanzen- und Thierstoffe, und zwar a) solche die ohne Zuthun der Kunst entstehen und von der menschlichen Thätigkeit nur ergriffen oder gesammelt werden, können bei der Abnahme des natürlichen Vorrathes und der Ausdehnung des Begehrs stark vertheuert werden, z. B. wilde Thiere, Fluß- und Seefische, Wallfischbarden (a), Fischthran, Waschschwämme, Schildkrötenschale; b) solche, welche durch Bau und Zucht regelmäßig hervorgebracht werden, wie Getreide, Holz, Fleisch, Wolle, Häute und dergl., werden bei der Zunahme der Volksmenge und des Wohlstandes in der Regel theurer, weil ihre Gewinnung und Herbeischaffung bei einem größeren Bedarfe schwieriger und kostbarer wird, während ein kleiner Vorrath mit geringerem Aufwande von Kunst und desto stärkerer Wirksamkeit der Naturkräfte gewonnen werden kann (b). Die Colonialwaaren sind dagegen in neuerer Zeit gesunken, weil ihr Anbau bei größerer Sorgfalt ergiebiger geworden ist und die Versendung weniger kostet (c).

2) Mineralische Stoffe, bei denen die Quantität des Erzeugnisses von der Ergiebigkeit der Fundorte abhängt, haben

keine regelmäßige Veränderung ihres Preises. Die Erschöpfung der bisherigen Lagerstätten, die Vertheuerung des Holzes, die größere Nachfrage, die man nicht ohne größeren Kostenaufwand zu befriedigen vermag ꝛc., können eine Erhöhung, die Fortschritte der Bergbau- und Hüttenkunde dagegen, die besseren Transportmittel oder die Auffindung neuer Lager können eine Erniedrigung des Preises nach sich ziehen (d).

(a) Diese stiegen in Hamburg von 1818—48 auf das 2,⁵⁸fache.
(b) Storch, I, 317. — Ricardo, v. Baumstark, S. 72. — Roscher, System d. V.W., I, 227. — Nach den Angaben bei v. Gülich, Tab. V, 158 war der Preis von 1842, wenn der von 1784—90 zu 100 gesetzt wird, in England

bei Talg	108	bei Repssamen	143
» Theer	114	» Olivenöl	157
» Leder	135		

Holz und thierische Stoffe werden am meisten vertheuert, wie Fleisch, Geflügel, Wildpret, Felle ꝛc. bei der Verminderung des Wildstandes u. dgl. nach Shuckburg sind von 1550 bis 1798 gestiegen: Schaafe im Verhältniß 100 zu 882, Ochsen 890, Pferde 904, Schweine 1960, Kühe 2000.

In einem schwach bevölkerten Lande ist Vieh auf der Weide in einem Theile des Jahres sehr leicht zu ernähren. Die Stallfütterung macht dagegen größere Kosten und die Mästung wird nur da gewählt, wo das zur Erzeugung des Fleisches verwendete Futter ebensoviel einbringt, als bei einer anderen Benutzung. Daher muß in einem gutangebauten Lande und bei ansehnlicher Bevölkerung ein gewisses, mit den Naturgesetzen der Thierzucht zusammenhängendes Verhältniß zwischen den Preisen des Fleisches und der Futterstoffe bestehen. Man nimmt an, daß das Gesammtfutter des Mastviehes, in Heuwerth ausgedrückt, ungefähr 5 Proc. seines Gewichts Fleisch und Fettzunahme erzeuge; 3½ Pfd. Heu sind beiläufig einem Pfund Roggen gleich, also bringen 100 Pfd. R. gegen 17½ Pfd. Fleisch und Fett hervor. Hiezu kommt aber noch der Dünger, sowie dagegen Kosten der Wartung ꝛc. zu berücksichtigen sind. Da nun auch jene Zahlen keineswegs in allen Fällen genau zutreffen, so kann der Fleischpreis nur beiläufig jenem Verhältniß entsprechen. Auch das Verhältniß der Nahrhaftigkeit muß obigen Zahlen annähernd entsprechen. Nach dem Stickstoffgehalt werden 16 Pfd. Rindfleisch gleich 100 Pfd. Waizen gesetzt, Knapp, Nahrungsmittel, S. 9.
Im Spital St. Thomas zu Southwark (London) bezahlte man für den Stein (8 Pfd.) gutes Rindfleisch

1701—10	1,⁶⁵ Sch.	1794—1803	3,⁴ Sch.
1744—53	1,⁷³ »	1804—23	4,⁷ »
1764—73	2,³ »	1824—33	3,³⁷ »

Porter, Progr. of the nat. III, 112. N. A. S. 589. Die Berechnungen von Cibrario zeigen, daß die Preise des Viehes gegen Getreide gehalten in Oberitalien im 13. und 14. Jahrh. von den heutigen nicht sehr abweichen. Das Getreidequantum, womit man damals einen Ochsen eintauschen konnte, gilt heutiges Tages 82 fl., eine Kuh 30 fl., ein Huhn 25³⁄₄ kr., 1 Pfd. Ochsenfleisch 5,³⁸ kr., 1 Pfd. Schweine- und Hammelfleisch 9 kr.

Im preuß. Staate kaufte man im D. 1819—32, nach Abzug der 4 Extreme, mit 100 Pfd. Roggen 20,¹ Pfd. Rindfleisch; die einzelnen Provinzen zeigten aber große Verschiedenheiten: Westfalen 34⁵/₈, Schlesien 26,³, Rheinland 23,⁷, Posen 19,⁵, Preußen 18,¹, Brandenb. Pomm 17,⁷, Sachsen 16,⁷ Pfd. Dieß hängt zum Theil mit der verschiedenen Ausdehnung der Rindviehzucht zusammen, denn es kam 1 Stück Rindvieh in Sachsen erst auf 3,⁶ Einwohner, in Westfalen auf 2,⁵, in Preußen und Posen auf 2,⁴ im ganzen Staate auf 2,⁸ Einw. Im Königr. Sachsen galt 1834—52 der Centner Roggen 22 Pfd. Rindfleisch, in Baden 1835—50 24,⁵ Pfd., in Heilbronn in den 2 Halbjahrhunderten von 1744—1843 23,⁵⁶ und 23,⁴² Pfd., wobei max. 26,⁴ Pfd. in dem Jahrzehend 1764—73, min. 20,³ Pfd. 1824—33.

Es ist eine örtliche Abweichung von dem allgemeinen Gange, daß sich in der Mark Brandenburg eine Zeit lang der Preis des Getreides mehr als der des Fleisches gehoben hat. Das Pfund Rindfleisch galt 1686 9 Pfenn., 1740 und 50 1¼ Gr., von 1760—99 fortwährend 1½ Gr., so daß also mit 100 Pfund Roggen im J. 1686 20 Pfd. Fleisch erkauft werden konnten, 1740 und 1760 25 Pfd., 1750 27¼, 1770 23⁵/₈, 1780 und 90 26³/₈, 1799 sogar 37½ Pfd. Gr. Pohlewils, Wirthschaftserfahr., II, 15. In England kaufen 100 Pfund Waizen ungefähr 21 Pfd. Rindfleisch, in Australien (nach Dutton) 25,¹, in Belgrad sogar 39 Pfund.

(c) Merkwürdig ist, ungeachtet der großen Zunahme des Verbrauchs, die Preiserniedrigung der rohen Baumwolle. In England galt die westindische 1847 nur 25 Proc. des Preises von 1782. Der Hamburger Preis der Georgia-Baumwolle von 1848 ist nur 27 Proc. des Preises von 1818. Dieß beweist, daß es in den zum Baumwollenbau hinreichend warmen Ländern taugliche Grundstücke in Menge gegeben und daß man mancherlei Verbesserungen im Anbaue kennen gelernt hat. — Der Hamburger Preis von 1848 ist gegen den Preis von 1818 nur 19 Proc. bei Cochenille, 28 Proc. Cassia lignea, 35 Domingo-Kaffee, 41—42 braunem Rohzucker, 45 ostind. Reis, 50 Carolina-Reis und Muscatnüssen, 54 Indigo, 57—59 Portorico- und Virginia-Tabak, 60 Peccothee, aber 90 Proc. bei american. Häuten. — Entwurf zu einem Zolltarif für das vereinte Deutschland, Frankf. 1848 S. 88. — Tabellen bei Tooke, History, im 2. und 3. Bande.

(d) Storch, I, 386. — Steinkohlen sind in Hamburg von 1818 bis 1848 auf 56 Proc. gefallen, Schwefel auf 67, Zinn auf 85, Kupfer behielt in England von 1782—1847 ziemlich gleichen Preis.

§. 186.

3) Bei den Gewerkswaaren wirken zwei Ursachen einander entgegen. Während die Vertheurung der rohen Stoffe den Preis zu erhöhen strebt, sind die Fortschritte der Kunst in dem Betriebe der Gewerksarbeiten Ursache einer Kostenverringerung, und bald ist die eine, bald die andere dieser Wirkungen mächtiger. Daher pflegen solche Waaren, bei deren Verfertigung arbeitsparende Maschinen, bessere Werkzeuge, stärkere Arbeitstheilung oder vortheilhaftere Arten des Verfahrens in Gebrauch kommen, wohlfeiler zu werden. Sehr viele Gewerkserzeugnisse gehören in diese Abtheilung, und es zeigt sich hierbei auf das

Deutlichste, welchen großen Einfluß Wissenschaft und Kunst auf die Erhöhung des Gütergenusses haben (a). Andere Waaren, bei deren Hervorbringung keine erheblichen Ersparungen möglich sind, behalten entweder einerlei Preis oder steigen sogar. Dieß ist der Fall bei Gütern, die ohne viele Kunst hauptsächlich von Menschenhänden verfertigt werden, und bei solchen, deren roher Stoff keine große und kostbare Veränderung erleidet, so daß in ihrem Kostenbetrage der Preis des rohen Stoffes den größten Theil ausmacht, z. B. Glas und andere chemische Producte (b).

(a) Storch, I, 398. — Eine Folge hievon ist, daß ein Land, welches rohe Stoffe ausführt und dagegen Gewerkswaaren vom Auslande eintauscht, für gleiche Menge jener eine immer größere Quantität von diesen erhalten muß, Storch, III, 20. Im Durchschnitt machen die verbrauchten Verwandlungsstoffe $1/3$—$2/3$ von dem ganzen Kostenbetrage und Preise der Gewerkswaaren aus; dieß Verhältniß ist aber bei den einzelnen Waarengattungen sehr verschieden, z. B. beim Papiere nur $1/4$, beim Tabak, Brote, Glase gegen $3/4$, bei lohgahrem Leder ungefähr $7/10$, beim Baumwollengarn gegen $1/3$, bei Baumwollengeweben, g. 55, bei gedruckten Zeuchen gegen 27 Proc., bei Wollentuch 50, bei Seidenwaaren 60 Proc. Jede Veränderung im Preise der Rohstoffe vermag dieses Verhältniß anders zu gestalten. Belege hiezu geben die in §. 24 genannten Schriften von Krug und Chaptal, ferner Brisvoinne, Ind. en Belg. II. B. u. Tafeln z. Statist. d. österr. Mon. 1846. — Heutige Wohlfeilheit der Uhren, der künstlichen Zeuche und dergl.
In Frankreich sanken von 1826—49 die feinsten Baumwollengewebe (Gaze) auf 12 Proc., andere auf 23—37 Proc., Wollentuch auf 74, Merinos auf 42, gemusterte Shawls auf 29 Proc. des früheren Preises, in Hamburg standen 1848 feine Kattune zu 18, Mittelsorten zu 24, Baumwollensammt zu 30—33 des Preises von 1818. Baumwollengarn von Nr. 150 ist in Frankreich von 1819—1834 von 18 auf 9 Fr. für das Kil. gefunken, Nr. 30 von 9 Fr. 30 Cent. auf 5 Fr. 15 Cent., was nicht allein von dem veränderten Preise des Rohstoffs herrührt, da der Spinnerlohn von 1 Fr. 80 Cent. auf 80 Cent. herabging. Enquête commerc. III, 195. 488. — Dieses Sinken des Preises muß aber eine Gränze finden, wenn keine weitere Vervollkommnungen eines Gewerbes mehr möglich sind, welche noch wirksam genug wären, um der Preiserhöhung des Stoffes das Gegengewicht halten zu können.

(b) Waaren dieser Art kauft man am besten in solchen Ländern, die schwach bevölkert sind, wo die rohen Stoffe einen niedrigen Preis haben und auch der Lohn nicht hoch ist. Holzschnitzwaaren z. B. werden größtentheils aus Gebirgsgegenden bezogen, wo Holz wohlfeil ist und die genügsamen Arbeiter mit kärglichem Lohne zufrieden sind, wie Berchtesgaden, das Grödner Thal in Tyrol, die Gegend von Sonnenberg im meiningenschen Unterlante (vgl. §. 115.). — In Ostindien wird die Baumwolle zwar nicht so wohlfeil gesponnen, als in England, wegen der Spinnmaschinen, aber Zeuche webt man dort wohlfeiler, weil der Taglohn nur $1/7$—$1/3$ des englischen ist. Bernoulli, Ueber den Aufschwung der Baumwollenfabrication, S. 22 (Basel 1825). — Bei 29 chemischen Producten, die aus Chabrol, Rech. statist. sur la ville de Paris bei **Hermann**, Unterſ. S. 137 berechnet ſind, beträgt im Durchſchnitt der Arbeitslohn nur 7,⁴ Proc. des Verkaufspreiſes, bei einigen nur 1—2 Proc. — Vergleicht man die engliſchen (Zollhaus‑) Preiſe verſchiedener Waaren von 1696 mit den heutigen, ſo läßt ſich folgende Unterſcheidung aufſtellen, den Preis von 1696 zu 100 geſetzt:

	1826	1831
1) Wohlfeil gewordene Rohſtoffe:		
Eiſen und Stahl galten	83 Proc.	56 Proc.
Steinkohlen	47 =	45 =
2) Wohlfeil gewordene Gewerkswaaren:		
Wollenwaaren	98 =	87 =
Kupfer‑ und Meſſingwaaren	73 =	83 =
Leinenwaaren	74 =	62 =
Baumwollenwaaren	49 =	89 =
3) Vertheuerte Waaren:		
Glas	387 =	364 =
Getreide	278 =	308 =
Butter und Käſe	270 =	282 =
Leder	285 =	249 =
Fleiſch	186 =	150 =
Seidenwaaren	158 =	123 =
Eiſen‑ und Stahlwaaren	196 =	167 =

(Berechnet aus dem Verhältniß des Zoll‑ zum declarirten Preiſe, ſ. §. 429 (a)).

Dritter Abſchnitt.

Zweige des Einkommens.

Erſte Abtheilung.

Der Arbeitslohn.

Erſtes Hauptſtück.

Beſtimmgründe des Lohnes im Allgemeinen.

§. 187.

Die Vergütung, die der Arbeiter als ſolcher erhält, iſt der Lohn, §. 139 (a). Dieſer tritt am deutlichſten hervor, wenn er dem Arbeiter von einem Anderen, dem Lohnherrn, welcher meiſtens ein Gewerbsunternehmer iſt, vertragsmäßig gegeben wird.

Nimmt ein Unternehmer neben der Leitung eines Gewerbes auch an den zur Ausführung desselben erforderlichen Geschäften wie ein Lohnarbeiter Theil (*b*), so erspart er an der Ausgabe für Lohnarbeit und sein Lohn ist in dem Ueberschusse mitenthalten, der ihm von dem Erlöse als sein eigener Antheil verbleibt. Der von dem Lohnherrn entrichtete, der **bedungene Lohn** ist der Preis der Arbeit und hängt von denselben Umständen ab, welche den Preis der Güter beim Tausche bestimmen (§. 145), nähmlich von dem Werthe, den Kosten und dem Mitwerben. Diese Bestimmgründe regeln nicht bloß den Lohn in den hervorbringenden Gewerben, sondern auch bei den persönlichen Diensten, und aus ihnen müssen sich die Verschiedenheiten ableiten lassen, welche in der Größe des Lohnes einzelner Zeiten, Länder und Arbeitszweige stattfinden. In welcher Art von Gütern aber auch der Lohn entrichtet werden mag, so ist seine Größe immer darnach zu beurtheilen, welche Menge von concretem Gebrauchswerth, d. h. welches Maaß von Gütergenuß er dem Lohnarbeiter zu verschaffen vermag (*c*).

(*a*) Die Lehre vom Arbeitslohne hat darum ein besonderes und höheres Interesse, weil sie die Bedingungen der Wohlfahrt für die zahlreichste Volksclasse entwickelt, die gewöhnlich auf das geringste Einkommen beschränkt ist, und weil Irrthümer hierüber viele Nachtheile hervorrufen, z. B. die Arbeiter mit Groll gegen andere Volksclassen erfüllen und zu einer fehlerhaften Handlungsweise verleiten können. Die Kenntniß der volkswirthschaftlichen Gesetze zerstört manchen angenehmen Wahn und manche Hoffnung, ist aber dennoch im Ganzen wohlthätig. — Ad. Smith, 1. B. 10. Cap. — Will. N. Senior, Three lectures on the rate of wages. 2. Edit. Oxf. 1830. — Deff. Outline, S. 167 ff. — H. C. Carey, Essay on the rate of wages. Philadelph. 1835. — F. Schmitt, Untersuchungen über Bevölkerung, Arbeitslohn und Pauperismus, 1836. S. 172—318. — Villermé, Tableau de l'état physique et moral des ouvriers, II, 1, (1840). — Dupuynode, Des lois du travail et des classes ouvrières. Par. 1845. — von Thünen, Bestimmgründe des Arbeitslohns und Unternehmergewinns, 1848 und in dessen Der isolirte Staat, II, 36 ff. Helferich über v. Thünen's Lehre in Staatswiss. Zeitschrift, 1852, S. 393. — St. Mill, I, 341. — H. Say in Dictionn. de l'écon. pol. II, 570. — C. Morrison, An essay on the relations between labour and capital. London 1854. — Viel Lehrreiches in Enquête sur la condition des classes ouvrières et sur le travail des enfants (in Belgien.) Brux. 1848. III B. — Agriculture. Recensement gén. Brux. 1850. S. CC. — Industrie, 1851. S. XIX.

(*b*) Dieß tritt bei dem Kleinbetriebe von Gewerben ein, z. B. bei der Bewirthschaftung kleiner Landgüter, wo der Landwirth selbst mit pflügt, säet und erntet, ferner bei vielen Handwerken. Ein Schuhmacher, der nur 3—4 Gehülfen hat, wird vielleicht kaum einen ganzen Tag in der Woche, also ⅙ der Zeit, mit dem Einkaufe des Leders, dem Anmessen, eincassiren, dem Rechnungswesen, der Vertheilung der Geschäfte u. dgl. zu thun haben, in den übrigen ⅘ der Zeit wird er wie ein Geselle mitarbeiten. Dieß ist bei kunstreichen Geschäften, wie des Uhrmachers, Instrumentenmachers ꝛc. besonders auffallend. Vgl. Lotz, Handb. I, 495.

(*a*) Aus dem bloßen Geldlohne, ohne Rücksicht auf die Geldpreise der Lebensmittel, läßt sich die Lage der Arbeiter nicht bemessen, §. 180. In Boston (N.-Am.) war der Taglohn 1836 1¼ D., 1845 1 D., aber der Arbeiter konnte sich einen bestimmten Vorrath verschiedener Nahrungsmittel im ersten Jahre durch 35⅓, im zweiten durch 23¼ Tagesarbeiten verschaffen, also war seine um 20 Proc. geringere Geldeinnahme 51 Proc. mehr werth. Hunt, Merch. mag. XXXI, 178. Der englische Feldarbeiter konnte 1770 mit seinem Wochenlohn (7¼ Sch.) 58 Pfd. Brot oder 25 Pfd. Fleisch oder 14½ Pfd. Butter kaufen, 1850—51 mit dem Lohn von 9 Sch. 7 P. 76 Pfd. Brot oder 21 Pfd. Fleisch oder 9½ Pfd. Butter, er war also zu einer minder nahrhaften Kost genöthigt, Caird, Engl. agric. S. 474. — Bisweilen besteht der Lohn aus verschiedenen Theilen, z. B. Geld, Kost und Wohnung, Kleidungsstücken, oder Holz, Benutzung von Grundstücken u. dgl.

§. 188.

Der Werth, der eine Arbeit für den Lohnherrn hat, bestimmt sich

1) nach den Zwecken, für welche sie benutzt wird. Manche Arbeiten werden nach ihrem Gebrauchswerthe geschätzt, wenn sie dem Lohnherrn einen Vortheil ohne Hülfe des Verkehrs gewähren, wohin sowohl die Beihülfe zu dem Erwerbe desselben aus eigener Hervorbringung, als mancherlei Verrichtungen zur Erhaltung und zum Gebrauche der Sachgüter und die zahlreichen persönlichen Dienste gehören, die jedoch gewöhnlich um einen weit unter ihrem Werthe stehenden Preis zu erlangen sind (*a*). Der Verkehrswerth kommt in Betracht bei Arbeiten, die zu einer Gewerbsunternehmung dienen. Je einträglicher ein Gewerbe ist, d. h. je mehr von dem Ertrage desselben nach Bestreitung der anderen schon feststehenden Kosten als Antheil des Unternehmers und der Arbeiter in den Händen des ersten zurückbleibt, desto mehr Lohn kann den Arbeitern bewilligt werden. Dieß hängt hauptsächlich von den Preisen der Gewerbserzeugnisse im Vergleich mit den übrigen Ausgaben ab (*b*). Durch eine ansehnliche Lohnausgabe wird aber sein Gewerbsverdienst vermindert, und wenn dieser kaum noch eine hinreichende Ermunterung zur Fortsetzung des Gewerbes gewährte, so hätte der Lohn seine höchste Gränze erreicht. Das Mitwerben begünstigt übrigens die Lohnarbeiter nicht oft in solchem Grade, daß sie einen dieser Obergränze sich nähernden Lohn durchsetzen können.

2) In einerlei Gewerbe ist die Leistung der Arbeiter je nach dem Fleiß, der Geschicklichkeit, Stärke ꝛc. derselben sehr verschieden (c).

(*a*) Doch giebt es Ausnahmen, z. B. bei Arbeiten zur Rettung des Vermögens aus Feuers- oder Wassernoth u. dgl.

(*b*) Durch v. Thünen, Isol. St. II, 174, ist der merkwürdige Versuch gemacht worden, ein Gesetz für die aus dem Erfolg der Arbeit bestimmte Größe des Lohns zu entwickeln; der Lohn soll dem Mehrerzeugniß des letzten, in einem großen Betriebe noch angestellten Arbeiters gleichkommen. Es findet aber nicht allein in den einzelnen Gewerben, auch in den Einrichtungen und Verhältnissen der einzelnen Unternehmer in jedem Gewerbe eine solche Verschiedenheit der Umstände statt, daß sich eine gleichförmige Größe des Lohns auf diese Weise nicht leicht festsetzen läßt.

(*c*) Solche Verschiedenheiten zeigen sich auch von Gegend zu Gegend. Englische Arbeiter leisten mehr als französische und viel mehr als irländische, deren Lohn dagegen auch viel niedriger ist. Die Aussagen von verschiedenen Fabrikherren (auch bei Senior, Ooutl. S. 191) bestätigen es, daß man mit gleicher Anzahl englischer Arbeiter wohl das Doppelte ausrichtet, wie mit französischen, die deßhalb, in Hinsicht auf das, was sie verrichten, besser als jene bezahlt sind, §. 113. „Ein schottischer Taglöhner zu 1 Schill. ist wohlfeiler als ein irländischer zu $1/2$ Schill." Evidence in respect to the occupat. of land in Ireland, II, 135. Berliner Arbeiter leisten beim Holzsägen im Verhältniß 8 zu 5 mehr als uckermärkische (Hoffmann). — Dem geschickteren und fleißigeren Arbeiter kann man schon darum mehr Lohn geben, weil er mit gleichem stehenden Capitale mehr ausrichtet. 1829 bezahlte man in Manchester für das Pfund Baumwollengarn von Nr. 200 4,^{68} Schill. Spinnerlohn, 1831—33 nur 2,^{41}—2,^{7} Schill., aber da bei letzterem Satze der Spinner mit 648 Spulen zugleich arbeitete, bei ersterem nur mit 312, so erhielt er bei jenem doch mehr Lohn im Ganzen für gleiche Arbeitsdauer, nämlich 648mal 2$^{5/12}$ oder 1566 Schill. statt 312mal 4$^{1/12}$ oder 1274 Schill. Ure, Das Fabrikwes. S. 286.

§. 189.

Der Lohn wird entweder für eine gewisse Arbeitszeit (Tag, Woche ꝛc.) ausbedungen (Zeitlohn), oder für eine gewisse Leistung (Stücklohn). In Bezug auf den Vortheil der bei dem Lohne zunächst betheiligten beiden Classen läßt sich derselbe auf doppelte Weise betrachten:

1) in Verhältniß zu der von dem Arbeiter verwendeten Zeit. Der wirthschaftliche Zustand desselben hängt vorzüglich von der Größe seines ganzen Lohneinkommens ab, welches sich wieder nach der Größe der für eine gewisse Arbeitszeit gegebenen Vergütung (*a*) und nach der Fortdauer oder Unterbrechung der Beschäftigung richtet;

2) in Verhältniß zu dem Aufwande, den der Lohnherr für eine gewisse Arbeitswirkung machen muß, Lohnausgabe (*b*). Der Lohnherr strebt darnach, die werthvollste Arbeitsleistung (§. 188) mit der geringsten Ausgabe zu erlangen. Ist Stücklohn verabredet, so bringt es dem Lohnherrn keinen Nachtheil, wenn der Arbeiter durch gesteigerten Fleiß sein Lohneinkommen zu vergrößern im Stande ist.

(*a*) Rate of labour, Lohnsatz, Lohnverdienst, nach Senior.
(*b*) Price of labour, Arbeitspreis, nach Senior.

§. 190.

Die Kosten, welche dem Arbeiter im Lohne erstattet werden müssen, bestehen bei einfachen Verrichtungen nur aus dem Unterhaltsbedarfe, bei künstlicheren aber kommt noch der zur Erlangung der erforderlichen Geschicklichkeit vorgenommene Güteraufwand hinzu.

Der Unterhaltungsbedarf bezieht sich nicht blos auf die Dauer der Arbeit, sondern auch auf die Jahre der Kindheit und Jugend, in welchen der künftige Arbeiter noch nichts erwerben kann, daher muß das Lohneinkommen der arbeitenden Mitglieder zu dem Unterhalte ihrer Familien hinreichen (*a*). Wäre dieß nicht der Fall, so würde die arbeitende Classe sich vermindern und es würde an Arbeitern zu fehlen anfangen, bis das verringerte Angebot von Arbeit den Lohn wieder in die Höhe brächte. Dieß durch die Erfahrung bestätigte volkswirthschaftliche Gesetz gilt jedoch nur von der gemeinen Lohnarbeit, welche stets die spärlichste Vergütung erhält, und von der mittleren Zahl von Mitgliedern einer Familie (*b*). In den künstlicheren Arbeitszweigen reicht öfters nach der dabei herkömmlichen Lebensweise der Lohn blos für einen einzelnen Arbeiter aus, und dennoch bleibt vermöge des Zudranges aus den unteren Classen die Zahl der Arbeiter unvermindert (*c*).

(*a*) Auf eine Familie kommen im Durchschnitt 4½ Köpfe. Bei Taglöhnern nimmt man an, daß der Verdienst der Frau ungefähr ein Drittheil von dem des Mannes sei, theils weil der weibliche Taglohn geringer, theils weil sie öfter abgehalten ist, Lohn zu verdienen. Der Lohn des Mannes muß also ¾ des Familienbedarfes einbringen, wobei aber nur unerwachsene Kinder zu rechnen sind, weil die älteren selbst mitarbeiten. Bei Verrichtungen, die etwas mehr Geschicklichkeit erfordern und daher eine reichlichere Einnahme zu Wege bringen, fällt der besondere Erwerb der Frauen ganz weg, oder steht wenigstens noch mehr hinter dem des Hausvaters zurück. — Für Norddeutschland berechnete **Klebe** (Gemeinheitstheil, I, 85.) den Unterhalt einer Taglöhnerfamilie auf ungefähr 160 rthlr. oder 275 fl. Nach neueren Erforschungen (Dieterici, Statist. Mittheil. 1852, S. 270) wird er für eine Haushaltung von 5 Köpfen so angeschlagen: Provinz Posen 78,³ Thlr., Westfalen 88,⁶⁶, Schlesien 93,³³, Preußen 98,⁹³, Sachsen 105,⁵, Brandenburg 108,⁵³, Pommern 126,³, Rheinland 140,⁶ Thlr., Durchschnitt 105 Thlr. oder gegen 55,³ Centner Roggen. Verdient der Hausvater täglich 7½ Sgr., so ist dieß ³/₄ des Bedarfes. Aehnliche Ausmittlungen geben für eine Familie von Feldarbeitern im Kreise Bonn (Hartstein, Topogr. des Kr. B. 1850 S. 217) 204 Thlr. — ungefähr 100 Ctr. R., im Rhonethal in Frankreich 638 Fr. — 4558 Pfd. Waizen — 5560 Pfd. Roggen, wozu der Mann 60,⁸, die Frau 15,⁶, die 3 Kinder 23,⁴ Proc. liefern, (de Gasparin, Cours d'agric. III, 49 ff.), für eine belgische Familie von 6 Köpfen 730—742 Fr. — 5680—5760 Pfd. Waizen, Enqu. III, 62. 376. — In Sachsen (Geschäftsanweis. f. die Abschätz. z. Grundsteuer, 1838.) muß ein Taglöhner 1½ Metze, eine Frau 1 Metze Roggenwerth täglich verdienen, um auszukommen, also resp. 15 und 10 Pfd., nach Kleemann der Mann 14—16,⁸ Pfd., die Frau 9,³—11,⁴ Pfd. Nimmt man für den Mann 300, für die Frau 150 Arbeitstage an, so ist der Verdienst einer Familie 6000 Pfd. Roggen. Im Reg. Bez. Düsseldorf erwirbt der Feldtaglöhner und seine Frau in vorstehender Zahl von Arbeitstagen 6580 Pfd. Roggen, in Steiermark nur 3810 Pfd. — In Frankreich muß nach de Morogues, wenn eine Familie von Landarbeitern 620 Fr. — 292 fl. bedarf, der Mann täglich 1¼ Fr., die Frau (200 Tage jährl.) ³/₄ Fr., die 3 Kinder müssen (250 Tage) 38 Ct. verdienen, de Villeneuve, Econ. pol, chret. S. 145. Brüss. Ausg. Also erwirbt der Mann 60,⁵, die Frau 24,², die Kinder 15,³ Proc. Jene Summe beträgt gegen 4870 Pfd. Waizen jährlich. — Früherer Mittelsatz für britische Landarbeiter (Senior, Preface to the foreign communications relative to the support and maintenance of the poor, 1834, S. LXXXVIII): Verdienst des Mannes, jährl. 27,⁸⁸ L. St. (täglich 1,⁸³ Sch.), von Frau und 4 Kindern an 14 L. St., zusammen 41,⁸⁸ L. S. oder 502 fl., — 7170 Pfd. Waizen. In der Hälfte der erforschten 890 Gemeinden wird angegeben, daß dieser Lohn den Arbeiter in den Stand setze, Fleisch zu essen. — Das Hausgesinde lebt etwas besser, als die Taglöhner, entbehrt aber dafür die Unabhängigkeit und das Leben in der eigenen Familie. Aus dem Dep. Nordküsten wird berichtet: La classe des journaliers est généralement fort pauvre. Elle se compose ordinairement de pères et de mères de famille, qui pour ne pas se séparer préférent vivre dans la misère plutôt que de chercher un meilleur sort dans des places fixes de domestiques à l'année. Agricult. franç. Cotes du Nord, 1844, S. 109. Dieß ist überhaupt sehr häufig. Daher kommt ein Ackerknecht ungefähr so hoch oder höher zu stehen, als ein Taglöhner, obgleich jener für keine Familie zu sorgen hat. Die Kosten eines Knechtes werden von **Block** auf 60—82 Thlr. (im D. 66 Thlr. — 46 Ctr. R.), von Kleemann in der Techn. Instruction für die Def. Comm. in Pommern (Berlin 1842) auf 46,⁸⁸ Sch. — 3897 Pfd. R. angeschlagen. In Steiermark kommt ein Knecht auf 88 fl. des 20 fl. F. oder 35¹/₅ Metzen R. (2846 Pfd.), Hlubeck, Landw. des H. Steierm. S. 61 — Hoffmann, in den Möglin'schen Ann. XXIII, 285. — Rau, Ueber die Landwirthschaft der Rheinpfalz, 1830, S. 18. — L. Rau, Studien über südd. Landw. S. 116. — Viele Angaben bei v. Lengerke,

Landw. Statist. d. deutschen Bundesstaaten, II. (1840.) Vgl. Storch, I, 189. — Lotz, Handb. I, 456. — Ricardo, S. 76 (I, 134. freie Uebers.). — Schmidt, Untersuchungen, S. 292. — Für eine Familie von Gewerksarbeitern sind nach de Morogues 760 Fr. — 348 fl. unerläßlich. In Mühlhausen ist der Geldbedarf einer Arbeitsfamilie zu 960, in Gebweiler zu 887 Fr. berechnet, in Rouen, wenn das Pfd. (Waizen=)Brot nicht über 3 Sous (4¼ fr.) gilt, zu 912 Frs.; hiebei würde also der Familienbedarf, auf Brot reducirt, aus 6080 Pfd. oder etwa 9500 Pfd. Roggen bestehen. In Marsirch (Ste-Marie-aux-mines) kann eine Familie von 4 Personen mit 520 Fr. noch ohne Almosen auskommen. Viele Nachrichten bei Villermé, a. a. O., z. B. II, 25, ferner de Gérando, De la bienfaisance, I. 29. — 12th. An. report of the poor law commissioners, 1846, S. 123. — Eine irländische Taglöhnerfamilie von 4—5 Köpfen lebt von 50 Pfd. Kartoffeln täglich und Salz. — Eine sächs. Weberfamilie, ohne Erwerb der Kinder, konnte 1832 mit 60⅔ rthlr. (109 fl.), nothdürftig bestehen, wobei sie aber die Kartoffeln selbst baut; der Durchschnittsverdienst ist jedoch 78 rthlr. (140 fl.), und wenn die Kinder spulen können, höher. Vergl. auch §. 194. — Familien, in denen die Kinder frühzeitig etwas verdienen, sind in besseren Umständen, als es durchschnittliche Regel ist. In Manchester empfangen in den Spinnereien die Kinder von 9—10 J. ungefähr wöchentlich 2,⁸ Schill., von 10—12 J. 3,⁵ Schill., von 12—14 J. 5,⁷⁵ Schill., von 14—16 J. 7,⁶ Schill. First Report of the poor law commissioners, 1835, S. 204. In Frankreich verdienen die Kinder bis zum 17. oder 18. Jahre beim Spinnen ⅛—⅜ Fr. täglich und bei jedem Jahre, um welches sie älter sind, gewöhnlich 1 Sous (5 Cent.) täglich mehr, — beim Weben und Drucken nur ¼—½ Fr. In Belgien nimmt man für Kinder unter 12 Jahren 30—40, für 12—16jährige 50—75 Cent. Lohn an, während erwachsene Männer 2,³⁶, Weiber 1,³⁸ Fr. verdienen, Enqu. I, V. III, 476. — Die Lage der in den Fabriken arbeitenden Kinder ist, wenn man sie auch vielleicht zu hart geschildert hat, doch jedenfalls gefährdet und öfters sehr beklagenswerth. — Man hat in dem Lebenslaufe eines Arbeiters fünf Abschnitte unterschieden: 1) Er lebt bei seinen Aeltern und sein Erwerb ist noch unzureichend; 2) er kann sich erhalten und noch übersparen; 3) er heirathet und hat Mühe, seine Kinder zu ernähren; 4) diese sind selbst arbeitsfähig und er steht sich wieder gut; 5) seine Kräfte nehmen ab und mit ihnen seine Einnahme. Villermé, Tabl. II, 387, nach de Gasparin.

(b) Eine Ausnahme träte dann ein, wenn der Staat oder die Gemeinde einen Theil der Unterhaltskosten auf sich nähme, z. B. durch Theilnahme des Arbeiters an den Nutzungen des Gemeindevermögens, oder bei der Unterstützung, die unehelichen Müttern gegeben wird, oder bei dem seit 1834 abgeschafften fehlerhaften Systeme der Lohnzuschüsse, allowances, in England, II, §. 341.

(c) Z. B. bei vielen Anfangsstellen im Staatsdienste, bei Handelsdienern, Offizieren ꝛc.

§. 191.

Der Bedarf einer Familie in einer gegebenen Lage besteht aus vielen Theilen, die nicht in gleichem Maaße nothwendig sind, er ist also keine scharf bestimmte und feststehende Größe. Indeß giebt es einen gewissen Betrag des Aufwandes für Nah=

rung (a), Kleidung, Obdach, Heizstoff ꝛc., der zur Erhaltung der Arbeiter und ihrer Angehörigen in Gesundheit und Kraft unentbehrlich ist, so daß, wenn der Lohn ihn nicht erreicht, die Arbeiterzahl in Kurzem durch Elend, Ehelosigkeit und Auswanderungen verringert werden müßte, vgl. §. 184. Diese Untergränze ist in warmen Ländern etwas niedriger als in kalten, wo die Beschützung vor der rauhen Witterung mehr kostet und auch auf die Nahrung mehr verwendet werden muß (b). Gewöhnlich steht der Lohn über diesem untersten Satze, und wenn er einmal durch das Mitwerben auf eine solche Höhe gebracht worden ist, so gewöhnen sich die Arbeiter bald an einen reichlicheren Gütergenuß. Das Beispiel der höheren Stände, die Verfeinerung des Geschmacks, die Veredlung der Sitten und überhaupt die Verbreitung der Bildung in den unteren Ständen erweitern nach und nach die Ansprüche der arbeitenden Classe, die folglich neben den natürlichen auch manche künstliche Bedürfnisse annimmt. Obgleich es nun ursprünglich eine Folge des reichlichen Lohns war, daß sich die Arbeiter eines Landes eine behaglichere Lebensweise verschaffen konnten, so wirkt diese doch wieder durch ihre Dauer als Bestimmgrund des Lohnes, indem sie die Arbeiter antreibt, einer Erniedrigung desselben eifrig zu widerstreben. Die Mittel zu diesem Widerstande, z. B. spätes Verheirathen, Uebergang zu einem anderen Geschäfte, Ortsveränderung ꝛc., sind jedoch unter ungünstigen Umständen nicht mächtig genug, weßhalb nicht selten die Arbeiter mit der Zeit dahin gebracht werden, sich Entbehrungen gefallen zu lassen, die späterhin durch Gewöhnung ihr Peinliches verlieren (c). Deßhalb sind die Anforderungen der Arbeiter auf ein gewisses Maaß von Gütergenuß von Land zu Land, je nach der wirthschaftlichen und geistigen Entwicklung, sehr verschieden (d).

(a) Man hat sich neuerlich bemüht, den Nahrungsbedarf für Personen eines gewissen Alters, Körperbaues ꝛc., als etwas rein Physisches, zu erforschen. Von den vier Bestandtheilen der organischen Körper kommt hier der Stickstoff (N) als der kostbarste und seltenste vorzüglich in Betracht, sodann der Kohlenstoff (C). Nach de Gasparin braucht ein Erwachsener täglich gegen $1^{3}/_{5}$ Loth (25 Grammen) N (Cours d'agricult. V, 390), nach Mulder reichen $6{,}^{4}$ Loth (100 Gr.) Protein (eiweißartige Stoffe) hin, in denen ungefähr 1 Loth N enthalten ist. Man kann als Mittelsatz $1^{1}/_{5}$ Loth annehmen, die (den N-Gehalt der Körner zu $2^{1}/_{4}$ Proc. gerechnet) in 2 Pfd. Waizen oder Roggen enthalten sind, so daß der Jahresbedarf 730 Pfd. wäre. Hierin ist auch der ungefähre

Kohlenstoffbedarf zum Ausathmen (an 14 Loth) vorhanden. Der badische Soldat erhält in $1^1/_3$ Pfd. Brot und 5 Loth Fleisch ungefähr $1,^{53}$ Loth N, der französische $1^{3,6}$, der englische Eisenbahnarbeiter $1,^{85}$, aber der irländische Taglöhner bei $12,^7$ Pfd. Kartoffeln und 1 Pfd. Milch nur $1,^{48}$ Loth N, Gasparin, V, 395. Indeß kann man auch mit geringerer N-Menge gesund bleiben, wie die belgischen Bergleute mit $14,^{82}$ Grammen N (Gasparin in Dingler, Pol. J. CXVI, 394.) und der Stickstoffgehalt ist auch nicht genau entscheidend. Da Weiber und Kinder weniger Nahrung nöthig haben als Männer, so ist der mittlere Bedarf eines Kopfs nach Gasparin gegen $^2/_3$ ($0,^{64}$ Proc.) von dem eines Mannes, der einer Familie von 5 Köpfen etwas über das 3fache. Vgl. Mulder, Die Ernährung in ihrem Zusammenhang mit dem Volksgeist, d. von Moleschott, 1847. — Moleschott, Physiologie der Nahrungsmittel, 1850. — Starke Anstrengung erfordert Fleischnahrung, die freilich Vielen nicht zu Theil wird. — Die Beköstigung des Gesindes bei begüterten Landwirthen giebt Beispiele vollständiger nahrhafter Kost. Graf Podewils (Wirthschaftserfahr. II, 6 ff.) brauchte jährlich für einen Knecht $10^5/_{16}$ pr. Scheff. Roggen, $^3/_4$ Scheff. Gerste zu Bier, eben so viel Erbsen, $^1/_2$ Scheff. Waizen, 12 Scheff. Kartoffeln und 78 Pfd. Fleisch, nebst 4 Pfd. Schmalz. Dieß macht 1655 Pfd. Roggen. Koppe's Ansätze von 10 Scheff. Roggen, $4^1/_2$ Scheff. Gerste zu Bier und Grütze, $^1/_4$ Scheff. Waizenmehl, 12 Scheff. Kartoffeln und 160 Pfd. Fleisch betragen 2952 Pfd. Roggen, Block's Annahme von 12 Scheff. Roggen, $^3/_4$ Scheff. Waizen, 4 Scheff. Gerste, 14 Metzen Erbsen, 7 Scheff. Kartoffeln, 60 Pfd. Fleisch, 40 Pfd. Butter und $^1/_4$ Tonne Bier giebt 2300 Pfd. Roggen. Kleemann rechnet für eine bessere und geringere Beköstigung 2552 und 1888 Pfd. Roggen (Encykl. landw. Verh. S. 151). Aus Möllinger's Rechnungen (Pfeddersheim bei Worms) berechnet sich der Tagesbedarf auf $57,^8$ Loth Roggen, $12,^8$ Loth Waizen, $2^1/_3$ Loth Butter, $21,^9$ Loth Fleisch und gegen 1 Pfd. Kartoffeln, zusammen 2171 Pfd. Roggen jährlich. In der baier. Rheinpfalz schlägt man die Gesindekost auf 110—120 fl. an, (L. Rau, Studien S. 116) = 26 Ctr. Roggen, um Bonn auf 60—70 Thlr. (Hartstein, S. 225) = 32 Ctr. R. Die Mitte dieser Angaben ist $23^1/_3$ Ctr. = 27 pr. Sch. Roggen. Es sind hiebei nach Block 100 Pfd. Roggen = 80 Waizen = 89 Erbsen = 110 Gerste = 600 Kartoffeln = 25 Rindfleisch = 10 Butter angenommen, aber Salz, Gemüse, Milch, Holz ꝛc. nicht eingerechnet.

(b) Hufeland, I, 171. — Man braucht mehr warme Speisen ꝛc. Es ist bekannt, daß die nördlicheren Völker mehr essen, Storch, I, 152. 190. Rau, Zuf. 47, und dieß erklärt sich nach Liebig aus der erwärmenden Kraft der Speisen durch die Umwandlung des Kohlenstoffs in Kohlensäure in den Lungen. Humboldt bemerkt, daß die Arbeiter im kälteren Theil von Merico $^1/_3$ mehr brauche als im warmen. — Die Menschen in kälteren Gegenden sind wegen ihrer größeren Bedürfnisse zu einem größeren Fleiße genöthigt, der ihnen auch aus körperlichen Ursachen leichter wird, als den Bewohnern heißer Landstriche, §. 88. Nr. 2.

(c) Ein reichlicherer Gütergenuß, einige Zeit hindurch gehabt, wird leicht zum Bedürfnisse. Hieraus erklärt sich, warum der Lohn, wenn er durch äußere Umstände ungewöhnlich erhöht worden ist, auch nach dem Aufhören derselben schwer wieder ganz auf den alten Stand sinkt.

(d) Die Nahrung macht im Bedarfe und Einkommen einen ungleichen Theil aus, und je mehr Procente sie beträgt, desto ärmlicher ist der ganze Zustand einer Familie. Nach den erwähnten Ausmittelungen für den preuß. Staat kostet die Nahrung bei gemeiner Handarbeit im Durchschnitt 51, in Westfalen 48, Brandenburg und Rheinland 52, Schlesien 53 Proc.; Kreis Bonn (Hartstein) 57, bei den Gewerksarbeitern in Mühlhausen 63,₅, in Brüssel 68, bei den belgischen Bergleuten (um Mons, Enqu.) 70, bei den franz. Feldarbeitern 70 Pr. (Morogues), 74 (nach de Gerando) oder 74,₉ (Gasparin), in Gent 76 Proc. (Enquête), bei den Seidenwebern in Nimes 65—74 Proc. Mac Culloch (zu Smith, 472) nimmt $\frac{1}{3}$—$\frac{3}{5}$ an.

§. 191 a.

Die Unterhaltskosten sind nicht bei allen Classen von Arbeitern in einem Lande dieselben, weil bei verschiedenen Verrichtungen theils der physische Bedarf zur Erhaltung der vollen Arbeitsfähigkeit (*a*), theils das standesmäßige Bedürfniß in Gemäßheit der Stelle, die der Arbeiter in der Gesellschaft nach den hergebrachten Vorstellungen behaupten muß (*b*), ziemlich ungleich sind. Diese Abstufung, die von der gemeinsten, kunstlosesten Lohnarbeit bis zu den höchsten Diensten geht und sich gewöhnlich in den entsprechenden Sätzen des Lohnes ausdrückt, darf nicht als etwas Zufälliges angesehen werden, sondern hängt mit dem Wesen der Verrichtungen, ihrer Schwierigkeit, Künstlichkeit, den dazu erforderlichen Anlagen, Geschicklichkeiten und Eigenschaften jeder Art zusammen. Dies ist schon aus der Fortdauer der Lohnverschiedenheit in den manchfaltigen Beschäftigungen abzunehmen, §. 197.

(*a*) Drescher und Erntearbeiter haben nährendere Kost nöthig, Personen, welche mehr mit dem Kopfe arbeiten, können derbe Nahrungsmittel weniger vertragen.

(*b*) Wer mit gebildeten und wohlhabenden Menschen zu thun hat, muß sich besser kleiden ꝛc.

§. 192.

Da gleicher Unterhaltsbedarf sich je nach den Preisen der Lebensmittel in einer verschiedenen Geldsumme ausdrückt, so entsteht hieraus eine Verschiedenheit im Geldbetrage des Lohnes. Dieß zeigt sich 1) im Vergleiche mehrerer Oertlichkeiten. In fruchtbaren und schwachbevölkerten Gegenden, wo Nahrung, Heizstoff und dergl. wohlfeil ist, kann sich der Arbeiter bei geringem Geldlohne wohl befinden (*a*). In der Stadt kosten Wohnung, Holz, Abgaben ꝛc. mehr, als auf dem Lande (*b*). 2) Im Vergleiche verschiedener Zeitpunkte. Steigen die Preise der Lebensmittel, so muß sich ohne eine verhältnißmäßige

Erhöhung des Lohnsatzes die Lage der Arbeiter verschlimmern. Was die Wirkung dieser Veränderung auf den Lohn betrifft, so ist folgende Unterscheidung zu machen: a) Das bei der Zunahme des Wohlstandes und der Bevölkerung langsam eintretende, aber dauernde Steigen im Preise roher Stoffe (§. 185) zieht bei gleichem Stande des Mitwerbens eine Erhöhung des Lohnes nach sich, wie dieß die gewöhnliche Folge einer anhaltenden Kostenvermehrung ist (§. 163), die Arbeiter halten aber hieraus keinen Vortheil, weil der Lohnsatz nur der Größe der nothwendigen Ausgaben folgt. Werden dagegen die Lebensmittel anhaltend wohlfeil, so geht aus der nämlichen Ursache allmälig der Lohn herab, so daß dann dem Lohnherrn die niedrigeren Unterhaltskosten zu statten kommen; doch bewirkt leicht der stärkere Begehr der wohlfeileren Arbeit, daß der Lohn nicht vollständig sinkt und die Arbeiter also besser leben als zuvor (c). Auch zeigt die Erfahrung, daß im Allgemeinen der Lohnsatz sich nur langsam verändert. b) Eine vorübergehende Vertheurung der Lebensmittel, z. B. aus einer schlechten Ernte, kann nicht sogleich den Lohn steigern, weil die Lohnherren lebhaft widerstreben und das Angebot der Arbeiter nicht so bald abnimmt. Die arbeitende Classe muß folglich in solchen Jahren von ihren Ausgaben etwas zu ersparen suchen, indem sie entbehrliche Genüsse aufgibt und sich mit schlechteren Lebensmitteln behilft. Je höher bisher ihr Lohn war, desto eher kann sie sich etwas abbrechen, ohne sogleich in Noth versetzt zu werden (d). Selbst eine bedeutende Theurung, die aus einer Mißernte herrührt, bewirkt keine verhältnißmäßige Lohnerhöhung, denn in solchen Zeitpuncten pflegt der Begehr von Arbeitern geringer zu sein, indem manche verschiebliche Unternehmungen unterbleiben, dagegen bieten sich mehr Personen als sonst zur Beschäftigung gegen Lohn an. Ohnehin ist es bei einem verminderten Getreidevorrath eines Landes unmöglich, daß die Arbeiter noch so viel verzehren, als zuvor, und wie man auch immer ihnen zu Gefallen den Lohn vergrößern möchte, so würde doch der Begehr die Lebensmittel noch immer weiter vertheuern, bis sie endlich gezwungen wären, ihren Verbrauch einzuschränken (e).

(a) Der wohlfeile Lebensunterhalt in heißen Ländern rührt zum Theil auch von diesem Umstande her, vgl. §. 191. — Der oberitalienische Arbeiter begnügt sich häufig mit einem Klumpen Polenta aus Maismehl den ganzen Tag. Nach Rumford's Angaben (Kl. Schriften, I, 315. — Burger, Ueber den Mais, S. 359) scheint 1 Pfund Mais einen Mann täglich zu ernähren. — In Küstengegenden gewähren auch die Fische ein sehr wohlfeiles Nahrungsmittel.

(b) Häufig bewirkt die erschwerte Zulassung städtischer Arbeiter, daß der Unterschied des Stadt- und Landlohnes noch mehr beträgt. Landbewohner sind genügsamer, gewinnen die Nahrungsmittel wohlfeiler ꝛc.

(c) Diese Wirkung muß z. B. die freigegebene Zufuhr von fremdem Getreide oder die Anwendung einer wohlfeileren Art von Nährstoffen haben. Es verdient hiebei untersucht zu werden, wie die Einführung der Kartoffeln gewirkt haben möge. 1) Ein Kartoffelfeld bringt dem Volumen (Malter-, Scheffelzahl ꝛc.) nach ungefähr 10, dem Gewichte nach 11mal soviel hervor, als ein Roggenfeld gleicher Güte, blos die Knollen und Körner gerechnet, nach Block auf dem besten Boden resp. 12- und 14mal soviel. 2) Wie sich die Nahrhaftigkeit beider Stoffe verhalte, ist noch nicht ausgemacht. 100 Pfd. Roggenkörner werden bald 312 Pfd. Kartoffeln gleichgesetzt (Loudon), bald 348 Pfd. (v. Thünen), 348 (Petri), 433 (Dombasle), 440 (v. Meckherlin), 500 (Veit), 526 (Thaer), 540 (Gasparin), 551 (Boussingault), oder gar 600 Pfd. (Block, Kleemann). Die Vergleichung der schottischen und irländischen Ernährungsart (Rau zu Storch, III, 352.) läßt auf das Verhältniß 100 zu 575 schließen. Abweichungen in diesen Angaben lassen sich schon aus der Verschiedenheit der Kartoffelsorten und aus der ungleichen Verwendungsart, für menschliche und thierische Nahrung, zum Branntweinbrennen ꝛc. erklären, sowie es auch noch ungewiß ist, in welchem Werthverhältniß das pflanzliche Eiweiß und das Stärkmehl zu einander stehen, da beide zur Ernährung nützlich, aber von verschiedener Wirkungsart sind. Nimmt man 500 an, so folgt, da 1 Scheffel, Malter ꝛc. Kartoffeln (gehäuft gemessen) 15 Procent mehr wiegt, als dasselbe Maaß Roggen, daß die Nahrhaftigkeit gleicher Raumtheile Kartoffeln und Roggen sich ungefähr wie 100 zu 430 und daß also ein Morgen Kartoffelland mehr als doppelt (2,¹—2,³) soviel Nährstoff erzeugt, als ein Roggenfeld. 3) Der Preis der Kartoffeln ist meistens gegen ⅓ des Roggenpreises, §. 184. Berücksichtigt man, daß das Getreide noch Mahl- und Backlohn kostet, so stimmt beinahe das Preis- und Werthverhältniß ziemlich überein. Die Ernährung mit Kartoffeln kann im Vergleich mit dem Brote etwas wohlfeiler sein, weil jene weit mehr Wasser enthalten, weßhalb man, um gesättigt zu werden, nicht soviel genießt, als nach dem Verhältniß des geringeren Stickstoffgehaltes (gegen 0,³⁰ Proc.) geschehen müßte; doch können die Preise beider Nahrungsmittel sich nicht weit von dem Werthverhältniß entfernen. Vgl. Kreißig, Der Kartoffelbau im Großen, 2te Ausg. S. 49. — Klebe, Anleit. S. 220. 21. — Schmalz, Anleit. zum Bonitiren u. Classific. des Bodens, S. 178. — Knapp, Die Nahrungsmittel, S. 70. 4) Die Kartoffeln haben demnach die Ernährung einer größeren Menschenmenge ermöglicht und die Vertheuerung des Getreides bei der Zunahme der Einwohnerzahl verhindert. 5) Ein Kartoffelfeld erfordert zwar mehr Arbeit, als ein Getreidefeld, aber nicht soviel mehr, als es Nahrung liefert, zumal wenn die Behackung durch Pferdehacke und Häufelpflug geschieht. 6) Daher ist eine starke Volksvermehrung ohne gleiche Zunahme des Begehrs und dadurch eine Erniedrigung des Lohnes verursacht worden. 7) Es ist nachtheilig, wenn Kartoffeln die Hauptnahrung der Lohnarbeiter ausmachen, a) weil sie zu wenig Stickstoff enthalten, b) weil ihr Ernteertrag mehr zurückschlagen kann, als der des Getreides, c) weil sie kostbar zu verführen und schwer aufzubewahren sind, d) weil sie den Lohn auf die unterste Gränze herabdrücken können. Vgl. Mac=Culloch zu A. Smith, S. 467.

(d) Eine Ausnahme macht die Lage der Taglöhner, welche bei dem Lohnherrn auch beköstiget werden. — Da die Nahrung einer Arbeiterfamilie die Hälfte ihrer Ausgaben oder mehr beträgt (§. 190), so muß eine Vertheurung des Getreides ꝛc. um ⅓ die Ausgabe dafür um ⅙ erhöhen oder eine gleichgroße Entbehrung verursachen. Kostete die Ernährung sogar ¾, so betrüge bei jener Vertheurung die nöthige Einschränkung ¼, was schon höchst empfindlich wäre. „In Irland ist die Kartoffelernte eine Angelegenheit um Leben und Tod. Mißräth diese Ernte, so tritt vollständige Hungersnoth ein. Zum Getreide kann man die Zuflucht nicht nehmen, denn dieses können nur die Wohlhabenden bezahlen." Aussage eines von der Parlaments=Commission vernommenen irländischen Sachkundigen, s. Vom Ackerbaue und vom Zustande der den Ackerbau treibenden Classen in Irland u. Großbritanien, I, 170, (Wien, 1840). Der Winter 1846—47 bestätigte diese Behauptung auf die traurigste Weise. Vgl. Villermé Tableau, II, 16 ff. — In Belgien ist der Lohn der Feldarbeiter von 1835—46 ziemlich gleich geblieben, der Getreidepreis aber gestiegen, so daß der Arbeiter mit seinem Taglohn 1830—35 9,^{76} Pfd., 1835—40 8,^{76} Pfd., 1840—46 nur 8,^{23} Pfd. Waizen kaufen konnte.

(e) Vgl. Ricardo's Bemerkungen über die in ihrer Allgemeinheit unrichtige Behauptung Buchanan's, daß der Lohn sich gar nicht nach dem Preise der Lebensmittel richte, Grundges. S. 222. (I, 368.) — Ganilh, Systèmes, I, 249. — Gioja, N. Prosp. III, 228., urtheilt wie Buchanan. — In der Grafschaft Kent berechnete man die Ausgaben einer Taglöhnerfamilie für Kost, Licht und Seife 1835 auf 9, 1838 auf 12 bis 12 Sch. 7 P. wöchentlich. Der Lohn hätte also auch um 33 Proc. steigen müssen. „Eine solche Erhöhung des Lohnes im Feldbau ist unerhört. Der Arbeiter schränkt sich bei höheren Preisen sogleich in seinen entbehrlichsten Genüssen ein, unter denen Thee und Zucker zuerst von seinem Tische verschwinden." Lord Clinton in 12th Ann. rep. of the poor law commiss. S. 130.

§. 193.

Auch die Menge von Zwischenzeiten, in denen der Arbeiter nichts verdienen kann, hat auf die Kosten der Arbeit Einfluß, denn da derselbe während jener Zeit von dem Ertrage der Arbeitszeit zehren muß, so fällt auf jeden Abschnitt der letzteren ein größerer Theil des ganzen Unterhaltes. Treten Unterbrechungen regelmäßig ein, oder läßt sich wenigstens ein mittleres Verhältniß zwischen der Arbeits= und Feierzeit angeben, so kann auch der Kostenbetrag der ersten hiernach berechnet werden und der Lohn pflegt sich dem gemäß zu stellen. Dahin gehören 1) die üblichen Feiertage. Man könnte glauben, die Verminderung derselben müsse den Zustand der Arbeiter verschlimmern, weil dadurch das Angebot von Arbeit anwächst und jene folglich bei längerer Thätigkeit doch im Ganzen nicht mehr einnehmen. Allein dagegen ist dieß zu erwägen: Es wird bei jener Veränderung das ganze Arbeitserzeugniß vergrößert, die Unternehmer können mehr absetzen und mehr Arbeiter beschäftigen, so daß nicht blos das Angebot, sondern auch der Begehr von Arbeit vergrößert wird und die Belohnung des Arbeiters im Verhältniß zu der längeren Arbeitsdauer im Jahre anwächst (*a*). 2) Die in der Natur mancher Verrichtungen gegründeten Unterbrechungen (*b*), vorausgesetzt, daß man nicht während ihrer Dauer andere einträgliche Beschäftigungen ergreifen kann. Regellose Unterbrechungen, für welche die Arbeiter keinen Ersatz in Anspruch nehmen können, sind für sie ein sehr großes Uebel. Dagegen kann der Lohn der Neben- und Zwischengeschäfte sehr niedrig sein, wenn der Arbeiter auch ohne sie schon seinen Unterhalt findet und aus ihnen nur einen Zuschuß erwartet (*d*).

(*a*) Vgl. Hufeland, I, 160. — Sismondi, Nouv. pr. I, 354 — Die Sonn- und Feiertage sind zur Erholung des Arbeiters wohlthätig. Die Decadi der republicanischen Zeitrechnung gaben ihm zu wenig Ruhe und verletzten die Gewohnheiten desselben. Daher der Ausspruch: Ils ont beau faire (die Einführung des republicanischen Calenders), ils ont à faire à deux ennemis, qui ne céderont pas; la barbe et la chemise blanche. Mém. de Constant, I, 132. Wo aber, wie in Ostindien, fast die Hälfte des Jahres aus Feiertagen besteht, da ist schon wegen der geringeren Arbeitsleistung das Lohneinkommen niedriger als anderswo. In einer Gegend des ehemaligen bairischen Unterdonaukreises (Niederbaiern) hat man 204 Feiertage gezählt, mit Einschluß von 20 Kirchweihen und ebensoviel Nachkirchweihen benachbarter Dörfer, 15 Hochzeiten, 12 Scheibenschießen und dergl., auch fängt der Feierabend schon um 4 Uhr Nachmittags an. Bairische Ständeverhandl. 1837. 2. K. Beil. V, 147.

(*b*) Z. B. Geschäfte, bei denen man auf Bestellung warten muß (Krankenwärter, Fremdenführer, Bedienung in Badeorten ꝛc.), oder schon wegen der Anstrengung nicht ununterbrochen arbeiten kann, wie das Holzspalten. Die Hochöfen und Glashütten stehen oft eine Zeit lang still. Schneider haben zwischen Johannis und Michaelis wenig zu thun u. s. w. Vgl. Smith, 1, 161. — Einem Lastträger giebt man in London nicht unter 1 Schill. (36 kr.) für die Stunde. — Wenn man dem Arbeiter auf längere Zeit Beschäftigung giebt, so begnügt er sich mit geringerem Lohne.

(*c*) Hirten, Schiffleute, Zimmerleute, Maurer, Tüncher (Anstreicher) haben im Frost, die im Walde arbeitenden Holzhauer im Sommer weniger Beschäftigung. Für jene ist die ungleiche Dauer der Frostzeit sehr nachtheilig, weil sie sich keine sichere Rechnung machen können. Die Bauern in Bengalen sitzen am Webstuhle, so lange die Ueberschwemmungen des Ganges die Feldarbeiten unterbrechen.

(*d*) Dieß kommt besonders bei den periodischen Unterbrechungen der Feldarbeiten vor, weßhalb Flachsspinnen und dergl. sehr niedrig bezahlt wird. Vgl. Storch, I, 197. — Beim Strohflechten verdient eine Person im Schwarzwald 4—20 kr. täglich nach der Feinheit des Geflechtes. — Daß man vom Nähen, Stricken, Spinnen und dergl. nicht leben kann, erklärt sich hauptsächlich aus dem Mitwerben vieler Personen, die in ihren Familien jedenfalls erhalten werden müßten. Das Jahreseinkommen einer Arbeiterin in Paris, bei 1¼ Fr. täglich, ist 375 Fr., der Bedarf nicht viel unter 500 Fr. Vée in Journ. des Econ. X, 250.

§. 194.

Die Kosten, welche zur Erwerbung der für einen besonderen Zweig der Arbeit nothwendigen **Geschicklichkeit** aufgewendet werden müssen (§. 189), lassen noch weniger eine genaue Ausmittlung zu, als der Unterhaltsbedarf, 1) weil ihre Größe unter dem Einflusse verschiedener Umstände sehr ungleich sein kann (*a*), 2) weil man wegen der Ungewißheit der Lebensdauer nicht weiß, welcher Theil jenes Aufwandes jährlich oder täglich im Lohne erstattet werden müßte (*b*). Gleichwohl muß unter übrigens gleichen Umständen eine Arbeit, welche kostbarer zu erlernen ist als eine andere, auch höher belohnt werden, denn sonst würde Niemand geneigt sein, sich um die Erlangung der erforderlichen Fähigkeit zu bemühen, und es würde deßhalb das Angebot an guten Arbeitern sich so lange verringern, bis dann wieder eine Steigerung des Lohnes erfolgte (*c*).

(*a*) Wenn z. B. die Aeltern am Orte wohnen, so ist die Vorbereitung der Kinder viel weniger kostbar.

(*b*) Man kann zwar nach den Erfahrungen über die Lebensdauer der verschiedenen Alter ziemlich genau berechnen, es ist aber höchst ungewiß, ob in jedem einzelnen Falle die allgemeine Regel wirklich zutrifft, und die Menschen pflegen überhaupt hierauf wenig Rücksicht zu nehmen. Vgl. v. Schlözer, Staatswirthsch. I, 118. — Die mittlere Lebensdauer ist bei einem 16jährigen Menschen gegen 39, bei einem 20jährigen 36, bei einem 25jährigen 33 weitere Jahre. Je nachdem nun der Arbeitsverdienst in einem oder dem anderen Alter anfängt, müßten in 33-39 Jahren die Vorbereitungskosten sammt Zinsen erstattet werden; rechnet man z. B. 36 Arbeitsjahre und 1000 fl. Kosten der Vorbereitung, so müßte dafür der Arbeiter bei einem Zinsfuße von 4 Procent jährlich 52⅕ fl., bei einem Zinsfuße von 5 Proc. aber an 60 fl. oder täglich 12 kr. einnehmen.

(*c*) In kurzer Zeit kann sich diese Wirkung nicht zeigen, weil die einmal vorhandenen Arbeiter bei ungünstigem Mitwerben doch schwer in ein anderes Geschäft übertreten; aber es wird wenigstens der Zudrang junger Leute geringer. — Senior (Outline S. 215) bemerkt richtig, daß die Kosten der Erziehung nach dem Stande der Eltern als eine Familienausgabe angesehen werden, die man in Bezug auf die zu wählende Berufsart nicht in Anschlag bringt.

§. 195.

Bei dem Mitwerben, welches zunächst den jedesmaligen Stand des Lohnes bestimmt (§. 187), kommt das Angebot und der Begehr von Arbeit in Betracht. Jenes hängt von der vorhandenen Menge unbegüterter arbeitsfähiger Menschen ab, welche gegen Lohn beschäftigt zu werden verlangen, und steht mit der Volksmenge eines Landes in Zusammenhang. Dabei tritt aber noch der eigenthümliche Umstand ein, daß bei vermindertem Begehr das Angebot von Arbeit nicht sogleich verringert werden kann, vielmehr der unbegüterte Lohnarbeiter auch sehr ungünstige Bedingungen annehmen muß, um nur leben zu können. Da nun zugleich eine Vermehrung des Angebotes nur allmälig erfolgt, so erhellt, daß der Lohn mehr und anhaltender als der Preis der Waaren von dem Mitwerben bestimmt wird. Der Begehr, wenigstens in den hervorbringenden Gewerben (a), richtet sich nach der den Unternehmern sich darbietenden Gelegenheit, Arbeit auf einträgliche Weise anzuwenden und nach dem hiezu verfügbaren Capital (b). Es ist dieß ein Theil des Volkscapitales, namentlich des umlaufenden, der bei dem Anwachse des letzeren ebenfalls zunimmt, wenn er schon nicht immer die gleiche Quote desselben ausmacht. Andere Theile des Capitalaufwandes, z. B. für Gebäude und Geräthe ⁊c., wirken nur ein= für allemal bei der Anschaffung solcher Gegenstände auf den Lohn (c), und arbeitsparende Maschinen können sogar augenblicklich denselben erniedrigen, bis der durch sie gemachte Gewinn wieder den Begehr nach Arbeit erweitert. Das Verhältniß der Lohnausgabe zu den anderen Theilen des Capitalaufwandes ist in den verschiedenen Gewerbszweigen sehr ungleich (d) und bleibt nicht einmal in einem und demselben Gewerbe unverändert, weil die von einem Unternehmer beschäftigte Zahl der Arbeiter gerade zu seinem Vorrathe von Stoffen, Maschinen, Werkzeugen ⁊c. passen muß (e). Ist die Volksmenge gegen jenen Theil des Capitales sehr groß, so kann aus demselben vielleicht nur ein Theil der Arbeiter beschäftigt, in jedem Falle aber nur ein sehr niedriger Lohn gegeben werden, der kaum noch den nöthigen Unterhalt gewährt; im entgegengesetzten Falle muß derselbe so weit steigen, das den Unternehmern und

Capitalisten ein kleineres Einkommen übrig bleibt. Hieraus ergiebt sich, wie wohlthätig die Ansammlung von Capitalen auf die Lage der Arbeiter wirkt.

(*a*) Dienste werden aus dem Einkommen derjenigen Personen bestritten, die sie bestellen. Hermann, Unters. S. 281.

(*b*) Uebereinstimmend St. Mill, I, 341. Morrison, Essay S. 15. — Wenn der Unternehmer den Lohn, wie die anderen Ausgaben, vorschießt (§. 125), so muß allerdings der Käufer des fertigen Erzeugnisses das aufgewendete Capital wieder ersetzen, daher sind die neu in einem Volke hervorgebrachten Güter oder das rohe Volkseinkommen die Quelle, aus welcher diese Erstattung des vorgeschossenen Lohnes fließt, und jener Vorschuß würde nicht geschehen, wenn man nicht seines Ersatzes sicher wäre. Auch wäre das Capital des Unternehmers bald erschöpft, wenn es sich nicht durch den Absatz stets wieder ergänzte, §. 122. Der Absatz hängt von der Kauflust und dem Einkommen der Abnehmer ab, also auch die Erhaltung und Vergrößerung des Capitales. Indeß wirkt der Begehr einer Waare nur mittelbar auf den Lohn, insofern er die Unternehmer bestimmt und befähigt, ein gewisses Capital zur Beschäftigung von Arbeitern anzuwenden. Bisweilen werden jene auch durch einen starken Begehr nicht zur Erweiterung eines Gewerbes bewogen (z. B. wegen des ausländischen Mitwerbens), oft lassen sie aus Unkenntniß des wahren Begehrs mehr oder weniger erzeugen, als sie absetzen können. Es muß immer erst ein Capital in den Händen des Unternehmers vorhanden sein, welches, nachdem ein gewisses Erzeugniß beendiget und verkauft worden ist, von Neuem verwendbar wird. Wenn der Unternehmer nach erhaltener Bezahlung das Capital in das Ausland sendete, so hörte der Begehr von Arbeit auf. Die Ansicht von Hermann (a. a. O.), nach welcher „alle wahre Nachfrage nur von denen ausgehen kann, welche neue Tauschwerthe entgegen zu bieten haben" (d. h. von den Abnehmern der Waaren), ist daher nicht wesentlich verschieden, sondern nimmt nur sogleich die entferntere mittelbare Ursache statt der näheren an. Nicht die obige Darstellung kann den Hochmuth der Unternehmer gegen ihre Arbeiter gesteigert haben, sondern die Macht, die unvermeidlich der Capitalbesitzer über den dürftigen Arbeiter ausübt, besonders wenn jener von harter Selbstsucht geleitet wird, dieser das Mitwerben gegen sich hat. Abweichend Hermann, Unters. S. 280. — Dagegen auch Schmitt, Unters. S. 187.

(*c*) Capitale, die im Auslande angelegt, Theile des Einkommens, die dort verzehrt werden, wirken gar nicht auf den Lohn. In den folgenden §§. ist, wo der Kürze willen nur vom Capitale überhaupt gesprochen wird, immer der die Arbeiter unterhaltende Capitaltheil zu verstehen.

(*d*) Ein Capital erhält desto mehr Arbeiter in Thätigkeit, je schneller es umgesetzt wird. 1000 fl., die nach einem Jahre erstattet werden, beschäftigen (zu ⅔ fl. täglich) 5 Menschen, dauert aber der Umlauf nur 4 Monate, so können 15 Arbeiter unterhalten werden. — Beispiele: Im Elsaß (Dep. Ober- und Niederrhein) sollen die Baumwollengewerke 100 Mill. Fr. stehendes und 120 Mill. umlaufendes (roulant) Capital beschäftigen, Roman, in Enquête commerc. III, 349. Die Arbeiterzahl ist 105—110000, und mit Rücksicht auf die mittleren Lohnsätze und Classen derselben kann man die ganze Lohnausgabe auf 38 Mill. annehmen. — Kattundruckerei im Dep. der Seinemündung (Rouen und Umgegend), Barbet, ebend. III, 225: Gebäude 8 Mill., Mobiliar 3⅓ Mill. Summe des stehenden Capitales 11½ Mill., umlaufendes 13 Mill. Fr.; Lohn gegen 5¼ Mill. Fr. — Belgien, 1838, Baumwollenverarbeitung: Stehendes Capital 22·610000 Fr., umlaufendes 18 Mill., Lohn 15 Mill. (28000 Arbeiter), ganzes Erzeugniß 41·840000 Fr.; vermuthlich also gegen 2½maligen Umlauf jährlich. — Wollenverarbeitung: Stehend 20 Mill., umlaufend 10 Mill. Fr., Lohn= ausgabe jährlich 6 Mill. (15—17000 Arbeiter), ganzes Erzeugniß 27 Mill. Briavoinne, Ind. en Belg. II, 377. 393. Vgl. auch Schmidt, a. a. O. S. 193.

(c) Gesetzt ein Unternehmer hat in seinem Gewerbe 40000 fl. stehendes und 24000 fl. umlaufendes Capital, woraus 20000 fl. Lohn für 100 Ar= beiter bezahlt werden. Wenn der Lohn eines Arbeiters von 200 auf 160 fl. sinkt, so könnten zwar mit den 20000 fl. Lohn oder etwa dem halben Capitalaufwand (bei 2maligem Umsatz) 125 Menschen jährlich erhalten werden, allein dazu wäre ein größerer Aufwand für Gebäude, Maschinen und Stoffe erforderlich. Wären für jeden weiteren Arbeiter 500 fl. Capital erforderlich, so kann man mit dem bei den 100 Arbei= tern ersparten Capital von 2000 fl., so lange keine Vergrößerung des gesammten Capitals erfolgt, nur 8 Arbeiter mehr beschäftigen. Die Lohnausgabe ist jetzt 27 Procent des Capitales, während sie vorher 31¼ Proc. war.

§. 196.

Ein reichlicher Lohn macht es jedem Arbeiter möglich, ent= weder besser zu leben, als bisher, oder sich zu verehelichen und eine neue Familie zu gründen. Die Annehmlichkeiten des häus= lichen Lebens sind so anziehend, daß die Mehrzahl der Arbeiter durch einen hohen Lohn bewogen wird, sich früher als sonst zu verheirathen (a). Dieser Umstand und die Einwanderungen von anderen Ländern pflegen in einem solchen Falle in nicht langer Zeit eine beträchtliche Vermehrung der Volksmenge zu bewirken, welche dann das Angebot von Arbeitern erweitert (b). Wenn nun das Capital langsamer anwächst, so muß unfehlbar der Lohn von seinem hohen Stande herabgehen. In der Regel sind auch wirklich die Gelegenheiten zur Ansammlung neuer Capitale nicht so günstig und die Beweggründe zum Sparen nicht so mächtig, daß das gesammte Capital eines so schnellen Anwachses fähig wäre, als die Volksmenge (c). Deßhalb ist gewöhnlich das Angebot von gemeiner Handarbeit im Verhältniß zum Be= gehre so groß, daß der Lohn nur den nöthigen Unterhalt oder wenig mehr gewährt, und die weitere Volksvermehrung wird durch das Zurückbleiben des Capitals gehemmt. Findet in be= sonderen Fällen eine schnellere Vermehrung des Capitales Statt, so äußert sie sich dann in der Steigerung des Lohnes. Der Lohn jener gewöhnlichen Handarbeit läßt eine auffallende Stetig= keit wahrnehmen (d).

(a) Die Anzahl derjenigen, welche einen reichlicheren Genuß des Vermögens für ihre Person vorziehen, wird desto größer sein, je mehr Luxus unter allen Ständen der Gesellschaft verbreitet ist. — Die gute Lage der Lohnarbeiter in England in den letzten Jahren hat sogleich eine Zunahme der Ehen und Geburten nach sich gezogen, die eine stärkere Volksvermehrung erwarten lassen. Die neuen Ehen waren 1847—49 im Durchschnitt 135000, aber 1852 158000, der Ueberschuß der Geburten über die Gestorbenen in jenem Zeitabschnitt 160000, 1852 aber 216000.

(b) Da die Zahl der Weiber zwischen 18 und 45 Jahren, also in dem fruchtbaren Alter, 18—20 Procent der Volksmenge beträgt und kaum auf jedes dritte Jahr eine Geburt kommen kann (in Preußen nur $1/8$), so könnten die Geburten im günstigsten Falle jährlich höchstens 5 oder 6 Procent betragen. Die Erfahrung zeigt nicht leicht mehr als 1 Geburt auf 22 Lebende oder ungefähr $4^{1}/_{2}$ auf 100, und wo die Zahl der Gebornen sich dieser Gränze nähert, da pflegt auch die Sterblichkeit größer zu sein. Um die Stärke des Zuwachses zu finden, muß man von den Gebornen die Gestorbenen abziehen, deren Anzahl in ganzen Ländern meistens zwischen $1/30$ und $1/40$ der Volksmenge beträgt und nur unter besonders glücklichen Verhältnissen auf $1/50$ oder noch weniger sinkt. Die Sterblichkeit unter den freien Einwohnern auf dem Vorgebirge der guten Hoffnung soll nach Colebrooke (Rev. encyclop. Mars 1824, S. 703) gerade $1/50$ sein, bei mehr als $1/25$ Geburten, weßhalb dort die Menschenmenge zwischen 1798 und 1822 von 61947 auf 120000 gestiegen ist. Auf den canarischen Inseln 2 Proc. Sterblichkeit bei 3,45 Proc. Geburten, Coleman Mac Gregor, Die canar. Inseln, 1831, S 59. Andere Beispiele:

	Geb.	Gest.
Baden, 1835—44	1 auf 24,7	1 auf 33
″ Seekreis max.	22,7	28,9
″ Ober-Rheinkreis min.	28,3	38,8
Baiern, $184^{4}/_{5}$—$185^{0}/_{1}$	30	37,4
Belgien, 1841—50	33	44
England, 1841—51	30,8	44,8
Frankreich, 1816—36	32,9	39
″ 1836—46	35,4	42,5
Hannover, 1824—43	30	43,4
Oesterreich ohne Ungarn, Siebenbürgen und Milit.-Gränze, 1839—43	25,8	32,7
″ Galizien	22,9	30,6
″ Oesterr. ob der Enns	33	42,6
Preußen, 1828—46	25,46	33,36
Sachsen, 1834—50	24,6	33,3

Nehmen wir nun $1/50$ oder 2 Proc. als die geringste Sterblichkeit, die bei 5—6 Proc. Geburten bestehen kann, so ergiebt sich, daß der jährliche innere Zuwachs, ohne die Einwanderungen, im günstigsten Falle 3, allerhöchstens 4 Procent betragen könnte, wobei sich also die Volksmenge in resp. 23 oder $17^{2}/_{3}$ Jahren verdoppeln würde. Ricardo geht ebenfalls von der Voraussetzung aus, daß eine Verdopplung der Volksmenge in 25 Jahren möglich sei. Die Erfahrungen zeigen jedoch nirgends eine so schnelle Zunahme, als wo Einwanderungen im Spiele sind, und man darf einen jährlichen Zuwachs von $1^{1}/_{2}$ Proc., wobei die Verdopplung in 46 Jahren erfolgen würde, schon für einen beträchtlichen ansehen. Daß in den nordamerikanischen Freistaaten zwischen 1784 und 1809, also wirklich in 25 Jahren, eine Verdopplung Statt fand, und von 1800—25 nochmals, und daß von 1780—1844 die Volksmenge sich auf das $9^{1}/_{2}$fache gehoben hat, ist den höchst günstigen Verhältnissen dieses Landes und der starken Einwanderung zuzuschreiben. In Irland geschah die Verdopplung von 1758—1821, also in 33 Jahren, dagegen soll in Frankreich in 74 Jahren die Volksmenge nur um ⅕ zugenommen haben, und Moheau vermuthete aus späterer Erfahrungen eine Verdopplung in nicht ganz drittehalb Jahrhunderten. (Untersuchungen und Betrachtungen über die Bevölkerung von Frankreich, übers. von Ewald. S. 282. Gotha, 1780.) Die heutige Statistik liefert schätzbare Nachrichten über diesen Gegenstand, aus denen hier einige zur Erläuterung beigefügt sind. **Es ist der mittlere Jahreszuwachs in Procenten.**

Baden, 1819—25	1,55 Proc.	Niederlande,	
25—30	1,16	1829—51	1,57 Proc.
35—45	0,34	Nordamerika,	
46—50	Abn.*)	1790—1800	2,98
Baiern, 1819—28	1,06	1800—50	2,89 **)
34—46	0,49	Oesterreich,	
insbef. d. Pfalz	0,76 max.	1842—46	1,117
U.-Franken	0,28 min.	insbef. Oe. unt. Enns	1,3
Belgien,		Galizien	0,97
1830—50	0,78	Lombardei	0,66
insbef. Brabant	1,33 max.	Tirol	0,44
Namur	1,23	Steiermark	0,45
O.-Fland.	0,48	Böhmen	0,39
West	0,39 min.	Oe. ob d. E.	—0,06 *)
Dänemark,		Ganzes Reich	
1830—40	0,66	1846—50	—0,9 *)
40—50	0,98	Preuß. Staat,	
Frankreich,		1825—52	1,19
1821—31	0,67	1840—49	0,99
31—41	0,5	insbef. Brandenburg	1,31
41—51	0,44	Pommern	1,39
Großbritanien,		Posen	1,014
1841—51	0,735	Sachsen	0,94
insbef. England	1,188	Rheinland	0,9
Schottland	0,879	Preußen	0,83
Irland	—2,58 *)	Schlesien	0,76
England und Wales,		Westfalen	0,63
1801—51	1,34	Sachsen, 1834—49	1,14
insbesondere		insbef. Städte	1,56
London, 3 Grafsch.	1,80	Land	0,9
6 mit Weberei	1,68	Schweden,	
7 mit Bergbau und		1840—50	1,038
Mineralgewerken	1,47	Schweiz, 1837—50	0,68
18 landb. Grafsch.	1,03	insbef. Bern	0,89
3 nördl. Grafsch.	0,94	Aargau	0,68
Hannover,		Waadt	0,63
1833—43	0,81	Zürich	0,61
insbef. Aurich	0,97	4 Urcant.	0,56
Osnabrück	—0,04 *)	St. Gallen	0,50
Großh. Hessen,		Graubündt.	0,46
1815—46	0,96	Tessin	0,25
Kurhessen,		Toscana,	
1815—37	1,2	1820—51	1,30
37—49	0,51	Würtemberg,	
Holstein,		1827—37	0,80
1804—30	0,91	1843—52	0,08

*) Abnahme.   **) ohne Texas und die Staaten am stillen Meere.

Diese Zahlen sind so berechnet worden, daß aus der Volksmenge des ersten und des letzten Jahres der Durchschnitt gezogen und der Zuwachs in Procenten dieser **mittleren** Volksmenge ausgedrückt wird. Bestimmt man ihn, wie es oft geschieht, in Procenten der **anfänglichen** Volkszahl, so kommt er größer heraus. Dieß Verfahren ist der Natur der Sache weniger angemessen und besonders dann fehlerhaft, wenn man den Zuwachs in mehreren Fällen bei ungleich langen Zeiträumen ausmitteln will. Für die 50 Jahre 1801—51 findet man z. B. den engl. Volkszuwachs bei dieser Berechnungsart = 2,02 Procent, der Durchschnitt der ebenso berechneten 5 Jahrzehnte giebt aber nur 1,5 Proc. Bei längeren Perioden ist die mühsamere Berechnung nach der Annahme einer geometrischen Reihe am genauesten, Rau in Pölitz Jahrbüchern, 1831, I, 1. Rau, Archiv, III, 139. — Aus obigen Zahlen erhellt sowohl die große Verschiedenheit der Zunahme von Land zu Land, als auch die langsamere Vermehrung in der neuesten Zeit, während sogleich nach der Herstellung des Friedens von 1815 an der Anwachs schneller erfolgte, so daß die europäische Volksmenge nie in gleicher Zeit so stark vermehrt worden ist. Die Zuwachszahl eines Staates ist eine der wichtigsten statistischen Thatsachen, deren Folgen ebenso wie ihre Ursachen viele Aufforderung zum Nachdenken darbieten. Viel Material bei **Bickes**, Die Bewegung der Bevölkerung, 1833. — **Bernoulli**, Populationistik, 1840, Nachtrag 1843.

(e) Für den Anwachs des Capitales läßt sich zwar keine Obergränze angeben, weil derselbe nicht durch Naturverhältnisse bedingt wird, doch ist er aus folgenden Gründen gewöhnlich ziemlich langsam: 1) Die größeren Capitalisten und Grundeigenthümer haben größtentheils keinen Antrieb zum Sparen und ziehen es vor, durch beträchtlichen Aufwand ihr Einkommen zu genießen. 2) Die großen Unternehmer können am meisten zurücklegen, indeß haben sie auch bedeutende Verluste zu ertragen, — zudem werden viele Gewinnste in unproductiven Gewerben, z. B. dem Handel mit Staatspapieren, gemacht, wo im Ganzen keine Mehrung des Capitales möglich ist. 3) Die kleineren Unternehmer und Capitalisten haben in der Regel mehr Neigung als Gelegenheit, viel Capital zu erübrigen. 4) Von den Lohnarbeitern gilt dasselbe in noch höherem Grade. — Wenn daher die statistischen Thatsachen oft keinen schnelleren Zuwachs der Volksmenge, als um $^1/_2$—1 Procent jährlich, in manchen Ländern aber einen noch langsameren nachweisen, so darf man vermuthen, die Vermehrung der Menschen gehe mit der des Capitales in gleichem Schritte und werde durch sie beschränkt, woraus dann nothwendig folgt, daß in der Regel die Concurrenzverhältnisse den Arbeitern ungünstig seien. Dieselben Umstände, welche die durch eine lange Zeit angewachsene Volksmenge plötzlich wieder vermindern, wie Kriege, Mißjahre, Erdbeben, oder welche fortwährend die Ehen und Ansiedlungen erschweren, wie fehlerhafte Staatseinrichtungen, treffen auch gleichmäßig das Capital mit, nur bei Seuchen ist dieß nicht der Fall. Starke Volksvermehrung läßt dann auf beträchtlichen Capitalanwuchs schließen, wenn zugleich die Lage der Arbeiter nicht schlimmer geworden ist; bewirkt aber jene, daß die Arbeiter sich mit geringerem Lohne und spärlicherem Unterhalte begnügen, wie dieß von Irland bekannt ist, so ist sie nachtheilig, und es wäre überhaupt irrig, die Wohlfahrt der Länder nach der Stärke der Volksvermehrung beurtheilen zu wollen. — **Porter** (Progress S. 600) glaubt, daß das bewegliche Vermögen (personal property) im britischen Reiche in dem Zeitraume 1814—45 von 1200 auf 2200 Mill. L. St. angewachsen sei, also jährlich um 32 Mill., und 1841—45 sogar jährlich um 50 Mill. Hierunter sind ohne Zweifel auch Genußmittel inbegriffen. **Morrison** (Essay, S. 317 ff.) nimmt einen jährlichen Capitalzuwachs von 50 Mill. an und vermuthet, daß die Gewerbsleute ⅓ ihres Einkommens übersparen, was sehr viel wäre!

(d) Als Ursachen hievon können genannt werden: der gleichförmige mittlere Unterhaltsbedarf (§. 191), — die Scheu, dem Arbeiter weniger als diesen Betrag zu bieten und die Abneigung des Arbeiters, sich für weniger dingen zu lassen, — die Besorgniß, daß wenn man einmal mehr Lohn gäbe, dieß leicht zur Regel werden möchte ꝛc.

§. 197.

Das in einem Lande stattfindende allgemeine Verhältniß des Angebotes zu dem Begehre zeigt sich nicht gleichförmig in allen einzelnen Arbeitszweigen, vielmehr treten bei denselben häufig besondere Umstände ein, die eine Abweichung verursachen. Dahin sind zu rechnen: 1) Umstände, die in dem Wesen der Beschäftigungen liegen; a) besondere zu einer Verrichtung erforderliche Eigenschaften, welche das Angebot einengen, und zwar bald Naturanlagen, bald erworbene Geschicklichkeiten, bald moralische Eigenschaften, bald mehrere dieser Bedingungen zugleich. Die Schwierigkeit und Wichtigkeit eines Geschäftes würde für sich allein den Lohn nicht hoch stellen, wenn nicht deßhalb die Anzahl der dazu fähigen Personen klein wäre (a); b) die Gefahr oder Beschwerde, die mit einer Verrichtung verbunden ist und viele Arbeiter von derselben abhält (b); c) andere Vortheile neben dem bezahlten Lohne, welche die Lage des Arbeiters günstiger machen, z. B. größere Sicherheit des Unterhaltes für die Dauer, höhere Achtung, Amtsgewalt und dergl., weßhalb manche Beschäftigungen verhältnißmäßig niedrig bezahlt werden, ohne daß doch der Zudrang von Arbeitern abnähme (c). 2) Vorübergehende Ursachen einer Veränderung im Mitwerben, namentlich a) Zu- oder Abnahme des Begehrs durch wechselnde Einträglichkeit und größeren oder geringeren Absatz in einem Gewerbe; b) zufällige Umstände, die das Angebot vermindern oder vermehren (d).

(a) Reichlicher Lohn der höheren Dienste, die eine Vereinigung seltener Eigenschaften voraussetzen, z. B. ausgezeichneter Staatsmänner, Feldherren, Advocaten, Sänger ꝛc. — Weinbergsarbeiter werden höher bezahlt als Feldarbeiter. — Niedriger Lohn der Weber, wegen der Leichtigkeit dieses Geschäftes. Bei den Handwebern kam neuerlich noch die durch die Maschinenstühle entstandene Abnahme des Begehrs hinzu. Manche Weberfamilien in Großbritanien verdienen wöchentlich nur 4—5 Schill. Handloom weavers. Report of the commissioners. 1841 (von Senior) = Rau und Hanssen, Archiv, VI, 275.

(b) Drescher und Schnitter erhalten der größeren Anstrengung wegen größeren Lohn, als gemeine Feldarbeiter. — Scharfrichter, Canalfeger, Dachdecker, Locomotivführer werden gut bezahlt. — Arbeiter beim Wasserbau ꝛc. — Manche ziemlich beschwerliche oder widrige Arbeiten werden jedoch nur mittelmäßig gelohnt, weil sie leicht zu erlernen sind und deßhalb das Angebot bei ihnen groß ist. Auch der Reiz einer gefahrvollen und abenteuerlichen Lebensweise kann das Angebot größer und folglich den Lohn niedriger machen. Smith, I, 172—175. — MacCulloch, Grunds. S. 283. — St. Mill, 1, 390. — Roscher, System, I, 298.

(c) Bei den nachstehenden Beispielen sind unverkennbar die Wirkungen zufälliger Umstände und wahrer Eigenthümlichkeiten der verschiedenen Gewerbe mit einander vermischt. Durchschnitts-Wochenlohn nach Angaben der Handelskammer in Manchester 1832, First annual report of the poor law commissioners, S. 202: Handlanger beim Mauern 12 Schill., Handweber 7—15, Umgraben des Landes 10—15, Lastträger 14—15, Schuhmacher 15—16, Maschinenweber 13—16⅚, Tüncher, Schneider 18, Färber 15—20, Pflasterer 19—21, Maurer 18—22, Blechschmiede 22—24, Zimmerleute 24, Spinner 20—25, Maschinenarbeiter 26—30, Eisengießer, Zurichter am Maschinenwebstuhl (dressers) 28—30 Schill. Die Extreme sind 4 fl. 12 kr. und 18 fl., in Lille 3½ fl. u. 22 fl. 24 kr. (Villermé, I, 91). In Lyon erhielt 1827 ein Baumwollenweber 7, ein Tuchweber oder Schneider 9⅔, Maurer 14, Seidenweber 18⅔, Seidenfärber 24 Fr. Wochenlohn. Dingler, P. J. XXV, 540. — London, 1812—36: Schriftsetzer für Morgenzeitungen 48 Schill. wöchentlich, für Abendblätter 43½ Schill., für Bücher 36 Schill., Zimmerleute 31,⁸ Schill. Porter, S. 444. — Belgien, Taglohn 1846: Arbeiter in den Glashütten 2,⁵⁸ Fr., Buchdrucker 2,¹⁵, Steinkohlenbergleute 2,⁰⁷, Maschinenarbeiter 2,⁰⁴, Hüttenleute 2,⁰¹, Goldschmiede ꝛc. 1,⁷⁸, Steinbrecher 1,⁶⁹, Eisenschmelzer 1,⁵⁰, Zuckersieder 1,³⁵, Zimmergesellen 1,²⁷, Schreiner 1,⁰⁹, Schuhmacher 0,⁹⁸, Schneider 0,⁹⁷, Näherinnen ꝛc. 0,²³, Weber 0,⁶⁴, Spitzenklöpplerinnen 0,⁶ Fr., Durchschnitt nach Abzug der Flachsverarbeitung: Männer 1,⁵⁶, Weiber 0,⁸⁰, junge Leute 0,⁵⁰ und 0,⁵⁵ Fr. Hiebei sind aber die Handlanger mit eingerechnet. — In Brabant erhielt 1848 ein Schriftgießer 4—5, ein Arbeiter an der Druckerpresse und ein Schriftsetzer 3—3½, ein Graveur von Druckwalzen 3—4, ein Baumwollenspinner 2½—3, ein Schreiner 2—2½ Fr., aber die Handlanger in vielen Gewerben empfingen nur 1—1⅓ Fr. (Enqu.)

(d) Eine dauernde Wirkung bringen solche Staatseinrichtungen hervor, welche das Ergreifen eines Geschäftes von gewissen Bedingungen abhängig machen. Unterstützungen für das Erlernen eines Geschäftes, z. B. Stipendien für Studirende, vermehren das Angebot in einem Berufszweige.

§. 198.

Aus diesen Ursachen muß, abgesehen von den vorübergehenden Schwankungen des Lohnes, in den verschiedenen Beschäftigungen eine anhaltende Abstufung der Lohnsätze Statt finden, von der leichtesten und allgemeinsten Handarbeit an bis zu denjenigen Verrichtungen, die nur von Wenigen vollbracht werden können. Soweit die Ergreifung einer gewissen Arbeit von der Wahl der Arbeiter abhängt, zeigt sich allerdings ein Bestreben, den Lohn mit dem Kostenbetrage jeder Art von Verrichtungen ins Gleichgewicht zu bringen, indem die verhältnißmäßig zu gering gelohnte Arbeit von mehreren Menschen aufgegeben oder wenigstens seltener neu ergriffen, die reichlich bezahlte aber desto eifriger vorgezogen wird; inzwischen steht dieser Ausgleichung die Macht der Gewohnheit, die Seltenheit der erforderlichen Fähigkeiten und manche andere Schwierigkeit des Ueberganges (§. 161) im Wege, weßhalb die Lohnsätze bei verschiedenen Arbeiten keinesweges durchgängig den mit den letzteren verbundenen Kosten entsprechen (a). Arbeiter in vorgerückten Jahren oder mit ganz einseitiger Geschicklichkeit können bei geringem Begehr dahin gebracht werden, sich mit dem kärglichsten Lohne zu begnügen. Arbeiterinnen erhalten in der Regel geringeren Lohn als Männer (b), und überhaupt hat das Mitwerben auf den jedesmaligen Stand des Lohnes einen sehr mächtigen Einfluß (c).

(a) Rau, Zuf. 58 zu Storch, III, 308.
(b) Durchschnittsverhältniß bei den belgischen Feldarbeitern 100 : 65, bei den Gewerken 100 : 57. — Ursachen sind: 1) die geringere Körperkraft, 2) der starke Zudrang zu solchen Geschäften, in denen weibliche Gehülfen leicht beschäftigt werden können, 3) die größere Genügsamkeit im Unterhalt, 4) das Mitwerben von weiblichen Familienmitgliedern, die im Hause das Nöthigste erhalten und daher den Lohn als Zuschuß ansehen (§. 193). Vgl. St. Mill, I, 408. — Das neuerlich sichtbare Bestreben, mehr und mehr weibliche Gehülfen anzunehmen, muß den Unterschied im Lohne beider Geschlechter vermindern und ledigen Frauenspersonen das Fortkommen erleichtern. In Großbritanien ist in den Baumwollengewerken das Verhältniß der Arbeiter zu den Arbeiterinnen wie 100 zu 129, in America ist der Mehrbetrag der letzteren noch größer. Belg. Enquête, III, 356.
(c) Der Taglohn bei manchen Verrichtungen ist im Winter niedriger als im Sommer. Zwar lebt der Arbeiter im Winter kostbarer, aber seine Thätigkeit hat geringeren Werth, weil sie wenigere Stunden des Tages einnimmt, der Begehr ist daher kleiner, ohnehin stehen manche Geschäfte ganz still und das Mitwerben drückt folglich den Lohn herab.

Zweites Hauptstück.

Größe des Lohnes in verschiedenen Zeiten und Ländern.

§. 199.

Ein durch starken Begehr bewirkter hoher Lohn enthält in sich selbst die Ursache seiner Erniedrigung, indem er zu einer

Vermehrung der Arbeiterzahl anreizt, §. 196. Nur da kann der Arbeiter anhaltend reichlich gelohnt werden, wo das Capital sich ebenso schnell vermehrt als die Arbeiterzahl (a). Ein fortdauernd hoher Stand des Arbeitslohnes zeigt also eine blühende Lage der Volkswirthschaft an, wobei die Gewerbe große Gewinnste geben und das Volksvermögen sich rasch vergrößert, wie dieß häufig in neuen Ansiedlungen der Fall ist oder auch in solchen Ländern, die, aus dem Schlummer erwachend, rasch in der Entwicklung ihrer geselligen Verhältnisse fortschreiten. Niedrige Bevölkerung ist nicht an und für sich, sondern nur dann, wenn der Begehr von Arbeit das Angebot übersteigt, Ursache eines beträchtlichen Lohnes. Völker, deren Gewerbe schon länger ausgebildet sind, pflegen sich langsamer zu bereichern, das Capital vermag nicht mehr so leicht im Wachsthum vorauszueilen und der Lohn steht folglich gewöhnlich niedriger. Doch zeigen einzelne Perioden eine Ausnahme, wenn z. B. Hindernisse der Gütererzeugung hinweggeräumt oder sehr wirksame Erfindungen gemacht werden; auch darf man da, wo die Lohnarbeiter mit der Zunahme der allgemeinen Bildung mehr Bedürfnisse annehmen und nur widerstrebend auf die Befriedigung derselben verzichten, wo ferner durch die fortschreitende Kunst im Gewerbsbetriebe die Capitalvermehrung befördert wird und Regierungsmaaßregeln die Production befördern, einen Anwachs des Lohnes wie des Wohlstandes vermuthen (b), auch abgesehen von derjenigen Erhöhung des Lohnes, die nur aus der Vertheurung der Lebensmittel entsteht, §. 192. Am niedrigsten muß sich der Lohn da stellen, wo der Wohlstand im Abnehmen ist, weil dann die Menschenmenge im Verhältniß zu den Erwerbsgelegenheiten zu groß erscheint (c). Verschiedenheiten im Lohne mehrerer Länder und Gegenden werden durch Aus- und Einwanderungen vermindert (d).

(a) Vorübergehend könnte eine starke Verringerung der Arbeiterzahl, z. B. nach Seuchen oder schweren Kriegen, den Lohn steigern. In einer einzelnen Gegend kann die örtliche Vermehrung des Begehrs, z. B. wegen eines Festungs-, Eisenbahn-, Canalbaues ꝛc. die nämliche Wirkung äußern. Dagegen drückt eine schnelle Einführung arbeitsparender Maschinen bisweilen den Lohn eine Zeit lang herab.

(b) Marschall Vauban schätzte 1698 den Lohn eines Webers in Frankreich auf 12 Sous, eines Feldarbeiters auf 9 S. und den Jahresverdienst auf 108 und 90 Fr. Hiervon nahm das Salz 8 L. 16 S., das Getreide für 4 Menschen 60 Liv. hinweg (10 Setiers oder bad. Malter Mengkorn, etwa 2100 Pfd.). Fast ¹⁄₁₀ der Einwohner bettelte und die Hälfte war ebenfalls nahe daran, zu verarmen. A. Young schlug 1787 den Feldtaglohn auf 19 Sous an, was damals — 9½ Pfd. Brot war. Dieß giebt mit ¼ Zuschlag für den Erwerb der Frau bei 280 Arbeitstagen 330 Fr. Villermé, Tableau II, 2. 25. Wie in Frankreich, so ist auch in Deutschland die Lebensweise des gemeinen Mannes unverkennbar besser geworden. Es wäre verdienstlich, hierüber besondere geschichtliche Forschungen anzustellen. Das Buch von Granier de Cassagnac, Geschichte der arbeitenden und der bürgerlichen Classen, deutsch Braunschw. 1839, enthält in dieser Hinsicht wenig. — Mac Aulay (History of England, I, 408, Tauchnitz) zeigt, daß in England der Lohn jetzt doppelt so hoch ist als 1685, während die Lebensmittel mit Ausnahme des Bieres nicht doppelt so viel gelten. Die Zahl der Armen war zu jener Zeit größer (⅕ nach King und Davenant), die Sterblichkeit in London 1 auf 23 Einw. — In Frankreich, wo nach Vauban der Feldarbeiter nicht 3mal jährlich Fleisch essen konnte, soll es jetzt meistens 2mal wöchentlich geschehen, die Kost ist überhaupt viel besser geworden. Bouchardat, Moniteur 1852, Nr. 18.

(e) Ad. Smith führte die nordamericanischen Freistaaten als Beispiel des ersten Falles, China für den zweiten, Ostindien für den dritten Fall an, Unters. I, 109 ff. In Nordamerica stand der Lohn bis 1818 überaus hoch, von diesem Zeitpuncte an begann er zu sinken, weil der Absatz roher Stoffe nicht mehr die vorigen beträchtlichen Gewinnste gab. Vgl. Storch, I, 306, und Zusatz 51. Der mittlere Lohn eines Ackerknechts war um 1833 9 Dollars monatlich (22⅔ fl.) mit Kost und Wohnung. In Massachusets wurden 11—18 Dollars in den 6 Sommermonaten, 10—12 in den 6 anderen angegeben, in Newyork 7⅓—10³⁄₁₀ Doll. monatlich. Gemeine Taglöhner erhielten in diesem Staate täglich 84 Cents, wobei die Familien 2mal täglich Fleisch aßen, neben Thee und Kaffee, Zimmerleute 1⅛—1¼ Doll., Dachdecker 1⅜—1½ Doll. Diese Handwerker hatten 1783—1790 nur 62½—75 Cents täglich. Das Getreide war aber seitdem nicht theurer geworden, der Quarter Waizen galt (1824—33) 5 Doll. 2 Ct., also der Centner 2 fl. 43 kr., das Pfd. Rindfleisch 6 Ct. = 9 kr., Senior a. Preface. S. XC. — Carey, rate of w. S. 26. — Neuerlich werden 50—80 Cents täglich ohne Beköstigung (1 fl. 13 kr. — 1 fl. 56 kr.) oder gegen 10 Doll. monatlich neben der Kost gegeben, Fleischmann, Der nordamerican. Landwirth, 2. A. 1852 S. 311. — In Buenos-Ayres erhält noch jetzt ein gemeiner Handwerker und Taglöhner täglich 1 Piaster (2 fl. 28 kr.). — In Van-Diemens-Land soll ein Feldarbeiter sogar 8—10 Schill. täglich erhalten, wofür er sich 21—25 engl. Pfd. Brot oder 8 Pfd. Fleisch verschaffen könnte. — Der in Geld überaus hohe Lohn in Australien und Californien ist auch nach den Preisen der Lebensmittel sehr groß. In S. Francisco erhielten noch zu Ende 1854 gemeine Taglöhner 3, die meisten Handwerksgesellen 5, Schiffszimmerleute 8, Hutmacher 10 Doll. täglich. — Auch bei den hier folgenden mittleren Sätzen des Taglohns für Feldarbeiter darf man die ungleichen Preise der Lebensmittel nicht unbeachtet lassen, §. 187 (d).

Ostpreußen, Galizien	gegen 14 kr.	(Hofmann).
Böhmen	17 ⸗	
München (Schleißheim)	20 ⸗	
Calenberg, Hildesheim	18—22½ ⸗	(Hann. Festgabe 1852).
Mecklenburg	18½—21 ⸗	(v. Lengerke).
Würtemb. u. bair. Oberfranken	20—24 ⸗	

Magdeburg, Sachsen, Schlesien	22½ kr.	(Caspari).
Niederhessen	23 =	(Hildebrandt).
Provinz Fulda	23⅓ =	
Steiermark	23¼ =	
Bad. und bair. Rheinpfalz	24—30 =	
(Weinbergsarbeiter 36 kr.)		
Holstein	21—26 =	(Dittmann).
Cleve	24½ =	(Jacobi).
Oberhessen (Kurf.)	25⅓ =	
Mark Brandenburg	26½ =	(Hoffmann).
Weimar	27 =	
Tirol	30—36 =	
Belgien, 1830—46	30,6 =	(Amtl. Stat.).
Mecklenburg	28 =	(v. Thünen).
Kreis Bonn	28—35 »	Somm. (Hartstein).
Bad. Schwarzwald	30—42 =	
Florenz	31½ =	(Serristori).
Reg.-Bez. Düsseldorf	31½ =	(v. Viebahn).
Lombardei	33 =	
Frankreich, Durchschnitt	35—42 =	
Canton Ticino	36 =	(Arrivabene).
Canton Bern und Wallis	41—49 =	
Ober-Elsaß (Ober-Rhein)	42—50 =	

In der neuesten Zeit ist der Lohn meistens höher geworden. In Nordengland ist (1850—51) der Wochenlohn der Feldarbeiter 11½ Sch., in Südengland 8,41 Sch. (6,5 und 4,94 fl.), Durchschnitt 9½ Sch., max. 14 Sch. in West-York, min. 7 Sch. in einigen Landbaugegenden, Caird, Engl. agric. S. 512. — Nach den bei der englischen Commission zur Untersuchung des Armenwesens eingegangenen Nachrichten, die zum Theil noch einer Kritik bedürfen, verdienten Feldarbeiter in Frankreich und zwar Havre, Sommer 54, Winter 42 fr., Bretagne 30 u. 31 fr., Bordeaux 49½, Marseille 45—54, Bayonne 36, Piemont, S. 30—36, W. 18—22½, Patras (Griechenland) S. 43½, W. 33, Bremen, S. 36, W. 27, Ostende, S. 36, W. 31½, Schweden 21—24, Dänemark 18—34 fr. Um Havre, Bordeaux und die Loire-Mündung kann der Arbeiter selten Fleisch essen, in beiden letzten Gegenden jedoch dann, wenn Frau und Kinder guten Verdienst haben, um Marseille wöchentlich 1mal Rindfleisch, in Bretagne öfters Schweinefleisch, in Würtemberg und Baiern 2mal wöchentlich Fleisch, in Dänemark gute vegetabilische Nahrung, in Sachsen spärliche Kost, in Piemont ärmliche, in Südschweden Kartoffeln und Fische, in Norwegen Kartoffeln und Haferbrod. Senior a. Preface, auch bei Schmidt, Unterf. S. 292.

In Schweden (Forsell, Statist. v. Schw. S. 101) war 1816—26, wenn man für diese Periode den Curs der Banknoten zu 112 Schill. für 1 Thlr. Hamb. Bco. annimmt, der mittlere Lohn 26⅔ fr. = 15,3 Pfd. Getreide, die Tonne halb Roggen, halb Gerste galt 7 Thlr. 15 Schill. = 8 fl. 21 kr., also beträgt der Lohn jährlich mit Zuschlag von ¼ für den Verdienst der Frau 5737 Pfd. Getreide für die Familie. In der nördlichen Hälfte des Landes, von Falun an, steht der Geldlohn höher, in Oestersund= (im Innern) und Pitea-Län steigt er bis 32 Sch., südlich, zwischen Gotenburg und Linköping, sinkt er bis 17 Schill. Setzt man die 6 nördlichen und die 19 südlichen Läne einander gegenüber, so ergiebt sich Folgendes:

	Südl. Theil.	Nördl. Theil.
Mittlerer Lohnsatz	19,⁶¹ Schill.,	26 Schill.
Preis der Tonne Getreide ...	7,⁰⁷ Thlr.	8,⁰³ Thlr.
also täglicher Verdienst in Getreide	14,⁴ Pfd.	16,⁸ Pfd.
Einwohner auf 1 geogr. Q.Meile	83—2670	32—340
Acker, Wiese und Weide machen Procente der Oberfläche . . .	9—60	1—8

In Pitea (nördlichstes Län) ist der Lohn in Getreide ausgedrückt 20,⁵ Pfd. (max.), in Oerebroo 12 Pfd. (min.).

Wird der Taglöhner beköstigt, so ist der Geldlohn neben der Kost 7½—10½ kr. in Hildesheim, 9—16 kr. Bretagne (Dep. Nordküsten), 10½ kr. Lombardei (Burger), 12—16 kr. in vielen Gegenden des südwestl. Deutschlands, 14 kr. Bonn, 14—20, durchschn. 17 kr. in Belgien (1846, amtl. Stat.), 16½—20 kr. Bern, Wallis, 15 kr. Oberbaiern, 19—30 kr. bad. Schwarzwald. Im Vergleich mit dem Lohne der nicht beköstigten Arbeiter wird gewöhnlich die Kost zu niedrig angeschlagen.

Die Quote des Dreschlohns ist sehr verschieden, was nicht blos von dem allgemeinen Lohnsatze, sondern auch von dem Fleiße der Drescher abhängen mag, z. B. ¹⁄₁₀ in Ostpreußen, Lüneburg, ¹⁄₁₁—¹⁄₁₂ in Sachsen und der Rheinpfalz, ¹⁄₁₄ in Schleswig und Holstein, ¹⁄₁₅—¹⁄₁₆ in der Mark Brandenburg, ¹⁄₁₆ in Mecklenburg (v. Thünen), ¹⁄₁₆—¹⁄₂₀ im Nord-Departement.

Schwach bevölkerte Länder, z. B. Gebirgsgegenden, haben meistens niedrigen Lohn, weil daselbst wenig Betriebsamkeit herrscht und Capitale eher hinweg- als von anderen Gegenden hinzugeführt werden. Das nächste und bekannteste Beispiel eines geringen Lohnes bot Irland dar. Der mittlere Taglohn in der Landwirthschaft kann zu 8 Pence oder 24 kr. angenommen werden, oft wurden im Winter und selbst im Sommer nur 6 P. gegeben, während 12 (1 Schill.) zum Unterhalte nöthig waren. Wo man die Kost gab, war der Lohn gewöhnlich nur um 2 P. niedriger, auch bestand jene fast ganz aus Kartoffeln. Das Schlimmste ist, daß es an fortdauernder Beschäftigung fehlte. In Zeiten, wo wenig zu verdienen war, arbeitete Mancher um 2 P. und die Kost, oder selbst blos um diese; Evidence. Occupaf. of land in Ireland. 1845. Neuerlich hat sich dieß wegen der starken Auswanderung (exodus) verbessert.

(d) Chinesen kommen in großer Zahl nach Californien und Westindien. In Cuba fängt man an, durch sie die Sklaven zu ersetzen. Sie erhalten den Unterhalt und jährlich 48 Doll. Geldlohn. — Die vielen irländischen Arbeiter in England schmälern den Lohn der Eingebornen. — Außer den dauernden Uebersiedlungen in ein anderes Land kommen hier auch die leichter ausführbaren häufigen periodischen Wanderungen der Arbeiter in Betracht. Sie dienen, die Verschiedenheiten des Lohnes auszugleichen und den Bewohnern der ärmeren Gegenden einigen Vortheil von dem Reichthume benachbarter Landstriche zuzuwenden. Viele Ebenen gewähren den Bewohnern naher Gebirge Verdienst in der Erntezeit. So wandern württemberger und odenwälder Schnitter und Mäher jährlich in das Rheinthal, galizische in die polnische Ebene, westfälische Arbeiter ziehen im Sommer nach Holland, Savoyarden suchen in Wallis und Frankreich Erwerb, die Bewohner der Apenninen in der Campagna di Roma, Salzburger (namentlich Schweinschneider aus Lungau und Krautschneider aus Wattsee, nach Rohrer), Tiroler, Vorarlberger, Graubündner in den ebenen Gegenden Süd-Deutschlands ꝛc. Aus dem Canton Ticino gehen jährlich 10—12 000 Personen auswärts, meistens nach der Lombardei, und zwar sendet jede Gegend des Cantons andere Classen von Arbeitsleuten hinaus, Maurer, Steinhauer (1840 bis Heidelberg gekommen), Glaser ꝛc. Franscini, Der Canton Tessin, S. 155, s. auch von Ulmenstein in Rau, Archiv. I, 223. — Roscher, System, I, 321.

§. 200.

Ein hoher Geldlohn könnte ohne allen Vortheil für die arbeitende Classe sein, wenn nämlich die Preise der nöthigen Lebensmittel in gleichem Verhältnisse gestiegen wären (a). Hoher Lohn in dem Sinne, daß der Arbeiter sich ein reichliches Maaß von Gütergenuß verschaffen kann, ist nicht allein ein Zeichen günstiger Vermögensverhältnisse (§. 199), sondern bringt auch wieder vortheilhafte Wirkungen hervor. Die unterste Classe der Lohnarbeiter, die einen großen Theil der Einwohner jedes Landes in sich begreift, lebt immer am spärlichsten und ist der Gefahr des Verarmens am meisten ausgesetzt. Eine Verbesserung ihrer wirthschaftlichen Lage ist daher für die Wohlfahrt der bürgerlichen Gesellschaft von vorzüglichem Nutzen, weil sie den Sachgütern die beste Verwendung zur Befriedigung wichtiger menschlicher Bedürfnisse giebt und hierdurch der Bestimmung der Volkswirthschaft entspricht. Die Zunahme des Lohneinkommens vermag am besten die große Vermögensungleichheit zwischen den verschiedenen Ständen zu verringern und die Lohnarbeiter dem Zustande näher zu bringen, in welchem sich die Grund- und Capitalbesitzer und Gewerbsleute befinden. Hierdurch wird zugleich die Anhänglichkeit der Arbeiter an den Staat erhöht, in dem sie sich der Früchte ihres Fleißes erfreuen (b).

(a) Vgl. §. 192. — Bei den Fortschritten des Wohlstandes und der Bevölkerung werden zwar viele Nahrungsmittel, Brennholz ꝛc. gewöhnlich theurer, allein Kleidung und manche andere Gegenstände wohlfeiler, auch wird durch die geringeren Frachtkosten die Versorgung mit vielen Gegenständen erleichtert.

(b) J. H. v. Thünen (Isol. Staat, II, 154. 202.) stellt eine mathematische Regel für den naturgemäßen Arbeitslohn auf. Wenn a den nothwendigen Unterhaltsbedarf des Arbeiters, p das Arbeitsproduct, $a + y$ den Lohn bedeutet, so ist
$$a : a + y = a + y : p$$
$$a + y = \sqrt{ap}.$$
Hier ist aber p in einem besonderen Sinne genommen, es zeigt denjenigen Ueberschuß des Rohertrages über die Ausgaben an, welcher lediglich den Lohn und Capitalzins in sich begreift, jene Regel bezieht sich daher auf die Antheile der Arbeiter und Capitalisten.

§. 201.

Die guten Folgen eines hohen Lohnes sind vorzüglich nachstehende: 1) Er setzt die Arbeiterfamilien in den Stand, eine der Gesundheit zuträgliche Lebensweise zu führen, wodurch die Lebensdauer im Allgemeinen verlängert wird, — ein für das Glück der Familien und zugleich für die Wirksamkeit der Arbeitskräfte höchst wichtiger Umstand (a). Hiezu trägt vorzüglich die bessere Ernährung und Verpflegung der Kinder bei, deren Sterblichkeit bei den Dürftigen viel stärker zu sein pflegt, als bei den Wohlhabenden (b). Ueberhaupt zeigt die Erfahrung, daß die Sterblichkeit mit der Dürftigkeit abnimmt (c). Es muß zum Theil aus dem heutigen reichlicheren Lohne und der günstigeren Lage der arbeitenden Stände erklärt werden, daß die Lebensdauer, wie es scheint, im Alterthume kürzer war, als in neuerer Zeit, und daß sie in der jüngsten Zeit noch zunimmt (d). 2) Die Arbeiter können sich auf eine höhere Stufe der Bildung emporheben, insbesondere ist es möglich, die Kinder besser zu erziehen und zu unterrichten, wodurch der Staat ein einsichtsvolleres, kunstfleißigeres und gesitteteres Geschlecht von Bürgern gewinnt. 3) Es kann ein Nothpfennig zurückgelegt werden, vermöge dessen Unfälle in der Familie leichter überstanden werden, ohne daß sogleich Armuth eintritt; auch werden die Ersparnisse in den Händen derjenigen, welche ihren Werth am besten zu schätzen wissen, häufig zum Ankaufe von Grundstücken oder zur Betreibung eines Gewerbes auf eigene Rechnung oder zu einer andern einträglichen Anlegung verwendet, und ein solches, wenn auch kleines werbendes Vermögen macht, daß die Eigenthümer desselben die rechtliche Ordnung im Staate weit höher schätzen, als ganz Unbegüterte.

(a) Weil nun in einer gegebenen Einwohnerzahl mehr arbeitsfähige und gesunde Menschen enthalten sind. Größere Lebensdauer und geringere Sterblichkeit sind wohlthätiger, als schneller Zuwachs.
(b) Dieß ist die Ursache vieler Leiden, Beschwerden und wirthschaftlichen Verluste. Storch, I, 217. — Im ersten (reichsten) Stadtbezirke von Paris sind die Gebornen 1/3 der Lebenden, im zweiten 1/20, und dennoch findet man im letzten Bezirke nicht mehr Kinder unter 5 Jahren, was die größere Sterblichkeit der Kinder armer Aeltern beweist. Bei der Vergleichung mehrerer Perioden darf man den Einfluß der Pflanzenimpfung nicht übersehen.
(c) Nach Villermé ist die Sterblichkeit 1/50 in dem ersten Stadtbezirk von Paris, welcher die meisten Reichen hat, 1/40 im zwölften Bezirk, in welchem die Meisten Armen wohnen, 1/50 in den reicheren Departements,

$1/33$ in den ärmeren. Ueber den Zusammenhang der Sterbfälle mit den Fruchtpreisen s. §. 173. — Wenn Kriege, Hungersnoth ꝛc. die Volksmenge verringert haben, in den folgenden Jahren aber die Gewerbe gut fortgehen, so ersetzt sich der Verlust zufolge des größeren Lohnes schnell. Obgleich in der Schweiz die Zunahme der Volksmenge langsam erfolgt (im Durchschnitt von 8 Cantonen $3/4$ Proc. Bernoulli, Archiv, I, 123), so hat doch der Canton St. Gallen den in der Theurung 1817 und 18 erlittenen Verlust von 5 Procent oder 6900 Menschen bis 1823 wieder ersetzt. — Unter gleichviel Lebenden finden sich bei Wohlhabenden mehr Alte und Personen von mittlerem Alter, bei Dürftigen mehr Kinder. Die Zahl der Kinder von 0—5 Jahren unter 1000 Lebenden ist z. B. in Frankreich nach Duvillard 120, in England 132, in Birmingham 139,⁶, in Connaught (Irland) 161,⁴. Nach Carey (Princ. of pol. econ. III, 27) sind unter 1000 Lebenden von

	0—10	10—20	20—60
in Nordamerica	340	246	376
in England	272	205	445
in den Niederlanden	238	183	488
in Frankreich	218	184	509

Aehnliche Verhältnisse zeigt die Sterblichkeit der verschiedenen Lebensalter unter 100 Gestorbenen sind z. B.

	von 0—1	von 1—5	von 5—10	Summe von 0—10	von 10—15	über 60
Belgien, 1841—50	187	153	48	390	28	266
Westflandern	214	153	45	413	31	247
Limburg	159	136	50	346	26	300
Preuß. Staat, 1849	224	151	54	429	19	189
Prov. Westfalen, s	203	138	50	391	23	226
Reg.-Bez. Oppeln, s	213	164	66	473	23	162
England, 1840	215	189	56	460	27	220
s Baumwollenbezirk (Lanc. u. Chesh.)	239	255	65	559	27	135
s Ackerbauende Gegenden	203	150	61	414	28	254
Waadt, u. Muret	189	158	—	347	22	314

Vgl. Bernoulli, Popul. II, 402. — Auf die Verschiedenheiten in der Sterblichkeit haben auch andere Ursachen Einfluß, namentlich die Beschaffenheit der Wohnungen in Hinsicht auf die Gesundheit, worüber in England zahlreiche und belehrende Erfahrungen gesammelt sind, s. II, §. 203 (d). First report of the commissioners for inquiring into the state of large towns and populous districts (Health of towns) 1843. II. 8°. — In Rußland sind im Durchschnitt 526 unter 1000 Sterbefällen von 0—15 Jahren, mit der Verschiedenheit, daß in Plescow, Kurland, Litthauen nur 316, in den Gouvern. St. Petersburg, Esthland, Finnland 358, dagegen in Kiew 619, Perm 648, Tobolsk und Tomsk 656, Nischnej-Nowgorod 691 von jenem Alter sterben. Hermann leitet die größere Sterblichkeit der Kinder in manchen Gegenden Rußlands von den Nordostwinden ab; Mém. de l'ac. de St. Pét. VIme série I, 121.

(d) Aemilius Macer in L. 68. Pand. ad. Leg. Falcidiam giebt die mittlere Lebensdauer so an: bei 0—20 Jahren noch 30 Jahre weiter, — bei 20—25 J. noch 28 J., — bei 25—30 J. noch 25 J., — bei 30—35 J. noch 22 J., — bei 35—40 J. noch 20 J., — bei 40—45 J.

noch 18 J., bei 45—50 J. noch 13 J., — bei 50—55 J. noch 9 J., — bei 55—60 J. noch 7 J., wobei die kurze Lebensdauer bei Menschen von 45 und mehr Jahren auffällt. Vgl. Schlözer, Staatsanz. IX. 482, X, 289. — In Paris starb im 14. Jahrhundert jährlich $1/16$—$1/17$, im 17. Jahrhundert $1/25$—$1/26$, im Durchschnitt vom Jahre 1819—23 aber $1/30$. Rev. encycl. Avr. 1824 und Journ. des déb., 10. Déc. 1824. — Vgl. Dictionn. des sc. médic., Art. Longévité XXIX, 40 ff. Tobler, Ueber die Beweg. d. Bevölk. ꝛc. St. Gallen, 1836. — Die Zunahme der wahrscheinlichen Lebensdauer in England ergiebt sich aus den von Finlaison berechneten Zahlen, Mac-Culloch, Stat acc. I, 419. — In Genf war die mittlere Lebensdauer (die Durchschnittszahl der von allen Verstorbenen durchlebten Jahre) eines Neugebornen im 16. Jahrh. 18,^{41} J., im 17. Jahrh. 23,^{33} J., im 18. Jahrh. anfangs 32,^{76} J., dann 33,^{88} J., später 38,^{8} Jahre (jetzt wird sie zu 39,^{41} angegeben). Bernoulli, Schweiz. Archiv, II, 77. In Frankreich starben nach Benoiston de Chateauneuf von 100 Gebornen.

	um 1775—8	um 1826.
in den ersten 10 Jahren	49,^{9}	39,^{3}
bis zu 50 Jahren	74,^{3}	65
bis zu 60 Jahren	82	77

M'Culloch zu Smith, S. 465. — Die mittlere Lebensdauer berechnet sich in Großbritanien (aus der Tabelle bei M'Culloch) auf 34,^{36}, in Schweden auf 32,^{41}, im preußischen Staate 27,^{3}, in Appenzell Außer-Rhoden 24 J., in Frankreich vor der Revolution 28, jetzt 34 (nach Demonferrand sogar 38) J., in Baiern (nach Gebhard) 30,^{5}, in Belgien auf 31,^{5}, im K. Hannover auf 37 Jahre. Indeß sind alle diese Ausmittlungen nicht völlig genau, weil sie nicht aus einer gleichbleibenden, sondern einer steigenden Volksmenge abgeleitet sind und nicht die gleichzeitig in verschiedenem Alter Verstorbenen, sondern die Todesfälle der in einerlei Jahr Gebornen die eigentliche Grundlage geben sollten.'

§. 201 a.

Es ist bisweilen die Befürchtung ausgesprochen worden, daß bei hohem Lohne die Arbeiter einen Theil ihrer Zeit im Müßiggange hinbringen möchten, weil sie dann auch ohne anhaltenden Fleiß ihren Unterhalt verdienen können, allein eine solche Handlungsweise setzt einen Grad von Rohheit und Trägheit voraus, der bei zunehmender Bildung mehr und mehr verdrängt wird. Der Arbeiter nimmt bei der Verfeinerung der Sitten und bei der Erweiterung seines Gedankenkreises allmälig mehr künstliche Bedürfnisse an, wozu der Anblick der Lebensweise in den höheren Ständen beiträgt, und er wird hiedurch angetrieben, mehr zu erwerben. Nur ein plötzliches starkes Steigen des Lohnes ohne Zuthun der Arbeiter könnte vorübergehend jene nachtheilige Wirkung haben, die bei einer langsameren Zunahme nicht zu besorgen ist, und die Erfahrung der

gewerbfleißigsten Länder beweiset es, daß hoher Lohn und großer
Fleiß sehr wohl vereinbar sind.

§. 202.

Die Ursachen, von denen die Lohnarbeiter eine Verbesserung
ihrer Lage erwarten können, liegen theils in ihrer eigenen Gewalt, theils außerhalb ihres Einflusses. Zu den letzteren gehören
die günstigen Gewerbsverhältnisse eines Landes, der durch die
Anwendung von Kunstmitteln, z. B. Maschinen, gesteigerte
Erfolg der hervorbringenden Gewerbe, die Neigung der Grundeigener, Capitalisten und Unternehmer zum Uebersparen und zur
Anlegung des Ersparten im Lande, die menschenfreundliche Gesinnung der Lohnherren, die auch ohne größere Ausgaben viel
Wohlthätiges bewirken können (a), endlich die Maaßregeln der
Regierung, der Gemeinden und der gemeinnützigen Vereine in
Beziehung auf Unterricht, Sittlichkeit, Gesundheit ꝛc. Unter
den Ursachen der ersten Art sind nachstehende von dem sichersten
und größten Erfolge: 1) Das Bestreben der Arbeiter, sich diejenigen Eigenschaften in immer höherem Grade zu erwerben,
durch welche ihre gewerblichen Leistungen verstärkt werden und
welche ihnen eine reichlichere Belohnung verschaffen können,
§. 188 2). Dahin gehören Fleiß, Geschicklichkeit, Kenntnisse
und Redlichkeit. 2) Sparsame Lebensweise, die ihnen die Erübrigung eines kleinen Capitales oder wenigstens eines Hülfsvorrathes (§. 201 Nr. 3) möglich macht (b). 3) Verhütung
eines zu raschen Zuwachses der Arbeiterzahl, insbesondere Vermeidung der leichtsinnig und zu frühzeitig geschlossenen Ehen,
noch ehe der Erwerb gesichert und einiges Vermögen erspart
worden ist, §. 196. Je mehr Vorsicht in dieser Hinsicht herrschend wird, je mehr der Arbeiter auf einen sorgenfreien Zustand, auf die bessere Erziehung seiner Kinder ꝛc. Werth zu
legen lernt, je mehr er hierin die in den höheren Ständen bestehenden Grundsätze sich zu eigen macht, desto höher wird der
Lohn steigen. Das Herbeiströmen von Arbeitern aus anderen
Ländern könnte jene Frucht der zunehmenden Bildung und
Wohlhabenheit verringern, wenn diese in einem einzelnen
Lande raschere Fortschritte machen als in den übrigen, §. 199 (d).
4) Vereine zur Unterstützung der Mitglieder in Krankheiten, in

hohem Alter und dgl., ferner zur wohlfeileren Anschaffung von Lebensmitteln im Großen. 5) Auswanderungen, die den Lohn erhöhen können, aber nur soweit, daß die Capitale noch nicht ins Ausland getrieben werden und nur so lange, als die Anzahl der Lohnarbeiter nicht wieder auf die frühere Höhe angewachsen ist.

(a) The claims of labour, an essay on the duties of the employers to the employed. Lond. 1844. Westminster Review, Nr. III, Jan. 1852. S. 61. — Beförderung des Ersparens, wohlfeile Abgabe von Nahrungsmitteln, Ueberlassung kleiner Stücke von Acker- oder Gartenland, Vermiethen gesunder Wohnungen um mäßige Preise u. dergl.

(b) Dagegen Züge von dem Leichtsinn der Taglöhner in Canton Ticino bei Arrivabene, De l'état des travailleurs dans la comm. de Vira-Magadino, 1840. — Trunksucht vieler Fabrikarbeiter!

§. 202 a.

Andere in neuerer Zeit vorgeschlagene, zum Theil auch schon versuchte Mittel, durch welche die Arbeiter die Vergrößerung ihres Einkommens beabsichtigen könnten, sind theils ganz verwerflich, theils nur von zweifelhafter oder doch sehr beschränkter Nützlichkeit (a). 1) Die verabredete Einstellung der Arbeit von Seite der Arbeiter sollte die Unternehmer zwingen, höheren Lohn oder sonst günstigere Bedingungen zu bewilligen. Allein diese Absicht ist in vielen Fällen nicht erreicht, vielmehr ist durch dieß Verfahren den Gewerben sehr geschadet worden, denn die Unternehmer können bei gegebenen Preisen der Erzeugnisse und einer gegebenen Betriebsart in der Regel nicht bestehen, wenn sie höheren Lohn geben sollen (b). 2) Man hat sich bestrebt, das bisherige Verhältniß zwischen Unternehmern und Lohnarbeitern umzugestalten. Hiezu gehört schon a) die Zusicherung eines Antheils am Reinertrag eines Gewerbes für die Arbeiter neben dem bedungenen Lohne. Dieselben werden hiedurch allerdings eifriger und mehr für den guten Erfolg des Gewerbes besorgt werden, doch muß erst die Erfahrung zeigen, unter welchen Bedingungen eine solche Einrichtung zweckmäßig ist und ob insbesondere nicht der Unternehmer dadurch gehindert wird, ganz nach eigenem Ermessen zu verfahren (c). b) Eine Betheiligung der Arbeiter an einem Gewerbe durch Einlegung eines kleinen Capitales würde die Unabhängigkeit eines einzelnen Unternehmers gefährden (d). c) Auch die Betreibung von Gewerben durch

Arbeitergesellschaften, die an Stelle der Unternehmer treten und sich daher auch in den Gewerbsverdienst theilen, ist mit Schwierigkeiten verbunden, weil die Leitung eines Geschäftes durch Mehrere nicht so gut zu gelingen pflegt, das erforderliche Capital mühsam zusammenzubringen ist, Verluste von den Mitgliedern nicht ertragen werden können und dergl. Die neuerlichen Versuche solcher Vereinigungen sind noch nicht günstig ausgefallen, doch können dieselben vielleicht bei manchen Gewerben, bei verständiger Einrichtung und einem gewissen Grade von Redlichkeit und Gemeingeist besser gelingen (e).

(a) Ausführlich hierüber Morisson, Essay, Cap. 10—13.

(b) Die englischen Fabrik- oder Handwerksgehülfen treten oft in Vereine (trades unions), um den Unternehmern bessere Bedingungen abzunöthigen oder eine Herabsetzung des Lohnes zu vereiteln. Das Hauptmittel hiezu ist allgemeine Einstellung der Arbeit (strike), welche aber die Ersparnisse der Arbeiter verschlingt und doch oft nichts ausrichtet. Der lange Stillstand war oft so verderblich für den Absatz, daß es noch weniger in der Macht der Fabrikherren stand, die Forderungen der Arbeiter zu befriedigen, als zuvor. Mehrere arbeitsparende Maschinen sind gerade bei solchen Zwistigkeiten durch das Bestreben der Unternehmer, sich von den Arbeitern unabhängig zu erhalten, erfunden worden, z. B. die Maschine zum Vernieten der Dampfkessel, als die Kesselschmiede in der Fabrik von Fairbairn sich auflehnten, Dingler, Pol. J. LXXV, 413. Die Gewaltthätigkeiten, mit denen man oft andere Arbeiter von der Fortsetzung ihrer Verrichtungen abzuhalten sucht, machen das Einschreiten der Staatsgewalt nöthig. Die unter den Arbeitern verbreitete Vorstellung, daß die Lohnherren nur aus Gewinnsucht den Lohn niedrig hielten, ist irrig, vielmehr können diese die Concurrenzverhältnisse nicht beherrschen. Die Arbeiter müssen einsehen lernen, daß ihr Vortheil mit dem der Lohnherren innig verbunden ist. Noch neuerlich hat der strike der verbündeten Arbeiter in den Maschinenfabriken zu Oldham, Birmingham zc. 1851, der in 15 Wochen 450000 L. St. kostete, die Widerspenstigkeit der Kohlenbergleute zu Wigan (1853) und der Fabrikarbeiter zu Preston (37 Wochen lang, im Mai 1854 aufgegeben) nichts erreicht. Das Beispiel fand auch in anderen Ländern Nachahmung, es erfolgte z. B. 1845 ein solches Auflehnen (franz. grève) der Zimmerleute in Paris, 1845 und 1846 der Arbeiter in den Kohlenbergwerken von St. Étienne. Martineau, Illustrations, VII. Bd., vgl. Rau, Archiv. I, 282. — Dies. The tendence of srikes and sticks to produce low wages, Durh. 1834. — Edinb. Rev. 1834, CXX, 341. — Mohl in Rau, Archiv, II, 178. — Faucher in Journ. de Econ. XXXI, 113 (1852).

(c) Berühmt ist die Anordnung dieser Art durch Leclaire, Unternehmer von Tüncherarbeiten in Paris, L. Blanc, Organ. du travail, S. 263. J. H. v. Thünen sicherte 1848 jeder Arbeiterfamilie ½ Proc. des jährlichen Mehrertrages über eine angenommene Summe des Ertrages seiner Landwirthschaft nach Abzug gewisser Kosten zu. Die Antheile der Arbeiter werden in die Sparcasse gelegt, bis der Arbeiter 60 Jahre alt ist. Isolirter Staat, II, 279. — Auch wenn hierdurch die beliebige Entlassung der Arbeiter nicht erschwert wird, so ist doch schon die offene Rechnungsablegung unangenehm.

(*d*) Bei Actienunternehmungen fällt dieser Nachtheil hinweg.
(*e*) Bei manchen einfachen Gewerben, die mit geringem stehenden Capitale zu betreiben sind, kommen schon seit längerer Zeit Arbeitergesellschaften vor. Bei anderen Gewerben aber giebt der Besitz des erforderlichen Capitals, die höhere gewerbliche Bildung und Einsicht des Unternehmers und die Einheit in den Entschließungen und Absichten desselben der bisherigen Art des Betriebes große Vorzüge. Bei den Arbeitergesellschaften bilden ferner die Entzweiung, und eigennützige oder unzweckmäßige Handlungsweise der gewählten Vorsteher und der Mitglieder, die Veränderungen in dem Absatze und folglich in der zu beschäftigenden Zahl von Arbeitern ꝛc. mächtige Hindernisse eines dauernden Erfolges. Diese von den Socialisten (§. 45 a.) lebhaft empfohlene Einrichtung setzt bei den Arbeitern ein höheres Maaß von geistigen und sittlichen Eigenschaften voraus, als sich gegenwärtig vorfindet. Doch bleibt es möglich, daß diese Vorbedingungen allmälig zum Vorschein kommen. In Großbritanien sind zuerst Hülfsvereine, dann auch solche cooperative societies gegründet worden, welche die Arbeiter von einem Unternehmer unabhängig machen sollten. Dieß gelang in wenigen Fällen, eher die Versorgung mit Unterhaltsmitteln durch Ankauf im Großen, Speiseanstalten und dergl. Auch in Frankreich hatten die 1848 entstandenen Gesellschaften, welche von der Regierung mit einem Vorschuß von 3 Mill. Fr. unterstützt wurden, geringen Fortgang und lösten sich meistens bald wieder auf. Für solche „Associationen" mehrere Aussagen (Ludlow, St. Mill ꝛc.) in Report on investments for the savings of the middle and working classes, 1850, und St. Mill, II, 241. 729 der d. Uebers. — Ueber sie Fallati in Staatswiss. Zeitschr. 1851 S. 729 (nach Cochut). — Reybaud in Journ. des Econ. XXXII, 209 (actenmäßige Nachrichten über die französischen Arbeitervereine). — Huber, Ueber cooperative Arbeiter-Associationen in England, Berlin 1852. — Edinb. Rev. Nr. 189, S. 1. — Morrison, a. a. O. S. 111.

§. 203.

Es bedarf einer Untersuchung, wie die Erhöhung des Lohnes auf die Preise der Waaren wirkt, wobei der Preis der Landeserzeugnisse gegeneinander und der Preis derselben gegen Geld und ausländische Waaren unterschieden werden kann.

Was das Erste betrifft, so glaubte Ricardo (a), das Preisverhältniß der in einem Lande erzeugten Güter gegeneinander werde durch die Erhöhung des Arbeitslohnes in der Regel gar nicht verändert; denn da zur Hervorbringung aller Güter Arbeit gehöre, so trete die Ursache der Vertheurung bei allen zugleich ein und werde eben deßhalb unmerklich, weßhalb mit jedem einzelnen Gute noch so viel andere gekauft werden können, als bei dem niedrigeren Stande des Lohnes. Diese Regel ist jedoch nur unter gewissen Beschränkungen richtig. Die

Lohnerhöhung könnte nämlich kein Gut in demselben Verhältniß vertheuern, wie der Lohn zugenommen hat, weil die Kosten nicht allein aus Lohn bestehen. Wenn z. B. eine Waare 50 fl. Arbeitslohn, 10 fl. Grundrente, 30 fl. Gewersverdienst und Capitalrente und 10 fl. Ausgabe für ausländische Zuthaten kostete, zusammen 100 fl., so würde ein Steigen des Lohnes um $1/5$ den Kostensatz der Waare nur um 10 fl., d. i. um $1/10$ des Preises vermehren. Die Capitalrente wird da, wo der Arbeitslohn durchgängig steigt, eher abnehmen als sich vermehren, also ist eine Verringerung in diesem Bestandtheile des Kostenbetrages zu erwarten, §. 202. Deßhalb können wegen der verschiedenen Entstehungsart der Güter die Veränderungen ihrer Kosten nicht gleichförmig geschehen. Solche Gegenstände, welche durch einfache Handarbeit zu Stande kommen, werden bei der Erhöhung des Lohnes am meisten vertheuert (*b*), diejenigen aber am wenigsten, deren Hervorbringung hauptsächlich durch Naturkräfte mit Hülfe eines beträchtlichen Capitales geschieht, §. 136. Es kann mithin das Preisverhältniß zwischen den verschiedenen Gütern nicht dasselbe bleiben.

(*a*) 1. Cap. 2. Abschn. der 2. Aufl. — M'Culloch, Grundf. S. 231. — Die Lehrsätze Ricardo's und seiner Schule über diesen Punct sind schwer verständlich, weil der Ausdruck „hoher und niedriger Arbeitslohn" im doppelten Sinne genommen wird. Ricardo versteht unter dem Realwerthe des Lohns die Menge von Arbeit, welche dazu verwendet werden muß, den Arbeitern ihren Antheil an dem Erzeugniß zu verschaffen. Der Lohn wird niedriger, wenn er statt 25 nur 22 Proc. des ganzen Productes beträgt, mag er auch, zufolge einer stärkeren Productivität der Arbeit und der Capitale, aus der doppelten Menge von Gütern bestehen, Grundges. S. 36 (I, 57 fr. Ueb.). Diese ungewöhnliche Bedeutung jener Ausdrücke hat manche Mißverständnisse veranlaßt, Senior, Outline, S. 188. Der Lohn steigt in Ricardo's Sinne, wenn die Versorgung der Arbeiter mit Lebensmitteln mehr Arbeit erfordert und daher die Preise der letzteren höher werden. Diese Veränderung muß sich, wo das Metallgeld nicht im Inlande erzeugt wird und also nicht von den einheimischen Kosten der Arbeit abhängt, auch in einem höheren Geldpreise des Lohnes ausdrücken, S. 23 (I, 41). und es muß sich zeigen, daß der Geldpreis der Erzeugnisse ungeachtet der Lohnerhöhung derselbe bleibt, indem diese Aenderung durch die Erniedrigung des Profites (einschließlich des Zinses) ausgeglichen wird, S. 31 (I, 50 fr.). Diese Ansicht spricht sich auch in M'Culloch's Aussagen vor der Parlamentscommission in Betreff der Maschinenausfuhr (1825) aus. Nachdem Bradbury erklärt hatte, der Lohn sei in Frankreich nur halb so hoch als in England, und wenn der Spinner dort 3, hier 6 P. für das Pfund erhalte, so könne die französische Fabrik das Pfund um 3 Pence wohlfeiler verkaufen, — so bemerkte M'Culloch, eine reale Erhöhung des Lohnes (a real rise of wages) könne den Preis der Waaren nicht merklich steigern und der niedrigere

Lohn in Frankreich gebe den Franzosen auf dem fremden Markte keinen Vorzug, sondern erhöhe nur den Gewerbsgewinn, s. die Auszüge bei Senior, S. 159. M'Culloch setzt den Realwerth des Lohnes wie Ricardo in die Größe des Antheils am Producte, und unterscheidet ihn nur in Hinsicht auf die Veränderlichkeit im Preise des Geldes von dem Geldwerthe, Grundf. S. 237. — Daß Ricardo zugleich annimmt, der Geldpreis der Güter könne eben so wenig zunehmen, als der Preis derselben unter einander, beruht auf einem anderen Grunde, s. §. 269.

(b) Es seien z. B. die Kosten zweier Güter A und B folgende:

	A	B
1) Arbeitslohn	45 fl.	66 fl.
2) Capitalrente	18 $\cdot$	12 $\cdot$
3) Grundrente	6 $\cdot$	5 $\cdot$
4) Gewerbsverdienst	18 $\cdot$	10 $\cdot$
5) Verbrauchte ausländische Stoffe	13 $\cdot$	7 $\cdot$
	100 fl.	100 fl.

Wenn nun 1) um $1/3$ steigt, 2) sich um $1/9$ vermindert, so kostet A 113, B aber $120^2/_3$ fl., B ist also gegen A um $7^2/_3$ fl. oder $6^3/_4$ Procent theurer geworden. Diese Ausnahme hat Ricardo selbst anerkannt und erläutert, namentlich für Fälle, wo das Verhältniß des umlaufenden zum stehenden Capitale verschieden ist. Er zeigt, daß bei einer Lohnerhöhung durch die Anwendung von Maschinen eher eine Preiserniedrigung, und zwar sowohl des relativen als des absoluten Preises vorgehen kann, S. 34 (1, 53).

§. 204.

Auch abgesehen von diesem Umstande würde Ricardo's Regel voraussetzen, daß 1) der Lohn sämmtlicher Zweige der Arbeit in gleichem Verhältnisse zunehme, was jedoch nicht leicht geschieht, weil das Mitwerben bei denselben auf längere Zeit erhebliche Verschiedenheiten zu Wege bringt; 2) daß Zinsrente und Gewerbsgewinn in allen Arten der Gewerbe im Gleichgewicht stehen, also überall zugleich abnehmen oder unverändert bleiben; 3) daß sich keine anderen Umstände einmischen, aus denen häufig eine Abweichung der Preise von den Kosten hervorgehet, §. 160. 161. Indeß muß man einräumen, daß das Steigen des Lohnes die Preise der Güter untereinander nicht um den ganzen Betrag dieser Erhöhung des Lohnes vertheuern und nicht beträchtlich von einander entfernen kann.

§. 205.

Der Preis der Landeserzeugnisse gegen Geld und ausländische Waaren (§. 202) würde, woferne keine anderen Ursachen entgegen wirkten, allerdings um soviel erhöht werden, als die Lohn-

Ausgabe des Unternehmers bei jeder Waare angewachsen ist. Dieß würde den Ausländern den Ankauf der inländischen Producte erschweren und so den Absatz derselben verringern. Mit der Ausfuhr müßte auch die Einfuhr fremder Waaren abnehmen oder gänzlich aufhören, und die Unterbrechung des auswärtigen Verkehrs würde die Folge haben, daß die Güterquellen auf eine weniger vortheilhafte Art angewendet würden, daß also die Hervorbringung sowohl als der Gütergenuß sich verminderten. Die Besorgniß solcher Folgen ist jedoch unbegründet. Bei den Fortschritten des Wohlstandes und der Gewerbskunst fehlt es nicht an Erfindungen, welche eine Ersparung an der zur Hervorbringung erforderlichen Arbeit bewirken, so daß ungeachtet der für die arbeitende Classe höchst wohlthätigen Erhöhung des Lohnes doch die Preise vieler Güter nicht blos nicht größer, sondern selbst niedriger werden. Es muß in jedem Lande immer Güter geben, die mit so geringen Kosten erzeugt werden können, daß sie zum Verkaufe ins Ausland geeignet sind, nur werden es in verschiedenen Zeiten nicht immer dieselben Gegenstände sein. (a).

(a) Vgl. Smith I, 135.

Zweite Abtheilung.
Die Grundrente.
§. 206.

Die Benutzung von Grundstücken zu einer Art des Erwerbes giebt bei günstiger Beschaffenheit derselben einen Ertrag, der die angewendeten Kosten beträchtlich übersteigt (a). Wird Land angebaut, welches noch herrenlos oder Gemeingut ist, so fällt der Ueberschuß des Ertrages als eine Frucht der im Boden wirkenden oder früher wirksam gewesenen Naturkräfte (§. 121) demjenigen zu, der die Benutzung vornimmt. Sobald aber bei der Zunahme der Volksmenge und der Entstehung fester Wohnsitze Grundstücke in das Eigenthum Einzelner übergegangen sind (b), wird jener Vortheil ausschließend von dem Eigenthümer bezogen, mag nun dieser die Grundstücke selbst zur Betreibung eines Gewerbes anwenden, oder sie einem Anderen gegen eine jährliche Abgabe überlassen (verpachten). Hiedurch erhält die Bodenbenutzung einen Preis. Dieß findet besonders dann häufig Statt, wenn die Erzeugnisse des Bodens nicht blos für die Bedürfnisse des Anbauers, sondern auch zum Verkaufe gebraucht werden, so daß sie regelmäßig in den Verkehr kommen, was bei der anfangenden Arbeitstheilung, wenn nur noch ein Theil der Menschen sich mit der Gewinnung roher Stoffe abgiebt, in jedem Lande ziemlich bald erfolgt. Ein solche Anwendung von Grundstücken als Erwerbsmittel und Quelle einer fortdauernden Einnahme kommt nicht allein bei dem Land- (Pflanzen-) und Bergbau, sondern auch bei anderen Zweigen der Hervorbringung (§. 120.) und selbst bei persönlichen Diensten vor (c).

(a) Weideland kann ohne alle Arbeit, Waldgrund mit sehr geringer einen solchen Ertrag geben, daß auch bei aller Verschiedenheit der Meinungen über den Werth der Dinge das Dasein eines solchen Werthsüberschusses außer Zweifel ist.

(b) Ob die von Cäsar (De bello Gallico, IV. c. 1. VI. c. 22) geschilderte und auch von Tacitus (German. c. 26.) angedeutete jährliche neue Vertheilung des Baulandes zu jener Zeit wirklich habe bestehen können, ist streitig, dieselbe wird aber durch Spuren ähnlicher Einrichtungen, selbst noch in unserer Zeit, eher glaublich. Auf dem Hundsrück, in den Kreisen Merzig, Ottweiler und Saarlouis kommt es in vielen Gemeinden vor, daß jährlich ein Theil der Flur durch das Loos vertheilt wird, aber nicht gleichheitlich, sondern nach bestimmten Berechtigungsverhältnissen; Schwerz in Mögl. Ann., XXVII, 29. (1831). Gleiches bestand noch zu Anfang des jetzigen Jahrhunderts im Fürstenthum Lowicz, ferner bei den nogaischen Tataren und in Peru bei der Ankunft der Europäer, wo nur der kleinere Theil des Landes für Kirche und Fürsten occupirt war, der größere jährlich neu vertheilt wurde. Jones, Distribut of wealth, S. 7 nach Robertson. In Java ist nach dem alten Herkommen (Hathat) das Land Gemeindegut (nach Temminck, Coup. d'oeil gén. sur les possessions Néerlandaises dans l'Inde, (1846), ebenso in Rußland, wo jeder Kopf der männlichen Einwohner gleichen Anspruch hat und das Land in der Gemeinde von Zeit zu Zeit neu nach den Feuerstellen (Tiegle) vertheilt wird, von Harthausen, Studien über die inneren Zustände Rußlands, 1847, I, 124. Tegoborsky, Etudes sur les forces product. de la Russie I, 329. — Aehnliches in Böhmen, Landau, Die Territorien, 1854, S. 69. — Auch in der abgelegenen waldigen Berggegend Morvan im fr. Dep. Nièvre gab es bis 1789 Gemeinden ohne abgetheiltes Sondereigenthum, Dupin in Séances et trav. de l'acad. des sc. mor. et pol. Janv. 1853. Daher nehmen neuere Forscher an, daß das Sondereigenthum erst aus der Zersplitterung des Gemeinlandes entstanden sei. — Vgl. Anton, Gesch. der deutschen Landw., I, 68. — v. Löw, Gesch. der deutschen Reichs- und Territorialverfass., S. 7. — Reynier, De l'économie publ. et rur. des Celtes. des Germains etc. S. 382. — Schön, N. Unters. S. 207. — Roscher in Rau und Hanssen, Archiv. N. F. III, 165. — v. Maurer, Einleitung zur Geschichte der Mark-Verfassung, 1854, S. 93. — Gegen die Annahme einer Gemeinschaft in Deutschland Landau, a. a. O. S. 64.

(c) Bleich-, Trocken-, Arbeits-, Aufbewahrungsplätze, z. B. für Holz, — Hofräume, — Wasserkräfte, — Bauplätze, — Reitbahnen, — Belustigungsplätze u. dergl. Der See Freshpond bei Boston, 200 Acr. groß, bringt einen ansehnlichen Reinertrag, weil aus ihm sehr reines, durchsichtiges Eis gewonnen wird, welches man weit versendet, bis nach Ostindien.

§. 207.

Das Einkommen, welches dem Eigenthümer von Grundstücken als solchem zufließt, auch wenn er die Benutzung nicht selbst vornimmt, ist die Grund-, Land- oder Boden-Rente, landrent, fermage, loyer des terres (a). Wo die Bestandtheile des vollen Eigenthumsrechts unter mehrere Personen vertheilt sind, so daß der Besitzer des Grundstücks nur ein beschränktes, oder ein sogenanntes Nutzeigenthum, oder nur ein erbliches Nutznießungsrecht hat und einem Guts-, Zehntherrn ec. einen Theil des Reinertrags abgeben muß, da ist die Grundrente des Besitzers von der Gefällrente anderer Berechtigter zu unterscheiden und beide zusammen bilden die volle Grundrente. In den folgenden Lehrsätzen ist immer die volle ungetheilte Grundrente vorausgesetzt worden. Diese erscheint dann als ein leicht kenntliches, ausgeschiedenes Einkommen, wenn der Eigenthümer die Benutzung seines Landes einem Anderen gegen eine verabredete Entrichtung überläßt, welche man die ausbedungene oder Pachtrente nennen kann. Wenn aber der Eigenthümer seine Grundstücke als Unternehmer eines Gewerbes selbst benutzt, so ist die Grundrente in dem Ueberschusse enthalten, der nach Bestreitung aller Betriebskosten in seinen Händen zurückbleibt. Diese natürliche, empfundene, übrigbleibende Grundrente (b) ist bei den künstlicheren Benutzungen des Bodens mit dem Zins des von dem Eigenthümer angewendeten Capitales und mit dem Gewerbsverdienst desselben vermischt und muß erst in Gedanken von diesen anderen Antheilen geschieden werden, §. 208. Sie wird geschätzt a) nach dem Gebrauchswerthe der Erzeugnisse, wenn diese blos für die eigene Wirthschaft des Grundeigners gebaut werden (c), b) nach dem Verkehrswerthe und Preise derselben, wenn der Anbau des Bodens zum Theile des Absatzes willen unternommen wird.

(a) Die Lehre von der Grundrente ist neuerlich am ausführlichsten bearbeitet worden von Jones, a. a. O., im ganzen 1. Bande. Sehr lehrreich ist das tief durchdachte Buch: J. H. v. Thünen, Der isolirte Staat. Hamburg, 1826. 2. A. Rostock, 1842. — J. G. Hofmann, Ueber die wahre Natur und Bestimmung der Renten aus Boden- und Capital-Eigenthum. Berlin 1837. — Neuere Untersuchungen bei Carey, The past, the present and the future. Philadelphia 1848, und von verschiedenen Schriftstellern im Journal des Economistes, J. 1851—53, namentlich Bastiat, Fontenay, Cherbuliez. — Passy in Diction. de l'écon. pol. II, 509. — Dieser Gegenstand hat schon wegen der auf die Grundrente gelegten Steuer, der ergiebigsten unter allen, eine große praktische Wichtigkeit.

(*b*) Die natürliche Grundrente ist von Parisot in der französischen Uebersetzung von J. Mill's Werk (S. 15. 16.) durch den Ausdruck loyer des terres von der bedungenen, fermage, unterschieden worden.

(*c*) Eine Vergleichung des Ertrages mit den Kosten nach dem Gebrauchswerthe ist leicht, weil die Landwirthschaft gerade solche Stoffe liefert, wie sie zum Unterhalte der Arbeiter bei einfacher Lebensweise erfordert werden, weil also beide zu vergleichende Gütermengen gleichartig sind; man wird z. B. gewahr, daß eine gewisse Strecke Landes mehr Getreide, Fleisch, Holz, Häute, Wolle, Oel und dergl. giebt, als die mit dem Anbau beschäftigten Arbeiter verzehren. Vgl. Sismondi, Nouv. pr. I, 281.

§. 208.

Die Grundrente muß von anderen Einkünften, mit denen sie in Verbindung stehen kann, sorgfältig unterschieden werden. Eine Unternehmung, bei welcher ein Grundstück als Hülfsmittel mitwirkt, liefert 1) einen gewissen **Rohertrag**, der sich bei der häufigsten Art der Bodenbenutzung, der Erdarbeit, nach der Menge und den Preisen der Erzeugnisse des Bodens, also nach dem Erlöse bemißt. 2) Hiervon werden die zur Erzielung des Rohertrages nöthigen Verzehrungen und Ausgaben abgezogen, unter denen sich auch der Gewerbsverdienst des Unternehmers, nach dem üblichen mittleren Satze befinden muß. 3) Der übrigbleibende **reine Ertrag** besteht bei dem selbst wirthschaftenden Grundeigenthümer in manchen Fällen ganz oder fast ganz aus Grundrente (*a*), in anderen aber schließt er zugleich die Rente des angewendeten Capitales (*b*) und einen reinen Gewerbsgewinn in sich (*c*). Nachstehende Erwägungen dienen dazu, die genannten drei Bestandtheile des reinen Ertrages herauszufinden. a) Der im Reinertrage enthaltene Capitalzins ist in jedem Lande nach dem gewöhnlichen Satze leicht anzuschlagen. b) Es kann angenommen werden, daß die ausbedungene Grundrente, wie sie sich in Folge des Mitwerbens vertragsmäßig feststellt, der natürlichen ungefähr gleich sei, weßhalb man sich der

Pachtzinse bei jener Zerlegung des Reinertrages bedienen kann. c) Da die Grundrente ihrem Begriffe nach lediglich aus dem Eigenthume entspringt, ohne eine besondere Mitwirkung des Eigenthümers zu erfordern, so darf eine von diesem durch vorzügliche Betriebsamkeit zu Wege gebrachte Steigerung des Reinertrages, die nicht an die bleibende Beschaffenheit des Grundstückes geknüpft, also nur vorübergehend ist, nicht als Grundrente angesehen werden, vielmehr gehört zu dieser nur der Theil des Reinertrages, welcher aus der in einer gewissen Gegend gewöhnlichen Behandlungsweise des Bodens entspringt und folglich jedem Eigenthümer zu Theil werden kann.

(a) Bei verpachteten Grundstücken findet keine natürliche Rente Statt.
(b) Der Capitalzins ist für den Unternehmer als solchen zwar ein Theil des Kostenaufwandes, für den Capitalisten aber offenbar reines Einkommen, und da hier untersucht wird, welche Personen überhaupt an dem Ueberschusse einer Bodenbenutzung Theil haben, so muß in dieser Hinsicht der Zins zu dem reinen Ertrage gezählt werden.
(c) Bei Waldungen kommt keine Verpachtung, also nur eine natürliche Grundrente vor. Die Bewirthschaftung eines Waldes erfordert so wenig Capital und Bemühung des Unternehmers, daß man den Reinertrag ohne merklichen Fehler völlig als Grundrente ansehen kann, zumal wenn das Holz auf dem Stamme verkauft wird. So verhält es sich auch mit Wiesen, wenn der Eigenthümer das stehende Gras verkauft und dergl. Die Benutzung mancher Grundstücke besteht nur in einem oft wiederholten Vermiethen auf kurze Zeit, im Ganzen oder theilweise, z. B. bei einem Bleichplatze, und geht so zur Verpachtung über.

§. 209.

Werden mit einem Grundstücke zugleich Gebäude oder auch bewegliche Geräthe und Vieh vermiethet, so begreift die ganze Vergütung neben der Grundrente auch den Miethzins dieser Gegenstände in sich. Man kann in solchen Fällen die ganze entrichtete Gütermenge durch den Ausdruck Pachtzins von der bloßen Grundrente unterscheiden (a). Wird aber bei Grundverbesserungen (Meliorationen) nur die nutzbare Beschaffenheit des Grundstückes erhöht, so ist die hieraus entspringende Vermehrung des Ertrages ein unzertrennlicher und nicht mehr zu unterscheidender Bestandtheil der Grundrente, wenn sie gleich die Wirkung eines angewendeten Capitales bildet, §. 51. 129 (b).

(a) Ricardo, Grundges. S. 40. 170. (I, 63. 285 fr.).
(b) Das Capital ist dann als solches nicht mehr vorhanden, und eine abgesonderte Benutzung desselben nicht möglich, während bei Gebäuten das Gegentheil stattfindet. Ricardo will unter der Grundrente nur

die Vergütung für die Benutzung der ursprünglichen und unzerstörbaren Bodenkräfte verstanden wissen und schließt von derselben die Vergütung für die bereits in einem Grundstück vorhandenen nutzbaren Gegenstände, z. B. haubares Holz, Steinkohlen ꝛc. aus (vgl. §. 121). Bei dieser Verengerung des Begriffes wäre eigentlich gar keine Grundrente von Bergwerken, Steinbrüchen, Thongruben ꝛc. denkbar. Dagegen Smith, I, 236 und Say zu Ricardo, I, 66. Auch räumt Ricardo wenigstens ein, daß dasjenige, was bei Meliorationen noch neben der eigentlichen Grundrente gegeben wird, genau mit dieser verbunden ist und denselben Gesetzen unterliegt, S. 279 (II, 47). — Die Grundrente muß ihrem Begriffe nach nicht gerade jährlich von gleicher Größe sein, wie sie denn z. B. bei Waldungen veränderlich sein und bei einem erschöpften Torflager stark abnehmen kann.

§. 210.

Die Grundrente läßt sich von zwei Seiten betrachten. Für den einzelnen Landwirth, der entweder Pachtrente bezahlen, oder mit einem Aufwande von Capital die Grundstücke an sich bringen und auf den Zins verzichten muß, den er durch Ausleihen beziehen könnte, ist die bestehende Grundrente ein Theil der Erzeugungskosten, der nur leichter als andere Bestandtheile derselben durch äußere Umstände verändert wird. Wenn man aber die Hervorbringung roher Stoffe im Allgemeinen aus dem Standpuncte der gesammten Volkswirthschaft betrachtet, so ist sowohl die Grundrente als die Capitalrente von denjenigen Ausgaben, welche sich auf eine der Hervorbringung willen nothwendige Verzehrung beziehen (§. 164), zu unterscheiden. Beide sind zwar unvermeidliche Ausgaben des Unternehmers, aber nicht Ersatz einer Consumtion, sondern Entrichtungen an Andere für die gestattete Benutzung ihrer Güterquellen, also bilden sie in der ganzen Volkswirthschaft ein reines Einkommen.

§. 211.

Die meisten Grundstücke eines Landes werden zur Erdarbeit benutzt, aus der deßhalb der größte Theil der Grundrente fließt. Daher sind die Ursachen, welche dem Grundeigenthümer einen gewissen Antheil an dem Reinertrage einer Unternehmung verschaffen, vorzüglich bei der Erdarbeit zu erforschen, woraus dann auch auf die Verhältnisse bei anderen Verwendungen des Bodens geschlossen werden kann. Die Grundrente, welche von Land zu Land, ja von Ort zu Ort sehr ungleich sein, und bisweilen eine ansehnliche Höhe erreichen kann, rührt von einem Ueberschusse des Erlöses über die Kosten her (§. 210), und ist folglich eine Ausnahme der Regel, daß die Preise der Dinge den Kosten nahe kommen. Wo die Mitwirkung des Bodens zu einem Gewerbszweige und folglich der Kostenaufwand bei verschiedenen Grundstücken ungleich ist, da kann bei einerlei Preis der Erzeugnisse der Reinertrag der Unternehmung nicht von derselben Größe sein. Dagegen findet bei solchen Gewerben, die mit Hülfe eines Capitales überall ausgeübt werden können, wie die Gewerke, eine so große Kostenverschiedenheit nicht Statt, und wenn auch in der einen Gegend die Preise der Arbeit und der Rohstoffe niedriger sind, als anderswo, so ist doch zwischen mehreren Unternehmern, die sich sämmtlich in gleich vortheilhaften Umständen befinden, das Mitwerben gewöhnlich mächtig genug, um die Preise dem Kostensatze nahe zu bringen. Da der Beistand, den Grundstücke von einer gewissen Beschaffenheit zur Hervorbringung leisten, sich nur an bestimmten Stellen und in einem beschränkten Maaße äußert, so liegt es in der Natur der Sache, daß da, wo aus der Benutzung von Grundstücken ein größerer Ueberschuß entspringt, derselbe größtentheils dem Grundeigenthümer als Grundrente zufließt (a). Die Verschiedenheit in den Kosten bei mehreren Grundstücken kann von folgenden Ursachen herrühren: 1) Beschaffenheit der Grundstücke, 2) Lage derselben, 3) Betrag des Lohns, 4) Betriebsart.

(a) Daher betrachtet Senior, Outline, S. 172, die Grundrente als die Folge einer Art von Monopol.

§. 212.

1) Die Beschaffenheit der Grundstücke hat auf den Ertrag derselben starken Einfluß. Beachtet man insbesondere den Landbau, so wird auf fruchtbarem Lande ein größerer Rohertrag mit verhältnißmäßig geringeren Kosten gewonnen, so daß ein Centner, Scheffel ꝛc. wohlfeiler zu stehen kommt als auf minder fruchtbarem Boden (a). Deckt der Preis die Kosten der Erzeugung auf dem letzteren, so wirft der Anbau des besseren Landes einen Reinertrag (§. 164), also eine Grundrente ab (b), und diese Wirkung der verschiedenen Güte der Grundstücke zeigt sich in gleicher Weise, wenn die ergiebigeren Ländereien erst später in Anbau kommen, woferne nur das Erzeugniß nicht so groß ist

daß es den Preis erniedrigt (c). Neben den eigentlichen Gewinnungskosten kommen auch die mit der Bodenbenutzung verknüpften Verluste und Gefahren, z. B. von Ueberschwemmungen, sowie die Kosten der dagegen angewendeten Schutzmittel in Betracht. Die ungleiche Ergiebigkeit rührt theils von **natürlichen Umständen** her, wohin vorzüglich die Zusammensetzung der oberen Erdschicht (Krume) aus mineralischen Stoffen und organischen Resten (d), die Tiefe derselben, die Beschaffenheit des Untergrundes, die Trockenheit oder Feuchtigkeit, die ebene oder abhängige Lage, das örtliche Klima (e) und dergl. gehören, — theils von der angewendeten **Kunst**, z. B. Trockenlegung, Entfernung von Gesträuchen und Steinen, Ausfüllung von Vertiefungen, Anlegung von Wassergräben, Stützmauern und dergl. (§. 209.), und die so entstandene höhere Ertragsfähigkeit wirkt ebenso auf die Grundrente, wie die ungleiche Naturbeschaffenheit. Aeußert sich die Güte des Landes nicht in der größeren Menge, sondern in der werthvolleren Art oder Beschaffenheit der Erzeugnisse, so müssen diese wenigstens einen solchen Preis erlangen, der die Verwendung der Grundstücke zu ihrer Hervorbringung belohnt.

(c) Dieß ist ein allgemein angenommener Erfahrungssatz. „Mit der Abnahme des Bruttoertrages von einer bestimmten Fläche steigen die Bestellungskosten im Verhältniß zum Bruttoertrage," Block, Beiträge zur Landgüter-Schätzungskunde, S. 30 (1840). Zahlenbelege finden sich in den zahlreichen Schriften über landwirthschaftliche Abschätzungen.

Beispiele:
1) Nach v. Thünen (Der isolirte Staat, S. 33) verschwindet die Landrente, d. h. der Erlös deckt gerade die Kosten, wenn der preuß. Scheffel Roggen gilt $0.^{437}$. $0.^{549}$. $0.^{855}$. $1.^{338}$. $2.^{068}$ Thlr. und die Aussaat . . 10. 8. 6. 5. 4½ fältig geerntet wird. Den Thaler Gold (⅙ Friedrichsd'or) zu 1 fl. 55 kr. gesetzt, käme beinach der Centner Roggen von dem besten Lande auf $0.^{96}$ fl., von dem schlechtesten auf $4.^6$ fl. zu stehen. 2) Block (a. a. O. S. 34) setzt in den Bodenclassen Ia, VIIa und Xb in Roggenwerth auf 1 pr. Morgen den Rohertrag auf 10 — 4 und ½ Scheff., den Reinertrag auf 4—5, $1.^{12}$—$1.^{39}$, und $0.^1$—$0.^{15}$ Scheff. oder 40—50, 28—38, und 20—30 Proc. des rohen. 3) Nach v. Flotow (Ueber die Abschätzung der Grundstücke, S. 50) wird der Centner Roggen auf Boden der ersten Classe für 1 fl. 30 kr., der vierten und fünften Classe für 2 fl. 8 kr., — der zehnten Classe für 2 fl. 50 kr. erzeugt. 4) Kleemann (Encykl. S. 363) nimmt an, daß der Reinertrag von 38 bis auf 8 Proc. des rohen herabsinke, während dieser je nach der Bodengüte von 15 bis auf 5 Scheffel Roggenwerth in preuß. Maaßen herabgeht.

Schon innerhalb eines kleineren Landes zeigen sich erhebliche Verschiedenheiten im Rohertrage. In den 41 einzelnen Arrondissements von Belgien ist nach der amtlichen Statistik der mittlere Ertrag des

Hektars Waizen 10—21,⁶, des Roggens 13,²—24, der Kartoffeln 136—260 Hektol. (1 Hektol. vom Hektar = 0,⁴⁶⁴ preuß. Scheff. pr. Mg.). In den engl. Grafschaften soll der Waizenertrag des Acre 16 (Durham) bis 33 Busch. (Derby) sein, Caird, S. 480. Dieß macht auf den preuß. Morg. 6²⸍₃—13³⸍₄ Scheff. In Frankreich wird der Waizenertrag der einzelnen Arrondissements zwischen 22,³⁴ Hektol. (A. Lille im Nord-Dep.) und 7,⁶³ (A. Gourdon, Dep. Lot) angegeben, also zwischen 10,³ und 3 preuß. Scheff. pr. M. (Statist. agric., vermuthlich zu niedrig.)

(*b*) Die von Ricardo ausgebildete Lehre von der Grundrente stützt sich ganz auf diese verschiedene Ergiebigkeit der Grundstücke. Diese Ansicht wurde zuerst ausgesprochen von Anderson, An inquiry into the nature of the cornlaws. Edinb., 1777 (M'Culloch zu Smith, S. 453), sodann von Malthus, Inquiry into the nature and progress of rent. Lond. 1815, und gleichzeitig von Edw. West, An essay on the application of capital to land. Oxford, 1815. — Nach Ricardo (Principles, Cap. 2) ist dieselbe besonders von J. Mill (Elémens, S. 15—31) und M'Culloch (Grundsätze, S. 211 ff.) eifrig verfolgt, von Anderen jedoch bekämpft worden, z. B. de Sismondi, Nouv. princ. I, 275. — Quarterly Review, Oct. 1827. LXXII, 404. — Jones, a. a. O. — Banfield, Four lectures, S. 49, vgl. §. 207 (*e*). — Carey, s. (*e*). — Bastiat, s. §. 215 (*b*), Wirth (1856) u. a.

(*c*) Ricardo nimmt zwar an, das fruchtbarere Land werde zuerst angebaut und das minder ergiebige später stufenweise hinzugezogen, allein diese Reihenfolge ist nicht die einzige mögliche. Carey (The past etc. S. 3 ff. und Journ. des Econ. II, 128 der 2. Série) sucht darzuthun, daß das humusreiche Niederungsland in Thälern und Ebenen schwierig zu entwässern war, und man deßhalb anfangs das weniger fruchtbare aber trocknere Land an den Anhöhen gebaut hat und erst bei vermehrtem Capital und stärkerer Bevölkerung an die Trockenlegung jener niedrigeren Flächen ging, die nun sogleich eine höhere Rente trugen als die höher gelegenen. Dieß wird an zahlreichen Beispielen aus Nordamerica nachgewiesen, während man auch sehr viele Beispiele des umgekehrten Ganges aufzeigen kann. Die von Carey angeführten Thatsachen beweisen nichts gegen den obigen Hauptgedanken, weil in solchen Fällen die Entstehung der Rente aus der Bodenverschiedenheit ebenfalls einleuchtend ist.

(*d*) Deutsche Landwirthe haben in neuerer Zeit Berechnungen über die Aussaugung des Bodens durch die Ernten und über den Ersatz durch Düngung ꝛc. angestellt. Die hierauf sich beziehenden Erfahrungssätze und Berechnungen hat man mit dem Namen Statik des Landbaues bezeichnet. Ungeachtet der Verdienste, welche sich nach A. Thaer's Anregung v. Wulffen, v. Thünen und v. Vogt in diesem Gegenstande erworben haben, muß man doch zugestehen, daß die bisherige Statik, da sie lediglich auf die Ab- und Zunahme des Vorraths von Humus (Moder) gegründet war, dem neuesten Stande der Kenntnisse über die Einwirkung des Bodens auf die Gewächse nicht mehr entspricht und daher einer Umarbeitung bedarf, welche den Einfluß der mineralischen Bodenbestandtheile nach Sprengel's und Liebig's Forschungen zu berücksichtigen hat. Doch bleibt gewiß, daß innerhalb gewisser Gränzen die Fruchtbarkeit vorzüglich von dem Vorrathe an organischen Resten, an Kalk, Kali, Phosphorsäure und anderen Stoffen bedingt wird. Daneben ist auch das Verhältniß zwischen Humus, Thon und Sand schon der Wasseranziehung willen von Wichtigkeit, weil weder der höchste noch der niedrigste, sondern ein gewisser mittlerer Grad derselben der günstigste ist. Loudon (Encyklop. der Landw. I, 438) giebt eine Reihenfolge von 6 Bodenarten, deren Werth und Preis genau in derselben Abstufung steht, wie die Wassereinsaugung, die mit der wasserhaltenden Kraft zusammenhängt. Merkwürdig ist, daß neuerlich die Landwirthe den Werth des sandigen Bodens im Verhältniß zu dem thonigen beträchtlich höher schätzen als früher, weil sie jenen besser zu benutzen gelernt haben. Belege z. B. bei Porter, Progreß, S. 154. Die neueste Bearbeitung der Statik haben F. X. Hlubek 1841 und v. Wulffen 1847 (v. Lengerke, Annal. X, 93) geliefert.

(e) Die erwähnte sächsische Geschäftsanweisung giebt in der Voraussetzung, daß das Klima solcher Orte, die in keiner großen Entfernung von einander stehen, vorzüglich nach der Höhe über dem Meere verschieden ist, Ertragssätze für die Stufen von 500—2400 Fuß, z. B.

Höhe	in der ersten Bodenclasse			in der elften Bodenclasse		
	roh	rein		roh	rein	
500′	170 Metz.	88 M.	= 51,8 Proc.	12,8 M.	5,3 M.	= 42 Proc.
800′	159	78	49	12,4	4,9	39,5
1600′	—	—	—	12	4,1	34
2400′	—	—	—	11,1	2,9	26

Eine Metze auf den sächsischen Acker ist soviel als 0,9 Metzen (16 im Scheffel) auf den preuß. M. oder 0,19 Sester (10 im Malter) auf den badischen Morgen.

§. 213.

2) Auch die **Lage** hat auf die Kosten der Bodenerzeugnisse Einfluß, und zwar sowohl die Lage der einzelnen Ländereien gegen die Wirthschaftsgebäude (a), als die Entfernung derselben vom Marktorte (b). Da man von einem Grundstücke nicht eine beliebig große, sondern nur eine gewisse, durch Klima, Boden und Natur jedes Gewächses bedingte Menge von Rohstoffen erzielen kann (c), so macht ein großer Begehr von Bodenerzeugnissen den Anbau einer Menge weit umherliegender Ländereien nothwendig, und der Preis muß so hoch steigen, daß er noch die Bau- und Frachtkosten von den entferntesten Grundstücken vergütet, die zur Versorgung des Marktes zu Hülfe genommen werden müssen (d). Dieß hat dann die Folge, daß die näher liegenden Grundstücke, bei denen weniger solche Kosten vorkommen, einen Gewinn abwerfen, der den Eigenthümern als Rente zufällt. Wären auch alle Ländereien von gleicher Ergiebigkeit, so würde doch schon aus der bloßen Verschiedenheit der Lage eine Rente entspringen, so wie auch blos der Lage willen Grundstücke, die zu Fabrikanlagen oder Wohngebäuden gesucht werden, einen hohen Preis und eine hohe Rente erhalten können.

(a) v. Thünen, S. 58 und Block, Mittheil. III, 340. Einige Kosten der Bewirthschaftung, z. B. die Wartung des Viehes, sind von der

Entfernung der Grundstücke ganz unabhängig, Ernte- und Düngerfuhren werden dagegen am meisten von ihr bedingt. Nach der sächs. Geschäftsanweisung werden bei 250 Ruthen (3555 bad. Fußen) Entfernung die Kosten 10 Proc., bei 500 R. 20 Proc. höher angenommen. — In Rußland wie in Ungarn findet man hie und da große Dörfer mit sehr weiten Feldmarkungen, wobei die Felder bisweilen 1½ bis 2 Meilen entfernt sind, Tegoborski, Etudes, I, 336.

(b) Nach v. Thünen S. 13 sind die Versendungskosten von 24 Centnern Getreide x Meilen weit $= \frac{199{,}^5 \cdot x}{182 + x}$ Thlr., also z. B. bei 10 Meilen 10,³⁹ Thlr. oder 1 fl. 7 kr. auf den Centner. Die Fracht auf Landstraßen beträgt in Deutschland gegen 3 kr. auf den Centner und die Meile, in Rußland 2,⁴ kr. (1 Kopek für 10 Werste und 1 Pud), Tegoborski, I, 372.

(c) Z. B. in Deutschland vom preuß. Morgen nicht wohl über 16 Scheffel (13,⁸ Ctr. Waizen oder 12,⁶ Ctr. Roggen).

(d) Storch, I, 242.

§. 214.

Es lassen sich mehrere Umstände angeben, welche den Einfluß der Lage auf die Grundrente verstärken. a) Das Beisammenwohnen einer großen Menschenmenge auf engem Raume, so daß man aus beträchtlicher Entfernung Lebensmittel beiführen muß. Grundstücke in der Nähe großer Städte tragen daher eine ansehnliche Rente (a), dagegen fiele diese Veranlassung der Rente beinahe ganz hinweg, wenn alle Bewohner eines Landes in zerstreuten Ansiedelungen wohnten (b). b) Schlechte und kostbare Fortschaffungsmittel eines Landes. Gute Landstraßen, besonders aber Eisenbahnen und Wasserstraßen verringern den Vorzug der näher am Marktorte liegenden Ländereien, deren Rente daher durch die Herstellung solcher besserer Verbindungen erniedrigt wird, wenn nicht auch eine Zunahme des Begehrs eintritt, die den Preis der Rohstoffe in gleichem Stande erhält, oder andere einträglichere Benützungen der nahen Grundstücke eingeführt werden können, wobei dann der Nutzen den Eigenthümern der entlegeneren Grundstücke zufällt (c). c) Zerstreutliegen derjenigen Ländereien, welche eine gewisse Art von Erzeugnissen liefern. d) Die in dem Wesen einer Art von Gütern liegende Kostbarkeit oder Schwierigkeit des Fortschaffens. Die Erzeugung von Blumen, Gemüse, Obst, vorzüglich aber von Milch ꝛc. wirft in der Nähe volkreicher Städte eine große Rente ab. Schlachtvieh, Schaafwolle ꝛc. gestatten in Hinsicht ihres Preises einen weiten Transport, auch Getreide wenigstens einen weiteren als Heu, Stroh und Holz, weßhalb man sich in der Nähe eines großen Marktortes am liebsten auf die Production solcher Gegenstände verlegt, bei denen man das Mitwerben entfernter Gegenden nicht zu bestehen hat (*d*).

(*a*) Nach sehr großen Städten müssen die Lebensmittel sehr weit herbeigebracht werden, weßhalb sie dort ohne Wasserstraßen unerschwinglich kostbar würden. Als Paris erst 714000 Einw. hatte, nahm seine Verzehrung an Waizen 107640 Hektaren Acker, an Haber 29033 Hekt., an Kartoffeln 1779, an Gerste 1948, an Heu 8203, an Wein, Branntwein und Essig 60609 Hekt. Land in Anspruch, zusammen 209693 Hekt. oder 38 □. Meilen. Das Großherzogthum Hessen hatte 1828 ungefähr gleiche Einwohnerzahl (718000), seine Ackerfläche von 1·589000 hess. Morgen war aber fast die doppelte jener 209693 Hektaren, welche nur 838772 hess. M. ausmachten, wobei freilich das zur Ernährung von Thieren verwendete Land nicht eingerechnet war. Vgl. Recherches statistiques sur la ville de Paris. 1823. Cap. 6.

(*b*) In ganz schwach bevölkerten Gegenden ist auch das fruchtbare Land weit von den Ansiedlungen noch rentelos, z. B. in den amerikanischen Prairien, die doch einen humusreichen und leicht urbar zu machenden Boden haben.

(*c*) Durch die Dampfschifffahrt und die besseren Straßen ist der Transport so sehr erleichtert worden, daß nun das bessere Land in Irland und Schottland mit dem schlechteren in England concurrirt, und letzteres nicht mehr gebaut werden kann. Es kommt jetzt Getreide von der Westküste Irlands nach Liverpool, was sonst nicht der Fall war. R. Peel, Unterhaus, 19. März 1830.

(*d*) Bei gleicher Bodenbeschaffenheit würde man in der Nähe einer großen Stadt viel Wald beibehalten müssen und die Bodenbenutzung würde sich ganz nach der Entfernung von jenem Absatzorte richten. Dieser Gedanke ist in v. Thünen's a. Buche weiter verfolgt worden; s. auch Roscher im Archiv, N. F. III, 195.

§. 214 a.

3) Die **Ausgabe für Arbeitslohn** (§. 211) pflegt in Ländern und Gegenden, die ihr Bodenerzeugniß an entfernte Märkte versenden müssen, schon wegen der wohlfeilen Nahrungsmittel niedriger zu sein, und hiedurch wird wenigstens der in den Frachtkosten liegende Nachtheil einigermaßen gemildert. Ist aber der geringere Arbeitslohn die Folge hoher Bevölkerung, so kann er ebenso wie die größere Fruchtbarkeit die Ursache einer Kostenersparung und deßhalb einer gewissen Grundrente werden, oder doch dem Einfluß anderer, auf Erniedrigung derselben hinwirkenden Umstände widerstreben.

§. 215.

4) Auch die **Art, wie die Bodenbenutzung betrieben wird**, hat auf die Größe der Erzeugungskosten Einfluß, §. 211.

Der Reinertrag läßt sich durch geschickte Einrichtung des Betriebes, z. B. durch Auswahl der besten Fruchtfolge für eine gegebene Oertlichkeit oder bessere Behandlung der Düngemittel, auch bei einerlei Größe des Capitales erhöhen, aber noch mehr Erfolg haben solche Kunstmittel, die mit Hülfe eines größeren Capitales angewendet werden, z. B. öftere und sorgfältigere Bearbeitung, tiefere Auflockerung des Bodens, Entwässerung, vollkommenere Ackergeräthe, stärkere Düngung, mineralische Düngemittel, Abschaffung der Brache und dergl. (a), daher sind bei der Bewirthschaftung mit dem allerkleinsten Capitale die Kosten, z. B. eines Centners Getreide, keineswegs am niedrigsten. Bei einerlei Preis der Bodenproducte müssen die kunstmäßiger gebauten Ländereien schon deßhalb einen Reinertrag gewähren, wenn auch die unvollkommen bewirthschafteten nur die Kosten vergüten (b). Man hat befürchtet, daß solche Betriebsverbesserungen die Grundrente mindern möchten, weil dann der ganze Bedarf eines Landes schon von den fruchtbarsten und gut angebauten Flächen mit geringeren Kosten gewonnen werde und das unergiebigere Land unbenutzt bleibe, mithin der Preis der Bodenerzeugnisse sinken müsse (c). Dieß könnte allerdings geschehen, allein die Erfahrung lehrt, daß es gewöhnlich nicht eintritt, und dieß ist auch leicht zu erklären, weil solche Verbesserungen des Anbaues viel Capital, Arbeit und Eifer erfordern, folglich in einem ganzen Lande nur allmälig Eingang finden und daher der Volksmenge Zeit lassen, sich ebenfalls zu vermehren, so daß der Begehr mit dem Angebote gleichen Schritt hält (d), ferner weil jene Kunstmittel häufiger auf den besseren Grundstücken vorgenommen werden, wo sie einträglicher sind, und so der Unterschied in der Rente noch sogar vergrößert wird.

(a) Besonders auffallend ist dieß bei der durch stärkeren Futterbau und Viehstand vergrößerten Düngung, die den Bodenertrag beträchtlich vergrößert, während die Bearbeitung so wie die Aussaat bei einem gut gedüngten Felde nicht mehr als bei einem erschöpften kosten. Daher berechnet von Crud (Oekonomie der Landwirthsch., übers. von Berg, Leipz. 1823. S. 83 ff.) unter gewissen Voraussetzungen für 1 preuß. Morgen Waizenland bei verschiedener Stärke der Düngung den Kostensatz eines Scheffels auf 8,^{96} — 8,^{03} — 7,^{72} — 7,^{31} — 7,^{26} Einheiten (+), wenn die Aussaat 6 — 8 — 10 — 12 — 16fach geerntet wird. Das Zeichen + bedeutet in von Crud's Werk (nach Thaer) den Durchschnittspreis von ⅙ pr. Scheffel Roggen, s. oben §. 179. Das Fuder Mist kostet ungefähr 1½ bis 1¾ Scheffel Roggen (Block, Mittheilungen, I, 227), jedes mehr aufgewendete Fuder bringt aber ungefähr

2 Scheffel Winter- und Sommer-Getreide hervor (**Schmalz**, Veranschlagung ländlicher Grundstücke, S. 46), wozu noch das Stroh kommt. Uebereinstimmend **Jones**, Distrib. of wealth. S. 190 ff.

(*b*) Bodenverbesserungen (Meliorationen, §. 130) sowie die Urbarmachung sind von dauernder Wirkung, während die Vervollkommnung des Betriebes wieder aufhören kann. Eine solche bessere Bewirthschaftung bringt jedoch erst dann eine Rentenvermehrung hervor, wenn sie nicht nur von einzelnen Landwirthen angewendet wird, sondern in einer Gegend herrschend geworden ist, §. 208. — **Carey** (a. a. O.) glaubt, daß die später angelegten Capitale immer größeren Erfolg hervorbringen, weil man anfänglich die mangelhaftesten Kunstmittel angewendet habe, und daß die Grundrente blos aus den Urbarmachungs- und Verbesserungskosten entstehe, welche in jener nicht einmal vollständig verzinst werden. Allein nur die Beschaffenheit der Grundstücke entscheidet, nicht der Aufwand, mit dem sie hervorgebracht werden ist, §. 213. — Auch **Bastiat** (Journ. des Econ. Nov. 1852, S. 289) war in dieser Lehre ein Gegner von **Ricardo**, dem er vorwarf, daß nach seiner Ansicht die zunehmende Theurung der Lebensmittel die Reichen immer mehr in Vortheil setzen und die Arbeiter bedrücken würde.

(*c*) **Ricardo**, Grundges. S. 55 (I, 97). Dagegen **Jones**, S. 211.

(*d*) **Ricardo** selbst giebt wenigstens zu, daß das zufolge solcher Verbesserungen unbenutzt gelassene schlechtere Land späterhin bei gestiegener Volksmenge wieder in Anbau genommen werde. — Man kann bei der Wirkung landwirthschaftlicher Verbesserungen mehrere Fälle unterscheiden: 1) es werden bei einerlei Menge des Erzeugnisses nur die Kosten vermindert, z. B. durch Mähemaschinen, Pferdehacken u. dgl.; 2) es wird das Erzeugniß des Bodens vermehrt, während der Centner, Scheffel ꝛc. noch gleichviel kostet; 3) es trifft eine Vergrößerung des Bodenertrages mit einer Kostenverringerung zusammen, z. B. durch Reihensaat und Maschinenbehackung. Im letzten Falle ist am leichtesten eine Preiserniedrigung der Erzeugnisse zu erwarten, von der die Grundrente eine Zeit lang verringert werden kann. Ausführlich hierüber **St. Mill**, II, 182.

§. 215 a.

Wenn man, um dem anwachsenden Begehr von Unterhaltsmitteln zu genügen, immer mehr Capitale auf die Erdarbeit verwendet, so muß es einen Punct geben, über welchen hinaus die neu angelegten Capitale weniger ergiebig werden und also die Erzeugungskosten eines ferneren Ertragszuwachses größer ausfallen (*a*). Der Preis der Rohstoffe muß dann allgemein so hoch steigen, daß er die höheren Kosten bezahlt, wobei dann der mit dem schon früher angewendeten Capitale erzielte Theil des ganzen Products schon deßhalb einen Reinertrag giebt (*b*). Die Gränze, bei welcher die Ergiebigkeit weiterer Capitalanlagen abnimmt, läßt sich nicht im Allgemeinen bezeichnen und hängt unter Anderem von der Bestimmung ab, die man dem Capitale giebt, ob es nämlich mehr Arbeit für den Landbau unterhalten, oder andere Erhöhungsmittel des Ertrages gewähren soll (*c*);

auch ist in wenig Ländern die Einsicht der Landwirthe und das ihnen zu Gebote stehende Vermögen so groß, daß man jene Gränze schon als allgemein erreicht und die ferneren Verwendungen von Capital als minder belohnend ansehen könnte (d). Doch steht der Satz fest, daß auf einer gewissen Stufe des Anbaus die Anlegung neuer Capitale auf schon angebaute Grundstücke dieselbe Wirkung haben müsse, wie der Anbau schlechterer Ländereien. Hiermit steht auch die Erfahrung in Verbindung, daß eine schwunghaft betriebene Wirthschaft erst bei einem gewissen nicht zu niedrigen Preise des Getreides ꝛc. belohnend ist.

(a) Ricardo, S. 45 (I, 73), sowie Torrens, S. 113, J. Mill, Elémens, S. 16, M'Culloch, Grunds. S. 218, nehmen an, daß die zuerst angewendeten Capitale die wirksamsten seien. Es giebt aber einen Zustand des Feldbaues, bei dem es vortheilhafter ist, ein gegebenes Capital auf einen, als auf zwei Morgen Landes zu verwenden. Dagegen ist es auch gewiß, daß, wenn man z. B. mit einem stehenden und umlaufenden Capitale von 50 fl. auf einem Morgen 7 Centner einer gewissen Frucht bauen kann, ein dreifaches Capital keine 21 Centner zu erzielen vermag. Man würde sich gar nicht zum Anbaue schlechterer Grundstücke entschließen, wenn von den besseren mit gleichem Kostenbetrage jede verlangte Quantität zu erhalten wäre. Vgl. Torrens, S. 118. — Ein gutes Beispiel zur Erläuterung dieses Satzes giebt die tiefere Bearbeitung des Ackerlandes. Nach von Thünen's Erfahrungen aus 4jährigen Durchschnitten ist das Verhältniß der Bodenerträge

bei 4 Zoll Pflugtiefe 100
    6   129
    8   151
   10   165

Die 2 letzten Zolle tragen also nur 14, die 2 vorletzten 22, die 2 drittletzten 29 Proc. mehr und jene kosten beträchtlich mehr als diese. Amtl. Bericht über die 6. Vers. der d. Landw. S. 289.

(b) Hat Jemand mit 1000 fl. Kosten einen Ertrag von 500 Ctr. erhalten und gilt der Ctr. gerade 2 fl., so bleibt kein Gewinn übrig, nur werden in dem Kostensatze die Zinsen des Capitales erstattet. Wenn nun weitere 1000 fl. blos 400 Ctr. erzeugen, so kommt jeder dieser 400 Ctr. auf 2½ fl. zu stehen. Der Landwirth wird diese zweite Summe von 1000 fl. nicht eher aufwenden, bis der Preis des Centners wirklich 2½ fl. erreicht, weil sonst hätte er Verlust. Wäre z. B. der Preis nur 2¼ fl., so würden erzielt werden:
   1) mit 1000 fl. Aufwand 500 Ctr., Einnahme 1125 fl.
   2) mit 2000 fl. Aufwand 900 Ctr., Einnahme 2025 fl.,
es würden folglich für die zweiten 1000 fl. nur 900 fl. mehr eingenommen. Werden aber bei einem Preise von 2½ fl. 2000 fl. aufgewendet, so ist der Erlös von 900 Ctr. 2250 fl., es findet also ein Ueberschuß von 250 fl. Statt, welcher zu der natürlichen Grundrente gehört oder sie erst bildet, wenn bisher noch keine Statt fand. Freilich rechnet der Landwirth selten so scharf und er kann es nicht einmal, weil diese Ertragsverhältnisse noch gar nicht gehörig erforscht sind, auch die Jahresernten sehr ungleich ausfallen.

(c) Unterscheidung des Hülfscapitales (Maschinen, Dünger, Mergel, Wassergräben ꝛc.) und der Vermehrung der Arbeiter (additional labour) bei Jones, S. 217.
(d) Die Größe des in der Landwirthschaft mitwirkenden Capitales ist ein sehr erheblicher Umstand, den die Statistik bisher noch nicht gehörig beleuchtet hat. Dieses Capital ist theils stehendes, nämlich Gebäude, Geräthe, Werkzeuge, Maschinen, Vieh, theils umlaufendes. Da man nicht ein ganzes Jahr auf die Einnahmen zu warten hat, so ist dieses umlaufende Capital, welches man zum Beginne der Bewirthschaftung in der Hand haben muß, kleiner als die Ausgabe eines Jahres; doch kommt es hiebei auf die Jahreszeit des Antritts und auf die Art der Einnahmen an. Die Anschläge des landwirthschaftlichen Capitales weichen sehr von einander ab und sind auch nicht nach gleichen Voraussetzungen gebildet.

Lullin de Chateauvieux (Bibl. univ. de Genève, X, 245) rechnet für Frankreich vom arpent de Paris (1,^{33} preuß. M.) 24,^{7} Fr. stehendes Capital, 19 Fr. umlaufendes bei größeren und mittleren Gütern, zusammen 43,^{7} Fr. (15,^{4} fl. auf den preuß. M.). — Nach Chaptal (De l'industr. franç. I, 222) ist das stehende Capital mit den Gebäuden im Ganzen 7581 Mill., ohne dieselben 4581 Mill. Fr., also auf den Arpent 58 und 35 Fr. — Depart. Nordküsten, bei sehr mangelhafter Koppelwirthschaft, auf größeren und kleineren Gütern für den Hektar Gebäude 99—167 Fr., Vieh, Geräthe 60—112 Fr., Jahresauslagen 47—83 Fr., zusammen 206—362 Fr. = 24,^{9}—43,^{8} fl. auf den pr. M. franç. Dép. Côtes du Nord, 1844, S. 84. — Beispiel aus dem Norddep. nach Cordier (Agric. de la Flandre franç. S. 479. 485.) vom preuß. M. 40,^{8} fl. bei 11¼ fl. Pachtzins. — Bei den Anschlägen von de Gasparin, Cours de l'agricult., I, 384 (1845) muß, da der Verf. nur 1/12 des Vieh- und Geräthe-Capitals (cheptel) eingerechnet hat, der ganze Betrag derselben statt jenes Theils aufgenommen werden, wodurch sich folgende Zahlen ergeben:

auf 1 pr. M.
Südfrankreich, Fruchtfolge mit Krappbau 56—69 fl.
Norddepartement, mit vielen behackten Handelsgewächsen . . . . 57 fl.
Nordfrankreich, mit Brache . . . . . . 15 fl.

In England wird das ganze stehende und umlaufende Capital der 7—9fachen Grundrente gleich geschätzt. Sinclair, Grundges. des Ackerb. S. 28. Das Capital des Pachters (Geräthe, Vieh und Ausgaben eines Jahres) ist 5—8 L. St. vom Acre = 37—60 fl. vom pr. M. (ebd. S. 81 u. Anh. S. 72—76) oder 7—10 L. St., Darstell. d. Landw. Großbritaniens, d. von Schweitzer, I, 72. Die ausführliche Berechnung von Low (Practical agricult. S. 745 ff.) giebt 6,^{77} L. St. vom Acre oder 51,^{8} fl. vom pr. M. — Thaer (Mögl. Ann. V, 641) hält mindestens 25 fl. auf der M. für nothwendig. Deutsche Landwirthe setzen das Capital (wovon ⅔ stehend) mindestens auf das 4fache, höchstens auf das 5—8fache des Pachtzinses, durchschnittlich auf das 5—6fache, Göriz, Landw. Betriebslehre, III, 82. 1854. In (de Lichtervelde) Mémoire sur les fonds ruraux du Dép. de l'Escaut, Gand, 1815, S. 64 ist für ein flandrisches Gut von 51 Gemeth = 88½ pr. M. der Capitalaufwand des Pachters bis zur Ernte auf 14512 Fr. oder 165 fl. auf den pr. M. berechnet.

Der bekannteste Theil des Capitales besteht im Viehstande. Während zur guten Düngung von 4—5 pr. M. ein Stück Großvieh nöthig ist, trifft man bisweilen ein solches erst auf die doppelte Zahl von Morgen des Ackerlandes in ganzen Ländern, woraus dann ein geringerer Bodenertrag folgt, vgl. II, §. 170. — Bleibt das Capital unter dem zu dem besten Betriebe erforderlichen Betrage, so muß die Rente kleiner sein, und es erklärt sich hieraus die Erfahrung, daß ein Pachter desto mehr Zins entrichten kann, je mehr er Capital besitzt, **Sinclair**, a. a. O. S. 54.

§. 216.

Der jedesmalige Mittelpreis der Bodenerzeugnisse, soweit sich bei der wechselnden Fruchtbarkeit der Jahre auf ihn eine Rechnung gründen läßt, richtet sich immer nach den höchsten Kosten, die noch unter den unvortheilhaftesten Umständen zur Befriedigung des Begehrs aufgewendet werden müssen (a), und die Rente jedes Grundstückes ist der Unterschied zwischen den auf ihm wirklich angewendeten und jenen höchsten Kosten. Es lassen sich Ländereien nachweisen, welche keine oder fast keine Grundrente tragen, weil bei ihnen Entlegenheit und schlechte Beschaffenheit des Bodens zusammentreffen. Solche Flächen können nicht verpachtet, sondern blos von dem Eigenthümer benutzt werden, der sie, wenn auf ihnen noch Abgaben ruhten, sogar nicht ohne Einbuße anbauen könnte, was übrigens vorübergehend, bei ungewöhnlich niedrigen Fruchtpreisen, auch nicht selten geschieht, weil den Landleuten der Uebergang zu anderen Erwerbsarten zu schwer und die Ernährung durch eigene Erzielung der Nahrungsmittel zu schätzbar ist, auch bei einem Landgute, welches aus Theilen von ungleicher Ergiebigkeit besteht, die Kosten und der Reinertrag öfters nur im Ganzen, nicht für jedes einzelne Grundstück, berechnet werden. Die undankbarsten noch benutzten Ländereien bleiben meistens ganz oder abwechselnd als Weide liegen, weil sie bei dieser Anwendung noch eher einen kleinen Ueberschuß geben können (b).

(a) Uebereinstimmend von **Thünen**, Der isolirte Staat, S. 182. — **Nebenius**, Der öffentl. Credit, 2. A. 1, 27. — **Hermann**, Staatsw. Unters. S. 167.

(b) In jedem Gebirgslande trifft man solche Strecken an, welche wegen der felsigen oder steinigen Beschaffenheit, Seichtheit der Krume, Steilheit, hoher kalter Lage, Entlegenheit von den Wohnungen ꝛc. die Anbaukosten nicht belohnen, zum Theil nicht einmal eines Weidezinses werth geachtet werden und meistens Gemeindegut geblieben sind. Der mittlere Reinertrag des Morgens Weide ist in dem württemb. Amte Oehringen auf 7 kr., im Amte Welzheim auf 10 kr., Horb und Brackenheim 11 kr. ꝛc. geschätzt, wobei ohne Zweifel sowohl bessere als schlechtere, völlig rentelose Stücke vorkommen. Man wird viele Gegenden auffinden können, in denen, wie z. B. in dem Dorfe Willgartswiese bei

Landau, der Morgen Acker 4. Classe auf 5³⁄₄ kr., steinige Allmende auf 1²⁄₃ kr. Reinertrag katastrirt ist. — Im Regierungsbezirk Aachen ist der Reinertrag des Morgens Heideboden zu 1½—3 Sgr. (5¼—10½ kr.) ermittelt. — Sobald die Preise der Bodenerzeugnisse höher steigen, sieht man die besseren Weideplätze dem Pfluge unterwerfen. Indeß trifft man auch Strecken von Flugsand, Moorboden u. dgl., die eine ganz oder beinahe rentelose Ackerclasse bilden. Nach der sächs. Schätzungsanweisung giebt das beste Ackerland 59mal soviel Reinertrag als das schlechteste und höchste, von dem nur 1½ Metze pr. Acker = 0,⁰⁵⁵ pr. Scheff. p. Morg. angenommen sind. Ricardo hält es für nothwendig, daß es solche Grundstücke gebe, die gar keine Rente tragen und doch noch benutzt werden, weil man, wenn die schlechtesten noch benutzten Stücke eine Grundrente abwürfen, dann eine noch undankbarere Bodenart zu Hülfe nehmen könnte. Allein es ist denkbar, daß eine solche in einem Lande ganz fehlt oder von sehr geringem Werthe ist und deßhalb erst bei einem hohen Preise benutzt wird. Ebenso könnten die rentelosen Ländereien so weit entfernt sein, daß die Frachtkosten von ihnen höher kommen würden, als der Ankauf von näheren Grundstücken, die schon eine Rente geben.

§. 216 a.

Ein zunehmender Begehr von Bodenerzeugnissen zieht nicht nothwendig auch eine fortdauernde Erhöhung des Preises derselben und der Grundrente nach sich, denn es kommt erst darauf an, auf welche Weise man im Stande ist, das Angebot zu vergrößern (a). Geschieht dieß durch Verbesserung der Versendungsmittel oder der Ländereien oder des landwirthschaftlichen Betriebes, durch Urbarmachung von fruchtbarem Boden (§. 212 (c)) oder andere ähnlich wirkende Mittel (b) ohne verhältnißmäßig höhere Kosten (§. 215), so wird sowohl der Preis der rohen Stoffe, als die Rente gleich bleiben, außer insofern diese Fortschritte das Verhältniß zwischen den Kosten der besseren und schlechteren Grundstücke abändern. Ist aber die Zunahme des Begehres beträchtlich und anhaltend, dagegen die Gelegenheit zur Anwendung der genannten Mittel beschränkt, so muß der Preis sowie die Rente so lange steigen, bis der vergrößerte Bedarf auf kostbarere Weise durch Anbau unergiebigerer oder entlegenerer Grundstücke oder durch Anwendung größerer Capitale (§. 215 a), oder durch Zufuhr vom Auslande (c) dauernd befriedigt wird. In dem Kostenbetrag, mit welchem auf die eine oder andere Weise das Angebot bis auf die Höhe des Begehres vergrößert werden kann, enthält demnach der jedesmalige Durchschnittspreis der Rohstoffe und die Grundrente der besseren und näheren Ländereien ihre Gränze.

(a) Ad. Smith leitete die Entstehung sowohl als die Erhöhung der Grundrente lediglich daraus ab, daß die Nachfrage nach rohen Stoffen mit der Volksmenge zugleich zunimmt, und daß sie, wie auch das Angebot vergrößert wird, doch immer über dasselbe hinaus wächst, Unters. 1, 235. Bei dieser Ansicht läßt sich nicht erkennen, inwiefern es möglich sei, der vermehrten Nachfrage mit dem Angebote nachzufolgen, und wie hoch die Grundrente steigen könne, und gerade dieß wird durch die neuere in §. 212 erwähnte Theorie der Grundrente aufgehellt. Ricardo's Hauptsätze sind diese:

1) Der Preis der Bodenerzeugnisse muß genau mit dem Kostenbetrage übereintreffen, welchen die Gewinnung derselben a) von den schlechtesten, noch wirklich angebauten Ländereien, oder b) mit den zuletzt angelegten, am wenigsten ergiebigen Capitalen verursacht (§. 215 a.).

2) Die Grundrente, welche die besseren Ländereien und die früher angelegten Capitale geben, wird also genau durch den Unterschied der bei ihnen aufzuwendenden Kosten gegen die größeren Kosten der minder ergiebigen Culturart bestimmt, wie dieß A. Smith in Ansehung der mineralischen Stoffe bereits behauptet hatte.

3) Die schlechtesten irgendwo noch in Anbau genommenen Grundstücke, oder die zuletzt angelegten Capitale, deren Kosten den Preis bestimmen, tragen keine Rente.

4) Landwirthschaftliche Verbesserungen erhöhen die Rente nicht, weil sie die Verschiedenheit im Ertrage des besten oder schlechtesten Landes nicht abändern. Dieser letzte Satz ist der Erfahrung ganz entgegen, §. 215.

(b) Ein anderes Mittel zu gleichem Zweck ist die Verbesserung der Mahleinrichtungen. In Deutschland ist dieselbe alt und schon seit 1616 (von Seb. Müller) beschrieben, in Frankreich wurde das öftere Aufschütten der Kleie als mouture économique erst nach 1760 bekannt. Die Folge war, daß während sonst der Nahrungsbedarf eines Menschen jährlich auf 4—5 Parif. sétiers (zu 2,⁸⁰ pr. Scheff.) Waizen (also 960—1200 Pfd.) gesetzt wurde, jetzt 2 sét. zureichen, weil man 75 statt der früheren 30—34 Procent Mehl erhält, Beckmann, Beitr. zur Gesch. d. Erfind. II, 54. Dingler, Pol. Journ. I, 48.

(c) Dieß kann, nach Maaßgabe der Lage eines Landes, schon dann geschehen, wenn auch noch viel Sandstrecken, Felsabhänge ꝛc. unbenutzt bleiben, weil ihr Anbau mehr kosten würde als die Zufuhr vom Auslande.

§. 217.

Die drei zuerst genannten Ursachen der Kostenverschiedenheit bei der Benutzung von Grundstücken (§. 211) sind von dem Verhalten des einzelnen Unternehmers ganz unabhängig und werden von Jedem empfunden, der die Grundstücke besitzt und gebraucht (§. 208); eine gewisse Betriebsart (§. 215) hat dieselbe Wirkung, wenn sie in einer Gegend zur Regel geworden ist. Mit derjenigen Grundrente, die dem Eigenthümer bei eigener Benutzung seines Landes nach dem üblichen Verfahren zufällt (der natürlichen Grundrente) trifft in der Regel auch die Pachtrente ungefähr überein (a). Während der Eigenthümer, da, wo der Preis der Bodenerzeugnisse niedrig ist, oder wo seine Besitzung ihrer Natur nach eine kostbare Bewirthschaftung erfordert, gegen die Ungunst dieser Verhältnisse wenig ausrichten kann (*b*), genießt er unter den entgegengesetzten Umständen den Vortheil eines ansehnlichen Reinertrages in einer entsprechenden ausbedungenen Rente. Dieß ist eine Folge von der gewöhnlichen Gestaltung des Mitwerbens (§. 211), indem das Angebot von Grundstücken einer gewissen günstigen Beschaffenheit und Lage eine natürliche Gränze hat, zugleich aber der Begehr wegen der Annehmlichkeit und Sicherheit des landwirthschaftlichen Gewerbes, wegen der Menge von Menschen, die ohne Grundeigenthum sind, und wegen der fortwährenden Zunahme des Capitals bei gleichbleibender Menge der Grundstücke, das Angebot zu erreichen pflegt und nicht selten übersteigt. Deßhalb bleibt in diesem Falle dem Pachter, woferne er nicht besondere Betriebsamkeit entwickelt, nur der mittlere mäßige Gewerbsverdienst übrig. Dieser ist besonders da von geringem Betrage, wo Grundstücke in kleinen Abtheilungen verpachtet werden, und wo zugleich in der landbauenden Classe eine schnelle Zunahme der Bevölkerung Statt findet (*c*).

(*a*) Freilich nur bei der Verpachtung auf kurze Zeit. Bei immerwährenden Grundgefällen kann in späteren Jahrhunderten die statt eines Pachtzinses ausbedungene Entrichtung so weit hinter dem Reinertrage zurückbleiben, daß auch der erbliche Nutznießer einen Antheil an der Grundrente aus seinem Rechte auf das Grundstück bezieht, §. 207. 378.

(*b*) Ausgenommen, wo bedeutende Grundverbesserungen möglich sind.

(*c*) Wo das Gegentheil Statt zu finden scheint, wie in den von Lotz, Handb. I, 497 ff. angeführten Erfahrungen, da sind vermuthlich unter Kosten keine Capitalzinsen und kein Gewerbsverdienst eingerechnet. Selbst die Verbesserungen im landwirthschaftlichen Betriebe kommen, wenn sie häufig vorgenommen werden, bald den Grundeignern zu Statten, §. 215 (*b*). Die Pachtzinse in Schottland sind im jetzigen Jahrhundert wegen der verbesserten Pflüge, der Dreschmaschinen, der besseren Vertheilung der Arbeit und des angemesseneren Fruchtwechsels gestiegen. Sinclair a. a. O. S. 56. Wo Pachtlustige mit zureichendem Capitale ausgerüstet sind, da befinden sie sich in einer weit besseren Stellung, als da, wo eine zahlreiche Classe von Landleuten, ohne Vermögen, ohne andere Erwerbsgelegenheit, wenigen reichen Grundeignern gegenübersteht und sich diejenigen Bedingungen der Bodenüberlassung gefallen lassen muß, welche diese vorschreiben.

§. 218.

Wenn ein Volk die Ernährung durch Jagd, Fischerei oder wandernde Viehheerden nicht mehr zureichend findet und daher

zum Landbau übergeht, so erreichen die allgemeinsten Nahrungsmittel, wie Getreide, wegen des starken Begehres zuerst einen
solchen Preis, der von einem Theil der Grundstücke eine Rente
einbringt; bei weiteren Fortschritten der Bevölkerung und des
Wohlstandes werden später auch manche andere Stoffe, z. B.
Gemüse, Oelsaamen, Gespinnst- und Würzpflanzen ꝛc. so häufig
begehrt und hervorgebracht, daß sie eine Rente tragen. Die
Rente des für verschiedene Gewächse angewendeten Bodens hängt
von den Bedingungen ihrer Erzeugung und Versendung ab.
Daher lassen sich folgende Regeln aufstellen. 1) Solche Gewächse,
die auf allem Ackerlande eben so gut als Getreide gebaut und
eben so leicht fortgeschafft werden können, werfen keine andere Rente
ab, als das Getreideland, weil im entgegengesetzten Falle das
Angebot und der Preis sich bald verändern und dadurch das
Gleichgewicht wieder hergestellt werden würde (a). 2) Stoffe,
deren Erzeugung eine besondere Beschaffenheit des Landes voraussetzt, können eine größere Rente geben, wenn solches Land
in geringer Menge für den Begehr vorhanden ist, und ihr Preis
könnte soweit steigen, daß es sich verlohnte, Ackerland zu ihrer
Gewinnung besonders zuzurichten (b). 3) Ebenso kann auch in
der Nähe des Marktes der Anbau von schwer zu versendenden
Gewächsen eine stärkere Rente gewähren, als der Getreidebau,
§. 214 d). 4) Grundstücke, welche zu einer nicht landwirthschaftlichen Benutzung vorzüglich tauglich sind, z. B. zum Bergbau, können sehr hohe Renten abwerfen, weil hier das Mitwerben seine natürliche Gränze findet (c). 5) Stoffe, die auch
auf einem zum Ackerbau nicht mehr geeigneten Boden gewonnen
werden können, geben geringen Reinertrag (d). 6) Die Rente
des Ackerlandes selbst zeigt in jedem Lande große Verschiedenheiten, denn der Landwirth hat in der Bewirthschaftung desselben
einen so weiten Spielraum, daß er auch von sehr entlegenen
und unergiebigen Stücken noch einigen Vortheil zu ziehen vermag, während er unter den entgegengesetzten Umständen eine
schwunghafte Betriebsart wählt, die ihm eine hohe Rente verspricht (e).

(a) Nur insofern ist Smith's Satz richtig, daß die Rente des Getreide-
landes die der übrigen Ländereien bestimme. — Bekämpfung der von
Ricardo zu Grund gelegten Annahme, daß die Bodenrente sich blos
nach den verschiedenen Kosten des Getreidebaues richte, in Six letters

to S. S. Peel ... by a political economist (Banfield), Lond. 1843, und Banfield, Four lectures S. 50.
(b) Nicht blos die guten Weinlagen, die Smith selbst von jener Regel ausnahm, und das Rebland überhaupt, das mit einem ansehnlichen Capitale eingerichtet werden muß, gehören hieher; auch manche andere Gewächse erfordern besondere Bodenart und Lage. Gute Wiesen z. B. tragen wegen der Gelegenheit zur Bewässerung gewöhnlich mehr als Ackerland, Gartenland wegen der Bodenbeschaffenheit und Nähe ꝛc.
(c) Auch die Schönheit der Lage ist bisweilen die Ursache einer beträchtlichen Rente, wie z. B. auf der Südseite der Krimm, an der Küste des schwarzen Meeres. Kohl, Reisen in Südrußland, I, 317.
(d) Zur Erläuterung dienen nachstehende Verhältnißzahlen. Setzt man den Reinertrag des Morgens Acker zu 100, so trägt der Morgen

	A	B	C	D	E	F	G	H	I
Rebland	213	161	496	165	304	—	199	189	410
Garten	202	258	246	266	293	155	162	176	—
Wiese	136	149	92	200	149	113	105	72	233
Weide	15	37	31	44	30	122	25	15	16
Wald	24	—	39	76	28	25	40	6	38

A ist die Steuerabschätzung im Neckarkreise von Würtemberg, wo der Morgen Acker 5 fl. 18 kr. rein trägt, B der frühere bad. Murg- und Pfinzkreis, C Niederösterreich (Linden, Grundsteuerverf. d. österreich. Mon. Beil. 39), D die französische Steuerschätzung, der Reinertrag des Hektar Acker zu 26,³ Fr., E die Jura-Aemter im Canton Bern, den Morgen Acker zu 149 Fr. (Bernoulli, Schweiz. Archiv, II, 70), F der preuß. Reg.-Bez. Düsseldorf (v. Viebahn, Statist. u. Topogr. des R.-B. Düss. S. 152), G Baiern (Zierl über Baierns landw. Zust., I, Tab. V, 1844), H Steiermark (Hlubek, Die Landw. des H. St. S. 108. 1846). I Toscana (v. Raumer, Italien, II, 70). — In Belgien steht im Durchschnitt das Wiesenland zu 131, der Wald zu 41 gegen Acker, Houechling, Stat. S. 77. Das Verhältniß dieser Benutzungsarten unter einander kann nicht in allen Zeiten und Gegenden dasselbe sein; in einem warmen Klima z. B. wird der Werth der Wässerwiesen gegen die Aecker steigen, der des Reblandes abnehmen. Der obige hohe Ertrag der Weiden im Reg.-Bez. Düsseldorf rührt von den Fettweiden am Rhein her, welche den Werth von Wiesen haben. Nach Abzug von 4 Kreisen geben die übrigen einen Ertrag von 27 für das Weideland. — Schon Cato, De re rustica, Cap. 1. giebt diese Reihenfolge des Bodenertrages: Rebland — Wässergarten — Weidengebüsch (salictum) — Oelgarten — Wiese — Wald, und zwar zuerst silva caedua (Schlagwald? vergl. Walther, Manuale Georgic. S. 295. 1822), dann arbustum (Baumstück?), endlich Mastwald.
(e) Im Königreich Hannover sollen nach der Abschätzung 60,⁴ Procent des Acker- und Gartenlandes die Aussaat nur 2—4fach tragen, 35,⁵ Proc. 5—8 Körner, 4,⁵ Proc. 9—12 K. Markard, Zur Beurtheil. des Nationalwohlst. im K. H. Tab. III.

§. 219.

Der Verkehrswerth und mittlere Preis der Grundstücke bestimmt sich nach der Grundrente und dem üblichen Zinsfuße.

Wer nämlich eine Summe auf eine einträgliche Weise anlegen will, der kann unter anderen zwischen dem Ausleihen gegen Zins und dem Ankaufe von Ländereien wählen, und er wird dasjenige Mittel vorziehen, welches ihm größere Einnahme verspricht. Wäre z. B. der übliche Zinsfuß 1/15 oder 6⅔ Procent, der Preis von Grundstücken aber das 20fache der Grundrente, so daß die Ankaufssumme nur 5 Procent einbrächte, so wäre es nützlicher, Darleihen zu machen, es würden mehr Capitale hiezu als zum Ankaufe von Ländereien verwendet werden, der Preis der letzteren müßte wegen geringer Nachfrage sinken, der Zinsfuß aber wegen des häufigen Angebotes ebenfalls herabgehen, bis beide Anlegungen des Vermögens ohngefähr gleich vortheilhaft würden. Dasselbe würde auf die entgegengesetzte Weise dann eintreten, wenn die Grundstücke so wohlfeil wären, daß man mit einerlei Geldsumme mehr Grundrente als Zins erwerben könnte. Ein Sinken des Zinsfußes bewirkt deßhalb, daß der Preis der Ländereien steigt und umgekehrt, bis die Grundrente ein beiläufig eben solcher Theil von der Kaufsumme wird, als der Zins von dem ausgeliehenen Capitale (a). Doch ist kein genaues Uebereinstimmen zu erwarten, indem 1) Grundeigenthum wegen der größeren Sicherheit stärker begehrt und im Verhältnisse zum Zinsfuß etwas höher bezahlt wird, 2) einzelne Grundstücke von Feldarbeitern, die Land zur Gewinnung ihres Bedarfs an Nahrungsmitteln und als Gelegenheit zur Beschäftigung hochschätzen, lebhaft begehrt zu werden pflegen, auch 3) bei den einzelnen Kauffällen häufig besondere Umstände, z. B. persönliche Verhältnisse der Käufer und Verkäufer den Preis erhöhen oder erniedrigen (b).

(a) Diesen Satz kann man so ausdrücken:

$$z : c = r : p,$$

wobei z den üblichen Zins des Capitales c, r die Grundrente, p den Preis des Grundstückes bezeichnet.

(b) In England drückt man häufig den Preis des Landes so aus, daß man angiebt, eine wievieljährige Rente er in sich enthält, z. B. 4 Proc. ist 25 years purchase. In Belgien betrug die Grundrente 1830 und 35 2,^{68} Proc., 1840 2,^{65}, 1846 2,^{8} Proc. des Mittelpreises, und zwar in Luxemburg, wo die Güter über 5 Hektar über ¼ der Fläche einnehmen, am meisten, nämlich 4,^{75} Proc., im Hennegau, wo nur 10 Proc. der Oberfläche Güter jener Größe sind, das min. von 2,^{66} Proc.

§. 220.

Die Rente sowohl von jeder besonderen Benutzungsart des Bodens als von der ganzen Oberfläche ist in jedem Lande, ja selbst in jedem kleineren Landstriche nothwendig sehr ungleich. Da, wo gewisse Bodenerzeugnisse den höchsten Preis haben, kann auch die höchste Rente der zu ihrer Gewinnung dienenden Ländereien stattfinden, der Durchschnittsbetrag der Grundrente eines ganzen Bezirkes ist aber in dem Maaße niedriger, in welchem auch Grundstücke von geringerer Güte, entfernter Lage ꝛc. vorhanden sind (a). Im Ganzen genommen muß die Grundrente mit der Volksmenge und dem Wohlstande eines Landes zunehmen, wenn die anwachsende Nachfrage nach Bodenerzeugnissen es nöthig macht, einen Theil des Bedarfes mit immer größeren Kosten zu erzeugen oder aus weiterer Ferne herbeizuführen (b), allein die obengenannten Verbesserungen in der Erzeugungs- und Versendungsart (§. 216 a.) unterbrechen die fortschreitende Preiserhöhung der Bodenerzeugnisse nicht selten und bewirken nur, daß die Rente der unergiebigeren und entlegeneren Ländereien beim Ertrage der besseren und näheren weniger nachsteht als bisher (c). Die Veränderungen in den Preisen der Rohstoffe zufolge der Abwechselung guter, mittlerer und schlechter Ernten und der verschiedenen Ausdehnung des Begehrs bringen Schwankungen der natürlichen und selbst der ausbedungenen Rente hervor.

(a) In schwach bevölkerten, noch nicht wohlhabenden Ländern, wo nur die besten Ländereien angebaut werden, entspringt die Rente fast nur aus der Lage derselben und kann, weil unter solchen Umständen die Fortschaffungsmittel noch unvollkommen zu sein pflegen, je nach der Entfernung vom Markte sehr ungleich sein. — In England machte 1770 die Entfernung von London großen Unterschied, die Rente war in Berkshire 19½, in Cumberland, dessen Straßen Young als abscheulich (execrable) beschreibt, nur 7½ Schill. Im Jahre 1815 fand man bei der amtlichen Erforschung in Middleser eine mittlere Rente des Acre von 34 Schill. (max. wegen Londons), in Leicester 27 Sch. (wo gar kein unproductives Land), in Worcester 26, in Lancaster 25 Schill. (⅕ der Oberfläche Gehölz oder öde), in Westmoreland 9 Sch. 1 P. (min. ⅗ von jener Beschaffenheit). In Wales max. 19 Sch. Anglesea, min. 4⅔ Sch. Merioneth. Yearbook of. gen. inform. 1843, S. 193. — Caird (Engl. agric. S. 480) giebt für das mittlere und westliche England 31⁵⁄₁₄, für das östliche und die Südküste 23⅓ Sch., max. Leicester 42, min. Durham 17 Sch. (zugleich geringste Fruchtbarkeit). — In Belgien war 1846 der Durchschnittspreis des Hekt. Acker, Wiese und Wald im Hennegau 3669 Fr. (max.), in Luxemburg 785 Fr. (min.), im Durchschnitt 2664 Fr. Hier verhält sich das min. zum max. wie 1 zu 4,7. Dieß sind jedoch Durchschnitte ganzer Bezirke. Im Einzelnen trifft man schon in geringen Entfernungen so große Verschiedenheiten an, daß in einer einzelnen Gemeindemarkung die besten Grundstücke z. B. 10mal soviel einbringen können als die schlechtesten. In den würtembergischen Amts-Bezirken ist der Reinertrag des Ackerlandes 24 fr. — 5 fl. 31 kr. (1 : 17,80), des Reblandes 2 fl. — 12 fl. 28 kr. (1 : 6,²), des Waldes 36 kr. — 1 fl. 40 kr. (1 : 2,7).

(*b*) Daher steht auch die gleichzeitige Grundrente mehrerer Gegenden oft in dem nämlichen Verhältniß wie die Bevölkerung, doch zeigen die statistischen Zahlen keine feste Regel, weil auch die Bodenbeschaffenheit, die Preise im Auslande ꝛc. mit einwirken. Beispiele, wobei A die mittlere Rente vom Morgen des benutzten Landes, B die gleichzeitige Bevölkerung auf der □-Meile anzeigt:

Rheinpreußen, 1829.	A	B	Würtemberg.	A	B
Reg.-Bez. Trier	28 Sgr.	3010	Donaukreis	3,⁹⁰ fl.	3300
— — Coblenz	35 =	3860	Jartkreis	3,⁴³ =	3600
— — Aachen	53 =	4760	Schwarzwaldkreis	4 =	4600
— — Köln	66 =	5160	Neckarkreis	5,³ =	7200
— — Düsseldorf	72 =	7280			

(*c*) Der Bodenertrag ist in neuerer Zeit in vielen Gegenden sehr vergrößert worden. In der Heidelberger Gegend z. B. wird seit ungefähr einem halben Jahrhundert vom Morgen gegen ¼ mehr Getreide geerntet. In England soll 1770 der Durchschnittsertrag 23, 1830 26½ Bush. Waizen gewesen und die Rente von 13¼ auf 26,⁶⁰ Schill. vom Acre gestiegen sein; in Lincoln wuchs sie 3fach, in Cumberland 3¼, in Northampton 4²/₇fach. Caird, Engl. agric. S. 474.

§. 221.

Die Grundrente, als Folge der Kostenverschiedenheit, ist in der Natur der Erdarbeit gegründet, und mit jedem nur die unterste Gränze übersteigenden Preise der Bodenerzeugnisse ist ein gewisses Maaß der Landrente nothwendig verbunden, welches den Grundeignern die Mittel zu einer unproductiven Verzehrung darbietet. Man kann von einer hohen Grundrente nicht die guten volkswirthschaftlichen Folgen erwarten, die den hohen Lohn begleiten (§. 199), denn sie setzt einen ansehnlichen Preis der Rohstoffe voraus, der den Zehrern den Ankauf erschwert, auch gelangt beim Steigen der Grundrente nicht die ganze Mehrausgabe der Käufer jener Stoffe an die Grundeigner, weil ein Theil von ihr zur Bestreitung der Bau- und Frachtkosten bei den minder dankbaren Grundstücken aufgeht. Indeß reichen folgende Betrachtungen hin, um das Dasein und selbst eine ansehnliche Höhe der Grundrente nicht als eine schädliche Gütervertheilung erscheinen zu lassen: 1) Da eine starke Bevölkerung die Lebensmittel unvermeidlich vertheuert, so ist es noch für nützlich zu erachten, daß ihr Preis wenigstens für einen Theil der Ländereien einen reinen Ueberschuß gewährt. 2) Die Eigenthümer werden durch die Aussicht auf größere Rente bewogen, ihre Ländereien in besseren Stand zu setzen und den landwirthschaftlichen Betrieb zu verbessern, woraus ihnen auch ohne Erhöhung der Preise, zufolge des erweiterten Ertrages Gewinn erwächst. 3) Die Ursachen, aus denen die Fruchtpreise und die Grundrente in einem Lande einen hohen Betrag erreichen, bieten in den Vortheilen einer großen Bevölkerung und eines sehr entwickelten Gewerbewesens wieder manche Entschädigung für die Aufopferung dar, welche den Käufern der Rohstoffe auferlegt wird.

Dritte Abtheilung.
Die Zinsrente.

§. 222.

Der Eigenthümer eines Vorrathes von beweglichen Gütern hat die Wahl, ob er denselben als Capital anlegen oder in Genußmittel verwenden und für persönlichen Vortheil verbrauchen will, §. 51. Zieht er jenes vor, so entgeht ihm für den Augenblick der Gütergenuß, den er im letzteren Falle haben würde, und nicht selten muß er noch die Gefahr des Verlustes übernehmen oder mancherlei Kosten für die Erhaltung seines Capitales aufwenden. Soll er also bewogen werden, auf den gegenwärtigen Genuß zu verzichten, Güter überzusparen, zu sammeln und zu Capital zu machen, so muß ihm nicht blos Ersatz jener Ausgaben, sondern auch ein Vortheil anderer Art, nämlich ein jährliches Einkommen zufließen, welches so lange fortdauert, als sein Capital. Auf diese Weise wird das bloße Eigenthum eines Capitales für den Einzelnen ebenso wie das Grundeigenthum die Quelle eines Einkommens, welches Capital-, Stamm- oder Zins-Rente heißt, §. 139.

§. 223.

Die Capitalrente kann ebenfalls, wie die Grundrente (§. 207), in die **natürliche** und die **ausbedungene** getheilt werden.

Jene ist mit dem Gewerbsverdienst (§. 139) verschmolzen und läßt sich nur dadurch in Gedanken ausscheiden, daß man überlegt, welche Rente das Capital ohne eigene Arbeit des Eigenthümers beim Vermiethen oder Ausleihen einbringen würde. Die bedungene Capitalrente erhält verschiedene Benennungen nach der Art der an andere Menschen zur Benutzung überlassenen Capitale und des hiedurch begründeten Rechtsverhältnisses (a).

1) Die Vergütung für den gestatteten Gebrauch solcher Gegenstände, welche bei ihrer Anwendung nicht sobald gänzlich verzehrt, sondern nur allmälig verschlechtert werden, die man also nach geendigter Benutzung dem Eigenthümer zurückgiebt, ist der Miethzins. Er findet bei der Vermiethung stehender Capitale Statt.

2) Die umlaufenden Capitale mit Einschluß des Geldes können nicht gebraucht werden, ohne zugleich verbraucht oder ausgegeben zu werden (b). Bei ihnen kommt kein Vermiethen, sondern ein Darleihen vor, indem nicht dieselben Dinge, sondern andere gleicher Art zurückgegeben werden. Die Vergütung für eine solche Darleihe eines Capitales heißt Zins, Leihzins oder Zinsen, Interessen. Wird der Zins als ein Theil (Bruch) des Capitales gedacht, so heißt sein Verhältniß zu diesem der Zinsfuß. Er wird gewöhnlich nach Hunderttheilen des Capitales ausgedrückt (c).

(a) Auch Genußmittel (§. 51. 54) können vermiethet werden, wie dieß z. B. bei Büchern, Zimmergeräthen, Betten, musicalischen Instrumenten, Kleidern und Wohnungen, die von Nichtproducenten (Consumenten) benutzt werden, vorkommt. Das Darleihen ist regelmäßig nur beim Gelde üblich, wobei der Darleihende oft nicht weiß, ob der Schuldner dasselbe productiv (zu Capital) oder unproductiv verwenden wird, §. 54. Der Einzelne rechnet auch die werbend angewendeten Genußmittel zu seinem Capitale (§. 53. 54), ohne darauf Rücksicht zu nehmen, daß sie im Sinne der Volkswirthschaftslehre nicht zu dem Capitale des Volkes gehören. Aus dieser Ursache werden die Benennungen Miethzins, Zinsen und Zinsfuß ohne Unterschied von den wahren Capitalen wie von den vermietheten oder dargeliehenen Genußmitteln gebraucht.

(b) Res, quae usu tolluntur vel minuuntur. L. 1. Dig. de usufr. ear. rer. quae usu etc. (VII, 5.). Der Begriff der sogenannten fungiblen Dinge (L. 2. §. 1. Dig. de rebus creditis, XII, 1) ist demnach in der Natur der Sache gegründet.

(c) Wenn z. B. 950 fl. Capital 38 fl. Zins tragen, so ist das Verhältniß 38 zu 950 oder $^{38}/_{950}$ der Zinsfuß, er beträgt $^{1}/_{25}$ oder 4 Proc.

§. 224.

Die Rente eines Capitales oder eines verliehenen Genuß=mittels muß vor allem die Kosten und Verluste vergüten, welche der Eigenthümer bei einer gewissen Anwendung desselben zu tragen hat, sonst würde er sein bewegliches Vermögen weder Anderen überlassen noch selbst werbend anlegen wollen, §. 222. Bildet die Capitalrente ein abgesondertes Einkommen, so muß jene Schadloshaltung von der Capitalrente abgezogen werden, wie namentlich beim Vermiethen oder Ausleihen. Wird dagegen ein Capital in eine Gewerbsunternehmung verwendet, so gehören jene Abzüge zu den Betriebskosten und werden nicht mit der Capitalrente vermengt. Die Art der zu verlangenden Vergütung richtet sich nach der Benutzungsweise des Capitales. 1) Bei Gegenständen, die beim Gebrauche nur allmälig verschlechtert werden, kommen in Betracht: a) Die Kosten der Erhaltung und Ausbesserung, soweit sie nicht von dem Miether getragen werden müssen; b) der Ersatz für die allmälige Verminderung des Wer=thes, wenn diese nämlich durch die wiederholte Ausbesserung nicht verhütet werden kann (a); c) die Gefahr des Unterganges durch besondere, außergewöhnliche Unglücksfälle. Die Größe dieser Gefahr läßt sich aus der Erfahrung ermitteln. Manche Arten von Gefahren werden von den Versicherungsanstalten gegen eine bestimmte Vergütung übernommen. Im Falle der wirklichen Vermiethung muß noch eine Vergütung hinzukommen für die Bemühung, welche mit dem Aufsuchen eines Miethers, mit dem Ueberliefern, dem Uebernehmen nach dem Ablaufe der Miethe ɾc. verbunden ist. Diese Mühe ist um so beträchtlicher, in je kleineren Abtheilungen und auf je kürzere Zeit man die Gegenstände vermiethet, wie z. B. bei Büchern, Musicalien.

(a) Solche Dinge, bei denen man die einzelnen schadhaft gewordenen Be=standtheile ersetzen kann, ohne daß das Ganze hierunter leidet, können eine ewige Dauer haben. Dieß ist aber nur bei wenigen Gütern der Fall.

§. 225.

2) Bei Darleihen fallen jene Ausgaben hinweg, weil der Untergang oder die Beschädigung der geliehenen Stücke dem Darleiher (Zinsgläubiger) gleichgültig sein kann, woferne nur

der Schuldner sonst noch vermögend ist. Wäre für den Gläubiger vollkommene Gewißheit vorhanden, daß er ununterbrochen fort die Zinsen beziehen und auf Verlangen zu jeder Zeit den Stamm zurückbezahlt erhalten werde, so fiele bei Darleihen der Kostensatz ganz hinweg, außer etwa beim Ausleihen kleiner Summen, wo das Ausgeben, Rechnen, Bescheinigen der Zinszahlung, Kündigen und Empfangen der Hauptsumme ansehnliche Mühe macht, §. 100. Wo aber jene Gewißheit fehlt und der Zinsgläubiger eine Gefahr übernimmt, da muß ihm diese durch einen Theil der Zinsen vergütet werden, den man, wenn es an einer hinreichend großen Menge von Erfahrungen nicht fehlte, nach der Wahrscheinlichkeit, d. i. nach dem Verhältnisse der Verlustfälle zu der ganzen Zahl von Darleihen berechnen müßte (a). Da man jedoch solche Zahlenverhältnisse nicht leicht auffinden kann, so stellt sich nur der Zins wegen der Abneigung der Capitalbesitzer vor einer Gefahr in eine derselben ungefähr entsprechende Abstufung. Die Gefahr kann bald in der Persönlichkeit des Schuldners, bald in der Verwendungsart der geliehenen Summe, bald in äußeren Umständen, z. B. Kriegszeiten ꝛc. liegen (b).

(a) Man hat diese im Zinse enthaltene Vergütung der Gefahr nach der Analogie der Versicherungsanstalten die Assecuranzprämie genannt. — De Molinari (Journ. des Econ. XXIII, 231) bemerkt, daß dagegen auch die Beschwerde und die Gefahren der Aufbewahrung sowie der Werthverringerung der Capitale in Betracht kommen, als Gründe, die den Eigenthümer geneigt machen, sich mit geringerem Zinse zu begnügen.

(b) Storch, II, 20. — Nebenius, Der öffentl. Credit, I, 4. — Hermann, Unters. S. 202.

§. 226.

Diese Ungleichheit der Gefahr bei Darleihen hat bemerkenswerthe Wirkungen. 1) Der Zinsfuß muß hoch stehen in Zeiten oder Ländern, wo die rechtliche Ordnung noch wenig befestigt ist und entweder die Gesetze oder die Art ihrer Vollziehung den Gläubigern nicht volle Sicherheit für ihre Forderungen geben. Gute Rechtspflege und wohlgeordnetes Hypothekenwesen bewirken, daß der Zinsfuß niedriger wird, und das Sinken desselben seit dem Mittelalter ist zum Theile aus dieser Ursache zu erklären (a). 2) Er muß auch in einem und demselben Lande und

Zeitpuncte bei den einzelnen Darleihen von ungleicher Größe sein, und zwar a) am niedrigsten, wenn der Gläubiger sich durch verpfändete Grundstücke oder Faustpfänder völlig gesichert sieht, b) höher, wenn die Befriedigung des Gläubigers von dem Leben und der Handlungsweise des Schuldners bedingt ist, c) am höchsten, wenn der Gläubiger die Gefahr einer gewagten Unternehmung zu tragen hat, wie bei Bodmerei- und Grosaventur-Schulden. d) Ob Regierungen mehr oder weniger Zins bezahlen müssen, als die einzelnen Bürger, dieß hängt von dem Grade des Vertrauens ab, den ihre Festigkeit, der Umfang ihrer Hülfsmittel und die an den Tag gelegte Pünctlichkeit in der Erfüllung von Verbindlichkeiten zu erwecken vermögen.

(*a*) Hoher Zinsfuß in der Türkei, Persien ꝛc., in China monatlich 2—3 Proc. — Im Mittelalter kommen zahlreiche Beispiele von 15—20 Proc. vor. Roscher, System, I, 334.

§. 227.

Wie die bisher betrachtete Schadloshaltung des Capitalbesitzers (§. 224—26) die Untergränze der bedungenen Capitalrente bildet, so ergiebt sich aus dem Werthe der Capitalbenutzung für den Miether oder Borger, wie viel derselbe höchstens für den Gebrauch der ihm überlassenen Güter zu entrichten geneigt ist (Obergränze, max.). Wenn das geliehene Vermögen 1) als Capital zur Betreibung von Gewerbsunternehmungen dienen soll, so kann der Unternehmer desto mehr Zins abgeben, je mehr ihm nach Bestreitung der übrigen Ausgaben von dem gesammten Erlöse noch übrig bleibt, nur muß ihm die Capitalrente immer einen solchen Gewerbsverdienst übrig lassen, der ihn zur Fortsetzung der Unternehmung ermuntert. Die Einträglichkeit der Unternehmungen bestimmt daher das höchste Maaß der Zinsen. Ist schon ein großes Capital in die Gewerbe eines Landes verwendet, sind die einträglichsten Unternehmungen schon vollständig in Gang gekommen, so giebt die Anlegung weiterer Capitale geringere Gewinnste, die Unternehmer können auch nur geringere Zinsen dafür anbieten und es muß dadurch der Zinsfuß im Allgemeinen erniedrigt werden. Je mehr insbesondere der Lohn der Arbeiter von dem Gewerbsertrage hinwegnimmt, desto kleiner fallen die Antheile der Capitalisten und Unternehmer aus,

§. 188. — Inzwischen geben bisweilen erhebliche Fortschritte in der Gewerbskunst, z. B. im Maschinenwesen oder im Handel, auch bei capitalreichen Völkern zu sehr belohnenden Unternehmungen Anlaß. 2) Bei Genußmitteln entscheidet das Bedürfniß und die Werthschätzung desjenigen, der sie miethen oder borgen will. Die höchste Zinsrente kann von Personen entrichtet werden, die eine Art von Gütern zur Bestreitung eines bringenden Bedürfnisses zu erlangen suchen.

§. 228.

Wie weit die Zinsrente jenen Kostenersatz (die Schabloshaltung) übersteigen müsse, um den Eigenthümer zu bewegen, daß er seinem beweglichen Vermögen eine werbende Verwendung gebe (§. 222), läßt sich im Allgemeinen nicht bestimmen (a). Die Gewohnheit hat hierauf starken Einfluß und die Mehrzahl der Capitalisten begnügt sich mit dem üblichen Betrage der Zinsrente, wie ihn das jedesmalige Mitwerben feststellt, während nur ein kleiner Theil von ihnen bei sehr niedrigem Stande derselben in Versuchung geräth, die Rente ganz aufzuopfern und dafür das Vermögen zu eigenem Genuß zu verwenden. Hiezu kommt, daß man nicht allein der Zinsen wegen, sondern auch dazu spart, um in dem gesammelten Vermögen eine Hülfe zu mancherlei Zwecken, z. B. einen Nothpfennig, zu besitzen (b). Der Antrieb zum Uebersparen neuer Capitale pflegt aber allerdings desto stärker zu sein, je höher die Zinsrente steigt.

(a) Diesen Mehrertrag der Capitalrente über den Kostenersatz nennt Hermann (Unters. S. 202) im engeren Sinne Zins. — Aus obigem Grunde erklärt Senior die Capitalrente als den Lohn der Enthaltsamkeit des Capitalisten.

(b) In den vereinigten Niederlanden begnügte man sich im vorigen Jahrhundert mit 2—3 Proc. — v. Schröder, Fürstl. Schatz- und Rentkammer, 226. — Smith, Unters. I, 142. — Auch in Spanien liehen Privaten gerne für 2—3 Proc. der Gesellschaft los Gremios, Bourgoing, N. Reise a. d. Franz I, 248. — Vgl. Rau, zu Storch, Zuf. 57.

§. 229.

Der Miethzins wird zunächst von dem jedesmaligen Angebote und Begehre jeder besonderen Art vermietheter Gegenstände bestimmt. In einem einzelnen Zeitpuncte kann es geschehen, daß einige vermiethete Dinge eine hohe, andere eine niedrige,

Rente abwerfen. Da jedoch dieselben für Geld angeschafft und verkauft werden können, so muß das Angebot sich nach Maaßgabe des höheren oder niedrigeren Miethzinses in Kurzem erweitern oder verengern, und so stellt sich auch hier allmälig das Gleichgewicht dergestalt her, daß nach Abzug der Kosten überall ein gleiches reines Einkommen von der Zinsrente übrig bleibt. Manche Umstände können diese Veränderung des Angebotes mehr oder weniger erschweren, im Allgemeinen aber muß der bei Gelddarleihen stattfindende Zinsfuß den Ertrag aller anderer Arten verliehener Güter regeln (a).

(a) Der Miethzins von Häusern insbesondere kann da, wo noch Raum für neue Bauten ist, nicht viel über diesen Satz steigen, weil man sonst sich beeifern würde, neue Gebäude aufzuführen oder doch die alten zu erweitern und zu erhöhen; aber er kann beträchtlich tiefer sinken. Storch, I, 232. Dagegen muß der Preis der Häuser in Stätten, wo es an wohlgelegenen Bauplätzen gebricht, in den gesuchten Lagen steigen, und umgekehrt an solchen Orten sinken, wo der Begehr von Wohnungen sich stark vermindert hat, so daß der jedesmalige Preis, von den Baukosten abweichend, doch zu dem Miethertrage ungefähr in demselben Verhältniß steht, wie ein geliehenes Capital zu dem Zinse. Wo die Miethe mehr einträgt, als den Zins der Baukosten, da drückt sich dieser Vorzug der Lage eines Hauses in der Rente und dem Preise des Bauplatzes aus, III, §. 345. In der Gegend des Palais-royal zu Paris bezahlt man die Q.Toise Bauplatz (44,^{44} bad. Q.Fuß) mit 2500 und mehr Franken, in Manchester und Liverpool geht der Preis des Q.Yard (9,^{289} Q.Fuß) bis auf 40 L. St., Roscher, 1, 280.

§. 230.

Der Zinsfuß von Gelddarleihen wird innerhalb der vorhin (§. 225. 226) betrachteten Gränzen zu jeder Zeit und in jedem Lande durch das Verhältniß zwischen dem Angebote und Begehre von Capitalen geregelt. Nachdem das Geld völlig in den Verkehr eingedrungen ist, werden alle Capitale nur in Geldform ausgeliehen und zurückgezahlt, daher besteht das Angebot zunächst in der Menge verleihbarer Geldsummen und man kommt hiedurch leicht in Versuchung, die letzteren schon für sich allein als die wahren Capitale anzusehen (a), obgleich offenbar bei jener Verwendung das Geldcapital erst in eine andere Art von Capitaltheilen umgesetzt werden muß. Eine Geldsumme ist dann verleihbar, wenn der Besitzer ihrer nicht zu nothwendigen Ausgaben bedarf. Es ist aber erst zu untersuchen, ob jede verleihbare Geldsumme einen im Lande vorhandenen Vorrath von beweglichen Productionsmitteln, d. h. von anderen, unmittelbar wirkenden Capitalen anzeige. Eine Geldsumme kann sich auf verschiedenen Wegen bilden. 1) Sie wird aus einem Einkommen übergespart, §. 133. Da die meisten Einkünfte unmittelbar oder mittelbar aus der Erzeugung neuer Güter herrühren, so ist eine ersparte Summe in der Regel ein Zeichen vom Dasein einer Masse neu hervorgebrachter Güter irgend einer Art (*b*). 2) Sie ist der Ersatz eines schon vorhanden gewesenen Gütervorrathes, und zwar a) eines in einem Gewerbe aufgewendeten Capitales. Ist es ein hervorbringendes Gewerbe, so erfolgt dieser Ersatz unmittelbar aus dem Gelderlöse für ein neues Gütererzeugniß; ist die Unternehmung nicht selbst productiv, so muß man doch annehmen, daß ihr Geldertrag aus dem Einkommen herfließe, welches die Gütererzeugung den bei ihr betheiligten Personen gewährt. b) Die Geldeinnahme kann aber auch ohne Gewerbsbetrieb daraus entstehen, daß ältere Vermögenstheile gegeneinander umgewechselt werden, z. B. aus dem Verkaufe von Grundstücken, Gebäuden, Rechten, Genußmitteln, Schuldurkunden, ferner aus der Einziehung ausstehender Forderungen. Eine auf diese Weise eingenommene Geldsumme beweist offenbar nicht das Vorhandensein einer käuflichen Menge beweglicher, als Capital brauchbarer Dinge von gleichem Preisbetrage, es muß vielmehr angenommen werden, daß irgend eine andere Person gerade um so viel weniger auszuleihen hat, indem von ihr die Geldsumme zu dem Ankaufe 2c. hergegeben worden ist. Die zu dieser Abtheilung (2 b) gehörenden verleihbaren Summen bilden folglich kein wahres auf den Zinsfuß wirkendes Capitalangebot. 3) Bei Geldzuflüssen vom Auslande ist es gleichfalls einleuchtend, daß sie keine Vermehrung anderer Sachgüter andeuten.

Welchen Theil der verleihbaren Capitale die Besitzer selbst werbend anwenden, dieß ist in Hinsicht auf den Zins ziemlich unerheblich, denn je häufiger die Capitalisten selbst als Unternehmer auftreten, desto mehr vermindert sich die Gelegenheit zu Gewerbsgeschäften anderer Personen und damit zugleich der Begehr von Darleihen.

(*a*) So nennt Steuart (I, 119), wie viele andere nach ihm, die Zinsen „den Preis des Geldes." Auch Verri (Mediationi §. XIV) spricht diesen Irrthum deutlich aus, und ebenso Genovesi (II, 240—47), der sogar Hume zu widerlegen sucht. Im gemeinen Leben sagt man öfters, das Geld sei wohlfeil, um damit den niedrigen Zinsfuß zu bezeichnen. — Die ganze Menge der ausstehenden verzinslichen Forderungen (§. 54) dürfte noch weniger für das Angebot von Capitalen gehalten werden, denn der Schuldner ist großentheils gar nicht mehr im Besitze eines entsprechenden Capitales, wie z. B. bei vielen Unterpfandsschulden, oder besitzt wenigstens nur ein hinreichend großes stehendes Capital, welches nicht zurückgezogen werden kann. Wird dem Schuldner gekündiget, so muß er einen anderen Darleiher oder einen Käufer seines Vermögens aufsuchen, oder ein umlaufendes Capital zurückziehen, es entsteht also mit dem Angebot der Leihsumme durch den kündigenden Gläubiger zugleich ein neuer Begehr auf Seite des Schuldners, wodurch die Wirkung des ersteren wieder aufgehoben wird.

(*b*) Wenn ein Theilnehmer an der Production einer Quantität von Waaren A 1000 fl. zurücklegt und als Capital verwendet, so kauft er freilich nicht gerade damit diese Güter A, sondern andere B, C ꝛc., wie es seine Gewerbszwecke mit sich bringen.

§. 231.

Der Begehr von verleihbaren Capitalen bestimmt sich 1) bei der werbenden Anwendung derselben nach der Menge der sich darbietenden Gelegenheiten zu einträglichen Unternehmungen (*a*). Wieviel Capital in den productiven Gewerben noch neu angelegt werden kann, dieß hängt davon ab, welche Erweiterungen die Stoffarbeiten und der Handel zulassen. Die Umstände, von denen die Gründung neuer Unternehmungen so wie die Ausdehnung der schon bestehenden hauptsächlich begünstigt wird (*b*), sind a) die Menge und Fruchtbarkeit des zum Anbau tauglichen und noch nicht vollkommen benutzten Bodens, an dem besonders neu und schwach bevölkerte Länder Ueberfluß haben, und der Vorrath von Naturerzeugnissen, z. B. Erzen oder Steinkohlen; b) die Menge guter Arbeiter; c) die Geschicklichkeit und der Eifer der Unternehmer. Vorzüglich in ihnen lebt die einem Lande eigen gewordene Gewerbskunst, deren Ausbildung mehr und mehr Capitale in die Gewerbe zieht, theils um die Erzeugung zu vergrößern, theils um dieselbe mit dem Beistande stehender Hülfsmittel wohlfeiler zu bewirken; d) die Leichtigkeit des Absatzes, wozu die guten Fortschaffungsmittel, die Verbindungen mit dem Auslande (*c*), die gute Vertheilung des Gütererzeugnisses unter die verschiedenen Volksclassen, die Neigung der Bürger zu mancherlei Verzehrungen ꝛc. beitragen.

(*a*) Bei der eigenen Anwendung eines Capitales muß dem Eigenthümer außer seinen übrigen Einnahmen wenigstens soviel Capitalrente zufallen, als er beim Ausleihen erhielte, denn sonst würde er letzteres vorziehen.

(b) Der Einfluß der Regierungsmaaßregeln, die den Gegenstand des 2ten Bandes bilden, bleibt hier noch unberücksichtigt, sonst wäre der Schutz und die Freiheit der Gewerbsunternehmungen und dergl. anzuführen.

(c) Der auswärtige Handel ist der Ausdehnung einzelner Productionszweige vorzüglich förderlich, da er einen weit über die Gränzen der inländischen Consumtion hinausgehenden Markt eröffnet.

§. 232.

2) Summen, die zu einem nicht werbenden Gebrauche dargeliehen werden, hören in den Händen der Schuldner auf, Capitale zu sein, nehmen aber bisweilen diese Eigenschaft wieder an, wenn sie an einen andern Besitzer gelangt sind, der sie als Erwerbsmittel benutzt. Dieser Umstand ist jedoch in Hinsicht auf die Wirkung des Begehrs gleichgültig. Dieser richtet sich nach der Häufigkeit des Bedürfnisses solcher Darleihen (§. 227 Nr. 2), sowohl von den Regierungen als von Privatpersonen und ist je nach den Zeitumständen sehr ungleich, wie ihn z. B. Mißjahre und andere Unglücksfälle vergrößern. In den ersten Perioden der geselligen Ausbildung müssen Darleihen dieser Art die gewöhnlichen gewesen sein, und in allen Zeiten kommen sie neben den übrigen häufig vor. Das Unterscheidende liegt darin, daß derjenige, welcher zu borgen sucht, um ein dringendes Bedürfniß zu befriedigen oder eine unverschiebliche Ausgabe zu bestreiten, sich durch die Forderung eines sehr hohen Zinses nicht abhalten läßt, den Vertrag einzugehen, während derjenige, der nur borgen will, um Gewinn zu machen, in einem solchen Falle von dem Begehre zurücktreten würde. Bei schwachem Angebote von Capitalen kann daher in Darleihen jener Art der Zins eine Höhe erreichen, zu der ihn die Einträglichkeit der Unternehmungen nicht leicht zu bringen vermöchte. Die Erfahrung zeigt, daß in einzelnen Fällen die Bedrängten auch bei guter Sicherheit Zinsen von einer fast unerschwinglichen Höhe geben müssen, zumal da die meisten Begüterten es verschmähen, ihr Vermögen in kleinen Summen auszuleihen und auf die Vermögensumstände ihrer Schuldner fortwährend sorgfältig Acht zu geben, wie sie es thun müßten, um nicht Gefahr zu laufen (a).

(a) Sane vetus urbi foenebre malum et seditionum discordiarumque creberrima causa, Tacit. A. VI, 16. Die Zwölf-Tafelgesetze erlaubten höchstens das unciarium foenus, d. h. ¹/₁₂ oder 8⅓ Procent für das Jahr von 10 Monaten, also 10 Proc. für ein volles Jahr. Nach den Gesetzen der Hindus durften Braminen nicht über 2, Soldaten 3,

Kaufleute 4, andere Claffen nicht über 5 Proc. monatlich fordern; hieraus ift zu schließen, daß Zinsen über 60 Proc. vorgekommen waren, Müller, Ratio et historia odii quo foenus habitum est. Gött. 1821. S. 9. Vgl. Smith, Unterf. I, 147. — Ueberaus hohe Zinsen werden durch die Kleinheit der Summe und die Kürze der Frist noch einigermaßen erträglich. Ein Mann in London borgte 5 Schill. aus Noth für ½ Schill. täglich und entrichtete diesen Zins von 10 Proc. 30 Tage hindurch, bis er die Schuld abtragen konnte! Auch Obst- und Gemüsehändler in London bezahlen wohl 3—4 Schill. Wochenzins für das L. St. (15—20 Proc. wöchentlich). Mayhew, London labour, I, 29.

§. 232 a.

Der Zinsfuß ist daher auch bei voller Sicherheit in solchen Ländern oder Zeiten hoch, wo die Menge von Capital im Verhältniß zu den vorhandenen Gewerbsgelegenheiten unzureichend erscheint, zumal da in solchen Fällen die großen Gewinnste der Unternehmer (§. 227) den Begehr von Capital verstärken (*a*). Diese Umstände finden sich 1) **fortwährend** in Ländern, deren Gewerbsfleiß noch schwach ist oder sich wenigstens noch in der ersten raschen Entwicklung befindet, wo noch viele Zweige der Hervorbringung unbenutzt liegen und die Fülle der Kräfte von dem anwachsenden Capitale nicht schnell genug beschäftigt werden kann (*b*); 2) **vorübergehend** auch in den Ländern von älterem, ausgebildeterem Gewerbewesen, wenn die Umstände entweder eine Verminderung des gesammten Capitales, oder eine besonders erhebliche Vervollkommnung der Gewerbe (§. 227) herbeiführen (*c*). Auch zwischen einzelnen Gegenden eines Landes finden im Begehre und Angebote von Capitalen Verschiedenheiten statt, die sich im Zinsfuß bemerklich machen (*d*).

(*a*) Ricardo (21. Cap.) glaubt, nur die Erhöhung des Lohnes wegen der zunehmenden Kostbarkeit des Unterhaltes könne bei dem Anwachse des Capitales die Capitalgewinnste erniedrigen, denn wo jene Schwierigkeit nicht vorhanden sei, da könne jedes neue Capital gut angewendet werden, weil bei einer gleichmäßigen Ausdehnung aller Productionszweige immer das ganze Erzeugniß Absatz finden kann, indem die eine Waare die Mittel zum Ankauf der anderen darbiete. Allein das Capital ist nur eine der Productionsbedingungen und seine Wirkungen find sehr ungleich.

(*b*) In Rußland beträgt der Zinsfuß 8—10 Procent (Storch, II, 29), in Südrußland 10—12, in Nordamerica 10—12 (der gesetzliche Zinsfuß geht in den neuen Staaten der Union bis 10 Proc., in mehreren westlichen Staaten besteht keine gesetzliche Bestimmung, Chevalier, Briefe, I, 71), in Brasilien 12 Proc. (Spir und Martius, Reise, I, 131), so auch in Serbien, in Venezuela 12—18, in Albanien 12-24, in Griechenland bei guter Sicherheit 15—16, in der Türkei 18—24

Proc. (**Grisebach**, Reise d. Rumelien, 1839, I, 184). — In Potosi lieh E. **Temple** 1726 zu 30 Proc. gegen sichere Faustpfänder, es waren ihm sogar 4 Proc. monatlich geboten (**Berghaus**, Annalen, April 1831, S. 73), auch in Mexico erhält man 36 Proc. — In Californien konnte man um das Jahr 1853 auch bei guter Sicherheit 3—4 Proc. monatlich erhalten, wozu besonders die großen Gewinnste an dem Ankaufe der Bauplätze (lots) beitrugen.

(c) **Smith**, 1, 136 ff. — **Lotz**, Hand. I, 480. — In England stieg nach dem Frieden von 1763 der Zinsfuß, weil die neuen Erwerbungen in America den Begehr von Capitalien erweiterten. — Ein merkwürdiges Beispiel gab 1846 das Steigen des Zinsfußes und das Sinken des Preises der Actien und Staatsschuldbriefe in Europa wegen des durch die Eisenbahnbauten gesteigerten Begehrs, weil man mehr Capital auf diese Anlagen verwendete, als die neuen Ersparnisse betrugen. Die europäischen Eisenbahnen haben bis 1855 über 4200 Mill. fl. gekostet.

(d) In Paris konnte man früherhin nur zu 2½—3 Proc. Capitale sicher anlegen, während in den Departements der Zins viel höher, meistens 5, öfters 6 und selbst 8—10 Proc. war, weshalb viele Capitale aus der Hauptstadt in die Provinzen gesendet wurden. Dieß wird durch die neuerlichen Erkundigungen zum Behufe der Versammlung der Gewerbsräthe im Jahre 1846 bestätigt, Moniteur, 1846. Nr. 12. Auch neuerlich sind Darleihen auf Unterpfand nicht unter 6—7, und mit den Nebenkosten 9—10 Proc. zu haben, kleine Gewerbsleute müssen 9—20 Proc. geben. **Coquelin** in Journ. des Econ. Dec. 1851, S. 365.

§. 233.

Der Zinsfuß ist dagegen niedrig 1) bei hohem Wohlstande, wo das Capital sich beträchtlich schneller vermehrt hat als die Volksmenge (§. 196), wo alle nützlichen Gewerbsunternehmungen sich schon mit Capital gesättigt haben und deßhalb das große Mitwerben aller Arten von Waaren die Preise den Kosten nähert, so daß die Gewinnste erniedrigt werden. Man hat nicht zu befürchten, daß unter diesen Umständen das Capital des Volkes nicht mehr wachsen könne, denn nicht allein die Capitalisten und Unternehmer, sondern auch die Arbeiter und die Grundeigner vermögen dasselbe durch ihre Ersparnisse zu vergrößern und unter den vorerwähnten Umständen pflegen Lohn und Grundrente ansehnlich hoch zu sein. Die Fortschritte des allgemeinen Reichthums führen daher zu einer Verringerung des Zinsfußes (a); 2) wenn die Nachfrage nach Capitalen oder die Gelegenheit ihrer vortheilhaften Verwendung sich vermindert. Dieser Umstand könnte auch bei gleichem oder sogar verringertem Capitalvorrathe ein Herabgehen des Zinsfußes verursachen, aber die Stockung der Gewerbe, die dabei vorausgesetzt werden muß, wird in einem gut regierten Staate nur als vorübergehende Folge ungünstiger Ereignisse erscheinen (b).

(a) Es erklärt sich hieraus, daß gewöhnlich Arbeitslohn und Capitalrente sich nach entgegengesetzten Richtungen ändern; jener steigt, wenn diese sinkt ic. Daß beide zugleich hoch stehen, ist seltener der Fall. Smith Unters. I, 143. — Der niedrige Zinsfuß in einem Theile des Schwarzwaldes, z. B. im Schappacher Thale bei Wolfach, wo er 3—4 Proc., ja bisweilen nur 2,7 beträgt, rührt einerseits von dem Reichthume der Bauern zufolge des vortheilhaften Holzabsatzes, andererseits von dem mangelnden Unternehmungseifer her.

(b) Z. B. durch die schweren Kriege Napoleons. — Gloja N. Prosp. III, 183. — Say, Handbuch, IV, 174.

§. 234.

Niedriger Zinsfuß zeigt folglich in der Regel und für die Dauer an, daß das Volksvermögen fortwährend im Steigen begriffen und zugleich die aus der rechtlichen Ordnung hervorgehende Sicherheit genügend ist (a), äußert aber auch für sich selbst wieder günstige Folgen für die Betriebsamkeit, weil er die nützliche Anwendung der Capitale erleichtert. Manche Erweiterung und Vervollkommnung der hervorbringenden Gewerbe, die bei einem Zinsfuße von 5—6 Proc. unterbliebe, kann dann unternommen werden, wenn dieser auf 4 oder 3 Procent herabsinkt, weil dann der Unternehmer noch einen belohnenden Gewinn übrig behält (b). Wie nun bei jedem Sinken des Zinsfußes die Nachfrage nach den wohlfeiler gewordenen Darleihen sich erweitert, so muß dadurch nothwendig ein ferneres Herabgehen des ersteren verhindert werden. Daher kann dieses Sinken nur sehr allmälig erfolgen (c).

(a) Da man annehmen kann, daß die gesetzliche Erniedrigung des Zinsfußes in England nur dem durch die Concurrenz bestimmten Satze folgte, so läßt sich aus den gesetzlichen auf die üblichen Zinsen schließen. Jene änderten sich so: Heinrich VIII. verbot, über 10 Proc. zu nehmen, Jakob I. erlaubte 1625 nur 8 Proc., Karl II. 1650 nur 6, Anna nur 4 Procent; Steuart, Grundsätze II, 126. Smith, I, 138. — In Frankreich war der gesetzliche Zinsfuß zu Anfang des 16. Jahrh. 10 Proc., seit 1567 8⅓, seit 1601 6¼, 1634 5¼, 1665 5 Proc., Roscher, I, 336.

(b) Die französischen Gewerbsleute betrachten den niedrigen Zinsfuß in England und Belgien als eine der Ursachen, welche ihnen das Mitwerben mit den Fabriken dieser Länder erschweren. Enquête comm. de 1834 an vielen Stellen, z. B. III. 175.

(c) Während z. B. die Capitale sich von 100 auf 125 Mill., also im Verhältniß 4 : 5 vermehren, wird der Zins vielleicht nur von 5 auf 4½ Proc. sinken, so daß die ganze Zinsrente sich von 5 Mill. auf 5625000 erhebt.

§. 235.

Durch dieses langsame Abnehmen des Zinsfußes wird der Nachtheil dieser Veränderung für die Capitalisten sehr gemildert. Diejenigen, welche einer nützlichen Thätigkeit fähig sind, können in die Classe der Unternehmer oder Dienstleistenden übergehen und sich auf diese Weise ein zweites Einkommen verschaffen. Nur diejenigen Familien, welchen keine anderen Erwerbswege offen stehen und welche bisher in ihren Zinsen gerade nur ihr Auskommen erhielten, sind zu Einschränkungen oder selbst zu Entbehrungen gezwungen, wie denn überhaupt in der Volkswirthschaft von Zeit zu Zeit einzelne, zum Glücke vorübergehende und nicht weit um sich greifende Mißverhältnisse unvermeidlich zum Vorschein kommen (a). Im Ganzen ist bei einer in den volkswirthschaftlichen Verhältnissen, ohne besondere Einmischung der Regierung, begründeten Erniedrigung des Zinsfußes nicht zu besorgen, daß man weniger Neigung haben werde Capital zu ersparen, da die Sicherheit und die Leichtigkeit einer den individuellen Umständen des Eigenthümers vollkommen entsprechenden Anlegung auch wieder eine stärkere Aufmunterung dazu geben (b).

(a) Vgl. Storch, II, 33. Bei lebhaftem Geldverkehre kommt auch ein gerade dieser Classe dienliches Mittel auf, nämlich die Leibrenten. Der Capitalist verschafft sich dadurch eine Zinsrente, die den gewöhnlichen Zinsfuß desto mehr übersteigt, je bejahrter er ist; dagegen verfällt nach seinem Tode das Capital dem bisherigen Rentenschuldner, weßhalb allerdings dieses Hülfsmittel für die Familien der Capitalisten sehr nachtheilig wirkt, II, §. 368a.

(b) S. auch §. 199. 220. — Die entgegengesetzte Meinung, daß die Höhe des Zinsfußes ein Zeichen von der Wohlfahrt und den Fortschritten des Reichthums und der Civilisation sei, in Considerations on the accumulation of capital and its effects on exchangeable value. London, 1822, und Edinb. Rev. March 1824. S. 1—31; ähnlich urtheilt M'Culloch, Grunds. S. 82. — Es widerstreitet der Geschichte, das Beispiel Hollands zum Belege jener auffallenden Behauptung anzuführen und den Verfall dieses Staates aus dem niedrigen Zinsfuße abzuleiten. In Cadix wie in Frankreich bemerkte man, daß gerade hoher Zinsfuß den Luxus nährte und vom Sparen abhielt, während in Holland die Sparsamkeit ungeachtet der niedrigen Zinsen nicht abnahm. Sismondi Rich. comm. I, 66.

§. 236.

Die irrige Meinung, daß der Zinsfuß fallen müsse, wenn die Geldmenge eines Landes sich vermehrt, entstand daraus, daß man sonst Geld und Capital für gleichbedeutend ansah. Da das Geld nicht selbst zur Hervorbringung beiträgt, sondern in andere Güter umgesetzt werden muß, so wird der Werth eines in Geldform gesammelten Capitales von der Menge der dafür einzutauschenden anderen Capitaltheile bestimmt (§. 64) und verändert sich mit den Preisen jener anderen Güter. Das Angebot von Capitalen ist dann groß, wenn die zum Verleihen dargebotenen Geldsummen den Borgenden eine große Quantität von Stoffen, Unterhaltsmitteln der Arbeiter u. dgl. zur Verfügung stellen, §. 230. Nun ist offenbar das Geld, aus welchem Stoffe es auch bestehen mag, so wie andere in den Verkehr tretende Güter den Gesetzen des Preises unterworfen, es wird folglich wohlfeiler, wenn seine Menge zunimmt und wenn der ganze Zuwachs auf dem Markte erscheint, um den Begehr von Waaren und Arbeitern zu vergrößern, während die Masse beider sich gleich bleibt, §. 268. Sobald aber diese Gegenstände im Preise gegen das Geld gestiegen sind, so bedarf jeder Borgende einer größeren Geldsumme, um noch eben so viel auszurichten, als zuvor; der Begehr von Geldbarleihen hat sich gleichmäßig mit dem Angebote derselben vergrößert, das für Geld zu erkaufende Capital ist im Ganzen noch dasselbe, der Zinsfuß kann sich also nicht vermindern (a).

(a) Diesen wichtigen Satz hat zuerst Hume überzeugend entwickelt, Polit. Versuche, 4. Abh. — Vgl. Smith, I, 9. Cap. — Einen auffallenden Beweis bildet der hohe Zinsfuß in dem goldreichen Californien, §. 232 a. Eine Ausnahme hat Hume selbst angegeben. Sie beruht darauf, daß unmittelbar nach einer starken Vermehrung des Geldvorrathes, noch ehe derselbe häufig zu Einkäufen verwendet worden ist, ehe folglich die Preise der Güter ganz auf ihre nachherige Höhe gesteigert worden sind, das größere Angebot von auszuleihenden Summen den Zins erniedrigen kann. Diese Wirkung kann aber nicht dauernd sein, es wäre denn, daß durch die größere Lebhaftigkeit des Güterumlaufes die Production und dadurch auch das wahre Capital vergrößert würde. In Rom sank der Zinsfuß, als August große Summen aus Aegypten dahin brachte, und die Grundstücke stiegen im Preise. Sueton. Aug. 41. Der Zins hob sich aber auch bald wieder, er war unter Tiberius 6 Proc., wie früher, s. die Nachweisungen bei Hume a. a. O. — Ein ähnliches Verhältniß findet bei dem Disconto von Wechseln Statt, der zwar wie eine Zinsrente betrachtet werden kann, aber doch darum von dem augenblicklichen Geldvorrathe einer Stadt abhängt, weil der Bedarf von Summen zu diesem Behufe auf das schnellste befriediget werden muß und oft wechselt, §. 288. — Fände der Geldzuwachs andere Verwendungen, z. B. beim Ausleihen im Auslande, bei der Verarbeitung zu anderen Dingen, zur Befriedigung eines gleichzeitigen Geldbedürfnisses u. dgl., so träte zwar keine Erhöhung der Waarenpreise, aber auch keine dauernde Erniedrigung des Zinsfußes ein, Hermann, Unters. S. 219.

Vierte Abtheilung.
Der Gewerbsverdienst.

§. 237.

Der Unternehmer eines Gewerbes empfängt den gesammten (rohen) Ertrag desselben, welcher aus dem Erlöse für die verkauften Gegenstände und den für die eigene Verzehrung zurückbehaltenen Gütern besteht, §. 70. Von diesem Ertrage hat der Unternehmer denjenigen Personen, die ihm bei dem Gewerbe beistanden, die ausbedungenen Antheile an Grund- und Capitalrente und Arbeitslohn zu entrichten, ferner die Anschaffungskosten der zum Gewerbsbetriebe erforderlichen Güter zu bezahlen, in so ferne nicht der eine oder andere dieser Antheile ihm selbst gebührt (a). Was ihm nach Abzug aller dieser Ausgaben (Gewerbskosten) als Belohnung für die Beschwerden, Mühen und Gefahren seiner Unternehmung übrig bleibt, ist der Gewerbsverdienst (§. 139), profit de l'entrepreneur, nicht ganz angemessen (b) Gewerbs- oder Unternehmegewinn genannt (c). Bei diesem Einkommen kann kein vertragsmäßiges Ausbedingen vorkommen, wie bei den drei anderen Zweigen der Einkünfte, weil es unmittelbar von dem Erfolge der Unternehmungen und dem Betrage der aufgewendeten Gewerbskosten bestimmt wird. Deßhalb ist auch die Größe dieses Einkommens der Gewerbsleute (Unternehmer) anderen Personen am wenigsten bekannt und kann nur aus verschiedenen Kennzeichen annähernd vermuthet werden (d). Der Gewerbsverdienst ist aber nothwendig, denn wenn er fehlte, so würden die Unternehmungen aufhören, nur etwa solche einfache ausgenommen, zu denen sich einzelne Arbeiter entschlössen, um fortwährend in ihrer Beschäftigung bleiben zu können, oder einzelne Grund- und Capitalbesitzer, um sich den Bezug einer gewissen Rente zu sichern. Die Folge wäre eine solche Stockung der Hervorbringung, daß entweder das Steigen der Waarenpreise oder die Abnahme der Grundrente, der Capitalrente und des Arbeitslohns bald den Unternehmern wieder die erforderliche Vergütung verschaffte.

(a) Wie der Unternehmer in diesem Falle, wo das Capital, oder das Grundstück ihm eigen gehört, rechnen muß, s. §. 166. Es ist selten, daß nicht wenigstens ein Theil des Capitales ihm angehört, weßhalb man gemeiniglich annimmt, Gewerbsverdienst und Capitalzins fließe in eine

und dieselbe Hand. Beide zusammen bilden in diesem Falle das ganze Gewerbseinkommen des Unternehmers, III, §. 358.
(b) Weil man unter Gewinn gewöhnlich eine reine Einnahme versteht. Storch, 1, 160. 252.
(c) Beispiel nach Rennie bei Sinclair, Grundges. Anh. S. 75. Ein Landgut von 691 engl. Acres (1055 pr. M.) giebt 5792 L. St. Roh-ertrag, welcher sich so vertheilt:
 1) Ausgaben, a) Arbeitskosten .... 995 L. St. = 17,^{2} Proc.
     b) Pachtzins ..... 2212 =   = 39,^{4} =
     c) Capitalzinsen .... 300 =   = 5,^{4} =
     d) Verzehrungen und un-
      vorhergeseh. Ausgaben 1639 =   = 28,^{3} =
       zusammen 5146 L. St.   88,^{9} Proc.
 2) Gewerbsverdienst des Pachters ... 646 =   — 11,^{1} =
       Summa 5792 L. St.   100 Proc.
(d) Auch in der Wissenschaft sind die Verhältnisse des Gewerbsverdienstes später als die des Lohnes, der Grund- und Zinsrente erforscht worden, s. vorzüglich Hermann, Unters. S. 145.

§. 238.

Ob der Gewerbsverdienst neben den anderen aus der Hervorbringung fließenden Einkünften (Grund- und Capitalrente und Lohn) als eine eigenthümliche vierte Art zu betrachten sei, oder ob er nicht vielmehr zu einer der ersteren Arten gehöre, darüber sind die Meinungen getheilt. Einige Schriftsteller rechnen ihn wirklich zu dem Lohne (a), andere zu der Capitalrente, und zwar entweder mit gänzlicher Vermischung beider (b), oder so, daß man ihn zwar von der Zinsrente trennt, jedoch beide unter der Benennung Capitalgewinn zusammenfaßt (c). Es ist dem Wesen der Sache am meisten angemessen, den Gewerbsverdienst als ein eigenthümliches Einkommen anzusehen, welches aus der innigen Verbindung der Arbeit und des Capitales entspringt und in welchem der Antheil nicht auszuscheiden ist, den jede dieser beiden Ursachen an ihrer gemeinschaftlichen Wirkung hat (d). Dieß Einkommen unterscheidet sich wesentlich von der Capitalrente, welche größtentheils reines Einkommen ist, aber auch von dem Lohne, weil es nicht wie dieser ausbedungen werden kann (§. 237) und nicht bloß von der Thätigkeit des Unternehmers, sondern zugleich von der Größe des angewendeten Capitales abhängt. Es kann betrachtet werden 1) nach seinem ganzen Jahresbetrage, in Vergleich mit dem Unterhaltsbedarfe des Unternehmers, 2) im Verhältniß zu dem Capitale, als ein gewisser Theil (Procentsatz) desselben (e).

(a) Canard, übers. von Böll, S. 8. 9. 68. — Lotz, I, 471. — Say nimmt drei Zweige des Einkommens an, nämlich Grundrente, Capitalrente und Industriegewinn, und in diesem wieder drei Abtheilungen, nämlich die Einkünfte der Unternehmer, Gelehrten und Lohnarbeiter, Handb. IV, 49. 97. Ebenso von Prittwitz, Volksw. §. 464 ff. — del Valle, Corso de Ec. p. S. 89 stellt fünf Zweige des Einkommens (bajo) auf, indem er den Industriegewinn Say's sogleich in jene drei Theile auflöst.

(b) Smith. — Ricardo, Grundges. S. 92. — von Schlözer, Staatswirthsch. I, 53. — M'Culloch, Grunds. S. 81 ff. — Senior (vermuthlich zugleich der Verf. des Aufsatzes im Quarterly Rev. Jan. 1831) faßt Zinsrente und Gewerbsgewinn unter der Benennung Profit zusammen, nimmt jedoch (Outline, S. 214) zwei Theile desselben an, welche jenen beiden Einkünften entsprechen, ebenso St. Mill, I, 415, bei welchem der über die Zinsrente hinausgehende Theil des Capitalgewinnes keinen besonderen Namen hat.

(c) Sismondi, N. princ., I, 359. — v. Jakob, Grundf., §. 277–282. Doch wird von demselben in §. 292 bemerkt: „Der Profit des Unternehmers ist nichts als eine Art von Lohn für die Arbeit, Mühe, Geschicklichkeit, Gefahr ꝛc., welche mit der Unternehmung verbunden sind."

(d) Storch, I, 160. — Ganilh, Dictionn. analyt. S. 358. — Hermann, S. 148. — Courcelles-Seneuil in Dict. de l'éc. pol. II.

(e) Wegen des genauen Zusammenhanges des Gewerbsverdienstes mit dem Capitale ist es gewöhnlich, jenen in Procenten des letzteren auszudrücken.

§. 239.

Die Vergütung, welche der Unternehmer in seinem Verdienste ansprechen muß, und die folglich die Untergränze derselben bildet, besteht aus zwei Theilen:

1) **Unterhaltsbedarf** für ihn und seine Familie, in Gemäßheit seiner standesmäßigen Bedürfnisse. Der Unternehmer verlangt nothwendig einen reichlicheren Gütergenuß, als seine Lohnarbeiter, weßhalb schon bei verschiedenen Gewerben, in denen die Arbeiter ungleich bezahlt sind (§. 198), auch der Gewerbsverdienst nicht derselbe sein kann. Zudem ist die Mühe, Beeiferung und Kenntniß, welche zu einer Unternehmung gehört, auch bei einerlei Betriebscapital in mehreren Gewerben ungleich, und wenn der Gewerbsverdienst nicht eine ähnliche Abstufung hätte, wie der Lohn, so würden die schwierigeren Gewerbsgeschäfte von wenigen Menschen ergriffen werden. Der Gewerbsverdienst muß daher immer wenigstens so hoch sein, daß der Unternehmer bei dem geringsten Umfange der Unternehmungen, der zur Versorgung des Marktes nothwendig ist, noch bestehen kann (a). Beschäftigt aber die Leitung eines Gewerbes den

Unternehmer nicht völlig, so kann sie auch nur einen Theil seiner Unterhaltskosten abwerfen. In solchen Fällen, wo diese Leitung bezahlten Gehülfen übertragen wird und dem eigentlichen Unternehmer nur eine geringe Mitwirkung, etwa zu den wichtigsten Beschlüssen, übrig bleibt, ist dieser Theil der Vergütung nur gering oder verschwindet gänzlich (*b*).

2) **Entschädigung für die Gefahr manchfaltiger Verluste oder des gänzlichen Mißlingens einer Unternehmung**, §. 137. Die Stärke dieser Gefahr hängt ab a) von der Größe des angewendeten Capitales, b) von der Art der Unternehmungen, welche, obschon kein Gewerbe von Verlusten ganz frei ist, doch in dem Grad von Wahrscheinlichkeit ungünstiger Ereignisse, in der Schwierigkeit, den künftigen Stand der Preise vorauszusehen und dergl., sehr von einander abweichen (*c*).

(*a*) Wie diese Unterhaltskosten sich zu dem Capitale verhalten, dieß kann nicht wohl im Allgemeinen, sondern nur für eine gegebene Größe der Unternehmungen bestimmt werden; wenn z. B. bei einem Gewerbe, welches 20000 fl. Capital beschäftiget, der Unterhalt des Unternehmers auf 1000 fl. angeschlagen wird, so beträgt er 5 Procent des Capitales, er steigt aber auf 6¼ Procent, wenn das Gewerbe nur mit 16000 fl. Capital betrieben wird. Ein Unternehmer, dem die Leitung einer kleineren Unternehmung genug zu thun giebt, kann doch auch einer größeren vorstehen, wenn er geschicktere und besser bezahlte Gehülfen beizieht. Aber bei einer so geringen Austehung oder einer so leichten Leitung des Betriebes nimmt der Unternehmer an den Verrichtungen der bloßen Lohnarbeiter Theil, daher ist in seinem Einkommen auch ein Antheil von Arbeitslohn anzunehmen. Bei einem größeren Betriebe ist in der Regel der Umfang jeder einzelnen Gewerbsunternehmung durch die Umstände bestimmt, da eine Erweiterung in den meisten Fällen durch die Beschränktheit des Capitales oder Absatzes, oder durch die Schwierigkeit, einen größeren Betrieb noch zu leiten, verhindert wird. Wenn nun der Gewerbsverdienst die Unterhaltskosten bei dem geringsten bisherigen Umfange des Betriebes nicht mehr vergütete, so müßten die kleinsten Unternehmer ihr Gewerbe aufgeben. Dieß setzte voraus, daß dieselben nicht mehr nöthig sind um die Abnehmer gehörig zu versorgen. Wenn ein Unternehmer 1000 fl. für seinen Unterhalt braucht und der Gewerbsverdienst nach Abzug der Vergütung für das Risico noch 4 Procent des Capitales ausmacht, so können seine kleineren Unternehmungen bestehen als mit 25000 fl. Capital. (Vgl. Rau, Zus. 63 in Storch, III, 319.) Wären dagegen nicht genug große Unternehmer da, um den ganzen Bedarf zu liefern, so würde der Preis des Erzeugnisses so lange steigen, bis er auch kleineren Unternehmern die Fortsetzung des Betriebes möglich machte. Kann ein Capital von 3000 fl. schon einen Gewerbsmann beschäftigen und braucht derselbe 500 fl., so muß der Gewinnsatz 16⅔ Procent sein. Mancher Krämer hat nur 1000 fl. oder weniger Capital und nimmt also vielleicht 33 oder 40 Proc. Gewerbsverdienst ein, der jedoch großentheils nur wie gemeiner Arbeitslohn anzusehen ist. Das Einkommen eines wandernden Krämers (Hausirers) muß ein Mehrfaches seines kleinen Capitales sein.

(b) Z. B. bei Actieninhabern einer großen Unternehmung, wo der Einzelne nur an einer Jahresversammlung theilnimmt, oder bei stillen Gesellschaftern. Der Verwalter einer Fabrik, eines Landgutes, einer Handlung ⁊c. ist nicht ganz unabhängig, er muß in wichtigen Dingen mit dem Eigenthümer zu Rathe gehen.

(c) Je ne crois pas me tromper en disant, que sur 100 établissemens industriels il y en a 20, qui s'écroulent avant d'avoir aucune consistance, 50 à 60, qui végètent plus ou moins long-temps en attendant leur chûte, et 10 au plus qui arrivent à un grand état de prospérité; et encore, parmi ces établissemens exceptionnels, en compte-t-on dont les chefs, après avoir jeté un grand éclat, parcouru la carrière la plus honorable et rendu des services signalés à l'industrie, ont rencontré des écueils, devant lesquels ils ont échoué *corps et biens*. C'est donc l'ensemble des établissemens industriels qu'il faut considérer. Godard in der Enquête commerc. de 1834, II, 233. — Wallfischfang, Sklavenhandel. Roscher, I, 327.

§. 240.

Die Umstände, welche den Gewerbsverdienst des einzelnen Unternehmers bestimmen, deuten zugleich die Mittel an, die derselbe ergreifen kann, um sich ein reichlicheres Einkommen zu verschaffen. Es sind folgende: 1) in Bezug auf den **Rohertrag**: a) Die Menge der Erzeugnisse, welche er zu verkaufen vermag, also die **Ausdehnung des Absatzes**, weil nicht nur mit diesem bei einerlei Procentsatz des Verdienstes der ganze Betrag desselben steigt, sondern auch manche Gelegenheit zur Ersparung an einzelnen Theilen der Kosten entsteht, §. 172. 243. Die Unternehmer sind daher gewöhnlich eifrig bedacht, ihren Absatz zu erweitern, was theils auf Kosten anderer Mitwerber, theils durch Anregung neuer Käufer oder neuer Verwendungszwecke geschehen kann (a). b) Der Verkaufspreis, dessen Erhöhung jedoch, Fälle eines monopolistischen Vorzuges abgerechnet, des Mitwerbens wegen schwer zu bewirken, und sogar darum in vielen Fällen nicht einmal vortheilhaft ist, weil sie eine Abnahme der verkauften Menge nach sich zieht. Kennt man den bei jedem gegebenen Preise zu erwartenden Absatz, so kann man berechnen, welcher Verkaufspreis den größten reinen Gewinn verspricht. 2) In Hinsicht auf die **Ausgaben**: a) Der erforderliche Bedarf an Stoffen, Werkzeugen und Arbeit, worin die Fortschritte der Gewerbskunst viele Ersparungen möglich machen (b). b) Der Preis, den man für die erwähnten Bedingungen der Production entrichten muß. Bei übrigens gleichbleibenden Umständen gewinnt der Unternehmer, wenn es ihm gelingt, die nöthigen Waaren, z. B. Rohstoffe, wohlfeiler einzukaufen, die Arbeiter um niedrigeren Lohn zu erhalten und die Capitale oder auch die Grundstücke gegen eine geringere Rente zu benutzen. Von diesen Mitteln, den Gewerbsverdienst zu vergrößern, sind einige nur auf Kosten der Käufer, der Mitwerber oder der zur Erzeugung Beihülfe leistenden Personen ausführbar, so daß sie nur die Vertheilung abändern, andere aber auch in Beziehung auf die ganze Volkswirthschaft nützlich. Diese zeigen sich zugleich als die sichersten.

(a) Daher z. B. die Bemühungen, sich vor Anderen hervorzuthun, Aufsehen zu erregen, Vertrauen zu erwecken; Verbreitung von Ankündigungen, Schaustellung von Waaren und dergl.

(b) Hierin ist der Klugheit, Einsicht und dem Eifer der Unternehmer ein weites Feld geöffnet, während der Verkaufspreis weniger unter dem Einflusse ihrer Bemühungen steht; z. B. Benutzung der Abfälle und Abgänge, Vermeidung unnöthiger Bauten, Anwendung einer wohlfeileren Art von Stoffen, Holzsparung ꝛc. Die Anwendung der heißen Gebläseluft (hot blast) in den Eisenhütten wurde 1830 durch Nelson in Glasgow eingeführt. In Oesterreich wird da, wo dieß Mittel in Gebrauch ist, eine Kohlenersparung von 15 Proc. und ein Mehrertrag an Eisen von 10 Proc. bewirkt (Tjörnig). Die Halden (weggeworfenen Massen) der Bleibergwerke in Weardale sind kürzlich als eisenhaltig (25—40 Proc.) erkannt worden. Auch die durch Abkürzung der Productionszeit und Beschleunigung des Verkaufes bewirkte Ersparung an Capitalzinsen ist hier zu nennen. Ein jährlicher Umsatz von 24000 fl. ist, wenn das Capital nur 3 Monate umläuft, mit 6000 fl. zu bestreiten und kostet dann nur etwa 240—300 fl. Zinsen. In Manchester rechnet man, daß Fabrikherren im Durchschnitt ihr Capital (nämlich das umlaufende) zweimal, jedesmal mit 5 Proc. Gewinn (und Zins) umsetzen, Kleinhändler (shopkeepers) viermal mit je $3\frac{1}{2}$ Proc., also 14 zusammen. Senior, Outline, S. 188.

§. 240 a.

Die Erweiterung des Absatzes insbesondere (§. 240) findet nicht allein in dem Mitwerben anderer Erzeuger und Verkäufer des nämlichen Gutes, sondern auch in dem ganzen Begehr desselben von Seite der Käufer und Zehrer eine Gränze. Diese allgemeine Gränze des Absatzes in jedem Zeitpuncte wird geregelt: 1) von dem Gebrauchswerthe des Gutes, nämlich seiner Höhe und der Menge von Menschen, für welche die Werthschätzung gilt (a), 2) von der zur Befriedigung des Bedürfnisses erforderlichen Menge, die unter anderen um so größer ist, je schneller der Verbrauch erfolgt (b), 3) von der Größe des

Preises, den der Käufer anwenden muß. Eine Herabsetzung des Preises gewinnt gewöhnlich einer Waare solche neue Käufer, für deren concrete Werthschätzung bisher die Ausgabe zu groß war, §. 171. Die Abnahme des Absatzes in Folge einer Preiserhöhung pflegt desto stärker zu sein, je geringer der Werth des Gutes ist, weil man sich bei den werthvollsten Dingen am schwersten zu einer Einschränkung entschließt (c); 4) von dem Vermögen der Kauflustigen, die Waare zu bezahlen, also von einem zureichenden Einkommen, ohne welches das Vorhandensein der anderen Bedingungen (1—3) unwirksam ist. Das Einkommen der Käufer fließt aus ihrer Theilnahme an der Hervorbringung anderer Güter her und hängt also von der Ausdehnung des ganzen Gütererzeugnisses, sowie von der Art der Vertheilung desselben unter die verschiedenen Volksclassen ab. Jede verkaufte Gütermenge setzt diejenigen, welche aus dem Erlöse Lohn, Gewerbsverdienst, Grund- und Zinsrente empfangen, in den Stand, andere Dinge einzukaufen, daher bedingen die einzelnen Productionszweige sich gegenseitig.

(a) Bücher in fremden Sprachen, oder über einen von wenigen Menschen begriffenen Gegenstand finden wenige Käufer.
(b) Man verzehrt in einer Familie weit mehr Holz, Brot, Fleisch, Oel, Lichter, als Kleidungsstücke, noch weniger aber Uhren, Spiegel ꝛc. Ferner verbraucht man von blos nützlichen Gegenständen nur soviel, als das Bedürfniß fordert, von Luxusartikeln aber desto mehr, je mehr man bezahlen kann.
(c) Deßhalb kann die Vertheurung des einen Gutes, z. B. eines Lebensmittels, den Absatz eines anderen leicht entbehrlichen vermindern.

§. 241.

Die in §. 240 angegebenen Mittel können einem Unternehmer, der sie mit vorzüglichem Scharfsinne allein anwendet, eine Zeit lang einen ungewöhnlichen Gewinn verschaffen. Werden sie bekannt und von Mehreren gebraucht, so zerstört das Mitwerben diesen größeren Vortheil des einzelnen Unternehmers, es mag nun diese Ausgleichung des Gewerbsverdienstes in einem Gewerbe durch die Erniedrigung der Verkaufspreise oder durch die Erhöhung einer Classe von Gewerbsausgaben erfolgen. Zwischen mehreren Gewerben findet zwar ein ähnliches Streben zum Gleichgewichte Statt, indem die einträglicheren Gewerbe häufiger ergriffen, die weniger vortheilhaften dagegen von

Mehreren verlassen werden, oder wenigstens Ausdehnungen und Beschränkungen im Betriebe eintreten. Indeß kommen hier nicht allein die Schwierigkeiten in der Veränderung des Angebotes (§. 160) in Betracht, sondern es ist auch wegen der Verschiedenheit der Gefahr und der Unterhaltskosten des Unternehmers (§. 239) keine allgemeine Gleichförmigkeit der Gewerbsverdienste zu erwarten, also läßt sich nur annehmen, daß Gewerbe, die gleiches Capital und gleiche Bemühung, Lebensweise ꝛc. des Unternehmers erfordern, auch ungefähr gleich viel abwerfen werden (a).

(a). In Großbritanien beträgt bei Äckerpachtungen der Gewerbsverdienst sammt der Capitalrente gegen 10, selten 15 Procent des Capitales, bei Weidepachtungen wegen der Geschicklichkeit und der Wagniß der Viehzüchter öfters 15 und mehr Procente. Sinclair, Grundges. des Ackerb. S. 59.

§. 242.

Steigt der Gewerbsverdienst über den Kostenbetrag (§. 239), so bezieht der Unternehmer ein reines Einkommen, den **reinen Gewerbsverdienst oder Gewinn**. Dieser ist bei gleichem Grade von Geschicklichkeit und Eifer in größeren Unternehmungen einer gewissen Art gewöhnlich größer, als in kleineren, weil sowohl die Unterhaltskosten der Unternehmer als verschiedene Gewerbskosten, z. B. die Ausgaben für Gebäude und Maschinen, bei der Erweiterung des Betriebes nicht in gleichem Verhältnisse steigen (a). Bei ganz großen Unternehmungen könnte zwar wieder die Schwierigkeit der Aufsicht über viele Menschen oder überhaupt der guten Leitung des Ganzen jenen Vortheil schwächen, wie dieß z. B. bei großen Handelsgesellschaften und anderen auf Actien betriebenen Unternehmungen zu bemerken ist; aber hiervon abgesehen, kann man den kleineren und den größeren Unternehmer wie die Eigenthümer zweier Grundstücke von ungleicher Fruchtbarkeit betrachten (§. 212); wird schon dem kleineren ein reiner Ertrag zu Theil, so genießt der größere einen desto beträchtlicheren, §. 239 (a).

(a) Viele kostbare Maschinen, z. B. Walzen zum Kattundruck, werden erst bei größerem Betriebe anwendbar, der Einkauf der erforderlichen Stoffe läßt sich wirthschaftlicher einrichten, Manches kann man selbst bereiten, wenn man es in ansehnlicher Quantität nöthig hat ꝛc. — Gewinn bei starken Auflagen beliebter und wohlfeiler Bücher, Kupferstiche ꝛc. Vgl. §. 240.

§. 243.

Der Gewerbsverdienst im Ganzen pflegt in seinem Steigen und Fallen mit der Zinsrente ungefähr gleichen Schritt zu halten. Ein Theil der Capitalisten ist immer im Stande, zwischen dem Ausleihen ihres Vermögens und der Betreibung eines Gewerbes zu wählen, und viele ziehen das letztere vor, wenn sie in einer Beschäftigung, die ihnen ungefähr gleiche gesellschaftliche Stellung giebt, wie ihre bisherige Zinseinnahme, einen reichlichen Gewerbsverdienst erzielen können. Dieß muß dann auch andere Personen ermuntern, mit geborgtem Capitale Gewerbe zu unternehmen und hiedurch entsteht eine Abnahme des Gewinnes, zugleich aber eine Erhöhung der Zinsrente. Wäre dagegen der Gewerbsverdienst im Vergleich mit der Zinsrente zu niedrig, so entstünde ein stärkerer Antrieb für Capitalisten, von ihren Zinsen müßig zu leben, es würde überhaupt an Unternehmungslustigen fehlen und so könnte ein Sinken der Capitalrente, wobei der Gewinn sich erhöhte, nicht ausbleiben. Indeß ist eine Gleichheit beider Einkünfte nach ihrem Procentsatze nicht zu erwarten, weil auch bei einerlei Zinsfuß der Verdienst in den einzelnen Gewerbszweigen sehr verschieden sein muß (a).

(a) Sismonde, Rich. comm. I, 79. — Es ist wohl denkbar, daß bei einem Zinsfuße von 5 Procent einige Gewerbe 4, andere 5—6, noch andere 10—12 Proc. Gewinn geben. — In England rechnet man mit Einschluß des Zinses gewöhnlich auf 10 Proc., wenigstens bei großen Unternehmungen; Capitale von 10—20000 L. tragen schon 15, kleinere 20 und mehr Procente im Handel und Fabrikwesen. Senior, Outl. S. 188. 214. Wenn ein Obstverkäufer täglich 20, also jährlich über 7000 Proc. bezieht (ebb.), so ist das größtentheils Arbeitslohn.

§. 244.

Bei den Fortschritten des Volkswohlstandes muß daher der Gewerbsverdienst ebenso wie die Zinsrente (§. 233) im Verhältniß zu dem angewendeten Capitale abnehmen, d. h. auf einen geringeren Procentsatz herabgehen. Die Erfahrung bestätigt diese Schlußfolge. Es ist dieß eine Wirkung der Capitalanhäufung und des stärkeren Mitwerbens in allen Unternehmungen, wobei die vorhandenen Güterquellen und Erwerbsgelegenheiten vollständig benutzt, die Preise der Dinge dem Kostenbetrage genähert, die Unternehmungen in größerem Umfange betrieben und die Unternehmer gezwungen werden, sich mit einer verhältnißmäßig geringeren Vergütung zu begnügen. Dieß kann desto eher geschehen, da zugleich die Wagniß in vielen Gewerben durch die Verbesserungen in der Rechts- und Polizeiverwaltung, durch mancherlei Schutzmittel gegen Unfälle, auch durch den größeren Beistand, den Ausländer in ihren Erwerbsgeschäften bei den Regierungen finden, sich vermindert. Ungeachtet dieser Abnahme des Gewinnsatzes kann doch der ganze Betrag des Gewerbsverdienstes in einem Lande noch anwachsen, woferne nur das Capital in stärkerem Verhältniß steigt, als der Verdienstsatz sinkt, vgl. §. 233 (c). Die Unternehmer vermögen dieser drohenden Verkürzung ihres Einkommens auszuweichen, indem sie ein höheres Maaß von Kunst und Scharfsinn aufbieten, oder ein größeres Capital zu Hülfe nehmen, oder auch im kleinen Betriebe durch eigenes Handanlegen an der Lohnausgabe etwas ersparen (a).

(a) Diese Veränderung erregt unangenehme Empfindungen, macht Entbehrungen nothwendig und veranlaßt leicht Klagen über den Verfall des Wohlstandes, die jedoch in ihrer Einseitigkeit nichts beweisen und namentlich in unserer Zeit durch das Gemälde der steigenden Betriebsamkeit widerlegt werden können.

§. 244 a.

Zu dem nämlichen Ergebniß gelangt man, wenn man die Veränderungen erwägt, die sich beim Fortgange des Volkswohlstandes und der Bevölkerung in dem Verhältniß zwischen den Hauptzweigen des Volkseinkommens, nämlich zwischen den Antheilen der Grund- und Capital-Eigenthümer, Lohnarbeiter und Unternehmer zutragen. Achtet man nicht auf die in Geldpreisen ausgedrückte Größe der Einkünfte, sondern darauf, wie sich das ganze Gütererzeugniß unter sie vertheilt, so ergiebt sich Folgendes: 1) Die Grundrente nimmt bedeutend zu, weil ein neuer Zuwachs von Bodenerzeugnissen kostbarer zu gewinnen ist und hierdurch der Vortheil, den die Benutzung der ergiebigeren, näheren Grundstücke ꝛc. gewährt, sich vergrößert, §. 220. 2) Der Lohn steigt ebenfalls, und zwar mindestens wegen der Vertheurung der Lebensmittel (§. 192), unter günstigen Umständen aber auch so, daß den Arbeitern ein größerer Gütergenuß zu Theil wird, §. 199. 3) Wenn nun diesen beiden Zweigen des Einkommens ein größerer Theil des gesammten Gütererzeugnisses zufällt, so müssen die Besitzer des beweglichen Vermögens und die Unternehmer sich mit einem kleineren Antheil begnügen. Es ist unmöglich, daß die letzteren ihre Erzeugnisse gerade um soviel theuerer verkaufen, als ihre Ausgaben für Grundrente und Lohn sich vergrößert haben, weil das Volkseinkommen nicht zureicht, ihnen noch den nämlichen Verdienst zu gewähren. Doch findet diese Erniedrigung des Gewerbsverdienstes wieder ihre Gränze, weil derselbe in jedem Gewerbe bei Unternehmungen der kleinsten noch erforderlichen Art immer noch das Einkommen der Lohnarbeiter übersteigen muß, §. 239. Wenn der Lohn wegen starker Volksvermehrung nicht zunähme, oder sogar sänke, so würde die Verringerung des Zins- und Gewinnsatzes offenbar schwächer sein (a).

(a) Ricardo (6. Capitel) hat zuerst zu zeigen gesucht, daß die zunehmende Schwierigkeit der Erzeugung von Lebensmitteln den Gewinnsatz herabdrückt. Seine Ansicht ist übersichtlicher dargestellt bei J. Mill, franz. Uebers. S. 73, s. auch Rebenius, Der öffentl. Credit, 2. Ausg. I, 29. Hermann, Unters. S. 262. Man darf hiebei den Satz des Gewerbsverdienstes mit dem absoluten Betrage desselben nicht verwechseln, §. 238 und J. Mill, S. 77.

Fünfte Abtheilung.
Das Volkseinkommen im Ganzen.

§. 245.

Der gesammte (rohe) Ertrag oder das rohe Einkommen eines Volkes, das Ergebniß der Hervorbringung im Lande und der Erwerbung von außen während eines gewissen Zeitabschnittes (§. 70 a), spaltet sich in zwei Hauptmassen. Der eine Theil dient den Aufwand zu erstatten, welchen die Erwerbung dieser Güterzuflüsse nöthig macht, und ersetzt den vorausgegangenen Aufwand von Capital, welcher aber stets von Neuem für denselben Zweck gemacht zu werden pflegt (a). Der Ueberrest nach Abzug dieser nothwendigen Kostenerstattung ist das reine Volkseinkommen. Dieses kann demnach als diejenige Frucht der Erwerbsthätigkeit betrachtet werden, welche zur Erreichung aller übrigen Zwecke in der Gesellschaft gebraucht werden kann, nachtem die Hervorbringung von Sachgütern und der Verkehr mit dem Auslande vollständig sichergestellt sind.

(a) Wenn man zur Ermittlung dieser Größen einen gewissen Zeitabschnitt annimmt (gewöhnlich ein Jahr), so ist dabei zu bedenken, daß die Geschäfte ununterbrochen fortgehen, weßhalb die Rechnung sich nie ganz schließt. Unter dem rohen Ertrage jedes Jahres ist der Ersatz vorjähriger Auslagen enthalten, dagegen kommen auch Auslagen vor, die erst in nächsten Jahre mit Gewinn erstattet werden. Da dieß jedoch keinen bedeutenden Unterschied macht und die genaue Ausmittlung höchst schwierig wäre, so darf man sich z. B. erlauben, bei der Landwirthschaft die Ernte eines gewissen Calenderjahres als Einnahme, und die sämmtlichen Feldbestellungskosten mit Einschluß der Bestellung des Winterfeldes für das nächste Jahr, als zugehörige Ausgabe anzusehen, weil die jener Ernte willen im vorhergehenden Jahre gemachten Auslagen ungefähr eben so gewesen sind.

§. 246.

Das Wesen des reinen Volkseinkommens wird deutlicher erkannt, wenn man es in seine Theile zerlegt und von den fremdartigen Gütermengen scheidet. Diese Betrachtung kann das reine Volkseinkommen erfassen:

1) wie es durch den Ueberschuß der Production und Einfuhr aus dem Auslande über die Kosten **entsteht**, als

2) wie es sich unter die verschiedenen Volksclassen **vertheilt**.

Da man es in beiden Fällen immer mit der nämlichen Größe zu thun hat, so ergeben sich hieraus zwei Wege, wie das reine Einkommen eines Volkes statistisch auszumitteln ist. Wären die bei der wirklichen Berechnung in einem gegebenen Falle zu Grunde gelegten statistischen Thatsachen sämmtlich genau erforscht, so müßte man auf beiden Wegen zu gleichem Ergebniß gelangen (a). Solche Ausmittelungen lassen sich übrigens nur in Beziehung auf Preise vornehmen, weil nur diese durchaus in Zahlen gefaßt und wegen des gemeinschaftlichen Maaßstabes zusammengerechnet werden können, was bei dem Gebrauchswerthe nicht der Fall ist, §. 67.

(a) Vgl. Fulda, Ueber National-Einkommen. Stuttg. 1805. Dessen Grundsätze der Kameralwissenschaften, §. 243 ff. (Der Verf. rechnet, wie die Physiokraten, die durch Gewerbsarbeit bewirkte Werthserhöhung nicht mit ein.) — v. Herzog, Staatswirthschaftl. Blätter IV. Heft, S. 20 ff. — Noch von keinem Volke ist eine zuverläßige Berechnung des reinen Einkommens vorhanden. Die Schwierigkeit liegt nicht blos darin, daß diese Größe aus einer ungeheuer großen Menge von einzelnen Zahlenangaben abgeleitet werden muß, deren vollständige Sammlung und kritische Untersuchung sehr mühsam ist, und bei denen immer viel von dem guten Willen oder der Einsicht der einzelnen Mitarbeiter abhängt, — sondern auch in dem Umstande, daß man sich erst über die Grundsätze der Berechnung verständigen muß. Welcher Weg einzuschlagen, welche Posten aufzunehmen und wegzulassen seien, dieß hat die Theorie der Statistik aus der Volkswirthschaftslehre zu entnehmen und die allgemeinen Regeln hiezu sind in den folgenden §§. aufgestellt. Der Gegenstand ist unter Anderm für die Besteuerung, welche nach richtigen Grundsätzen nur das reine Einkommen treffen darf, sehr wichtig, und die manchfaltigen Fehler, welche bei diesen Ausmittlungen bisher begangen worden sind, machen eine sorgfältige Aufhellung nöthig.

§. 247.

Nach der ersten Art der Berechnung (§. 246) wird

1) der rohe Ertrag der ganzen Erwerbsthätigkeit zusammen gerechnet, welcher begreift: a) die neu gewonnenen rohen Stoffe (a), b) die Werthserhöhung vorhandener Stoffe durch Gewerksarbeit, c) die Einfuhr aus anderen Ländern (b).

2) Von dieser Summe wird sodann der des rohen Ertrages willen nothwendige Güteraufwand abgezogen (c), wohin zu zählen sind a) der Lebensbedarf der hervorbringenden Arbeiter und Unternehmer mit ihren Familien, b) die verbrauchten Stoffe; — indeß werden die in den Gewerken angewendeten Verwandlungsstoffe nicht mit abgezogen, weil die Gewerkswaaren nicht ganz, sondern blos nach der Werthserhöhung, die zu dem Stoffe hinzukommt, eingerechnet worden sind, s. oben 1 b), c) die Abnützung des stehenden Capitales, d) die jenes Erwerbes willen ins Ausland abgegebenen oder sonst für dasselbe verwendeten Güter.

3) Der Ueberrest ist das reine Einkommen (d).

(a) Wird ein solcher Stoff zum Behufe einer anderen Production sogleich wieder ganz verzehrt, so kommt er unter dem Aufwande wieder in Abzug, und es ist in Beziehung auf das reine Einkommen gleichgültig, ob man ihn einrechnen will oder nicht. Das reine Einkommen aus der Landwirthschaft wird eben so richtig gefunden, wenn man die Ernte nur nach Abzug des Saatkorns in Einnahme stellt und dafür dieses nicht mehr unter die Ausgaben bringt. Allein das Verhältniß zwischen dem reinen und rohen Einkommen ist bei einem solchen Verfahren nicht richtig zu beurtheilen. Es sei z. B. für einen Landestheil der rohe Ertrag des Getreidebaues 3·000000 fl., abzuziehender Kostenbetrag 2·400000 fl., so bleibt reines Einkommen 600000 fl., d. i. $^1/_5$ oder 20 Proc. des Rohertrages. Wollte man aber das Saatkorn (ungefähr $^1/_6$ der Ernte) ganz auslassen und so rechnen: roher Ertrag 2·500000 fl., Kosten 1·900000 fl., also reines Einkommen 600000 fl., so wäre letzteres zwar wieder richtig, aber es schiene nun $^6/_{25}$ oder 24 Procent des rohen auszumachen. Dasselbe gilt von dem Futter, Dünger ıc.

(b) Die inländischen Erzeugnisse müssen nach dem Preise in Anschlag gebracht werden, für welchen sie der Zehrer aus den Händen des Kaufmanns erwirbt, vorausgesetzt, daß keine in Beziehung auf den Zweck der Vertheilung unnöthige Erhöhung des Preises vorgegangen ist (§. 256). Es wird also die durch den Handel bewirkte Preiserhöhung der Waaren mit berücksichtigt, die ohne Zweifel den Werth derselben nicht übersteigt (§. 105) und zur Fortdauer einer ausgedehnten Production nothwendig ist.

Moreau de Jonnès hat über das rohe Einkommen von Frankreich, Großbritanien und den nordamericanischen Freistaaten Angaben gesammelt, die man indeß nicht für zuverläßig halten darf. Da aber der Verfasser bei dem Erzeugniß der Gewerbe den rohen Stoff, der entweder Product der Erdarbeit oder Gegenstand der Einfuhr ist, noch einmal mit einrechnet (s. oben, Nr. 1 b), so mußte bei seinen Zahlen erst ⅓ für die Stoffe abgezogen werden. Die Summen sind Franken.

	Frankreich.	Großbritan.	Nordamer.
1) Erzeugniß der Erdarbeit	4678·705000	5420·425000	1608 Mill.
2) Der Gewerke	1213·401000	2378·667000	604 ,
3) Der Einfuhr	438·400000	753·825000	383 ,
Summa	6330·509000	8552·917000	2595 Mill.
Betrag auf jeden Kopf	204 Fr.	407 Fr.	259 Fr.
oder	96 fl.	192 fl.	134 fl.

Revue encycl. XXV, 239. 549. 878. — Nach Ch. Dupin (Acad. des sc. 30. April 1831) kamen in Frankreich auf den Kopf im Jahr 1730, 108 Fr. — 1780, 169 Fr. — 1830, 269 Fr. — Berechnung von Schnitzler (Création de la rich. I, 392): Rohertrag des Pflanzenbaues 4280 Mill. Fr., der Thierzucht und Fischerei 825, des Bergbaues 100, der Gewerke 2500 M., zusammen 7700 Mill., wovon nach Abzug der Rohstoffe etwa 7000 Mill. übrig bleiben, 233 Fr. auf den Kopf. — Das Gesammterzeugniß der französischen Landwirthschaft im J. 1840 wird auf 7502 Mill. Fr. oder 224 Fr. auf den Kopf angeschlagen, wovon 1460 Mill. Fr. auf die Thierzucht kommen und daneben 640 Mill. Fr. erzeugtes Futter aufgezählt werden, Moreau de Jonnès, Statist. de l'agric. de la Fr. 1848. — Anschlag des rohen Volkseinkommens im britischen Reiche nach Pebrer (Hist. financ. et statist. gén. de l'empire Britann. 1834, II, 90): Ertrag der Landwirthschaft 246·600000 L. St., des Bergbaues 21·400000, der Fischerei 3·400000, der Gewerke, nach Abzug der Rohstoffe, 148·050000, des innern und des Küstenhandels 51·975000, des auswärtigen Handels und der Schifffahrt 34·398059, Gewinnste der Banquiers 4·500000, Capitalrente aus andern Ländern 4·500000, Summe 514·823059 L. St. oder 6177 Mill. fl., also 262 fl. auf den Kopf der Einwohner, ohne die Einfuhr. — Späterer Ueberschlag für das britische Reich nach Moreau de Jonnès (Statist. de la Gr.-Brét., I, 312, 1838): Landbau und Viehzucht 6666 Mill., Bergbau 687 Mill., Fischerei 50 M., Gewerke (nach Abzug von ⅓) 3146 M., zusammen 10550 Mill. Fr. = 4976 Mill. fl. Der Verfasser bringt aber 18000 Mill. heraus, weil er die Rohstoffe nicht vom Gewerksertrage abzieht, weil er ferner die Arbeit der Thiere, den Ertrag der Weiden und der Häuser mit aufführt.

(c) Dieser in Abzug kommende Kostenbetrag wird für den gegenwärtigen Zweck nicht auf dieselbe Weise, obgleich nach dem nämlichen allgemeinen Grundsatze berechnet, wie die Kosten des Verkäufers eines Gutes, §. 164. Für den Unternehmer sind nämlich die Ausgaben an

20*

andere Personen eben so gut kosten, als seine Verzehrungen. Da aber
dasjenige, was der eine Bürger dem andern entrichtet, doch in dem
Volksvermögen bleibt, so dürfen bei der Erforschung des gesammten
Volkseinkommens solche Ausgaben des Einzelnen, welche nicht zu dem
Productionsaufwande des Volkes gerechnet werden können, nicht in
Abzug gebracht werden.

(d) Vgl. J. Mill, Elém., S. 243. — Beispiel. Für Frankreich können vorzüglich mit Hülfe von Chaptal's Angaben (De l'industrie franç.) folgende Zahlen näherungsweise angenommen werden:

	Roher Ertrag.	Reines Einkommen.
	fl.	fl.
Bergbau	30.000 000	2.900 000
Fischerei	10 000 000	1.000 000
Land- und Forstwirthschaft	2152.205 000	619.235 000
Gewerbe	561.750 000	70.000 000
Handel, Einfuhr	202.060 000	20.206 000
Zusammen	2955.955 000	704.441 000

Hiebei macht das reine Einkommen 23⁴⁄₅ Procent des rohen. — Der Reinertrag der Erdarbeit in Frankreich wurde geschätzt auf 2455 Mill. Fr. von A. Young, 1200 M. von Lavoisier (1790), 1626 M. von einer Commission (1815), 1344 M. von Chaptal (1818), 2300 M. von Lullin de Chateauvieux (1830), 1900 M. von Ch. Dupin (1831), Schnitzler, Créat. de la rich. I, 19.

§. 248.

Bei der zweiten Art der Berechnung (§. 246) wird das reine Einkommen aller derjenigen Volksclassen zusammengezählt, die durch ihre Arbeit oder durch ihr Vermögen (sie mögen es selbst anwenden oder Anderen zum Gebrauche überlassen) zur Erzielung des Rohertrages mitwirken und folglich an demselben Theil nehmen. Die so entstehende Summe muß gleichfalls das reine Einkommen des Volkes geben, weil dieses zunächst an jene Classen gelangt. Die anderen Volksclassen erhalten ihr Einkommen gegen mancherlei Leistungen von jenen, daher kann ihr Antheil nicht mehr besonders angeführt werden (a). Es kommt demnach in Rechnung 1) das reine Einkommen sämmtlicher Unternehmer und Lohnarbeiter in den Zweigen der Stoffarbeit und der Handelsgeschäfte (b), 2) die Grundrente, 3) das in der Capitalrente enthaltene reine Einkommen (c) (d).

(a) Wenn ein reicher Grundeigner 1000 fl. jährlich für mancherlei persönliche Dienste ausgiebt und die Dienstleistenden hievon 200 fl. reines Einkommen übrig behalten, so sind diese 200 fl. schon in der Grundrente des ersteren mit enthalten, sie können bei der Berechnung des reinen Volkseinkommens nicht abermals angesetzt werden. Wenn aber der Grundeigner für 1000 fl. einen Reisewagen kauft, dessen Verfertiger ebenfalls 200 fl. reinen Gewinn macht, so sind zwei neue Gütermassen vorhanden, 1) die Bodenerzeugnisse, welche die Grundrente bilden, 2) der Wagen. Beide Producte sind nach ihrem Preise auf 2000 fl. zu setzen, und da nur 800 fl. Productionskosten (des Wagens) abzuziehen sind, so bleiben 1200 fl. reines Einkommen.

(*b*) Der Antheil des reinen Einkommens, den die Kaufleute, Fuhrleute, Schiffer und andere Gehülfen im Handel beziehen, muß mit in Erwägung kommen, weil der Handel, wenn gleich nur mittelbar, doch sehr wesentlich zur Hervorbringung mitwirkt und aus den Früchten derselben belohnt wird, §. 105, Nr. 3.

(*c*) Aber nur die Rente der wahren in den hervorbringenden Unternehmungen beschäftigten Capitale, nicht das ganze Einkommen der Capitalisten (§. 223 (*a*)), denn die Rente von verliehenen oder vermietheten Gebrauchsvorräthen muß aus einem der oben genannten Zweige des Einkommens bestritten werden; so wird z. B. die Zinsrente der Hypothekenschulden fast ganz aus der Grund- und Hausrente, der Zins der Staatsschulden aus sämmtlichen Theilen des reinen Volkseinkommens genommen, und man würde in den error dupli verfallen, wenn man beides noch einmal besonders hinzurechnen wollte.

(*d*) Eine solche Rechnung für Großbritanien und Irland bei Lowe (Engl. nach f. gegenw. Zust. S. 246) giebt 255 Mill. L. St., und nach Abzug der im Auslande verzehrten 4 Mill. noch 251 Mill. L. St. Allein es sind hier nicht allein reine Einkünfte aufgezählt, z. B. 80 Mill. Arbeitslohn, ohne Irland. — Neuere Berechnung für 1836, von Moreau de Jonnès (Statist. I, 319), aber sehr unsicher: 2200 Mill. Fr. Grundrente, mit Einschluß der Bergwerke und Gebäude, 575 Mill. Ertrag der Viehzucht (10 Proc.), 472 M. Gewerksertrag (10 Proc.), 5 M. Fischerei, 750 Mill. innerer Handel (zu 5 Proc.). 150 M. Canäle, Docks, Eisenbahnen, 41½ M. Schifffahrt, 200 M. auswärtiger Handel (10 Proc.), 62½ M. Dividende der Assecuranzgesellschaften ꝛc., 694½ M. Zins der Staatsschuld, 157½ M. Zins der in Ostindien und im Auslande angelegten Summen, 225 M. Gewinn der Bankherren, 467 M. Ergänzung. zusammen 6000 Mill. Fr. = 235 Mill. L. St. = 2830 Mill. fl. Hiebei sind aber viele Abzüge nöthig, 270 Mill. für die Arbeit der Thiere, ferner der Unterhalt der Gewerksunternehmer, sodann die Zinsen der Staatsschuld, als abgeleitetes Einkommen (§. 251), es bleiben also etwa 3800 M. Fr. = 149 M. L. St. = 1788 M. fl. oder 36 Proc. des obigen rohen Einkommens, §. 247 (*b*). — Aus der Einkommensteuer lassen sich g. 172 Mill. L. annehmen.

§. 249.

Obschon die Größe des reinen Einkommens in volkswirthschaftlicher Hinsicht wichtiger ist, so verdient doch auch der Umfang des rohen Ertrages in einem ganzen Volke beachtet zu werden (*a*), denn 1) aus ihm wird der nothwendige Unterhalt aller productiven Arbeiter bestritten, welche dagegen am reinen Einkommen nur einen geringen Theil haben. Diese Volksclasse, als die zahlreichste, ist für die Gesellschaft sowie für die Macht des Staates von großer Bedeutung, weßhalb der zu ihrer Versorgung dienende Theil der gesammten Erzeugungskosten, weit entfernt, ein Verlust für die Volkswirthschaft zu sein, vielmehr die wohlthätigste Verwendung des Gesammteinkommens bildet. 2) Das Verhältniß zwischen dem rohen und reinen Ertrage eines Volkes zeigt die Ergiebigkeit der hervorbringenden Geschäfte an und läßt auf die derselben günstigen oder hinderlichen äußeren Umstände schließen. Bei einerlei Umfang des ganzen Erzeugnisses ist offenbar diejenige Anwendung der Güterquellen die vortheilhafteste, welche den größten reinen Ueberschuß abwirft.

(a) Ricardo, 26. Cap., legt auf das reine, Ad. Smith auf das rohe Einkommen mehr Gewicht. An jenen schließt sich Ganilh, Systèmes I, 213. — Dagegen Sismondi, Nouv. princ. I, 153.

§. 250.

Das reine Einkommen des Volks gelangt zunächst in die Hände der vier bei der Hervorbringung betheiligten Volksclassen und wird verwendet (a) 1) für den Unterhalt der nicht gewerbtreibenden Grund- und Capitalbesitzer (b), ferner für einen den Unterhaltsbedarf der Lohnarbeiter und Unternehmer übersteigenden Gütergenuß. Hieraus erhalten auch die Mitglieder der dienstleistenden Classe, soferne sie nicht vom Staate besoldet werden, sowie die Eigenthümer verliehener und vermietheter Verbrauchsvorräthe ihr Einkommen (c); 2) auf Abgaben für öffentliche Zwecke, — an Staat, Provinz, Gemeinde, Kirche ꝛc.; 3) um neue Capitale aus Ersparnissen zu bilden. Demnach sind sowohl die Hülfskräfte des Staates, welche seine Wirksamkeit im Innern und seine Festigkeit gegen Außen bedingen, als die Mittel zur Pflege aller persönlichen Güter der Menschen, z. B. der Wissenschaften und Künste, und auch die Vermehrungen des Volksvermögens hauptsächlich von der Größe des reinen Einkommens abhängig (d).

(a) Vgl. Ricardo a. a. O. und Say's Anmerkungen zu dieser Stelle.
(b) Dieser Unterhalt darf nicht zu den Kosten gerechnet werden, mit denen der rohe Ertrag erzielt wird (§. 247. 2)), denn er ist keine Bedingung dieses Ertrags, welcher eben so gut stattfinden könnte, wenn die Grundeigner ꝛc. sich durch eigne Arbeit erhielten.
(c) Vgl. §. 248. Note (c).
(d) Das gesammte für persönliche Zwecke verwendbare Einkommen in einem Volke, nämlich der Inbegriff der Grund- und Zinsrenten, des Lohnes und Gewerbsverdienstes, ist kleiner als der ganze rohe Ertrag, aber größer als das reine Einkommen. Die obige Berechnung Lowe's

(§. 248 (*d*)) giebt gerade dieses Einkommen, 251 Mill. L. St. oder 3012 Mill. fl., welches auf den Kopf der Einwohner 143 fl., auf die Familie 654 fl., und mit dem rohen Ertrage verglichen 71½ Proc. desselben beträgt.

§. 251.

Diejenige Vertheilung des jährlichen Ertrages, welche den Mitgliedern der zu der Erzielung desselben mitwirkenden Volksclassen Antheile der neuen Gütermenge zuführt (§. 250), wird die **ursprüngliche** genannt, und das aus ihr hervorgehende Einkommen dieser Stände das **ursprüngliche**. Diese Vertheilung würde sehr deutlich zu erkennen sein, wenn die Arbeiter, Grundeigner, Capitalisten und Unternehmer ihre Antheile gerade in den nämlichen Gütern erhielten, zu deren Erzeugung und Herbeischaffung sie durch ihre Leistung beitragen; dieß ist aber meistens nicht der Fall, sie empfangen ihr Einkommen in Geld, um dafür allen Bedarf von verschiedenen Gegenständen nach Belieben eintauschen zu können, es läßt sich deßhalb in vielen Fällen nicht ausmitteln, welchem neuen Gütererzeugniß ein gewisses Geldeinkommen seinen Ursprung verdankt. Diejenigen Volksclassen, welche zur Vermehrung der im Besitze eines Volkes befindlichen Gütermenge nicht beitragen und sich blos durch Dienste oder durch Verleihen von Genußmitteln (*a*) Einnahmen verschaffen (§. 248), beziehen ein **abgeleitetes Einkommen**, welches ihnen vermöge der **abgeleiteten Vertheilung** zufließt. Alles abgeleitete Einkommen muß aus dem ursprünglichen bestritten werden (*b*).

(*a*) Bei den Capitalisten (§. 54 (*a*)) lassen sich mehrere Fälle unterscheiden: 1) Das von ihnen dargeliehene oder vermiethete Vermögen ist bei dem Schuldner oder Miether als Capital in einer hervorbringenden Unternehmung, oder als Werthserhöhung von Grundstücken (§. 130) noch vorhanden, daher ist ihr Einkommen ein ursprüngliches, §. 248;

2) dasselbe besteht aus vermietheten Genußmitteln (§. 223 (*a*)) oder es findet sich bei dem Unternehmer eines unproductiven Dienstgewerbes, z. B. eines Theaters, einer Badeanstalt und dergl. ein, seiner Schuld an den Capitalisten entsprechender Vorrath von Genußmitteln;

2) das bewegliche Vermögen ist von dem Schuldner zu Ausgaben verwendet worden, bei denen es früher oder später aufgezehrt wird. Sehr viele Forderungen der Capitalisten rühren von solchen längst vorgenommenen Verzehrungen her.

In den Fällen 2) und 3) empfangen die Capitalisten ein **abgeleitetes Einkommen**. Wenn die geliehenen Summen zum Ankaufe von Gebäuden oder Grundstücken verwendet werden, so kommt es darauf an, was dann der Verkäufer mit der empfangenen Geldsumme anfängt, wovon der Darleiher gewöhnlich nicht unterrichtet ist. Die meisten Capitalisten beziehen Zinsen eines Darlehens und sind folglich Zinsgläubiger, im Gegensatze derjenigen, welche Gegenstände vermiethen.

(b) Say, Handb. VI, 52. — Storch, I, 172.

Vierter Abschnitt.
Umlauf der Güter.

Erste Abtheilung.
Allgemeine Betrachtung des Güterumlaufs.

§. 252.

Unter dem **Umlaufe** oder der **Circulation der Güter** versteht man den Uebergang derselben von einem Eigenthümer zu dem andern (a). Die vollständige Befriedigung der Bedürfnisse ist nicht ohne einen häufigen Umlauf eines Theiles der Güter möglich, weßhalb eine beträchtliche Zahl von Menschen sich mit der Vermittlung und Versorgung des Umlaufes, vorzüglich des Tausches, beschäftiget, §. 99. Die Veranlassungen des Umlaufes sind jedoch nicht allein Tausche, sondern auch andere Verträge, zufolge deren Leistungen mit Vermögenstheilen vergütet werden, wie Leih-, Mieth- und Pachtverträge und das Dingen von Arbeitern gegen Lohn. Ein Gut ist im Umlaufe, so lange es noch nicht in den Besitz dessen gelangt ist, der es zu gebrauchen anfängt. Die Verwandlungsstoffe können nach geschehener Umgestaltung wieder von Neuem in den Umlauf kommen (b).

(a) Der bildliche Ausdruck **Umlauf** paßt gut auf das Geld, welches unaufhörlich, gleichsam im Kreise, von Hand zu Hand geht, — aber nicht so deutlich auf den Verkehr mit anderen Gütern.

(b) Die Begriffe von **Umlauf, Verkehr** und **Vertheilung** sind nahe verwandt, aber doch verschieden. Die Menschen stehen im Verkehre miteinander, die einzelnen Güter sind im Umlaufe begriffen, das ganze Gütererzeugniß unterliegt der Vertheilung unter die verschiedenen Classen und einzelnen Mitglieder der Gesellschaft. — Das Ausgeben eines Capitales, dessen Ersatz durch den Umlauf in das Vermögen zurückkehrt, nennt man den **Umsatz**.

§. 253.

Die in jedem Volke umlaufende Gütermasse begreift außer dem Gelde folgende Theile in sich: 1) die meisten **neu erzeugten oder eingeführten Güter**, weil diese von den Erzeugern oder den ersten Erwerbern an andere Personen gelangen müssen, um ihrer Bestimmung gemäß gebraucht zu werden, §. 143. Nur der kleinere Theil dieser Gütermenge wird ohne Umlauf sogleich von denen verzehrt, welche die neuen Güter zuerst an sich brachten; 2) **Grundstücke, Gebäude und andere stehende Capitale**, von denen jedoch in jedem Zeitabschnitte nur ein kleiner Theil seinen Eigenthümer wechselt; 3) **Genußmittel**, die, nachdem ihr Gebrauch schon angefangen hatte, aus irgend einem Grunde wieder vertauscht werden (a). 4) **Urkunden**, welche eine Forderung ausdrücken, §. 293. Die unter 1) genannten Güter bilden den größten Theil des Umlaufes.

(a) Z. B. Kleider, Hausgeräthe, Bücher, Kunstwerthe.

§. 254.

Die Lebhaftigkeit des Umlaufes bemißt sich nach der Menge und dem Umfange der einzelnen Güterübertragungen, welche bei einer gewissen Menschenmenge im Laufe eines bestimmten Zeitabschnittes Statt finden (a). Nimmt diese Lebhaftigkeit zu, so rührt dieß mehr von der größeren Menge der umlaufenden Güter, als von einem öfteren Uebergange jedes einzelnen Gutes in andere Hände her, es läßt also vermuthen, daß mehr Güter hervorgebracht und verzehrt werden, und daß zugleich die Arbeitstheilung den eigenen Verbrauch der Producte durch ihre Erzeuger seltener macht, §. 116. Kann vermittelst der Fortschritte in der Gewerbskunst die Erzeugung einer Art von Gütern in kürzerer Zeit bewerkstelliget werden und läßt sich auch die fertige Waare schneller absetzen, als sonst, so hat dieß die günstige Folge, daß das eher umgesetzte Capital die Erzeugung einer größeren Gütermenge in gleicher Zeit möglich macht, vgl. §. 241. Der Güterumlauf ist da am lebhaftesten, wo der höchste Wohlstand und die größte Manchfaltigkeit der zufolge der Arbeitstheilung von einander gesonderten Gewerbe zu finden sind. Bei einem Volke, welches nur wenige Gewerksleute und Handel hat, ist der Umlauf verhältnißmäßig schwächer, weil in der Landwirthschaft die nur selten veräußerten Vermögensstämme, nämlich das Grundeigenthum nebst dem stehenden Capitale, weit größer sind, als das umlaufende Capital, und weil der Landwirth einen größeren Theil seiner Erzeugnisse selbst verzehrt, als der Gewerksmann.

(a) Man könnte jene Lebhaftigkeit auch daraus bestimmen, welcher Theil des ganzen Rohertrages in Umlauf kommt und wie oft jeder Theil desselben in andere Hände gelangt.

§. 255.

Der Umlauf der Güter ist nicht an und für sich nützlich, sondern als das Mittel, die Erzeugung mit der Verzehrung in Verbindung zu setzen, den Erzeugern Absatz zu verschaffen, und sowohl sie als die Verzehrer mit denjenigen Gegenständen zu versorgen, deren sie bedürfen. Von dieser Seite erscheint der Umlauf als eine wesentliche Bedingung einer blühenden Volkswirthschaft (a). Nur durch ihn kann bei der Sonderung verschiedener Stände und Beschäftigungen in der Gesellschaft jedes Bedürfniß befriedigt und zugleich eine entsprechende Erzeugung unterhalten werden. Der Lohn und die Gewinnste der den Umlauf besorgenden Menschen, wohin vorzüglich die Kaufleute gehören (§. 105), können nicht schon als Kennzeichen seiner Gemeinnützigkeit angesehen werden, denn diese Einnahmen werden von den Verkäufern und Erwerbern der Güter getragen, und würden für beide ein Verlust sein, wenn ihnen der Umlauf keinen verhältnißmäßigen Vortheil brächte, §. 105, 2). Die Kosten des Umlaufs begreifen nicht bloß die sämmtlichen Handelskosten, sondern auch den Aufwand für das allgemeine Umlaufsmittel, das Geld, und offenbar ist jede für den Erfolg unschädliche Ersparniß an der einen oder anderen dieser Ausgaben für die Volkswirthschaft vortheilhaft.

(a) Diejenigen, welche auf einen lebhaften Geltumlauf großen Werth legen, schätzen wohl auch meistens denselben als Zeichen einer ausgedehnten Erzeugung und Verzehrung der verschiedenen Sachgüter, indeß knüpfte sich an jenen Ausdruck doch manches schädliche Mißverständniß. Richtige Begriffe hierüber bei Hume, in der Abhandlung vom Staatscredit.

§. 256.

Die mit dem Umlauf beschäftigten Personen beabsichtigen nur ihren eigenen Gewinn. Diesen könnten sie auch bei solchen

Uebergängen der Güter in andere Hände finden, die für die Volkswirthschaft unnütz sind, weil sie weder die Erzeugung noch die Verzehrung befördern. Werden auf einen solchen Umlauf Arbeitskräfte und Gütermassen gewendet, die außerdem hervorbringend wirken könnten, so ist jener sogar für schädlich zu halten. Indeß ist ein solcher übermäßig verlängerter Umlauf im Ganzen genommen und wenn der Verkehr sich frei bewegen kann (a), bei den Waaren wenig zu besorgen, weil diese dadurch vertheuert werden und die Käufer sich stets bemühen, auf dem kürzesten Wege einzukaufen; eher ist ein solcher unvortheilhafter Umlauf bei den Creditpapieren möglich (§. 293), deren Preis von allgemeinen Verhältnissen in den Staaten abhängt und so veränderlich ist, daß daraus eine Ermunterung zum Kaufe und Verkaufe auf Speculation entsteht.

(a) Begünstigung einzelner Handelsplätze durch Umschlagsrechte, — Verbot des unmittelbaren Verkehrs der Colonien mit anderen Ländern ꝛc. wirken in obiger Hinsicht nachtheilig.

Zweite Abtheilung.

Das Geld.

§. 257.

Geld (a) ist das allgemeine Umlaufsmittel, welches in Güterverkehre alle anderen Güter vertritt (repräsentirt) (§. 128); es wird von Jedem darum als willkommener Gegenwerth genommen, weil man weiß, daß Andere es ebenfalls wieder gerne annehmen werden (b). Ohne ein solches Hülfsmittel würde der Verkehr sehr beschwerlich und der Umlauf langsam sein, weil dann nur diejenigen Menschen einen Tausch oder einen anderen Vertrag über Güterleistungen mit einander schließen könnten, deren Anerbietungen und Begehr sich gerade gegenseitig entsprächen, so daß jeder von beiden eben das anböte, was der andere sucht. Auch das Abgleichen der Mengen macht eine Schwierigkeit, indem manche Gegenstände sich nicht zerstücken lassen, von anderen aber der Eintausch großer Vorräthe auf einmal lästig ist. Ist einmal Geld eingeführt, so kann Jeder, der mit demselben versehen ist, jedes zum Verkaufe bestimmte Gut leicht an sich bringen, und wer ein Gut absetzen will, ist zufrieden, wenn er dessen Preis in Geld erstattet erhält, weil mit diesem Alles, was überhaupt feil ist, erworben werden kann. Der Umlauf wird durch die Einführung des Geldes überaus erleichtert, erst mit dieser beginnt daher ein reger Verkehr, und nur rohe und arme Völker können ohne Geld bestehen (c).

(a) Galiani, Della moneta, f. §. 43 (c). — Steuart, Unters. 3s Buch. — Say, Handb. II, 262. — G. Soden, Nationalökon., II. Bd. 3s Buch. — Hufeland, Staatsw., der ganze 3. Theil. — John Prince Smith, The elements of the science of money founded on principles of the law of nature. London 1813. — Storch, I, 415 ff. — Murhard, Theorie des Geldes und der Münze. Altenb. 1817. Dessen Theorie und Politik des Handels, 1831. I, 260. — Materialien zur Kritik der Nationalök. 1. Heft. Was ist Geld? Berl. 1827. — J. G. Hofmann, Die Lehre vom Gelde, Berlin 1838. — M. Chevalier, La monnaie, Par. 1850. (3r Band des Cours d'éc. pol.). — St. Mill, I, 525.

(b) Weder die Vergleichung des Geldes mit einem Zeichen, noch mit einem Unterpfande, ist ganz angemessen, weil der Empfänger einer Geldsumme sich durch dieselbe völlig befriedigt findet und an den Zahlenden keinen weiteren Anspruch macht. Die Erklärung des Geldes als eines Zeichens kommt schon bei Berkeley (1735) und Dutot (1738) vor, Roscher, System I, 195.

(c) Bei dem Zweifel an der Richtigkeit dieses Satzes und den angeführten Beispielen von ziemlich entwickelten Völkern, die ohne Geld gewesen sein sollen, wie die alten Merikaner, Peruaner und die Loo-Choo-Insulaner (Hermann, Unters. S. 97), möchten diese Thatsachen selbst nicht außer Zweifel sein. Nach anderen Nachrichten brauchten z. B. die Merikaner Kakaobohnen, Zinnstücke, baumwollene Tücher ꝛc. als Geld. Murhard, Theorie des H., I, 277.

§. 258.

Aus dem Wesen des Geldes (§. 257) lassen sich nachstehende, von der Erfahrung bestätigte Folgen ableiten: 1) Dasselbe bleibt stets im Umlaufe, ohne in den unmittelbaren Gebrauch für menschliche Zwecke überzugehen (§. 130), und unterscheidet sich hiedurch von allen andern umlaufenden Gütern, welche früher oder später zu einem Besitzer gelangen, der sie zu gebrauchen anfängt, d. h. von den Waaren (a). Wenn der Stoff des Geldes eine andere Anwendung erhält, so hört er auf Geld zu sein. 2) Bei der Annahme des Geldes gegen irgend eine Leistung nimmt man nicht sowohl auf die Eigenschaften des zum Gelde gebrauchten Stoffes, als auf den Preis desselben gegen andere Güter Rücksicht, weil man es nur als Erwerbsmittel betrachtet, §. 64. 3) Nach der Einführung des Geldes werden selten noch Tausche von Waaren gegeneinander vorgenommen, vielmehr in den meisten Fällen an der Stelle eines einzelnen Tausches zwei abgesonderte Geschäfte geschlossen, indem man, um mit Hülfe eines bestimmten Gutes ein anderes gewünschtes zu erwerben, erst jenes gegen Geld **verkauft** und dafür dieses **ankauft** (*b*).

(*a*) Hufeland, III, 11—17. — Der Stoff des Geldes ist eine Waare, und das Metallgeld tritt, sowie es eingeschmolzen oder auch nur zum Einschmelzen bestimmt wird, in die Reihe der Waaren zurück.

(*b*) Simonde, Rich. comm. I, 126. — Man setzt gewöhnlich den Kauf und Verkauf, welche beide Ausdrücke nur die zwei Seiten eines und desselben Geschäftes bezeichnen, dem Tausche entgegen, wie im römischen Rechte die emtio und venditio der permutatio und die Waare (merx) dem Preise (pretium) gegenüber steht, L. 1. §. 1. D. de contrah. emt. (XVIII, 1); aber die Volkswirthschaftslehre muß sich mehr an die weitere Bedeutung des Wortes Tausch halten, nach welcher der Kauf und das gegenseitige Hingeben von Waaren ohne Zutritt des Geldes (der Tausch sensu stricto) die beiden Arten oder Fälle des Tausches sind.

§. 259.

Die erste Einführung eines Geldes konnte weder durch Zwangsbefehl einer Regierung, noch durch ausdrückliche Verabredung unter den Menschen geschehen, denn es läßt sich nicht annehmen, daß man den Begriff des Geldes besessen und dessen Vortheile gekannt habe, ohne beides aus der Erfahrung geschöpft zu haben. Man muß daher vermuthen, daß eine allgemein beliebte und gesuchte Waare allmälig immer häufiger auch von solchen Personen im Verkehre angenommen wurde, die sie nicht selbst gebrauchen wollten, daß sie auf diese Weise nach und nach die Natur des Geldes erhielt und hiebei auch stufenweise der hieraus entspringende Nutzen deutlicher erkannt wurde. Das zum Gelde gebrauchte Gut mußte einen allgemein anerkannten Werth haben und gerade nach dem Marktpreise, der ihm als einer Waare zukam, gegeben und angenommen werden, damit jeder Einzelne, dem es als Gegenwerth angeboten wurde, schon in ihm selbst eine zureichende Vergütung für seine Leistung erhielt und folglich auch auf den Fall, wenn Andere das Geld ihm nicht sogleich wieder abnehmen würden, nichts zu verlieren hatte.

§. 260.

Das Geld erhielt bei seiner Entstehung zugleich die Eigenschaft eines allgemeinen **Preismaaßes** oder **Vermögensmessers** (a), d. h. eines Gutes, in dessen Mengen die Preise aller anderen Güter und Leistungen ausgedrückt werden, §. 146. Mit Hülfe eines solchen ist es weit leichter, eine Menge von Preisverhältnissen im Gedächtniß zu behalten und mit einander zu vergleichen, als wenn man bei jedem Gute seine Preise gegen verschiedene andere Sachen beachten müßte, überdieß bildet sich besser ein in vielen Fällen gleichförmiger Marktpreis, wenn jede Waare nur gegen Geld vertauscht wird. Ein solches Preismaaß muß nothwendig selbst ein preisfähiges Gut sein, und es ist ein desto vollkommeneres, je weniger sein Preis Veränderungen unterliegt, §. 181. Die Vorstellung eines blos eingebildeten (idealischen) Preismaaßes, dem kein bestimmtes sachliches Gut entspräche, enthält daher einen Widerspruch in sich (b); nur ist es denkbar, daß die Menschen sich eines Preismaaßes bedienten, welches nicht dazu geschickt wäre, zugleich als Geld zu dienen (c).

(a) Schon **Galiani** (Della moneta, 1780, S. 62) unterschreibt in demselben Sinne eine moneta ideale (una commune misura per conoscere il prezzo d' ogni cosa) und reale. Graf v. **Soden** nennt das Preismaaß **Ktemometer** (richtiger Ktematometer), Nationalökonomie, II, 399. Vgl. Smith, Sc. of money, S. 38. — Es ist dem Sprachgebrauche entgegen, daß Gr. v. **Soden** den Vermögensmesser ausschließlich Geld, das Umlaufsmittel **Münze** genannt wissen will (ebend. 304), denn ein Preismaaß, welches nicht zum Umlaufsmittel taugt, verdient den Namen Geld nicht, und der Begriff von Münze (§. 264) steht schon im gemeinen Leben fest. Die Kauris in Afrika sind sicherlich eine Art des Geldes, aber nicht der Münze.

(b) Dahin gehört die Erzählung von der Makute der Mandingo-Neger bei **Montesquieu**, Esprit des lois, XXII, 7. u. A., vgl. **Buffe**, Kenntnisse und Betrachtungen des neueren Münzw., I, 23. **Rau** zu **Storch**, III, 254. — Das sogenannte Rechnungsgeld ist kein eingebildeter Maaßstab, sondern nur ein solcher, der nicht gerade durch ein einzelnes Stück Münze dargestellt werden kann, wie das Pfund Sterling vor der Prägung des Sovereigns und der Thaler des 24Guldenfußes. Meistens beziehen sich diese Ausdrücke auf vormals üblich gewesene Münzsorten, nach denen man aus Bequemlichkeit noch fortrechnet. In Portugal z. B. findet man keine einzelnen Reis mehr, aber wenigstens noch Kupfermünzen von 3, 5 und mehreren, **Balbi**, Essai statist. sur le roy. de Port. I, 471.

(e) Vielleicht gehört hieher der uralte Gebrauch des Viehes zur Bezeichnung der Preise, von welchem **Homer** Beispiele giebt. Jl. VI, 234:
> Jetzt ward Glaukos erregt von Zeus, daß er ohne Besinnung
> Gegen den Held Diomedes die Rüstungen, goldne mit ehrnen,
> Wechselte, 100 Farren sie werth, 9 Farren die andere.

Aehnlich Jl. VII, 472. XXIII, 702, vgl **Storch**, I, 422. 24 und Zui. 98. So wurden auch ursprünglich bei den Römern (Plin. Hist. nat. XVIII, 3) und den alten Deutschen (Tacitus Germ. C. 12) die Vermögensstrafen in Vieh angesetzt, und als im Mittelalter Strafen öfters in byzantinischen Solidis ausgedrückt wurden, verstand man unter dem Solidus noch bisweilen ein Stück Vieh oder ein gewisses Getreidemaaß. **Hüllmann**, Stättewesen des Mittelalters, I, 405. Bei den alten Persern war ein bestimmtes Preisverhältniß der verschiedenen Hausthiere gegeneinander festgesetzt, um Gütermengen danach zu schätzen; Reynier, Persans, S. 308. — Im Canton Bern nennt noch jetzt der Landmann das Vieh **Waare**. In Island bedeutet das Wort **Vieh** (fe) zugleich Vermögen, sowie mal bei den Tataren. — Pecunia von pecus. — Mehrere Belege bei **Roscher**, System, I, 198.

§. 261.

Die Gesellschaft muß schon ziemlich ausgebildet, es muß durch gute Rechtspflege und rechtlichen Sinn der Bürger schon viel Credit begründet sein, bis man dahin gelangen kann, sich eines Umlaufsmittels zu bedienen, welches nicht selbst von bekanntem Werthe und Preise ist, sondern sich auf ein anderes Gut bezieht, dem diese Eigenschaften zukommen. Ein werth= und preisloser Gegenstand, z. B. ein Stück Papier, kann nur zum Gelde werden, wenn man ihm künstlich eine bestimmte Bedeutung beilegt, so daß er eine Quantität eines gewissen, und zwar am passendsten eines bereits zum Preismaaße und Gelde angewendeten Gutes anzeigt (a). Auf diese Weise kann ein Theil des umlaufenden Geldes aus solchen Zeichen bestehen, welche beinahe gar keine Kosten verursachen und vermöge der hieraus entstehenden Ersparniß Gelegenheit geben, die anderen, in näherer Beziehung zur Production stehenden Theile des Volkscapitales zu vergrößern.

(a) Ein Zeichen dieser Art wird der Gütermenge, die es ausdrückt, auch wirklich im Preise gleich gelten, wenn derjenige, der das Zeichen ausgegeben hat, es selbst einlösen will und einlösen kann. Im entgegengesetzten Falle kann dasselbe unter den Nennpreis sinken, den es anzeigt (unter Pari). In diesem Falle muß man bei den in Zeichengelde ausgedrückten Preisen immer darauf achten, wieviel sie gegen das eigentliche Preismaaß gelten, z. B. 24 fl. in österreichischem Papiergelde bei einem Curse von 126 gegen 100 fl. Silber sind in letzterem nur 19,04 fl. — In Virginien gab es ein auf Quantitäten von Tabak sich beziehendes Papiergeld. Graf v. **Soden**, Nat.-Oek. II, 313. —

Die weitere Betrachtung des Papiergeldes folgt nach der Lehre von dem Credite, §. 293.

§. 262.

Als das Bedürfniß eines Umlaufsmittels fühlbar wurde, verfielen die Völker zuerst auf verschiedene Gegenstände, die ihnen am nächsten lagen, die sie am meisten schätzten oder besonders häufig gebrauchten (*a*), doch erhielten schon früh die Metalle (*b*), zumal Gold und Silber (*c*) den Vorzug, wie denn beide auch wirklich der angemessenste Stoff des Geldes sind. Die Gründe hievon sind (*d*):

1) **Körperliche Eigenschaften**, nämlich a) **Härte und Dauerhaftigkeit**, weßhalb sie beim Umlaufe sehr wenig abgenutzt werden, fast keinen Beschädigungen ausgesetzt sind und sich ohne Gefahr der Verschlechterung bequem aufbewahren lassen (*e*). b) **Gleichförmige Beschaffenheit** der gereinigten Metalle, so daß jedes einzelne Pfund Gold oder Silber dem anderen gleich ist und an dessen Stelle treten kann. c) **Schmelzbarkeit und Leichtigkeit des Formens.** Dieß hat den Vortheil, daß beim Umgestalten von Geldstücken nichts verloren geht und bequem größere und kleinere Stücke zur Vertretung verschiedener Preismengen zugerichtet werden können, ferner, daß man Geräthe, Geschirre ꝛc. aus Gold und Silber leicht in Geld umwandeln kann. d) **Der schöne an der Luft ausdauernde Glanz** (*f*).

(*a*) Beispiele bei Busse, I, 34, Graf v. Soden, II, 312, Hufeland, II, 39, Storch, I, 423. — Völker in kalten Ländern geriethen leicht darauf, Thierfelle und Stücke von solchen als Geld zu gebrauchen, wie die alten Russen Marder- und Eichhörnchenfelle; der Sieger forderte öfters den Tribut in Fellen; späterhin wurden gemalte Stückchen Pelzwerk als Zeichen ganzer Felle in Umlauf gebracht und erst im 15. Jahrh. kam das Pelzgeld außer Gebrauch. An der Hudsonsbai ist noch jetzt das Biberfell als Preismaaß im Gebrauch und jenseit des Alleghannygebirges wurden nach Marryat noch zu Anfang des jetzigen Jahrh. Felle an Zahlungsstatt angenommen. Storch, III. 25. Schoen, Novae quaedam in rem nummariam antiquae Rossiae observationes, Wratisl. 1829. — Roscher, System, I, 198. — Von den Mongolen, Buräten ꝛc. wird zu gleichem Behufe der Backsteinthee gebraucht, d. i. Kuchen aus einer gröberen Theesorte geformt, die ein allgemein beliebtes Getränk geben. Timkowsky, Reise nach China, übers. v. Schmidt, I, 43. (1825.) — Muschelgeld, Kauris (Cypraea moneta), als uraltes Scheidegeld in China, Vorderindien, Arabien und Africa bis zur Westküste in Gebrauch. Sie verbreiteten sich von den Malediven aus nach Westen, aber auch an den africanischen Küsten werden sie gefunden. Der Sklavenhandel scheint ihre Verbreitung befördert zu haben und in manchen Gegenden, wo sie nicht als Geld dienen, werden sie wenigstens zum Schmuck gebraucht. Volz in der Zeitschrift für Staatswiff. 1854, S. 53.

(b) Die Einführung des Metallgeldes fällt bei den alten Völkern in die ersten Perioden ihrer Geschichte, und der Zeitpunct ist bei keinem genau bekannt. Die Hebräer hatten es sehr früh, die Athener schon zu Solons Zeit, die Römer seit Servius Tullius; Herodot (I, 94) schreibt den Lydiern die Erfindung der Gold- und Silbermünzen zu. — Bei einem africanischen Volke ist nach Mungo Park ein in Eisenstangen bestehendes Geld üblich, und die Eingebornen sind gewohnt, eine Gütermenge, die im Preise einer Stange gleich kommt, auch wirklich eine Stange zu nennen, z. B. 20 Tabaksblätter oder eine Gallone Branntwein heißen eine Stange Tabak, eine Stange Rum. Die Europäer haben die Eisenstange gleich 2 Schill Sterl gesetzt. Thomas Smith, An attempt to define etc. (§. 45. (c)) S. 23—25.

(c) Platin ist bei dem heutigen Stande der Metallurgie noch zu kostbar zu prägen. Hagen in Pölitz. Jahrb. der Gesch. u. Staatskunst, 1830. I, 29. — Schubart, Techn. Chem. II, 431.

(d) Vgl. Busse, a. a. O. I, 45 und die dort angeführten Schriften. — Hufeland, II, 42. — Schön, N. Unters. S. 127.

(e) Gold, Silber und Kupfer sind nach den sorgfältigen Untersuchungen von Cavendish und Hatchett am meisten geeignet, miteinander in den Münzen verbunden zu werden. Die hieraus gebildeten Gemische behalten die Dehnbarkeit und können ohne Verlust durch Verflüchtigung oder Oxydation eingeschmolzen werden. Philos. transact. 1803. I, 150. — Die Fortschritte der national-öconomischen Wissenschaft in England. S. 226. (Leipzig 1817.)

(f) Er ist dauernd wegen der geringen Anziehung beider edlen Metalle zum Sauerstoff.

§. 263.

2) Ein nicht sehr veränderlicher und zugleich ziemlich hoher Preis, weßhalb auch schon eine kleine Masse, z. B. ein Stück, eine Rolle von Stücken, eine ansehnliche Preismenge darstellt. Dieß ist eine große Erleichterung für den Gebrauch und besonders für die Versendung. Unedle Metalle können zum Vergüten kleiner Preismengen gute Dienste leisten, sind aber für den großen Verkehr unbrauchbar.

3) Allgemeinheit der auf den erwähnten körperlichen Eigenschaften (1) beruhenden Werthschätzung. Die Schönheit, in Verbindung mit der Kostbarkeit, empfiehlt das Gold und Silber ganz vorzüglich zu Gegenständen des Schmuckes und Prunkes, wobei sie als Kennzeichen verschiedener Grade des Wohlstandes oder auch der höheren Rangstufen in der Gesellschaft betrachtet zu werden pflegen (a), zugleich befriedigen sie aber doch keine so dringenden Bedürfnisse, daß man versucht sein könnte, einen

beträchtlichen Theil des Metallgeldes seiner Bestimmung zu entziehen und zu verbrauchen (b).

(a) Auf jeder Stufe dient der Gebrauch eines silbernen oder goldenen Gegenstandes zu einem solchen Merkmal; so bezeichnen z. B. silberne Löffel, Leuchter und Teller drei sehr von einander entfernte Grade der Wohlhabenheit. Manche Ehrenzahlungen können der Sitte gemäß nur in Gold geschehen, goldne Taschenuhren werden bei den höheren Ständen als Bedürfniß angesehen. Ehemals waren auch die Schnallen, die Tressen an den Kleidern und dergl. solche Unterscheidungszeichen.

(b) Manche minder gebildete Völker haben jedoch eine solche Vorliebe zu den edlen Metallen, daß sie dieselben begierig ansammeln, wie die alten Russen (Schoen, angef. Observ.) und die Lappen, welche aus Schweden und Norwegen Silber beziehen und große Summen besitzen, die sie nie ausgeben, Willibald Alexis (Häring), Herbstreise durch Scandinavien, 1828. II, 47. — Nadir Schach fand 1739 im Schatze des Großmoguls zu Delhi 5 Crore (72½ Mill. fl.) Münze und andere Dinge von Gold und Silber.

§. 264.

Die edlen Metalle dienen am besten zum Gelde in der Form geprägter Stücke oder Münzen (a). Das Gepräge zeigt sowohl das Mischungsverhältniß als das Gewicht der Stücke an (b) und erspart dadurch die Mühe des Wägens sowie die Prüfung des Gemisches, welche sonst bei dem Empfange jedes Geldstückes vorgenommen werden müßte. Im großen Handelsverkehre, besonders bei Zahlungen in ein anderes Land, welches die Münzsorten des Zahlenden nicht höher annehmen würde, als ungeprägtes Metall, werden jedoch öfters Gold- und Silberstangen (Barren, franz. lingots, engl. ingots, bullion), welche gestempelt sind und blos gewogen werden müssen, als Geld gebraucht (c).

(a) Es giebt Münzen, die nicht Geld sind, z. B. Denk-, Ehren- und Schaumünzen; auch Nothmünzen von Leder sind vorgekommen.

(b) Es ist zu dieser Bezeichnung schon hinreichend, wenn nur der Gold- oder Silbergehalt der Münzen von einem gewissen Gepräge gesetzlich vorgeschrieben ist.

(c) Noch jetzt wird in China der Umlauf neben einer kleinen an Schnüre gereihten Messingmünze (Tsiang, Li, von den Engländern cash genannt, lange zu ungefähr ¼ kr. gerechnet) blos mit Barren bestritten (Storch, I, 423. Timkowsky, Reise, II, 366), so auch in Cochinchina und Tunkin, wo die Barren platt geschlagen und 4 Zoll lang sind. Th. Smith, a. a. O. S. 31. Der persische Larin ist eine 2½ Zoll lange, zusammengebogene, gestempelte Silberstange. Abbildung dess. bei Rodack, Handb. der Münzverh., III, Taf. XXIX. In Fezzan bedient man sich des Goldstaubes, der gewogen wird, doch werden kleine Preise in Korn oder Mehl bezahlt, Mag. v. merkw. n. Reisen.

V, 304. — So geschah es auch oft im Mittelalter. Hüllmann, Städtewesen, I, 402. 416. — Ibn Batuta (Travels, transl. by Lee, Lond. 1829. S. 200) fand im 14. Jahrhundert auf Sumatra Stücke Gold- und Zinnerz als Geld üblich.

§. 265.

Da das Geld keinen Gebrauchswerth hat, sondern erst nützt, wenn man es ausgiebt, so findet sich jeder Besitzer eines Geldvorrathes seines Vortheils willen aufgefordert, denselben in den Umlauf zu bringen. Fehlt es in einem Lande nicht an Sicherheit der Rechte und mancherlei Gelegenheit, baare Summen zweckmäßig zu verwenden, so braucht man nur so viel Geld vorräthig zu haben, als in der Zwischenzeit von einer Einnahme bis zur andern zur Bestreitung der Ausgaben erforderlich ist (a). Deßhalb ist der größte Theil der Geldmenge stets in ziemlich lebhaftem Umlaufe, doch wird auch stets ein im Ganzen beträchtlicher Geldvorrath von Kaufleuten, Bankhäusern und anderen Privatpersonen aufbewahrt, der erst bei besonderen Veranlassungen zum Vorschein kommt (b). Je öfter ein einzelnes Geldstück aus einer Hand in die andere geht, desto mehr Güter und Leistungen können mit ihm im Verkehre vergütet werden und mit desto geringerer Geldmenge kann der ganze Güterumlauf in einem Lande unterhalten werden (c).

(a) Die Gewerbsunternehmer haben die beste Gelegenheit, das Geld als Capital anzuwenden, für die anderen Classen bieten sich mancherlei Arten des Ausleihens auf längere oder kürzere Zeit dar, auch können sie wenigstens immer Gütervorräthe dafür einkaufen, die sie in größeren Massen wohlfeiler erhalten. Je mehr man dagegen Raub, Plünderung, Erpressungen, drückende Steuern ꝛc. befürchtet, desto häufiger sucht man Vermögen in der Form des Metallgeldes zu bergen. Vergraben der Münze in Frankreich wegen der Personalsteuer (taille personnelle), dann während der Revolution, in Deutschland im 30jährigen Kriege, in Irland, im Oriente, bei den russischen Bauern. Simonde, Rich. comm. I, 142. Mac-Culloch, Handb. II, 291. Daß noch jetzt die Landleute in Niederbretagne viel Geld liegen haben, erklärt man 1) aus der Gewohnheit seit den Bürgerkriegen, 2) aus dem Streben der Pachter, ihre Ersparnisse zu verheimlichen, 3) aus dem Eifern der Landgeistlichen gegen das Zinsnehmen, Compte rendu de l'ac. des sc. mor. et polit. März 1843 S. 192. Auch die Landbewohner in den nordamericanischen Freistaaten sammeln viel Geld, Hunt, Merchants magaz. Jan. 1852 S. 92. — Vgl. §. 263 (a).

(b) Der englische Schriftsteller Fullarton hat neuerlich hierauf aufmerksam gemacht. Es können mit Hülfe dieser Vorräthe bedeutende Summen aufgebracht werden, ohne dem umlaufenden Theile der Geldmenge etwas zu entziehen. Fullarton, On the regulation of currencies, bei Mill, II, 120.

(e) Der Commandant von Dornyk (Tournay) reichte 1745 bei der Belagerung 7 Wochen lang zur Bezahlung der Löhnung mit 7000 fl. aus, indem er sich dieselbe Summe alle Woche von Neuem von den Gastwirthen leihen ließ, welche das Geld von den Soldaten eingenommen hatten, Pinto, Traité de la circulation, S. 34.

§. 266.

Die oft besprochene Frage, welchen Theil die Geldmenge eines Volkes von dem gesammten Vermögen oder Einkommen desselben betragen müsse, läßt sich nicht allgemein beantworten (a). Der Geldbedarf eines Landes hängt nämlich ab 1) von dem jedesmaligen Preise des zum Gelde gebrauchten Gutes, also namentlich Münzmetalle, gegen andere Dinge, 2) von der Menge der zu vergütenden neuen und älteren Güter und anderen Leistungen, 3) von dem Theile der Umlaufsgeschäfte, der ohne Gebrauch des Geldes, z. B. durch Tausch oder Abrechnung vorgenommen wird, 4) von der Schnelligkeit, mit welcher die Geldstücke umlaufen. Wenn man die Durchschnittszahl von Umläufen eines Geldstückes während eines Jahres wüßte und dieselbe mit der umlaufenden Geldmenge vervielfachte, so würde das sich ergebende Product genau die durch Geld vergütete und in Umlauf gesetzte Menge von Waaren und Leistungen, nach den Preisen angeschlagen, anzeigen (b).

(a) Daß ältere Schriftsteller den Geldbedarf auf $\frac{1}{5}$, $\frac{1}{10}$, $\frac{1}{20}$ und selbst $\frac{1}{30}$ des Volkseinkommens schätzten (Smith, II, 36), erklärt sich aus dem Mangel an statistischen Angaben über beide Größen. Die Ausmittlung des Geldvorrathes in einem Lande ist schwierig, weil man keinen Anhaltspunct hat als die Nachrichten über die Ausprägung inländischer Münzen und über die Ausgabe von Staats- und Privatpapiergeld, wobei die Menge der zur Verarbeitung eingeschmolzenen und der ausgeführten Münzen unbekannt bleibt; vgl. Necker, Administr. des fin. de la Fr., III, 38. (1785). — de Steck, Essais sur plusieurs matières, S. 21. (Halle 1790). — Ueber die Geldmenge in den europäischen Staaten Storch, III, 50. — Roscher, System, I, 214. — Die jetzige Münzmenge in ganz Europa vor der Geldvermehrung seit dem Jahre 1848 mag etwa 5000 Mill. fl., das Papiergeld nach Abzug des baaren Cassenvorrathes in den Banken gegen 900 Mill. fl. betragen haben, zusammen 5900 Mill. fl. oder 22,7 fl. auf den Kopf. Tengoborski nimmt 10000 Mill. Fr. = 4714 M. fl. Münze an; Soetbeer für 1848 (nach Abzug von 170 Mill. Thlr. für die nordamericanischen Freistaaten) 4952 Mill. fl., für 1853 aber ergeben sich aus seinen Vermuthungen ungefähr 5950 Mill. fl. Münze. v. Humboldt schlägt den Geldbedarf auf den Kopf im nördlichen und östlichen Europa zu 14 fl., im südlichen und westlichen zu $25\frac{1}{2}$ fl. an. In Großbritanien wurde der Münzvorrath 1830 und später auf 36 Mill. L. St. geschätzt, nach Moreau de J. (Statist. I, 329) auf 1100 Mill. Fr. = $43\frac{1}{2}$ Mill. L. St., nach Peel (1845) auf

59 M., von **Tooke** 1856 auf 70—75 Mill. Die Banknoten nach Abzug des baaren Cassenvorrathes belaufen sich ungefähr auf 20 M. L. St., zusammen gegen 92 Mill. oder 37,⁸ fl. auf den Kopf. — In **Frankreich** nahm Necker 1784 die Geldmenge zu 2200 Mill. Liv., Mollien 1806 zu 2300 Mill. Fr. an, 1826 schätzte man sie zu 2713, 1832 zu 3385 Mill., Blanqui rechnete (zu hoch!) 4000, Moreau de J. 2860, neuere Berechnungen (Dep.=K. 13. April 1847) geben 2400—2500 Mill. Fr., überhaupt schwankt man zwischen 2400 und 3000 Mill. Rechnet man 2500 und mit den Banknoten (nach Abzug des Baarvorrathes) 2650 Mill., so beträgt dieß 33 fl. auf den Kopf. — In den **Niederlanden** waren nach de **Cloet** (Tableau statist. de l'ind. des Pays-Bas, 1823, S. 33) 642 Mill. Fr. umlaufend, oder 52 fl. auf den Kopf. — In **Belgien** schätzte man den Münzvorrath auf 200 Mill. Fr. (Heuschling, Statist. génér. de la Belg., 1838, S. 241), wozu vielleicht 40 Mill. Fr. Papiergeld kommen mögen, oder 28 fl. auf den Kopf. — In **Portugal** nahm man 1821 80 Mill. Crusaden Münze und 22½ Mill. Papiergeld an, letzteres war aber wegen des niedrigen Curses nur auf 17 Mill. zu setzen, zusammen 97 Mill. Cr. oder fast 108 Mill. fl., welches auf den Kopf 34 fl. beträgt. Balbi, Essai statist., I, 323. 336. — **Schweden** hat in Papiergeld 33½ Mill. fl. oder 11 fl. auf den Kopf, daneben Kupfermünze und etwas Silbergeld (Forsell). — Anschlag für **Würtemberg** von **Schübler** (Metall und Papier, 1854, S. 15): 40 Mill. fl. Münze oder 24 fl. auf den Kopf mindestens. Dazu 3 Mill. fl. Papiergeld, also zusammen 25,⁸ fl. auf den Kopf. — Für **Deutschland** wird man 25—30 fl. auf den Kopf annehmen dürfen.

(*b*) **Simonde**, Rich. comm., I, 127. **Montesquieu** nahm (wie einige Neuere) auf die öfteren Umläufe der Geldstücke nicht Rücksicht und behauptete deßhalb, die ganze Geldmenge müsse immer der ganzen umlaufenden Gütermenge im Preise gleich sein; Esprit des lois, XXII, 7 — Vgl. **Hufeland**, II, 457.

§. 267.

Die Geschwindigkeit des Geldumlaufs ist schwer in Zahlen zu ermitteln, zumal da sie bei den verschiedenen Geldsorten eines Landes nicht dieselbe sein kann (*a*). Sie hängt in jedem Lande mit den allgemeinen volkswirthschaftlichen Verhältnissen desselben zusammen. Das Beisammenwohnen vieler Menschen in größeren Städten, die Mannchfaltigkeit der hervorbringenden Gewerbe und Dienste, die Erleichterung des Verkehrs durch verschiedene Staatseinrichtungen und dergl. tragen dazu bei, daß jeder Empfänger von Geldstücken Gelegenheit und Neigung erhält, dieselben bald wieder auszugeben. Deßhalb nimmt der Geldbedarf eines Volkes weder mit der Zahl seiner Bürger noch mit der Größe seines Einkommens gleichmäßig zu und kann sich sogar bei den Fortschritten des Wohlstandes und der Bevölkerung noch vermindern, wenn nämlich die Umlaufsgeschwindigkeit der Geldstücke sich vermehrt und wenn man es dahin bringt, viele Verkehrsgeschäfte ohne Baarzahlungen zu vollführen (*b*).

(*a*) Scheidemünzen laufen schneller um als grobe Silberstücke oder vollends als Goldmünzen. Dieser Gegenstand ist bis jetzt noch gar nicht erforscht.

(*b*) Demnach giebt es in der volkswirthschaftlichen Entwicklung eines jeden Volkes einen Punct, bei welchem der Geldbedarf auf den Kopf der Einwohner am höchsten steht, so daß er jenseits desselben wieder abnimmt.

§. 268.

Der Preis des Metallgeldes gegen die übrigen Güter steht ebenso wie der Preis jedes anderen Gegenstandes unter dem Einflusse des Mitwerbens. Wenn die in den Verkehr tretende Geldmenge eines Landes bei einem bestimmten Preise und einer gewissen Umlaufsgeschwindigkeit nicht zureicht, um die angebotene Menge von Gütern und Leistungen wirklich umzusetzen, so werden die Verkäufer, Vermiether, Verpachter von Sachgütern sowie die Lohnarbeiter genöthigt, sich mit einer geringeren Vergütung in Geld zu begnügen, wenn sie überhaupt Abnehmer dessen, was sie anzubieten haben, finden wollen. Diese Unzulänglichkeit des Geldvorrathes, soweit sie nicht durch Herbeiziehen der bisher unbenutzt gelegenen Vorräthe (§. 265 (*b*)) gehoben werden kann, drückt alle in Geld ausgedrückten Preise herab, oder, was dasselbe sagt, vertheuert das Geld gegen alle anderen Verkehrsgegenstände. Dagegen muß nach einer Vermehrung der Geldmenge ohne eine verhältnißmäßige Zunahme des Gütervorraths der Preis aller Dinge steigen, d. h. das Geld wohlfeiler werden, indem der Begehr aller Gegenstände, die für Geld zu haben sind, stärker wird und die Unmöglichkeit eintritt, mit gleicher Geldsumme noch so viel zu kaufen, als vorher (*a*).

(*a*) Diese Wirkung würde natürlich dann wegfallen, wenn gleichzeitig auch das Geldbedürfniß zunähme, z. B. zu Zahlungen in das Ausland oder wegen der Ausdehnung des inneren Umlaufes. — Die Besitzer der neuhinzugekommenen Gold- und Silbervorräthe entschließen sich begreiflich ungern, höhere Preise beim Einkaufe von Waaren und bei anderen Geschäften zu bezahlen, sie zögern vielleicht, lassen die angehäuften Summen von Münze einige Zeit liegen oder suchen dieselben außer Landes anzulegen. Hat aber dieses Schwierigkeit, so müssen sie der Macht der Umstände nachgeben. Hiezu kommt, daß gewöhnlich die Vertheurung eher eintritt, als man die wahre Ursache erkennt. — Zweifel gegen diese bisher allgemein angenommenen Sätze bei Schübler, Metall und Papier, S. 114.

§. 269.

Ob das Metallgeld einen höheren oder niedrigeren Preis hat, dieß ist für die Leichtigkeit des Güterumlaufs gleichgültig. Dieser bedarf nämlich nicht gerade einer gewissen Menge von Geldstücken, sondern nur einer solchen Preismenge des ganzen Geldvorraths, die bei einer gewissen Geschwindigkeit seines Umlaufes hinreicht, den Gegenwerth aller gegen Geld in Umlauf zu setzenden Güter und Leistungen zu bilden (§. 266), und diese Preismenge stellt sich von selbst her, weil der Preis eines Geldstückes sich je nach dem Bedürfnisse des Verkehres in demselben Maaße erhöht oder erniedriget, wie seine Menge ab- oder zugenommen hat (*a*). Bei keinem anderen Verkehrsgegenstande steht der Preis so genau im umgekehrten Verhältnisse zum Angebote, auch giebt es kein anderes Gut, dessen Menge, sie sei groß oder klein, abgesehen von den Schwierigkeiten des Ueberganges, immer zur Befriedigung des Bedürfnisses eben zureichend ist (*b*). In einem völlig abgeschiedenen Lande könnte man sich bei einer sehr kleinen Menge Geldes ebenso gut befinden als da, wo dasselbe in großer Fülle vorhanden und deßhalb auch sehr wohlfeil ist (*c*).

(*a*) Es sei g die Geldmenge eines Landes, u die mittlere Umlaufszahl, so ist u . g der Betrag der jährlichen Geldgeschäfte. Ist ferner w die umgesetzte Menge von Gütern und Leistungen, in Einheiten eines gewissen Gutes, z. B. Getreide, ausgedrückt, p der Geldpreis eines Centners Getreide, so ist u . g = w . p, also $p = \frac{u \cdot g}{w}$ woraus man deutlich sieht, wie bei einerlei Größe von w und u der Preis p sich in dem nämlichen Verhältniß ändert wie g. — Es versteht sich übrigens, daß nur der zu Ankäufen und anderen Verwendungen innerhalb des Landes bestimmte, folglich als Begehr von Sachgütern und Leistungen erscheinende Geldvorrath auf die Preise wirkt, nicht der unbenutzt liegende.

(*b*) Eine merkwürdige Folge hiervon ist, daß nur dann alle Güter in einem Lande zugleich gegen Geld im Preise steigen können, wenn entweder die Geldmenge, oder die Umlaufsgeschwindigkeit vergrößert wird oder ein größerer Theil der Geschäfte ohne Hülfe des Geldes abgemacht werden kann. Tritt keine dieser Bedingungen ein, so ist eine allgemeine Vertheuerung aller Waaren undenkbar, weil der Geldvorrath dann nicht mehr zureichen würde, die nämliche Gütermenge im Umlaufe zu erhalten. Ricardo leitet, ohne jene Bedingungen zu berücksichtigen, aus dieser Ursache die Unmöglichkeit ab, daß das Steigen des Arbeitslohnes eine Erhöhung der Geldpreise aller Producte bewirken könne. Grundges. S. 65 (I, 148 fr. Ueb.) und 332 (II, 143). — Vgl. §. 202 (*a*).

(o) In einem an Gold und Silber sehr reichen Lande müßte man bei Zahlungen vielleicht die dreifache Menge von Münzen zählen, packen und versenden, dagegen könnte man sich jene Metalle zu anderem Gebrauche, z. B. zu Geschirren, Uhren u. dergl. mit einer weit kleineren Aufopferung von Gütern verschaffen.

§. 270.

In einem Lande, dessen Bewohner mit anderen Völkern in lebhaftem Verkehre stehen, kann das jedesmalige Verhältniß des Geldvorrathes zu dem Bedarfe nicht allein den Preis des Metallgeldes bestimmen, weil die Münzmetalle zugleich einen allgemeinen, ihren Hervorbringungskosten entsprechenden Preis haben, der bei der Leichtigkeit und Wohlfeilheit der Versendung von Land zu Land nicht sehr verschieden ist, §. 169. Der Preis der geprägten Metalle an einem einzelnen Orte kann nicht viel von jenem allgemeinen Preise der rohen Metalle verschieden sein, weil es ebenso leicht ist, durch Einschmelzung der Münzen das rohe Material wieder herzustellen, als dieses in Münzen einer gewissen Art (eine Gewerkswaare) umzuwandeln, also den Geldvorrath zu vermindern oder zu vermehren.

§. 271.

Fängt in einem Lande die Münze an, gegen den allgemeinen Weltpreis der edlen Metalle zu wohlfeil zu werden, so wird alsbald ein Theil des Vorrathes in Münzform oder eingeschmolzen ins Ausland gesendet und hiedurch die Geldmenge des Landes bald so weit vermindert, daß der Preis des Geldes wieder in die Höhe geht (a). Diese Veränderung kann erfolgen 1) indem die Bewohner des Landes Geldsummen zum Einkauf von Waaren oder unbeweglichen Gütern, zu Unternehmungen oder auch zum Ausleihen in anderen Ländern verwenden, weil sie wahrnehmen, daß man dort mehr mit denselben ausrichtet, 2) indem auch Ausländer durch die höheren Preise ermuntert werden, Waaren herbeizuführen und den Geldertrag mit hinwegzunehmen (b). Hierzu kommt noch, daß zugleich die Bewohner des Landes mehr Gold und Silber als bisher zu Geschirren, Schmuck und dergl. verarbeiten.

(a) Hume, Versuche, 5te Abh. — Smith, II, 242. — Storch, I, 480. — J. Mill, Elém., 128. — Die obigen Sätze stellen die Unrichtigkeit der Grundgedanken, auf denen das Handelssystem beruht, in ein helles

Licht. Eine starke Anhäufung von Metallgeld in einem Lande wäre nicht sonderlich vortheilhaft (§. 269) und könnte sich auf die Dauer nicht erhalten. Das Beispiel Spaniens, welches seine großen Zuflüsse von Gold und Silber für Waaren verschiedener Art wieder hingab, ist besonders beweisend. Wie verkehrt erscheint das Verfahren des französischen Finanzministers Calonne, der 1782 und 1783, um mehr Gold und Silber herbeizuschaffen, dasselbe im Auslande so theuer einkaufen ließ, daß es einträglich wurde, in Frankreich Münze einzuschmelzen oder ins Ausland zu schicken! Necker, Admin. des fin., III, 41. — Man stellt sich übrigens leicht die Wirkungen einer gegebenen Geldvermehrung zu groß vor, wenn man nicht erwägt, wie sie sich zu der ganzen Geldmenge eines Landes verhält. Sie kann eine ansehnliche Summe ausmachen und doch nur aus 1 oder 2 Procent des ganzen Geldvorrathes bestehen, wobei dann noch keine auffallenden Folgen zu bemerken sein werden.

(b) Es verursacht immer einige Kosten, dem metallreicheren Lande Waaren zuzuführen und dagegen Münzen zurückzubringen. Steht der Preis des Metallgeldes in dem ersten Lande nur noch um diese Frachtkosten niedriger, so ist mit dieser Unternehmung kein Gewinn mehr zu machen. Um den Betrag der Frachtkosten kann daher der Geldpreis in mehreren Ländern oder selbst Gegenden verschieden sein, insbesondere ist ein höherer Stand desselben, d. i. eine Wohlfeilheit der einheimischen Waaren in solchen Gegenden zu finden, die nur rohe, kostbar zu versendende Stoffe erzeugen und sie auf entfernte Märkte führen müssen, wie z. B. Tirol, Steiermark und überhaupt die ärmeren, schwach bevölkerten Länder von vorherrschendem Landbau. Bei Völkern, die die Münzmetalle durch eigenen Bergbau oder durch unmittelbaren Verkehr mit metallreichen Ländern zu Schiffe beziehen, ist der Preis dieser Metalle niedriger, als in Binnenländern. Man vergleiche z. B. England und das innere Rußland. Obgleich jedes Volk die am wohlfeilsten zu versendenden Güter zur Ausfuhr zu bringen sucht, so bleibt doch immer noch ein merklicher Unterschied, zu dessen Verminderung allerdings die anderen Veranlassungen der Geldströmungen, z. B. Anleihen, Auswanderungen ꝛc. beitragen. Diesen früherhin übersehenen wichtigen Umstand hat Ricardo, Cap. 28, zuerst hervorgehoben, s. auch J. Mill, Elém., 177. — Nebenius, Der öffentl. Credit, I, 99. — J. St. Mill, II, 58. — Smith glaubte, in reicheren Ländern seien die edlen Metalle gegen Getreide und Arbeiten theurer. Unters. I, 305.

§. 272.

Eine Vermehrung der Geldmenge, wenn sie gleich für die Dauer eine allgemeine Erhöhung der Güterpreise zur Folge hat, muß dennoch anfangs eine günstige Wirkung auf den Gewerbfleiß äußern, die sich aus folgenden Ursachen erklären läßt. 1) Die neu hinzugekommenen Geldmassen erscheinen nicht sogleich sämmtlich auf dem Markte, vielmehr zeigt sich die Vergrößerung des Begehrs in der ersten Zeit nur bei gewissen Arten von Waaren und Leistungen, die also vor anderen vertheuert werden. Den Verkäufern derselben fallen deßhalb höhere Gewinnste zu, bis die Wirkung sich nach und nach auf alle Gegenstände des Verkehrs ausbreitet und die Preise derselben gegen einander wieder das nämliche Verhältniß annehmen wie vor der Geldvermehrung. 2) Manche Ausgaben der Unternehmer werden nicht ebensobald erhöht, als ihre Einnahmen durch die gestiegenen Preise sich vergrößern. Die Grundrente bleibt wenigstens so lange gleich, als die bestehenden Pachtverträge dauern (a); die Zinsrenten sowie die Abtragung der Schulden werden in dem gesunkenen Gelde entrichtet, als hätte sich der Preis desselben nicht verändert; auch der Arbeitslohn hat keine so leichte Beweglichkeit, wie die Waarenpreise, wenigstens nicht bei dem Hausgesinde und denjenigen Lohnarbeitern, die längere Zeit hindurch von einem und demselben Unternehmer beschäftiget werden, und die Unternehmer widerstreben um so beharrlicher einer Erhöhung des Lohns, je weniger man in solchen Umständen die wahre Ursache der Veränderungen zu erkennen pflegt, §. 192. Auch die öffentlichen Abgaben werden nur allmälig und unvollständig erhöht.

(a) Als in England die Vertheurung der Waaren im 16. Jahrhundert eintrat, waren die Ländereien größtentheils auf langjährige, oft auf 99jährige Zeitabschnitte verpachtet, so daß die Pachter den Vortheil der erhöhten Preise lange allein genossen.

§. 273.

Unter diesen Umständen muß bei einer durch eine Geldvermehrung entstehenden Vertheurung der Waaren der Gewerbsverdienst eine Zeit lang höher sein, als vorher, während die Capitalisten, Arbeiter, Besoldeten und wer sonst feste Einkünfte hat, eine sehr lästige Unzulänglichkeit ihres Einkommens empfinden (a). Die Unternehmer werden durch ihre größeren Gewinnste angereizt, mit fleißiger Benutzung aller Güterquellen die Production zu erweitern. Dieß vermehrte Angebot hat zur Folge, daß die Preise der Waaren nicht so viel in die Höhe gehen, als es außerdem nach der Zunahme der Geldmenge geschehen müßte (b). Der höhere Stand des Gewerbsverdienstes besteht inzwischen nur so lange fort, bis die Wirkung der Geldvermehrung sich vollständig auf alle Verhältnisse des Verkehrs fortgesetzt hat, und der Vortheil der Unternehmer während dieser Zeit ist unverkennbar mit einer Bedrängniß anderer Volksclassen erkauft (c). Nur dann, wenn eine Geldvermehrung regelmäßig fortdauerte, würden die hier geschilderten Wirkungen der ersten Zeit fortwährend zum Vorschein kommen, weil die Waarenpreise immer wieder eine weitere Steigerung erhielten. Dieß könnte, abgesehen von der Zunahme des Papiergeldes, nur von einer allgemeinen Vermehrung der Münzmetalle herrühren, wobei jedoch die Wohlfeilheit derselben den Stillstand mancher minder ergiebiger Bergwerke und anderer Gewinnungsarten nach sich ziehen müßte.

(a) Schilderungen solcher Verhältnisse aus dem 16. Jahrh. bei v. Jakob, Ueber Product. u. Consumt. d. edlen Metalle, II, 46. 58, wobei man jedoch leicht bemerkt, daß der damalige Zustand von den Zeitgenossen nicht klar erkannt wurde. — Wo eine große Staatsschuld besteht, erleidet das Vermögen der Gläubiger durch die erwähnte Veränderung eine Abnahme, während zugleich die Beschwerde der Schuld für die Steuerpflichtigen kleiner wird. Alle Zahlungen aus älteren Verbindlichkeiten vermindern sich ihrem wahren Verkehrswerthe nach, während die neubedungenen dem gesunkenen Preise der Münzmetalle gemäß höher festgesetzt werden.

(b) Hieraus wird begreiflich, wie man bei dem Zuflusse der Gold- und Silbermassen aus America dazu kommen konnte, dem Gelde eine weit größere Wirkung beizulegen, als dasselbe seiner Wesenheit nach haben kann, §. 33. Unter den Ursachen, die im 16. Jahrhundert den Wohlstand und den Verkehr vieler europäischer Länder emporhoben, war die Geldvermehrung die geringfügigste und es hat sich auch das Andenken an die mit ihr verknüpften nachtheiligen Folgen erhalten.

(c) Wenn auch der in der Geldvermehrung liegende Vortheil rein, ohne begleitende Nachtheile und erheblich wäre, so wäre doch von einem hierauf gerichteten Streben der Regierung kein großer Erfolg zu erwarten, weil in keinem Lande der Preis der Münzmetalle auf die Dauer beträchtlich höher sein kann als in anderen. Man führt zwar dagegen an, das geldreichere Volk könne durch Hinaussenden von Geldsummen mit geringerer Aufopferung im Auslande, z. B. bei einem Kriege, viel ausrichten, Kaufmann, Unters. I, 48. Aber dieser Nutzen wäre theuer erkauft, weil man lange Zeit einen unnöthig großen Geldvorrath dafür im Lande halten müßte.

§. 274.

Die Folgen einer beträchtlichen Abnahme des Geldvorrathes in einem Lande sind gerade das Umgekehrte der oben (§. 271) betrachteten Erscheinungen. Die Preise aller Waaren werden nach und nach niedriger, die allgemeine Wohlfeilheit ermuntert Ausländer, mit herbeigeführten Geldsummen Waaren einzukaufen und diese mit hinwegzunehmen, auch die Landesbewohner verfallen bald darauf, Waaren auszuführen und den Gelderlös mit nach Hause zu bringen; ferner giebt der hohe Preis der Münzmetalle einen Antrieb, goldene und silberne

Gefäße, Geräthe ꝛc. einzuschmelzen und ausprägen zu laſſen, woraus alſo ebenfalls eine Geldvermehrung entſteht und dieſe Unternehmungen dauern fort, bis der Preis des Metallgeldes ungefähr wieder ſo niedrig geworden iſt, als in anderen Ländern.

§. 275.

Ein Volk hat deßhalb ſo wenig zu beſorgen, daß es je anhaltend um ſeinen nöthigen Vorrath von Metallgeld komme (ſo lange es kein Papiergeld in Gebrauch hat), als daß es ihm an Gewürzen oder an Baumwolle fehlen werde, denn wo nur etwas zu kaufen iſt, dahin wird man unfehlbar Geldſummen ſenden, wenn man bemerkt, daß ſie dort geſucht und vortheilhaft anzuwenden ſind. Nur dann, wenn ein Land gar keine Erzeugniſſe darbieten könnte, die durch ihre Wohlfeilheit den Ausländer zum Einkaufe gegen Metallgeld anlockten, würde der Preis deſſelben anhaltend hoch und die Geldmenge klein bleiben, und ſelbſt dieſe kaum je zu erwartende Lage der Dinge wäre auf die Dauer nicht nachtheilig, §. 269. Man kann alſo im Allgemeinen auf eine gleichmäßige Vertheilung der ganzen vorhandenen Metallmenge unter die einzelnen Länder nach dem Verhältniſſe des Bedarfes rechnen.

§. 276.

In der erſten Zeit einer Geldverminderung zeigen ſich jedoch noch beſondere Folgen, denen gerade entgegengeſetzt, welche man im Anfang einer Vermehrung der Münzen gewahr wird, §. 272. Die Unternehmer ſträuben ſich eifrig gegen die Preiserniedrigung ihrer Erzeugniſſe, deren allgemeine Urſache anfangs noch nicht begriffen zu werden pflegt, und das Mitwerben iſt nie ſo gleichförmig, daß die Preiſe aller Güter ſogleich in demſelben Maaße herabgehen könnten. Sind ſchon deßhalb vorübergehende Störungen im Gewerbeweſen zu erwarten, ſo kommt noch hinzu, daß die Unternehmer eine Zeit lang an ihrem Verdienſt Abbruch leiden, denn ihre Ausgaben an den Staat und die Gemeinde, ihre Schuldzinſen, zum Theile auch der Arbeitslohn, bleiben noch auf gleicher Höhe, während der Gelderlös kleiner geworden iſt. Was die Unternehmer einbüßen, gewinnen die Capitaliſten, die Beſoldeten, einigermaßen die Lohnarbeiter und, so lange die Pacht- und Lohnverträge laufen, auch die Grundeigner. Die verschuldeten Grundeigenthümer sehen ihr Vermögen vermindert, weil ihr Grundbesitz niedriger im Preise steht, die schuldige Summe aber gleich geblieben ist. Diese Nachtheile können jedoch ebensowenig dauernd sein, als die vorhin betrachteten (§. 273), es müßte denn die Abnahme der Geldmenge fortdauern, was nicht in einem einzelnen Lande geschehen könnte (a).

(a) In China soll 1847 eine solche Vertheurung des Silbers, in welchem Steuer- und andere große Zahlungen vorgenommen werden müssen, gegen die kleine Messingmünze stattgefunden haben, so daß eine Unze Silber von 1000 auf 1800, ja bis auf 2300 Li gestiegen ist. — Die in einer solchen Lage anwendbaren Gegenmittel werden bei der Lehre vom Credite erklärt werden. Die anfänglichen nachtheiligen Folgen einer Geldverminderung sind richtig dargestellt, aber auf eine unklare Theorie des Geldes zurückgeführt in den §. 252 (a) genannten Materialien, 1. Heft. — Ueber die in den §. 268—76 dargestellten Sätze s. auch Medicus, Würdigung des Geldreichthums in Bezug auf Einzelne und Völker. München, 1835.

§. 277.

Es ist außer Zweifel, daß seit dem Einströmen des Goldes und Silbers aus America der europäische Münzvorrath sich weit stärker vermehrt hat, als die Preise der Verkehrsgegenstände gegen Gold und Silber gestiegen, d. h. diese Metalle gesunken sind. Wäre, wie man öfters annahm, die Geldmenge ungefähr verzehnfacht, der Preis beider Metalle auf den dritten oder vierten Theil gefallen, so müßte man vermuthen, daß zugleich die gegen Geld in Umlauf gesetzte Gütermenge sich stark, und zwar $2\frac{1}{2}$ bis $3\frac{1}{3}$ fach, vermehrt habe, wie dieß aus dem großen Aufschwunge des Verkehrs und des Gewerbfleißes in 16. Jahrhundert auch leicht zu erklären ist. Ohne einen solchen Anwachs der umlaufenden Gütermenge wäre der Preis des Goldes und Silbers noch weiter herabgegangen. Diese Preiserniedrigung hätte aber ihre Gränze finden müssen, weil dann ein Theil der Bergwerke, aus denen die Münzmetalle nicht so wohlfeil geliefert werden konnten, eingegangen und hiedurch die Metallmenge wieder kleiner geworden wäre. Bedenkt man jedoch, daß der Geldumlauf jetzt weit schneller ist, als im Mittelalter, und daß im heutigen Europa neben der Münze bedeutend viel Papiergeld in Umlauf ist, so muß man auf eine noch viel stärkere) Vermehrung der umlaufenden Güter schließen, weil sonst diese Menge von Tauschmitteln nicht genug Gegenwerthe in Geld und wohlfeiler werden müßte.

§. 277 a.

Nachdem im Allgemeinen die Einsicht in den Zusammenhang zwischen der jedesmaligen Geldmenge eines Landes und den Preisen der Waaren und Leistungen gewonnen worden ist (§. 268—276), müssen auch geschichtliche und statistische Untersuchungen über diese Verhältnisse als lehrreich erscheinen. Man hat sich in neuerer Zeit häufig mit denselben beschäftiget (a), sie sind aber mit besonderen Schwierigkeiten verbunden. Da die ganze vorräthige Geldmenge eines Landes nur eine sehr ungefähre Schätzung zuläßt (§. 266), so hat man sich vorzüglich bemüht, die jährliche Zu- oder Abnahme der Münzmetalle zu ermitteln, und weil es an Anhaltspunkten für jedes einzelne Land gebricht, so hat sich die Betrachtung auf die ganze europäische Münzmenge gerichtet. Europa bedarf aber eines fortwährenden Zuflusses von Gold und Silber aus anderen Erdtheilen, um seinen großen Vorrath derselben auf gleicher Höhe zu erhalten. Es muß daher die ganze auf der Erde jährlich gewonnene Menge dieser Münzmetalle berechnet und sodann untersucht werden, welcher Theil derselben nach Europa gelangt, wie viel davon wieder in anderen Richtungen ausgeführt und wie viel von dem Ueberrest in Münze verwandelt oder in anderer Weise verwendet wird, ferner wie hoch der Verlust an Münzen durch Abnützung und verschiedene Zufälle anzuschlagen ist. Ueber alle diese Vorgänge lassen sich nur ungefähre Ueberschläge aufstellen, die sich auf einzelne statistische Thatsachen stützen. Auch die leichter zu ermittelnden Veränderungen in der Menge des Papiergeldes dürfen nicht übersehen werden.

Der ansehnliche Zufluß von Gold und Silber, den Europa um den Anfang des jetzigen Jahrhunderts aus den amerikanischen Bergwerken zu seinem eigenen Erzeugniß erhielt, erlitt im zweiten Jahrzehnd eine starke Abnahme, zu der sich eine Verminderung des umlaufenden Papiergeldes gesellte. Später wurde die Gewinnung von Münzmetallen wieder reichlicher, die Abflüsse verringerten sich zugleich und die ganze Münzmenge erreichte wieder den früheren Stand. In den letzten Jahren brachten die Goldzufuhren aus Californien und Australien sowie die Vermehrung der Banken eine Geldvermehrung zu Wege (b). Die Wirkungen dieser Veränderungen der Geldmenge auf die Preise der Verkehrsgegenstände in jedem Zeitpuncte sind schwer nachzuweisen, weil

1) die Geldmenge eines Landes oder Erdtheiles immer schon so groß ist, daß (§. 271 (a)) eine nicht sehr starke Veränderung in der Erzeugung, Ein- oder Ausfuhr der Münzmetalle erst mehrere Jahre fortdauern muß, bis die Vertheuerung oder Wohlfeilheit deutlich erkennbar wird (c), auch

2) in jedem Falle einige Zeit verfließen muß, bis die Zu- oder Abnahme sich gleichmäßig durch alle Gegenden und Zweige des Verkehrs verbreitet, ferner

3) keine einzelne Waare oder Leistung ein natürliches Maaß bildet (§. 173) und die zahlreichen, aus besonderen Ursachen herrührenden Preisveränderungen einzelner Arten von Verkehrsgegenständen die Gleichförmigkeit der Erscheinung verhindern (d), zudem

4) auch andere gleichzeitige Umstände die Folgen der veränderten Geldmenge aufheben oder doch schwächen können. Dahin gehört vorzüglich die neuerliche große Vermehrung des Geldbedarfes in vielen Ländern durch die starke Zunahme der Gütererzeugung und des Güterverbrauches, — die Vermehrung des Capitales und dessen vielfache neue Anwendungen, — die Ausdehnung des Verkehrs auf Gegenden, die erst jetzt bewohnt und angebaut worden sind, oder doch bisher außer Handelsverbindung standen, — die Erleichterung der Sendungen durch Dampfschifffahrt und Eisenbahnen, — die Umwandlung der älteren Naturalleistungen in Geldentrichtungen, — die Abschaffung der Sklaverei in den britischen und französischen Besitzungen und dergl. Die Wirkung dieser Ursachen gestattet ebensowenig eine Berechnung, als der Erfolg anderer entgegenwirkender Umstände, nämlich der Beschleunigung des Geldumlaufs und der Mittel, in den Verkehrsgeschäften am Geldbedarfe etwas zu ersparen (e).

(e) Das durch Huskisson veranlaßte Werk von Will. Jacob: An historical inquiry into the production and consumption of precious metals (Lond. 1831. II. deutsch von Kleinschrod, Leipz. 1838. II. B.) ist nicht ganz zuverlässig. — Vgl. auch Storch, III, 34. — Say,

Hand. II, 207. — v. Gülich, Geschichtl. Darst. II, 556. 579. — Nebenius, Oeffentl. Credit, I, 121. — Quarterly Rev. Mai 1830, LXXXV, 278. — v. Humboldt in der Deutschen Vierteljahr-Schrift, 1836, Oct.—Dec. — Nebenius ebendas., 1841. 1. Heft. — Helferich, a. a. O., s. §. 176. — Tooke, a. Geschichte der Preise. — Ueber die neuesten Veränderungen s. §. 277b.

(*b*) **Erläuternde Thatsachen.**
I. Gewinnung der edlen Metalle.

1) Europa und Sibirien. Nach v. Billefosse wurden um das Jahr 1810 in Europa gewonnen: 5300 köln. Mark Gold = 2·045800 fl., 215000 M. Silber = 5·267500 fl., in Sibirien nach Storch (III, 37) 3901,^{78} Mark Gold = 1·506087 fl., 87425,^{28} Mark Silber = 2·141930 fl., also zusammen in Europa und Sibirien 10·961317 fl. (Die Mark = $^{1}/_{2}$ pr Pfund ist hier beim Golde nach dem damaligen Preise zu 366, beim Silber zu 24$^{1}/_{2}$ fl. gerechnet.) Seitdem ist das Metallerzeugniß viel größer geworden. Die Gewinnung von Gold hat in Rußland (im Ural und Altai) große Fortschritte gemacht. Es wurden im D. von 1819—28 11970 Mk., 1829—38 29037 Mk., 1839—42 47985 Mk., 1843—51 sogar 109108 Mark oder 1557,^{3} Pud gewonnen, doch wird seit 1847, wo der Ertrag 127900 Mk. erreichte, einige Abnahme angegeben. Oesterreich im D. von 1830—34 (nach Becher) 6156 köln. Mk., 1833—37 (nach Springer) 6619, 1842 7455, 1847 9043 köln. Mark (Cžörnig), Frankreich 530 Mk. (Schnitzler), Piemont bei Domodossola 500 Mark (Karsten, Arch. f. Miner., I, 452), und mit dem geringfügigen Erzeugniß einiger anderer Länder darf man für Europa mit Nordasien wenigstens 120000 Mark = 44·800000 fl. nach jetzigem Curse annehmen. — An Silber gewinnt Rußland gegen 84000 Mk. (D. v. 1845—47), — Oesterreich 135000 (1847, Cžörnig), — der Harz 45700 (Lehzen), — Sachsen gegen 50000 (1853), — Preußen 42000 (1851), — Schweden und Norwegen 36000 Mk., — Frankreich 6600 (Schnitzler). In Spanien ist die Silbergewinnung neuerlich sehr im Zunehmen. Sie war 1845 184158, aber 1850 schon 291400 span. = 285574 köln. Mark, Willkomm, Die Halbinsel d. Pyrenäen, 1855, S. 537. (Tengoborski rechnet für 1849 200000 Mk.) Setzt man für andere Staaten noch 20000 Mark hinzu, so erhält man 671000 Mk. = 16·454000 fl.

2) Das Gold- und Silbererzeugniß in Borneo, Sumatra und anderen Inseln des Archipels, in Ostindien, China und Japan und im türkischen Asien (Urla, Provinz Erzerum) wird von Jakob (II, 226) auf 1·400000 L. St. = 16·800000 fl. geschätzt, neuerlich werden gegen 85000 Mk. angenommen. Ferner sollen in Africa gegen 500000 L. St. = 6 Mill. fl. Gold gewonnen werden, Wyld, Notes S. 44. Andere Nachrichten (Hunt, Merchants magaz. CLXXXI. 93) schlagen für Asien und Africa mit den Suntainseln den Ertrag an Gold von 1853 auf 23·547000 Doll. = 159000 Mk. an. Begreiflich kommt hievon wenig nach Europa.

3) In America war nach v. Humboldt (Essai polit. VI, 218, t. Ausg. v. 1811) das Jahreserzeugniß zu Anfang des 19. Jahrhunderts 17000 Kil. = 72669 köln. Mark Gold und 800000 Kil. = 3·420000 Mark Silber, zusammen gegen 43$^{1}/_{2}$ Million Piaster oder 110 Mill. fl., wovon Merico allein 23 Mill. P. lieferte. Im Jahr 1809 soll das Gesammtproduct sogar 47 Mill. Piaster betragen haben. Während der Kriege und Unruhen, die das Losreißen dieser Länder von spanischer Herrschaft veranlaßte, litt der Bergbau sehr. Nach Jacob (II, 182) brachten die dortigen Bergwerke im D. 1810—29 jährlich

nur noch 18·302,000 Piaster, und mit Einschluß von Brasilien 19·288,000 Piaster — ungefähr 48¼ Mill. fl. nach Europa. Im Cerro de Potosi waren 1826 von den 132 früheren Pochwerken nur noch 12 in Arbeit. Die Münzstätte von Merico, welche von 1800—1809 jährlich im D. 22·627,000 Piaster und im J. 1809 sogar 26 Mill. P. geprägt hatte, konnte von 1810—19 jährlich nur 12 Mill., 1820—29 nur 10 Mill. ausprägen, aber 1841 schon wieder 2 Mill. P. Gold und 16 Mill. Silber (St.-Clair-Duport, Product. des mét. préc. en Mex. 1843). Die reichen Gruben von Guanaxuato erzeugten 1818—20 nur noch 1·061,133 P., während sie 1801—9 jährlich 5·305,795 P. gegeben hatten, Adams, The actual state of the Mexican mines. Lond. 1822. Marshall, Digest. II, 173. Indeß ist neuerdings vermöge der eifrigen Betreibung des Bergbaues durch europäische Gesellschaften ungeachtet vieler Mißgriffe der Ertrag wieder vermehrt worden. Die Auffindung ergiebiger Zinnerzerze in Californien und die davon herrührende Erniedrigung der Quecksilberpreise wirkt ebenfalls günstig, indem sie die Kosten des Amalgamirens verringert. Das neuentdeckte reiche Silberlager von Copiapo in Chili (Mai 1832) gab 1841—50 im Durchschnitt 183,000 Mark, dazu kommt das Auffinden von Goldsand in Upata (Venezuela) im J. 1850 und in Untercanada 1851. Die Goldwäschen (Seifenwerke) in Georgia und Nord-Carolina in den vereinigten Staaten seit 1824 werden jetzt zu 500,000 Doll. = 3342 Mark Ertrag angegeben. Daher berechnet sich das ganze heutige Erzeugniß der älteren amerikanischen Berg- und Seifenwerke jährlich auf 65,000 Mark Gold und 3 Mill. Mark Silber = 97·800,000 fl. (Nach Danson bei Soetbeer S. 9 im D. 1804—48 jährlich 111 Mill. fl., wovon 98,⁶ Mill. nach Europa gegangen sein sollen.)

4) Zählt man hiezu das, was die anderen Erdtheile liefern, so ergiebt sich für die jetzige Zeit, ohne die neusten Goldlager, ein Jahreserzeugniß von ungefähr 300,000 Mark Gold und 4 Mill. Mark Silber, zusammen 210 Mill. fl. Was hievon Europa durch eigene Gewinnung und Zufuhr erhielt, betrug im Jahr 1809 wenigstens 48 Mill. Piaster oder 120 Mill. fl., verminderte sich sodann 1810—14 auf ungefähr 33, 1815—21 auf beiläufig 26, 1822—27 auf nicht volle 32 Mill. Piaster = 55 Mill. fl. (Rebenius), nahm aber neuerlich wieder ansehnlich zu und macht vermuthlich jetzt nicht unter 80—100 Millionen Gulden.

5) Hiezu kommt die neue Goldgewinnung in Californien (Entdeckung des Goldes in der Erde durch Marshall, Sept. 1847) und Australien (Entdeckung des Goldes durch Hargraves, 12. Febr. 1851). In jenem Lande sind 1852—56 nach Newmarch jährlich gegen 68½ Mill. Doll. = 164¾ Mill. fl. gewonnen worden. (Die Goldausfuhr von S. Francisco nach den Schiffslisten war 1851 34·492,000 D., 1852 45·779,000 D., 1853 54·905,000 D., 1854 51·429,101 D., zusammen 186·605,101 D., die ganze Ausfuhr war ohne Zweifel bedeutend größer. In den beiden letzten Jahren gingen 89 Procent der Ausfuhr nach Neu-York und Neu-Orleans, 8,³ Proc. nach London, 1,⁸ Proc. nach Asien. Rau in v. Biebahn und Rönne, Handelsarchiv, 1855, S. 143.) In Australien angeblich im D. 1851 bis 56 57 Mill. Doll. = 137 Mill. fl., zusammen gegen 300 Mill. fl. Die Metallgewinnung in America und Australien beträgt demnach ungefähr 398 Mill. fl. jährlich (Tengoborski rechnet ohne China und Japan 1824 Mill. Fr., Cochut 1291 Mill. Fr. = 600 Mill. fl.). Ob hievon ⅓ oder ¼ oder noch weniger nach Europa kommt, ist unbestimmbar und auch aus den Ein- und Ausfuhrlisten nicht zu erkennen: doch darf man aus der vermehrten Erzeugung auch auf einen stärkeren Zu-

fluß nach jenem am meisten entwickelten schließen. — Neuer Silberbergbau in Washon an der californischen Sierra Nevada, ungefähr seit 1860.

II. **Abzüge.**

1) Schon im Alterthum wurden edle Metalle aus Aegypten über Arabien nach Ostindien gesendet, Reynier, Ec. publ. et rur. des Arabes et Juifs, S. 85. Um das Jahr 1800 sollen jährlich auf verschiedenen Wegen 25—26 Mill. Piaster aus Europa nach dem östlichen Asien gegangen sein (v. Humboldt). In den Jahren 1810—15 war diese Ausströmung schwächer (gegen 2½ Mill. Piast.), hierauf 1815 bis 1822 viel stärker (gegen 19 Mill.), späterhin wieder geringer, hauptsächlich weil China mehr Waaren (vorzüglich Opium) zur Bezahlung seiner Ausfuhrartikel annahm. Jakob rechnet für 1810 — 30 jährlich nur 2 Mill. L. St. = 9·600000 Piast. Mehrbetrag der Ausfuhr aus Europa. Eine Zeitlang scheint dieser Abfluß ganz aufgehört zu haben, und 1825—27 kam sogar Gold und Silber von Ostindien nach Großbritanien, neuerlich ist jedoch der Abfluß des Silbers nach Ostindien und China (wegen des verminderten Opiumabsatzes) wieder stark geworden (1851—57 j. 8 M. L. St. Silberausfuhr aus Großbritanien nach beiden Ländern), auch ging bisher viel englische Goldmünze nach Australien, z. B. 1853 an 4 Mill. L. St.

2) Die Verarbeitung der Münzmetalle zu verschiedenen Luxusgegenständen ist in neuerer Zeit viel häufiger geworden, und der Verbrauch von Gold und Silber zu diesem Behufe hat um so mehr zugenommen, da bei den vielen plattirten und schwach vergoldeten oder versilberten Gegenständen, z. B. Knöpfen, Tressen, vergoldeten Bronze-, Glas-, Porzellan-, Holzwaaren, Britaniametall, so auch bei Schmuckwaaren, die nur wenig Gold in der Mischung enthalten, das edle Metall sich bald abreibt und ganz verloren geht. Die galvanische Plattirung hat beigetragen, diese Verwendung zu vermehren. Eine genaue Ausmittlung des Verbrauches ist nicht wohl möglich, zumal da auch viel älteres Gold und Silber in Geräthen 2c. neu verarbeitet wird. Jakob hat für Großbritanien, Frankreich und die Schweiz 4 Mill. L. St., für ganz Europa und America ungefähr 5·612000 L. St. angenommen. Das eingeschmolzene Metall von Geräthen, Geschirren u. dgl. beträgt jedoch wahrscheinlich mehr als 1/10, wie Mac-Culloch vermuthet. Dieser rechnet nur 4·563000 L. St., oder nach Abzug der alten eingeschmolzenen Gegenstände 3·650000 L. St. oder 17½ Mill. Piaster (Handb. II, 290), Nebenius höchstens 14 Mill. Piaster, wofür heutiges Tages vermuthlich 4 Mill. L. St. oder 19½ Mill. Piaster gesetzt werden dürfen. (1 L. St. = 4,86 Dollars oder Piaster.)

3) Die bloße Abnutzung beträgt jährlich nach Jakob bei Goldmünzen ⅛ Proc., bei Silber 6⅔ Proc. in D. in England 1/610, — nach französischen Versuchen 6,1 per mille, — nach Karmarsch (Mechan. Technol. I, 575) bei groben Silbermünzen nur ¼ per mille, nach anderen Versuchen (Rau im Archiv, N. F. X, 254) bei neuen Gulden nicht voll 0,3 p. m., aber bei mittleren Stücken schon 0,6, bei Scheidemünzen gegen 2 p. m. (Karmarsch). Man darf wohl durchschnittlich 1 p. m. (Soetbeer: ¼ p. m.), und für den ganzen jährlichen Abgang durch Abreibung, Feuersbrünste, Schiffbruch, Vergraben u. dergl. jährlich mindestens 2 p. m. annehmen. Demnach belaufen sich die fortdauernden Abzüge (2 und 3) auf wenigstens 85 Mill. fl., während der Abfluß nach Asien veränderlich war.

III. Man hat auch versucht, den ganzen Gold- und Silbervorrath auf der Erde zu schätzen. Er ist z. B. für 1848 auf 15—16000 Mill. fl. angeschlagen worden, D. Viertelj. Schrift Nr. 57 bei Soetbeer, S. 22 und Nr. 64 S. 1 ff. Newmarch rechnet 1349 Mill. L. St. =

15850 Mill. fl., der Ungenannte in der Times a. a. O. für Europa und America 1730 Mill. L. St. Dies ist jedoch zu unsicher um Schlüsse darauf zu bauen. Die Metallmenge von Europa wird von Tengoborski S. 55 für den Anfang des Jahrhunderts zu 13000, für 1847 zu 14000, für 1851 auf 15000 Mill. Franken angenommen. Die europäische Münzmenge insbesondere ist geschätzt worden für folgende Zeitpuncte:

vor 1492 auf 168—173 Mill. Piast. oder 426½ M. fl. ⎫
um 1600 =   624   =   =   1560   =   = ⎬ von Jakob.
= 1700 = 1425   =   =   3562   =   = ⎭
= 1809 = 1524   =   =   4560   =   =
         = 1624   =   =   4060   =   = von Humboldt u. Tengoborski.
= 1815 = 1750   =   =   4376   =   = von Nebenius.
= 1829 = 1504   =   =   3760   =   = von Jakob.
= 1840 = 1715   =   =   4300   =   = von Nebenius.
= 1848 = 1979   =   =   4949   =   = von Soetbeer.

Der Anschlag für 1829 ist zu niedrig, denn da die eigene Gewinnung und Zufuhr 1815—29 gegen 368 Mill. Piast., die Verarbeitung und der Abgang 315 Mill., die Ausfuhr nach Asien 192 M. betragen haben mögen, so war die ganze Abnahme nur 140 Mill., es wären daher für 1829 1670 Mill. P. = 4025 Mill. fl. zu setzen. Für 1860 sind g. 6000 M. fl. anzunehmen. Nach Tengoborski wären zu Anfang des 19. Jahrh. die Münzen ⅓ des ganzen Gold- u. Silbervorrathes gewesen.

IV. Das Papiergeld war in der Friedenszeit nach 1815 sehr vermindert worden, hat sich aber in den beiden letzten Jahrzehnten wieder stark vermehrt. Während um 1815 die Summe des Metall- und Papiergeldes in Europa gegen 5300, 1830 gegen 4300—4400 Mill. betragen haben mag, ist sie für 1848 auf ungefähr 5900 Mill. fl. zu schätzen (§. 266).

(c) Wird die heutige jährliche Vermehrung des Goldes und Silbers in Europa zu 200 Mill. fl. und der Abgang nebst der Verarbeitung zu anderen Zwecken zu 55 Mill. angeschlagen, so bleibt nur eine Zunahme von 145 Mill. oder von 2⅓ Proc. der ganzen Geldmenge. — Die Abnahme des europäischen Metall- und Papiergeldes von 1815—30 scheint sich nach obigen Ueberschlägen (b) auf 17—19 Proc. belaufen zu haben, wovon auf jedes einzelne Jahr durchschnittlich nur 1,⁴—1,³ Proc. kommen.

(d) In dem dritten Jahrzehend des 19. Jahrhunderts war eine Wohlfeilheit sehr vieler Gegenstände wahrzunehmen. Da nun die Abnahme der Geldmenge um diese Zeit außer Zweifel ist, so liegt es sehr nahe, die letztere Erscheinung als die Ursache der ersteren anzusehen, wie dieß vorzüglich Nebenius in der a. Abh. in der b. Vierteljahrsschrift ausgeführt hat. Für England hat man sogar einen durchschnittlichen Preisabschlag von 50 Proc. zu beweisen gesucht (Quart. Rev. a. a. O.), von dem man aber nur die Hälfte der hier betrachteten Ursache beimaß, weil auch der Uebergang vom Kriege in den Frieden und der höhere Curs des englischen Papiergeldes mitwirkten. Bemerkenswerth ist, daß Uhren, Juwelen und plattirte Waaren am wenigsten, nämlich nur um 7 Proc. im Preise sanken, was auf die Vertheurung der Münzmetalle deutet. Mac-Culloch (Handb. II, 292), Tooke (History of prices, II, 350), Hermann (Münch. gel. Anz. 1840, Nr. 103) und Helferich (a. Schrift) bestreiten den Einfluß der Geldverminderung auf die Preise und bemühen sich zu zeigen, daß bei jeder Waarengattung eigenthümliche Ursachen im Spiele waren. Aber wenn auch die Wohlfeilheit jeder einzelnen Waare für sich ohne Annahme einer Metallverringerung erklärt werden könnte, so folgt daraus nicht, daß das letztere Ereigniß, welches unbezweifelt ist, nicht als allgemeine Ursache mitgewirkt habe.

(e) Im Ganzen vermögen diese letzteren Umstände die Vergrößerung des Geldbedarfes nicht aufzuwiegen.

§. 277b.

Der Gebrauch des Goldes und Silbers nebeneinander zum Gelde macht eine Untersuchung über das Preisverhältniß zwischen beiden nothwendig und die neuerliche Goldvermehrung hat diesem Gegenstande eine erhöhte Wichtigkeit verliehen, weßhalb er auch schon vielfach besprochen worden ist (a). Hiebei sind nachstehende Sätze zu Grunde zu legen:

1) Der größere Werth des Goldes gegen Silber beruht hauptsächlich auf der schöneren Farbe, die bei der Anwendung zu Schmuckgegenständen und Zierrathen in Betracht kommt. Aber auch die Kostbarkeit des Goldes, indem sie einem Theile der Menschen den Gebrauch desselben verbietet oder erschwert, giebt ihm gerade hiedurch für die Begüterten einen höheren Reiz, vergl. §. 263 (a).

2) Die häufigste Gewinnungsart des Goldes besteht in dem Auswaschen kleiner Goldtheile aus Erde (Seifenwerke), während das Silber auf bergmännische Weise aus Erzen erzielt wird. Diese Verschiedenheit ist folgenreich, denn das Waschen giebt je nach dem Goldgehalte der Erde einen höchst ungleichen Ertrag und erfordert so wenig Capital, daß es von einzelnen Arbeitern auf eigene Rechnung betrieben werden kann (b), während der Bergbau auf Silbererze kostbare Einrichtungen nöthig macht und in seiner Ergiebigkeit weniger wechselt. Deßhalb treten in dem Erzeugniß sowie in den Erzeugungskosten des Goldes weit stärkere Schwankungen ein.

3) Das Gold ist im Allgemeinen kostbarer zu erzeugen und gilt daher auch mehr als das Silber. Das Verhältniß, in welchem beide ihrem Preise nach zu einander stehen, stimmt keinesweges mit dem Verhältniß der erzeugten und vorräthigen Menge beider überein (c), sondern wird von den Kosten und der Werthschätzung bestimmt. Gilt z. B. 1 Pfd. Gold soviel als 15 Pfd. Silber, so läßt sich schließen, daß man die Menge Goldes, welche jährlich gewonnen wird, nicht mit geringerem Aufwande als dem 15fachen der Silbererzeugungskosten erlangen

kann und daß für das mit jenen Kosten erzielte Golderzeugniß um den genannten Preis ein zureichender Begehr vorhanden sei.

4) Wenn eine starke Vermehrung des einen der beiden Metalle den Preis desselben gegen das andere herabdrückt, so liegt hierin sogleich eine Ursache der Aenderung, denn die Gewinnung des wohlfeiler gewordenen Metalles wird minder einträglich und vermindert sich, während das andere eifriger erzeugt wird.

5) Auch abgesehen von den Regierungsmaßregeln ereignen sich im Begehre beider Metalle manche Veränderungen. Bald nimmt die Verarbeitung des einen von beiden stärker zu, bald der Gebrauch zum Gelde, indem z. B. zu Sendungen in entfernte Länder das Gold vorgezogen wird, während kleinere Preismengen im täglichen Verkehre nicht gut mit Goldmünzen dargestellt werden können. Doch sind die aus solchen Ursachen entspringenden Schwankungen im Preisverhältniß des Goldes und Silbers gewöhnlich von geringerem Betrage als die in den Einrichtungen des Münzwesens liegenden, §. 277 c.

6) Jenes Preisverhältniß kann bei der heutigen Leichtigkeit und Sicherheit der Versendungen sowie bei der Häufigkeit der Nachrichten aus entfernten Orten von Land zu Land nur wenig verschieden sein, weil eine größere Abweichung alsbald eine Ausgleichung durch Herbeiführen des einen und Hinwegsenden des anderen hervorrufen würde. In jedem Lande haben sich die Vorräthe an Gold- und Silbermünze nach dem vorhandenen Bedürfniß von beiden und in Gemäßheit des allgemeinen Preisverhältnisses zwischen beiden festgesetzt.

7) In der alten und mittleren Zeit galt das Gold ungefähr der 10—12fachen Gewichtsmenge Silbers gleich, seit dem Zuflusse der americanischen Metallmassen aber stieg es auf das 14—15fache des Silbers. Die geringeren Veränderungen in diesen Verhältnissen erklären sich theils aus der wechselnden Ergiebigkeit der Gewinnungsarbeiten, theils aus der ungleichen Nachfrage (d).

(d) Hoppe, Californiens Gegenwart und Zukunft. Berlin 1849. — Coquelin in Journ. des Econ. XXVIII, 55 (1851). — M. Chevalier, De la monnaie, 3ter Bd. und in Journ. des débats, 3. Jan. 1852. — Times, 25. Jun. 1852. — Companion to the Almanak, 1853, S. 19. — Quarterly Rev. Nr. 182. S. 504 (1852). — Athenaeum, Nr. 1281 (15. Mai 1852). — Wyld, Notes on the distribution of gold through the world, L. (sine anno, aber 1852). — Soetbeer, Andeutungen in Bezug auf die vermehrte Goldproduction, Hamburg 1852 — Ueberſ. von Mill's, polit. Def., II, 622. — Stirling, The Australian and Californian gold discoveries and their probable consequences. Edinb. 1853. — Newmarch, The new supplies of gold. Lond. 1853. (Journ. des Econ. 2. Sér. II, 62.) — L. Faucher in Annuaire de l'écon. polit. 1853, S. 352. — Cherbuliez in Bibl univ. litér. XXIII, 231. — Tengoborſki, Ueber die goldführenden Lagerſtätten Californiens und Auſtraliens, b. von Hartmann, Weimar 1853. — D. Viertelj. Schr. Nr. 63 S. 80 (1853), Nr. 64 S. 1 (Peſchel). — Cochut in Revue des 2 mondes, V, 801 (1854). — Reſcher, Syſtem der V. W. I, 249 — Schübler, Metall und Papier, Stuttgart 1854. — v. Günderrode, Gold und Silber. Heidelb. 1855. — D. K., Ueber Gold- und Silberwährung, Frankf. 1855.

(b) Daher wird dieß Geſchäft da, wo ſich viele Menſchen mit ihm abgeben, oft planlos und nachläſſig geübt, es werden die reichſten Lager eilig benutzt und man giebt ſich nicht die Mühe, das Gold vollſtändig aus ihnen zu ziehen, weßhalb der Ertrag viel kleiner iſt, als er ſein könnte und die großen Gewinnſte nicht lange anhalten. Die Gewinnung des Goldes aus ſeiner urſprünglichen Lagerſtätte in feſtem Geſtein (vorzüglich in Quarzgängen) pflegt von geringer Ergiebigkeit zu ſein. Eine ſo raſche Ausbeutung der Gewinnung, wie ſie in den californiſchen und auſtraliſchen Seifenwerken ſtattgefunden hat, wäre bei dem Silber nicht möglich. Nach den neuſten Nachrichten (§. 277 a (b). I, 5) hat man angefangen, Stollen in die Hügel zu treiben, Waſſer herbeizuleiten und die Goldgewinnung geregelter zu unternehmen.

(c) Man nimmt an, daß von 1492—1847 ungefähr 32mal ſoviel Silber als Gold gewonnen worden ſei (Chevalier), daß America bis 1810 46mal ſoviel Silber geliefert habe (Humboldt), daß aber 1849—51 nur noch $8^1/_2$mal, und 1852—57 ſogar nur $3^1/_2$mal ſoviel erzielt worden ſei. Der ganze Silbervorrath ſoll um das Jahr 1847 32mal, 1852 aber noch 29mal ſo groß geweſen ſein als der des Goldes, Peſchel in D. Viertelj. Schr. Nr. 64. — Dem Preiſe nach war das Golderzeugniß 1800 ungefähr 30, 1846 ſchon 46, 1852 bis 57 aber 83 Proc. der Summe beider Metalle.

(d) Im Durchſchnitt vom 13.—16. Jahrhundert war das Preisverhältniß nur 1 zu $10^1/_2$ (Hüllmann, Städtew. I, 436). Von 1700—1789 war das Durchſchnittsverhältniß 1 zu $14,^{87}$, dann ſtieg das Gold, ſo daß es 1790—1819 ungefähr $15,^{80}$ in Silber galt (Soetbeer, Andeut. S. 24). In Aſien iſt fortwährend das Gold wohlfeiler, weßhalb dorthin viel Silber fließt. Die Einziehung einer großen Menge von Papiergeld in England verurſachte, daß in den Jahren 1821 u. 1822 470853 Mark Gold aus anderen Ländern dorthin ſtrömten; indeß wurde hierdurch der Preis des Goldes gegen das Silber nur unbedeutend verändert, und man muß deßhalb annehmen, daß anderswo der Gebrauch des Silbers ſich vermehrt habe, ſo daß beide Münzmetalle zugleich theurer wurden. Hufeland, II, 282. — Storch, I, 491. — Tooke, Thoughts, I, 35. — (Hoffmann) Drei Aufſätze über das Münzweſen. Berl. 1832. S. 94. — Seit dem Herbſt 1839 ſanken, zunächſt wegen der Goldſendungen aus England zum Ankauf von Getreide, die Goldmünzen in Deutſchland gegen Silber, bald folgte auch ein Sinken des rohen Goldes auf den europäiſchen Märkten, ſo daß im Herbſt 1840 das Verhältniß in Hamburg und Berlin bis auf $15^1/_4$—$15,^3$ herabging, indeß ſtieg es im Frühling 1841 ſchon wieder auf ungefähr $15,^{47}$. Die Angaben bei Soetbeer (a. a. O.) zeigen, daß in Hamburg von

1816—1847 der Durchschnittspreis des Goldes die 15,⁶⁵fache Menge Silbers war, daß aber 1820—39 der 20jährige Mittelpreis 15,⁷⁰⁸ betrug. (In Hamburg wird der Preis der köln. Mark Gold al marco angegeben, worunter bis 1833 Ducatengold von ⁴⁷/₄₈ Kern, seitdem aber reines Gold zu verstehen ist, sowie auch neuerlich unter der nämlichen Bezeichnung in Frankfurt.) Von 1843—50 war wieder der Hamburger Mittelpreis 15,⁶⁷⁶, 1851 sank das Gold wegen der Ausfuhr vieler Goldmünzen aus den Niederlanden auf 15,³⁹, 1852 kam es wieder auf 15,⁴³. Der Hamburger Durchschnittspreis von 1853—56 war 15,ⁿ, 1857 58 15,²⁵, 1859 aber 15,⁷⁷. Der Preis im Juli 1860 in Frankfurt (das Pfund 793—798 fl.), Hamburg (die köln. Mark 423 M. B.) und Paris giebt im D 15,⁸¹. 1863 gegen 15,³⁰.

§. 277 c.

Wenn in einem Lande die Gold- und Silbermünzen unabhängig von einander umliefen und gleichmäßig als Umlaufsmittel erkannt wären, so würde daraus eine Verwirrung entstehen, man müßte, um sicher zu gehen, bei jedem Geschäfte verabreden, in welchem Metalle der Preis zu verstehen sei und es wären eigentlich zwei Preismaaße vorhanden. Um dieß zu vermeiden, hat man nothwendig gefunden, entweder nur das eine Metall als gesetzliches Preismaaß und Zahlungsmittel zu bestimmen, oder, wenn beide diese Eigenschaft haben sollen, ein gewisses Preisverhältniß zwischen beiden festzusetzen. Diese der Münzpolitik angehörenden Anordnungen (II, §. 250) müssen schon hier in Betracht gezogen werden, weil sie auf die Wirkungen der neuerlichen Geldvermehrung Einfluß haben.

1) Wäre in allen Ländern gleichmäßig das eine Metall zum einzigen gesetzlichen Preismaaße gewählt, so würde die umlaufende Geldmenge größtentheils aus demselben bestehen und die Münzen des anderen Metalls würden wie Waaren einen veränderlichen Preis haben. Sie würden gegen das aus dem bevorzugten Metalle bestehende Geld sinken, wenn ihre Menge beträchtlich vermehrt würde. Wenn aber diese zum gesetzlichen Zahlungsmittel erklärten Münzen sich vermehrten, so müßte eine Steigerung aller Preise eintreten. Die oben vorausgesetzte Gleichförmigkeit ist jedoch nicht vorhanden.

2) Es giebt Goldwährungsländer, in denen alle bedungenen Preise auf Goldmünzen bezogen und alle größeren Zahlungen in jenen geleistet werden, Silber also nur zur Vergütung kleinerer Preismengen und zum auswärtigen Handel dient (a). Wird hier bei einem Goldzuflusse von außen die

Menge der umlaufenden Goldmünzen stark vermehrt, ohne daß sich zugleich der Bedarf von Umlaufsmitteln erweiterte (b), so kann eine anfangende Preiserhöhung der Waaren und Leistungen nicht ausbleiben, die jedoch bei freiem auswärtigen Verkehre in einem einzelnen Lande nicht weiter gehen wird, als in anderen (§. 271), weil durch Abfließen eines Theiles des Goldes eine Ausgleichung eintreten muß.

3) In den Silberwährungsländern hängt der Preis der Goldmünzen in jedem einzelnen Falle von der Uebereinkunft der Betheiligten ab und ist folglich wandelbar. Der Umlauf wird hier (c) nothwendig größtentheils mit Silbermünzen bestritten, doch ist bei größeren Zahlungen auch das Gold nicht ausgeschlossen. Wenn nun eine größere Menge von Goldmünzen zum Vorschein kommt, so wird dadurch der Preis derselben gegen Silbermünzen wie der Preis jedes anderen in größerer Menge vorhandenen Gutes erniedrigt, und die Vermuthung eines fortdauernden Sinkens wird diese Wirkung beschleunigen. Die Besitzer von Goldmünzen werden dieselben ungeachtet des ungünstigen Preises in den Verkehr bringen, um von ihnen Nutzen zu ziehen, und sie werden häufiger umlaufen. Wird hiedurch eine Zunahme der ganzen Geldmenge fühlbar, so ist ebenfalls eine Preiserhöhung der verkäuflichen Gegenstände zu erwarten, jedoch im geringeren Maaße als im Falle (1).

4) In Ländern einer vermischten Währung haben die Münzen aus beiden Metallen einen festen Preis gegeneinander (d). Weicht der im Welthandel herrschende Preis von dem gesetzlichen Landespreise ab, so zieht man für Zahlungen dasjenige Metall vor, welches man sich wohlfeiler verschaffen kann. Deßhalb wird in solchen Ländern bei einer stark gesteigerten Golderzeugung das Gold, sobald es nur etwas niedriger gegen Silber steht, als das gesetzliche Verhältniß ausdrückt, mehr und mehr Eingang finden und das Silber hinausgedrängt werden, bis von diesem nur noch der Bedarf zu kleinen Zahlungen übrig bleibt (e). Ist dieß eingetreten, so muß ein weiterer Goldzufluß eine allgemeine Preiserhöhung nach sich ziehen, das ausgeführte Silber aber wird seinen Weg nach den Silberwährungsländern nehmen, weil man sicher ist, es hier anzubringen. Diese Silbervermehrung setzt dem Sinken des Goldes eine Gränze und

trägt zur Preiserniedrigung (Entwerthung) der Münzmetalle gegen die Waaren bei.

Es ist aus diesen Betrachtungen zu schließen, daß in Folge einer anhaltenden und ansehnlichen Zunahme des Goldes die allgemeine Preiserhöhung der Waaren gegen Münze in den Goldwährungsländern am weitesten gehen, in den Ländern gemischter Währung erst später anfangen und in denjenigen, welche bloß eine Silberwährung haben, am geringsten bleiben wird (*f*). Je häufiger das Gold an die Stelle des Silbers tritt und als Umlaufsmittel dient, desto eher wird eine Ueberfüllung von Geldstücken empfunden, aus der eine Preiserniedrigung beider Metalle zugleich gegen alle anderen Verkehrsgegenstände entsteht. Soweit dagegen das Silber einen Dienst leistet, in dem es durch das Gold nicht ersetzt wird, muß die Anhäufung des letzteren seinen Preis gegen das Silber erniedrigen. Beide Wirkungen beschränken folglich einander wechselseitig (*g*).

(*a*) Großbritanien und neuerlich factisch auch die vereinigten Staaten in Nordamerica. Für geringe Summen muß freilich ein gewisses Verhältniß der Silber- und Goldmünzen feststehen.

(*b*) In Nordamerica ist dieß bei dem schnellen Zuwachse der Volksmenge und der Gütererzeugung allerdings der Fall.

(*c*) Zu dieser Abtheilung gehören die meisten europäischen Länder. Ausnahmsweise wird bisweilen der Preis einer Goldmünze fest bestimmt, z. B. des Friedrichsd'or in Preußen, des württembergischen Ducaten ꝛc., allein in diesen Fällen sind es nur inländische Goldmünzen, die in beschränkter Menge geprägt werden.

(*d*) Frankreich, die nordamericanischen Freistaaten nach den Gesetzen, Niederlande bis 1847.

(*e*) Daher die starke Ausfuhr des Silbers aus solchen Ländern. 1853 wurde in Frankreich für 287 Mill. Fr. mehr Gold ein- als ausgeführt, beim Silber fand eine Mehrausfuhr von 103 Mill. Fr. Statt. Auch in Großbritanien geht viel Silber hinaus. Der Vorrath von edlen Metallen bei der Bank von England enthielt im Sept. 1852 nur für 19 154 L. St. Silber, 1850 noch 220 000 L. St. — Nach den Zolllisten wurde von 1848 bis Mitte 1854 9·223 995 Unzen Gold und 158·596 834 Unzen Silber ausgeführt, und die wirkliche Ausfuhr war größer. — Die Prägung war 1848—56 in London $50\frac{1}{2}$ Mill. L. St. Gold und nur 2 Mill. L. Silber, in den nordamericanischen Freistaaten 333 Mill. Doll. Gold auf 30 Mill. D. Silber, in Paris 2208 Mill. Fr. Gold und 590 Mill. Fr. Silber, in allen 3 Ländern wurden 1848—56 86 Proc. Gold, 14 Proc. Silber ausgemünzt. Tooke, II, 405.

(*f*) Die verschiedene Preiserhöhung der Waaren gegen Gold und Silber hängt mit dem jedesmaligen Preisverhältniß beider Metalle zusammen. Wenn z. B. dasselbe bisher $15\frac{1}{2}$ war und in einem Goldwährungslande die allgemeine Preiserhöhung 6, in einem Silberlande 2 Proc.

beträgt, so muß das Gold im Verhältniß 106 zu 102, also auf 14,⁷¹⁵ herabgehen.

(g) Die Meinungen über die bevorstehenden Wirkungen der neuesten Goldvermehrung sind getheilt, auch ist es unmöglich, eine sichere Vorhersagung aufzustellen, weil es z. B. ungewiß bleibt, wie lange der reiche Ertrag der Goldwäschereien dauern, ob eine starke Verminderung des Papiergeldes eintreten werde und wieviel Gold diejenigen Länder aufnehmen können, deren volkswirthschaftliche Entwicklung noch neu ist. Die Golderzeugungsländer selbst, Californien und Australien, bedürfen viel Gold zum Umlaufe. In den nordamericanischen Staaten hat sich der Vorrath von Goldmünze seit der californischen Entdeckung sehr stark vermehrt (man glaubt sogar um 100 Mill. Doll. und schlägt den ganzen Belauf der Goldmünzen auf 241 Mill. an!), auch vertheilt sich das Golderzeugniß nach allen Richtungen über die Erde. Während Tooke a. a. O., Chevalier und Stirling eine große Preiserniedrigung des Goldes gegen Silber und eine gleiche Erhöhung der Waarenpreise in den oben bezeichneten Ländern mit den in §. 273 bezeichneten Folgen vermuthen, wird von L. Faucher, Cherbulliez, Soetbeer, Tengoborski eine weit geringere Veränderung in Aussicht gestellt. Diese beruhigendere Erwartung hat nach den bisherigen Erscheinungen mehr Wahrscheinlichkeit, indeß ist einiges Sinken des Goldes schon unverkennbar, auch wurde einiges Steigen der Waarenpreise in mehreren Ländern wahrgenommen, welches nach Newmarch (brit. Versamml. zu Hull, Sept. 1853) nicht aus besonderen Ursachen bei den einzelnen Waarengattungen zu erklären ist. Eine länger anhaltende Goldvermehrung in dem bisherigen Maaße könnte nicht ohne Einfluß auf die Silber- und Waarenpreise bleiben. Ein Widerspruch gegen diesen Satz wäre nur möglich, wenn die obigen Lehrsätze über das Verhältniß der Geldmenge zu den Preisen (§. 268) in Zweifel gezogen würden, wie bei Schübler a. a. O.

Dritte Abtheilung.

Der Credit.

Erstes Hauptstück.
Wirkung des Credits im Allgemeinen.

§. 278.

Der Credit ist überhaupt das Vertrauen, in welchem Jemand in Hinsicht auf die Erfüllung von Zahlungsverbindlichkeiten bei Anderen steht. Durch den Credit wird man in den Stand gesetzt, sich im Verkehre Güter oder Leistungen zu verschaffen, ohne daß man den Gegenwerth sogleich erstatten müßte (a), und dieß zeigt sich sowohl in den förmlichen Anleihen, bei welchen der Credit Leihvertrauen heißt, als bei mancherlei anderen Verträgen, z. B. bei Käufen mit einer Frist zur Bezahlung des Kaufschillings, bei Pachtungen, Miethen und dergl. Die Beweggründe, aus denen der Eine dem Anderen eine gewisse Gütermenge anvertraut und der letztere hievon Gebrauch macht, sind mannichfaltiger Art und liegen gewöhnlich im Vortheile beider. Die Grundlage des Credits ist die Ueberzeugung des Gläubigers, daß er vertragsmäßig werde befriediget werden. Hiezu gehört, daß der Schuldner nicht blos **Willens**, sondern auch **fähig** sei seine Verbindlichkeit zu erfüllen, daß also in der ersten Beziehung seine moralischen und geistigen Eigenschaften, in der zweiten sein Vermögenszustand und seine Erwerbsart keine Besorgnisse erwecken (b). Der Credit der Einzelnen ist deßhalb nothwendig sehr ungleich; in einem ganzen Lande wird er desto größer sein, je mehr die herrschende Redlichkeit, die wirthschaftlichen Gewohnheiten und die Güte der Rechtspflege den Gläubigern im Allgemeinen Sicherheit gewähren, §. 225. 226.

(a) Nebenius, Der öffentl. Credit, I, 1.
(b) Das Wesen des Credits besteht darin, daß man statt einer gegenwärtigen Leistung des Zahlungspflichtigen sich mit der Wahrscheinlichkeit einer künftigen begnügt. Wenn diese Erwartung aus der Persönlichkeit des Schuldners hergeleitet wird, so ist der Credit ein **persönlicher**. Ein blos auf das Vermögen des Borgenden gegründeter Credit erfordert eine Sicherung des Gläubigers durch Pfandrechte; **pfandlicher** oder **Realcredit**. Die vollkommene Sicherheit findet sich bei Faustpfändern, aber nicht immer ganz bei Unterpfändern (Hypotheken), weil dem Gläubiger noch immer der Zweifel bleiben kann, ob die Taxe des verpfändeten Grundstücks richtig ist und ob im Falle eines erzwungenen Verkaufs so viel gelöst werden kann, als die Forderung beträgt (was selbst bei einer doppelt hohen Taxsumme öfters nicht geschieht), weil ferner der Gläubiger meistens nicht geneigt ist, das verpfändete Grundstück oder Gebäude selbst zu übernehmen und in jedem Falle sich scheut, in einen Concurs des Schuldners verwickelt zu werden.

§. 279.

Aeltere Schriftsteller haben von der Wirkung des Credits in der Volkswirthschaft eine überspannte Meinung gehegt, weil sie, in die Betrachtung des Wirthschaftszustandes einzelner Bürger oder Volksclassen vertieft, unterließen, die Bestandtheile und Bedingungen des Volkseinkommens im Ganzen zu überblicken (a).

Der Credit ist keine Güterquelle. Ob er gleich den Einzelnen die Benutzung fremder Capitale verschafft, welche sie zu ihren beabsichtigten Unternehmungen nöthig haben, so kann er doch die Masse der Capitale in einem ganzen Lande nicht vermehren, außer durch Borgen im Auslande, oder indem Metallgeld durch Papiergeld abgelöst wird. Die Wirkung des Credits besteht also hauptsächlich in einer Belebung des Güterumlaufes, und insbesondere in einer leichteren und häufigeren Uebertragung der vorhandenen Capitale.

(a) Hieher gehört vorzüglich Pinto, Traité de la circul., f. §. 42 (*d*). Er steht (S. 161, S. 177 der d. Uebers.) die zinsentragenden Schuldurkunden als einen eigenen Theil des Volksvermögens an. La création des fonds publics, quand on les fait à propos et qu'elle n'excède point la sphère de la puissance, est une alchymie réalisée, dont souvent ceux mêmes, qui l'opèrent, n'entendent pas tout le mystère, S. 338 (352 i. D.)

§. 280.

Diese Wirkung des Credites erscheint auch nach der Beseitigung der übertriebenen Schätzung noch immer als sehr vortheilhaft. 1) Es wird die beste productive Anwendung des beweglichen Vermögens veranlaßt, weil dasselbe vermittelst des Credits leicht an diejenigen Menschen gelangen kann, welche die meiste Geschicklichkeit und Neigung haben, hervorbringende Gewerbe zu treiben. Den Capitalisten und Grundeignern fehlt sehr oft diese Fähigkeit oder diese Neigung, ihre Ersparnisse würden daher zum Theile unfruchtbar liegen bleiben oder aufgezehrt werden, oder in mißlungenen Unternehmungen zu Grunde gehen, wenn nicht der Credit sie in die Hände einsichtsvoller und thätiger Unternehmer brächte (a). Ebenso ziehen sich die Capitale leicht von der minder ergiebigen zu der einträglicheren Benutzung hinüber. 2) Die Leichtigkeit, Vermögen ohne Gefahr, zu jeder Zeit und in beliebiger Menge auszuleihen, ist eine große Ermunterung zum Uebersparen. 3) Der Güterumlauf eines ganzen Landes kann durch den Beistand des Credits mit einer geringeren Münzmenge bestritten werden, §. 282.

Diese drei Ursachen erklären es, daß der Credit, obgleich er nicht für sich allein Capitale erzeugt, doch mittelbar zur Vergrößerung des Capitales in einem Lande beitragen kann.

(*a*) Insbesondere wird ein großer Theil der Handelsgeschäfte mit geborgten Capitalen betrieben, auch unterstützt vielfältig der wohlhabende Unternehmer den weniger Begüterten mit Capital, z. B. der Kaufmann den Fabricanten oder Handwerker.

§. 281.

Der volkswirthschaftliche Nutzen des Credites ist nach den obigen Sätzen beschränkt auf denjenigen Theil des beweglichen Vermögens, welchen die Eigenthümer nicht selbst hervorbringend anwenden oder doch nicht so vortheilhaft als Andere benutzen können oder wollen (*a*). Daß durch den Credit auch die unproductive Verzehrung erweitert werden kann, ist freilich eine weniger gemeinnützige Folge (*b*), die jedoch auch im Ganzen nicht häufig eintritt, denn die meisten Darleihen dienen sowohl der Besonnenheit der Borgenden, als der Vorsicht der Leihenden gemäß zum Zwecke der Hervorbringung. Die zahlreichen Unterpfandsschulden der Grundeigner scheinen zwar eine Ausnahme von dieser Regel zu begründen, indem die geliehenen Summen sehr oft nicht zur Beförderung der Landwirthschaft verwendet werden (*c*), allein man darf nicht übersehen, daß ein großer Theil dieser Schulden ursprünglich von den Erbtheilungen der Geschwister oder anderer Erben eines früheren Grundeigners herrührt, wobei der spätere die Miterben mit Geldsummen entschädigt, die von ihm geborgt, von den Empfängern aber gewöhnlich wieder werbend angelegt werden.

(*a*) Eine Erweiterung des Credits über seine natürlichen Gränzen kann daher nur nachtheilige Folgen haben, §. 309. — Es giebt einen Mißbrauch des Credits, wenn Personen sich fremde Capitale zu verschaffen wissen, ohne das Vertrauen zu verdienen und wenn sie dieselben besseren Anwendungen entziehen.

(*b*) Wenn z. B. der Fabricant im Winter dem Grundeigner leicht entbehrliche Genußmittel borgt, die dieser erst nach der Ernte bezahlt, so ist dieß für das ganze Volk kein Gewinn, vielmehr bleibt das Capital des Fabricanten einen Theil des Jahres unproductiv und der Käufer muß ihm entweder Zinsen oder einen um den Betrag derselben erhöhten Kaufpreis entrichten. — Vgl. Simonde, Rich. comm., I, 275.

(*c*) Vgl. Storch, II, 6 ff.

Zweites Hauptstück.
Wirkung des Credits auf den Geldumlauf.

§. 282.

Die älteste Anwendung des Credites fand Statt bei einfachen Darlehen, sodann bei anderen Verträgen im Verkehre mit Sachgütern, wobei die eine ausbedungene Leistung in solchen Gütern nach Verabredung verschoben wurde, z. B. Kauf mit einer Zahlungsfrist, der also wie eine Verbindung eines Kauf- und eines Leihvertrages anzusehen. Später, als die mit Geld vermittelten Verkehrsgeschäfte immer häufiger und mannichfaltiger wurden, benützte man den Credit zu verschiedenen Mitteln, um die Kosten und die Bemühung zu vermindern, welche der Gebrauch der Münze verursacht (a). Die hiezu dienenden Einrichtungen lassen sich so überblicken:

1) Es wird in vielen Fällen das Zählen, Ueberliefern und Versenden der Münzsummen erspart. — **Hinterlegungsbanken** §. 283. — **Anweisungen und Wechsel** §. 286.

2) Es werden Forderungen gegen einander aufgehoben und dadurch Zahlungen unnöthig gemacht, — **Abrechnungen, Ueberweisungen,** §. 292.

3) Es wird der Münzvorrath, den viele Menschen in Bereitschaft zu halten pflegen, verringert — §. 292a.

4) Es wird ein Theil der Münzmenge durch ein anderes höchst wohlfeiles Umlaufsmittel ersetzt, **Papiergeld,** §. 293.

(a) Alle diese Mittel, das Staatspapiergeld ausgenommen, verdanken dem Handel ihren Ursprung, die Handelslehre hat sie als Hülfsmittel für die kaufmännischen Geschäfte darzustellen, die Volkswirthschaftslehre dagegen ihre Wirkung auf die wirthschaftlichen Verhältnisse eines ganzen Volkes zu erforschen, wobei jedoch eine kurze Beschreibung vorausgehen muß.

I. Hinterlegungsbanken.

§. 283.

Hinterlegungs-, Giro-, Depositen- oder **Umschreibebanken** (a) sind kaufmännische Anstalten, wobei Summen Metallgeldes in sicheren Gewahrsam von mehreren

Theilnehmern niedergelegt werden, damit die wirklichen Zahlungen unter denselben durch bloßes Ab- und Zuschreiben in den Rechnungsbüchern ersetzt werden können. Jedem Theilnehmer wird der Betrag seiner Einlage als Guthaben (credit) in den Büchern angeschrieben; hat er eine Zahlung vorzunehmen, so beauftragt er blos die Bank ihm die Summe abzuschreiben (in das debet zu bringen) und dagegen demjenigen, welchen er bezahlen will, ins Guthaben zu setzen (*b*). Wer noch nicht Theilnehmer war, kann es sowohl durch Einlage einer baaren Summe als dadurch werden, daß ein Guthaben von einem Anderen, den er dafür entschädigt, auf seinen Namen übertragen wird.

(*a*) **Marperger**, Beschreibung der Banquen, Leipz. 1723. 4. — **Büsch**, Abh. von den Banken, in dessen sämmtlichen Schriften über Banken und Münzwesen, Hamburg, 1801. — **Hufeland**, II, 112. — **Storch**, II, 97.
(*b*) Dieser Auftrag geschieht schriftlich durch eine Anweisung, welche der Anweisende entweder persönlich übergiebt, oder von einem vermöge förmlicher Vollmacht Beauftragten übergeben läßt. Wer mehr anweiset, als er gut hat, muß das Fehlende nachzahlen und eine kleine Strafgebühr entrichten.

§. 284.

Der Vortheil einer solchen Einrichtung ist zunächst darin zu suchen, daß man 1) die Unbequemlichkeit des öfteren Ausbezahlens großer Summen, nämlich das Zählen und Einpacken, 2) die Kosten und Gefahren des Fortschaffens, auch 3) die Abnützung, Verschlechterung und den Verlust von Münzstücken ganz vermeidet. Die niedergelegten Sorten sind vor jeder Veränderung geschützt und die in ihnen ausgedrückten Summen haben daher einen gleichförmigen Metallwerth, während die umlaufenden Sorten veränderlich sind, auch öfter die eine von einer anderen verdrängt wird (*a*). Wenn solche Veränderungen sich zutragen, so muß die Münze, nach welcher die Bank rechnet, gegen die umlaufenden geringhaltigeren Sorten ein **Aufgeld**, **Agio**, gewinnen (*b*). Diese Vortheile sind auf diejenige Stadt, in der sich die Bank befindet, und eine nicht sehr weite Umgegend beschränkt, theils wegen der mit dem Anweisen verbundenen Förmlichkeiten, theils aber weil die Theilnahme nur für die an dem Sitze der Bank zu machenden Zahlungen nützlich ist. Zinsen der eingelegten Summen zu bezahlen ist die Bank nicht fähig, da sie keine Geschäfte betreibt, auch ist dieß nicht nöthig, weil diese Summen in der Verfügung der Theilnehmer bleiben und so gut zu den Unternehmungen derselben gebraucht werden können, als wenn sie in den Händen jedes Einzelnen wären. Jeder Theilnehmer läßt nur soviel in der Bank stehen, als er außerdem baar in seinem Besitze haben müßte, um die vorkommenden Zahlungen zu leisten.

(*a*) In kleinen Handelsstaaten, in die sich unvermeidlich vielerlei fremde Münzsorten ziehen, ist jener Vortheil besonders fühlbar.

(*b*) In Venedig trugen die neuen umlaufenden Münzen (moneta piccola corrente seit 1750) 54 Procent Aufgeld, die älteren 20 Procent, in Amsterdam trugen sie gegen 4, in Hamburg hat noch jetzt das Courantgeld ungefähr 23 Procent Agio gegen Banco, nach dem Feingehalte ist es um $22{,}^{25}$ Proc. mehr werth.

§. 285.

Zur Vollkommenheit einer reinen Girobank gehören folgende Bedingungen: 1) Die niedergelegten Summen dürfen nicht zu Erwerbsgeschäften benutzt werden, sondern müssen vorräthig liegen bleiben, denn sonst würde ein in den Bankbüchern erworbenes Guthaben nicht eine vollkommene Sicherheit gewähren, vielmehr hinge der Besitzer desselben von der Klugheit und dem Erfolge der Bankverwaltung ab. 2) Jeder, auf dessen Namen eine Summe in der Bank steht, muß die Befugniß haben, dieselbe beliebig herauszuziehen, weil sonst die Bedeutung des Guthabens genau betrachtet nur etwas Eingebildetes wäre (*a*). 3) Die Bank muß in ihren Rechnungen ein von der ungleichen Ausprägung der Münzsorten unabhängiges Preismaaß gebrauchen, indem sie die Einlagen, wie die Ausbezahlungen blos nach ihrem Metallgehalte schätzt, also in einem Gelde rechnet, welches nicht eine einzelne Münze, sondern blos eine gewisse Metallmenge ist. Diese Stetigkeit des Rechnungsgeldes der Bank gewährt für den Handel solchen Vortheil, daß man sich in einem weiteren Kreise desselben bedient und daß sich Geschäfte häufiger nach dem Sitze der Bank hinziehen (*b*).

Die Banken dieser Art sind mit Ausnahme einer einzigen, der Hamburger, eingegangen (*c*), man hat aber neuerlich den Vortheil, den sie gewährten, auch ohne das Liegenbleiben eines so großen Vorrathes von Gold und Silber, wenn gleich nicht mit einer unfehlbaren Sicherheit, zu erreichen gewußt, indem einzelne Bankhäuser oder größere Anstalten anderer Art (Zettelbanken) zugleich das Ab- und Zuschreiben (Girogeschäft) für die mit einem solchen Hause oder einer solchen Anstalt in Verbindung stehenden Personen übernahmen (*d*).

(*a*) Die **venetianische** Bank gestattete lange Zeit hindurch kein Herausziehen der Einlagen.

(*b*) So die **Hamburger** Bank, welche den Bankthaler zu 528,^{217} holl. As feines Silber (oder 9,^{2044} Thlr. auf die cöln. Mark) rechnete, weil dieses der Mitteldurchschnitt zwischen dem ursprünglichen Gehalte des älteren Speciesthalers (540 As) und dem unter Karl VI. merklich leichter ausgeprägten Thalerstücke (516 As) war. Dänemark und Schweden prägten solche Thalerstücke aus, Hamburg selbst aber nicht. Büsch, a. a. O. S. 177. — Der Thaler Banco ist nach dem 24½fl.-Fuße 2 fl. 39,^{7} kr., die Mark Banco (⅓ Thaler) von 176 As = 53,^{2} kr.

(*c*) **Zur Geschichte der Girobanken.**
Benedig. Seit 1157 bestanden Privatbanken unter Staatsaufsicht, aber die Depositenbank wurde erst 1584 errichtet. (Hüllmann, Staatswirthsch. Nebenstunden S. 105 vermuthete 1582). Im Jahre 1587 gingen die Einlagen als Anleihen in die Hände der Regierung über, welcher Umstand aber erst 1797, bei dem Einrücken der Franzosen, den Credit der Bank erschütterte. Aufgehoben 1806. Büsch, a. a. O. — Storch, III, 63. — Ganilh, Systèmes, II, 156. — Hüllmann, Städtew., I, 453. — Galucci in Venezia e le sue laguno 1847, I, 1 Abth. S. 362. — Die revidirten Gesetze von 1663 bei Marperger, S. 190, in der Ursprache, enthalten nur Verordnungen über die Formen der Buchführung, die Pflichten des Personals u. dgl.

Amsterdam. Errichtet 1609, um bei dem häufigen Umlaufe abgenützter und beschnittener Münzen die vollwichtigen Stücke zu behalten. Die Regierung verbot, Wechsel von 300 fl. und darüber anders als durch die Bank zu bezahlen. Diese betrieb zugleich den Handel mit edlen Metallen und nahm hiebei sowohl Barren als Münzen jeder Art (ausgenommen Scheidemünze) an, wofür sie Credit in ihren Büchern gab, dieser aber wurde in dem gewöhnlichen umlaufenden Gelde ausgedrückt, den holländischen Gulden anfangs zu 225 As fein gerechnet. Da die Bank nur gute Stücke annahm, so wurde das Bankgeld um einige Procente höher im Verkehr bezahlt, als die umlaufenden Sorten. Der Gulden wurde durch spätere Würdigung der vorkommenden Stücke auf ungefähr 212 As herabgesetzt, gegen Ende des 17. Jahrhunderts durch Festsetzung des 3 Guldenstückes zu 603 As kam er auf 201 As f. Der belgische Ducaten durfte erst seit 1638 angenommen werden und es ist daher unrichtig, aus seinem Preise von 3 fl. den ursprünglichen Werth des Bankguldens zu berechnen, welcher kein anderer, als der in vollwichtigen Stücken vorkommende war. Wer Münzen in die Bank brachte, erhielt nicht nur ein Guthaben in den Büchern derselben, sondern auch eine Quittung (Recepisse), wofür er halbjährig einen kleinen Zins entrichten mußte, ⅛ Proc. für Ducatons (Silberryder), bei anderen Sorten ¼—½ Proc. Der Besitz einer Summe Bankgeld und eines Recepisses auf gleichen Betrag berechtigte zum Herausnehmen von Baarschaft. Da nun das Bankgeld etwas über dem vollen Preise der guten Sorten stand, so erhielten die Recepissen einen Preis und deßhalb liefen sie häufig um. Hieraus war die Meinung entstanden, daß diejenigen Einlagen, für welche keine Recepissen durch Zinszahlung erneuert worden wären, gar nicht mehr hätten zurückgefordert werden können, was nach Mees nicht richtig ist. Jede Umschreibung kostete zwei Stüver (20 auf den Gulden), wer zum erstenmal ein Guthaben erhielt, entrichtete 10 fl. Zweimal im Jahre wurden alle Rechnungen abgeschlossen. Erst 1795 wurde es bekannt, daß die Bank einen Theil des Vorrathes heimlich zu Vorschüssen verwendet hatte, die sich auf 9·247793 fl. beliefen. Diese Summe wurde 1802 von der Regierung vergütet, doch gelangte die Bank nicht wieder zu der vorigen Bedeutung. Bei der Gründung der niederländischen Zettelbank im Jahre 1814 verlor sie vollends alle Wirksamkeit, weßhalb 1820 ihre Aufhebung ausgesprochen und die Rückzahlung des Bankgeldes mit 5 Proc. Aufgeld verordnet wurde. Marperger, S. 119. — Ad. Smith, II, 305. — Büsch, S. 160. 760. — Storch, III, 64. — Sorgfältig und mit Beleuchtung mancher früherer Irrthümer handelt die Geschichte dieser Bank ab W. C. Mees, Proeve eener geschiedenis van het bankwezen in Nederland gedurende den tijd der republiek. Rotterd. 1838.

Hamburg. Errichtet 1619, wegen der vielen schlechten damals umlaufenden Münzen. 1770 fing die Bank an, Silberbarren anzunehmen; seit 1790 findet die Einlage von Münzen gar nicht mehr Statt. Die Barren müssen eine Mischung von $^{43}/_{64}$ reinem Silber haben (0,^{984} oder 15 Loth 12 Grän). Die Bank berechnete bei den eingelegten Barren die köln. Mark feines Silber zu 442 Schilling (48 auf den Thaler) oder 27 Mark 10 Schill., beim Herausziehen mußte man sich die köln. Mark um 2 Schillinge höher, also zu 27 M. 12 Schill. anrechnen lassen. Seit 1846 wird auch beim Einlegen die köln. Mark zu 27 M. 12 Schill. Banco berechnet und beim Herausziehen nur 1 pro mille zurückbehalten. Hieraus ergiebt sich der Feingehalt der Bankmark zu 175,^{807}, des Thalers zu 526,^{16} As. Vgl. Soetbeer, Ueber Hamburgs Handel, III, 41. 1846. Der fortwährend geheimgehaltene Betrag des Bankvorraths wurde 1813 bei der Wegnahme durch den Marschall Davoust bekannt, er war 7·506956 Mark Banco, wofür die franz. Regierung 1816 nur 500000 Franken Renten erstattete. Im J. 1800 hatte der Bankvorrath 41 Mill. Mark überstiegen. Soetbeer, Beiträge u. Materialien zur Beurtheilung von Geld- und Bankfragen, 1855.

Nürnberg. Stiftung 1621. Wechsel von 50 fl. und Zahlungen für Waarenkäufe von 200 fl. und darüber mußten durch die Bank bewirkt werden; die Gebühr beim Umschreiben betrug 3 kr. von 100 fl. (bei Juden 6 kr.). Nur bestimmte grobe Sorten wurden angenommen und konnten beliebig herausgezogen werden. Das Girogeschäft hat in neuerer Zeit aufgehört und ist nur noch ein Bankgeschäft auf Staatsrechnung geblieben, §. 292 a (e). Eines Hochedeln und Hochweisen Raths ... Banco- und Wechselordnung, Nürnb. 1722. 4. (enthält die neueste Revision der Statuten von 1721). — Roth, Gesch. des nürnb. Handels, IV. — Rau zu Storch, III, 464.

Rotterdam. Die Bank wurde 1635 nach dem Vorbilde der Amsterdamer gegründet, erlangte aber keine besondere Wichtigkeit. Eine Revision der Statuten geschah 1660. In neuester Zeit sank ihre Wirksamkeit mehr und mehr, und ohne förmliche Aufhebung scheint sie 1812 erloschen zu sein. Mees a. a. O. S. 207—22.

Auch die in Berlin 1765 errichtete Bank hatte sonst ein Girogeschäft und rechnete in Pfunden, deren 100 gleich 131¼ Thlr. Courant oder 4 gleich 1 Friedrichsd'or waren. Das Herausziehen stand nur denen frei, welche Summen selbst eingelegt hatten, nicht denen, welchen sie übertragen wurden. Reglement von 1766, Art. 1—6, 12—26, in Bergius, Samml. deutscher Landesgesetze, VI, 289 ff.

(d) Dieß Umschreiben bei Bankhäusern kommt leicht ohne besondere Anordnung in Gang. Wenn sowohl A als B bei dem Bankhause C ein Guthaben besitzen und A an B etwas zu bezahlen hat, also den C beauftragt, dieß zu thun, so ist es ganz einfach, daß C die Summe einstweilen nur dem B gutschreibt.

II. Anweisungen und Wechsel.

§. 286.

Eine **Anweisung** (**Assignation**) ist der schriftliche Auftrag des Einen an den Anderen, einem Dritten eine gewisse Geldsumme auszubezahlen. **Wechsel** (**Wechselbriefe**) sind eine Art von Anweisungen, an einem anderen Orte zahlbar, in einer bestimmten Form abgefaßt und durch besondere, an diese Form geknüpfte rechtliche Folgen ausgezeichnet (a). Ist die Zahlfähigkeit des Beauftragten keinem Zweifel unterworfen und seine Bereitwilligkeit zur Vollziehung des Auftrages zu vermuthen, auch für den entgegengesetzten Fall der Ersatz durch den Auftraggeber für sicher zu erachten, so kann die Anweisung oder der wegen des strengen Wechselrechtes mehr Sicherheit gewährende Wechsel sehr bequem statt der baaren Summe versendet werden, um eine Zahlung zu bewirken. Der Inhaber des Wechsels verschafft sich dieselbe, indem er dem Beauftragten den Wechsel vorlegt und jenen auffordert, die in diesem benannte Summe auszuliefern. Ein Wechsel muß jedoch nicht nothwendig sogleich an den Wohnort des Beauftragten gesendet werden, sondern kann vorher auch an andere Orte gehen, wo ihm die Erwartung der von dem Beauftragten zu leistenden Zahlung ebenfalls Werth verleiht. Derjenige, zu dessen Gunsten der Auftrag ausgestellt ist, überträgt dabei seinen Anspruch an eine andere Person, diese wieder an eine andere u. s. f.

(a) Die sogenannten **trockenen Wechsel**, Schuldscheine in Wechselform, kommen zwar in rechtlicher Beziehung mit den wahren (traffirten) Wechseln überein, sind aber wirthschaftlich betrachtet sehr von ihnen verschieden.

§. 287.

Der Hauptvortheil dieser Einrichtung ist, daß man die Mühe, Kosten und Gefahren einer Geldsendung an einen anderen Ort erspart. Die in jedem Zeitpuncte fälligen Forderungen zwischen zwei Orten können vermittelst der Wechsel ausgetauscht werden, so daß nur noch der Mehrbetrag der Schuldigkeit des einen Ortes hinausgezahlt wird (*a*). Weil aber der Beauftragte (der Trassat oder Acceptant bei Wechseln) die Summe an seinem Wohnorte zu bezahlen hat und der Käufer der Anweisung oder des Wechsels (der Remittent) in der Regel den Betrag der angewiesenen Summe an den Anweisenden oder Wechselaussteller (Trassanten) baar entrichtet, so wird keine Ersparung an Münze bewirkt, nur daß diese nicht mehr während der Versendung dem Umlaufe entzogen wird und der Geldvorrath der beiden Orte keine Veränderung erleidet (*b*). Wenn der Wechselaussteller nicht schon Gläubiger des Beauftragten ist, so muß er diesen für die Bezahlung des Wechsels entschädigen (*c*). Sendet der erste Käufer (Remittent) den Wechsel an einen dritten Ort, wo er eine Zahlung bewirken will, und wiederholt sich dieß durch mehrmalige Abtretung (Indossirung) des Wechsels an andere Personen und an verschiedenen Orten, so wird derselbe oft an Zahlungsstatt angenommen, ohne daß man ihn erst zu verkaufen nöthig hätte (*d*).

(*a*) Wenn A in Leipzig an B in Königsberg 1000 Thlr. zu bezahlen, und zugleich C in Leipzig an D in Königsberg dieselbe Summe zu fordern hat, so wird das Hin- und Hersenden des Geldes erspart, wenn C einen Wechsel auf D ausstellt, worin dieser beauftragt wird, die 1000 Thaler an B zu geben, und wenn A diesen Wechsel von C gegen baare Bezahlung erkauft.

(*b*) Es werden in obigem Falle wirklich 2000 Thaler bezahlt, nur innerhalb beider Städte, von D an B und von A an C.

(*c*) Dieß kann geschehen 1) durch Sendung von Münze, 2) durch Remittirung eines anderen gekauften Wechsels, 3) durch Waarensendungen, welche ein von dem ersten Geschäfte verschiedenes zweites, nämlich einen Kauf, voraussetzen.

(*d*) Beispiel: A in Köln hat 800 Thaler von B in Königsberg einzunehmen und verkauft einen Wechsel auf denselben. C kauft ihn und sendet (remittirt) ihn an seinen Gläubiger D in Breslau, der mit dem erhaltenen Wechsel seinen Gläubiger E in Danzig befriedigt. E kann den Wechsel nicht selbst zum Versenden gebrauchen, verkauft ihn aber an den F, der ihn an G in Königsberg statt einer Baarzahlung sendet. G zieht das Geld von B ein. In diesem Falle sind die 800 Thlr. dreimal in verschiedenen Orten baar bezahlt, es sind aber vier Sendungen der nämlichen Summe erspart worden.

§. 288.

Die Bestimmung einer Anweisung oder eines Wechsels ist, daß eine Zahlung an einem anderen Orte oder wenigstens von einer anderen Person erfolge, als von derjenigen, welche außerdem selbst zu bezahlen hätte. In dieser Wirkung liegt wegen der Kosten- und Zeitersparung ein ansehnlicher Vortheil und die genannten Creditmittel leisten daher dem Verkehre einen sehr nützlichen Dienst (*a*). Wenn aber eine solche Verschreibung zum Behufe der Versendung mit einer Geldsumme erkauft wird, und wenn der Inhaber derselben die benannte Summe vom Traßaten einfordert, so bildet der Wechsel kein Ersatzmittel der Münze. Nur dann verrichtet er den Dienst des Geldes, wenn er von Jemand an Zahlungsstatt empfangen und wieder in gleicher Weise ausgegeben wird. Dieß geschieht zwar nicht selten (*b*), aber doch nicht so leicht und allgemein, daß man die Wechsel für **eine Art des Geldes** ansehen könnte (*c*). Sie haben nicht die Eigenschaften eines guten Umlaufsmittels, wie sich aus folgenden Gründen darthun läßt. 1) Wer nicht eine oder mehrere der in einem Wechsel benannten Personen als zuverläßig kennt, der ist wenig geneigt, denselben an Zahlungsstatt anzunehmen, auch hält die Strenge des Wechselrechtes viele Menschen ab, sich der Wechsel zu bedienen, deßhalb finden dieselben größtentheils nur unter Kaufleuten Anwendung. 2) Die Abtretung eines Wechsels muß schriftlich auf der Rückseite des Blattes ausgedrückt werden (**Indossament**, endossement), was ebenfalls eine Unbequemlichkeit ist (*d*). 3) Die Auszahlung eines Wechsels kann nur zu einem darin bezeichneten Zeitpunkte von dem Beauftragten verlangt werden. Richtet sich diese Verfallzeit nach dem Tage der Ausstellung (*e*), so gewährt der Wechsel nur bis zum Eintritte dieser Zeit volle Sicherheit; aber auch in dem Falle, wo die Verfallzeit von dem Tage der Vorlegung (Präsentation) abhängig ist, werden Wechsel nicht gerne lange nach der Ausstellung angenommen, wenn man nicht genau weiß, daß in den Verhältnissen der betheiligten Personen in der Zwischenzeit keine Veränderung eingetreten ist. 4) Wechsel, deren Verfallzeit nicht ganz nahe ist, sind wegen des Zinsverlustus in der Zwischenzeit weniger werth, und werden deßhalb auch etwas unter ihrem vollen Betrage verkauft. Sie haben schon aus dieser Ursache keinen ganz festen Preis in Münze. Es ist ein Gewerbsgeschäft, Wechsel mit einem, ungefähr den Zinsen entsprechenden Abzuge (**Dis-**

conto, escomte, Wechselzins) früher anzukaufen, um sodann die ganze Summe von dem Trassaten einzuziehen. Diese Unternehmung heißt das **Discontiren, Scontiren** (*f*). Demjenigen Besitzer eines Wechsels, welcher die in letzterem ausgedrückte Summe bald zu besitzen wünscht, ist ein noch Wochen oder Monate laufender Wechsel lästig und er muß ihn, wenn er die Annahme nicht ablehnen will, mit einem Disconto verkaufen.

(*a*) In Großbritanien sollen nach **Jones** (Distribut. of wealth S. 271) stets für ungefähr 100 Mill. L. St. Wechsel und Anweisungen (private bills) umlaufen, nach neueren Untersuchungen von **Newmarch** (Journ. des Écon. XXXI. 62. 153. XXXII. 35) im D. von 1843—46 116 Mill. Der Nutzen der Wechsel mußte in früheren Jahrhunderten noch stärker empfunden werden, als jetzt, weil die Münzsendungen wegen der schlechten Straßen kostbarer und wegen der häufigen Beraubungen gefährlicher waren. Um die räuberischen Völker nicht fürchten zu müssen, durch deren Sitze der Weg nach Kaschmir geht, pflegen persische Kaufleute, die dort Shawls einkaufen wollen, sich in Kabul mit Wechseln zu versehen, indische setzen ihr mitgebrachtes Geld in Anbarsar in Wechsel um. **Berghaus**, Annal. V, 529. Kabul hat Wechselverkehr mit Kalkutta und Astrachan; aber selbst der Besitz eines Wechselbriefes wird von den Reisenden verheimlicht, aus Besorgniß vor Räubern. **Burnes**, Reise, I, 173. — Anweisungen sind schon im Alterthume bekannt gewesen, das Wechselrecht aber entstand im Mittelalter, zuerst auf Messen. — Ueber den Ursprung der Wechsel **Fischer**, Gesch. des deutschen Handels, I, 297. — **Storch**, II, 65. — **Mittermaier**, Grunds. d. Privatr. II, §. 226. — **Hüllmann**, Städtewesen, S. 442. — **Schiebe**, Die Lehre der Wechselbriefe, 2. Ausg. 1831. S. 1—16.

(*b*) Besonders häufig bei den Anweisungen auf Bankhäuser und größere Banken, wobei sich auch gute Gelegenheit zum Umschreiben ergiebt.

(*c*) **Fullarton** bei **Tooke** (History of prices from 1839—47, S. 157) bestreitet den Unterschied zwischen Wechseln und Banknoten, womit auch **Tooke** S. 163 einverstanden ist.

(*d*) Wechsel werden zwar bisweilen ohne Benennung des Käufers (in bianco) indossirt, hiedurch geht aber die Haftbarkeit der nicht eingeschriebenen Erwerber und Ausgeber verloren. Die englischen Anweisungen auf Bankhäuser (cheques, checks) lauten auf den Inhaber und waren hieburch bisher von der Stempelgebühr frei, auch haben sie keine bestimmte Verfallzeit und können beliebig eingefordert werden.

(*e*) Dieß ist der Fall, wenn sie auf eine Anzahl von Tagen, Wochen oder Monaten nach der Ausstellungszeit (dato) gestellt sind.

(*f*) Dasselbe ist eine beliebte Art, Geldsummen auf kurze Zeit einträglich anzuwenden. Der Discontirende bewahrt den Wechsel bis zur Verfallzeit und zieht dann die volle Summe ein. In Großbritanien werden nach **Newmarch** (a. a. O.) 86 Proc. vom Betrage aller Wechsel discontirt. Das Discontiren hat wirthschaftlich betrachtet mit dem Darleihen große Aehnlichkeit, von rechtlicher Seite weicht es sehr davon ab, indem es in dem Kaufe einer Forderung an einen Dritten besteht. Der Disconto folgt im Allgemeinen dem Stande des Zinsfußes, steht indeß meistens etwas niedriger, weil man den Vortheil einer baldigen sicheren Rückzahlung schätzt, und manche Summen, statt müßig zu liegen, auf kurze Zeit zum Discontiren verwendet werden. Uebrigens hat man beim Discontiren zwei kleine Vortheile: 1) das Jahr wird nur zu 360 Tagen gerechnet, 2) man zieht den Disconto gleich beim Wechselkaufe ab und muß ihn folglich als den Zins der kleinern wirklich bezahlten Summe ansehen. Wer z. B. bei einem Discontosatze von 4 Procent jährlich für eine Frist von 1½ Monaten ½ Procent abzieht und also einen Wechsel auf 100 fl. mit 99½ fl. bezahlt, bezieht eigentlich für eine Auslage von 99½ fl. schon ½ fl. Zins, statt für 100, also jährlich 4,0201 Proc.

§. 289.

Die Wechsel haben wie die Waaren einen Preis und zwar einen ziemlich veränderlichen. Man bezeichnet ihn wie überhaupt den Preis der Creditpapiere und Münzen mit dem Ausdrucke **Curs** (cours). Der Preis, den an einem Orte A die auf einen andern Ort B ausgestellten Wechsel haben, deutet an, welche Summe man in A aufwenden muß, um sich die Verfügung über eine gewisse Summe, die in B ausbezahlt werden soll, zu verschaffen. Um eine genaue Vorstellung von diesem Preise zu erhalten, muß man, wenn an beiden Orten in verschiedenen Münzsorten gerechnet wird, die im Wechsel erkaufte Summe und ihren Preis auf einerlei Geldsorte oder auf Gewichtseinheiten des edlen Metalles umrechnen. Die Gleichsetzung zweier Münzsummen, in welchen gleichviel Silber oder Gold enthalten ist, heißt **Pari**, und dieses bildet die Mitte, um welche die jedesmaligen Wechselkurse, als Marktpreise, hin und her schwanken (a).

(a) Z. B. 105 fl. im südwestlichen Deutschland sind dem Silbergehalte nach gleich 60 preuß. Thalern und dieß ist das Pari zwischen Frankfurt und den preußischen oder sächsischen Wechselplätzen. Ist nun der Curs in Frankfurt 106½ fl. (24. Jan. 1855), so ist dieß 1½ fl. = 1,428 Proc. über Pari, man muß also 101,43 fl. in Frankfurt aufwenden, um die in 100 fl. enthaltene, in Berlin zahlbare Silbermenge an sich zu bringen. Die regelmäßig bekannt gemachten Wechselkurse sind nicht leicht verständlich, weil die Kaufleute oft nur die eine von beiden Münzen, in denen der Curs ausgedrückt wird, angeben, die andere aber der Kürze willen im Sinne behalten. Die Curslisten sagen z. B. in Paris: der Curs auf London ist 25½ Fr., auf Hamburg 186 Fr., dieß soll heißen für 1 L. Sterling, für 100 Mark Banco. Diejenige von beiden Münzsummen, die man auf diese Weise im Sinne behält, heißt die feste **Valuta** (le certain), diejenige, welche man ausspricht und deren Quantität wechselnd ist, die veränderliche **Valuta** (l'incertain). Jene ist bald eine Einheit (1 Piaster, 1 Rubel), bald eine runde Zahl (100 Thaler, 300 Franken, 1000 Reis). Bisweilen werden die Curse in Währungen ausgedrückt, die gar nicht geprägt sind, z. B. der erst 1843 abgeschaffte Rthlr. Frankfurter Wechselzahlung (WZ), wovon ursprünglich 13,³⁰ Stücke oder 20,⁶⁷³ fl. auf die Mark gingen. Der Curs zwischen den vereinigten Staaten und England wird auf eine unbequeme Weise bezeichnet, indem man 1 L. St. = 4⁴/₉ Doll. oder 9 L. St. = 40 D. setzt und angibt, wieviel wirkliche Dollars für 100 jener Annahme oder für 22½ L. St. bezahlt werden müssen. Das Pari ist 109,⁴⁸ nach dem Goldgehalte des Eagle von 10 Doll., woraus sich 1 L. St. = 4,⁸⁶³ D. ergibt. — Der Curs zwischen zwei Plätzen wird sogar zufolge des Herkommens nicht immer an beiden auf dieselbe Weise angegeben: z. B. zwischen **Paris** und **Berlin**. Dort giebt man an, wieviel Franken daselbst für 100 preuß. Thaler, die in Berlin zahlbar sind, gegeben werden müssen, in Berlin aber, mit wieviel Thalern man 300 Franken in Paris erkauft. Ebenso zwischen **Paris** und **Frankfurt**; dort war am 25. Januar 1855 der Curs nach Frankfurt 214, d. h. soviel Fr. für 100 fl., in Frankfurt am nämlichen Tage 93¹/₄, d. h. soviel Gulden für 200 Fr.

Erklärung dieser herkömmlichen Bestimmungsarten in den Büchern von **Flügel** (Der erklärte Curszettel), **Tschaggeny** (Les arbitrages, Paris 1817, 4.), **Gerhardt**, **Nelkenbrecher**, **Kruse**, **L. Schmidt** u. a., vorzüglich **Noback** (Taschenb. der Münz-, Maaß- und Gewichtsverhältnisse, 1851. II B.). — Rechnet das eine Land in Silber, das andere in Gold, so hat auch das jedesmalige Preisverhältniß beider Metalle auf den Wechselcurs Einfluß und das Pari ist daher veränderlich. Seitdem in Frankreich das Gold vorherrscht, muß dasselbe bei der Berechnung des Pari zu Grunde gelegt werden. In Silber waren 200 Franken = 94,¹² fl. des 24½ fl. Fußes, in Gold, bei einem Preise desselben von 15½, sind jene = 92,⁷³ fl. Curs 23. Jan. 1855 in Frankfurt 93¹/₈—³/₈, in Paris (aus 244 berechnet) 93,⁴ fl. In dem Curse zwischen Berlin und Paris war in Silber das Pari 100 Thlr. = 371,² Fr., in Gold zu 15½ ist es 376,⁷ Fr., daher z. B. der Curs am 25. Jan. 1855 376,⁸ Fr., und in Berlin 78¼ Thlr. für 300 Fr. — Besteht das Umlaufsmittel eines Landes größtentheils aus einem gegen Münze im Preise gesunkenen Papiergelde, so müssen die auf solches gestellten Wechsel einen entsprechenden niedrigeren Curs haben. In Wien stand im Sept. 1859 das Papiergeld zu 117 gegen 100 Silber. Daher kaufte man 100 fl. süddeutsch in Wechseln auf Frankfurt zu 100,⁸⁵ fl. österr., während sie in Silber nur 85,⁷ fl. werth sind. Hieraus erklärt sich, daß 1814 vor dem Frieden auf dem Festlande der Curs nach England gegen 30 Procent unter Pari war, indem die Noten der englischen Bank, damals das einzige Umlaufsmittel, gegen rohes Gold um so viel gefallen waren.

§. 290.

Wenn in A der Curs nach einem andern Orte B über Pari steht, d. h. wenn man in A etwas mehr Gold oder Silber hingeben muß, als man dafür in einem Wechsel nach B zur Verfügung erhält, so beweist dieß, daß in A der Begehr von Wechseln auf B größer ist als das Angebot (a). Der Begehr bestimmt sich in jedem Zeitpuncte nach der Menge von Zahlungen, welche man in Kurzem nach B zu machen hat und zu welchen man Wechsel anwenden will. Das Angebot richtet sich nach der Menge von bereits fälligen Forderungen, welche die Einwohner in A an die Bewohner von B haben und für deren Belauf sie Wechsel zu verkaufen suchen. Sind die gegenseitigen zahlbaren Forderungen zwischen beiden Orten gleich, so wird der Wechselcurs ungefähr den mittleren Satz, das Pari, erreichen (*b*), im entgegengesetzten Falle müssen an dem Orte, welcher mehr zu zahlen als zu fordern hat, Wechsel nach dem anderen über Pari erkauft werden. Diese Abweichung vom Pari hat ihre nahen Gränzen, denn so lange die Münzsendungen keine Schwierigkeit haben, giebt man für einen Wechsel nicht mehr, als die Baarsendung mit Fracht und Nebenausgaben (z. B. Seeversicherung) kosten würde (*c*). Wo dagegen Verbote, Kriege und dergl. diesen Ausweg erschweren, da ist eine beträchtliche Abweichung vom Pari möglich (*d*).

(*a*) In diesem Falle nennt man den Wechselcurs für B **günstig**, für A **ungünstig**, oder man sagt auch kurz: der Curs steht für B und gegen A.

(*b*) Doch auch nur **ungefähr**. Es sind hiebei noch folgende auf den Curs wirkende Umstände zu erwägen.

1) Der Trassant erhält den Wechsel bei der Abgabe sogleich bezahlt, oder, wenn er mit dem Remittenten in Abrechnung steht, so werden ihm doch die Zinsen von diesem Zeitpuncte an berechnet; dagegen leistet der Trassat die Zahlung erst nach Ablauf der Verfallzeit. Daher ist der Werth des Wechsels um die Zinsen dieses Zeitraums für den Remittenten weniger werth, als die darin ausgedrückte Metallmenge. Nimmt man 4 Proc. Jahreszinsen an, so ist ein Wechsel, der nach einem Monat fällig wird, jetzt ⅓ Proc., und bei drei Monaten Frist 1 Proc. weniger werth. Auf je längere Zeit ein Wechsel läuft, desto niedriger ist daher sein Preis; z. B. am 25. Jan. 1855 standen in Paris die Wechsel auf Madrid bei ganz kurzer Frist auf 526½, bei dreimonatlicher auf 520 Cent. für 1 Piaster, also 6½ Cent. Unterschied auf ungefähr 80 Tage, was jährlich 5,1 Proc. ausmacht. Um den Einfluß dieses Umstandes auf den Wechselcurs auszuscheiden, muß man denselben bei Wechseln mit längerer Zahlfrist so berechnen, wie er bei gegenwärtiger Zahlung sich stellen würde.

2) Der Remittent hat einige Nebenausgaben für Mäklergebühr und Porto. Gesetzt, dieselben betragen 2 per mille, so wird, wenn der Curs genau in Pari steht, der Aufwand für den Remittenten größer, als wenn er auf sich trassiren ließe. Da nun in der Regel die eine von beiden Arten, eine Zahlung zu bewirken, eben so vortheilhaft sein muß, als die andere, weil sonst die wohlfeilere mehr angewendet wird und das Mitwerben die Ausgleichung bewirkt, so wird der Curs an jedem der beiden Orte ungefähr um den halben Betrag der Kosten oder 1 per mille unter das Pari herabgehen. Ist dieß der Fall, so kann man z. B. zu Hamburg im Curse nach Frankfurt (Pari 100 Mark Banco = 88,^{39} fl.) mit dieser Summe 1 p. mille mehr oder 88,^{309} fl. erkaufen, in Frankfurt aber braucht man für 100 Mark nur 88,^{192} fl. hinzugeben.

Diese beiden Ursachen müssen die Herstellung des vollen Pari verhinbern und eine Verschiedenheit der Curse an beiden Orten nach sich ziehen. Dieß zeigt sich auch wirklich. Die Wirkung dieser Kosten ist aber so gering, daß sie sich nicht herausfinden läßt, weil immer zugleich kleine Schwankungen im Mitwerben mit im Spiele sind. Beispiel: In Hamburg erkaufte man am 23. Jan. 1855 mit 100 Mark Bco. 189$^{3}/_{4}$ Fr. auf Paris auf kurze Sicht, in Paris mußte man auf 3 Monate für 100 Mark 187$^{1}/_{2}$ Fr. geben. Zu 4 Proc. Jahreszinsen und 80 Tagen Zwischenzeit würde ein Sichtwechsel in Paris 189,^{16} Fr. kosten, also 34 Cent. weniger. — Paris, 25. Jan. 1855 für 1 L. St. nach London, 25,^{00} Fr., London 23. Jan. nach Paris 25,^{5}—^{10} Fr. — Wenn Jemand, der an dem anderen Orte nichts einzunehmen hat, bewogen werden soll, einen Wechsel dorthin auszustellen, so muß ihm ein höherer Preis geboten werden, weil er dem Trassaten die Vergütung zu Handen schaffen muß. Daher kann kurze Zeit hindurch der Curs hoch stehen. Beispiel: Frankfurt, 1. März 1847 nach Hamburg auf kurze Sicht 89, Hamburg, 26. Februar nach Frankfurt 89$^{3}/_{4}$ Fr., ferner London 5. Januar 1841 nach Paris auf 3 Monate 25,^{85} Fr. (für 1 L. St.), Paris, 2. Jan. 1841 nach London auf 3 Monate 24,^{90} Fr.

(c) Je weiter die Entfernung, desto mehr kann deßhalb der Curs vom Pari abweichen. Eine Sendung americanischer Goldmünzen nach London wird zu 9 per mille Kosten berechnet. In Cincinnati war 1852—53 und 1853—54 der Curs auf New-York höchstens 1$^{3}/_{4}$ Proc. über Pari, in New-Orleans kam er in 3 Jahren einmal auf 3$^{1}/_{4}$ Pr. Discont (unter Pari) bei 60 Tagen. In New-York stehen Wechsel nach Californien bisweilen 6—8 Proc. unter Pari. Bei Zahlungen in andere Länder können auch Umprägungskosten hinzukommen. Ueber die Berechnung des Pari s. Bleibtreu, Lehrbuch der Handelswiss., 1830, S. 135. Deff. Contorwiff. S. 133.

(d) Ein Beispiel hievon geben die ungünstigen Curse, für welche im Revolutionskriege von der englischen Regierung Wechsel zu den Subsidienzahlungen nach Deutschland erkauft werden mußten. Das Steigen des Curses nach England auf dem festen Lande nach dem ersten und dann wieder nach dem zweiten Pariser Frieden läßt außer dem zunehmenden Preise der Banknoten gegen Metall (§. 249 (a)) auch den Einfluß der aufhörenden Subsidien- und der Kriegskostenzahlungen bemerken. Lowe Engl. n. s. gegenw. Zust. S. 137.

§. 291.

Der Stand des Wechselcurses zwischen zwei Ländern zeigt demnach das Verhältniß der Mengen von Geldzahlungen an, welche beide einander zu leisten haben. Hat das eine Land mehr zu zahlen, als das andere, so kann der Ueberschuß nicht durch den Austausch der Forderungen, d. i. durch Wechsel, vergütet werden, er macht Münzsendungen nothwendig und steigert, ehe man sich zu diesen entschließt, den Curs. Die Zahlungen aus einem Lande in das andere entspringen aus verschiedenen Ursachen, welche sich so überblicken lassen:

1) Geldsendungen, durch welche ein Ersatz in anderen Vermögenstheilen erworben wird;

a) Bezahlung angekaufter Waaren (a), sowie der im Waaren-handel geleisteten Dienste, als Provision, Speditionsgebühr und dergl.,

b) Anlegung eines Vermögens, woraus Eigenthums- oder Forderungsrechte für das absendende Land entstehen, Darleihen an Regierungen oder Einzelne, Ankauf von Grundstücken und Actien, Betreibung von Unternehmungen ꝛc. Die Rückerstattung der so angelegten Summen und der Zinsen verursacht Zahlungen in entgegengesetzter Richtung.

2) Leistungen ohne einen solchen gleichzeitigen oder späteren Ersatz in das bezahlende Land,

a) von Regierungen, z. B. Hülfsgelder, Kriegskosten,

b) von Einzelnen, Erbschaften, Auswanderungen, Reisen ꝛc.

Da alle diese Zahlungen auf den Wechselcurs einwirken und auch aus Aufträgen von einem dritten Lande nicht selten Wechsel angeboten oder begehrt werden, so kann ein gewisser Stand des Curses in einem gegebenen Falle nur dann als Kennzeichen des Verhältnisses zwischen Ein- und Ausfuhr von Waaren gebraucht werden, wenn man weiß, daß keine der andern genannten Arten von Zahlungen hinzugekommen ist (b). Steht in einem Lande der Wechselcurs nach einem anderen über Pari, so verursacht dieß in jenem den Käufern von Wechseln (Remittenten) eine Mehrausgabe und vertheuert die Waarenankäufe. Die Aussteller (Trassanten) haben dagegen Gewinn, vorausgesetzt, daß sie die Forderungen an das andere Land früher auf wohlfeilere Weise erwarben. Die Wirkung eines niedrigen Curses ist die umgekehrte (c).

(a) So oft zufolge einer Mißernte Großbritanien ungewöhnlich viel Getreide einführen muß, steigt dort der Wechselcurs nach dem Festlande.

(b) Wenn der Curs zwischen zwei Ländern merklich vom Pari abweicht, so streben die kaufmännischen Unternehmungen von selbst dahin, ihn dem Pari zu nähern. Muß man z. B. in Hamburg 102 Loth Silber für einen Wechsel geben, um die Verfügung über 100 Loth in Livorno zu erhalten, und kann man in letzterer Stadt für 98 Loth einen Wechsel auf 100 Loth in Hamburg kaufen, so hat dieß die Folge, daß 1) Kaufleute von anderen Orten in Livorno Hamburger Wechsel aufkaufen lassen, entweder um sie an anderen Handelsplätzen wieder abzusetzen, wo sie höher im Preise stehen, oder wenigstens um ihre Zahlungen nach Hamburg wohlfeil zu bewirken; 2) daß ebenfalls von anderen Orten Wechsel auf Livorno nach Hamburg zum Verkaufe gesendet werden, deren Erlös dann zum Einkaufe anderer Wechsel angewendet wird; 3) daß die Livorner Kaufleute es so viel als möglich vermeiden, auf Hamburg zu trassiren, während man hier schon der bloßen Cursverschiedenheit willen traffirt. Solche Wechselgeschäfte, bei denen man Wechsel an dem einen Orte kauft, um sie an dem andern mit Gewinn zu verkaufen, heißen **Arbitragen**. Sie geschehen theils in der Absicht, Zahlungen mit der geringsten Ausgabe zu bewirken, theils blos des Gewinnstes willen, den die Cursverschiedenheit nach Abzug der Kosten erwarten läßt.

(a) 60 preuß. Thaler sind = 105 fl. des $24\frac{1}{2}$ fl.-Fußes. Im Sommer 1854 war der Wechselcurs auf Berlin in Frankfurt bis auf $107\frac{5}{8}$ gestiegen, noch im Januar 1855 stand er auf $106\frac{1}{2}$, also 1,43 Procent über Pari, wahrscheinlich wegen der neuen preuß. Anleihe zu Kriegsrüstungen. Hiermit hängt der erhöhte Preis der preuß. Thaler und Caffenscheine in Frankfurt zusammen (1 fl. $46\frac{1}{4}$ — $\frac{5}{8}$ statt 1 fl. 45 kr.). Es hat also daselbst der eine Theil der Kaufleute ec. Schaden, der andere gewinnt.

Uebrigens sind manche scheinbare Abweichungen des Wechselcurses vom Pari daraus zu erklären, daß in den umlaufenden Münzen eine Veränderung vorgegangen ist, nach welcher sich das Pari selbst anders gestaltet.

III. Abrechnen und Ueberweisen.

§. 292.

Wenn zwei Kaufleute in Geschäftsverbindung stehen und einander Credit geben, so werden die beiderseitigen Leistungen, z. B. Sendungen von Waaren oder Wechseln, Zahlungen aus Wechseln oder Creditbriefen, nicht sogleich vergütet, vielmehr wird erst nach einiger Zeit, z. B. am Ende des Jahres, zusammengerechnet, was Jeder dem Andern schuldig ist. Gleiche Forderungen auf beiden Seiten heben sich auf und nur der Mehrbetrag der Schuldigkeiten des Einen braucht in Geld bezahlt zu werden. Dieß **Abrechnen** (**Compensiren**) bewirkt also eine Ersparung an Umlaufsmitteln. Dieselbe geht noch viel weiter, wenn eine größere Anzahl von Menschen, welche untereinander hin und her Forderungen haben, auf ähnliche Weise abrechnen, so daß Jeder seine Schuldner anweiset, nicht ihm selbst, sondern seinen Gläubigern Zahlung zu leisten und nur soviel baar bezahlt oder empfängt, als der Unterschied seiner sämmtlichen Schulden und Forderungen beträgt (a). Dieß **Ueberweisen**, **Scontriren**, ist jedoch darum von beschränkter Wirkung, weil es persönliche Zusammenkunft erfordert, weßhalb es in großen Städten die beträchtlichste Ausdehnung hat (b).

(a) Es seien vier Menschen A, B, C, D in Geschäftsverbindungen; es schulde

```
A an B 1500 fl.        C an A 2800 fl.
 ‐  an D 4000 ‐          an D 6400 ‐
B an C 6200 ‐          D an B 5000 ‐
```

Die sämmtlichen Forderungen machen 25900 fl. Da in diesem Falle A zusammen 5500 fl. schuldig ist und dagegen 2800 fl. zu fordern hat, so weiset er den C an, seine Schuld an den D zu übernehmen, legt diesem noch 1200 fl. baar zu und befriedigt den B, bezahlt also im Ganzen 2700 fl., wodurch er frei wird. B hat 6500 fl. einzunehmen und 6200 fl. zu entrichten, er beauftragt daher den D, die schuldigen 5000 fl. an den C zu entrichten und giebt diesem noch 1200 fl. weiter, nimmt also 300 fl. mit hinweg. C compensirt nun mit D und hat ihm noch 4200 fl. auszuliefern. Die Zahlungen betragen zusammen nur 8100 fl. oder 31 Proc. aller Forderungen, da aber B von seiner Einnahme 1200 fl. sogleich wieder an C giebt und dieser sie nochmals zur Befriedigung von D anwendet, also diese Geldstücke dreimal umlaufen, so ist der Geldbedarf eigentlich nur 5700 fl. oder ungefähr 22 Proc. obiger Summe.

(8) Die großen Messen geben hiezu gute Gelegenheit; in Lyon ehedem alle Vierteljahre. In London wird dieß Verfahren täglich angewendet, indem jeder Bankherr einen Gehülfen an einen Versammlungsort (im Clearing-House) schickt, wo die auf die Bankhäuser von den Kaufleuten, Capitalisten, Fabrikanten ꝛc. ausgestellten Zahlungsanweisungen (cheques) gegen einander ausgewechselt werden. An gewöhnlichen Tagen rechnet man 4—5 Mill. L. St. abgemachter Zahlungen, an solchen Tagen aber, wo die Geschäfte in Staatspapieren vollzogen werden, steigt die Summe oft auf 20—30 Mill. und selten sind mehr als 200000 L. St. zur baaren Ausgleichung nöthig. 1840 sind 974·401000 L. St. abgerechnet und nur 66·275000 oder 6,8 Proc. bezahlt worden. Neuerlich wird der Mehrbetrag der Schuldigkeit über die Forderungen nicht mehr in Gold oder Banksscheinen, sondern lediglich in Anweisungen auf die Bank von England vergütet, in der deßhalb jedes Bankhaus eine angemessene Summe stehen haben muß. Im Clearinghouse zu New-York (seit 1853) betragen die bezahlten Ueberschüsse nur 5,5 Proc. J. Prince Smith, Sc. of money, S. 62. — Thom. Smith, Principles, S. 177. — Senior, 3 Lectures on the transmission of precious metals, 2. Ausg. S. 22. — Hübner, die Banken, II, 369.

IV. Bankhäuser, Leihbanken.

292 a.

Die Gewohnheit der meisten Begüterten, stets eine Geldsumme für unvorhergesehene Ausgaben in Bereitschaft zu halten (§. 265), entzieht dem Umlaufe eine beträchtliche Geldmenge, zumal da man insgemein einen größeren Vorrath liegen läßt, als es eigentlich nöthig wäre. Wenn sich viele Personen mit einem Bankhause (a) in Verbindung setzen, ihm ihre eingehenden Gelder übergeben und ihre Zahlungen auf Anweisungen von ihm leisten lassen, so gewährt dieß für sie viele Bequemlichkeit und Sicherheit (a), das Bankhaus aber braucht weit weniger Geld in der Casse zu haben, als die Einzelnen ohne diese Einrichtung aufbewahren müßten. Es kann also einen Theil der ihm anvertrauten Gelder auf eine einträgliche Weise anwenden und sie hiedurch dem Umlaufe zurückgeben, auch sogar denen, die ihm Summen einige Zeit lang überlassen, einen Zins bezahlen. Neben den einzelnen, von einem oder wenigen Menschen unternommenen Bankhäusern giebt es auch größere, durch Verbindung mehrerer Capitalisten gegründete Anstalten gleicher Bestimmung, welche außer jener Beschleunigung des Geldumlaufs der Volkswirthschaft dadurch bedeutende Dienste leisten, daß sie Capitale an sich ziehen, die sonst die Eigenthümer nicht gut anzulegen wüßten oder die aus irgend einer Ursache müßig liegen, und daß sie die productiven Gewerbe mit Vorschüssen unterstützen, also zwischen Capitalsuchenden und Capitalbesitzern eine Vermittlung übernehmen. Solche Leihbanken können zugleich den Vorankauf (Discontiren) von Wechseln und Umschreibe- (Giro-) Geschäfte betreiben, §. 285. — (c).

(a) Den Unternehmer eines Bankgeschäfts nennt man **Bankherr**, banquier, banker. Der Wirkungskreis eines Bankhauses begreift verschiedene Hülfsgeschäfte für Handel und andere Gewerbe, namentlich das Umwechseln verschiedener Münzsorten gegen einander (Geldwechsel, wie bei den griechischen trapezitae und den römischen argentarii und nummularii, Hüllmann, Städtewesen, I, 441), den Handel mit rohem Gold und Silber, die Besorgung von Zahlungen an andere Orte durch Wechsel oder Anweisungen, die Zustandebringung von Anleihen für Regierungen oder Privaten von großem Grundbesitz, die Annahme dargeliehener Summen von Capitalisten und das Wiederausleihen um etwas höhere Zinsen, insbesondere die Unterstützung von sicheren Gewerbsleuten durch Vorschüsse, ferner das Dicontiren von Wechseln, den Handel mit Verschreibungen (Effecten). Solche Verrichtungen werden bei einem lebhaften Verkehre Bedürfniß und trennen sich nach dem Gesetz der Arbeitstheilung von dem Waarenhandel. — Die jüdischen Geldwechsler bezahlten Zins von übernommenen Summen, ungeachtet des mosaischen Zinsverbotes (Matth. XXV, 27). Im Mittelalter bildete sich dieß Geschäft vorzüglich in Florenz aus, wo die Medici das größte Bankhaus waren. Da jedes Land nur wenige Wechselplätze hat, so bedarf der Kaufmann oder Fabricant an anderen Orten schon dazu eines Bankherrn, um Wechsel anzukaufen oder auszustellen und dergl. — Vgl. Mac-Culloch, Handb. I, 61. — Gilbart, The history and principles of banking, 3. ed. L. 1837. — Lawson, The history of banking. L. 1850.

(b) Man wird der Gefahr des Diebstahls überhoben, auch besorgt der Bankherr die Einziehung der Wechsel, bei welcher der nicht ganz Kundige leicht in Schaden geräth.

(c) Ueber die Nützlichkeit solcher Banken auch ohne Ausgabe von Noten Riebuhr in Rau und Hanssen, Archiv. N. Folge, V, 113. —

Sie können zwar nicht so große Gewinnste abwerfen, wie die Zettelbanken, haben aber auch deren Gefahren nicht. Banken dieser Art befinden sich in Deutschland zu Nürnberg, (Staatsbank mit zahlreichen Filialen, die Zahlenverhältnisse geheimgehalten), — Stuttgart, — Bremen (Discontocasse, gegen 3⅓ Mill. Thlr. jährlich discontirte Summe), — Köln (Schaafhausenscher Bankverein, 1852 5·187000 Thlr. Actiencapital, 6 Proc. Dividende), — Lübeck (Commerzbank seit 1859), — Wien (Niederösterr. Discontogesellschaft 1853, 10 Mill. fl. Capital). — Die Pariser Discontocasse (comptoir national d'escompte) wurde 1848 während der durch die Staatsumwälzung verursachten Geschäftsstockung von der Regierung gegründet, um Wechsel mit zwei Unterschriften anzukaufen. Das Capital sollte 20 Mill. Fr. betragen, wozu der Staat 3 Mill. lieferte, aber Mitte 1851 waren erst 4¼ Mill. zusammengebracht. Am 28. Juni wurde beschlossen, ein besonderes Souscomptoir für Vorschüsse auf Eisenbahnactien zu errichten, mit 2 Mill. Actiencapital. Auch auf Waaren wurde geliehen. 1852 wurde das Capital von 20 Mill. Fr. durch Absatz der Actien vervollständigt. 1851—52 war die Dividende 8 Proc. Annuaire de l'écon. pol. 1851, S. 224. 1853, S. 265. — Von den hier betrachteten Leih- und Discontobanken sind die neueren Creditgesellschaften verschieden, in denen das Capital zur Unterstützung von mancherlei gewerblichen Unternehmungen, z. B. Eisenbahnen, ferner zum Handel mit Staatsschuldbriefen und Actien ꝛc. verwendet wird. Die Société de crédit mobilier in Paris von 1852 diente den andern als Vorbild, s. II. §. 312 c.

V. Papiergeld.

A. Im Allgemeinen.

§. 293.

Schriftliche Urkunden, welche ein Recht des Eigenthümers auf bestimmte Geldleistungen anderer Personen aussprechen und daher als Ausdruck (Zeichen) gewisser zu erlangender Geldsummen anzusehen sind, können überhaupt Creditpapiere genannt werden, weil sie ihren Werth nur durch das Vertrauen auf die Erfüllung der in ihnen enthaltenen Zusage erhalten. Bei diesen häufig in den Verkehr tretenden Creditpapieren lassen sich in Hinsicht auf den Zweck, für den sie ausgestellt sind, sowie auf die bei ihnen vorkommenden Rechtsverhältnisse mehrere Arten unterscheiden. Solche Creditpapiere, welche dazu bestimmt und eingerichtet sind, ebenso wie Münzen als Umlaufsmittel zu dienen und also jene zum Theile im Verkehre zu vertreten und zu ersetzen, verdienen den Namen Papiergeld, welcher hier im weiteren Sinne gebraucht wird (a). Papiere, welche als Umlaufsmittel vollkommen brauchbar sein sollen, müssen gewisse Eigenschaften besitzen, die bei anderen Arten von Creditpapieren ganz oder zum Theile fehlen.

1) Sie müssen so leicht wie Münze übertragbar sein, d. h. die bloße Uebergabe muß genügen, den Empfänger zum Eigenthümer zu machen, ohne daß es nöthig wäre, den rechtmäßigen Erwerb zu beweisen. Bei einem Theile der anderen Creditpapiere ist zur gültigen Uebertragung eine Förmlichkeit erforderlich, wie die schriftliche Abtretung (Cession) des früheren Besitzers oder die Eintragung des Vorgangs in ein Verzeichniß, welches von gewissen dazu bestellten Personen geführt wird. Eine Vorschrift dieser Art macht den Uebergang eines Creditpapieres in andere Hände umständlich und zeitraubend und widerstreitet deßhalb der Bestimmung eines Umlaufsmittels.

2) Wer Papiergeld annimmt, muß darauf rechnen können, daß dasselbe auch, wenn er es ausgeben will, von Andern bereitwillig angenommen werde. Dieß setzt die allgemeine Anerkennung des Papieres als Zeichen einer gewissen Geldsumme voraus. Eine solche Anerkennung entsteht entweder durch eine gesetzliche Verfügung der Regierung, oder durch das allgemeine Vertrauen auf diejenigen Personen, welche das Creditpapier unter ihrer Haftung in Umlauf setzen (*b*). Auch müssen, damit der Umlauf ohne Verzögerung erfolgen könne, viele Stücke solcher Papiere von gleichem Betrage und gleicher Beschaffenheit vorhanden sein, wie bei den Münzen, was jedoch das zur Bequemlichkeit dienende Ausgeben von Papieren, welche auf kleinere und größere Summen lauten, nicht ausschließt. Bei einem Theile der Creditpapiere fehlt aber diese Bedingung, indem ihre einzelnen Arten und Stücke nach dem Rechtsverhältniß, den erklärten Zusicherungen, den haftbaren Personen ꝛc. unter einander verschieden sind. Ihrer Annahme geht deßhalb eine Ueberlegung und Auswahl voraus, die bei mehreren Personen oft mit verschiedenen Entschließungen endigt (*c*).

3) Solche Papiere, deren Rückzahlung (Einlösung) an einem bestimmten Zeitpuncte geschehen soll oder von einer vorausgegangenen Kündigung bedingt wird, eignen sich schon deßhalb nicht gut zu einem stellvertretenden Zeichen einer Münzsumme. Vor der Verfallzeit sind sie weniger werth, als die in ihnen bezeichnete Summe und sie werden ungern oder nur mit einem Zinsabzuge für die Zwischenzeit (Disconto) angenommen, und über diesen Zeitpunct hinaus bleiben sie nicht

lange im Verkehre. Ein zum Dienste des Geldes bestimmtes Papier muß also, wenn überhaupt von den ersten Ausgebern die Umwechslung gegen Münze versprochen wird, zu jeder Zeit auf Verlangen des Besitzers (auf Sicht) einlöslich sein. Bei einem nicht einlöslichen Papiergelde wird dieser Umstand wenigstens zum Theile dadurch aufgewogen, daß man es bei gewissen Cassen als Zahlungsmittel benutzen kann.

4) Papiergeld darf dem Besitzer, der dasselbe einige Zeit aufbewahrt, keinen Zins und keine andere Einnahme eintragen, denn sonst würde er einen Antrieb empfinden, es liegen zu lassen und als werbendes Vermögen (Capital im Sinne der Privatwirthschaft) zu benutzen, und dieß würde in dem Falle, wo der Besitzer die Summe nicht zu seinen Ausgaben verwenden muß, oft geschehen. Schuldbriefe tragen Zinsen, Actien bringen Dividende ein, Wechsel geben Vortheil aus dem Disconto. Bei dem Papiergelde ist kein Zins ꝛc. nöthig, eben weil man annimmt, daß es bald ausgegeben und einträglich verwendet werde (*d*).

Creditpapiere, denen diese Erfordernisse eines guten Umlaufsmittels sämmtlich oder zum Theile fehlen, bilden eine andere, vom Papiergelde verschiedene Classe und dienen zu anderen Zwecken. Sie können mit dem Namen **Verschreibungen** (**Effecten**, billets promesses nach Storch), zusammengefaßt werden (*e*). Wenn man sich ihrer bisweilen statt des Geldes zu einer Zahlung bedient, so geschieht dieß doch nur nebenbei in Beschränkung auf gewisse Personen, Zeitpuncte u. dgl., wie es die eigenthümliche Bestimmung dieser Papiere mit sich bringt. Zu diesen Verschreibungen gehören a) Urkunden, die ein dauerndes Schuldverhältniß oder eine Betheiligung bei gemeinschaftlichen Unternehmungen und Anstalten ausdrücken, — Schuldbriefe (Obligationen), Rentenscheine, Actien; Verschreibungen dieser Art bleiben oft lange in den Händen eines Besitzers. Werden sie öfter im Verkehr gegen Geld umgesetzt, so hat dieß den Vortheil, daß Jeder, der bewegliches Vermögen besitzt, es mit Leichtigkeit unter den bequemsten Bedingungen einträglich anwenden kann, indem er sich die seinen Wünschen am meisten entsprechende Art von Verschreibungen anschafft, §. 283. 2); b) solche, die den Anspruch auf eine einmalige Zahlung geben, — Anweisungen, Wechsel, Zinsscheine (Coupons) *f*). Mit Ausnahme dieser Zinsscheine werden die Verschreibungen, statt wie Geld verwendet zu werden, vielmehr meistens mit Geld im Verkehre erkauft.

(*a*) Seit A. Smith (II, 29) ist das Wort in dieser Bedeutung genommen worden, f. §. 294. — Simonde, Rich. comm. I, 160. — Thornton, Der Papiercredit von Großbrit., übers. v. Jakob, Halle, 1803. — Say, Handb. III, 59. — Hufeland, II, 195. — Storch, II, 48. 102. — Ricardo, Cap. 27. — Senior, 3 Lectures on the cost of obtaining money and on some effects of private and governments paper-money. London, 1830. — Nebenius, Der öffentl. Credit, I, 136. — A. Wagner, Art. Papiergeld in Bluntschli's Staatswörterbuch u. desselben Verf. Schriften über Bankwesen. — Ueber eine engere Auffassung des Begriffes von Papiergeld f. §. 295 (*a*).

(*b*) Dieß erste Ausgeben (Emittiren) von Seite der Personen, die eine Art von Bürgschaft übernehmen und auf jedem Stücke als (rechtlich oder wenigstens moralisch) haftbar genannt sind, ist von dem Weitergeben des im Verkehre empfangenen Papiergeldes zu unterscheiden.

(*c*) Man denke an die mancherlei Staatsschuldbriefe und Actien aus vielen Ländern. Jeder einzelne Wechsel ist von anderen in irgend einer Hinsicht verschieden.

(*d*) Wollte man verzinslichen Schuldbriefen, durch den Befehl der Regierung, sie als Geld anzunehmen, oder durch Einlösbarkeit auf Sicht die Fähigkeit geben, die Münze zu vertreten, so wäre die Verzinsung unnöthig. Die portugiesischen Zettel (apolices), seit 1797 ausgegeben, erhielten erzwungenen Umlauf als Geld und trugen anfangs 6 Proc. Zinsen. Sie fielen im Curse zufolge fehlerhafter Maaßregeln, aber als man aufhörte, Zinsen von ihnen zu bezahlen, sanken sie darum doch nicht tiefer, weil es bei einem eigentlichen Umlaufsmittel nicht auf Verzinsung ankommt. Balbi, Essai stat. I, 323. Man könnte ohne Zweifel Papiere erschaffen, die zwischen beiden Arten in der Mitte stünden und nach den Umständen bald als Geld umliefen, bald als Verschreibungen aufbewahrt würden, aber dieß wäre nicht zweckmäßig. So z. B. die verzinslichen Bankzettel in dem Plane von Torvaja, f. dessen Bancocratie, übers. v. Mohr, Heidelb. 1840.

(*e*) Der neuerlich nicht selten gebrauchte Ausdruck Werthpapiere ist wegen seiner allgemeinen Bedeutung nichtssagend. Warum soll das Papiergeld nicht auch ein Werthpapier sein? — Das Verdienst, den Unterschied zwischen Verschreibungen und Papiergeld deutlich erklärt zu haben, gebührt hauptsächlich Simonde a. a. O., welchem Storch folgte. Hufeland a. a. O. rechnet im weiteren Sinne jede Schrift zum Papiergelde, „welche eine von dem jedesmaligen Inhaber einzufordernde Schuldverschreibung ausdrückt." Im engern Sinne schließt er die zinsentragenden und nicht auf den Inhaber lautenden Papiere von dem Papiergelde aus, S 198. Die Verwechselung der Verschreibungen mit dem Papiergelde führte zu manchen Mißgriffen, indem man bald nach der umlaufenden Geldmenge bemessen wollte, welche Masse Verschreibungen Abnehmer finden könne, bald aber die Gefahren, die beim Papiergelde stattfinden, ohne Grund auf die Verschreibungen übertrug.

(*f*) Zinsscheine (Coupons) inländischer Staatsschuldscheine, Eisenbahngesellschaften u. dgl. haben mehrere Erfordernisse des Papiergeldes, allein ihr Umlauf ist doch auf wenige Wochen beschränkt und man kann nicht Jedermann zumuthen, sie bei der Casse, welche die Zinsen auszahlt, einlösen zu lassen. — Die englischen cheques, Anweisungen auf ein Bankhaus, auf Sicht zahlbar und auf den Inhaber (porteur, bearer) gestellt (§. 288(d)), laufen ebenfalls nicht lange nach dem Ausstellungstage um. In Großbritannien ist man mehr als in Deutschland daran gewöhnt, Zahlungen durch Vermittlung einer Bank zu erheben, doch werden auch dort diese Anweisungen nicht unter allen Volksclassen und Umständen als Zahlungsmittel gangbar sein.

§. 294.

Das Papiergeld hat seinem Wesen nach (§. 293) nur die Eigenschaft eines allgemeinen Umlaufsmittels (§. 251), es ist nicht zugleich Preismaaß, wie die Münze, sondern drückt eine gewisse Menge derselben aus und ist folglich Münzzeichen (§. 261). Je nach der Person, die es unter ihrem Namen in Umlauf bringt und verbürgt, findet die Unterscheidung des Privat- und Staatspapiergeldes Statt. Jenes wird von einer Privatperson, gewöhnlich einer Gesellschaft oder einer Corporation ausgegeben. Dasselbe beruht ganz auf dem Vertrauen gegen die Ausgeber und auf der Zusicherung unverzüglicher und unbedingter Einlösung auf Verlangen jeden Besitzers (§. 293). Ist der Ausgeber fortwährend im Stande dieß Versprechen zu erfüllen, und überzeugen sich die Besitzer von Papiergeld, daß es nur von ihnen abhängt, dasselbe in Münze umzuwechseln, so läuft dieß Privatpapiergeld ganz wie die Münze um, nur daß es in solchen Ländern, wo die Regierung die Annahme desselben in den Staatscassen untersagt, auf den Privatverkehr beschränkt bleibt (a).

(a) Dieß hebt die Geldeigenschaft nicht auf, sowie fremde Münzstücke und ausländisches Papiergeld ebenfalls gewöhnlich in den Staatscassen nicht zugelassen werden.

§. 295.

Das Staatspapiergeld (a) erhält schon durch die Annahme bei den Staatscassen eine solche Verbürgung, daß eine in Vergleich mit den Staatseinkünften mäßige Summe (b) auch ohne allen Zwang sich im Umlaufe erhalten kann (c) und eine Einlösung nicht nothwendig ist, obgleich dieselbe zur Verstärkung des Vertrauens und zur Sicherung gegen eine schädliche Vermehrung des Papiergeldes gute Dienste leistet. In der Regel ist jedoch das Staatspapiergeld gesetzlich für ein Zahlungsmittel erklärt, d. h. seine Annahme als Geld befohlen worden und die Regierung bedient sich desselben bei ihren Zahlungen, ohne eine Einlösung zu versprechen (d).

(a) Mehrere Schriftsteller geben demselben allein die Benennung Papiergeld, während sie für Privatpapiergeld den Ausdruck Banknoten oder Creditscheine (billets de confiance) brauchen, wie Storch, II, 49. — Schon Platon dachte an ein wohlfeiles Ersatzmittel der Münze im inneren Verkehre. Das Papiergeld ist in China erfunden worden, wo man seit dem 9. Jahrhundert n. Chr. Versuche anstellte, Papiere unter mancherlei Namen und Bedingungen auszugeben. Das älteste Beispiel waren die Feh=Tsian (fliegende Münze) unter dem Kaiser Hian=Tsung (um 807), welcher die Reichen nöthigte, ihr Kupfergeld gegen jene Scheine in die Staatscasse einzulegen. Die Kiao=tsub oder =tieb (Wechsel unter Tschin=Tsung um 1000) waren Scheine einer Gesellschaft von 16 reichen Kaufmannshäusern, welche 1017 ihre Zahlungen einstellte. Diese Scheine sollten alle drei Jahre einlösbar sein, zuletzt nach 65 Jahren. 1107 wurden Scheine Tsien=Yin mit 43 Jahresterminen zur Einlösung ausgegeben, die 1115 auf 1 Proc. ihres Nennwerthes sanken. Die 1155 ausgegebenen Kiao=tschao sollten nach 7 Jahren eingelöst werden, dieß unterblieb aber und die Scheine sanken dergestalt, daß ein Reiskuchen 75 000 Franken galt. Die Mongolen lernten im 13. Jahrhundert das Papiergeld in China kennen und führten es auch später in Persien ein, woraus die Meinung Schlözers entstand, daß jenes Volk das Papiergeld erfunden habe. Im J. 1288 gab man neue Scheine aus, die der fünffachen Menge der älteren von 1260 gleichgesetzt wurden. Das letzte Papiergeld, Tschao, sank um die Mitte des 15. Jahrhunderts bis auf 3 per mille des vollen Betrages. Nach 1489 wird keine neue Ausgabe mehr erwähnt und die Mandschu verboten 1645 das Papiergeld. Klaproth in dessen Mém. relatifs à l'Asie, P. 1822 = Bibl. univ. Litér. XXVII, 4. — Nat. Rondot in J. des Econ. XXV, 113 (nach Biot). — Ibn Batuta (Travels, S. 209) fand im 11. Jahrhundert nur Papiergeld in China umlaufend; die beschädigten Stücke wurden unentgeltlich gegen neue umgewechselt. — Ledergeld im alten Carthago. Erstes europäisches Papiergeld in Venedig 1171. Schön, N. Unters. S. 294.

(b) Bei kleinen Zahlungen, z. B. Postporto, Stempelgebühr, Straßengeld, Fahrgeld auf kurzen Eisenbahnstrecken und dergl. kann das Papiergeld nicht gebraucht werden, wenn es nicht auf sehr geringe Summen lautet (§. 298). Die Steuerzahlungen vertheilen sich durch das Jahr und die Einnahmen in Papiergeld können von der Staatscasse sogleich wieder ausgegeben werden, doch wird vielleicht ein Betrag von ⅕ der Staatseinkünfte in Papiergeld einen gesicherten Umlauf haben.

(c) Ein Beispiel von Papiergeld mit freiem Umlaufe gaben die preußischen Tresorscheine (jetzt Cassenanweisungen genannt), seitdem die Verordnung vom 5. März 1813 die Annahme derselben im Privatverkehre ganz von der freien Uebereinkunft abhängig machte; vgl. V. v. 7. Sept. 1814. §. VI. Die heutige Summe der umlaufenden Cassenanweisungen ist 15 642 000 Thlr. in Stücken von 1—500 Thlr. Vgl. III, §. 529 (e). — Ferner die polnischen Cassenscheine, kais. Verordn. v. 15. April 1823.

(d) Daher nimmt man gewöhnlich Staatspapiergeld und nicht einlösliches (inconvertible) Papiergeld für gleichbedeutend. — Say verstand unter Papiergeld im eigentlichen Sinne nur das nicht einlösliche, Handb. III, 43. Auch nach Huskisson soll nur das nichteinlösliche Staatspapiergeld paper money heißen, aber zur paper currency sollen auch Bankscheine gehören, Tooke, hist. of pr. from 1839—41 S. 171. — Thöl (Handelsrecht I. §. 51) bemerkt: Ein Papier, welches derjenige, der auf Geld ein Recht hat, nicht nehmen muß, sondern zurückweisen darf, ist kein Papiergeld, das Papiergeld hat seinem Begriff nach einen Zwangscurs. — Nach A. Wagner a. a. O verdient nur das nichteinlösliche, von der Regierung als Zahlungsmittel erklärte (mit Zwangsumlauf ausgestattete) Papiergeld diesen Namen im eigentlichen Sinne, weil nur ihm die Eigenschaft eines selbständigen Preismaaßes zukomme, die vom Verf als wesentliches Merkmal im Begriff des Geldes angesehen wird. Allein das Papiergeld ist seiner Bestimmung nach nur Münzzeichen, ohne ursprünglich einen eigenen Preis haben zu können. Auch uneinlösliches Papiergeld gilt oft der Münze im Preise gleich. Wenn zufolge von Mißgriffen oder ungünstigen Umständen ein Stück Papiergeld nicht mehr der auf ihm benannten Münzmenge (dem Renn- oder Nominalbetrage) gleichsteht, so wird sein sinkender Preis nach dem Verhältniß desselben zum Nennbetrage oder der entsprechenden Menge von rohem Münzmetall bezeichnet und bildet einen nicht beabsichtigten, vielmehr beklagten krankhaften Zustand der Umlaufsmittel, dessen baldige Entfernung dringendes Bedürfniß des Verkehrs ist. §. 300. — Das einlösliche Papiergeld, zu welchem die Bankscheine gehören, soll nach Tooke und Wagner nicht zu dem Gelde gerechnet werden, sondern wird mit anderen Creditpapieren, die bisweilen als Zahlungsmittel dienen, wie Wechsel, Anweisungen, namentlich cheques, in eine dem eigentlichen Gelde entgegengesetzte Classe gebracht, welche von Wagner als Geldsurrogat bezeichnet wird. — Macleod (Theory and practice of banking, 1855. 56) rechnet sogar Gegenstände zum Gelde (currency), bei denen gar keine Ueberlieferung eines Papieres an einen anderen Besitzer vor sich geht, wie das Umschreiben und das in den Büchern des Bankherrn eingetragene Guthaben.

§. 296.

Der Gebrauch des Papiergeldes bringt nicht allein Demjenigen Nutzen, der es auf seinen Namen ausgiebt (*a*), sondern gewährt auch für die Volkswirthschaft Vortheile:

1) Große Summen können in Scheinen schnell gezählt, leicht fortgebracht, in Briefen wohlfeil und schneller als Münzen versendet, ferner bequem verwahrt werden. Dieß ist im Großhandel sehr nützlich (*b*). Im kleinen Verkehre, wo die Stücke sehr oft aus einer Hand in die andere gehen, steht dagegen Papiergeld der Münze an Brauchbarkeit weit nach, weil es viel leichter beschädigt werden kann (*c*).

2) Ein Theil des Metallgeldes wird im inneren Verkehre entbehrlich und kann nützlich im Auslande verwendet werden. Geschieht dieß

a) durch Ausleihen oder eine andere werbende Anlegung, so werden Zinsen, Renten ꝛc. zu Wege gebracht, die das Volkseinkommen vergrößern;

b) werden ausländische Waaren erkauft und zwar solche, welche im Lande als Capital gebraucht werden, z. B. Verwandlungsstoffe, so dient dieß die Hervorbringung zu erweitern; werden Genußmittel dafür angeschafft, so entsteht freilich nur eine einmalige Vermehrung des Gütergenusses und der Verzehrung. Da jedoch durch die Einführung des Papiergeldes außer Denjenigen, welche es ausgeben, Niemand ein größeres Einkommen erlangt, so ist nicht zu erwarten, daß die inländische Verzehrung im Ganzen beträchtlich vermehrt werden könne, es wird also der größte Theil des entbehrlich gewordenen Geldes eine fortdauernd nützliche Bestimmung erhalten (*d*).

(*a*) Er hat wenigstens die unverzinsliche Benutzung einer Geldmenge, die er ebenso wie die Münze verwenden kann.

(*b*) Der Reiz zum Nachmachen des Papiergeldes ist groß, weil man keine Maschinen, Oefen und dergl. nöthig hat, wie beim Falschmünzen, und der Verwandlungsstoff keine Kosten verursacht. Indeß wird neuerlich das Papiergeld so künstlich verfertigt, daß es schwer ist, nachgemachte Stücke in den Umlauf zu bringen, die nicht alsbald erkannt werden. — Im Sommer 1830 entstand in Ostindien große Verwirrung im Verkehre, als es bekannt wurde, daß für 1 Mill. fl. Scheine der Bank in Calcutta nachgemacht worden seien. Die Londoner Bank hat jährlich im Durchschnitt von 1822—1831 40204 L. St. durch falsche Banknoten verloren. Von 1628—1834 wurden im Durchschnitt 2458 L. St. verfälschter Noten sogleich bei der Präsentation an der Bank erkannt; diese Summe nahm jährlich ab, von 3343 L. (1828) bis 1079 L. (1831). Pebrer, Hist. financ. I, 225. 298.

(*c*) Der Verlust durch Zerreißen, Verbrennen des Papiergeldes und dergl. trifft zwar den Inhaber, aber nicht das Volksvermögen, weil mit der Forderung auch die Schuldigkeit erlischt. — Bei der Catskill-Bank in New-York wurden in 30 Jahren 15000 Doll. Noten nicht vorgelegt, während der gewöhnliche Umlauf 200000 beträgt. Bei der Mechanics-Bank in Baltimore mit 425000 Doll. mittlerer Notenmenge blieben in 47 Jahren bis 1839 26000 Doll. aus. Hunt, Merchants magaz. 173, 596.

(*d*) Smith, II, 32. — Kraus, Staatswirthsch. III, 56.

§. 297.

Wird in einem Lande eine beträchtliche Menge Papiergeld neu in den Umlauf gesetzt, so entsteht eine Geldvermehrung, deren Wirkungen mit denen eines Anwachses der Münzmenge Aehnlichkeit haben müssen, §. 271. 272. Würde gerade gleichzeitig durch eine Zunahme der Gütererzeugung und des Ver kehrs ein größeres Geldbedürfniß verursacht, so käme das Papiergeld demselben entgegen und der Geldumlauf nähme zu, ohne daß eine Aenderung in den Preisen stattfände. Wenn dagegen neues Staatspapiergeld von der Regierung zu vermehrten Staatsausgaben oder neues Privatpapiergeld zur Erweiterung der bestehenden Gewerbsunternehmungen oder zur Betreibung neuer einträglicher Geschäfte benutzt wird, so wird der Mehrbetrag der Umlaufsmittel nach Abzug der zur Einlösung oder aus anderen Zwecken liegen bleibenden Münzvorräthe eine Verwendung im Verkehre finden und neben der Münzmenge in den Umlauf eintreten, und dieß ist gewöhnlich der Fall, weil bei dem Ausgeben von Papiergeld ein solcher Gebrauch beabsichtigt zu werden pflegt. Der vermehrte Begehr von Sachgütern und Arbeitern giebt eine Ermunterung, unbenutzte Gütermassen und Arbeitskräfte in den Verkehr zu bringen und die Erzeugung von solchen Sachgütern, von denen eine größere Menge begehrt wird, weiter auszudehnen. Da jedoch das Angebot dieser Gegenstände bei einer beträchtlichen Geldvermehrung nicht schnell genug vergrößert werden kann, so muß der Preis derselben steigen (a), und es wird daher eine Schwierigkeit empfunden, die neuen Geldsummen vortheilhaft anzulegen, auch sinkt im Anfange der Geldvermehrung der Zinsfuß auf einige Zeit, §. 236 (a). Diese Umstände geben einen Antrieb, den innerhalb des Landes nicht leicht anzuwendenden Theil des Geldes ins Ausland zu senden, §. 271. Hierzu kann man aber nur Münze gebrauchen, weil die Ursachen, die den Credit des Papiergeldes begründen, bloß im Inlande ihre volle Wirkung äußern. Es folgt daher auf die Ausgabe von neuem Papiergelde eine Ausfuhr von Münze oder Münzmetall und dieselbe dauert so lange fort, als sie Vortheil bringt, weßhalb die Preiserhöhung der Waaren und Leistungen im Lande wenig mehr betragen kann, als die Kosten der Baarsendungen (b). Wegen der Erweiterung der gewerblichen Geschäfte und der Gütererzeugung, sowie wegen der Vermehrung der bereit gehaltenen Münzvorräthe ist jedoch in der Regel die Münzausfuhr kleiner als die ausgegebene Summe des Papiergeldes. Die von dem Geldzuwachse angeregte größere Gewerbthätigkeit ist nur soweit gemeinnützig, als sie zur Steigerung der Production dient, sonst wird der Vortheil der Preißsteigerung für die Verkäufer mit Mehrausgaben anderer Einwohner erkauft.

(a) Ueber die von den starken Notenausgaben der nordamerikanischen Banken bewirkten Preißsteigerungen, s. Tellkampf, Ueber die Entwicklung des Bankwesens in Deutschland, S. 17, 1856.
(b) Betrügen die mit dem Hinaussenden von edlen Metallen verbundenen Kosten, Gefahren ꝛc. zusammen 8 Proc. (so berechnete man höchstens diese Kosten ꝛc. in England bei Baarsendungen aufs Festland), so würde man aufhören, Münze ins Ausland zu senden, wenn sie dort nur 8 Proc. mehr ausrichtet als im Lande. Es könnten folglich hier die Preise der Dinge höchstens 8 Precent höher sein als auswärts. — Tooke, On the high and low prices, I, 15. — Vgl. §. 271 (b).

§. 298.

Nach der Einführung des Papiergeldes muß wenigstens noch so viel Münze im Lande bleiben, daß man mit ihr solche Zahlungen machen kann, die nicht in Papier auszurichten sind. Je kleinere Summen (Preißmengen) aber durch Papiergeld dargestellt werden, desto weniger Münze ist für den kleineren Verkehr nothwendig und ein desto größerer Theil des früheren Münzvorrathes kann durch das wohlfeile Umlaufsmittel, welches in dem Papiergelde besteht, ersetzt werden (a). Es ist jedoch schon wegen der Unbequemlichkeiten und Verluste, die das Papiergeld bei dem Gebrauche für geringfügige Zahlungen verursacht (§. 296), nicht zweckmäßig, wenn dasselbe bis zu dem Betrage der größeren Silbermünzen herab, oder sogar noch auf Theile derselben ausgestellt wird. Nehmen die Staatscassen kein Privatpapiergeld an, so muß auch der Steuerzahlungen ꝛc. willen eine gewisse Münzmenge im Lande bleiben.

(a) In England gab es Banknoten von 5 Schill. (3 fl.), in der Grafschaft York sogar von ½ Schill. (18 kr.), in America von 1 Schill., Smith, II, 79. — Schweden ist derjenige europäische Staat, in welchem am wenigsten Gold- und Silbermünze zu finden ist und aller Verkehr mit Papiergeld bestritten wird. Die üblichsten Zettel sind von 8—12—16—24 Schilling Banco oder 10—15—20—30 kr. nach dem jetzigen Curse, s. §. 317 (a). — In Oesterreich wurden 1848 und 49 Scheine von 6 und 10 kr. ausgegeben. In Frankreich kamen Assignaten von 1 und von ½ Sous vor. Auf jenen war zu lesen: Doit-on regretter l'or, quand on sait s'en passer? Dupuynode in J. des Econ. XXVII, 31.

§. 299.

Ein einlösliches Papiergeld steht im Verkehr der Münzmenge, die es ausdrückt, im Preise gleich (im Nennwerth,

Pari), es leistet also im Verkehre den nämlichen Dienst wie die Münze. Ein solches Papiergeld kann schon darum die Münze nicht ganz ins Ausland drängen, weil man zur Einlösung stets einen baaren Vorrath bereit halten muß. Privatpersonen, welche Papiergeld ausgegeben und sich zur unbedingten Einlösung desselben verpflichtet haben, müssen Alles aufbieten, um den zur Einlösung erforderlichen Münzvorrath herbeizuschaffen, wenn sie nicht zahlungsunfähig werden wollen. Die im Lande befindliche Menge von Papiergeld nebst dem Reste der Münze kann zusammengenommen nicht viel mehr betragen, als der frühere ganze Münzvorrath, nämlich nur so viel, als die im Anfange erfolgte Belebung der Gewerbe den Bedarf an Umlaufsmitteln ausdehnt oder die bereit liegenden Geldvorräthe vergrößert werden.

§. 300.

Ein nichteinlösliches Papiergeld (a), dessen Annahme als Geld befohlen wird, kann von der Regierung in beliebiger Menge ausgegeben werden. Ist seine Menge in Vergleichung mit dem Geldbedarfe des Landes zu groß, nachdem schon alles Metallgeld bis auf den zu kleinen Zahlungen nöthigen Vorrath hinausgegangen ist, so muß das Papiergeld gegen Münze, oder wenn es verboten ist dieselbe mit einem Aufgelde zu bezahlen, wenigstens gegen Münzmetalle sinken, wobei dann die Preise aller Verkehrsgegenstände zu steigen anfangen. Diese Erscheinung wird Depreciation (Entwerthung) genannt (b). Das Nämliche ist bei einem Privatpapiergelde möglich, wenn die Ausgeber durch die Regierung von der Verbindlichkeit zum Einlösen entbunden werden und eine übermäßige Menge in den Verkehr bringen. Ein solches Privatpapiergeld, bei welchem der obrigkeitliche Zwang den geschwächten Credit ersetzt, ist ausgeartet und nimmt die Eigenschaften des Staatspapiergeldes an. Die Preiserniedrigung des Papiergeldes, d. i. die Preiserhöhung aller Verkehrsgegenstände (Waaren, Lohn, Grundrenten, Miethzinse ꝛc.) gegen Papiergeld erfolgt schneller, als bei einer Vermehrung der Münze (§. 268), weil das neu ausgegebene Papiergeld plötzlich in beträchtlicher Menge in den Verkehr tritt und innerhalb des Landes bleiben muß (c). Der

Begehr und folglich der Preis der verschiedenen im Verkehre
befindlichen Gegenstände kann nicht in gleichem Verhältniß
steigen, einige werden früher und stärker, andere später und
schwächer vertheuert (d), es entstehen daher viele Mißverhältnisse, wobei Einzelne gewinnen, Andere, namentlich die Besitzer
großer Geldsummen, die Gläubiger, die Angestellten, ansehnlich
verlieren. Die häufigen Schwankungen im Curse des Papiergeldes machen alle Unternehmungen unsicher und die Besorgniß
einer weiteren Verschlimmerung des Curses wirkt lähmend auf
alle Geschäfte (e). Das Steigen und Sinken des Münzmetalles
gegen Papiergeld richtet sich übrigens nicht genau nach der
jedesmaligen Menge des letzteren, sondern hängt zugleich mit
den Erwartungen einer Verbesserung oder Verschlimmerung des
Finanzzustandes zusammen. Die Hoffnung, daß die Regierung
bald in den Stand kommen werde, die Menge und das Aufgeld des Papiergeldes zu vermindern, bewirkt eine Erhöhung
des Curses, wenn auch die umlaufende Masse desselben noch
die nämliche ist (f).

(a) Eine beschränkte oder bedingte Einlöslichkeit hat in geringerem Maaße ähnliche Folgen, z. B. ehemals bei den schottischen Banken, Smith, II, 84.
(b) Man bezeichnet den Preis des Papiergeldes gegen Münze oder rohes Silber oder Gold gewöhnlich so, daß man angiebt, wie viel in Papier auf 100 zugelegt werden muß, um 100 in Silber zu erkaufen. Ist dieß Aufgeld z. B. 28, so zeigt dieß an, daß das Papier 78,^{12} Proc. des Silbers gilt, denn 128 : 100 = 100 : 78,^{12}. — Mit dem Steigen des Aufgeldes hängt auch die Erhöhung des Wechselcurses nach dem Auslande zusammen. Wenn z. B. in Oesterreich das Papiergeld 20 Proc. Aufgeld gegen 100 erhält, so wird man dort 100 fl. süddeutsche Gulden in Frankfurt, die 85$^{5/7}$ fl. österr. in Silber gleich sind, in Papier mit 1,^{2} × 85$^{5/7}$ oder 102$^{5/7}$ fl. erkaufen müssen.
(c) Indeß wird die Wirkung jeder neu hinzukommenden Summe von gleichem Betrage etwas schwächer; werden z. B. 10 weitere Mill. in den Umlauf gebracht und war die frühere Menge 200 Mill., so machen die ersten 10 Mill. 5 Proc., die zweiten 4,^{76}, die dritten 4,^{54}, die vierten 4,^{34} Proc. der gerade vorhandenen Geldmenge aus.
(d) Es ist öfters wahrgenommen worden, daß in der ersten Zeit eines zu stark vermehrten nicht einlöslichen und daher im Preise sinkenden Papiergeldes die Münzmetalle stärker gegen dasselbe steigen als die Waaren. Wenn z. B. das Papiergeld 25 Proc. Aufgeld trägt, so erhöht sich der Preis des Centners einer Waare, die in Silber 30 fl. galt, vielleicht nur auf 33 fl. oder um 10 Proc. und hebt sich erst später auf 37$^{1/2}$ fl. oder gleichfalls auf 125 Proc. Bei dem Preise von 33 fl. kann man mithin den Centner schon um 26,^{4} fl. in Silber erkaufen und mit Silbermünze mehr ausrichten als zuvor. Diese Erscheinung hat den Grund zur Annahme gegeben, daß ein nicht einlös-
liches Papiergeld ein selbständiges, von dem Edelmetall verschiedenes

Preismaaß bilde, läßt sich jedoch so erklären: Ein sinkendes Papiergeld ist ein Münzzeichen, welches nach und nach eine kleinere Menge Edelmetall (Münze) bedeutet. Wenn aber dasselbe die Münze verdrängt hat und das herrschende Umlaufsmittel geworden ist, so gehen die Preise der Verkehrsgegenstände nicht von selbst zufolge des Aufgeldes d. i. Vertheuerung des Edelmetalles gegen Papier in die Höhe, sondern nur durch den von der Vermehrung des Papiergeldes gesteigerten Begehr, die Waarenpreise heben sich langsamer und entsprechen in einem gegebenen Zeitpunct noch einem früheren niedrigeren Stande des Aufgeldes gegen Münze; die Wirkung des Papiergeldes auf die Waarenpreise folgt also dem Aufgelte langsamer nach und bleibt hinter demselben so lange zurück, als dasselbe zu steigen fortfährt. In obigem Beispiele ist der Preis von 33 fl. für den Centner einer Waare noch dem früheren Aufgeld von 10 Proc. entsprechend. Bei einem Beharrungstande des Aufgeldes wird nothwendig auch der Preis der Waaren ꝛc. allmälig diesem nahe kommen müssen. Das Papiergeld hat unter diesen Umständen ein veränderliches Verhältniß zu dem wahren Preismaaße, dem Edelmetall.

(e) Die weitere Betrachtung der Folgen, die ein gesunkenes Papiergeld in der Volkswirthschaft hervorbringt, gehört in die Lehre von der Volkswirthschaftspflege, weil sich diese Folgen nach dem Verfahren der Regierung richten, II. §. 266. — Das Staatspapiergeld als eine Art der Staatsschulden ist ein Gegenstand der Finanzwissenschaft, III. §. 487.

(f) In den Nordstaaten der americanischen Union hatte im Febr. 1863 während des Bürgerkrieges das Papiergeld ein Aufgeld von $63^{1}/_{2}$ Proc., so daß der Papierdollar nach der Verhältnißgleichung $163,5 : 100 = 100 : x$ nur $61,10$ Cents in Gold (1 fl. 27 kr.) galt. Günstige Kriegsereignisse im Juli 1863 brachten das schon während der vorhergehenden Monate verminderte Aufgeld auf 28 Proc. herab, so daß das Papiergeld zu $78,12$ Proc. des Goldes stand.

§. 301.

Ein Papiergeld, welches seine Einlösbarkeit verloren hat oder, wie das meiste Staatspapiergeld, gar nicht einlöslich ist, kann sich unter günstigen Umständen in der Gleichgeltung gegen Münze erhalten und auch gegen andere Güter fortwährend gleichen Preis behaupten. Dazu gehören aber folgende Bedingungen: 1) die Menge des Papiergeldes darf mit dem noch umlaufenden Münzvorrathe zusammengenommen das Bedürfniß von Umlaufsmitteln nicht übersteigen; 2) es muß zugleich das Vertrauen zu der Regierung bestehen, daß sie die Entwerthung verhindern und die Empfänger der Scheine vor Verlusten bewahren werde. Wird dieses Zutrauen erschüttert, so kann das Papiergeld, selbst wenn seine Menge das Bedürfniß nicht übersteigt, sich doch nicht im alten Preise erhalten (a).

(a) Besonders merkwürdig ist die Behauptung, daß es schon hinreichend sei, wenn nur die Menge des Papiergeldes gerade so groß sei, als der Betrag der vorher im Umlauf gewesenen Münzen, weil dann das Bedürfniß von Geld fortwährend einen solchen Begehr desselben hervor-

bringe, der das Sinken seines Preises, d. i. das Steigen der Waarenpreise, verhindere. Ricardo, Proposals for an economical and secure
currency. Lond. 1816. (Vgl. Ed. Rev. B. LXI. — Hermes, III,
Anh. S. XXIX.); desselben Principles, Cap. 27. — Die Erfahrung
zeigt jedoch, daß Papiergeld, auch wenn es in geringer Menge ausgegeben wird, wie die preußischen Tresorscheine, von denen nur gegen
4 Mill. Thlr. im Umlaufe waren, dennoch in Kriegszeiten beträchtlich
sinken kann. Selbst bei einem augenblicklichen Mangel an anderen
Umlaufsmitteln werden die Menschen sich nicht entschließen, ein Papier
für voll zu nehmen, an dem sie etwas einzubüßen fürchten, und man
kann sich darum eher behelfen, weil unter diesen Umständen 1) die noch
übrige Münze etwas im Preise steigt, 2) anderweitig verarbeitetes Gold
und Silber eingeschmolzen und vermünzt, 3) Münze vom Auslande
herbeigebracht werden kann, 4) manche Handelsgeschäfte aufgeschoben
werden, aus Besorgniß von Verlusten, die das weitere Sinken des
Papieres verursachen könnte.

§. 302.

Es bedarf noch einer besonderen Untersuchung, ob man ohne Gefahr für die Volkswirthschaft die Münze, etwa mit Ausnahme der Scheidemünzen (§. 298), ganz durch Papier ersetzen könnte (a), wobei sowohl der **innere** als der **auswärtige** Verkehr zu berücksichtigen ist. Was diesen betrifft, so muß einem anderen Volke häufig der Mehrbetrag der von ihm empfangenen über die ihm gelieferten Waaren baar vergütet werden, wenn auch im Ganzen vielleicht wieder soviel Gold und Silber an anderen Landesgrenzen eingeht, als man hinaussendet. In Mißjahren werden zum Ankaufe von Nährmitteln ansehnliche Baarzahlungen an das Ausland nothwendig, sowie auch im Kriege. Wäre hiezu kein Metallvorrath vorhanden, so hätte jene Maaßregel Schwierigkeit. Zwar kann ein wohlhabendes Volk nöthigenfalls bei anderen Völkern borgen, auch ist mit Waaren immer Gold und Silber im Auslande zu erkaufen, allein es würde bei einem plötzlich eintretenden Bedürfniß einer Zahlung leicht Zeit verloren gehen und man könnte genöthigt sein, die zur Vergütung bestimmten Landeserzeugnisse mit Verlust für ungünstige Preise hinzugeben.

(a) Wie dieß schon 1735 der englische Bischof **Berkeley** (der bekannte Idealphilosoph) behauptet hat, vgl. §. 303 (d).

§. 303.

Auch im **inneren** Verkehr (§. 302) würden aus der gänzlichen Verdrängung des Metallgeldes durch Papier Nachtheile entstehen. 1) Die Einlösung des Papiergeldes erfordert einen bereitliegenden Münzvorrath, ein einlösliches Papiergeld ist aber einem nicht beliebig einzulösenden weit vorzuziehen, denn bei diesem ist a) die Gefahr vorhanden, daß eine übermäßige Menge desselben ausgegeben werde. Die Erfahrung zeigt, daß man der Versuchung hiezu oft nachgegeben hat (a), und daß dieser Fehltritt stets mit verwirrenden Folgen für den Verkehr verbunden gewesen ist. Aeußere Veranstaltungen zur Verhütung einer solchen Handlungsweise geben keine zureichende Bürgschaft. b) Selbst bei der ernstlichen Absicht, nur soviel Papiergeld auszugeben, daß dasselbe sich in seinem vollen Preise erhalte, läßt sich doch jenes Uebermaaß schwer vermeiden, wenn alle Münze ins Ausland gegangen ist und folglich das sicherste und deutlichste Kennzeichen, das Pari gegen Münze, nicht mehr besteht. Das Preisverhältniß des Papieres gegen rohe Münzmetalle ist nicht immer zu erkennen (b) und bei dem Preise desselben gegen andere Waaren kann man nicht genau unterscheiden, ob die Ursache einer Aenderung im Papiere oder in einer einzelnen Waare liege (c). c) Fängt das Papier wegen seiner Menge oder wegen der Schwächung des Credites einmal an zu sinken, d. h. steigen die Preise aller Waaren, so ist da, wo der ganze Umlauf mit Papier bestritten werden muß, dieser Preisveränderung und den aus ihr hervorgehenden Uebeln schwer eine Gränze zu setzen (d). Selbst die Rückkehr zum Münzumlaufe ist wieder mit empfindlichen Unbequemlichkeiten verbunden (e). 2) Die Gefahr des Mißbrauches ist um so entfernter, einen je kleineren Theil des ganzen Geldvorrathes das Papiergeld einnimmt, man muß es also für nützlich halten, wenn die Menge des letzteren noch ansehnlich unter dem unschädlichen Betrage stehen bleibt.

(a) Ein ehrenvolles Beispiel einer solchen Selbstbeherrschung gab die preußische Regierung, die in dem unglücklichen Kriege von 1806 und 1807 ihre Tresorscheine nicht vermehrte.

(b) In England verflossen während der Zeit, wo die Bank nicht einzulösen brauchte, Monate, „bisweilen selbst ein Jahr oder zwei," wo man von gar keinem Preise des Goldes sprechen konnte, weil dasselbe nicht begehrt wurde. Tooke, Thoughts, I, 13. In der Liste, die dasselbe Werk (1, 65) enthält, ist von 1806—1809 kein Preis des rohen Goldes aufgezeichnet.

(c) Dieselbe Ungewißheit findet auch bei dem Wechselcurse Statt, der gegen ein Land, in welchem die Wechsel in einem gesunkenen Papiere bezahlt werden, niedrig stehen muß; man ist auch in England noch nicht darüber einig, wie weit andere mitwirkende Ursachen auf den niedrigen Curs eingewirkt haben.

(*d*) Ricardo's Ausspruch: „das Geld ist dann am vollkommensten, wenn es ganz aus Papier besteht, aber einem solchen, welches der Geldmenge, auf die es lautet, im Preise gleich steht" (Grundges. S. 396, II, 242 fr.) hat lebhaften Widerspruch gefunden, z. B. von Sismondi, Nouv. princ., II, 106 (der Verfasser erinnert an die papiernen Kanonen der Chinesen, die ebenfalls, wie das Papiergeld, bis zur Stunde der Gefahr gute Dienste leisten) und Ganilh, Syst., II, 137. — Indeß bemerkt Ricardo selbst unmittelbar vor jener Stelle, daß die Befugniß zur unbeschränkten Ausgebung von Papiergeld stets mißbraucht worden sei und daß es kein besseres Beschränkungs- oder Aushülfsmittel gebe, als die Verpflichtung zum Einlösen. — Der Vorschlag von Chitti (Des crises financières et de la réforme du système monétaire, Brux. 1839) geht dahin, ein solches Papiergeld (monnaie de papier im Gegensatze von papier-monnaie) zu machen, welches nicht gegen Metallgeld einlöslich, sondern welches selbst Preismaaß und Umtauschmittel sei und zu dessen Annahme die Bürger dadurch genöthigt würden, daß dasselbe neben der Scheidemünze allein im Umlaufe wäre und durchaus nur in einer gewissen Menge ausgegeben würde. Die Regierung soll dasselbe in einem gleichförmigen Preise gegen die Münzmetalle erhalten, indem sie, sobald eine Veränderung desselben bemerklich wird, sogleich je nach den Umständen Gold und Silber aufkauft oder zum Verkaufe auf den Markt bringt. Hieraus erhellt, daß Chitti's papiernes Geld sich zwar nicht an Münze, wohl aber an die Münzmetalle anlehnen würde. Vgl. v. Mohl in Rau, Archiv, V, 91. Londonio in Giornale del Instit. Lombardo, II, 293. — Auch Baltauf (Die Kunst aus Nichts Geld zu machen, Tirnau 1847) schlägt ein nichteinlösliches „Volksgeld" aus Papier als einziges Geld vor.

(*e*) Wenn nämlich das Papiergeld wegen der wieder eintretenden Einlöslichkeit im Preise steigt, so werden alle jene nachtheiligen Wirkungen wahrgenommen, die eine Geldverringerung nach sich zu ziehen pflegt, §. 274. Storch in Mém. de l'acad. des sciences de St.-Pétersb. VI. Sér. Sc. pol. I, 21. (1830.)

B. Bankscheine insbesondere.

§. 304.

Wenn eine Leih- und Discontobank (§. 292 a) zur vortheilhafteren Betreibung ihrer Geschäfte unverzinsliche, auf den Inhaber lautende und zu jeder Zeit (auf Sicht) von ihr einzulösende **Bankscheine, Bankzettel, Banknoten** (billets de banque, banknotes) ausgiebt, so erhält sie den Namen **Zettel- oder Notenbank** (*a*) und solche Scheine sind die gewöhnlichste Art des Privatpapiergeldes (*b*). Eine Zettelbank kann in Hinsicht auf ihre Geschäfte einer solchen Bank, welche keine Scheine auf Sicht ausstellt, ganz ähnlich sein, dieses Unterscheidungsmerkmal ist aber von großer volkswirthschaftlicher

Wichtigkeit und die Zettelbanken erfordern deßhalb eine besondere Betrachtung (c). Mehrere solcher Banken sind von Regierungen angelegt worden, die meisten aber sind Unternehmungen von Privatgesellschaften, bei denen in Hinsicht auf die Zahl der Theilnehmer und die Größe des zusammengelegten Capitales eine große Verschiedenheit Statt findet. Die größeren Zettelbanken befinden sich im Besitze von Actiengesellschaften (d) und zu ihrer Errichtung ist Staatserlaubniß erforderlich. Das von den Theilnehmern (Actionären) eingeschossene Capital muß zunächst den zur Einlösung der ausgegebenen Bankscheine dienlichen Münzvorrath liefern, da aber dieser gewöhnlich kleiner ist als die Menge der umlaufenden Scheine, so dient es zur vollen Sicherheit der Inhaber der letzteren, wenn noch ein weiterer Theil des Gesellschaftsvermögens vorhanden ist, der in guten verzinslichen Schuldbriefen angelegt wird (e).

(a) Das Wort **Bank** hat eine ziemlich unbestimmte Bedeutung. Man versteht darunter gewöhnlich eine Anstalt, welche im Großen auf Rechnung einer Gesellschaft oder des Staates jene Verrichtungen betreibt, die sonst den Wirkungskreis einzelner Bankhäuser bilden. Nach der Beschaffenheit ihrer Verrichtungen lassen sich unterscheiden: 1) reine Umschreibebanken (§. 283 ff.), welche gar keine einträglichen Unternehmungen verfolgen und sich lediglich auf das Gutschreiben der hinterlegten Metallvorräthe beschränken; 2) Banken mit gewerblichem Geschäftsbetrieb. Zu diesen gehören je nach ihrer Hauptbestimmung die Leih- und Discontobanken. Die Zettelbanken vereinigen in der Regel diese beiden Geschäfte. Es giebt Leihbanken ohne Ausgabe von Noten, §. 292 a.; manche Banken betreiben auch nur einen Theil ihrer Geschäfte mit Scheinen, den andern aber mit Münze. Nicht zu billigen ist es, wenn man auch Assecuranzanstalten, z. B. die zu Gotha, Banken nennen will.

(b) Die Befugniß zur Ausgabe solcher Scheine, die als Privatpapiergeld anzusehen sind, ist auch bisweilen einer Körperschaft ertheilt worden, die keine Bankgeschäfte betreibt; z. B. die Stadtgemeinde Hannover, die Leihanstalt zu Braunschweig, die Leipzig-Dresdener Eisenbahngesellschaft.

(c) In unsicheren Zeiten empfindet man ein lebhaftes Bedürfniß, erübrigte Geldsummen bald ohne Gefahr unterzubringen, ohne die Verfügung über sie zu verlieren. Goldschmiede in Großbritanien nahmen im 17. Jahrhunderte solche hinterlegte Summen an und stellten Scheine dafür aus, welche umliefen; goldsmiths notes. Dieß führte auf die Zettelbanken. Die in London 1694 errichtete wurde das Vorbild der anderen. — B ü s ch, a. Abhandl.(§. 283). — H u f e l a n d, II, 130. — S t o r ch, II, 102. — M a c-C u l l o ch, Handb. I, 61. — F. W. Gilbart, The history and principles of Banking. L. 1834. — Condy-Raguet, Traité des banques, P. 1841, f. Fir in Rau und Hanssen, Archiv, N. F. I, 123. — Londonio in Giornale del Instituto Lombardo, VIII. Bd. — Niebuhr in Rau u. Hanssen, Archiv, N. F. V, 113. — Coquelin, Du credit et des banques. 1849. — H ü b n e r, Die Banken. II. 1853. — Mac Leod, The theory et practice of banking. II. B. 1855. 56., Rec. v. Wagner in Gött. gel. Anz. 1858 Nr. 29 ff. — Tellkampf, Ueber die neuere Entwicklung des Bankwesens in Deutschland, Bresl. 3. A. 1856. — Mac-Culloch, Geld und Banken. D. von Bergius u. Tellkampf. Leipz. 1859. — Wagner, Beiträge z. Lehre v. den Banken. 1857. Deff. Die Geld- und Creditttheorie der Peel'schen Bankacte, 1862.

(*d*) Diese höchst bequeme Form einer gemeinschaftlichen Unternehmung ist zuerst bei den Bergwerken üblich geworden.

(*e*) Auch das Gebäude gehört zu dem Vermögen der größeren Banken.

§. 305.

Wenn eine Bank gerade so viel Münze zur Einlösung bereit halten müßte, als sie Scheine in Umlauf setzt, so bestünde der Vortheil nur in der bequemeren Bezahlung und der Verhütung des Verschlechterns der Münzen, §. 284. Ein so großer Baarvorrath ist jedoch der Erfahrung zufolge nicht nöthig, denn wegen der Bequemlichkeit, welche die Bankscheine im inneren Verkehre gewähren (§. 296), wird ihre Einlösung bei gutem Credite der Bank nicht häufig, sondern hauptsächlich nur dann begehrt, wenn man Baarsendungen ins Ausland vornehmen will (*a*). Daher gilt es als Erfahrungsregel, daß eine Zettelbank wohl drei bis viermal so viel Scheine im Umlaufe halten kann, als ihr baarer Vorrath beträgt, und da jene gerade so wie Münze zu einträglichen Anwendungen tauglich sind, so ist die Bank im Stande, ihre gewerblichen Unternehmungen und ihren Gewinn beträchtlich weiter auszudehnen, als sie vermöchte, wenn sie lediglich mit ihrem baaren Vorrathe arbeitete (*b*). Erst durch diese Vermehrung der Scheine über den Münzvorrath hinaus tritt die Ersetzung der Münze durch ein wohlfeileres Umlaufsmittel ein.

(*a*) Hat man kleinere Zahlungen unter dem Belaufe des niedrigsten Bankscheins zu machen, so kann man diesen leicht bei Privaten umwechseln lassen, und braucht sich daher nicht an die Bank selbst zu wenden.

(*b*) Wenn eine Bank mit 1 Million fl. baar 3 Mill. fl. Scheine im Umlauf erhielte, und durch diese einen Gewinn von 4 Proc. machte, so nähme sie 120000 fl. ein, und nach Abzug von 20000 fl. für Verwaltungskosten und Verluste blieben noch 100000 fl. Gewinn für die Actienbesitzer. Die großen Banken pflegen jedoch neuerlich stärkere Vorräthe von Münze und Münzmetallen zu halten, als es nach dem obigen Verhältnisse nothwendig ist. — Die Actien einer Bank, deren Geschäfte gut gehen, sind deßhalb nicht mehr um den ursprünglichen Betrag der Einlage zu erkaufen, sondern erhalten einen höheren Preis (Curs), der sich nach der Größe des Actien-Gewinnes (der Dividende) richtet. Das Verhältniß zwischen dem Curse der Actien und der Dividende folgt ungefähr dem üblichen Zinsfuße, doch nicht genau, weil der Actienkäufer auch die Aussicht auf die Zukunft berücksichtiget. — Bei den Actien der Pariser Bank z. B., die ursprünglich durch Einlage von 1000 Fr. erworben wurden, war 1831—47 der Preis so, daß die Dividende 4¼—4⅜ Proc. desselben betrug. Der höchste Preis war 3300 (2. Juli 1840), der niedrigste nach der Februarrevolution 950 (10. Apr. 1848). Anfang 1855 war der Curs wieder 2900, wovon die Jahresdividende von 1854 über 6 Proc. ausmachte. Sommer 1863 g. 3400 Fr.

§. 306.

Handelsunternehmungen sind den Banken gesetzlich verboten, weil bei jenen leicht Verluste eintreten, deren Möglichkeit schon den Credit einer Bank schwächen würde, und weil ferner eine solche Anstalt ein zu furchtbarer Mitwerber der einzelnen Kaufleute sein würde. Die Hauptgeschäfte, welche von den Zettelbanken betrieben werden und zum Theile zu einträglichen Anwendung der Bankscheine Gelegenheit geben, sind:

1) **Ankaufen (Discontiren) von Wechseln** (§. 288), wobei man darauf zu sehen hat, daß auf jedem Wechsel wohlbekannte und sichere Personen als Betheiligte genannt sind (a).

2) **Darleihen gegen gehörige Sicherheit.** Auf blos persönlichen Credit kann eine Anstalt, die durch verantwortliche Vorsteher verwaltet wird und keine Gefahr laufen soll, nicht leihen, es muß daher immer eine Pfandsicherheit (Faustpfand oder Hypothek) oder eine Bürgschaft vorhanden sein, und man darf bei solchen verpfändeten Gegenständen, deren Preis sich öfter ändert, nicht bis auf den vollen Betrag leihen (b). Am zweckmäßigsten sind Vorschüsse auf rohe edle Metalle und auf sichere inländische Schuldurkunden, wie Actien oder Staatsschuldbriefe. Darleihen auf Waarenvorräthe sind für Gewerbsleute, die sich in Verlegenheit befinden, sehr wohlthätig, erfordern aber Vorsicht, damit man keine Faustpfänder annehme, denen der Absatz fehlt, und verursachen wegen der Aufbewahrung Schwierigkeiten. Unterpfandsrechte auf Liegenschaften geben zwar genügende Sicherheit, aber die so ausgeliehenen Summen können nicht schnell zurückgezogen werden. Nur bei Vorschüssen an die Regierung pflegt man keine Pfandsicherheit zu verlangen (b).

3) **Annahme von Geldsummen in Münze oder Scheinen** (c), entweder blos zur Verwahrung (eigentliche **Hinterlegung**), oder als Darleihen, verzinslich oder ohne Zins, §. 292a. Der Inhaber eines so erworbenen Guthabens (**Buchcredit**, Conto-

correntcredit) kann bis zu dem Betrage desselben Anweisungen auf die Bank ausstellen oder an Andere umschreiben lassen (§. 285 d), oder später Rückzahlung verlangen (*d*).

(*a*) Die Bank-Ordnungen verlangen gemeiniglich, daß ein Wechsel 3 Unterschriften habe, wenn er discontirt werden soll.

(*b*) Die vorräthigen noch nicht fälligen discontirten Wechsel und die Verschreibungen nebst Pfändern für die Darleihen werden in England mit dem Namen securities (Gegenwerthe) zusammengefaßt.

(*c*) Dieß nennt man bisweilen im weiteren Sinne des Wortes **Depositengeschäft**. Diese **Einlagen** (deposits) bilden eine Schuld der Bank.

(*d*) Andere, nicht bei allen Banken vorkommende Geschäfte sind 1) der Handel mit Münzmetallen, auch das Verwechseln verschiedener Münzsorten, 2) Handel mit Verschreibungen, als Schuldbriefen, Actien, Wechseln, 3) Besorgung von Zahlungen an andere Orte für einzelne Personen durch Anweisungen oder Wechsel, 4) Theilnahme an gewerblichen Unternehmungen (z. B. Fabriken, Bergwerken), was jedoch für die Hauptbestimmung einer Bank wegen der Wagniß nachtheilig ist, 5) mancherlei Verrichtungen für die Regierung, z. B. Unterhandlungen über neue Anleihen, Einlösung von Staatspapiergeld nach einem bestimmten Curse gegen Vergütung, Auszahlung der Schuldzinsen und dergl.

§. 307.

Eine Bank würde auch bei dem Besitze sicherer Gegenwerthe in Pfändern, Bürgschaften u. dergl. für alle ihre umlaufenden Scheine doch in große Verlegenheit gerathen, wenn alle Inhaber der letzteren zugleich die Einlösung forderten, denn wegen der Unzulänglichkeit des Baarvorrathes müßten die Zahlungen wenigstens auf einige Zeit eingestellt werden, wobei der Credit der Bank schon empfindlich leiden würde. Ein solcher plötzlicher Zudrang (Ueberlauf, run), der in Folge einer Kriegsgefahr oder anderer außerordentlicher Umstände eintritt, kann einer Bank nicht zum Vorwurfe gereichen. In gewöhnlichen Zeiten darf man auf so viel Vertrauen und Einsicht der Noteninhaber rechnen, daß sie eine sichere, gut verwaltete Bank nicht unnöthig bedrängen, andererseits muß sich auch jede Zettelbank hüten so viele Scheine in Umlauf zu setzen, daß sie sich nicht im Umlaufe halten können und ungewöhnlich häufig zur Bank zurückströmen, um gegen Münze eingewechselt zu werden. Sobald man dieses Kennzeichen wahrnimmt, ist es rathsam, sich im ferneren Ausgeben der Scheine zu beschränken (*a*). Zeigt sich der baare Vorrath zu gering, so muß man zugleich für Herbeischaffung von Münze sorgen (*b*). Da indeß diese Banken keine oder nur geringe selbständige Gewerbsunternehmungen machen dürfen (§. 306), so können sie auch nur soviel Scheine ausgeben, als man zu Darleihen oder Wechselankauf von ihnen begehrt und dieß geschieht von Privatpersonen (c) meistens in der Absicht, die empfangenen Summen als Capitale zu verwenden, also nach Maßgabe der vorhandenen Gelegenheit zu einträglichen Unternehmungen. In Zeiten einer gesteigerten Gewerbsthätigkeit ist die Nachfrage nach Darleihen bei den Banken stärker; zu anderen Zeiten dagegen werden die Vorschüsse an die Banken zurückbezahlt und größere Summen bei denselben niedergelegt. Die Einlöslichkeit der Noten und die Möglichkeit, noch mehr Münze aus dem Lande zu senden, verhindern, daß durch Vermehrung der ausgegebenen Noten eine beträchtliche Preiserhöhung der Verkehrsgegenstände entstehe (d).

(a) Man pflegt in solchen Fällen den Satz des Disconto zu erhöhen, damit weniger Wechsel zum Discontiren vorgelegt werden.

(b) Die englische Bank verlor öfters 2½—3 Proc. bei diesem Anschaffen von Metallgeld. Smith, II, 45. — Die hier angegebene Vorsichtsregel ist sehr bekannt und pflegt von den Vorstehern gut verwalteter Banken befolgt zu werden, wie z. B. von der Londoner Bank, Pebrer, Hist. financ. L, 211. Man pflegt daher auf die Zu- oder Abnahme des Metallvorrathes und auf den Stand des Wechselcurses, der das Ein- oder Ausströmen der Münze andeutet, sehr aufmerksam zu sein. — In Großbritanien stehen sich in Bezug auf das beste Verfahren einer Bank zwei Ansichten gegenüber. Die von der sogen. Birminghamer Schule aufgestellte Lehre, die man (seitdem Norman 1840 diesen Namen gebraucht hatte) currency principle oder currency theory nennt, und die hauptsächlich von Jones Lloyd (Lord Overstone) (Thoughts on the separation of the departments of the bank of E. 1844) und Norman vertheidigt, auch von R. Peel angenommen wurde, geht davon aus, daß Münze das vollkommenste Umlaufsmittel sei, und folgert daraus, die Bankscheine müßten in der ausgegebenen Menge sich an die jedesmalige Münzmenge anschließen. Wie also der Baarvorrath abnimmt, so soll auch eine gleiche Verminderung der umlaufenden Scheine vorgenommen werden. Hiedurch glaubt man ein Uebermaß der ausgegebenen Noten zu verhindern. Diese Regel ist zu unbedingt und ohne Beachtung verschiedener Fälle hingestellt. Sie wird lebhaft bekämpft von Tooke (Inquiry into the currency principle, 1844 und History a. a. O.) und Fullarton (On the regulation of currencies, 1845), deren Sätze (banking principle) dahin gehen, daß eine Bank sich bei der Ausgabe ihrer Scheine von dem Bedürfniß leiten lassen und nur sorgen solle, immer zur Einlösung die nöthigen Mittel zu besitzen. Dieser Streit dreht sich hauptsächlich um Peels Bankgesetz von 1844, §. 312 (c). Vgl. Quarterly Review, CLXI, 230 (1847). Offenbar ist ein ungewöhnlich starker Begehr von Münze bei einer Bank zum Behufe der Ausfuhr bisweilen die Folge anderer Ursachen, z. B. des vermehrten Münzbedürfnisses in einem anderen Lande oder starker Getreideeinfuhr und dergl.

(c) Wenn eine Bank der Regierung leiht, so bedient sich diese der Bankscheine zu ihren Ausgaben, welche meistens nicht werbend sind.

(d) Es wird in England hierüber gestritten. Tooke (History ... from 1839—47, S. 190) und Wilson (Capital, currency and banking 1847) stellen die von anderen behauptete Möglichkeit einer Preissteigerung in Abrede. Tooke zeigt, daß wenn die Preise in Zeiten einer fast leidenschaftlich erregten Speculationslust stiegen, die Vermehrung der Bankscheine gewöhnlich erst nachfolgte, also nicht die Ursache jener Aenterung war. Gleichwohl darf man annehmen, daß jene bisweilen zum Vorschein kommenden überspannten Speculationen, von denen öfters die Preise einzelner Waarengattungen gesteigert werden, mit Hülfe des bei Zettelbanken zu erlangenden Credites weiter gehen können als in Ländern, wo keine solchen oder nur eine einzige sehr vorsichtige Bank besteht.

§. 308.

Außer der verständigen Beschränkung in der Menge von Scheinen kommt auch die Frist, auf welche ohne Nachtheil Summen geliehen werden können, und der Grad von Sicherheit, den eine Zettelbank sich verschaffen muß, in Betracht. Vermögen die Schuldner erst nach längerer Zeit aus eigenen Mitteln die Vorschüsse zu erstatten, so hat dies Nachtheile, weil man sich unterdessen in der Anschaffung von Münze oder in der Einziehung eines Theiles der Scheine und dergl. beengt sieht; es sind daher solche Schuldner vorzuziehen, welche sicher nach kurzer Zeit das Empfangene zurückzahlen. Aus dieser Ursache sind Vorschüsse für solche Anwendungen, welche erst spät und allmälig das ausgegebene Capital vergüten, wie für Bodenverbesserungen oder stehende Capitale (Maschinen, Gebäude ꝛc.), ungeachtet sie vollkommen sicher sein mögen, doch minder räthlich und dürften wenigstens nur mit dem kleineren Theile der Scheine gegeben werden (a). Würde eine Bank bereitwilliger, mit geringerer Vorsicht, als es gewöhnlich von den Capitalisten geschieht, Darleihen geben und gewagte Unternehmungen unterstützen, so würde sie sich selbst in Gefahr bringen, weil sie dabei leicht in Versuchung käme, die Scheine stark zu vermehren, und weil sie bei ihren Schuldnern Verluste erleiden würde, die ihr sogar den Untergang zuziehen könnten (b). Das Mitwerben vieler Banken in einem Lande verleitet leicht zu solchen Mißgriffen, wie sie besonders bei den englischen und nordamericanischen Banken öfters vorgekommen sind, §. 313. 317. (c).

(*a*) Smith, II, 47. 51. 76. — Kraus, Staatsw. III, 79. — Say, Handb. III, 70. — Smith giebt die Vorsichtsregel: „Das, was eine Bank einem Unternehmer sicher borgen kann, ist nur derjenige Theil seines Capitals, den er, wenn er nicht die Vorschüsse der Bank hätte, würde ungebraucht in seiner Casse liegen lassen müssen, um gelegentlich Forderungen befriedigen zu können." — Dieß darf man nicht so deuten, als könnte überhaupt keine größere Menge von Banknoten sich im Umlaufe halten, als die Cassenvorräthe der Unternehmer betragen, denn das Gegentheil erhellt schon daraus, daß die Consumenten ebenfalls solche Vorräthe von Gelb in Bereitschaft halten; aber die Regel zeigt sich insofern nützlich, als die in dieser Gränze sich haltenden Anleihen von den Schuldnern immer in der kürzesten Frist zurückgegeben werden können.

(*b*) Eine Bank, welche mit ihren Scheinen Anleihen giebt, überträgt dadurch ihren Schuldnern den Credit, den ihr das Volk zukommen läßt. Der Credit kann aber nur so weit die Production befördern, als es die Größe des Capitales und Absatzes zuläßt. Wenn eine Bank noch über dieses Maaß hinaus Unternehmungen durch Darleihen unterstützt, so erfolgt daraus nur eine erkünstelte Vertheurung einzelner Waarengattungen, welche bald aufhören muß und, wenn das Mißlingen der unüberlegten Unternehmungen kund wird, einem desto tieferen Fallen des Preises Platz macht. Zum Belege hievon dienen die Geschichte der schottischen Ayr-Bank, welche wegen dieses Fehlers nach zwei Jahren brach (Smith, II, 62) und die Handelskrisis in England im Winter 1825—26 (§. 313.), auch die neuere von 1852.

(*c*) Es ist daher in Großbritanien mehrmals der Vorschlag ausgesprochen worden, daß nur die große Londoner Bank (B. von England) Scheine ausstellen solle, oder daß dieß einer nicht nach gewerblichen, sondern nach allgemein volkswirthschaftlichen Zwecken geleiteten Nationalbank übertragen werden möge.

§. 309.

Dagegen ist auch das Dasein einer großen, von der Regierung begünstigten Hauptbank in einem Lande nicht ohne Gefahren, theils weil sie eine monopolistische Gewalt an sich reißen kann, theils weil solche Banken, wie die Geschichte zeigt, öfters zu starken Vorschüssen an den Staat verleitet worden sind, wodurch sie sich Verlegenheiten bereitet, dem Credite ihrer Scheine geschadet und denselben mehr oder weniger die Natur des Staatspapiergeldes gegeben haben (*a*). Zur Verhütung dieses Schrittes und anderer Fehltritte trägt besonders die gute Verfassung einer Bank bei. Die Verwaltung pflegt in den Händen von Vorstehern zu sein, welche von den Theilhabern (Actionären) aus ihrer Mitte gewählt werden und unter der Aufsicht eines größeren Ausschusses stehen. Die wichtigsten Beschlüsse bleiben der jährlichen Versammlung aller Theilhaber vorbehalten. Die Veröffentlichung der jährlichen Rechnungsergebnisse und

die Anlegung eines aus einem Theile der Gewinnste angesammelten Hülfsvorrathes (Reservefonds) dienen dazu, das Vertrauen zu einer Bank zu verstärken. Eine solche Anstalt ist nur
da an ihrer Stelle, wo sich eine hinreichende Menge sicherer
Geschäfte der oben genannten Art vorfindet.

(a) Ueber die Gefahren der Zettelbanken s. vorzüglich Niebuhr a. a. O. —
Gegen die bevorrechteten Banken Wagner a. a. O.

Anhang.

Grundzüge zur Geschichte und Beschreibung der Zettelbanken.

§. 310.

Genua. Die Bank des heil. Georg, die als die älteste Zettelbank betrachtet wird, war ursprünglich eine Gesellschaft von Staatsgläubigern, denen der Staat Zölle und andere Einnahmen überlassen hatte, und die auch Leihgeschäfte betrieb (a). Durch eine sorgfältig geregelte Verwaltung erhielt sie sich lange mit zunehmender Blüthe und Macht. Späterhin gab sie auch Noten aus (b). Durch neuere starke Darleihen an den Staat kam sie 1746 in große Verlegenheit, mußte ihre Zahlungen einstweilen einstellen und erlitt starke Verluste, doch befestigte sie bald darauf ihren Credit wieder. Im französischen Revolutionskriege verfiel sie, 1808 erfolgte ihre Aufhebung.

(a) Man setzt den Anfang dieser merkwürdigen Einrichtung in das Jahr 1345, aber erst 1407 wurden die vorhandenen Gesellschaften zu einer einzigen vereinigt, welche nun den Namen compera oder casa di S. Giorgio erhielt. Macchiavelli (Istor. Fiorent. 8. Buch) rühmt den Reichthum und die gute Ordnung dieser Körperschaft. Nach Bodin (De rep. VI, cap. 2) erhielt sie Capitale zu 4—6 Proc., zahlte die Zinsen pünctlich und lieh zu höherem Zinse mit großem Gewinn aus. Sammlung ihrer Gesetze, die aber über das Innere wenig Aufschluß geben: Leggi delle Compere di S. Giorgio, 1684, fol. — Folieta bei Hufeland, II, 153. — Petr. Bizarus, Senatus populique Genuensis rerum domi forisque gestarum historiae, S. 205. 797. Antwerp. 1629. fol. — Häberlin, Gründl. Nachricht von der Rep. Genua, S. 169. Leipz. 1747.

(b) In den a. Leggi ist einigemal von der Zahlung gegen biglietti die Rede, doch scheinen sie Nebensache gewesen zu sein.

§. 311.

Großbritanien. Die Bank von England (Bank of England) zu London übertrifft in der Menge der umlaufenden Scheine fast alle anderen Banken und ist in den britischen Verkehr so innig verflochten, daß man sie wie das Herz des Geldumlaufs im ganzen Lande betrachten kann, weßhalb auch ihr Zustand und das bei ihr befolgte Verfahren ihre Wirkungen auf viele volkswirthschaftliche Verhältnisse erstrecken. Sie kann zugleich als die Schule gelten, von welcher die genaue Kenntniß des Bankwesens sich weithin verbreitet hat. Sie ward 1694 gestiftet (a). Sogleich bei ihrer Gründung lieh sie der Regierung eine Summe von 1·200000 L. St. zu 8 Procent gegen Ertheilung des Bankprivilegiums auf 13 Jahre, welches 1708 so erweitert wurde, daß in England keine andere Bank von mehr als 6 Theilnehmern errichtet werden durfte (b). Bei den späteren Erneuerungen des Privilegiums mußten weitere Darleihen an die Regierung gegeben werden, so daß das Guthaben der Bank bis auf 14·686800 L. St. stieg. Diese Summe ist das eigentliche Vermögen der Actionäre, bankstock (c). Die Dividende derselben betrug 1730 und 1731 11½ Procent, 1790—1805 war sie 7, 1807—23 10, von 1824 bis 1838 8 Procent, seitdem beträgt sie 7 Procent. Die Noten gingen Anfangs nur bis auf 20 L. St. herab, seit 1759 auf 10 L. St., von 1793 an wurden auch 5 und 1797 sogar 2 und 1 L. St. ausgegeben, was jedoch seit 1826 nicht mehr gestattet ist. Die Geschäfte der Bank sind 1) Discontiren von Wechseln (d), 2) Handel mit Gold und Silber, welche die Bank ohnehin zum Behufe ihrer Baarzahlungen gegen Zettel herbeischaffen muß (e), 3) Annahme von Einlagen (deposits) auf laufende Rechnung, so daß der Gläubiger durch Anweisungen (cheques) von der Bank Zahlungen leisten lassen kann (f), seit 1823 auch Darleihen auf Hypotheken, 4) mancherlei Zahlungen und Besorgungen für die Regierung; insbesondere bezahlt sie die Zinsen der Staatsschuld, schießt auch der Regierung jährlich den Betrag einiger Steuern vor und empfängt dafür verzinsliche Schatzkammer-Scheine, exchequerbills (g). Ihre Scheine sind 1833 so lange für gesetzliches

Zahlungsmittel (legal tender) erklärt worden, als sie dieselben pünctlich einlöst.

(*a*) Steuart, II, 230 der Hamb. Uebers. — Smith, II, 70. — Büsch, Schriften über B.= und Münzw. S. 299. — Hufeland, II, 143. — J. Prince Smith, Sc. of money, S. 151. — Cohen, Compend. of fin. S. 250. (Lond. 1822). — Encycl. Americ. Philad. 1829, I, 544. — Pebrer, Hist. financ. I, 220. 401. — Mac=Culloch, a. a. O. — Bailly, Fin. du roy. uni, I, 165. — J. Francis, History of the bank of E. 3. edit. 1848. II B. — Hübner, II, 339. — Mac Aulay, History of E. VII, 301. — Der Urheber des Planes war W. Paterson.

(*b*) Hierauf verzichteten die Actionäre im Februar 1826 freiwillig, mit Vor=behalt eines Baunbezirkes von 65 engl. Meilen Halbmesser. Seit 1833 dürfen auch in diesem Bezirke Actien=Banken von mehr als 6 Theil=nehmern bestehen, nur ohne Ausgaben eigener Noten.

(*c*) Eigentlich ist dieß Guthaben der Actionäre nur 14·553 000 L. — Bei der Erneuerung des Privilegiums im Jahre 1833 (3. u. 4. Wilh. IV. Cap. 98) wurde festgesetzt, daß von der oben angegebenen Bankschuld ¼ abgezahlt werden sollte, weßhalb dieselbe jetzt nur noch 11·015 000 L. St. beträgt. Die Abzahlung geschah in Staatsschuldbriefen.

(*d*) Sonst nur bis zu 60 Tagen Verfallzeit, neuerlich bis auf 95 Tage. Der Satz des Disconto (Wechselzins) ist veränderlich und wird von der Bankverwaltung erhöht, wenn man aus dem Wechselcurse die Besorgniß schöpft, daß die edlen Metalle eine starke Strömung in das Ausland erhalten möchten.

(*e*) Der Vorrath an rohen und geprägten Münzmetallen ist sehr ungleich, besonders ist die Korneinfuhr in Mißjahren eine Ursache seiner Abnahme. Er war z. B. am

28. Februar 1824	13·810 060 L.		12. Sept. 1846	15·864 960 L.
31. August 1824	11·787 000 =		19. Dec. 1846	15·162 623 =
28. Februar 1825	8·779 100 =		15. März 1847	11·600 000 =
31. August 1825	3·634 320 =		30. Juni 1849	15·120 811 =
28. Februar 1826	2·460 000 =		12. Juni 1852	21·184 050 =
8. Januar 1839	9·336 000 =		11. Dec. 1854	13·579 795 =
17. Sept. 1839	2·816 000 =		Ende April 1860	14·687 000 =

Von der umlaufenden Notenmenge betrug der Baarvorrath bald nur ⅓ oder sogar ¼, bald ⅔, ⅘ und mehr.

(*f*) Die Bank bezahlt den Einlegern keine Zinsen.

(*g*) Diese jährlichen Vorschüsse darf man mit der fortdauernden Bankschuld der Regierung (*c*) nicht verwechseln. Neben den Zinsen beider Forderungen bezog die Bank sonst gegen 260 000 L. St., Provision vom Staate und hat im Durchschnitt 4 Mill., die ihm gehören, un=verzinslich zu benutzen; seit 1833 erhält sie 120 000 L. St. seit 1844 150 000 L. — Bemerkenswerth ist auch, daß die Bank 1823 der Re=gierung gegen eine 44jährige Zeitrente eine zur Abzahlung der Pen=sionirten bestimmte Summe vorschoß, III, §. 500.

§. 312.

Das wichtigste Ereigniß in der Geschichte dieser Bank ist die ihr am 25. Febr. 1797 bewilligte und sodann am 23. Mai

1797 (37. Jahr Georgs III. Cap. 45.) durch Parlaments-
beschluß bestätigte einstweilige Enthebung von der Verbindlichkeit,
ihre Scheine baar einzulösen, die sogenannte Bank-Restric-
tion (a). Diese Verfügung ward durch 8 spätere Parlaments-
acten verlängert und erst 1819 kam der Beschluß (Peel's
Bill) zu Stande, daß die Bank einstweilen unter gewissen
Einschränkungen, von 1821 an aber unbedingt ihre Baarzahlungen wieder anfangen solle. Diese 24jährige Einstellung
der Noteneinlösung brachte darum nicht so verderbliche Folgen
hervor, wie sie ähnliche Maaßregeln in anderen Ländern bewirkten, weil die Bank mit Mäßigung von ihrer Befugniß
Gebrauch machte und in dem großen Credite der britischen
Regierung eine Stütze fand, doch stieg eine Zeitlang der Preis
des rohen Goldes gegen Bankscheine über den gewöhnlichen
Stand und auch der Wechselcurs nach ausländischen Plätzen
ging beträchtlich in die Höhe (b). In den Krisen von 1825,
1836, 1839 und 1857 hat die Bank durch Unterstützung von
Privatbanken sich sehr nützlich erwiesen. Nach dem Gesetz vom
19. Juli 1844 (7 u. 8. Vict. Cap. 32) wird das Ausgeben von
Scheinen von den übrigen Bankgeschäften getrennt und einer
besonderen Abtheilung übertragen (issue-department). Diese
darf außer dem Betrage von 14 Mill. L., für die sie Verschreibungen zur Sicherheit erhält, nur soviel weitere Banknoten
ausfertigen, als die ihr vom Bankdepartment übergebenen Vorräthe von Münzen und Rohsilber ausmachen. Die letztgenannte
Geschäftsabtheilung (das banking-department) besorgt das
Discontiren, das Ausleihen, die Hinterlegungen und die für
die Regierung übernommenen Verrichtungen (c). Die Bank
hat 13 Filiale (branch-banks) in England (d).

(a) Die Restriction wurde angeordnet, als die Menge der umlaufenden
Noten 8.640 000 L. St. ausmachte und während der Besorgniß einer
feindlichen Landung nur $1/7$ dieses Betrages an Münze vorräthig war.
Die Noten wurden von der Regierung bei Steuerzahlungen angenommen und bildeten seitdem das Hauptumlaufsmittel in England. Ihr
höchster Belauf war 30.099 908 L. St. (26. Aug. 1817), 1819 waren
sie wieder auf 25 Mill. vermindert.

(b) Dieß wird durch die folgenden Zahlen deutlich, die sich auf Guineen-
gold von 22 Karat ($^{11}/_{12}$) Korn beziehen, aus Mac-Culloch, Handb.
I, 96.

	Preis der Unze Gold	Preisverhältniß der Noten gegen Gold
i. J.	1800 3,⁸⁹³	100
	1810 4,⁵	86,⁵
	1812 4,⁷⁵	79,⁸⁶
	1813 5,⁰⁶	77,¹
	1814 5,²	74,⁸⁷
	1815 4,⁶³	83,¹²
1817.	1818 4	97,³⁴
	1820 3,⁹⁹⁵	97,⁴
	1821 3,⁸⁹³	100

woraus sich ergiebt, daß die Bankscheine gegen Gold im Jahre 1814 um 25 Procent gesunken waren. Die Notenmenge war 1813 gegen 24 Mill. L. St., welche Summe demnach nicht mehr Gold vertrat, als 18.500 000 L. St. im J. 1797. Da nun 1797 nur 8.640 000 L. St. in Noten umliefen, so mußten noch gegen 10 Mill. an Münze vorhanden sein, welche später durch Bankscheine ersetzt wurden. Tooke schätzt die durch die Restriction ins Ausland gedrängte Münzmenge auf 12—15 Mill. — 1821 hatte sich der Preis der rohen Münzmetalle von selbst wieder gehoben. Auffallend war, daß während der Restriction die geprägten Stücke nur etwa 5—6 Procent gegen Noten im Preise stiegen. Dieß Mißverhältniß zwischen dem Preise des rohen und gemünzten Metalles wirkte wie ein Zwangscurs, und drängte die Münze vollends aus dem Verkehre, rührte aber nicht aus einer gesetzlichen Vorschrift her, sondern aus dem patriotischen Entschluß der Kaufleute, die Bank, von deren gutem Vermögenstande sie sich überzeugt hatten, durch ihren Einfluß zu unterstützen und die Noten dem Metallgelde gleich zu erhalten, wozu der Umstand kam, daß nur noch abgenutzte oder beschnittene Stücke im Umlauf blieben. Es ist viel darüber gestritten worden, ob die Bankscheine nach der Restriction im Preise gesunken (depreciirt) seien. Ricardo folgerte dieß aus dem erhöhten Goldpreise (The high price of bullion a proof of the depreciation of banknotes, 1809) und in dem nämlichen Sinne sprach sich 1810 die Commission des Unterhauses aus (bullion comittee). Das Verlangen des Lords King, daß seine Pachter den Pachtzins in einer nach dem Goldpreise erhöhten Notenmenge entrichten sollten, veranlaßte 1811 das Gesetz, daß man bei Zahlungen nicht mehr als den Nominalpreis des Goldes in Noten fordern dürfe. Auch Graf Lauderdale (The depreciation of the paper-currency of Great-Brit. proved. Lond. 1812. Deff. Further considerations of the state of currency, 1813. Auszug in Farmer's magaz., 1814. XV, 63) nahm die Entwerthung der Bankscheine als unzweifelhaft an: s. ferner Storch, III, 79. 466. — Die Fortschritte der nationalök. Wiss. in Engl., S. 65. (Leipz. 1817). — Lowe (Engl. n. s. gegenw. Zust. S. 141) glaubte, daß das Sinken, so weit es von der Restriction herrührt, nur 15 Procent betrage, und daß die Mehrausgabe (overissue) der Noten nicht Ursache, sondern erst Folge der Depreciation gewesen sei. — Th. Smith, S. 60 bestreitet die Depreciation. Am eifrigsten wird dieselbe von Tooke bekämpft, Thoughts etc. 1 Bd., History of pr. II, 346, History .... from 1839—47 S. 89. Nach der Ansicht des Letzteren ist nur das Gold theurer geworden, es stieg gegen Noten, so oft starke Baarsendungen im Kriege oder zu Getreideläufen nöthig wurden, es sank wieder, wenn diese Ursachen aufhörten, namentlich 1816 ungeachtet einer Vermehrung der Noten. Diese erreichten 1818 den größten Betrag, als das Gold schon wieder viel niedriger stand. Tooke sucht zu zeigen, daß eine allgemeine Preiserhöhung der Waaren gegen Noten nicht stattgefunden hat und daß die Vertheurung einzelner Waarengattungen aus schlechten Getreideernten, aus den Ausfuhrerschwerungen in anderen Ländern, aus den höheren Fracht- und Versicherungskosten ꝛc. zu erklären sei. Spanische Wolle, brit. Kupfer, virginischer Tabak galten 1811 nur 30—70—36 Proc. des Preises von 1808 u. 1809 ꝛc. Es ist natürlich, daß während des Krieges mit Frankreich Colonialwaaren in England wohlfeil, europäische Waaren theurer waren, daher läßt sich schwer neben diesen besonderen Ursachen eine allgemeine Regel herausfinden und die Beweisführung Tooke's ist noch nicht widerlegt. — Die spätere Preiserniedrigung der Waaren, die von Vielen dem gestiegenen Preise der Noten zugeschrieben wurde, war für Gewerbsunternehmer und Grundeigner sehr empfindlich.

(c) Dieß von R. Peel beantragte Gesetz entsprang aus den Vorstellungen der Birminghamer Schule (currency theory, §. 307 (b)) von den Nachtheilen einer übermäßigen Ausgabe von Bankscheinen. In solchen Zeiten, wo eine ungewöhnlich rege Unternehmungslust eine vermehrte Nachfrage nach Anleihen verursacht, können allerdings die Banken durch Vergrößerung der Notenmenge das Uebel vergrößern oder die Rückkehr von demselben verzögern, dagegen ist es in anderen Fällen, wo eine Abnahme des Baarvorrathes und die Vermehrung der Metallausfuhr andere Ursachen hat, schädlich, wenn die Bank eine solche unbedingte Beschränkung hat und es mußte in der Krisis von 1847, welche durch eine übermäßige Menge von Eisenbahnunternehmungen verursacht worden war, die englische Bank ermächtigt werden, von dem Gesetze abzuweichen und ihre Darleihen und Discontirungen zu erweitern. Sobald hievon nur der Anfang gemacht war, hob sich das Vertrauen wieder. Tooke S. 317. Vgl. Mill, II, 112.

(d) Stand zu Ende Aprils 1860:

Debet.		Credit.	
Noten	22·336 000 £.	Pfandbürgschaften (securities)	31·721 000 £.
Einlagen d. Staats, b. Sparcassen ꝛc.	6·252 000 "	Münze und Barren	14·687 000 "
Einlagen v. Privatpersonen	14·602 000 "		
	43·190 000 £.		46·408 000 £.

Der Mehrbetrag des Guthabens ist das erübrigte Vermögen (rest) von 3·218 000 £.

§. 313.

Andere Zettelbanken im britischen Reiche (a).

1) In England und Irland unterscheidet man sogenannte Privatbanken (private banks), die höchstens 6 Theilnehmer haben und eigentlich nur Bankhäuser mit dem Rechte der Ausgabe von Scheinen sind, und größere durch eine Parlamentsurkunde (charter) genehmigte Actienbanken (joint-stock-banks), die seit dem Jahre 1826 errichtet wurden, §. 311. Die Anzahl von Banken beider Art ist abwechselnd, indem bald neue errichtet werden, bald ältere brechen oder sich

auflösen, beträgt aber immer mehrere Hunderte (*b*). Diese Banken betreiben den Wechseldisconto, besorgen Zahlungen für andere Personen (§. 292 a).), übermachen Summen an andere Orte und geben auch Vorschüsse. In Zeiten, wo der Handel und die Production blühen, viele neue Unternehmungen in Gang kommen und der Umlauf eine größere Geldmenge fassen kann, pflegen die Banken ihre Noten und ihre Darleihen zu vermehren. Da man jedoch beim Verfolgen solcher Gewerbsspeculationen leicht das verständige Maaß überschreitet und zu viel wagt, so trat von Zeit zu Zeit, es sei nun durch die Ueberfüllung der Märkte und die davon herrührende Erniedrigung der Waarenpreise, oder aus anderen Ursachen, eine Bedrängniß vieler Unternehmer ein. Die Banken litten große Verluste, und diejenigen unter ihnen, welche zu unvorsichtig gewesen waren, oder deren Theilnehmer zu wenig Hülfsmittel besaßen, brachen gänzlich. Solche Ereignisse sind im 19. Jahrhundert schon mehrmals eingetreten (*c*). Es hat sich hiebei gezeigt, daß in der Errichtung und Verwaltung mancher Banken großer Leichtsinn obgewaltet hat, daß dieselben gerade dann ihre Scheine vermehrten, wenn die Londoner Hauptbank die ihrigen weislich verminderte, und daß das Dasein vieler Zettelbanken in einem Lande Gefahren verursacht, weßhalb man sich neuerlich zu einer bedeutenden Beschränkung der Geschäfte dieser Banken entschlossen hat (*d*).

2) Die **schottischen Banken** werden vorsichtig verwaltet und sind wenigen Erschütterungen ausgesetzt. Sie waren von jeher in Bezug auf die Zahl der Theilnehmer unbeschränkt und haben daher viele Actionäre, welche ein zur Deckung von Verlusten bestimmtes Capital in Staatspapieren und Hypothekenurkunden deponiren. Dieß und die jährliche öffentliche Rechnungsablegung trägt viel bei, den Credit zu befestigen und die Notenbesitzer sicher zu stellen. Darleihen werden mit Behutsamkeit gegeben. Diese Banken nehmen sehr häufig Summen von Capitalisten gegen Verzinsung an, auch in kleinen Beträgen, so daß sie zugleich als Leih- und Sparcassen der Betriebsamkeit gute Dienste leisten (*e*).

(*a*) Mac-Culloch, Handb. I, 100. — Kleinschrod, Großbritaniens Gesetzgeb. S. 399. — Hübner S. 359.

(*b*) Von 1826 bis 1835 find nur 60 größere Bankgesellschaften in England entstanden, aber allein in den ersten 11 Monaten von 1835 42, deren jede mehrere Comptoirs hat. Die Manchester and Liverpool District B. hatte 1054, die Northern and Central B. of England 1024 Theilnehmer, dagegen wurden auch 2 mit bloß 7 Interessenten angeführt; Yearbook of gen. inform. 1837, S. 159. — 1852 zählte man 170 Privat= und 66 Actienbanken in England und Wales mit Notenausgabe, daneben eine Anzahl andere, welche keine Scheine ausgeben dürfen, wozu 6 ansehnliche Actienbanken in London gehören. — Irland hatte 1851 8 Banken, deren größte Bank von Irland heißt. Zu Ende 1854 war die umlaufende Notenmenge

der engl. Privatbanken	3·849 057 L.
Actienbanken	3·072 738 =
der irländischen Banken	6·722 649 =
ferner der schottischen Banken	4·316 095 =
der Bank v. England	19·296 721 =
Zusammen	37·257 260 L.

Der Münzvorrath betrug bei den schottischen B. 1·707 885 L., bei den irländischen 2·053 756 L., bei der B. von England 13·834 657 L., also zusammen 17·596 295 L., ohne die Baarschaft der engl. Privatbanken. Die Banken tauschen regelmäßig die bei ihnen eingehenden Noten gegen einander aus, so daß ein Theil der ausgegebenen bald wieder zurückkehrt.

(*c*) Das starke Sinken der Preise im Jahre 1810 und 1811 stürzte in den 3 Jahren 1810—12 47 Banken und brachte überhaupt 7042 Bankerotte zu Wege (1807—1809 waren nur 4177), dieselbe Ursache brachte 1814 und 1815 nicht weniger als 92 Banken den Untergang und veranlaßte in den 3 Jahren 1814—16 die Zahl von 6527 Bankerotten (Tooke, Thoughts, I, 92 ff.). — Daffelbe erfolgte im Winter 1825—26. Die jährliche Ausgabe von neuen Noten der Privatbanken hatte im Durchschnitt von 1820—23 nur 4·176 000 L. St. betragen, dann, während eine Menge unsicherer Speculationen eine erkünstelte Erhöhung der Betriebsamkeit bewirkte, stieg sie 1824 auf 6·724 000, und 1825 auf 8·755 000 L. St. Die ganze Notenmenge dieser Banken wurde auf 23—25 Mill. geschätzt. Als nun die unvermeidliche Rückwirkung mit einer peinlichen Stockung des Verkehres eintrat, mußte eine große Zahl von Banken fallen, und dieß würde noch mehreren begegnet sein, wenn sie nicht von der englischen Bank wären unterstützt worden. Zur Verhütung ähnlicher Vorfälle wurde 1826 das Ausgeben der 2 und 1 L. St.=Noten untersagt. 1830 waren nur noch 9 Mill. L. St. Noten im Umlaufe. Im Jahre 1836 kam abermals die Sucht, gewagte Speculationen durch Actiengesellschaften zu unternehmen, zum Vorschein. Zu Anfang dieses Jahres waren in Liverpool und Manchester 104 zum Theil abenteuerliche Projecte im Lauf. Daher erfolgte im Herbste desselben Jahres eine Stockung. Vgl. Edinb. Review, Juli 1836, S. 419. April 1837. Die Notenmenge betrug am 26. Sept. 1835 10·420 623 L. St., am 24. Juni 1836 aber 12·202 196 L. — Im Jahr 1839 brachte die americanische Bankverwirrung eine nachtheilige Wirkung auf England hervor. Da die Actien oft nur 25 oder sogar 10 L. St. betrugen, und nur zum kleinsten Theile, z. B. mit 5 bis 10 Proc., wirklich eingezahlt zu werden brauchten, so konnten ganz unbegüterte Personen als Theilnehmer (partners) auftreten. Eine große Erschütterung trat im Herbst 1847 ein zufolge der Eisenbahnspeculationen. Die Bankerotte vom August an betrugen 17—20 Mill. L. St. Eine Lähmung des Credites muß weiter gehen in einem Lande, wo das Umlaufsmittel größtentheils aus Papier besteht, als da, wo bloß

Münze umläuft, obgleich auch hier die Wirkung solcher Stockungen des Handels in häufigen Bankerotten von Kaufleuten fühlbar wird.

(*d*) Schon nach älterer Vorschrift müssen die Landbanken alle Vierteljahre den Betrag ihrer umlaufenden Zettel, die größeren auch jährlich die Zahl ihrer Theilnehmer der Obrigkeit angeben. Nach dem a. Gesetz v. 19. Juli 1844 darf keine Bank Scheine in Umlauf setzen, die es nicht am 6. Mai 1844 schon gethan hat, und die Menge derselben darf den mittleren Betrag des Vierteljahres vor dem 27. April 1844 nicht übersteigen. Das Gesetz v. 21. Juli 1845 (8 u. 9. Vict. C. 37) schreibt für die irländischen Banken vor, daß sie nicht mehr Scheine ausgeben dürfen, als sie im Durchschnitt vom 1. Mai 1844—45 in Umlauf hatten, und als sie außerdem an Gold- und Silbermünze vorräthig besitzen. Das Privilegium der „Bank von Irland" in Dublin, daß in einem Umkreise von 50 Meilen keine Bank von mehr als 6 Theilnehmern Scheine ausgeben darf, hört auf und die Schuld des Staates an diese Bank von 2·637 009 L. St. wird von nun an zu 3½ Proc. verzinst.

(*e*) Schottland hat 17 Actienbanken, die Scheine ausgeben. Die älteste ist die 1695 nach Patersons Plan errichtete „Bank von Schottland" zu Edinburgh. Die Noten haben so viel Credit, daß ihre Einlösung selten begehrt wird, und wie man Bankbedienten versichert, in Glasgow jährlich nur etwa 1000 L. St. zum Einlösen erforderlich sein möchten. Da diese Banken ihre Geschäfte nicht durch beliebige Ausgabe von neuen Zetteln erweitern können (der Umlauf könnte sie nicht fassen), so nehmen sie alle Geldsummen an, die die Besitzer nicht anzuwenden wissen, und verleihen sie wieder, nehmen aber 1 Proc. Zins mehr als sie geben. Man schätzte 1826 diese den Banken anvertrauten Summen auf 20 Mill. L. St. Von den Schuldnern wird gefordert, daß sie zwei sichere Bürgen stellen. Man leiht ihnen blos für productive Zwecke und bekümmert sich fortwährend um ihren Vermögenszustand, um sich vor Verlusten zu hüten. Die Bankgeschäfte selbst erleichtern diese Aufsicht, weil die Schuldner vielfach auf die Bank anweisen und ihr wieder theilweise abzahlen. Auf diese Weise wird die beste Benutzung der Capitale erleichtert und die Production sehr befördert. Die Scheine gehen hier wie in Irland bis auf 1 L. St. herab. Ad. Smith, II, 39. — Quarterly Rev., März 1830. S. 476, Oct. 1830, S. 342. — Logan, Die schottischen Banken, deutsch 1853. — Das Gesetz vom 21. Juli 1845 (8 und 9 Victor. C. 38) enthält für die schottischen Banken ähnliche Bestimmungen wie das Gesetz vom nämlichen Tage für die irischen (*d*).

§. 314.

Frankreich. Die von dem Schotten John Law (geb. 1671, gest. 1729) 1716 errichtete, 1717 von der Regierung übernommene, 1720 zu Grunde gegangene Zettelbank gab ein für alle Zeiten merkwürdiges Beispiel der Folgen, welche aus einer unmäßigen Benutzung des Credits und aus den Irrthümern über die Natur desselben hervorgehen können (*a*). Der Credit wurde durch das Law'sche sogen. „System" so sehr zerstört, daß erst 1776 wieder eine Zettelbank, die Pariser Discontocasse (caisse d'escomptes) zu Stande kam, welche späterhin ihre ganze Notenmenge zu Anleihen an die Regierung verwendete und sich 1789 auflöste, als diese Anleihen in einem neu geschaffenen Papiergelde (den Assignaten) zurückgezahlt wurden (*b*). Die jetzige **französische Bank (banque de France)** entstand 1800 mit 30000 Actien zu 1000 Fr., die 1803 bis auf 45000, später bis auf 67900 vermehrt wurden (*c*). Die Bank discontirt Wechsel (*d*), leistet unentgeltlich Zahlungen auf laufende Rechnungen (comptes courans), doch nur bis zu dem Betrage der ihr übergebenen Summen, ohne etwas vorzuschießen (*e*), leiht auf Staatspapiere (*f*), Canalactien und neuerlich (seit 1852) auch auf Actien und Schuldbriefe der Eisenbahnen, ferner gegen 1 Procent Zinsen auf hinterlegte Vorräthe von Gold und Silber (*g*), leistet auch der Regierung Vorschüsse auf Schatzscheine (bons du trésor) und comptes courans und erweist ihr mancherlei andere Dienste, wie z. B. seit 1820 das Umprägen der alten Münzen. Die Noten durften nach dem Gesetz vom 4. April 1803 nicht unter 500 Fr. betragen, doch wurde (Gesetz vom 18. Mai 1808) den Filialen (comptoirs, succursales) die Ausgabe von Scheinen auf 250 Fr. erlaubt und am 10. Jun. 1848 erhielt die Hauptcasse Erlaubniß, Scheine von 200 Fr. in Umlauf zu setzen. Das Gesetz vom 15. März 1848 gestattet Noten von 100 Fr. Ihr Hülfsvorrath ist neuerlich (1834) auf 10 Mill. Fr. bestimmt worden, so daß der ganze Gewinn jährlich vertheilt wird, wenn jene Summe ergänzt ist. Ihre Verwaltung ist sehr vorsichtig und ihr baarer Vorrath gewöhnlich beträchtlich größer, als er der Sicherheit willen nothwendig sein müßte. Die Februarrevolution veranlaßte starke Vorschüsse an den Staat und einen lebhaften Andrang zur Einlösung, daher wurde durch das Gesetz vom 15. März 1848 verordnet, daß die Einlösung der Scheine unterbleiben dürfe, daß dieselben gesetzliches Zahlungsmittel seien (also mit Zwangscurs) und nicht über 350 Mill. Fr. betragen dürften. Die 9 anderen Zettelbanken (*h*) wurden nach dem Gesetz vom 2. Mai 1848 mit der Bank von Frankreich vereinigt, wodurch dieselbe 23350 weitere Actien erhielt. Die erlaubte Notenmenge wurde auf 452, im J. 1849 auf 525 Mill. Fr. erhöht. Das Gesetz vom 6. August 1850 hob den Zwangsumlauf und das Maximum der Notenmenge wieder auf und führte die Verpflichtung zur Noteneinlösung wieder ein, welche letztere aber auch in der Zwischenzeit nicht ganz aufgehört hatte. Daher blieben die Noten fortwährend in Pari und der Geldumlauf blieb ungestört (*i*). 1857 wurde die Zahl der Actien auf das Doppelte (182500) gebracht (*k*).

(*s*) Man schätzte damals den Münzvorrath in Frankreich auf 1200 Mill. Liv., welche, weil zu jener Zeit 60 Livres aus der Mark Troyes geschlagen wurden, 502 Mill. fl. machten. Law hatte, wie seine Schriften zeigen, überspannte Vorstellungen von der Macht des Credits und der Entbehrlichkeit der Münzen durch Papiergeld. Der Irrthum ging so weit, daß man glaubte, ohne Schwierigkeit eben so viel Scheine als Münze neben dieser in Umlauf halten zu können und daß man den Credit einer noch weit größeren Vervielfältigung fähig hielt. Die Zettelbank befand sich anfangs in gutem Fortgange, da die Scheine (damals 50—60 Mill.) sich leicht im Umlaufe hielten und beliebt waren. Law's Pläne überschritten aber alles verständige Maaß. Er gründete eine Actiengesellschaft, die den Handel mit Louisiana betreiben sollte (comp. d'occident) und durch mancherlei andere ihr übertragene Geschäfte ihren Wirkungskreis erweiterte (ostindischer und chinesischer Handel, Münzrecht 2c.). Die Actien (zu 500 Livres Einlage) wurden vermehrt und stiegen durch künstliche Erregung phantastischer Hoffnung fortwährend im Preise, ohne daß die beabsichtigten Unternehmungen schon in Ausführung kamen. Die Bank ging durch Heimzahlung der Actionäre in die Hände des Staates über, nachdem schon ³⁄₄ des Actiencapitals in Staatsschuldbriefen eingezahlt worden war. Nun faßte Law sogar den Gedanken, dem Staate zur Abtragung seiner Schulden 1200, nachher sogar 1600 Mill. L zu leihen, wofür der Compagnie 3 Proc. Zins nebst der Uebertragung der Finanzpachtungen (fermes) zugesichert wurden. Es wurden zu diesem Behufe wieder neue Actien (zuletzt zu 5000 L.) ausgegeben, deren Steigen einen allgemeinen Schwindel, eine heftige Begierde, sich durch Actienhandel zu bereichern, erregte. Der Preis einer Actie kam bis auf 20000 L., ohne daß die Gesellschaft Geschäfte betrieb, die einen solchen Preis nur irgend hätten begründen können, die Menge der ausgegebenen Banknoten erreichte 2696 Mill., wobei zugleich die Preise aller käuflichen Dinge ungemein gesteigert wurden. Viele reich gewordene Actienhändler begannen sich Ländereien 2c. zu erwerben (réaliseurs) und man wurde allmählig gewahr, daß die Actien keinen wahren Werth hatten. Als das Sinken derselben anfing, ergriff Law mancherlei gewaltsame Mittel, um den Untergang des „Systems" zu verhindern; alle Zahlungen über 100 L. sollten bloß in Banknoten geschehen, Niemand über 500 Liv. in Münze besitzen; hierauf wurde der Preis der Actien gesetzlich auf 9000 Liv. bestimmt, was die Folge hatte, daß die Noten bis auf die Hälfte ihres Nennbetrages und später noch viel mehr sanken. Man sah sich genöthigt, ihre Verminderung durch verschiedene Arten verzinslicher Anleihen zu bewirken und verwandelte endlich den Rest in Staatsobligationen zu 2 Proc. Zins. Den Schluß machte eine willkürliche Beraubung der reich gewordenen Actienbesitzer. — Man hatte 640000 Actien der Gesellschaft ausgegeben, von denen jedoch 400000 früher annulirt wurden. Die gränzenlose Verwirrung richtete viele Familien zu Grunde und lähmte auf lange alles Vertrauen. Steuart, II, 244—296. — Storch, III, 87. — Thiers in Encycl. portative. 1826. I, 49. — Histoire de Law. Leipz. 1858. (vorzüglich). — Londonio im Giorn. dell' Inst. Lomb. VIII, 289 (1844). — Heymann, Law und sein System, München 1853.

Oeuvres de Law, herausg. von Daire in der Collection des principaux Economistes, P. 1843. — Die sämmtlichen Actenstücke enthält die (übrigens nicht empfehlenswerthe) Schrift: Histoire du système des finances sous la minorité de Louis XV., à la Haye, 1739, im 5. und 6. Bande.

(b) Storch, III, 101. Ganilh, Des systèmes, II, 190.

(c) Lobrede für die Bank von Thiers, Deput.-R. 20. Mai 1840. Rau, Archiv, V, 121.

(d) Nur auf Wechsel mit 3 Unterschriften und früherhin nicht unter 500 Fr. Der Discontosatz war lange ununterbrochen 4 Proc. Am 14. Jan. 1847 mußte er auf 5 Proc. erhöht werden, weil wegen der Getreidetheurung, des Falles der Eisenbahnactien und des steigenden Zinsfußes die Einlösung der Scheine zu häufig begehrt wurde und der Baarvorrath auf 72 Mill. gesunken war. Die Bank hatte im Jan. 1847 eine Anleihe von 25 Mill. Fr. oder 800000 L. St. bei der Londoner Bank machen müssen. Am 5. März 1852 wurde der Disconto auf 3 Proc. ermäßigt, am 7. Oct. 1853 wurde er wieder auf 4 und zu Anfang 1854 auf 5 erhöht. Der mittlere Betrag eines eingelösten Wechsels war 1840 1517 Fr., 1846 1285 Fr., 1850 in Paris 990, in den Filialen 1834 Fr., 1851 in Paris 869 Fr., in den Filialen 1592 Fr. In diesem Jahre waren in Paris unter 413496 discontirten Wechseln 87350 unter 200 Fr.

(e) Sie ist hiezu verpflichtet und erweiset hierdurch dem Verkehr einen großen Dienst. Im Jahr 1835 hatten 17—1900 Personen solche comptes courans, für welche 890 Mill. Fr. an Effecten eincassirt wurden, 1834 für 908 Mill., 1840 für 891 Mill. Außer den Privatpersonen hat auch der Staat eine laufende Rechnung, der hiebei bald in Vorschuß, bald in Schuld ist. Im März 1860 schuldete die Bank auf Contocorrent 178,4 Mill. Fr., hatte dagegen auch ein beträchtliches Guthaben gleicher Art.

(f) Nach dem Gesetz vom 17. Mai 1834 kann die Bank auch auf ⅘ des Werthes solcher Verschreibungen leihen, die keine fixe Verfallzeit haben, also auf alle öffentlichen Effecten.

(g) Die Absicht hievon ist, den Handel mit Gold und Silber zu ermuntern.

(h) Marseille, Havre, Orleans, Bordeaux, Rouen, Nantes, Lyon, Lille, Toulouse.

(i) Seitdem die Bank in Verlegenheit gerathen war (1805 u. 1814), verdoppelte sie ihre Vorsicht. Auch war sie lange in dem Umfange ihrer Geschäfte dadurch beschränkt, daß ihre Noten außerhalb der Hauptstadt wenig beliebt waren, in Folge der Erinnerung an den Mißbrauch des Papiergeldes in der Revolutionszeit. Die Bank hatte öfters mehr Baarschaft, als die umlaufenden Noten betrugen, weil der Staat Summen bei ihr hinterlegt.

		Notenmenge.		Baarschaft.
	1832	181—253 Mill. Fr.		217—231 M. Fr.
Ende	1838	212	" "	236 " "
	1840	241⅔	" "	233 " "
D.	1844—45	259½	" "	241 " "
Sept.	1847	230	" "	150 " "
31. Mai	1848	363	" "	127 " "
Ende	1849	436	" "	431 " "
Anfang	1851	504	" "	475 " "
	1855	650	" "	364 " "
März	1860	709	" "	544 " "
Jahr	1863	757—869	" "	292—431 " "

Seit 1825 war durchschnittlich die

	Summe der discontirten Wechsel.	Dividende
1825—29	568 Mill.	87 Fr.
1830—34	319 =	74 =
1835—39	762 =	120 =
1840—44	775 =	125 =
1845—47	1174 =	156 =
1849—51	319 =	104 =
1852—54	2533 =	155 =

Im Jahr 1852 wurden für 5431½ Mill. Wechsel discontirt, 1303 Mill. auf Staatspapiere, Eisenbahn=Actien und =Obligationen und Canal= Actien geliehen. Die Dividende war 158 Fr., Zahl der Filiale 51.

(*k*) Zugleich lieh die Bank dem Staat 100 Mill. zu 4 Proc.

§. 315.

Oesterreich. Die Wiener Stadtbank als Zettelbank (*a*) wurde 1762 gegründet, und erhielt sich bis gegen das Ende des 18. Jahrhunderts in gutem Stande. 1797 wurde sie von der Verbindlichkeit, ihre Noten einzulösen, freigesprochen (*b*) und um diese Zeit begann auch die starke Vermehrung derselben, die man als eines der Mittel betrachten muß, wodurch die Regierung sich die Bestreitung der hohen Kriegskosten erleichterte. Es wurden nun Zettel bis auf 1 fl. herab ausgegeben. Von 1805 an sanken die Noten stark gegen Münze, der Krieg von 1809 beschleunigte ihren Fall und die allgemeine Theurung der Waaren; das Uebel erreichte seinen Gipfel, als im Januar 1811 der Curs auf ungefähr 1300 (nämlich so viel Papierfl. gegen 100 fl. Münze) gekommen war. Die ausgegebene Masse von Scheinen erreichte 1060 Mill. fl. Diese nun zu einem wahren Staats= papiergeld gewordenen Noten wurden zufolge der Verordnung vom 20. Februar 1811 gegen ein anderes Staatspapiergeld, die **Einlösungsscheine** (Scheine, Wiener Währung) umgewechselt, von denen die Regierung 100 fl. gegen 500 fl. in Banknoten hingab; indeß standen diese Einlösungsscheine immer niedriger als Münze und fielen während des Krieges von 1813—1815 noch mehr (*c*).

(*a*) Hufeland, II, 172. — Storch, III, 119. 470.
(*b*) Es wurde nämlich erklärt, daß die Auslösung bei keiner Summe über 25 fl. geschehen sollte, was man einer gänzlichen Einstellung der Zahlung gleich achten kann. André, Neueste Zahlenstatistik, I, 223. Die in diesem und dem folgenden Paragraphen erwähnten Gulden sind die des 20 fl. Fußes.

(e) Der Curs der W. W. (Wiener Währung) war den 7. März 1815 noch 272, aber am 8., als Napoleons Aufbruch von Elba bekannt geworden war, sank er auf 297 und am 10. Mai sogar auf 398, welches, da die Einlösungsscheine die 5fache Summe von Banknoten vorstellten, einen Curs der letzteren von 1990 bildete! 1816 war der Curs auf 322 gekommen, später stand er gleichförmig auf 250. — Vor der Ausgabe von Papiergeld hatte man die Geldmenge in Oesterreich auf 250 bis 300 Mill. geschätzt. Die Masse des Papiergeldes kam 1815 bis zu ungefähr 650 Mill. fl., welches, zu einem Curse von 350 berechnet, 185 Mill. fl. ausmacht; es mußten also, wenn sich sonst nichts geändert hätte, noch 65—115 Mill. fl. Münze vorhanden sein. Cohen, Compend. of finance. S. 67.

§. 316.

Die heutige österreichische Nationalbank, eine auf Actien gegründete Privatanstalt, wurde 1816 auf 25 Jahre errichtet und 1841 auf weitere 25 Jahre bestätigt (a). Die Einlage für eine Actie bestand aus 100 fl. baar und 1000 fl. in Einlösungsscheinen (§. 315), wofür die Bank von der Regierung Schuldbriefe zu 2½ Procent verzinslich erhielt, weßhalb dieser Theil des Stammvermögens nicht zur Einlösung der Scheine benutzt werden konnte. Die Zahl der Actien kam auf 50621 (b). Die Scheine lauten auf 5, 10, 25, 50, 100, 500 und 1000 fl. und werden in den Staatscassen angenommen. Die Bank, welche das ausschließliche Vorrecht im österreichischen Staate erhielt, Noten auszugeben, hat bis 1848 vollkommenes Vertrauen genossen und ihre Scheine sind stets in Pari geblieben. Die von der Bank für die Regierung besorgte Einziehung des älteren Papiergeldes (Einlösungsscheine) ist beendet (c). Die Bankgeschäfte sind:

1) Discontiren von Wechseln, welche auf Wien gestellt und daselbst zahlbar sind. Der Disconto steht seit 1833 fortdauernd auf 4 Procent (d).

2) Umschreiben in offenen Rechnungen (Girogeschäft) bis zum Betrage der in Bankscheinen oder Silbermünze übergebenen Summen (e).

3) Verwahrung hinterlegter Gegenstände, als Barren und Geräthe aus Gold und Silber, Münzen, Staatspapiere und Privaturkunden, gegen eine Gebühr.

4) Darleihen auf rohe, geprägte oder verarbeitete edle Metalle, Staatspapiere, Bankactien (f).

5) Besorgung von Zahlungen durch Anweisung auf die Filialcassen (*g*).

Die Erschütterung des Staates im Jahr 1848 hatte eine so starke Verminderung des Baarvorrathes zur Folge (*h*) und die Bank mußte der Regierung so ansehnlichen Beistand leisten, daß am 31. Mai die Annahme der Noten um ihren vollen Rennwerth befohlen (Zwangscurs), die Ausgabe von 1 und 2 fl. Noten angeordnet und die Einlösung auf Summen bis 25 fl. beschränkt wurde. Dieß zog eine Vermehrung der umlaufenden Notenmenge nach sich (*i*), und da zugleich verschiedene Arten von Staatspapiergeld hinzukamen (*k*), so sank dieses sammt den Noten gleichmäßig unter Pari, womit eine Erhöhung der Waarenpreise verbunden war (*l*).

Die Geschäfte besorgen 12 Directoren unter einem vom Kaiser ernannten Gouverneur und einem Stellvertreter desselben, unter Mitwirkung zweier kaiserl. Commissäre, und mit Ueberwachung durch die jährliche Versammlung des Ausschusses von den 100 Actionären, welche die meisten Actien besitzen.

(*a*) De Tengoborski, Des finances et du crédit public de l'Autriche, I. 70 (1843). — Czörnig, Tafeln zur Statistik d. österr. Mon., 1846 (Nachrichten bis 1842). — Neue Statuten vom 1. Juni 1841 sammt dem Reglement.

(*b*) Da die übergebenen 1000 fl. zu einem Curse von 50 Proc. angenommen werden können, so bestand die Einlage aus 600 fl., wofür eine Dividende von mindestens 30 fl. zugesichert wurde. Die vom Staate bezahlten Zinsen für das eingelöste Papiergeld verschafften schon eine Einnahme von 1·265525 fl. 1853 wurde beschlossen, das Bankcapital durch Abgabe von 49379 liegen gebliebenen Actien zu verstärken, indem man sie den bisherigen Theilnehmern zu 800 fl. überließ.

(*c*) Nachdem für diese Einlösung verschiedene Wege eingeschlagen worden waren, begann 1820 die Einziehung um einen Curs von 250 gegen 100 in Bankscheinen, wofür die Bank verzinsliche Staatsschuldscheine erhielt. Am 30. Juni 1846 waren nur noch 8 Mill. fl. uneingelöst, von denen ein Theil verloren gegangen sein mag. Die ganze eingezogene Summe war 441½ Mill. fl. — Seit 1822 discontirt die Bank Anweisungen der Centralstaatscasse auf einzelne Landescassen. Der Zins derselben wurde 1834 auf 3 Proc. herabgesetzt und seit 1842 giebt die Bank auch aus Staatsauftrag diese auf 3 Monate laufenden Cassenanweisungen an Privatpersonen ab.

(*d*) Im Jahre 1841 wurde die Bank vom Finanzministerium zur Vorsicht ermahnt, um nicht einzelnen Häusern durch unbeschränktes Discontiren eine Gelegenheit zu Schwindelgeschäften zu geben, Tengoborski S. 85. Ein discontirter Wechsel betrug durchschnittlich 1845—52 4620 fl., 1852 nur 2090 fl.

(*e*) Der Betrag dieser Umschreibungen (revirements) war 1843 138 Mill. fl., 1845 107 Mill., 1849 nur 47¾ Mill., 1852 wieder 191 Mill.

(*f*) Zinsfuß bei Darleihen auf Staatspapiere seit 1833 4 Proc., auf Gold und Silber 2 Proc.

(*g*) Die Gebühr ist gering, höchstens ½ Proc. (nach Hermannstadt), mindestens ⅛ p. m. (nach Brünn, Graz und Linz).

(*h*) Hiezu trugen vorzüglich die Geldsendungen nach Italien bei. Der Baarvorrath war Ende 1845 95 Mill. fl., im Juni 1848 nur 20 Mill.

(*i*) Der Betrag derselben war bis dahin nicht bekannt und es waren deßhalb sehr irrige Meinungen von der Größe der Summe entstanden. Sie war zu Ende 1847 an 219 Mill. fl., 1848 an 233 Mill., 1850 255 Mill., 1852 193 Mill. fl.

(*k*) Im Mai 1850 betrug dieses 115¼ Mill. fl., die Bankscheine beliefen sich auf 240 Mill. Der Zwangscurs drängte das Silbergeld aus dem Umlaufe.

(*l*) Der Augsburger Wechselcurs war im April 1851 133¾ fl., nämlich soviel fl. Papiergeld gegen 100 fl. Silber, im Februar 1853 war er 109⅞, aber der russische Krieg verschlimmerte ihn wieder. Zu Anfang 1855 stand das Papier zu 126—27 Proc., im Juni 123. Man hat schon einen beträchtlichen Theil des Staatspapiergeldes eingezogen, aber die Einlösung der Noten hat noch nicht wieder angefangen. v. Hauer, Polit. statist. Uebersicht der Veränderungen ꝛc. S. 320. Ueberf. für 1851—52 S. 12. Neuere Ueberf. S. 126. — v. Czörnig, Oesterreichs Neugestaltung S. 247 1858. — Der italienische Krieg im J. 1859 verschlimmerte den Stand des Staatshaushaltes. Das Sinken des Papiergeldes dauerte fort. Im April 1861 war der Wechselcurs in Frankfurt auf Wien 77½ fl. statt des Pari von 116½, als ein Aufgeld von 50 Proc. auf Silber anzeigt. Die Berathungen im Reichstage zogen aber eine günstige Wendung nach sich. Das Bankgesetz v. 27. Dec. 1862 bahnte den Weg zur Verminderung der Schuld des Staats an die Bank und der Notenmenge. Neue B. Statuten v. 10. Jan. 1863: Verlängerung des Privilegiums bis 1876. Bankcapital zu 110¼ Mill. fl. festgesetzt, in 150000 Actien zu 733 fl. Die Generalversammlung besteht aus den österreichischen Actienbesitzern, welche mindestens 20 Actien auf ihren Namen haben. Sie wählt die 12 Directoren und den Ausschuß von gleicher Zahl der Mitglieder, die Regierung ernennt den Gouverneur und den Bankcommissär. Die Größe des Baarvorrathes wird von der Direction bestimmt, wenn jedoch die Notenmenge 200 Mill. übersteigt, so muß der Mehrbetrag durch einen gleichen Metallvorrath gedeckt sein. Die Einlösung der Bankscheine soll 1867 wieder anfangen. Aufgeld im Jul. 1863 g. 12 Proc. Vgl. Wagner, Die Herstellung der Nationalbank, 1862.

Die discontirte Summe war im Durchschnitt 1818—24 24½ Mill., 1825—35 94½ Mill., 1836—46 277 Mill., 1847—52 346 Mill., 1854 325 Mill. fl.; die auf Faustpfänder geliehene Summe betrug im D. 1827—43 29 Mill., 1844—52 81 Mill., die Dividende 1827—47 76 fl., 1848—52 nur 67 fl., 1854 50 fl. Die Actien galten 1847 gegen 1550 fl., zu Anfang des Jahres 1855 gegen 1020 fl. (In Frankfurt wird der Preis in Gulden des 24½ fl.-Fußes (Silber) ausgedrückt. 1026 fl. Papier zu 126 machen 809½ fl. Silber = 991 fl. des 24½ fl.-F., der Curs in Frankfurt war 960.)

§. 317.

Auch die Banken zu Stockholm (*a*), Kopenhagen (*b*), St. Petersburg (*c*) bestätigen durch ihre Geschichte die obigen allgemeinen Sätze (§. 304 ff.), denn sie vermieden nicht eine solche Vermehrung ihrer Noten, wodurch der Curs derselben gegen Münze herabgedrückt, die Waarenpreise erhöht und nachtheilige Folgen für den Verkehr hervorgebracht wurden. Die **nordamericanischen Freistaaten** hatten eine von der Centralregierung privilegirte und mit ihr in Geschäftsverbindung stehende Hauptbank (bank of the United States) zu Philadelphia, welche aber 1836 diese Eigenschaft verloren hat und 1842 zufolge ihrer fehlerhaften Verwaltung untergegangen ist (*d*). Die zahlreichen Banken in den einzelnen Staaten der Union haben fortwährend durch leichtsinnige Darleihen, übergroße Zettelvermehrung und andere Fehler sowohl sich selbst gefährdet, als dem Verkehre vielfachen Schaden zugefügt, weßhalb man neuerlich bemüht ist, wieder mehr Münze in Umlauf zu bringen und die Menge der Banknoten zu beschränken (*e*). In der neusten Zeit wurden in Europa viele Zettelbanken errichtet, namentlich in Deutschland außerhalb **Oesterreich** (*f*), in der **Schweiz** (*g*), in **Italien** (*h*), zu **Amsterdam** (*i*), in **Belgien** (*k*), zu **Drontheim** (*l*), zu **Lissabon** (*m*), **Madrid** (*n*), **Warschau** (*o*), **Athen** (*p*). In anderen Erdtheilen sind außer der nordamericanischen Union noch die Bank zu **Rio-Janeiro** (*q*), die zahlreichen Banken in Britisch-Ostindien, Canada, Australien, Jamaika, Mauritius, auf dem Cap, ferner auf den französischen Inseln Guadeloupe, Martinique und Reunion, in Algier und Java zu bemerken.

(*a*) Schon 1656 wurde eine Wechselbank errichtet, welche auch das Girogeschäft betrieb, und gleichzeitig eine Leihbank. Nachdem jene schon 1661 angefangen hatte, Creditscheine auszugeben, wurde 1700 die Ausgabe von „Transportzetteln" eingeführt, als wahren Banknoten. 1735 begann sie auf Grundstücke und Eisenvorräthe zu leihen, welches so häufig geschah, daß die umlaufende Notenmenge allmählig bis zu 600 Mill. Kupferthaler stieg und die blos in Kupfermünze zahlbaren Noten viel im Curse gegen Silbergeld verloren. 1762 galten erst 27 Kupferthaler 1 Thaler Hamburger Banco, während 1738 der letztere noch mit 9 Kupfer- oder Zettelthalern zu erkaufen gewesen war. Die gewöhnlichen Störungen, welche solche gesunkene Papiere in der Volkswirthschaft hervorbringen, blieben auch hier nicht aus. 1776 wurde die Umwechslung der Transportzettel gegen neue, in Silber zahlbare, in Reichsthalern Species ausgedrückte Banknoten angeordnet und dieser Thaler 18 älteren Kupfer- oder Papierthalern gleich gesetzt. Die neuen Noten konnten sich ebenfalls nicht in Pari gegen Münze halten und wurden von der Bank nicht eingelöst. Sie hatten deßhalb kein festes Verhältniß zum Silbergelde und gegen das Ausland einen sehr veränderlichen Wechselcurs. Der Reichsthaler Silber von 48 Schill.

(9,™ auf die köln. Mark) galt 1824 130 Schill. Papier. 1829 nur 128, 1832 aber 145 oder ungefähr das 3fache, späterhin wieder 128 Schill., nach welchem Verhältniß auch die Einwechslung erfolgen sollte, wenn der baare Vorrath der Bank ⅝ der Zettel betragen würde. (Ges. v. 1830.) Dieß geschah 1834. Zu Ende 1852 hatte die Bank 22½ Mill. Thlr. Banco umlaufende Zettel, welche im Verhältniß 8 zu 3 gegen 8,° Mill. Thlr. Silber ausmachten, und einen baaren Vorrath von 5 Mill. Thlr. Neben dieser Staatsbank hat Schweden noch 6 Privatbanken. Hübner, II, 422.

(*b*) Die Gründung der Kopenhagener Assignations- und Leihbank fällt in das Jahr 1736. Später (1760) wurde sie von 5000 auf 6000 Actien zu 100 Thlr. gebracht. Schon 1757 wurde ihr erlaubt, nicht über 10 Thlr. vorgelegter Noten baar bezahlen zu dürfen und diese wurden gesetzlich als Zahlungsmittel erklärt; man gab Zettel bis auf 1 Thlr. herab aus und vermehrte sie bis gegen 11 Mill. Thlr. (23 Mill. fl.). 1773 übernahm der Staat die Bank und zahlte die Actionäre ab. Die Zettel fielen, als sie bis auf 16 Mill. Thlr. anwuchsen und alle Münze aus dem Lande drängten. Der Wechselcurs nach Hamburg von 1789 (159½ Thlr. Papier für 100 Thlr. Hamb. Banco, während in Silber das Pari 122½ war) zeigt, daß die Bankscheine auf 76 Proc. gesunken waren. 1791 wurde verordnet, daß die ältere Bank keine neuen Zettel mehr ausgeben dürfe und es wurde dafür eine dänische und norwegische Speciesbank, mit 6000 Actien zu 400 Thlr. Species (1033 fl.) gestiftet, deren Noten in Münze oder in älteren Zetteln nach dem jedesmaligen Curse zahlbar waren. Ihre Bestimmung war das Leihen auf Pfänder, auch ein Girogeschäft. Indeß konnten sich die neuen Zettel nicht in dem vollen Preise erhalten, die Münze verschwand bei dem Sinken der Zettel, so daß man diese bis zu 24 und 8 Schilling (96 auf den Thaler) ausfertigte. Sie sanken zuletzt mit denen der älteren Bank ungeheuer, da sie bis auf 141 Mill. Rthlr. angewachsen waren. 1813 wurde beschlossen, eine neue **Reichsbank** zu errichten, deren Noten künftig das einzige Papiergeld bilden und nicht über 46 Mill. in neuen Reichsbankthalern (18½ auf die köln. Mark fein, also 60·919000 fl.) betragen sollten. Von diesen Noten wurden 27 Mill. Thlr. zur Einlösung der älteren Zettel nach einem niedrigen Curse (⁵/₄₈), 15 Mill. für die Staatscasse, 4 Mill. zu Bankgeschäften bestimmt. Die neuen Zettel erreichten nach einigen Jahren das Pari mit Münze. Sehr eigenthümlich war die Art, das Stammvermögen dieser Bank zusammenzubringen, indem ihr eine Forderung an die Grundeigner von 6 Procent des Mittelpreises aller Grundstücke beigelegt wurde (**Bankhaft**, — also eine außerordentliche Grundsteuer), deren Betrag bis zur Abzahlung mit 6½ Proc. verzinst werden muß und schwer auf den Grundeignern lastet. 1818 wurde die bisherige Reichsbank in eine Privatanstalt (**Nationalbank**) umgewandelt, deren Theilnehmer alle Grundeigner wurden, welche nach obiger Bestimmung wenigstens 100 Thlr. an die Bank zu bezahlen haben oder freiwillig einlegen. Dieß ist das einzige Beispiel einer Bank, welche durch erzwungenen Beitritt zu Stande kam. Der Wechselcurs auf Kopenhagen stand in Hamburg 1827 noch 220, — 1831—34 210, er steht aber neuerlich auf 500, d. h. soviel dänische Reichsbankthaler für 100 Rthlr. Hamb. Banco, also im Pari. 1845 hat die Einlösung der Bankscheine begonnen. 1852 war die Menge derselben 20 Mill. Reichsbankthaler, der Silbervorrath gegen 7½ Mill. — Die **schleswig-holsteinische Speciesbank**, 1788 in Altona gegründet, als Leih- und Discontobank mit Girogeschäft, erhielt sich gut, so daß bei ihrer Aufhebung 1813 ihre Noten nach dem vollen

Betrage gegen Reichsbankzettel einlösbar erklärt wurden. Büsch, Schriften über Banken und Münzw., S. 436. — Voß, Zeiten. 1813 Mai und Juni. — Storch, III, 125 und Zus. 172. — Hübner, II, 147. 207.

(c) Die Assignatenbank zu St. Petersburg, eine Staatsanstalt, entstand 1768. Ihre Noten (Assignaten) wurden nur gegen Kupfermünzen eingelöst, wodurch sie für den Verkehr sehr unbequem wurden, nicht blos wegen der großen Veränderlichkeit im Preise des Kupfers, sondern auch wegen der Beschwerlichkeit des Transportes und des Zählens großer Summen und wegen der auf das Einschmelzen oder Ausführen der Kupfermünze gesetzten Strafen. Doch standen die Assignaten eine Zeit lang nahe am Pari, bis 1786 mit der Bank eine Leihanstalt verbunden wurde, welche auf Grundstücke lieh, und bis mehrere Kriege zur Ausgabe großer Quantitäten von Noten Veranlassung gaben. Das Steigen der Preise aller Waaren gegen die Assignaten mit seinen traurigen Folgen für mehrere Volksclassen, das Verschwinden der Silbermünze aus dem Umlaufe, die Verwirrung im Verkehre, stellten sich auch hier ein. Das Sinken der Assignaten (Papierrubel) gegen Silbergeld zeigt kein festes Verhältniß zur Vermehrung ihrer Quantität, d. h. das gesunkene Papiergeld vertrat in seiner Preissumme nicht immer gleich viel Silber, was man aus der fortdauernden Ausfuhr des letzteren erklären kann. Es war nämlich

	Summe der Assignaten.	Curs derselben	Betrag in Silber nach dem jedesmal. Curse.
1791 u. 92	94·800000 R.	80	75·640000 R.
1794 — 96	105·700000 =	70	73·990000 =
1807 — 09	464·300000 =	55⅓	256·912000 =
1810	577·000000 =	33⅓	192·333000 =
1817	836·000000 =	25⅛	210·672000 =
1824	595·776000 =	25½	151·922882 =

1825 kam der Curs auf 26¾ (nämlich 374 Papierrubel für 100 Rub. in Silber), 1839 wurde er auf 350 für 100 Silber festgestellt. Die 595 Mill. Assignaten wurden seit 1843 um jenen Preis (¹/₇) gegen ein neues Papiergeld, die Reichscreditbillets, umgetauscht, welche vermöge eines ansehnlichen Baarvorraths dem Silber gleich stehen. Merkwürdig ist, daß hiebei 12·287000 R. nicht zum Umwechseln vorgelegt wurden, also verloren gegangen waren, aber dagegen 6·857000 R. nachgemachte Assignaten zum Vorschein kamen. Die Reichsbank hat zwei Abtheilungen. 1) Die Leihbank, welche auf Hypotheken leiht und dazu auch Capitale vom Staate, von öffentlichen Anstalten und von Privaten aufnimmt, hatte zu Anfang 1853 326½ Mill. R. ausgeliehen, ihr eigenes Vermögen betrug 12⅖ Mill. R. (Aufgehoben 1860.) 2) Commercialbank, seit 1818, welche Wechsel discontirt und durch Anweisungen Zahlungen an anderen Orten besorgt, auch Vorschüsse auf Waaren giebt, ferner Umschreibungen vornimmt. Sie hat Comptoire in mehreren Städten. Ihr Capital ist 8·571000 R., womit sie im Jahre 1852 26 Mill. discontirte. Es waren 186 Mill. R. bei ihr verzinslich angelegt. Storch, III, 128 und Zus. 174. — Cohen, Comp. of finance, Doc. S. 135. — Dede, D. Handel des russ. Reichs, 1844, S. 68. — Hübner, II, 218.

(d) Die ältere, den ganzen Bundesstaat umfassende Bank (im Gegensatze der Provinzialbanken) wurde 1791 auf 20 Jahre mit 20 Mill. Doll. Capital gestiftet und hörte deßhalb 1811 auf. Die neuere wurde 1816, abermals auf 20 Jahre, errichtet, mit 35 Mill. Doll. (wovon 28 Mill.

in Staatspapieren) in Actien zu 100 Doll., wovon der Staat selbst ⅕ nahm. Die Bank discontirte, lieh auf Faustpfänder und trieb Handel mit Münzmetallen, durfte aber höchstens 35 Mill. Noten über den Betrag der eingelegten Summen ausgeben (also nicht über 70 Mill. zuf.) und dem Staate nicht über 500000 Doll. leihen. Die Verwirrungen begannen, als im Jahre 1833 der Präsident der Union Jackson beschloß, daß die Staatsgelder nicht mehr bei der Centralbank, sondern bei den Banken in den einzelnen Staaten niedergelegt und von diesen statt jener die Zahlungen für die Staatscasse übermacht werden sollten. Der nächste Grund hievon lag in einer der Person und den politischen Ansichten des Präsidenten Jackson entgegengesetzten (mehr aristokratischen) Richtung der Bankdirection, welche Flugschriften in ihrem Sinne veranstaltet hatte, doch scheint die Bank auch Mißgriffe begangen zu haben. Die Feindseligkeit stieg seitdem. Als am 3. März 1836 das Privilegium der Bank of the U. S. ablief, dessen Erneuerung der Präsident verhindert hatte, wurde die Bank von dem Staate Pennsylvanien als Provincialbank (State-bank) aufrecht erhalten. Ihre Verwaltung war nicht fehlerfrei, vielmehr ließ sie sich in gewagte Unternehmungen ein, wohin vorzüglich ungeheure Aufkäufe von Baumwolle gehörten. Sie gerieth daher mehrmals in Verlegenheiten. Nach der Zahlungseinstellung im Jahre 1837, für welche die Entziehung der Staatsgelder als Entschuldigung geltend gemacht wurde, mußte sie 1839 und 1841 abermals die Zahlung aussetzen (Rau im Archiv, IV, 376) und endlich 1842 sich auflösen, woraus für die Actienbesitzer große Verluste entstanden. — v. Raumer, Die vereinigt. St. von Nordamerica, I, 361. 1835.

(e) Im Jahre 1830 wurden 320 Provincial- oder Staatenbanken gezählt, mit 61 Mill. Doll. Noten. Sie vermehrten sich in Folge der von der Regierung gegen die Bank der verein. St. ergriffenen Maaßregeln, so daß 1836 schon 557 mit 140 Mill. Doll. Scheinen, 1839 850, 1854 sogar 1208 Banken (Filiale mitgezählt) mit $204^2/_3$ Mill. Doll. Noten und $59,^4$ Mill. Doll. Baarschaft bestanden. Zu Anfang 1859 zählte man 1476 Banken mit 402 Mill. D. Capital, $193,^3$ Mill. Noten und $104,^5$ Mill. D. Baarvorrath. Hunt, Merch. mag. XL, 466. Der Bruch einzelner Banken ereignete sich ziemlich häufig, weßhalb die Anzahl derselben stets wechselte und die ungleiche Menge des umlaufenden Geldes störend wirkte. Die Verpflichtung zum Einlösen der Noten gab keinen hinreichenden Schutz, indem bisweilen die Noteninhaber durch Einschüchterung abgehalten wurden davon Gebrauch zu machen. Die Verfügung der Regierung, daß die Steuern und die Kaufgelder für Landkäufe in Münze oder in Zetteln einer den gekauften Ländereien nahe gelegenen, ihre Noten pünctlich einlösenden Bank entrichtet werden müssen (treasury-order, vom 11. Juni 1836), in Verbindung mit der Anhäufung eines der Union gehörenden, 1837 zu vertheilenden baaren Vorrathes, brachte eine große Geldverlegenheit hervor, während der Disconto auf 20—30 Proc. und noch höher stieg, und fortwährend starke Sendungen von edlen Metallen aus Europa eintrafen. Sämmtliche Banken setzten im Sommer 1837 einige Zeit ihre Einlösungen aus, und die Regierung mußte ihnen zur Rückzahlung der hinterlegten Gelder Fristen vergönnen. 1839 trat eine neue Verlegenheit ein, es brachen viele Banken und nur ein Theil der übrigen vermochte die Einlösungen fortzusetzen. Die leichtsinnigen Unternehmungen z. B. im Ankaufe von fremden Waaren und von Bauplätzen, und das Aufborgen vieler europäischer Capitale wurden durch die Menge der mit einander wetteifernden, zum Theil ohne gehöriges Stammvermögen errichteten Banken sehr begünstiget. Es entstanden große Verluste, und die öftere

Wiederkehr solcher Erschütterungen machte das Bedürfniß besserer Sicherungsmittel gegen den Mißbrauch des Credites sehr fühlbar. Die Meinungen waren hierüber getheilt: die Einen (wie Jackson) wollten die Banknoten mehr und mehr aus dem Umlaufe verdrängen, die Anderen erwarteten von einer gut verwalteten Hauptbank Hülfe. Verschiedene Staaten verboten die kleinen Noten. — 1843 trat wieder eine beträchtliche Zufuhr von Münzmetallen aus Europa ein, welche nach der Verminderung der umlaufenden Noten deren Stelle ersetzten. Noch 1845 beklagte Polk, daß die unverzinslich bei den Banken hinterlegten Staatsgelder nicht sicher ständen. 1838 gab der Staat New-York das Beispiel einer weiter gehenden Beaufsichtigung. Jede neu zu errichtende Bank muß ein in guten Schuldbriefen bestehendes Capital aufbringen und die auszugebenden Bankscheine dürfen den Betrag dieses Capitals nicht übersteigen, weßhalb sie von einem Staatsbeamten unterzeichnet werden müssen. In mehrern Staaten ist neuerlich angeordnet worden, daß die Noten bis zu dem Belaufe des Bürgschaftscapitals der Bank von einem Staatsbeamten eingehändigt werden, daß bei der Verweigerung des Einlösens die Noten durch Verkauf der hinterlegten Schuldbriefe bezahlt und die Geschäfte eingestellt werden, z. B. Connecticut und Indiana 1852, Louisiana 1853. Diese Maaßregeln geben indeß keine volle Sicherheit, weil die Banken noch andere Schulden machen können als durch Notenausgabe, namentlich vermittelst der Annahme von Einlagen (deposits). Im Jahre 1854 stellten 85 Banken von Indiana ihre Zahlungen ein und ihre Scheine sanken auf 25 Proc., überhaupt brachen 107 Banken in jenem Jahre, als man zum Behufe der Münzausfuhr die Einlösung ungewöhnlich häufig begehrte. Zufolge der Krisis von 1857 sank 1858 die Notenmenge auf 155 Mill. Doll. — Hunt, Merchants magaz. XXXI, 716. XXXII, 353. — W. Gouge, A short history of papermoney and banking in the U. St. Philad. 1833. — Mohl in Rau, Archiv, II, 382. — Mac-Culloch, I, 117 u. Supplem. S. 64.

(s) Preußen. 1) Bank der pommerischen Ritterschaft zu Stettin, 1824, eine Privatanstalt, an der nur Gutsbesitzer Theil nehmen können. Stammvermögen 1 Mill. Thaler in 250 Actien, daneben mit einem Betriebscapitale von 25 000 Thlr. Es wurden nur für 1 Mill. Thlr. Bankscheine (von 1 und 5 Thlr.) gemacht, welche den Theilnehmern, sowie dieselben Actien bezahlten, eingehändigt wurden. Die Geschäfte, z. B. Discontiren und Leihen, konnten daher nur mit demjenigen Theile der baar eingelegten Summen betrieben werden, welcher nicht zur Einlösung vorräthig gehalten werden mußte. Der Gewinn sollte so lange zum Stamme geschlagen werden, bis dieser auf 2 Mill. angewachsen wäre, s. Statuten und Gesellschaftsvertrag der pomm.-ritterschaftl. Privatbank. Berlin 1824. — Neue Statuten. 23. Jan. 1833. Der Fond darf auf 2 Millionen gebracht werden (ist aber nur auf 1·896 500 Thlr. gekommen). Die Actionäre erhalten 4 Proc. Zinsen, vom Ueberschuß werden ⅓ ebenfalls vertheilt, ⅓ kommt zum Reservefond. Neueste Statuten 24. Aug. 1849. 1853 betrug die Summe der discontirten Wechsel 21¾ Mill. Thlr., der Pfandbarleihen 6,³ Mill., Zins und Dividende 3³/₄ Proc. — 2) Preußische Bank. Die Berliner Bank, eine Staatsanstalt, war 1765—68 eine Girobank, 1766 begann sie Disconto- und Leihgeschäfte. Sie erhielt viele Capitale von Stiftungen und Minderjährigen zu 2—2½ Proc. Zins und betrieb damit ihre Geschäfte. Nach Cabinets-Befehl vom 11. April 1846 wurde sie ermächtigt, Bankscheine auszugeben und ihr Capital durch Ausgabe von Actien zu vergrößern, zuerst 10, jetzt 15 Mill. Thlr. in Actien zu 1000 Thlr. Der Einschuß des Staates ist 1·876 000 Thlr. Für die Scheine (bis 1856 höchstens 15 Mill.) soll 1/3 ihres Betrages baar oder in Silberbaren vorräthig sein. Diese „preußische Bank“ hat Filiale in vielen Provincialstädten. Im Jahre 1853 wurden von ihr 61,8 Mill. Thlr. Wechsel discontirt und 68 Mill. auf Pfänder ausgeliehen. 1859 war die Notenmenge 75 Mill., der baare Vorrath 52,5 Mill. Thlr., Zins und Dividende waren 6 Procent. — 3) Städtische Bank zu Breslau, Satzungen vom 10. Juni 1848. Noten bis zu 1 Mill. Thlr., wovon 1/3 durch Baarschaft, 2/3 durch Verschreibungen verbürgt. — 4) Bank des Berliner Cassenvereins, nach Ges. v. 15. April 1850 errichtet. Das Actiencapital ist 1 Mill. Thlr. Kleinste Scheine 10 Thlr. (nicht über 100 000 Thlr.), sodann von 20 Thlr. (ebenfalls nur 100 000 Thlr.), von 50 Thlr. (nicht über 300 000 Thlr.), 100 und 200 Thlr. Ein Drittel der Notenmenge muß in Münzmetall, ein zweites in solchem oder discontirten Wechseln gedeckt sein. Notenmenge an 1 Mill. Thlr., baar Ende 1859 1,6 Mill., discontirt 1860 12 1/2 Mill., ausgeliehen 4,6 Mill. — 5) — 9) Banken in Posen, Magdeburg, Danzig, Köln, Königsberg.

Baierische Bank, Ges. v. 1. Juli 1834. 3/5 der Fonds müssen zu Anleihen auf Grund und Boden. 2/5 dürfen zu Bank- und Wechselgeschäften verwendet werden, die Notenmenge darf diese 2/5 nicht übersteigen und auch nicht mehr als 8 Mill. fl. betragen. 3/4 des Notenbetrages muß durch doppelte Hypothek, 1/4 wenigstens durch baaren Vorrath gedeckt sein. Die Noten dürfen nicht unter 10 fl. ausgestellt werden. — Statuten vom 15. Juni 1835. Anfängliches Capital 10 Mill. fl., erhöhbar bis 20 Mill. Das Privilegium dauert 99 Jahre. Sitz zu München, Filial zu Augsburg. Jede Actie (von 500 fl.) erhält zunächst 3 Procent Jahreszins und 3/4 des weiteren reinen Gewinnstes, der Rest bildet den Hülfsvorrath. Die Noten werden bei den Staatscassen angenommen. Geschäfte: 1) Anleihen auf Hypotheken, bis zur Hälfte des ermittelten Werthes, in Summen von mindestens 500 fl., mit Tilgung in einer Zeitrente, höchstens 1 Proc. jährlich nebst 4 Proc. höchstens Jahreszins; 2) Discontiren von Staatspapieren und Zinsscheinen (Coupons), wenn sie binnen einem halben Jahre fällig sind, von Wechseln mit 3 Unterschriften, ferner von Solawechseln gegen ein Unterpfand in Waaren, Pretiosen und Staatspapieren; 3) Darleihen auf Staatspapiere (bis 90 Proc. des Tagescurses), Bankactien, gemünztes und rohes Gold und Silber; 4) Eröffnung eines Credites zum Umschreiben (Girogeschäft) gegen baare Hinterlegung einer Summe; 5) Annahme von Münzen, rohem Metall, Pretiosen, Urkunden ꝛc. in Verwahrung; 6) Lebensversicherung, nach den Grundbestimmungen vom 5. Mai 1836; 7) es ist mit der Bank auch eine Rentenanstalt verbunden, Satzungen vom 22. Aug. 1839; ferner, 8) eine Feuerversicherung für bewegliche Habe, Grundbest. vom 20. April 1836. Das Actiencapital ist bis auf 20 Mill. fl. erhöht worden. 1853 betrug die auf Hypotheken ausstehende Summe 9 697 000 fl., das Leihgeschäft 10,7 Mill., 1852 die Discontirung 4,2 Mill. Die ausgegebenen Noten beliefen sich auf 8 Mill. fl., die Dividende auf 6 1/5 Proc.

Sachsen. Leipziger Bank seit 1838. 3 Mill. Thaler Capital. Die Baarschaft muß mindestens 1/3 der Noten sein, deren Summe 1859 10 1/2 Mill. Thlr. war. — Stadtbank in Chemnitz seit 1848, mit Creditscheinen zu 1 Thlr. — Landständische Bank zu Bautzen, seit 1844, mit Deckung der Noten durch 1/3 baar.

Mecklenburg. Rostocker Bank, seit 1850, 1 Mill. Thlr. Noten im Jahre 1859.

Dessauische Bank, 1847, 4 Mill. Thlr. Actiencapital. Baarschaft nicht unter ¼ der Noten. Diese beliefen sich 1859 nur auf 160000 Thlr. Uebler Vermögensstand.

Die Nassauische Landesbank (Staatsanstalt) hat nur Leihgeschäfte, s. II, §. 113 (b).

Im Jahre 1853 wurden Zettelbanken errichtet zu Braunschweig (3 Mill. Thlr. Capital), Weimar (5 Mill. Thlr., giebt auch Vorschüsse zur Ablösung grundherrlicher Lasten), Gotha. 1854 in Frankfurt. Diese hat einstweilen 10 Millionen fl. Actiencapital, darf keine Darleihen aufnehmen, keine Gewerbsunternehmungen unterstützen, an keiner Staatsanleihe Theil nehmen. Neuere B. in Bremen, Darmstadt, Gera, Hannover, Homburg, Lübeck, Meiningen, Sondershausen.

(g) 1833 Berner Bank, eine Staatsanstalt, für Anlegung der Staatsgelder bestimmt. Bankscheine bis zu 2 Mill. franz. Fr., zu 20, — 50 und 100 Fr., einlösbar der Bank und bei den öffentlichen Cassen, soweit deren baarer Vorrath und bevorstehende Zahlungen es erlauben; Mathy in Rau, Archiv, IV, 69. Neue Statuten 1846. — 1836 Bank zu Zürich, ½ Mill. fl. eingezahltes Actiencapital. Rau, Archiv, VI, 308. — St. Gallen, — 1845 Basel, an der Stelle der älteren Giro- und Depositenbank, Lausanne, Genf, Luzern ꝛc.

(h) Neue Bank beider Sicilien, 1808. — Rom, 1834. Nach der Zahlungseinstellung im Jahre 1848 und der Neugestaltung der Bank 1850 wurde 1854 die Einlösung der Noten wieder angefangen. — Bank zu Genua 1844, zu Turin 1847 errichtet; beide verschmolzen 1849; im Jahre 1850 41 Mill. Fr. Notenumlauf. — Savoyische B. in Annecy und Chambery, 1851. Benvenuti e Meneghini, Manuale del citadino degli stati Sardi, 1, 366. — Bank in Livorno, 1837.

(i) Niederländische Bank seit 1814 mit einem Capitale von 5 Mill. fl. in Actien zu 1000 fl., von denen der König 500 übernahm. 1819 wurde das Capital verdoppelt, seit 1841 besteht es aus 15 Mill. fl. Der Baarvorrath ist fortwährend größer als der Notenumlauf, z. B. zu Ende 1853 war jener 90, dieser 77 Mill. fl.

(k) 1) Société générale pour favoriser l'industrie, gestiftet 1822 mit einem Capital von 30 Mill. fl. in 60000 Actien, dazu 20 Mill. fl. in Ländereien, welche die Gesellschaft größtentheils verkauft hat. — Noten waren bis zu dem Belaufe von 40 Mill. Fr. erlaubt, aber nur 12—15 Mill. wirklich ausgegeben. Außer den gewöhnlichen Bankgeschäften hat diese Bank gegen 40 andere Gewerbsgesellschaften mit Vorschüssen unterstützt und zugleich der Regierung als Staatscasse gedient, für ¼ Proc. Provision. Die Ausgabe von Bankscheinen hat 1850 aufgehört, s. Nr. 3. In diesem Jahre liefen für 32½ Mill. Fr. Noten um. — 2) Belgische Bank zu Brüssel, seit 1835; Capital seit 1841 30 Mill. Fr., Noten zu 40—1000 Fr., aber nicht über den Betrag des Capitals der Gesellschaft. Im December 1838 mußte die Bank ihre Einlösungen einstellen, da sie durch zu starkes Begehr von Münze in Bedrängniß gekommen war. Dieß rührte zum Theil von der Besorgniß eines Krieges mit Holland her, indeß hatte auch diese Bank sich zuviel in verschiedene gewerbliche Unternehmungen eingelassen. Sie erhielt 4 Mill. Vorschuß von der Regierung und eine 3monatliche Zahlungsfrist, worauf sie alle Verbindlichkeiten erfüllte. Im Jahre 1848 geriethen diese beiden Banken in Verlegenheit und wurden durch das Gesetz vom 20. März von der Einlösung entbunden, wobei die Noten Zwangscurs erhielten. Bei den Verhandlungen über die Aufhebung dieser Anordnungen wurde beschlossen, eine neue Bank zu errichten, zu deren Gunsten die beiden genannten Anstalten auf das Recht verzichteten, Noten auszugeben und Wechsel zu discontiren, und deren Actien von ihnen übernommen wurden. — 3) **Nationalbank**, Gesetz vom 10. Mai 1850, Capital 25 M. Fr. Ihr Hauptgeschäft ist das Discontiren (1852 für 324 M. Fr.), auch besorgt sie an der Stelle der Soc. génér. die Cassengeschäfte des Staats. Notenumlauf im August 1853 76,⁸ Mill. Fr., Baarschaft 43½ Mill. — 4) **Lütticher Bank** seit 1835, mit 4 Millionen; sie discontirt nicht, leiht aber auf Faust- und Unterpfänder, auch gegen Zeitrenten. Notenumlauf 1850 nur 100550 Fr. — 5) **Flandrische Bank zu Gent**, 1841, mit 10 Mill. Fr. Capital. Zu Ende 1850 waren 2'480 000 Fr. Scheine ausgegeben, Situation de la Belg. IV, 175.

(*l*) Die **norwegische Bank** ging aus der dänischen Reichsbank von 1813 hervor. Sie war auf ein Actiencapital von 2 Mill. Species (zu 2,⁶⁴⁸ fl.) berechnet, welches aber langsam zu Stande kam. Da man die Scheine ohne Einlösung vermehrte, so sanken sie ansehnlich. Erst 1842 kamen sie wieder in Pari und die Einlösung begann. 1822 war der Curs der Noten gegen Silber noch 170 gegen 100. Die Bank leiht Landwirthen und anderen Gewerbsleuten zu 4 Proc. 1851 war die Notenmenge über 5 Mill. Thlr.

(*m*) Die **Lissaboner Bank** (seit 1822) war hauptsächlich zur Einziehung des Papiergeldes bestimmt. 2000 Mill. R. (⅔ des Stammvermögens) wurden der Regierung zufolge der Statuten in Banknoten gegen 4 Proc. Zinsen geliehen, um damit eine gleiche Summe von Papiergeld einzuwechseln und zu vertilgen. Balbi, Essai statistique, I, 331. Im December 1827 mußten die Zahlungen eingestellt werden, weil es an Baarschaft fehlte, doch stand die Bank nicht schlecht, sie hatte 1600 Contos do Reis (Millionen Reis zu 2829 fl.) Noten im Umlauf, dagegen waren 4785 C. in Metall, Papiergeld und Staatspapieren (letztere 3000 C.) vorhanden, auch erholte sich später die Bank wieder. Die Klage über die zu häufige Ausfuhr der Münzen ist ungereimt, weil das Ausgeben der Noten diese Folge haben mußte. Die Regierung ließ wirklich ein Münzausfuhrverbot ergehen! Abermalige Einstellung bei den Unruhen im Juni 1846, in deren Folge die Noten auf 50 Proc. herabgesetzt wurden. Neue Bank von Portugal, welche die älteren Noten umwechselte.

(*n*) **Bank von S. Fernando**, 1829 durch Umgestaltung der Leihbank von S. Carlos von 1782 gebildet. 1848 erhielt sie eine neue Einrichtung. Ihr Capital wurde 1851 auf 120 Mill. R. gesetzt. Ende 1852 hatte sie 103 Mill. Cassenvorrath und 120 Mill. Notenumlauf. — Auch in **Cadiz** besteht seit 1847 eine Zettelbank, Hübner, II, 263.

(*o*) Die **polnische Bank in Warschau** seit 1828 ist eine Staatsanstalt, deren Stammvermögen anfangs aus 30 Mill. poln. fl. bestand, seit 1841 aber aus 8 Mill. Rubel (53⅓ Mill. fl.) besteht. Sie ist zum Ausleihen bestimmt, zugleich mit der Schuldentilgung beauftragt. Erst im Februar 1830 wurden Bankbillets im Betrage von 14 Mill. ausgegeben, zu denen in der Revolution 1831—32 26 Mill. neue kamen. Jetziger Betrag 40 Mill. Rubel.

(*p*) Seit 1841. Actien-Capital 5 Mill. Drachmen (zu 25 fr.). ⅕ des Stammvermögens soll zu Darleihen auf Unterpfandsrechte und Pfänder verwendet werden, höchstens zu 10 Proc. Die Scheine sollen nicht über ⅔ des Stammvermögens betragen und es soll ¼ ihres Belaufs baar vorräthig sein. Ihr geringster Betrag ist 10 Dr. 1848 wurde die Bank der Verpflichtung zum Einlösen überhoben. Zu Ende 1851 hatte sie 1¾ Mill. Dr. Scheine und 1⅓ Mill. baar.

(ϙ) Seit 1808 vom König bestätigt als Banco do Brasil, zugleich Leih-anstalt, Assecuranzgesellschaft ꝛc. Die Stiftung der Bank selbst ist einige Jahre früher geschehen. Sie wurde so sehr von der Regierung zu Vor-schüssen gemißbraucht, daß sie die übergroße Menge ihrer Zettel nicht im Pari zu halten vermochte, und drängte die umlaufende Münze mehr und mehr außer Landes. Das Gold war schon bis auf 230 Proc. gegen Papier gestiegen. Der Wechselcurs auf London (fortwährend gegen 34 Pence Sterling für 1 mille Reis, Pari gegen 51 oder sogar 53) deutet noch auf einen Goldpreis von 150 Proc. gegen Papier. Spix und Martius, Reise in Brasil. I, 130. — Rev. enc. Oct. 1829. S. 216. — 1829 erlosch diese Bank und ihre Scheine wurden in Staatspapiergeld umgewechselt. Neue Bank, 1853, auf Actien mit 30 Mill. Doll. Capital, auch zum Einziehen des älteren Papiergeldes bestimmt.

Viertes Buch.

Verzehrung der Vermögenstheile.

Erste Abtheilung.

Die Verzehrung im Allgemeinen betrachtet.

§. 318.

Die Verzehrung der Güter (§. 68) vernichtet zwar die Wirkung einer vorausgegangenen Erzeugung, ist aber nicht schon deßhalb für ein volkswirthschaftliches Uebel zu halten. Nicht die bloße Anhäufung von Gütern, sondern der Nutzen, der aus ihnen für die menschliche Gesellschaft entspringt, ist der Zweck der Wirthschaft (§. 72). Erst durch den Gebrauch der Vermögenstheile entstehen jene persönlichen Güter, zu denen die sachlichen nur Hülfsmittel sind. Die an den Gebrauch geknüpfte Verzehrung ist daher eben so nothwendig, als die Hervorbringung. Beide Vorgänge stehen in genauem Verbande, denn wie die Ausdehnung der Verzehrung durch die vorausgegangene Erzeugung bedingt wird, so kann auch diese nicht wiederholt und weiter fortgesetzt werden, wenn nicht die früheren Vorräthe verzehrt und dadurch Bedürfnisse neuer Erzeugnisse erregt worden sind. Indeß ist keineswegs jede Verzehrung nützlich, und auch eine im Allgemeinen als nützlich erkannte trägt doch zur Erreichung der wirthschaftlichen Zwecke bald mehr, bald weniger bei.

§. 319.

Die Verzehrung als Zerstörung eines Werthes kann eben so, wie die Hervorbringung (§. 83), auf doppelte Weise geschehen:

1) Es ereignet sich eine äußere Veränderung, mit der eine gänzlich oder theilweise erfolgende Vernichtung des Werthes verbunden ist (objectiv), und zwar

a) indem ein Sachgut seine bisherige Beschaffenheit verliert, körperliche, materielle Verzehrung. Bald ist es die Gestalt, bald die Zusammensetzung der Bestandtheile, worin die Veränderung vorgeht. Eine andere wichtige Verschiedenheit liegt darin, daß diese Verzehrung entweder bei dem Gebrauche der Güter erfolgt, d. h. ein Verbrauch ist (§. 68), oder unabhängig von dem Gebrauche, mit oder ohne Verschulden der Menschen (a);

b) durch andere Umstände, von denen die Beziehung eines Gegenstandes zu einem menschlichen Zwecke als Mittel für denselben, d. i. der Gebrauchswerth, zum Theil bedingt wird, wobei bald ein einzelner Zweck hinwegfällt, bald ein Mittel seine Anwendbarkeit für denselben ganz oder theilweise verliert (b).

2) Es tritt nur eine Aenderung in dem Urtheile über den Werth eines Gutes ein (subjectiv). Dieß kann, den Fall eines berichtigten Irrthumes abgerechnet, am leichtesten stattfinden bei Zwecken, die in zufälligen Gefühlen und Vorstellungen beruhen, ohne tief in der menschlichen Natur begründet zu sein, z. B. bei Modesachen (c).

(a) Storch, I, 166. — Das Verfaulen des Holzwerkes an einem Schiffe, die Abnützung der Pflugschaar, sind Beispiele des Verbrauches, das Verbrennen eines Schiffes und das Verrosten ungebrauchter Eisengeräthe erläutern die Verzehrung ohne Gebrauch.

(b) Ein Gut kann aus mancherlei Ursachen seinen Werth einbüßen, ohne körperlich verändert zu werden, z. B. Zollhäuser nach der Aufhebung des Zolles, Uniformen, die außer Gebrauch gesetzt sind, Calender von einem früheren Jahre, Zierrathen der Militärkleidung mit dem Namen eines verstorbenen Landesfürsten. Ein Stiefel, Handschuh, Leuchter ꝛc. hat einen großen Theil seines Werthes verloren, wenn das zugehörige zweite Stück nicht mehr vorhanden ist. Während der Sonnenfinsterniß von 1836 sank in Paris der Preis der dazu vorbereiteten farbigen Gläser mit jeder Viertelstunde.

(c) Storch nennt dieses Consumtion der Meinung. — Perücken, Haarpuder, Schuhschnallen ꝛc.

§. 320.

Eine körperliche Verzehrung, die ohne Gebrauch eines Gutes vorgeht (§. 319), ist immer ein Verlust für das Volksvermögen, weßhalb die auf ihre Verhütung gerichteten Bemühungen der Einzelnen und der Regierungen gemeinnützig wirken (*a*). Die Verzehrung oder Werthsverminderung durch äußere Umstände und durch Aenderung der Werthschätzung kommt gemeiniglich nur bei Dingen vor, die ohnehin keinen hohen Werth haben, und ist schon aus diesem Grunde nicht erheblich, und während die Besitzer des im Werthe gesunkenen Gutes einen Verlust erleiden, kann daraus für andere Menschen wieder ein Vortheil entstehen, indem sie nützliche Dinge wohlfeil an sich bringen (*b*). Der Verbrauch, die häufigste und wichtigste Art der Verzehrung, ist dann für die Volkswirthschaft nützlich, 1) wenn die aus dem Gebrauche des verzehrten Gutes für die Gesellschaft entspringenden Vortheile die Werthsverminderung wenigstens aufwiegen, 2) wenn dieser Vortheil auf sparsame Weise, d. i. mit dem geringsten Güteraufwande zu Wege gebracht wird, durch den er überhaupt zu erlangen ist, — vorausgesetzt, daß eine größere Verzehrung nicht noch für andere Zwecke nützlich erscheint.

(*a*) Die Erhaltung der Sachgüter durch Verhütung ihres Verderbens sowie ihrer äußeren Beschädigungen ist ein wichtiger Theil der hauswirthschaftlichen Geschäfte. Die Staatsgewalt verfolgt den nämlichen Zweck in der Feuer-, Wasserschadens-Polizei ꝛc.

(*b*) Altmodische Kleider, Zimmergeräthe ꝛc. gelangen an Personen, die auf die Mode weniger Werth legen.

§. 321.

Der Verbrauch soll entweder 1) unmittelbaren Vortheil für das menschliche Leben gewähren, d. h. persönliche Güter hervorbringen, oder 2) die Entstehung neuer Vermögenstheile befördern, oder 3) beiden Zwecken zugleich dienen, wie dieß bei dem Unterhalte der Lohnarbeiter geschieht, §. 31. 71. Im ersten Falle sind die verbrauchten Güter Genußmittel, im zweiten Bestandtheile des Volkscapitales, im dritten sind sie dieses wenigstens dann, wenn der Unterhalt vorschußweise bestritten wird. Die Verzehrung als Mittel zur Erzeugung wird **productiv** oder reproductiv (a) genannt, im Gegensatz einer unproductiven.

(a) Der Ausdruck productiver Consumtion enthält allerdings buchstäblich genommen einen Widerspruch in sich, weil die Consumtion als solche nicht produciren kann, aber sie steht mit der Production in genauester Verbindung, und jene Bezeichnung läßt sich als Abkürzung rechtfertigen.

§. 322.

Die Nützlichkeit der unproductiven Verzehrung ist nach folgenden Rücksichten zu beurtheilen: 1) Beschaffenheit ihres Zweckes. Ob der erlangte Vortheil so groß sei, daß er die verzehrte Werthmenge vergütet, dieß beurtheilt der Einzelne nach seinen Vermögensumständen und nach seinen individuellen Neigungen. Für die ganze Volkswirthschaft kommt es darauf an, ob die Verzehrung wirklich vernünftige Zwecke befördert, nämlich wahrhafte persönliche Güter erzeugt (a), und ob dabei die wichtigeren Güter vor den unbedeutenden, z. B. Gesundheit, Unterricht ꝛc. vor den leicht entbehrlichen Vergnügungen bedacht werden. Diese zweckmäßige Einrichtung hängt ab von dem verständigen und sittlichen Sinne des Volkes und von der guten Vertheilung des Einkommens unter die verschiedenen Volksclassen, §. 249. 250. 2) Verhältniß des Mittels zum Zwecke. Diejenige Verzehrung ist von dieser Seite die beste, welche bei gleichem Güteraufwande den beabsichtigten Vortheil für die größte Zahl von Menschen, im vollsten Maaße und die längste Zeit hindurch gewährt, weßhalb die Auswahl der dauerhaftesten Genußmittel und Sorge für ihre Erhaltung für das Volksvermögen nützlich sind (b).

(a) Dagegen z. B. Branntweintrinken, Opiumrauchen.
(b) Der auf Geräthe, Kostbarkeiten, Sammlungen ꝛc. gerichtete Luxus ist deßhalb dem Aufwande auf vorübergehende Vergnügungen schon von volkswirthschaftlicher Seite vorzuziehen. Smith, II, 117. — Storch, II, 175. — v. Jakob, S. 537.

§. 323.

Die productive Verzehrung (§. 321) ist desto vortheilhafter, je mehr die der Hervorbringung willen verzehrte Gütermenge von der neuerzeugten überwogen wird. Diese beiden Gütermassen werden 1) von demjenigen, der das neue

Erzeugniß selbst benutzen will, nach ihrem Gebrauchswerthe verglichen, und eben so muß man in Beziehung auf die ganze Volkswirthschaft urtheilen, insofern das Gütererzeugniß zur Verzehrung innerhalb des Landes dient; 2) von demjenigen, der die Hervorbringung des Gewinnes willen betreibt, wird die Vergleichung nur nach dem Verkehrswerthe angestellt; der Unternehmer ist zufrieden, wenn ihm seine Auslagen von den Käufern seiner Waaren mit Gewinn vergütet werden, und bekümmert sich nicht darum, ob die neu entstandenen Güter auch volkswirthschaftlich mehr werth seien, als die verzehrten. Da jedoch alle verständigen Menschen ihre Bedürfnisse nach der Stufenfolge der Dringlichkeit zu befriedigen, folglich die werthvollsten Güter vor den anderen zu erwerben suchen, so kann man darauf rechnen, daß in der Regel die Käufer durch ihren Begehr der Hervorbringung die gemeinnützigste Richtung geben, und daß keine Güter von geringerem Werthe erzeugt werden, so lange noch an den nothwendigeren Mangel ist. Kann ein Sachgut zu mehreren Erzeugnissen von ungleichem Werthe verwendet werden, so wird diejenige Menge desselben hervorgebracht werden, für welche die Unternehmer der verschiedenen Verwendungsarten die Hervorbringungskosten ohne Verlust bezahlen können, z. B. soviel Waizen, als zum Mahlen und zur Stärkmehlbereitung, soviel Roggen, als zum Brode und zur Branntweinbrennerei, soviel Kartoffeln, als zu diesem Zwecke und zugleich zur Ernährung der Menschen und Thiere erforderlich ist. Daher wird in der Regel der Verbrauch zu dem wichtigeren Zweck durch die Benutzung desselben Gutes zu dem leicht entbehrlichen nicht geschmälert (a).

(a) Eine Ausnahme kann stattfinden, wenn der ganze erzeugte Vorrath ungewöhnlich gering ist, z. B. in Mißjahren, wo die Dürftigen nicht soviel Nährstoffe kaufen können, daß dieselben für den Branntweinbrenner zu theuer werden. Je größer die Ungleichheit der Einkünfte ist, desto leichter können die Reichen einen gemeinschädlichen Aufwand machen, wie z. B. im römischen Reiche viel Ackerland zu Fischteichen und dergl. verwendet wurde.

§. 324.

Jeder Mensch ist ein Zehrer, Consument, im allgemeinen Sinne des Wortes. Man gebraucht jedoch gewöhnlich jene Ausdrücke in einem engeren Verstande, indem man die Zehrer den Erzeugern entgegensetzt, welches in doppelter Weise geschehen kann.

1) In Beziehung auf irgend eine besondere Art von Gütern, z. B. Tuch, Stahlwaaren, sind die mit der Hervorbringung derselben beschäftigten Arbeiter und Unternehmer die **Erzeuger**, **Producenten**, alle übrigen Glieder des Volkes aber, welche solche Güter verbrauchen, die **Zehrer**.

2) In Beziehung auf die Gesammtheit der hervorgebrachten Güter sind alle Arbeiter und Unternehmer, sowohl in den Stoffarbeiten als in den productiven Handelszweigen (§. 109) für **Erzeuger**, die übrigen Mitglieder der Gesellschaft für **Zehrer** anzusehen. Zu diesen gehören zum Theil die Dienstleistenden (§. 108), ferner die von Renten lebenden Grundeigenthümer und Zinsgläubiger (Capitalisten) — und diejenigen, welche gar nichts leisten, §. 142. 5.

§. 325.

Die Verzehrung aller Volksclassen findet in ihrem Einkommen eine Gränze. Diese liegt also bei den Theilnehmern an dem ursprünglichen Einkommen (§. 251) im Betrage des gesammten Lohnes und Gewerbsverdienstes, ferner in der ganzen Grund- und Capitalrente. Zu den Empfängern eines abgeleiteten Einkommens gehören a) diejenigen Capitalisten, deren Vermögen nicht als wahres volkswirthschaftliches Capital angewendet worden ist (§. 251 (a)) und deren Einkommen zum Theil die unabänderliche Nachwirkung früherer Verzehrungen ist, b) die Dienstleistenden. Insofern sie von Einzelnen beschäftiget werden, können sie nur so viel verzehren, als die anderen Stände, welche das ursprüngliche Einkommen empfangen, für persönliche Güter auszugeben vermögen; allein die Verzehrung der von der Regierung bezahlten Dienstleistenden könnte dieses Maaß übersteigen, wenn die Staatseinkünfte, aus denen ihr Unterhalt bestritten wird, auf eine für die Volkswirthschaft schädliche Höhe gebracht würden; c) die Armen, Kranken, Kinder, Züchtlinge ꝛc. Diese erhalten ihre Versorgung zwar ebenfalls von dem Einkommen der erwerbenden Staatsmitglieder, nur ist die Anzahl dieser gar keine Gegenleistung gewährenden Zehrer nicht so, wie die der Dienstleistenden, von der Größe des Volkseinkommens abhängig, sondern etwas Unwillkürliches.

§. 326.

Das Verhältniß, in welchem die genannten Haupttheile des gesammten Einkommens in einem Volke zu einander stehen, und die Vertheilungsart eines jeden dieser Zweige sind auch für die Verzehrungsweise maaßgebend. Die unentbehrlichen Dinge haben den allgemeinsten Verbrauch. Die über das Nöthige hinausgehenden Genußmittel finden da die häufigste Verwendung, wo der in einiger Wohlhabenheit lebende Mittelstand zahlreich und der Lohn hoch ist (a). Je ungleicher die Antheile der Volksclassen und der Einzelnen ausfallen, je mehr Familien in Dürftigkeit sind und je höher der Reichthum Weniger angewachsen ist, ein desto größerer Theil des ganzen Gütererzeugnisses wird für Genüsse angewendet, die aus höherem Standpuncte betrachtet von sehr geringem Werthe sind.

(a) Ein gutes statistisches Kennzeichen ist der Fleischverbrauch. In England soll derselbe 50 Pfd. auf den Kopf betragen, in Preußen 32—35 Pfd. (Dieterici, Mittheil. 1854 Nr. 9.), in Sachsen (Engel, Jahrb. I, 51) D. 1847—49 ohne Schaaffleisch 30½ Pfd., in Paris, Rind- und Schweinefleisch D. 1841—50 123,5 Pfd., 1851—54 139 Pfd. Husson, Les consommat. de P. S. 157. 197. — In Frankreich hatten 1835 auf dem Lande 346 000 Häuser nur 1 Oeffnung (Thür), 817 000 nur 2 (Blanqui).

Zweiter Abschnitt.

Verhältniß der Verzehrung zur Hervorbringung.

§. 327.

Wenn in einem Volke weniger Güter erzeugt als verzehrt würden, so würde der verzehrbare Theil des Vermögensstammes, und zwar sowohl des Gebrauchsvorraths als des Capitals, von Jahr zu Jahr vermindert werden, das Volkseinkommen ebenfalls abnehmen und der sinkende Wohlstand dringend zu einer Einschränkung des Verbrauches auffordern. Im entgegengesetzten Falle, wenn die Verzehrung so sehr hinter der Erzeugung zurückbliebe, daß nicht alle Erzeugnisse Absatz finden könnten, würden die Gewerbe stocken und die Capitale und Arbeiter zum Theil müßig bleiben. Daher gehört zu einem guten, geregelten Zustande der Volkswirthschaft das Gleichgewicht zwischen der Verzehrung und der Hervorbringung. Doch kann diese etwas ausgedehnter sein als jene, ohne daß es darum schon an Absatz fehlen müßte, nämlich um so viel, als bei gleichem Verbrauche der Gebrauchsvorrath und das stehende Capital eine größere Gütermenge aufzunehmen im Stande sind (a).

(a) Man pflegt zwar im Ganzen genommen von jeder Sache nur ungefähr soviel zu kaufen, als der jährliche Abgang ausmacht, doch finden es die Menschen in vielen Fällen nützlich oder angenehm, ihre Vorräthe zu vergrößern, besonders bei dauerhaften Luxusgegenständen, wie Schmuck, Kunstwerke und dergl. Der Consument schafft sich z. B. gerne einen mehrfachen Wechsel von Kleidungsstücken, der Handwerker eine Auswahl von Werkzeugen an, ohne darum mehr abzunützen.

§. 328.

Untersucht man, was zur Herstellung dieses Gleichgewichts erfordert wird, so ergiebt sich zunächst, daß bloß der Größe nach betrachtet die ganze verkäufliche Gütermenge, welche in dem Jahreserzeugnisse eines Volkes enthalten ist, unter den Mitgliedern der Gesellschaft Absatz finden kann. Ein Theil der Erzeugnisse wird von denen, welche sie hervorbringen, selbst verbraucht, ein anderer wird unmittelbar an andere Menschen abgegeben und von diesen verzehrt, z. B. das Brodkorn, welches der Landwirth seinen Tagelöhnern giebt; ein dritter und zwar der größte Theil wird verkauft. Der Erlös hieraus, welcher theils dem Verkäufer verbleibt, theils von demselben an andere Personen zur Vergütung verschiedener Leistungen gegeben wird, kann wieder zu anderen Einkäufen verwendet werden, und in sofern kann man sagen, das gesammte Angebot sei dem ganzen Begehre gleich (a).

(a) Say, Briefe an Malthus, in der Schrift: Malthus und Say, Ueber die Ursachen der jetzigen Handelsstockung, aus dem Engl. und Franz. von Rau, S. 69. (Hamb. 1821.) — J. Mill, Elémens, S. 249.

§. 329.

Dieser Satz bedarf jedoch noch einer näheren Bestimmung. Die sämmtlichen zum Verkaufe bestimmten Erzeugnisse, also eine gewisse Menge, bilden das Angebot. Der Begehr aber hängt neben den Bedürfnissen und der concreten Werthschätzung der angebotenen Güter auch noch von der Fähigkeit zu kaufen, folglich wieder von der Preismenge ab, welche beim Verkaufe aller feilgebotenen Güter erhalten werden kann. Wenn eine Art von Erzeugnissen in einer zu großen Menge vorhanden ist, so bleibt ein Theil dieses Vorrathes unverkauft, wodurch dann auch das Vermögen zum Einkaufe anderer Güter bei den Unternehmern und den übrigen Theilnehmern an der Production dieser übermäßigen Menge vermindert wird. Findet eine gewisse Gütermasse keinen Absatz, so fehlt es auch für eine andere an Käufern; wird ein Theil der Erzeugnisse um einen ungewöhnlich niedrigen Preis verkauft, so können die Verkäufer und vielleicht auch ihre Gehülfen (Arbeiter, Grundeigner, Capitalisten) nicht mehr so viel Dinge anderer Art einkaufen, als sonst. Deßhalb ist die bloße Möglichkeit, daß das ganze Gütererzeugniß Absatz, und zwar um einen die Kosten vergütenden Preis, finden könne, noch nicht hinreichend, um die Gewerbe in gutem Fortgange zu erhalten, denn die Menschen kaufen nicht, um dem Unternehmer Absatz zu verschaffen, sondern um ihre Bedürfnisse zu befriedigen. Nur dann kann folglich alles Hervorgebrachte auch wirklich gekauft und verzehrt werden, wenn von jeder Waare gerade so viel erzeugt und feilgeboten wird, als die Mitglieder des Volkes davon gebrauchen und kaufen können (a).

(a) Graf Lauderdale, Ueber Nationalwohlst. S. 87—96. — Rau, Anhang in der Schrift: Malthus und Say, S. 204. — Wenn J. Mill a. a. O. sagt: die eine Hälfte der Güter kann immer mit der andern erkauft werden, so ist die Theilung der Gütermasse in zwei Hälften willkürlich und das bloße Kaufenkönnen nützt nichts, wenn nicht die Menschen ihres Vortheils willen sich zum Kaufen wirklich entschließen. — „Würde das ganze Nationalvermögen von England in Theile zu 100 L. St. jährlichen Einkommens vertheilt, so könnte keine Macht es verhindern, daß nicht die Prachtkutschen-Manufacturen eingingen. Der Preis jeder Kutsche dieser Art würde viermal das jährliche Einkommen eines jeden übersteigen." Lauderdale, S. 88.

§. 330.

Es ist undenkbar, daß von allen Gütern zugleich eine größere Menge hervorgebracht würde, als man zu verkaufen im Stande wäre (a). Die Neigung der Menschen, ihren Gütergenuß zu erweitern, ist unendlich, und nur die Beschränktheit ihres Einkommens nöthigt sie, auch ihrem Verbrauche Gränzen zu setzen. Wenn nun ein reichlicher Vorrath von allen Dingen da wäre, so würden alle Theilnehmer an dem einen Zweige der Hervorbringung von den Erzeugnissen mehrerer anderer mehr zu erkaufen suchen, und so verschaffte man sich gegenseitig ausgedehnteren Absatz (*b*). Eher könnte von einzelnen Waaren oder Waarengattungen das Erzeugniß für das Vermögen der Kauflustigen zu groß sein, entweder 1) zufolge übermäßig ausgedehnter Speculationen, wobei der Bedarf und das Einkommen derjenigen Menschen, für die eine Waare bestimmt ist, nicht gehörig erwogen werden (*c*), oder 2) wegen sehr reicher Ernten, oder 3) wegen einer unerwarteten Abnahme der Verzehrung, weil etwa die zum Einkaufe dieser Waaren bestimmten Gütermengen eine andere Verwendung erhalten hätten (*d*).

(*a*) Wie dieß von **Malthus** behauptet wurde, Principles, S. 351 vergl. die Schrift: **Malthus und Say**, S. 6. — **Simonde de Sismondi** neigt sich ebenfalls zu dieser Meinung; s. die Aufsätze von **Dunoyer und Sismondi**, in Rev. enc. Juni und Juli 1827. — Dagegen auch **Storch**, Mém. de l'acad. de St. Pétersb. Sc. pol. 1. 30. — **Portielje**, An fieri possit, ut tot res conficiantur, ut vendi amplius non possint? Amstel. 1834. — **Rau**, Archiv II, 105.

(*b*) Es giebt also keine allgemeine Ueberfüllung eines Landes mit seinen Erzeugnissen, und wenn irgendwo die Preise aller Waaren gesunken wären, so dürfte man auf eine ganz andere Ursache, nämlich auf eine Veränderung im Geldwesen schließen. Handelsstockungen, sofern sie aus einem übermäßigen Angebote entspringen, sind immer nur auf einen Theil der Waaren beschränkt. Daß die Klagen über allgemeinen Verfall des Wohlstandes nur partiell sein können und blos auf abnehmenden Gewerbsverdienst (§. 244) oder auf einzelne Gewerbszweige oder einzelne Länder zu beziehen sind, geht aus dem thatsächlichen Nachweisungen der steigenden Production und Consumtion im Ganzen deutlich hervor. Solche Belege geben: (**Weber**) Gedanken, Ansichten und Bemerkungen über die Unbill und Noth und die Klagen unserer Zeit. Berlin 1826. — Dessen Blicke in die Zeit, 1830. — **Ferber**, Beiträge z. Kenntniß des gewerbl. und commerc. Zustandes der preuß. Monarchie, 1820. Dessen neue Beiträge ꝛc. 1532. — **Bauer**, Gekrönte Preisschrift: Ist die Klage über zunehmende Verarmung und Nahrungslosigkeit in Deutschland gegründet? Erfurt, 1838. — Auch von **Kolb** und **Benedict** sind Beantwortungen dieser Frage erschienen.

(*c*) Dieß zeigt sich am häufigsten im auswärtigen Handel, da die Gütermenge, die ein anderes Volk zu kaufen im Stande ist, weniger leicht vorausberechnet werden kann, als der innere Absatz, und da die Erzeuger mehrerer Länder, ohne von einander zu wissen, auf die Versorgung eines und desselben Volkes hinarbeiten können. Das merkwürdigste Beispiel in der neuesten Zeit giebt die Ueberfüllung der americanischen Märkte mit europäischen Gewerkswaaren, besonders im Jahre 1825. — Klagen in Belgien über gelähmten Absatz vieler Gewerkswaaren, 1840.

(d) Z. B. bei einer beträchtlichen Erhöhung der Staatsabgaben müssen die Einzelnen sich einen Theil ihrer bisherigen Genüsse versagen.

§. 331.

Eine zu häufige Erzeugung einer Waare verursacht den Unternehmern einen Verlust, es sei nun, daß ein Theil des Erzeugnisses gar nicht abgesetzt wird und also das angewendete Capital ungenützt liegen bleibt, oder daß man unter dem Kostenbetrage verkaufen muß. Die Unternehmer werden sich für die Zukunft vor einem solchen Schaden zu hüten suchen, indem sie die Hervorbringung dieser Waaren beschränken, fehlerhafte Speculationen können nicht lange fortgesetzt werden, und diejenigen Verkäufer, welche nicht so wohlfeil erzeugen, als die anderen, müssen sich zurückziehen und einträglichere Geschäfte ergreifen, so daß die Hervorbringung wieder mit dem Bedarfe in ein angemessenes Verhältniß tritt. Freilich kann so lange, bis dieser Uebergang vollständig erfolgt ist, eine Bedrängniß der Arbeit eintreten. Bei den landwirthschaftlichen Erzeugnissen ist eine länger anhaltende Ueberfüllung des Marktes möglich, weil weder die Größe des jährlichen Bodenerzeugnisses in der Gewalt der Landwirthe steht, noch auch der Uebergang zu einem anderen Gewerbe leicht ist (a).

(a) Sismondi leitet die Ueberfülle (encombrement) der Producte (ohne zureichenden Grund) davon her, daß die arbeitende Classe in neuerer Zeit blos vom Lohne lebe, ohne auf eigene Rechnung zu arbeiten, und daß die Lohnherren Unternehmungen anfangen, nicht wegen einer Nachfrage von Seite der Consumtion, sondern blos weil die Arbeiter sich erbieten, um niedrigeren Lohn zu arbeiten. Sur la balance des consommations avec les productions in Revue encycl. XXII, 264. (Mai 1824). Die letztere Behauptung widerstreitet aller Erfahrung. Ist die arbeitende Classe in einer zu beschränkten Lage, um sich vielen Gütergenuß zu verschaffen, so wird der Aufwand der Unternehmer, Grundeigner und Capitalisten desto größer sein und die Production kann, wenn sie auf die Gebrauchsgegenstände dieser Classen gerichtet wird, im Ganzen ebenso ausgedehnt sein, als wenn sie, was freilich in anderer Hinsicht nützlicher wäre, einer gleicheren Vertheilung des Einkommens zu entsprechen hätte. — Vgl. die Abhandlung von Say mit derselben Ueberschrift, ebend. XXIII, 18. (Juli 1824.) — v. Malchus, Stat. u. Staatenk., S. 190.

§. 332.

Denkt man über die Ursachen nach, welche das Verhältniß zwischen der Größe der Verzehrung und der Hervorbringung bestimmen, so wird man auf die Verschiedenheit beider Zwecke der Verzehrung hingeführt. Die productive Verzehrung, welche sowohl den gänzlichen Verbrauch umlaufender, als die Abnützung stehender Capitale begreift, ist mit einer bestimmten Einrichtung der Gütererzeugung nothwendig verbunden. Die hiezu erforderlichen Güter müssen unter den Erzeugern selbst leicht Absatz finden, wenn sie nur in solcher Beschaffenheit und Menge hervorgebracht werden, wie es der Bedarf erheischt, §. 323. Dagegen ist die unproductive Verzehrung der bloßen Zehrer wie der Erzeuger (a) von besonderen Umständen abhängig, welche theils das Vermögen, theils die Neigung der Menschen zum Gütergebrauche betreffen.

(a) Nämlich was diese über ihren Unterhaltsbedarf hinaus verzehren.

§. 333.

Das Verhältniß zwischen der productiven und der unproductiven Verzehrung in einem Volke wird bestimmt 1) von der Art der Vertheilung des Vermögensstammes und des jährlichen Einkommens, weil die blos von ihren Renten lebenden Grundeigner und Capitalisten weniger überzusparen und mehr für blos persönlichen Genuß zu verwenden pflegen als die Gewerbsleute und Lohnarbeiter (a); 2) von den Bedürfnissen und Gewohnheiten jeder Volksclasse und der Sinnesart ganzer Volksstämme (b), indem daraus bald eine größere Neigung zum Uebersparen, bald ein stärkerer Hang zur Erweiterung des Gütergenusses hervorgeht. Von dieser Seite steht die Einrichtung der Verzehrung ganz in der Freiheit der Einzelnen, weßhalb es schwer ist, sie im Voraus zu bemessen; 3) von der Größe und Beschaffenheit der Staatsconsumtion, und zwar nicht blos der im Dienste des Staates angestellten Personen, sondern auch der Staatsgläubiger, an die fast in allen Staaten unserer Zeit ein ansehnlicher Theil des Volkseinkommens gelangt. Bei einer guten Einrichtung des Staatshaushaltes darf die Ausgabe für Staatsdienste als mittelbar productiv gelten (III, §. 27), die Einkünfte der Staatsgläubiger aber tragen zur Production nichts bei, wenn gleich die geliehenen Summen zum Wohle des Staates verwendet worden sind.

(a) §. 196 (c) und Smith, II, 97.

(b) Z. B. Vorsicht und Sparsamkeit des germanischen Volksstammes im Vergleich gegen die Südeuropäer. Holländer und Schweizer sind vorzüglich sparsam. S. auch Roscher, System I, 404.

§. 334.

Die unproductive Verzehrung, welche aus dem reinen Einkommen des Volkes bestritten wird, (§. 325), wäre ihrer Ausdehnung nach übermäßig, wenn sie dieses reine Einkommen ganz erschöpfte, so daß keine Ersparnisse gemacht werden könnten. Es ist eine wesentliche Bedingung des fortdauernden Volkswohlstandes, daß das Gesammtcapital des Volkes durch übergesparte Theile des Einkommens vermehrt werde (a), denn es sind fortwährend neue Capitale in der Volkswirthschaft erforderlich 1) wegen der Vermehrung der Volksmenge (§. 196), 2) wegen der durch die Fortschritte der Bildung bewirkten Vermehrung der persönlichen Bedürfnisse der Einwohner, 3) wegen der Vervollkommnung der Gewerbskunst, wobei insbesondere zum Behufe einer guten und wohlfeilen Gütererzeugung das stehende Capital unaufhörlich vergrößert werden muß (b), wozu auch das Bedürfniß beträchtlicher Bodenverbesserungen kommt, 4) wegen der unvermeidlichen Verluste an den verschiedenen Theilen des Capitals.

(a) Smith, II, 112.
(b) Z. B. der landwirthschaftliche Viehstand, die Maschinen, Landstraßen, Eisenbahnen, Canäle, Brücken, Häfen, Schiffswerfte, Schiffe ꝛc. eines reichen Volkes, §. 131 (b).

§. 335.

Hieraus erhellt, daß die Sparsamkeit der Bürger innerhalb gewisser Gränzen zur Erhaltung und Erhöhung des allgemeinen Wohlstandes sehr wohlthätig und nothwendig ist (a). Wie im Ganzen diejenigen Länder einen günstigeren Wirthschaftszustand bemerken lassen, in denen das Volk mehr zum Uebersparen geneigt ist, so zeigt sich auch in verschiedenen Gegenden und Städten eines Landes das Nämliche; Fleiß, Kunsteifer, Ordnung sind die Begleiter der Sparsamkeit, — höherer Lohn, Anwachs der Bevölkerung und reichlicherer Gütergenuß sind die Folgen der Ansammlung neuer Capitale, während eine das reine Einkommen verschlingende Verzehrung die entgegengesetzten Erscheinungen verursacht (b).

(a) Graf Lauderdale's Widerspruch gegen diesen Satz entsprang aus einer unrichtigen Vorstellung von der Wirkung des Capitales. Er glaubte nämlich, dieses setze nicht Arbeit in Bewegung, sondern diene blos zur Ersparung von Arbeit (Ueber Nationalwohlstand, S. 49), woraus er dann folgerte, daß die Anhäufung des Capitales leicht zu groß werden könne (S. 57). Im ganzen Zusammenhange betrachtet erscheinen jedoch Lauderdale's Sätze weniger irrig, als beim ersten Anblick; man muß zugeben, daß die unbegränzte Sparsamkeit eines ganzen Volkes ein Capital sammeln würde, für welches man keine Beschäftigung mehr finden könnte, auch sieht er selbst ein (S. 60), daß dieses bei freiem Gange der Gewerbe nicht wirklich eintreten kann. Seine Darstellung ist getrübt durch das Bestreben, die Handlungsweise des britischen Ministeriums zu bekämpfen, s. auch Sartorius, Abhandl., I, 34—109.

(b) Smith vergleicht in dieser Beziehung die Gewerbs- und Handelsstätte mit denjenigen Städten, wo eine große unproductive Verzehrung Statt findet, z. B. den Hofstädten. Unters. II, 100.

§. 336.

Ist eine unproductive Verzehrung ihrer Größe nach im Verhältniß zum reinen Volkseinkommen nicht übermäßig, so ist nur noch zu erwägen, ob sie der Gesellschaft einen Ersatz in persönlichen Gütern für die verzehrten sachlichen darbietet, §. 320. Dieser Ersatz ist auf verschiedene Weise möglich und man muß sich bei seiner Beurtheilung vor einer beschränkten Ansicht hüten, die nur das Nächste, im Einzelnen Nachweisliche auffaßt. Es ist nützlich, wenn die arbeitenden Classen sich Genüsse verschaffen können, die ihnen Erholung gewähren, ihre Gefühle veredeln, ihre Denkkraft üben oder den Kreis ihrer Erkenntnisse erweitern, zugleich aber ihren Fleiß anfeuern. Es ist nützlich, wenn besondere Classen von Dienstleistenden sich der Pflege und Ausbildung der höheren menschlichen Anlagen widmen, Wissenschaften und Künste pflegen und die Früchte beider zum Besten der Gesellschaft verwenden. Es ist nützlich, wenn es nicht an Reichen fehlt, welche, der Sorge für den Erwerb überhoben, ihre persönlichen Kräfte und ihr Vermögen auf mancherlei gemeinnützige Angelegenheiten richten können (a). Indessen kann es in den letzteren Zweigen der Verzehrung ein schädliches Uebermaaß geben; die Dienstleistenden können zahlreicher sein, als es der von ihnen zu erwartende Vortheil erheischt, insbesondere könnte die Regierung einen Güteraufwand machen, der im Vergleich mit seiner Wirkung auf das Gemeinwohl unverhältnißmäßig groß wäre, endlich könnten auch die Reichen sich einer solchen Schwelgerei und Prunksucht ergeben, welche von keiner Seite mehr als gemeinnützig erschiene. Nicht jede unproductive Verzehrung ist also schon an und für sich zuträglich (*b*).

(*a*) Sismondi, Etudes, I, 9.
(*b*) Jedem Bürger muß die Verwendungsart seines Einkommens freistehen; die Betrachtung dessen, was hierin volkswirthschaftlich nützt und schadet, kann auf die Maaßregeln der Volkswirthschaftspflege wenig Einfluß haben, aber sie dient die Reichen über ihre Pflichten gegen die bürgerliche Gesellschaft aufzuklären.

§. 337.

Ein Theil des jährlichen Gütererzeugnisses in einem Lande wird sogleich wieder zu weiteren Hervorbringungsgeschäften als Verwandlungs-, Hülfsstoff, Thiernahrung, Geräth ꝛc. verwendet und findet hiezu seinen Absatz. Ein anderer Theil gelangt als Einkommen an die verschiedenen Volksclassen und hiebei ist zu untersuchen, wie die einzelnen Zweige dieses Einkommens auf den Absatz des entsprechenden Theiles der Erzeugnisse wirken. Es ist einleuchtend, daß die Arbeiter und Unternehmer mit ihren Einkünften nicht diesen ganzen Theil zu erkaufen vermögen, weil dieser auch noch eine Rente für die Capital- und Grundeigenthümer giebt. Damit also die Gewerbe hinreichenden Absatz zur Fortsetzung der Production erhalten, müssen die letztgenannten Hauptbestandtheile des reinen Einkommens gleichfalls zu Einkäufen verwendet werden, was auch nicht ausbleibt, weil die Empfänger desselben, vorzüglich die Grundeigner und Capitalisten, nicht unterlassen, von ihren Renten irgend einen Gebrauch zu ihrem Vortheile zu machen.

§. 338.

Wird nun das großtentheils aus Grund- und Capitalrente bestehende reine Einkommen 1) als Capital angelegt, so werden damit neben den schon zur Fortsetzung der bisherigen Gewerbsthätigkeit erforderlichen Einkäufen noch weitere Mengen von Lebensmitteln, Stoffen, Werkzeugen, Maschinen und Gebäuden angeschafft, die das Gesammterzeugniß von Jahr zu Jahr vergrößern. Wenn wir uns den Fall denken, daß die Capitalisten und Grundeigner auf jede entbehrliche unproductive Verzehrung verzichteten, selbst arbeiteten und ihr ganzes reines

Einkommen auf die eben beschriebene Weise anlegten, so würden in einem solchen Lande nur diejenigen Gegenstände begehrt sein, welche zu dem Unterhalte der Arbeiter und zur Betreibung der nöthigsten Gewerbe erforderlich wären, ein großer Theil der Gewerbszweige, die man in reichen Ländern findet, würde aus Mangel an Nachfrage aufhören, das Gewerbewesen nähme eine sehr einseitige Richtung an, es gäbe keine anderen Volksclassen als Unternehmer, productive Lohnarbeiter und wenige Dienstleistende, die Gütermasse würde aber dagegen in sehr schnellem Fortschritte sich vergrößern (a). 2) Wird dagegen ein Theil des Einkommens auf unproductive Verzehrung gewendet, so giebt dieß einer zahlreicheren Classe von Dienstleistenden Unterhalt und macht eine weit vielfachere Entwickelung der Gewerbskunst möglich, indem nun viel mehrere Arten von Gütern Absatz finden; die Production wird aber in diesem Falle weniger schnell anwachsen.

(a) Gesetzt, das ganze Erzeugniß eines Volkes sei 1000 Mill. fl., die Grund- und Capitalrente 200 Mill., und letztere Summe soll in einem Jahre ganz zu Capital gemacht werden, so wird man vielleicht für 80 Mill. fl. stehendes, für 120 Mill. umlaufendes Capital dafür anschaffen und das Erzeugniß des folgenden Jahres wird vielleicht um 136 Mill. fl. oder über 13 Proc. des vorjährigen größer sein. Würde diese unbedingte Sparsamkeit plötzlich eingeführt, so würden diejenigen Unternehmer, welche auf die fortdauernde unproductive Verzehrung der 200 Mill. fl. rechneten und daher mancherlei entbehrliche Genußmittel hervorbrachten, ihren Absatz auf einmal verlieren, und dieß müßte auch anfangs das reine Einkommen etwas verringern, bis die Production sich auf die allein noch begehrten Dinge beschränkte. Da diese Annahme nur die Möglichkeit, wie Alles gekauft und verzehrt werden kann, beleuchten soll, so muß man für den Augenblick vergessen, daß die Grundeigner und Capitalisten gar keinen Beweggrund haben können, so zu handeln.

§. 339.

Diese Voraussetzung, daß die Menschen sich aller unproductiven Verzehrung enthielten (§. 338), kann nie wirklich eintreten, denn mit dem Erwerbe des Vermögens ist der Trieb, von demselben Genuß zu ziehen, enge verbunden. Es kann weder vermieden werden, daß Grundeigenthum und Capital sich in den Händen Einzelner in beträchtlicher Masse anhäufen und große Renten tragen, noch kann man verhindern, daß viele Empfänger solcher Renten als müßige Zehrer leben. Auch die Unternehmer und Arbeiter widerstehen nicht der Versuchung, mindestens einen

Theil ihres reinen Einkommens zu entbehrlichen Genüssen zu verwenden. Man hat daher nichts weniger zu fürchten, als daß die Menschen nicht genug verzehren, um die Erzeugung mannigfaltiger Gegenstände im Fortgange zu erhalten, und weit eher könnte man besorgen, daß die Verzehrung vielmehr zu. groß würde (a).

(a) Schon im Alterthume fehlte es nicht an Beispielen einer großen unproductiven Verzehrung, wie die ungeheuren Bauwerke der Hindus und der Aegypter und die Lebensweise der Bürger in Athen und Rom zeigen, wo die productive Arbeit größtentheils Sklaven übertragen war und der Eigenthümer derselben leicht in den Stand gesetzt wurde, müßig, oder nur mit den öffentlichen Angelegenheiten, Körperübungen und freien Studien beschäftigt zu leben. In Aegypten war es die Vertheilung des Grundeigenthums, welche jene Wirkung hatte; die landbauende Classe scheint nur in einer Art von Pachtverhältniß gewesen zu sein, während der König, die Priester und die Krieger zu gleichen Theilen das Eigenthum der Ländereien hatten und also die Grundrente bezogen. Reynier, De l'écon. publ. et rur. des Egyptiens, S. 90. 96.

§. 440.

Wenn eine Ausgabe oder Verzehrung schon beschlossen ist und nur noch die Art, wie, oder der Ort, wo sie vorgenommen werden soll, in Erwägung kommt, so leidet es keinen Zweifel, daß sie denjenigen Verkäufern einen Vortheil bringt, welche dabei Absatz finden. Die Erhöhung der Preise, die aus dem vermehrten Begehre entsteht, spornt zur stärkeren Erzeugung an, die größere Zahl von beschäftigten Arbeitern verschafft allen denen, welche Nahrung und anderen Lebensbedarf liefern, erweiterten Absatz, und so kann durch einen solchen Zuwachs der Verzehrung in einer ganzen Gegend der Wohlstand erhöht werden (a). Der Gegenstand muß jedoch auch von anderen Seiten betrachtet werden.

(a) Z. B. der Nutzen, welchen für eine kleine Stadt und ihre Umgebung ein Regiment Soldaten, eine Provincialbehörde, ein großes Krankenhaus ꝛc. äußert. Ein solcher Zustand ist es, den man gewöhnlich mit dem Ausdrucke „lebhafter Geldumlauf" bezeichnen will, §. 255. — Hieher gehört die Untersuchung über die Folgen, welche der Aufenthalt vieler irländischer und auch britischer Gutsbesitzer im Auslande (absentees) hervorbringt. Man nimmt an, daß die irländischen Grundeigenthümer 4½ Mill. L. St. auswärts verzehren. Die Ricardo'sche Schule, namentlich Mac-Culloch, bestreitet die volkswirthschaftliche Schädlichkeit der Abwesenheit des Gutsherrn aus folgendem Grunde: Irland sendet die Renten, welche jene Abwesenden im Auslande verzehren, weder in Münze, noch in Papiergeld hinaus, sondern in Waaren, welche irländische Erzeuger auswärts absetzen. Die dortige hervorbringende Thätigkeit wird folglich ebenso gut unterhalten, als wenn alle diese Familien ihr Einkommen im Lande verzehrten und sich die ausländischen Kunstwaaren, die sie verbrauchen, nach Irland kommen ließen, z. B. Edinb. Rev. Nov. 1825, S. 54. Man muß zugeben, daß in der Regel die Ausfuhr von Waaren das Mittel ist, den Unterhalt der Abwesenden im Auslande zu vergüten, indem ihnen Wechsel zugesendet werden, welche die Verkäufer jener Waaren auf ihre auswärtigen Käufer ausstellen, §. 418 ff. Wenn eine Anzahl von Staatsbürgern sich neu in das Ausland begiebt, so kann denselben das, was sie dort verzehren, entweder durch eine Vergrößerung der Ausfuhr, oder durch eine Verminderung der Einfuhr, oder theilweise durch beides zugleich erstattet werden. Was hiebei 1) die Ausdehnung der inländischen Gütererzeugung betrifft, so bleibt dieselbe unverändert, wenn sich die Ausfuhr auf gleicher Höhe erhält, denn es hört zwar der Einkauf inländischer Waaren auf, welche die Abwesenden bisher verzehrten, allein dafür gehen auch weniger Fremdwaaren ein, und man kann sich die Sache so vorstellen, als ob die Abwesenden nun gerade die nämlichen Güter im Auslande verzehrten, deren Einfuhr jetzt wegfällt. Erweitert sich die Ausfuhr, so ist dies ein Vortheil, der andere ungünstige Folgen wenigstens theilweise aufzuwiegen vermag; allein der Aufenthalt der Staatsbürger im Auslande vermag nur wenig zur Zunahme der Ausfuhr beizutragen. 2) Anders verhält es sich mit der Art des Absatzes. An die anwesenden Rentner können vielerlei Dinge verkauft werden, welche man nicht in die Entfernung zu versenden im Stande ist, deren Absatz aber doch, vorzüglich den Landleuten, sehr zu Statten kommt, z. B. manche im Kleinen erzeugte Lebensmittel, wie Gemüse, Eier, Geflügel ꝛc., ferner viele Handwerkswaaren, welche der Schuster, Schreiner, und dergl. verfertiget. Das Aufhören dieser Erwerbsquelle wird ohne Zweifel schmerzlich empfunden und durch die Zunahme irgend eines anderen Gewerbszweiges, der die bisherigen Einfuhrgegenstände liefert, nicht völlig vergütet. 3) Was die Verwendung des Einkommens anbelangt, so verzehren die Rentner ihre Einkünfte nicht allein, sie beschäftigen auch Dienstleistende verschiedener Art, überdieß kommen die Ersparnisse aus dem Einkommen in der Regel dem Lande zu Gute, in dem sie gemacht werden. Es ist also auch von dieser Seite der Aufenthalt im Lande entschieden nützlicher, wozu noch 4) die moralischen Folgen der Anwesenheit der Gutsherren auf ihren Besitzungen kommen und dagegen die Gelegenheit zu Bedrückung durch die Zwischenpachter und die Verwalter der Abwesenden. Irland würde also gewinnen, wenn diese zurückkehrten, freilich aber ist ihre Entfernung schon zum Theil eine Folge anderer Mißverhältnisse, die in ihnen die Neigung zum Bewohnen ihrer Sitze schwächten. Gegen Mac-Culloch urtheilt auch Senior, Outline, S. 194. Foreign quarterly Rev. Nr. 73. S. 105 (1846). Vgl. noch Hermann, Unters. S. 363.

§. 341.

In Hinsicht auf die ganze Volkswirthschaft ist demnach eine unproductive Verzehrung nur dann unschädlich, wenn 1) die Gesellschaft einen genügenden Gegenwerth von persönlichen Gütern empfängt, §. 336; 2) wenn neben einer solchen Verzehrung auch noch etwas zur Vermehrung des Capitales erübrigt werden kann, §. 334. Selbst wenn unzweifelhaft nützliche Dienste verrichtet werden, muß man doch erst erwägen, ob der

Wohlstand des Volkes einen solchen Aufwand ohne Nachtheil zuläßt. Ist jene Bedingung nicht vorhanden, so hat ein neuer Aufwand, der eine Anzahl von Gewerbsleuten in Nahrung setzt, im Ganzen keine wohlthätige Wirkung, weil nothwendig an einer anderen Stelle des Gewerbswesens eine Stockung eintreten müßte (a).

(a) Wendet ein reicher Privatmann oder der Staat 20000 fl. auf eine neue unproductive Verzehrung, so muß, um für 20000 fl. Güter hervorzubringen, vielleicht ein Capital von 30000 fl. zu Hülfe genommen werden. Ist kein neues Capital von diesem Betrage übergespart worden, so kann im Ganzen nicht mehr hervorgebracht werden, weil man ein bereits vorhandenes Capital einer anderen Anwendung entziehen muß.

§. 342.

Eine Verzehrung wird also nicht schon dadurch nützlich, daß sie Arbeiter und Capitale beschäftigt. Die Lehre der Physiokraten, daß die Verzehrung nicht zu groß sein könne, weil sie immer nothwendig eine Gütererzeugung hervorrufe (a), ist ein gefährlicher Irrthum, in den man nur verfallen kann, wenn man ohne Ueberblick des Ganzen sich an vereinzelte Vorgänge hält. Eine unproductive Consumtion, welche das reine Volkseinkommen ganz verschlänge (§. 334) oder noch überstiege (§. 327), würde den Volkswohlstand zerstören und anfangende Verarmung bewirken. Der gesunde Verstand des Volkes würde unter solchen Umständen zwar bald wieder den rechten Weg zur Verbesserung des Fehlers zu finden wissen, aber doch könnte jene Irrlehre insoferne schaden, als sie die reichen Zehrer und die Regierungen über die Folgen einer großen unfruchtbaren Consumtion täuschte.

(a) Neuerlich ausgesprochen von Weishaupt in der Schrift: Ueber die Staatsausgaben und Auflagen, 1819. Dieselbe wurde sodann mit Gegenbemerkungen herausgegeben von Frohn, Landshut, 1819. — Dagegen auch Storch, II, 174. — Fulda, Ueber Production und Consumtion materieller Güter, Tüb. 1820.

§. 343.

Aus den bisherigen Sätzen ergiebt sich leicht das Urtheil, welches man von volkswirthschaftlicher Seite über den Luxus (a) fällen muß, d. h. einen solchen Aufwand, der blos einen entbehrlichen Gütergenuß bezweckt, ohne ein wesentliches Bedürfniß zu befriedigen. Der Luxus begleitet häufig die Verwendung der

Güter für wichtigere Zwecke, so daß man bei einer gewissen Art
des Gütergebrauches des Vergnügens willen mehr verzehrt, als
man blos jener Zwecke wegen nöthig hätte (*b*). Er ist theils
auf sinnlichen Genuß (**Wohlleben**), theils auf einen gewissen
Eindruck bei anderen Menschen gerichtet (**Lurus des Ansehens**),
und zwar entweder darum, weil in der allgemeinen Meinung
mit jedem Stande der Gesellschaft ein gewisser zugehöriger Güteraufwand verbunden ist und der Einzelne sich der Lebensweise
seiner Standesgenossen anschließen muß, um nicht an Achtung
zu verlieren (**Bedürfniß des Anstandes**), — oder in der
Absicht, sich durch größeren Aufwand vor Anderen auszuzeichnen
und dadurch höheres Ansehen zu erlangen. Der Lurus des
Ansehens in seiner Uebertreibung heißt **Prunk**. Diese beiden
dem Lurus angehörenden Zwecke werden nicht selten zugleich
verfolgt, doch so, daß dann gewöhnlich der eine oder der andere
vorherrscht. In beiden Richtungen giebt es verschiedene Grade
die sich sowohl durch die Größe des Aufwandes, als durch
das Maaß von Bildung, die sie voraussetzen, von einander
unterscheiden.

(*a*) Der Begriff des Lurus ist sehr verschieden gefaßt worden. Diejenigen,
welche allen Lurus für verderblich erklären (z. B. Destutt de Tracy,
Commentar über Montesquieu's Geist der Gesetze, 7. Buch), meinen
dabei eigentlich nur einen hohen Grad desselben. Vgl. Melon, Essais
politiques, Chap. 9. (Vertheidigung des L.) — Pinto, De la circula-
tion, S. 324. — Ferguson, Essays on the history of civil society,
S. 396 der Basler Ausg. (1789). — Storch, II, 189. — Rau,
Ueber den Lurus, Erlangen, 1817. — Dess. Malthus und Say,
S. 229. — Roscher in Rau und Hanssen, Archiv, N. F. I., 48. —
Roscher, System, I, 408.

(*b*) Schwierig ist es anzugeben, wo der Lurus anfange oder wo das wahre
Bedürfniß aufhöre; es giebt Vergnügungen, die zugleich Bedürfnisse
des geistigen Lebens befriedigen und die Anlagen des Menschen aus-
bilden, z. B. der Genuß der Tonkunst. Beschränkt man sich auf die
allein genau bestimmbaren Bedürfnisse des Körpers, so wird man genöthigt, alle diejenigen Verzehrungen schon für Lurus zu erklären,
welche nicht blos zur Erhaltung des Lebens, der Gesundheit und der
Wirksamkeit des Menschen gehören. Dieß ist die einzige feste Gränze;
wird der Begriff des Lurus enger gefaßt, so ist Alles relativ, und es
bleibt nichts übrig, als willkürlich ein gewisses Maaß des Aufwandes
als Regel anzunehmen, so daß alles darüber Hinausgehende für Lurus
gelten soll; man wird aber dann immer bemerken müssen, daß es Menschen giebt, die sich mit noch weniger begnügen, so daß also in jenem
Maaße selbst wieder Lurus enthalten ist. Kein Volk ist ohne Lurus,
und in den gebildeten Völkern enthält auch die Lebensweise der unteren
Stände schon vielfältige Genüsse des Lurus. Die Verwirrung in den
Vorstellungen von der Wesenheit des Lurus wird zum Theil schon dadurch gelöst, daß man einen Lurus der Einzelnen, der Classen in jedem

Volke, der Völker und Zeitalter unterscheidet. Der einem ganzen Stande gemeinschaftliche Luxus nimmt für jedes einzelne Mitglied einigermaßen die Natur des Bedürfnisses an.

§. 344.

Die Frage, ob es besser wäre, wenn gar kein Luxus bestünde, muß unbedenklich verneint werden. Wie derselbe eine Folge des Fortschreitens in den Gewerbskünsten und der Ansammlung von Vermögen ist, so bildet er zugleich eine der stärksten Triebfedern zum Erwerbe und kann zur Veredlung der Gefühle dienen. Ohne die Aussicht auf Vergnügungen des Luxus würden die Menschen weniger arbeiten, und im Müssiggang ihre Kräfte verkümmern lassen; die Veränderung aber, welche das Beispiel der gebildeteren Stände in der Verzehrung der weniger gebildeten allmälig hervorbringt, trägt bei, rohe Gewohnheiten zu verdrängen und einige Empfänglichkeit für geistigere Genüsse zu erwecken. Die niedrigste Stufe des Luxus ist der Hang nach grobsinnlichen Reizen; das Streben, sich eine bequeme, gefällige Umgebung zu verschaffen und sich durch Zierlichkeit auszuzeichnen, steht schon höher, die oberste Stelle aber nimmt derjenige Luxus ein, welcher sich auf Erzeugnisse der schönen Künste lenkt (a).

(a) Der Luxus in den früheren Perioden jedes Volkes zeigt sich hauptsächlich in der Verzehrung großer Massen von Rohstoffen: — zahlreiches Gefolge, große Festlichkeiten, schwelgerische Gelage. Später kommen feinere Genüsse, bei mehreren Völkern ist aber zuletzt wieder ein ausschweifender, verderblicher Luxus zum Vorschein gekommen. Entwicklung dieser drei Perioden bei Roscher a. a. O. — In dem Luxus der Höfe zeigt sich ein auffallendes Fortschreiten zum Edleren, namentlich zu Genüssen der schönen Kunst, während noch vor 150 Jahren geschmacklose Kostbarkeiten, Seltsamkeiten (Curiositäten) und Rohheiten an der Tagesordnung waren.

§. 345.

Die Gränze, bei welcher der Luxus anfängt schädlich zu werden, kann aus verschiedenen Gesichtspuncten bestimmt werden. Von sittlicher Seite wird der Luxus verderblich, wenn er die Gesinnung der Menschen beherrscht, die Kraft der Entbehrung und Selbstbezwingung lähmt, den Geist von großen Gedanken und edlen Entschlüssen abzieht und denselben ganz in entnervende Vergnügungen versenkt (a). Das Alterthum zeigt Beispiele von einem allgemeinen, mit gränzenlosem Luxus gepaarten Sittenverderben, welches den Verfall der Staaten herbeiführte; zumal in demokratischen Verfassungen hatte der Luxus schädliche Wirkungen, weil er die Gleichheit zerstörte und die strenge, uneigennützige Vaterlandsliebe schwächte (*b*). Wir dürfen die erfreuliche Vermuthung hegen, daß in Staaten, deren Wohlstand auf dem eigenen Fleiße der Bürger ruht (§. 26. 27), bei der ganzen neueren Gestaltung der Gesellschaft und unter dem Einflusse einer erhabeneren Religion solche Erscheinungen nicht mehr zu befürchten seien. Der ungezügelte Luxus allein würde den Sittenverfall nicht haben bewirken können, wenn nicht andere Ursachen da gewesen wären, von denen er selbst wieder Wirkung und Kennzeichen war.

(*a*) Ein gewohnter Grad des Luxus übt auch auf den Menschen keine besondere Gewalt mehr aus. „Selbstbeherrschung und Mäßigkeit sind wenigstens ebenso häufig unter den Classen, die wir die höheren nennen, als unter den niedrigen, und wie wir auch immerhin das Kennzeichen der Genügsamkeit in die Einfachheit der Nahrung und der anderen Lebensgenüsse setzen mögen, mit denen sich ein gewisses Zeitalter oder eine Classe von Menschen zu begnügen scheint, so ist es doch bekannt, daß kostbare Gegenstände nicht nothwendig zur Schwelgerei erforderlich sind, und daß Ausschweifung (profligacy) ebenso häufig unter dem Strohdache als unter der prächtigen Vertäfelung angetroffen wird. Die Menschen gewöhnen sich gleichmäßig an verschiedene Lagen, genießen gleiches Vergnügen und empfinden gleichen Reiz zur Sinnlichkeit im Palaste und in der Erdhöhle. Werden sie unmäßig und träge, so rührt dieß von der Erschlaffung anderer Bestrebungen und dem Widerwillen gegen andere Beschäftigungen her." Ferguson a. a. O. S. 377.

(*b*) Postquam divitiae honori esse coeperunt et eas gloria, imperium, potentia sequebatur, hebescere virtus, paupertas probro haberi, innocentia pro malivolentia duci coepit, igitur ex divitiis juventutem luxuria atque avaritia cum superbia invasere. Sallust. Bell. Catil. — Montesquieu, De l'esprit des lois, L. VII. Ch. 2.

§. 346.

Von **volkswirthschaftlicher** Seite wird der Luxus unter denselben Bedingungen nachtheilig, unter denen es überhaupt eine nicht mit der Gütererzeugung in Verbindung stehende Verzehrung werden kann, §. 334.

1) In Ansehung seiner **Größe** kommt es auf sein Verhältniß zu dem reinen Volkseinkommen an, §. 341. Zwar läßt sich nicht in Zahlen bestimmen, welcher Theil dieses Einkommens ohne üble Folgen für die Volkswirthschaft für Zwecke des Luxus verwendet werden dürfe, indeß zeigt die Größe des Lohnes, der Stand des Gewerbfleißes ꝛc. leicht, ob neben dem Luxus noch

beträchtlich viel übergespart werden kann. Wenn auch nicht zu befürchten ist, daß ein Volk sich blos durch übermäßigen Luxus zu Grunde richte, so muß man doch wünschen, daß der Sinn für eine einfache Lebensweise und die Neigung zum Sparen unter den Reichen herrschend werde (§. 342), zumal da schon der Staatsaufwand eine bedeutende Größe erreicht hat (a).

(a) Das Beispiel der hohen Genügsamkeit und Sparsamkeit der Holländer in der Blüthezeit ihres Wohlstandes beweist am deutlichsten, wie sehr die Reichen im Irrthume sind, welche einen an Verschwendung gränzenden Luxus für eine Pflicht gegen die unbegüterte Volksclasse ansehen.

§. 347.

2) In Ansehung seiner **Gegenstände** muß der Luxus nach den in §. 336 aufgestellten Sätzen beurtheilt werden. Er wird schädlich, wenn er, auf eine kleine Zahl von Menschen eingeschränkt, eine Höhe erreicht, bei der er keine wahren Genüsse, sondern nur erkünstelte Reize hervorbringt. Ein solches Uebermaaß ist die Folge einer großen Ungleichheit des Vermögens, einer Anhäufung vieler Menschen an einzelnen Orten und einer Verwöhnung und Verbildung der Reichen (a). Ein unter allen Ständen verbreiteter Luxus, der auch die Mühen des Arbeiters durch mäßigen Genuß belohnt, ihn an Reinlichkeit und Zierlichkeit gewöhnt und hiedurch manche Rohheit abschleift, ist weit nützlicher (b). Derjenige Luxus, welcher Dienstleistende mit gemeinnützigen Verrichtungen beschäftiget, z. B. Künstler, ist einer solchen Richtung weit vorzuziehen, bei welcher müßige Menschen ernährt und von der Arbeit abgezogen, oder schwelgerische Vergnügungen gesucht werden (c).

(a) Montesquieu, L. VII, Ch. I. „Le luxe est en raison composée des richesses de l'état (hierunter versteht M. den Volkswohlstand), de l'inégalité des fortunes des particuliers, et du nombre d'hommes qu'on assemble dans de certains lieux." — Ein Beispiel des hochgesteigerten Luxus, aber in anspruchloser Form, giebt die Zucht von Blumen, Gemüse und Obst in einer früheren Jahreszeit, z. B. Kirschen im März.

(b) Bei den häufigen Klagen über den Luxus unserer Zeit geht man zu weit, obschon eine größere Sparsamkeit in unseren Verhältnissen immer zu empfehlen wäre. Man vergißt, daß die bewundernswürdige Vervollkommnung der Gewerbe eine Menge von Genußmitteln weit wohlfeiler gemacht hat, als sie vor Zeiten waren, und daß es auch wieder vor Alters Arten des Luxus gab, von denen man jetzt zurückgekommen ist, z. B. das Frisiren und Pudern der Männer, das Tragen von kostbaren Spitzen, Schuhschnallen, Degen, goldgestickten Kleidern. Das einzige

Paar seidener Strümpfe (sie waren von rother Farbe), welches Jakob I. von England besaß und seinem Minister zur Audienz des französischen Gesandten lieh (Neues Hamb. Archiv, 1788. 1. Heft, S. 1 ff.), kostete vielleicht so viel, als jetzt mehrere Dutzend, und obgleich Anna von Boleyn noch am Hofe Heinrich's VIII. Speck und Bier frühstückte, so war doch wahrscheinlich ihr Putz nicht wohlfeiler, als der eines heutigen Hoffräuleins. — Daß der Luxus heutiges Tages mehr als sonst darauf gerichtet wird, die Behaglichkeit (das comfort der Engländer) auch des gemeinen Mannes zu vermehren, ist ebenso erfreulich als vernünftig. Der Kunstfleiß ist in dem Erfinden wohlfeiler Ersatzmittel für kostbare Prachtgegenstände sehr weit gekommen; z. B. Baumwollensammt, Battistmusselin, Zeuche, in denen der Seide oder feinen Wolle Baumwolle beigemengt ist, gedruckte Zeuche statt der gemustert gewirkten, Seidenhüte statt der filzenen, Büchereinbände von Leinwand statt der ledernen, plattirte Waaren, Argentan, Papiertapeten, Gypsfiguren, Steindrücke, Polster von Seegras, gepreßte Gläser statt der geschliffenen, Holzuhren, — Stellwägen (Omnibus) zum wohlfeilen Fahren, — einheimische Schaumweine, Kartoffelsago, Stearin an der Stelle des Wachses und vergl.

(e) Luxus in dauerhaften Kostbarkeiten giebt, wie Roscher a. a. O. bemerkt, auch eine Art von Nothpfennig. — Luxus in anständiger Kleidung, Wohnung, gefälligen Zimmergeräthen und vergl. hält von der Unmäßigkeit im Essen und Trinken ab. — Von entschiedenem Nutzen sind Mäßigkeitsvereine, um den Gebrauch des Branntweins, dessen Genuß leicht zur Gewohnheit wird und ins Uebermaaß geht, ganz zu verbannen. Der erste Verein dieser Art in den nordamerikanischen Staaten entstand 1826 in Massachusets. Die Einfuhr des Branntweins in die Union hat schon merklich abgenommen, und in Irland hat sich der Ertrag der Branntweinaccise 1840 ansehnlich verringert, vergl. II §. 361 (e).

Fünftes Buch.

Die hervorbringenden Gewerbe.

Einleitung.

§. 348.

In der Betrachtung der Gesetze, nach welchen die Erzeugung (2. Buch), die Vertheilung (3. Buch) und die Verzehrung der Güter (4. Buch) erfolgen, sind die einzelnen Thätigkeiten, aus denen die Volkswirthschaft besteht, zergliedert und die Grundverhältnisse derselben beleuchtet worden. Diese Thätigkeiten und Verhältnisse finden sich aber in jeder Classe und Art von hervorbringenden Gewerben auf eine eigenthümliche Weise untereinander verbunden und die Eigenthümlichkeiten dieser verschiedenen Gewerbe bedürfen einer besonderen Erklärung, denn sie konnten bei den bisher abgehandelten Lehren nicht in ihrem Zusammenhange aufgefaßt werden (a). Diese besondere Darstellung der Gewerbe in ihren volkswirthschaftlichen Beziehungen dient nicht allein zur Erläuterung der allgemeinen Gesetze der Volkswirthschaft, sondern macht auch den Gliederbau in derselben anschaulicher und giebt die nöthige Vorkenntniß zur Einwirkung der Regierung auf die Betriebsamkeit (b). Sie muß jedoch die Kunstregeln des Gewerbebetriebs der Privatökonomie überlassen und sich auf die volkswirthschaftlichen Wirkungen und Erscheinungen beschränken.

(*a*) Manche frühere Schriftsteller bringen einzelne hieher gehörige Sätze theils bei der Lehre vom Capitale und dessen verschiedenen Anwendungen (z. B. Smith, II, 136—61, Kraus, III, 209), theils bei der Lehre von den Preisen vor (Storch, I, 317 ff.). Aber kein solcher einzelner Standpunct gestattet den Ueberblick aller Erscheinungen.

(*b*) Say hat eine ähnliche Betrachtung vor der Lehre von Preis und Geld angestellt, also blos in Bezug auf Production, s. dessen dritten Theil: Anwendung der Grundsätze der Nationalökonomie auf die verschiedenen Industriezweige; Handb. II, 1—201. — Kudler trägt im praktischen Theile bei jeder Abtheilung der Gewerbe eine Einleitung dieser Art vor.

§. 349.

Bei jeder Classe von Gewerben sind hauptsächlich folgende Umstände zu untersuchen: 1) In Beziehung auf die **Pro**‑**duction**, a) die Mitwirkung eines Gewerbes zur gesammten Hervorbringung, wovon vorzüglich die Wichtigkeit desselben für das ganze Nahrungswesen abhängt, b) die Menge und Beschaffenheit der zu dem Betriebe eines Gewerbes erforderlichen Güterquellen und ihr Verhältniß zu einander, c) die Hauptarten des Betriebes. 2) In Ansehung der **Vertheilung**, a) der Preis der Erzeugnisse in den verschiedenen Zuständen der Gesellschaft, b) die Bedingungen des Absatzes, c) der Antheil der Unternehmer und Arbeiter an dem Ertrage des Gewerbes und der Zustand beider. 3) In Ansehung der **Verzehrung**, a) die Stärke und Ausdehnung der durch eine Art von Waaren zu befriedigenden Bedürfnisse, b) die Rückwirkung auf die Hervorbringung.

Erster Abschnitt.
Verhältnisse der Erdarbeit.

Erste Abtheilung.
Der Bergbau.

§. 350.

Dieses Gewerbe (*a*) versorgt die Menschen mit Stoffen, welche zum Theil unter die werthvollsten Güter gehören, zum

Theil wenigstens von vielfachem Gebrauche und allgemein anerkanntem Nutzen sind. Zu den ersteren sind mehrere unedle Metalle zu rechnen, unter denen das Eisen die erste Stelle einnimmt, weil es fast zu allen menschlichen Beschäftigungen unentbehrlich ist, ferner die Steinkohlen (*b*) und das Steinsalz; in die zweite Abtheilung der Bergwerkserzeugnisse gehören die übrigen unedlen und die edlen Metalle, die Porzellanerde und dergl. Die meisten dieser Stoffe werden zu weiterer Verarbeitung als Verwandlungs- oder Hülfsstoffe benutzt, weßhalb die jedesmalige Ausdehnung des Bergbaues zum Theil durch die Gelegenheit zur Verarbeitung und die Kosten derselben, ferner durch den Begehr der aus jenen Stoffen zu bereitenden Erzeugnisse, hauptsächlich der aus den Erzen hergestellten Metalle bedingt wird (*c*). Eben darum hängt mit dem Bergbau die Beschäftigung vieler Gewerksarbeiter und Capitale zusammen und derselbe giebt zu einer Pflege der mechanischen Kunst Veranlassung, die auch für andere Gewerbe nützlich wird (*d*). Da wo sich ergiebige Lagerstätten von nutzbaren Mineralstoffen finden, ist folglich die Bearbeitung derselben in volkswirthschaftlicher Hinsicht sehr vortheilhaft.

(*a*) Die Betrachtung beginnt mit dem Bergbaue, nicht seiner größern Wichtigkeit willen, sondern weil man im Systeme der Stoffarbeiten (§. 97) ihn vorausgehen lassen muß. In neuerer Zeit wird öfters der Bergbau mit den Gewerken unter dem Namen Industrie zusammengefaßt. Allein da er nur die schon vorhandenen Naturgebilde hinwegnimmt, so ist er von den Gewerken sehr verschieden. Bergwerke im Deutschen Minen zu nennen ist so wenig Grund vorhanden als für den Ausdruck Montangewerbe. — Im preußischen Staate zählte man 1857 114 000 Arbeiter in den Bergwerken, ohne die 1300 in den Stein- und Gipsbrüchen. Mit Einrechnung der Salzwerke und sämmtlicher Hüttenwerke waren 1857 176 000 Arbeiter mit 325 000 zugehörigen Familienmitgliedern durch die Mineralstoffe beschäftigt. — Belgien hatte im Jahr 1858 85 000 Bergwerks- und 180 000 Hüttenarbeiter. — In England zeigt die Volkszählung von 1851 307 069 Bergleute nebst 23 000 Steinbrechern und 12 000 Kohlenhändlern. — Im Königreich Sachsen beschäftigte 1830 der Bergbau 10 884 Beamte und Arbeiter, mit den Familien zusammen 35 813 Köpfe, die 929 000 Thlr. Lohn bezogen.

(*b*) Ueber die Wichtigkeit der Steinkohlen §. 120. Man hat früher berechnet, daß das Steinkohlenerzeugniß von Großbritanien, nach den Preisen angeschlagen, die der Zeherer dafür bezahlt (32 fr. für den Centner), eine größere Preismenge ausmacht, als die Gold- und Silberausbeute America's zu Anfang des 19. Jahrhunderts, nämlich resp. 18 und 8·900 000 L. St. Nouv. ann. des voy., Jan. 1828. Das heutige Erzeugniß von ungefähr 66 Mill. Tonnen — 1320 Mill. Centnern Steinkohlen zu 5 Sch. an der Grube (8,⁴ fr. der Centner) giebt 16²/₃ Mill. L. St. (Angabe für 1856; für 1850 35 Mill. T. — 9³/₄ Mill. L.) —

Die Anwendung der Steinkohlen zum Ausschmelzen des Eisens (schon um 1619 von **Edward Lord Dudley** mit gutem Erfolge vollbracht, dann wieder unterlassen und erst seit ungefähr 1740 wieder eingeführt) ist einer der größten Fortschritte des britischen Gewerbewesens. Die Tonne Kohlen galt in London im D. 1813—24 34^{s3}, — 1825—44 22,^{56}, — 1845—50 15,^{30} Schill., wozu die Minderung und Aufhebung der Steuer beitrug. **Porter**, Progr. S. 278.

(c) Deutschland (mit ganz Oesterreich) erzeugt gegen 9 Mill. Ctr. Roheisen und Gußwaaren aus Erz, also 12,^{33} Pfd. auf den Kopf. — Großbritanien 5,^{4} Mill. Tonnen = 109 Mill. b. Zollctr. (Reports a. a. D.), Schweden producirt 3½ Mill., Frankreich 10,^{5}, Rußland 4,^{3} Mill. Ctr., Belgien 186,^{6} an 5 Mill., 1848—50 im D. nur 3 Mill. Centner, (Situation IV, 118), ganz Europa gegen 84 Mill. Centner, v. **Reden**, Deutschland, S. 457. vgl. **Hasse**, Die Eisenerzeugung Deutschlands, 1836. S. 359. 413. **Mischler**, Das d. Eisenhüttengewerbe, 1852. 54. II B. Die Erzeugung des Roheisens in Großbritannien war 1740 erst 17 350 T., 1788 68 300 T., 1796 in Folge des stärkeren Begehrs für die Dampfmaschinen 125 000 T., 1806 258 200, 1823 452 000 T. **Porter**, Progress, S. 287. 575. — Der Eisenverbrauch im d. Zollverein war 1837 u. 38 13,^{6} Pfd., 1845—47 im D. an 24 Pfd. auf den Kopf, im brit. Reiche war er 1847 u. 48 im D. 1·472000 T. (**Porter**) = 109 Pfd. auf den Kopf!

(d) **Karsten**, Archiv f. Bergbau u. Hüttenwesen, I, 1. Heft (1818). — Vgl. **Lotz**, Handb. I, 262. — **Hausmann**, Ueber den gegenw. Zustand und die Wichtigkeit des hannov. Harzes. Gött. 1832.

§. 351.

Der Bergbau erfordert ein großes stehendes Capital an Gruben- und Taggebäuden, Maschinen u. dergl., die Hüttenwerke verbrauchen zugleich vielen Brennstoff (a). Die Wohlfeilheit des Holzes (b) und der noch unerschöpfte Reichthum an nutzbaren Mineralien (c) geben zwar schwachbevölkerten Ländern, deren Betriebsamkeit noch wenig entwickelt ist, einen großen Vortheil gegen die weiter fortgeschrittenen Länder, aber die Seltenheit des Capitales und der Mangel an wissenschaftlich gebildeten Bergwerksvorstehern (d) sowie an Straßen kann jenen günstigen Umständen das Gegengewicht halten (§. 185), weßhalb nicht selten auch in reichen und gut bevölkerten Ländern die Bergwerke noch bei freiem Mitwerben anderer Länder fortbetrieben werden, besonders wo Steinkohlen die Bereitung der Metalle erleichtern. Läßt sich die Kunst und der Capitalaufwand nicht mehr steigern, so müssen allerdings die Kosten der Gewinnung von Mineralkörpern allmälig größer werden, und so kommen leicht die Bergwerke in Verfall, weil sie das Mitwerben metallreicherer Länder nicht aushalten können.

(*a*) In den Kupfer- und Zinn-Berg- und Hüttenwerken von Cornwall wird das stehende Capital auf 2'440 000 L. St. geschätzt. — Die erzgebirgischen Gruben haben 1'626 600 Thlr. stehendes und 2'538 200 Thlr. umlaufendes Capital. v. Weißenbach, Sachsens Bergbau, 1833. — Die Maschinen leisten auch beim Bergbau große Dienste, vorzüglich zum Herausschaffen (Fördern) der gewonnenen Gesteine und des den Grubenarbeiten hinderlichen Wassers, was durch Menschenhände sehr kostspielig ist, ferner zum Luftwechsel. Indeß sind auch die Maschinen mit großem Aufwande verknüpft.

(*b*) Auch wohl der Arbeit. In America wurden unter der spanischen Herrschaft die Eingebornen mit Zwang gegen sehr geringe Vergütung zum Bergbau angehalten. In Sibirien werden Sträflinge, Frohnbauern und ausgehobene Bauern wie Recruten zu den Grubenarbeiten gebraucht. Am Altai waren 1826 17 514 ausgehobene und 87 000 Frohnbauern (v. Ledebour, Reise durch das Altaische Gebirge).

(*c*) In Chili steht, nach Hall's Berichten, das Kupfererz zu Tage aus und kann mit der größten Leichtigkeit ausgebrochen werden. Der Centner Kupfer wird dort für 11—13 Piaster (27—32 fl.) verkauft, welches ungefähr die Hälfte des europäischen Preises ist. — Unermeßlicher Reichthum von Bleierz im Staate Wisconsin (Nordamerica), auch eine Fülle von Kupfer in mehreren westlichen Staaten. — 1843 wurden überaus reiche Lager von Kupfererz in Neusüdwales entdeckt, aus denen die Tonne in England für 24 L. St. verkauft wird. Athen. Nr. 972 (1846) nach Dutton. — Die Besorgniß, daß auf dem Harze, dessen Gruben seit dem 10. Jahrhundert gebaut werden und im Jahre 1725 den höchsten Ertrag gaben, mehrere Gruben nach höchstens 20—30 Jahren wegen Erschöpfung würden still stehen müssen (Ostmann's Preisschrift, im Auszug im Hannov. Mag. 1824, Stück 3—5), ist glücklicher Weise neuerlich durch das Auffinden neuer Anbrüche zum Theil gehoben worden, Hausmann, a. a. O. S. 170. 172. — In verschiedenen Gegenden Deutschlands, zumal in Böhmen, fand im Mittelalter ein sehr ergiebiger Bau auf Gold und Silber Statt, gegen welchen der heutige Ertrag an beiden Metallen sehr gering erscheint. Blos Kuttenberg in Böhmen soll schon 1305 einen Roherertrag von 52000 Mark gegeben haben, nachher noch mehr. Joachimsthal und Freiberg lieferten noch im 15. Jahrhundert erstaunliche Ausbeute. Fischer, Gesch. des d. Handels. I, 64. 270. II, 112. 319. 635. — Die große Ausbeute, die der Bergbau im Salzburgischen im 15. und 16. Jahrh. an Gold und Silber gab, ist heutiges Tages verschwunden.

(*d*) In den mittel- und südamericanischen Bergwerken war bisher der Betrieb sehr unvollkommen und nachläßig, man bediente sich fehlerhafter Methoden, bei welchen in den Erzen noch einiger Metallgehalt zurückblieb, und arbeitete ohne künstliche Maschinen. Beim Mangel an Verbindung zwischen den einzelnen Theilen eines Bergwerkes mußte z. B. das Erz durch Arbeiter in die Höhe getragen werden. Ein solcher tenatero trägt $2\frac{1}{4}$—$3\frac{1}{2}$ Ctr. auf dem Rücken und kann täglich in 6 Stunden 6 Franken und mehr verdienen, Humboldt, Essai polit., IV, 36. Die neuerliche Anwendung europäischer Capitale und Kunstmittel auf die americanischen Bergwerke hätte aus diesen Ursachen einen großen Erfolg hervorbringen müssen, wenn nicht diese Unternehmungen deutscher und englischer Actiengesellschaften größtentheils ohne Ueberlegung und Sachkenntniß begonnen worden wären, woraus ansehnliche Verluste für die Theilhaber entstanden. Von englischen Capitalisten wurden gegen 5 Mill. L. St. aufgewendet, welche man für größtentheils verloren hält. Doch lassen einige Gruben guten Erfolg erwarten. Vgl. Quart. Rev. Juni 1827 S. 81. — Porter, Progress, S. 628.

§. 352.

Der Bergbau auf edle Metalle giebt wegen der geringen Versendungskosten und des daher rührenden ausgedehnten Mitwerbens anderer Länder (§. 169) den kleinsten Gewerbsverdienst; selbst die Silber- und Goldbergwerke in America haben meistens keine beträchtlichen Gewinnste getragen (a), was jedoch zum Theile eine Folge des kunstlosen Betriebes war, §. 351 (b). Andere Mineralien, vorzüglich Blei, Eisen, Steinkohlen und dergl. erhalten leichter bei starkem Begehre einen solchen Preis, welcher nach Bestreitung der Kosten einen ansehnlichen Reinertrag giebt, doch wird derselbe oft durch Unfälle oder zunehmende Schwierigkeiten der Gewinnung geschmälert, so daß er dem Ertrage anderer Bodenbenutzungen in Hinsicht auf Sicherheit nachsteht (b). Er würde größtentheils als Grundrente dem Eigenthümer des Bodens zufallen, wenn nicht nach den gesetzlichen Einrichtungen der meisten Länder das Recht zum Betriebe des Bergbaues von dem Grundeigenthume getrennt wäre und der Eigenthümer blos auf Entschädigung für die ihm entgehende Benutzung der Oberfläche Anspruch hätte (c).

(a) Einer der neuesten Reisenden, Hall, bestätigt, was schon Smith angeführt hatte, daß man in America den Bergbau auf Silber für bedenklich, auf Gold aber für höchst gewagt ansehe, ob es gleich an einzelnen Fällen nicht fehlt, wo Unternehmer großen Reichthum erworben haben. Die Abgabe an den Staat mußte in Peru beim Silber von $1/5$ auf $1/10$, beim Golde auf $1/20$ des rohen Ertrages herabgesetzt werden, in Mexico kam sie 1760 beim Golde, 1822 auch beim Silber auf 3 Proc. herab. Die Grube Anima Valenciana trug im Durchschnitt der neun Jahre 1794—1802 jährlich roh 158 929 Mark oder 1·537 486 Piaster, die Kosten und Abgaben machten 894 007 Piaster, also blieb Reinertrag der Unternehmer 643 479 Piaster oder 41 Proc. Dieß ist aber das reichste Silberbergwerk in Mexico, nach welchem die anderen nicht beurtheilt werden können. Der erzführende Gang veta madre ist auf einer Erstreckung von 12 000 Meter (40 000 bad. Fuß) bearbeitet worden; er hat, wo er ungerbaut ist, meistens 12—15 Met. Mächtigkeit und große Tiefe. Neuerlich ist der reine Ertrag dieser Grube auf 5 Proc. gesunken, hauptsächlich weil seit 1811 Wasser in sie gedrungen ist, welches nun den größten Theil ihrer Tiefe ausfüllt. Humboldt, Essai polit. III, 409. — Storch, I, 393. III, 15. — Adams, The actual state of the mexican mines, 1825. — Heidelb. Jahrbücher, 1825. S. 712. — In Brasilien ist bei sehr nachlässigem Betriebe doch die Abgabe an den Staat $1/5$ des Goldes geblieben. Spir und Martius, Reise, I, 346. — In Nord-Carolina werden die seit einigen Jahrzehnten eröffneten Goldgruben (Seifen- oder Schwemmwerke) noch für $1/4$—$1/2$ des Rohertrages verpachtet, aber nur in der Hoffnung außerordentlicher Funde kann sich der Unternehmer zu dieser hohen Abgabe entschließen; Olmsted in Taylor, Philos. magaz. Nr. 325. S. 375. Das Graben geschieht zum Theil von Abenteurern (Julius, Nordamerica's sittl. Zustände, I, 75) wie auch in der Gegend von Arispe (Mexico) die sogen. Gambusinos umherziehen, um Goldlager zu suchen. Diese Goldgewinnung durch Auswaschen der gegrabenen Erde ist nicht mehr Bergbau zu nennen. — Im Himmelsfürsten, dem reichsten sächsischen Silberbergwerke, wird der Reinertrag auf 27 Proc. des rohen berechnet, in der Dorothea bei Clausthal belief er sich im vorigen Jahrhundert auf 30 Proc., dagegen wurden auf dem Harze auch viele Gruben mit Schaden ("auf Zubuße") gebaut, so daß im Ganzen der reine Ertrag nicht mehr als 10 Proc. ausmachte. Von den Silber-, Blei- und Kupfergruben des Oberharzes geben nur sechs eine Ausbeute, vier decken die Kosten, die anderen kosten Zuschuß. Hausmann, a. a. O. S. 163 und Taf. V. — Die Ausbeute mehrerer Bergwerke im sächsischen Erzgebirge (Lempe, Mag. V, 93.) zeigt deutlich den Einfluß des Einströmens der wohlfeileren americanischen Metallvorräthe auf den europäischen Bergbau. Die vertheilte Ausbeute betrug z. B. zu Annaberg, im D. 1496—1505 60 499 fl., 1562—1571 11 368 fl., 1580—1599 3233 fl. Aus den Zahlen bei Gätzschmann (Vergleichende Uebersicht d. Ausbeute ꝛc., Freib. 1852) läßt sich ermitteln, daß im Freiberger Revier auf jede gewonnene Mark Silbers im D. 1530—49 3,^{41} Thlr., — 1590—99 2,^{73}, - 1650—59 2,^{18}, — 1740—49 1,^{8}, — 1790—99 1,^{15}, — 1840—49 nur ^{9} Thlr. Ausbeute vertheilt wurde. — Der jährliche Reinertrag des Silberbergwerks zu Sala in Schweden war im 15. Jahrhundert 17 276 Thlr., von 1500—1550 18 141 Thlr., von 1551—1601 4498 Thlr., im 17. Jahrh. 3072 Thlr., im 18. Jahrh. 1850 Thlr. Hausmann, Reise d. Scand., IV, 311 (Gött. 1816).

(b) Bei dem großen Kupferbergwerk zu Röraas in Norwegen berechnete man 1767 den reinen Ertrag auf 53 Procent des rohen, bei dem Preise von 80 Thaler dänisch für das Schiffspfund Garkupfer. Schlözer, Briefwechsel, V, 273. Aus den Angaben bei Hausmann, V, 237, läßt sich noch ein reiner Ertrag von 41 Procent vermuthen. — Schottische Blei- und cornische Zinnbergwerke tragen nach Smith 16^{2}/$_{3}$ Procent; doch versichert man neuerlich, daß sie keinen Reinertrag im Ganzen abwerfen, indem Einzelne verlieren, was Andere gewinnen. „Man hat hierin keine Gewißheit über den gegenwärtigen Augenblick hinaus. Erzgänge, die anfangs viel versprechen, werden oft in der Tiefe ganz unergiebig und verursachen den Unternehmern ungeheure Verluste, — andere, die von außen wenig erwarten ließen, gaben späterhin große Gewinnste." Mac-Culloch, Stat. acc. II, 16. Die Unternehmer heißen sehr bezeichnend adventurers. — Die Steinkohlenbergwerke im Fürstenthum Schweidnitz gaben von 1778—90 im D. einen Reinertrag von 25^{2}/$_{3}$ Proc. des rohen (Köhler, Bergm. Journal, 1792, I, 52.), sämmtliche schlesische im Jahr 1790 sogar 33 Proc. (ebend. I, 47). Neuerlich sollen die engl. Steinkohlenbergwerke im Allgemeinen nicht sehr einträglich sein, Mac-Culloch, II, 3. — Bei den belgischen Kohlenbergwerken war 1845—50 der reine Ertrag 9 Proc. des rohen, die Ausgabe für Arbeitslohn nahm 49,^{2} Proc. des letzteren hinweg, Situation, IV, 101.

(c) Diese Vergütung erhält er bisweilen durch Freikure, die ihm einen kleinen Antheil am Rohertrage geben. — In Cornwall werden die Bergwerke gewöhnlich vom Eigenthümer für 1/6—1/15 des Rohertrages verpachtet, meistens auf 21 Jahre.

§. 353.

Der Bergbau eignet sich besser zum Betriebe durch eine Gesellschaft von Capitalisten (**Gewerkschaften**), deren Actien hier **Kure** heißen, als durch einzelne Unternehmer, **Eigenlehner** (a). Die Ursachen hievon liegen darin, daß er ein großes Capital erheischt, namentlich auch ein beträchtliches stehendes, welches nicht leicht wieder herausgezogen werden kann, daß man nicht alle Jahre sicher auf eine reine Einnahme (**Ausbeute**) rechnen kann, sondern zuweilen noch zuschießen (auf **Zubuße zechen**) muß, und daß ein Einzelner, der die ganze Wagniß allein zu tragen hätte, durch solche nicht vorauszusehende Umstände leicht zu Grunde gerichtet oder doch schwer betroffen werden würde. Nur kleinere Unternehmungen, z. B. bei Mineralien, die nahe an der Erdoberfläche liegen, und sehr reiche Privaten machen eine Ausnahme. Die meisten Unternehmer des Bergbaues bilden daher keine eigene Classe von Gewerbtreibenden, sondern finden sich unter den Capitalisten zerstreut (b).

(a) Oder **Eigenlöhner.** Mit diesem Worte belegt man auch eine geringe Zahl von Interessenten, bis zu 8. Mittermaier, Privatrecht, §. 302.

(b) In Chili ist der Unternehmer (minero) meistens unbegütert und borgt das Capital von einem Capitalisten (habilitador), der die Gefahr des Mißlingens trägt. — In Nordamerica (Staat Wisconsin) giebt es eigene „**Finder,**" die Erze aufsuchen und dann die erhaltene Berechtigung an einen Bergwerksunternehmer verkaufen.

§. 354.

Die bergmännischen Arbeiter sind selten zugleich Unternehmer (a), vielmehr wirken sie in der Regel im Lohn. Die Verrichtungen des Bergbaues haben viel Eigenthümliches, sie nehmen nicht blos Erfahrung, Uebung und beträchliche Körperstärke in Anspruch, sondern setzen auch die Arbeiter vielfältigen Beschwerden (b) und Lebensgefahren aus (c). So lange der Bergbau im Aufblühen ist, kann der Lohn sehr hoch sein, indem der Zudrang von Arbeitern aus anderen Beschäftigungen nicht groß zu sein pflegt. Findet aber keine Erweiterung des Betriebes mehr Statt, oder muß derselbe sogar eingeschränkt werden, so steht der Lohn niedrig, denn die Bergleute werden durch

Gewöhnung und Vorliebe an ihr Gewerbe und die damit verbundene Lebensweise gefesselt, weßhalb auch die Söhne ungern den Stand und Wohnsitz der Väter verlassen und daher das Angebot von Arbeitern sich erweitert (*d*). Bei starker Bevölkerung fehlt es nicht an Beispielen übermäßiger Anstrengung, selbst schon im kindlichen Alter, mit spärlichem Lohne (*e*). Bei günstigeren Verhältnissen erhalten sich die Arbeiter durch Genügsamkeit und Fleiß (*f*) ungeachtet ihrer beschränkten Lage die Zufriedenheit.

(*a*) Nur etwa bei so leichten Unternehmungen, wie sie in §. 353 erwähnt wurden, z. B. beim Bau auf Bohnerz nahe an der Oberfläche.

(*b*) Z. B. Krummhälser-Arbeit, wo man schiefliegend hauen muß. — Gruben in großer Höhe. Bei Heiligenblut in Kärnthen baute man bis 1798 10 000 Fuß hoch auf Golderze in der Schneeregion, aus der die Bergleute nur einmal wöchentlich ins Thal herabgingen, in steter Gefahr vor Lawinen. Noch jetzt sind im Salzburgischen mehrere Bergwerke nahe an der Schneegränze, mit beeisten Stollen (Schultes, Reise auf den Glockner, II, 48. 1804). Am Monte Rosa ist die letzte Hütte der Bergleute 1 Stunde hoch im Schnee. Aehnlich bei Nolasco in Chili.

(*c*) Einbrechendes Wasser, Einsturz des Mauerwerks oder der Erde, Entzündung der brennbaren Luftarten (schlagende Wetter) und dergl. Am Oberharz verunglückten jährlich 10—12 Menschen, Hausmann, S. 59. — In den englischen Kohlengruben sind, soviel bekannt ist, in 25 Jahren bis 1835 2070 Menschen umgekommen, vielleicht noch mehr (Mac-Culloch. Stat. acc. II, 7), in den belgischen 1831—40 1016 oder 3,^{13} p. mille, 1841—50 1366 oder 2,^{31} p. m., neben 1,^{6} und 2,^{4} p. m. Verwundeten, Situat. IV, 109. — Die preußischen Bergwerke hatten 1821—50 1715 Todesfälle bei der Arbeit, 1851—50 insbesondere 791 oder 1,^{60} auf 1000 Arbeiter, in den Stein- und Braunkohlengruben aber in dem Zeitraum 1821—40 2,^{35} p. mille, v. Carnall, Zeitschr. I. 120. — In der Valenciana (Merico) kamen 1780 an 250 Arbeiter auf einmal um durch Eindringen des Wassers, Humboldt, Essai pol. IV, 42. — Durch geregeltes, kunstgemäßes Verfahren läßt sich viel zur Verhütung solcher Unfälle thun; z. B. Davy's Sicherheitslampe, in Belgien von Müseler verbessert, f. Des moyens de soustraire l'exploitation des mines de houille aux chances d'explosion Brux. 1840.

(*d*) Hiezu trägt besonders bei, daß schon die Knaben in den Gruben und Pochwerken Beschäftigung finden. Auf dem Oberharze ist der wöchentliche Verdienst eines Pochknaben 34—42 fr., eines Taglöhners bei Graben- und Wegarbeit 1 fl. 48 fr. — 3 fl., eines Gehülfen in den Hütten (Vorläufer, Zuwärmer ıc.) 2 fl. 42 fr. — 4 fl. 30 fr., eines Bergknappen, Schmelzers ıc. gegen 4 fl. 30 fr. Die Bergleute scheuen sich dort, durch Mähen der Wiesen etwas zu verdienen. Hausmann, S. 59, 69 u. Taf. I, ebenso die deutschen und slowakischen Bergleute in Ungarn; v. Csaplovics, Gemälde von Ung. 1829. II, 111. — In den belgischen Kohlengruben arbeiteten 1850 29 471 Männer (zu 1,^{75} Fr. täglich), 4464 Knaben (zu 94 Cent.), 2274 Weiber (zu 1,^{30} Fr.), 1221 Mädchen (zu 85 Cent.).

(*e*) Der Bericht einer britischen Parlaments-Commission von 1842 enthält traurige Belege hiezu. Viele Kinder kamen mit 7—9 Jahren, einzelne mit 6, ja mit 5 oder selbst 4 Jahren in die Gruben, zu Arbeiten der ermüdendsten und schädlichsten Art. Daher frühe Erschöpfung, kurze Lebensdauer, Anlagen zu Krankheiten, z. B. das Schwarzspeien. Hier ist das Bedürfniß einer Staatsaufsicht unverkennbar. Auszug aus dem erwähnten First report bei Ducpetiaux, De la condition physique et morale des jeunes ouvriers, I, 87. Brux. 1843, auch bei Engels, Die Lage der arbeitenden Classe in England, S. 289. 1845.

(*f*) Arbeiten auf Verding (Stücklohn) beleben den Fleiß; Feldbau, Holzschnitzen und mancherlei kleine Nebengewerbe werfen in den Nebenzeiten noch einigen Ertrag ab und die Arbeitszeit (Schicht) ist gewöhnlich nur 8 oder 6 Stunden täglich. — Die Bergleute in Cornwallis übernehmen die Arbeiten stückweise für eine Quote des Roherträgs, nach einem Herabbieten in öffentlicher Versteigerung, wobei sie ihr gutes Auskommen finden. Quarterly Rev. Juni 1827. S. 81.

§. 355.

Wird der Bergbau über den eigenen Bedarf eines Landes hinaus erweitert, so kann seine Ausdehnung Gefahren für den Wohlstand derjenigen Gegenden nach sich ziehen, in denen er als vorherrschender Gewerbszweig betrieben wird. Die Capitalisten werden durch einzelne Beispiele großer Gewinnste leicht angefeuert, mehr Capital, als rathsam ist, auf ihn zu wenden, und der hohe Lohn verursacht eine Vermehrung der Bergarbeiter. Dieß hat öfters die Folge gehabt, daß andere nützlichere Gewerbszweige vernachlässigt werden (*a*), und daß, wenn dann der Bergbau wegen Erschöpfung der Lagerstätten, wegen Mangels an Absatz und dergl. in Verfall kommt, viele Familien auf mehrere Menschenalter ins Elend gerathen (*b*). Dagegen wird auch durch das Aufblühen des Bergbaus der Anbau und der Wohlstand abgelegner, vernachlässigter Gegenden rasch gehoben (*c*).

(*a*) Dieß soll schon ungefähr im 8. Jahrhundert in Böhmen geschehen sein, unter Herzog Krzesomisl, so daß wegen der Versäumung des Landbaues häufig Theurung und Hungersnoth eingetreten sind. Fischer, Geschichte des d. Handels, I, 91. Solche Mißgriffe können nur vorübergehend sein.

(*b*) Das berühmte Silberbergwerk zu Kongsberg (Norwegen) hatte 2500 Arbeiter, den vierten Theil der Einwohner, beschäftigt, bis es 1805 von der dänischen Regierung fast ganz verlassen wurde, nachdem es von 1769 an gegen 70000 Thlr. jährlichen Zuschuß gekostet hatte. „Sah man einst zahlreiches Bergvolk schon vor Tages Anbruch das stille Gebirg hinan zu den Gruben anfahren und nach beendeter Schicht froh zum dampfenden Herde zurückeilen, so findet man jetzt die Anfahrwege leer und todt, in den Straßen der Stadt aber langsam schleichende, ausgehungerte, mit Lumpen behangene Körper, in deren gebeugten Gesichtern man Hunger und Elend liest." Hausmann, Reise durch Scand. II, 2 ff. — Späterhin kam dieß Bergwerk wieder in Gang und bringt jetzt reichlichen Ertrag, §. 277.

(c) „Als Obregon (nachheriger Graf von Valenciana) den Gang von Guanaruato oberhalb der Schlucht von St. Xaver zu bearbeiten anfing, weideten die Ziegen auf dem nämlichen Hügel, wo sich 10 Jahre später eine Stadt von 7—8000 Einwohnern zu bilden begann." Humboldt, Essai pol. III, 9. 405. — Californien, Australien 2c.

Zweite Abtheilung.
Wilde Jagd und Fischerei.

§. 356.

Die Erlegung und den Fang der Land- und Wasserthiere ohne eine vorausgehende Sorgfalt für Erzeugung, Wachsthum und Gedeihen derselben nennt man **wilde Jagd und wilde Fischerei**. Beide Ernährungsarten haben zwar diese sorglose Benutzung des natürlichen Reichthums mit einander gemein, sind aber doch in anderen Hinsichten sehr verschieden. Die **wilde Jagd**, setzt weite, menschenleere Strecken, besonders bewaldete, voraus, in denen Wild in Menge aufwächst. Nur eine sehr kleine Zahl von Menschen kann sich auf einem bestimmten Raume von der Jagd ernähren; die Volksmenge eines Jägervolkes muß daher, wenn es nicht möglich ist, sich über eine größere Fläche auszubreiten, in einer engen Gränze bleiben, deren Ueberschreitung bald Hungersnoth verursachen würde. Die Jagd übt und stärkt zwar den Körper in hohem Grade und wird leicht zum Gegenstand einer leidenschaftlichen Vorliebe (a), macht aber die Menschen ungestüm, rauh und ruhigeren Beschäftigungen abgeneigt. Ihr Ertrag läßt sich, mit Ausnahme der Häute und Felle, nicht aufbewahren, deßhalb sucht man nicht mehr Lebensmittel zu gewinnen, als man in kurzer Zeit verzehren kann, es wird nichts übergespart, kein Capital gesammelt und also kein Weg eröffnet, um aus diesem Zustande der Rohheit herauszutreten, in welchem es weder Arbeitstheilung noch Verkehr, weder geistige Bildung noch Staatseinrichtungen giebt (b).

(a) Wie dieß von den alten Deutschen und Galliern bekannt ist. Reynier, Econ. publ. et rur. des Celtes, des Germains etc. S. 138.

(*a*) Belege hiezu geben die Schilderungen von Reisenden über die Wilden in beiden Hälften von Amerika. Die nordamericanischen Jägerstämme treiben indeß nach Hunter schon etwas Landbau und selbst einige Gewerke. — Berührungen mit anderen gebildeteren Völkern machen es allein solchen Stämmen möglich, nach und nach zu einer anderen Lebensweise überzugehen, wozu sie sich jedoch nur schwer entschließen. — In Rußland bemerkt man die Abnahme der fleischfressenden Jagdthiere, die das vorzüglichste Pelzwerk geben, dagegen mehren sich die pflanzenfressenden und nagenden, deren Pelzertrag im Ganzen viel größer ist. — Die sogenannte zahme Jagd, bei welcher das Wild mit Rücksicht auf die Fortpflanzung geschont (gehegt), bisweilen selbst gefüttert wird, erfordert Jagdgesetze, die in einem Zustande, wie der oben beschriebene, nicht zu Stande kommen können.

§. 357.

An den Ufern des Meeres oder auch beträchtlicher Ströme und Binnenseen gewährt die **wilde Fischerei** vielen Menschen Unterhalt. Sie zeigt sich in ihrer größten Wichtigkeit in solchen Ländern, wo die Strenge des Klimas der Viehzucht und dem Pflanzenbau widerstrebt und deßhalb Fische das gemeinste Nahrungsmittel bilden, ohne welches solche Gegenden gar nicht bewohnbar wären (*a*). In Ländern, die günstiger beschaffen und bereits angebaut sind, bildet diese Fischerei eine schätzbare Zugabe zu den Nahrungsmitteln, welche der Boden trägt, und liefert überdieß noch Güter, die theils im Lande verarbeitet (*b*), theils auswärts abgesetzt werden können (*c*). Die Küstenbewohner ergeben sich diesem Erwerbszweige häufig und erhalten in ihm Gelegenheit, sich zu guten Schiffern zu bilden. Der Fischfang in der Nähe der Ufer wird im Kleinen, mit geringem Capitale betrieben, giebt auch wegen der schwierigen Fortschaffung frischer Fische ins Innere der Länder und des großen Mitwerbens von Verkäufern keine beträchtlichen Gewinnste, beschäftiget dagegen viele Menschen (*d*). Die in entfernere Meere unternommenen Züge erfordern erhebliches Capital und können große Gewinnste abwerfen, sind jedoch nicht frei von Zufällen, welche bisweilen allen Vortheil vernichten (*e*).

(*a*) Schon in Island und Kamtschatka sind Fische die Hauptnahrung, Viehzucht wird zu Hülfe genommen, pflanzliche Nahrungsmittel aber werden wegen des kalten Klima's fast gar nicht gebaut, da in Kamtschatka schon im Anfange des Julius Reife eintreten. Rau, Ansichten, S. 81. — Schlözer, Briefwechsel, H. VI, 342. — Ebenso im nördlichen Norwegen. — Trocknen der Fische für den Winter und zur Ausfuhr.

(*b*) Thran, Wallrath, Wallfischbarten, Hausenblase, Perlen, Korallen; — Bernstein.

(c) Heringe, Stockfische, Austern ꝛc. Die vielen Küsten Europa's geben eine große Begünstigung der Fischerei. — Ueber den Ertrag derselben vgl. v. Malchus, Statist. u. Staatenk. S. 88. — In Großbritanien waren 1833 11284 Fahrzeuge, mit 49212 Menschen bemannt, im Heringsfange beschäftigt. Mit Einschluß der beim Salzen, Packen ꝛc. thätigen Menschen fanden 86266 Personen ihren Unterhalt durch die Heringsfischerei. Mac-Culloch, Stat. acc. II, 28. In Schottland sollen 1848 15062 Fischerboote mit 60364 Mann beschäftigt gewesen sein. Irland hatte 1846 21075 Boote mit 99422 Mann. Meitzinger, Das brit. Reich, 1851, S. 305. — Im britischen America, vorzüglich in Neuschottland und Neufundland, ist die Fischerei eine wichtige Nahrungsquelle. Die Ausfuhr von Britisch-Nordamerica betrug 1852 an getrockneten Fischen 827738 L. St. (wovon 649897 L. Stockfisch) und an Thran 333960.

(d) In Island wandern jährlich im Februar sehr viele Einwohner an die südwestlichen Küsten und nehmen gegen einen Antheil am Ertrage an der Fischerei Theil. Gegen Anfang Mais, wo sie zurückkehren, hat jeder 5—600 Stück erworben, die für den nächsten Winter ausreichen. Doch kommt auch Viehzucht und Wollenweberei hinzu, es werden neben den Fischen mit dem Thrane auch Talg, Pelzwerk, Wolle, Gewebe, Eiderdunen ꝛc. ausgeführt, um Getreide, Eisen, Hanf, Colonialwaaren und mancherlei andere Dinge einzutauschen; Mackenzie, Reise durch Island, a. d. E. 1815. S. 153 u. Taf. 1.

(e) Nach Scoresby gehen in den Gewässern der Davisstraße gegen 2, in der Nähe von Spitzbergen aber 4 Proc. der auf den Wallfischfang gesendeten Schiffe zu Grunde. Die Engländer fingen in den Jahren 1814—17 mit 586 Fahrzeugen 5030 Wallfische, die Holländer 71900 Stück in den 130 Jahren von 1665—1793. — Von 1815—34 berechnete man im Wallfischfang der Briten an der Küste von Grönland und in der Davisstraße die jährliche Durchschnittszahl der Schiffe auf 115³⁄₄, wovon 5 verloren gingen, die Menge der erlegten Wallfische im D. auf 1024, welche 11343 Tonnen Thran gaben. Die Wallfische vermindern sich sehr merklich. Mac-Culloch, Acc. II, 33. — 1836 wurden von 47 Schiffen der Capcolonie 19 Wallfische und 681 Robben, 1838 von 77 Schiffen nur 10 Wallfische und 345 Robben erbeutet, Porter, S. 775. — Die nordamericanischen Freistaaten hatten 1847 721 Wallfischfahrer mit ungefähr 20000 Mann, 20 Mill. Doll. stehendem Capital und 4 Mill. jährlichen Ausgaben. Es kamen in dem genannten Jahre für 8·167230 Doll. Thran und Barten nach Hause, Fleischmann, Gewerbszweige der verein. Staaten, 1850, S. 294.

Dritte Abtheilung.
Die Landwirthschaft.

Erstes Hauptstück.
Die Landwirthschaft im Allgemeinen betrachtet.

§. 358.

Dieses Gewerbe entsteht sehr frühzeitig in jedem Volke, sobald man aus der Naturbeobachtung die Mittel abgeleitet hat, auf die Erzeugung der Pflanzen- und Thierstoffe einzuwirken, und das Bedürfniß empfindet, zur Sicherheit des Unterhaltes eine solche Thätigkeit zu Hülfe zu nehmen, §. 97. Pflanzenbau (Landbau) und Thierzucht sind die beiden Hauptzweige der Landwirthschaft, die wieder in viele Unterabtheilungen zerfallen, als Feldbau, Garten-, Reb-, Waldbau, Pferde-, Schaaf-, Bienenzucht, Teichfischerei u. dergl. Manche dieser einzelnen Zweige, z. B. die Forstwirthschaft, können abgesondert betrieben werden, andere stehen in Zusammenhang mit einander und namentlich werden der Feldbau und die Zucht der größeren Hausthiere (Viehzucht) gewöhnlich miteinander verbunden, weil einerseits zur Ernährung der Thiere ein Vorrath von Pflanzenstoffen erforderlich ist, andererseits aber der Landbau der thierischen Arbeitskräfte und Düngstoffe bedarf (a). Diese Verbindung wird oft Landwirthschaft im engeren Sinne des Wortes genannt.

(a) Bienen, Seidenraupen und dergl. gehören nicht zum Viehe, sind aber doch Gegenstände der Thierzucht und die Zucht der Seidenraupen ist an den Anbau des Maulbeerbaumes gebunden.

§. 359.

Die Viehzucht kann nur da für sich allein bestehen, wo es an Weideplätzen nicht fehlt, auf denen für die Thiere das ganze Jahr hindurch zureichende Nahrung zu finden ist. In kalten Ländern ist ein Vorrath von Winterfutter nöthig, der dem Boden abgewonnen werden muß (a). In einem fruchtbaren Lande liegt zwar die Aufforderung zum Pflanzenbaue nahe, indeß wird die Abneigung vor dieser mühsameren Beschäftigung erst dann überwunden, wenn sie bei dem Anwachse der Volksmenge zur Vermehrung der Nahrungsmittel nöthig wird (b). Die Hirtenvölker müssen mit ihren Heerden umherwandern, um öfters frische Weiden aufzusuchen (c). Bei solchen Wanderhirten (Nomaden) zeigt sich schon der Einfluß der Vermögensungleichheit, denn die Viehzucht erfordert ein ansehnliches Capital von Viehheerden, es giebt schon Reiche und Dürftige und die Dürftigsten sind genöthigt, sich als Lohnarbeiter zu verdingen (d). Achtung des Eigenthums und Unterwerfung unter ein Oberhaupt, also die Grundlage der Staatsverbindung, sind schon bei dieser Ernährungsweise einheimisch, auch giebt dieselbe Gelegenheit, nicht allein die kriegerischen Tugenden, sondern auch edlere Künste zu pflegen (e).

(a) Viele sehr ausgedehnte und fruchtbare Weideplätze in Ungarn und Siebenbürgen sind noch unbenutzt, weil man wegen des Mangels an Winterfutter kein Vieh halten kann. André, Oek. Neuigk. 1823, I, 246. Doch bleibt das weidende Vieh auf den weiten Pußten der Ebene meistens den Winter im Freien, wobei es von der Kälte viel leidet. Der Froststurm im Januar 1846 tödtete 80000 Stück Vieh, v. Csaplovics, Gemälde von Ung. I, 142, II, 16. Dasselbe geschieht oft in der Mongolei und in der Steppe der nogaischen Tataren, die durch solche Unfälle zum häufigeren Futterbau und zur Errichtung von Ställen bewogen wurden, Bibl. univ. Apr. 1831. S. 348 (nach Zwick).

(b) Die alten Deutschen zur Zeit des Cäsar und Tacitus bauten schon Getreide und Lein, mähten die Wiesen und betrieben schon frühe den künstlichen Futterbau, doch erfreute sich die Viehzucht besonderer Begünstigung, was schon die vielen zu ihrem Schutze bestimmten gesetzlichen Verordnungen zeigen. Reynier, Celtes, S. 487.

(c) Das bekannteste Beispiel eines solchen Nomadenvolkes bieten uns die Araber dar. Der mittlere Theil von Arabien ist mit kahlen Bergen und sandigen Ebenen bedeckt, wasserarm, nur in den tieferen Stellen feucht genug, um Bäume zu nähren. Die Brunnen sind ein höchst wichtiger Vermögenstheil, um den man streitigem Rechte selbst Krieg führt. Du Bois-Aimé, in der Descript. de l'Egypte. — Allg. geogr. Ephem. 1814. Oct. — Reynier, De l'éc. publ. et rur. des Arabes et des Juifs. S. 2. — Burkhardt, Notes on the Bedouins and Wehabys. 1830. — In den 9000 Q. Leguas großen Grasflächen (Llanos oder Sabanas) von Venezuela weidet sehr viel Vieh. Der Kampf mit den wilden Thieren stärkt den Muth und die Kraft der Menschen. Codazzi, Resúmen de la geografía de Venezuela, Paris 1841, S. 62. — Die Natur des Rennthieres, welches stets in der Nähe des Schnees bleiben muß, gestattet selbst in Lappland diese Ernährungsart. Auch die jetzt russischen Lappen müssen im Sommer die höheren Weideplätze des norwegischen Gebirges, zwischen 2000 und 2800 Fuß Höhe, aufsuchen, v. Buch, Reise b. Scandin. II, 161.

(d) Bei den Beduinen kann ohne ein Kameel keine Familie auskommen, bei 10 Kameelen ist man noch dürftig, bei 30—40 wohlhabend, bei 60 reich (Burckhardt). — Bei den Rennthierlappen ist durch 100 Stück Rennthiere der Unterhalt einer Familie noch nicht gesichert, 3—400 machen aber schon wohlhabend (v. Buch). — Die Kirgis-Bukaik-Horde ist das reichste Nomadenvolk. 12 000 Familien haben 4 Mill. Schaafe, 1 Mill. Pferde, ½ Mill. Kameele und 200 000 Ochsen und Kühe. Eversmann in Nouv Ann. des roy., Juni 1828, S. 315. — In der Provinz Eriwan besitzen 2500 nomadische Familien 12 000 Ochsen, 11 000 Kühe, 140 000 Schaafe, Ziegen und Pferde. Klaproth in Berghaus Annal. VIII, 324. — Schon Aristoteles, Polit. IV, 3, bemerkt, die Pferdezucht führe zur Oligarchie.

(e) Poesie der Araber, auch edelmüthige Gastfreundschaft bei denselben. Berauben der Fremden wird nicht als schimpflich, sondern als Krieg betrachtet, zu dem der Araber sich berechtigt glaubt, weil er sich für den freieren und besseren Menschen hält.

§. 360.

Das Nomadenleben gestattet keine beträchtlichen Fortschritte im Wohlstand und in der Entwicklung der geselligen Verhältnisse. Die Ursachen hievon scheinen diese zu sein: 1) Die Zucht der Hausthiere läßt keine Anwendung von solchen Kunstmitteln zu, die in anderen Gewerben den Ertrag vervielfältigen (a). 2) Die Bevölkerung sowohl als die Größe der Heerden muß je nach der Ergiebigkeit der Weidestrecken in einer gewissen Gränze gehalten werden. Es können deßhalb nicht viele Menschen auf kleinem Raume beisammen wohnen, vielmehr müssen sich einzelne, nicht sehr zahlreiche Stämme von einander sondern, zwischen denen weder eine feste politische Verbindung, noch ein lebhafter Güterverkehr Statt findet (b). 3) Bei dem Mangel fester Wohnsitze bleiben auch die Bedürfnisse des persönlichen Genusses sehr einfach und daher ist keine Veranlassung zum abgesonderten Betriebe von Gewerken vorhanden (c). Der Luxus kann auch bei den Reichen nicht weit gehen, weil alle Habe zum leichten Fortschaffen eingerichtet sein muß (d), und der Reichthum wird deßhalb vornehmlich zur Ernährung vieler Menschen angewendet, weil dieses Ansehen und Macht verschafft. Hieraus erklärt sich leicht, warum Nomadenvölker Jahrtausende hindurch im Ganzen auf gleicher Bildungsstufe stehen bleiben konnten (e).

(a) Reynier bemerkt, daß die vorzüglich mit der Viehzucht beschäftigten Völker sich wenig um die Veredelung der Viehraßen zu bekümmern pflegen, Coltes, S. 485.

(*b*) Die unabhängigen Stämme der arabischen Wüste haben nach **Du Bois-Aimé** gegen 30—40000 Reiter, was ungefähr auf 200000 Menschen schließen läßt.

(*c*) Bei den Beduinen nur Hufschmiede und Sattler. — Schilderung der ungarischen Hirten, v. **Csaplovics**, II, 52.

(*d*) Vgl. **Niebuhr**. Reisebeschr. n. Arab., I, 233. (Kop. 1774.) — Die herrschende Neigung ist die Liebe zum unabhängigen Leben, weßhalb unter den Arabern wie in den Kirgisensteppen diejenigen verachtet sind, welche den Boden anbauen, weil sie nicht vor dem übermächtigen Feinde flüchten und dadurch ihre Freiheit erhalten können. — Die Kirgisen verwenden ihren Reichthum auf feine Kleider und Schmuck.

(*e*) Die Araber sind noch heutigen Tages so, wie man sie im alten Testamente und bei den alten Griechen geschildert findet.

§. 361.

Die Verbindung des Landbaues mit der Viehzucht macht das landwirthschaftliche Gewerbe erst vollständig. Für jedes Land, welches beträchtliche baufähige Flächen hat, ist die Landwirthschaft ein höchst nützliches Gewerbe (*a*), denn 1) sie liefert die unentbehrlichsten Lebensmittel und vermag die Menge des jährlichen Erzeugnisses derselben fortwährend zu vermehren, wie es der Anwachs des Bedarfes erfordert. Keine andere Beschäftigung bringt dem Werthe nach eine so große Gütermenge ins Volksvermögen. 2) Wenn auch der reine Ertrag der Landwirthschaft nach der Einführung des häufigen Tauschverkehres zum Theile von den Preisen der Bodenerzeugnisse abhängt, so ist der Landwirth doch bei ungünstigen Absatzverhältnissen wenigstens insoferne gesichert, als er seinen eigenen Hausbedarf an den für Nahrung, Kleidung, Heizung u. dergl. nöthigen Stoffen selbst gewinnt. Ferner wird durch eine reichliche Erzeugung dieser Lebensmittel die Vermehrung der Volksmenge begünstiget, wobei dann auch der Begehr und Absatz jener Gegenstände zunimmt. Deßhalb giebt die Landwirthschaft für die, welche sie betreiben, eine größere Unabhängigkeit und Sicherheit als andere Gewerbe. 3) Sie wirkt auch günstig auf den persönlichen Zustand der mit ihr beschäftigten Menschen, ist der Gesundheit, der Lebensdauer, der Kraft und Gewandtheit des Körpers zuträglich, nährt den Geist, veredelt die Gesinnung und bewahrt vor einseitiger Ausbildung einzelner Anlagen (Verbildung).

(*a*) Vgl. **Sulzer**, Ideen über Völkerglück, S. 56.

§. 362.

Wenn in einem Lande noch wenig Verkehr und Arbeitstheilung besteht, so ist die Landwirthschaft für den einzelnen Landwirth hauptsächlich nur das Mittel, sich und seiner Familie den eigenen Bedarf von Bodenerzeugnissen zu verschaffen. So lange ein diesen Bedarf übersteigender Vorrath noch keinen Verkehrswerth und Absatz haben würde, werden keine Kunstmittel zu Hülfe genommen, die den Ertrag des Bodens erhöhen, weil sich die darauf verwendeten Auslagen nicht bezahlen, und Jeder strebt vielmehr darnach, die für seine Bedürfnisse nöthige Menge von Pflanzen- und Thierstoffen mit dem geringsten Aufwande von Arbeit und Capital zu gewinnen. Hierdurch erhalten die landwirthschaftlichen Unternehmungen ihre Richtung. Man läßt die Naturkräfte ihre Wirkung äußern, ohne sie viel mit menschlicher Kunst zu unterstützen; es werden große Strecken Landes benutzt, aber wenig bearbeitet und gar nicht oder wenig gedüngt, (sog. extensive Bewirthschaftung §. 370 a), und der erschöpfte Boden wird dem freiwilligen Pflanzenwuchse überlassen, um sich allmälig wieder mit befruchtenden Stoffen zu bereichern (a). Was der Landwirth an Andere zu leisten hat, das entrichtet er in Bodenerzeugnissen (Naturalien) oder in Arbeit (b), und die nöthigen Gewerkswaaren liefert die Arbeit der Hausgenossen (c). Eine Folge dieses Zustandes ist, daß der Boden im Ganzen nur geringen hohen und reinen Ertrag giebt und daß eine bestimmte Fläche, z. B. eine Quadratmeile, nur eine kleine Anzahl von Menschen ernährt.

(a) Nach einigen Ernten läßt man den Acker öde liegen, damit er sich mit Gras oder Holz bedecke und dadurch wieder eine Humusschicht erhalte. Solche Mittel erhalten sich in schwach bevölkerten Gegenden auch noch nach dem Anfang des Verkehrs in Anwendung. Wechselfelder, bald als Acker, bald als Wiese behandelt. — Abbrennen des Waldes, noch jetzt in Schweden, Sibirien und im Innern von America üblich. Der Brandacker (swedja) bleibt in Schweden nach einigen Ernten liegen und überzieht sich mit Birken, Hausmann, Reise, I, 144; in Brasilien geschieht fast aller Ackerbau auf abgebranntem Urwalde, welcher die Aussaat 150fältig erstattet, nach einigen Jahren aber verlassen wird und schnell mit Bäumen und Gesträuchen überdeckt erscheint. Spir u. Martius, Reise, I, 159. — In rauhen Gebirgsgegenden hat sich ein Rest dieses Zustandes erhalten, z. B. die wilden Berge oder Reutfelder des Schwarzwaldes, die bei sorgfältigerer Behandlung in Hackwälder oder Hauberge übergehen, wie im Neckarthal, um Siegen; das Gereuthbrennen in Steiermark, Hlubeck, Landw. v. Steierm. S. 52

Vgl. überhaupt Roscher in Rau und Hanssen, Archiv, N. F. III. 160. und in dessen System der Volksw. IIr Bd.
(b) Zehnten und andere Abgaben von Getreide, Vieh u. dgl. — Frohnen.
(c) Große Familien mit vielem Gesinde.

§. 363.

Die Landwirthschaft kann weit mehr Menschen mit Bodenerzeugnissen versorgen, als sie beschäftiget. Diesen Ueberschuß über den eigenen Bedarf der Landarbeiter gewinnt man aber nur dann, wenn man genöthigt ist oder Aussicht auf Absatz hat. Wo die Landwirthschaft durch Unfreie oder durch Familien betrieben wird, die nur beschränktes oder gar kein Grundeigenthum haben, da kann auch ohne Tauschverkehr eine Classe von Bürgern aus dem Ertrage der Grundstücke ein nicht durch eigene Arbeit erworbenes Einkommen, eine von den Landwirthen entrichtete Grundrente (§. 207) beziehen (a). Soll jedoch der Landwirthschaft ein solcher Grad von Kunst und Eifer und ein solches Capital zugewendet werden, bei welchem sie den größten rohen und reinen Ertrag von gleicher Fläche abwirft, so wird dazu erfordert, daß sich dem Landwirthe Gelegenheit darbiete, mannichfaltige Bodenerzeugnisse zu verkaufen und mit dem Erlöse mancherlei andere Güter einzutauschen. Mit der Leichtigkeit des Absatzes beginnt der Eifer, die vortheilhafteste Art des Betriebes einzuführen und in jeder Gegend dasjenige hervorzubringen, was die Auslagen mit dem größten Gewinne erstattet.

(a) Die schottischen Grundherren zertheilten sonst ihr Land in viele kleine Pachtgüter, deren jedes nur gerade eine Familie nährte und die wenig Zins gaben, dafür aber dem Verpachter großen persönlichen Einfluß sicherten, wie z. B. Cameron von Lochiel, der nur 500 L. St. Pachtzins einnahm, 1745 mit 800 Mann von seinen Pachtleuten ins Feld ziehen konnte. Senior, On the rate of wages, S. 45.

§. 364.

Der Absatz landwirthschaftlicher Erzeugnisse im Auslande ist weniger nützlich als der inländische, 1) wegen der Unsicherheit seiner Fortdauer, indem insbesondere die korneinführenden Länder sich allmälig von dem Bedürfniß der Zufuhr frei zu machen suchen (a); 2) wegen der größeren Kosten der Versendung in die Ferne (b), wenigstens zu Lande, während in den meisten

Fällen bei dem Mitwerben mehrerer landbauender Völker nur sehr mäßige Preise zu erlangen sind, wozu noch kommt, daß der Landwirth den Verkauf auf entfernten Märkten dem Großhändler überlassen muß, dessen Gewinn den Verkaufspreis für den Erzeuger schmälert (c); 3) weil nur ein Theil der Rohstoffe z. B. Getreide, Handelsgewächse, Wein, Flachs, Vieh, Wolle, Häute, zu einer weiten Versendung geeignet sind, manche andere aber, z. B. Eier, Geflügel, Gemüse, frisches Obst, Heu, Stroh, wenigstens auf der Are nicht in beträchtliche Entfernung geschafft werden können, §. 214.

(*a*) Norddeutschland hat viel von den britischen Korngesetzen zu leiden gehabt, II, §. 131. Der Absatz der feinen deutschen Wolle wird durch das Mitwerben von Australien sehr beeinträchtigt.

(*b*) Die Menge und Güte der Straßen innerhalb des Landes trägt viel bei, den Vortheil des inneren Absatzes zu vergrößern.

(*c*) Die Grundeigenthümer in Ost- und Westpreussen waren während der Wohlfeilheit des Getreides in den 1820r Jahren in großer Bedrängniß, 1825 waren in Westpreussen unter 262 ritterschaftlichen Gütern 195 mit Pfandbriefen belastet (verschuldet) und 71 davon sequestrirt. Belege in W. Jakob's (erstem) Bericht über Kornhandel u. Kornbau, d. v. Richard, 1826, S. 57 und Append. Nr. 11 des Originals.

§. 365.

Es ist deßhalb für die Landwirthschaft am günstigsten, wenn im Inlande neben den Landbauenden noch andere zahlreiche Volksclassen vorhanden sind, welche Bodenerzeugnisse kaufen und dafür den Landleuten theils Gewerkswaaren, theils mancherlei persönliche Dienste anbieten. Unter solchen Umständen wird der Boden durch Grundverbesserungen (Meliorationen) ergiebiger gemacht, es wird ein großes Capital auf ihn gewendet und ihm die größte Menge Stoffe abgewonnen (a). Es ist ein schädlicher Irrthum, den Nutzen zu verkennen, den das Dasein einer zahlreichen Classe von Gewerksleuten und Dienstleistenden für die Landwirthschaft äußert und der sich in der Nähe beträchtlicher Städte auf das Deutlichste wahrnehmen läßt (b). Wo die Vervollkommnung der Landwirthschaft durch Ursachen, die im eigenen Zustande derselben lagen, gehindert war, da haben oft die von den Städten ausgehende Nachfrage nach Lebensmitteln und die auf das platte Land ausströmenden Capitale den Anstoß zu Verbesserungen gegeben (c).

(a) Erhalten die Landwirthe höhere Verkaufspreise ihrer Producte, so setzt dieß nicht bloß alle ländlichen Arbeiter in den Stand, reichlicher zu leben, sondern verschafft auch den Grundeignern eine ansehnlichere Rente, durch die wieder die Anwendung beträchtlicher Capitale auf den Anbau befördert wird. — Dieser Zustand ist es, den **Herrenschwand** unter der Benennung: Système d'agriculture relative fondé sur un systeme de manufactures als den vollkommensten schildert. Discours sur la division des terres dans l'agriculture. Lond. 1798.

(b) **Prechtl** (in s. Jahrbüchern des k. k. polytechn. Instit. III. 198) erläutert diesen Satz durch eine Berechnung, nach welcher auf einer Q.Meile bei bloßem Landbau 1800 Menschen, bei hinzukommendem Gewerksfleiße aber 6000 Menschen leben können. — Es läßt sich annehmen, daß wenigstens nur die Hälfte der Einwohner sich der Erdarbeit zu widmen braucht, um die andere Hälfte mit rohen Stoffen zu versorgen. Je mehr verhältnißmäßig die Zahl der Landarbeiter beträgt, desto geringer ist gewöhnlich der Ertrag des Bodens, auch pflegt daselbst die Bevölkerung desto schwächer zu sein, doch ist dieß nicht constant, weil manche andere Umstände darauf einwirken. Die statistischen Thatsachen geben über das Verhältniß der Landarbeiter zur ganzen Volksmenge bis jetzt in den meisten Ländern noch keine genauen Aufschlüsse, weil die Unterscheidung der verschiedenen Beschäftigungen bei den Volkszählungen nicht sorgfältig genug nach einer festen Regel beobachtet worden ist. — Beispiele: In Frankreich vermuthet man gegen 17 Mill. oder 51,4 Proc. aller Einwohner in den mit Landwirthschaft beschäftigten Familien, **Schnitzler**, Stat. I, 340. In Rußland begriff dagegen der Bauernstand 1834 gegen 70 Proc., in Schweden 74 Proc. der Volkszahl, der Bürgerstand nur 3½ Proc. (**Forsell**, S. 294. — In Sachsen werden gerechnet 34,2 Proc. in der Land- und Forstwirthschaft, 44,4 Proc. in den Gewerken, 1,0 Proc. im Bergbau, 2,5 Proc. im Handel, 4,6 in höheren Diensten mit Einschluß des Wehrstandes, 4,1 in anderen Diensten, 7 Proc. ohne Beschäftigung. **Engel** in **Hübner's** Jahrb. II, 265. — In Preußen beschäftigt die Landwirthschaft 50 Proc. der Einwohner (sämmtliche Köpfe in den Familien eingerechnet), die Gewerke 25,8, der Handel, die Fortschaffung, die Gast- und Speisewirthschaften 5,4 Proc. Die von der Landwirthschaft (als Haupt- und als Nebengewerbe) lebenden Personen betragen in der Provinz Preußen 56, Westfalen 55, Rheinland 52,4 Pommern 46,3 Proc. **Dieterici**, Mittheil. 1852, S. 269. Statist. Tabellen, V, 909. — Nach der Zählung (census) von 1851 hat Großbritanien unter den Arbeitenden (der Hälfte der Einwohner) 24 Proc. Landwirthschafts- und Bergbautreibende, zu denen noch ein Theil der 10 Proc. Dienstboten zu zählen ist. — In Belgien zeigt die Volkszählung von 1846 51,17 Proc. Köpfe in den mit der Landwirthschaft beschäftigten Familien, 32,14 in Gewerken, 6,4 im Handel, der Fortschaffung und den Gast- und Schenkwirthschaften. Die Zahl der Arbeitenden ist in der Landwirthschaft 25 Proc. der Volksmenge, max. 37 in Limburg und Luxemburg, min. 17 Proc. in Lüttich. — In Baiern zählte man 1840 in den Familien der Land- und Forstwirthe 1·401 049 Köpfe, in den zugleich mit einem anderen Gewerbe beschäftigten 365 485, bei den Taglöhnern im Landbau 616 617 Köpfe, zus. 2·303 151 oder 52,7 Proc. und mit dem zugehörigen Gesinde 65,6 Proc. **Zierl**, Bayerns landw. Zust. I, Taf. III. 1844. — Für Baden kann man aus der Gewerbstatistik von 1829, bei einer Volksmenge von 1·176 075, Folgendes ableiten: unter allen 236 263 Familien waren 1) Landwirthe und Pachter ganzer Landgüter 101 632 Familien, 2) Hirten, Schäfer, Fischer 1844, 3) Taglöhner 16 223, 4) Gewerbtreibende, Handelnde, Fuhrleute,

Schiffer, Wirthe ꝛc. 77415, 5) Wittwen und ledige Weibspersonen 2350 Familien. Von den unter 3 und 5 aufgezählten Familien darf man wohl 28 000 der Landwirthschaft zutheilen, die dann mit Einrechnung von Nr. 1. 55 Proc. der Familien beschäftigt.

(c) Smith, II, 209.

§. 366.

Wenn der Landwirth seine Hülfsarbeiter unmittelbar mit den nöthigen Bodenerzeugnissen versieht, so dient der zu Markte gebrachte Theil der letzteren zur Versorgung der anderen Volksclassen. Dieser verkäufliche Theil muß folgende Ausgaben decken (a):

1) einen Theil der Kosten, der in Geld aufgewendet wird a) zur Nachschaffung von Geräthen und zur Ausbesserung der Gebäude, es müßte denn die Landwirthschaft mit so kunstlosen Hülfsmitteln betrieben werden, daß die Landleute sich dieselben selbst zu verfertigen im Stande wären; b) um die zum Unterhalte der Landwirthe und Lohnarbeiter erforderlichen Gewerkswaaren anzuschaffen, wobei es in der Wirkung einerlei ist, ob die Arbeiter diese Gewerkswaaren von dem Landwirthe selbst empfangen, oder sich dieselben mit dem Geldlohne kaufen. Je einfacher die Lebensweise der Landleute ist, desto weniger beträgt der hiezu bestimmte Theil der Erzeugnisse.

2) Die Grundrente, entweder ganz, falls sie als Pachtzins in Geld entrichtet wird, oder wenigstens zum Theil, weil auch die selbstwirthschaftenden Grundeigner Geld nöthig haben, um Schuldzinsen und Abgaben zu entrichten, — ferner um ihr Capital durch Einkäufe, z. B. von Geräthen, Maschinen, durch Bauten ꝛc. zu vergrößern, — endlich um sich mancherlei Gütergenuß und Dienstleistungen zu verschaffen;

(a) Rau, Ansichten der Volkswirthsch. S. 204.

§. 367.

Außer der guten Gelegenheit zum Absatze (§. 363—65) haben noch folgende Umstände auf die Größe des landwirthschaftlichen Ertrages vorzüglich starken Einfluß: 1) der Grad von Fleiß und Geschicklichkeit der Landwirthe; 2) der Umfang des ihnen zu Gebote stehenden, auf ihr Gewerbe verwendbaren Capitales (§. 215), welches mit der Größe der Landgüter verglichen werden muß, §. 368 ff.; 3) der Grad von

Freiheit, welchen die Landwirthe in der Einrichtung des Betriebs und in der Benutzung der Zeit genießen; 4) die Aussicht, einen größeren oder geringeren Theil der Früchte ihrer Bemühungen zu genießen. Diese beiden Umstände bestimmen sich nach dem Rechtsverhältnisse, in welchem sie in Bezug auf das Eigenthum der Ländereien sich befinden, §. 376.

§. 368.

Die Größe der Landgüter (a) ist in Hinsicht auf den Bodenertrag sowie auf die wirthschaftliche Lage der Landarbeiter ein besonders wichtiger Umstand, dessen Folgen einer besonderen Betrachtung bedürfen, während seine Ursachen theils in gesetzlichen Anordnungen (b), theils in der aus der Geschichte jedes Landes zu erklärenden Vertheilungsart des Grundvermögens, theils endlich in dem ganzen wirthschaftlichen Zustande eines Landes oder einer Gegend aufzusuchen sind (c). Wenn die Zertheilung der von einem Landwirthe bebauten Fläche mit dem Anwachse der Volksmenge immer fortginge, so müßte sie endlich unfehlbar in ein volkswirthschaftlich schädliches Uebermaaß gehen. Es verdient daher erforscht zu werden, 1) welche Folgen überhaupt die ungleiche Größe der Landgüter in volkswirthschaftlicher Hinsicht äußert, insbesondere wie sie auf den rohen und reinen Ertrag einer gewissen Fläche, auf das Einkommen und die Beschäftigung der Landwirthe, endlich auf die zu Markt kommende, also für andere Volksclassen außer den Landleuten verwendbare Menge von landwirthschaftlichen Erzeugnissen wirke, 2) wo die Verkleinerung der Landgüter anfange nachtheilig zu werden. Diese Wirkungen des verschiedenen Umfanges der Landgüter sind jedoch offenbar nicht unter allen Umständen dieselben, vielmehr kann eine gegebene Größe eines Gutes bei verschiedenen persönlichen Eigenschaften des Landwirthes und seiner Lohnarbeiter, bei ungleichem Capital, ungleicher Fruchtbarkeit des Landes ꝛc. höchst verschiedene Ergebnisse liefern, und wo die Landwirthe nicht gehindert sind, da werden sie bei gehöriger Einsicht diejenige Größe eines Gutes wählen, welche nach allen Umständen für sie die vortheilhafteste ist. Es müssen daher auch hier diese natürlichen und wirthschaftlichen Verhältnisse in Betracht gezogen werden. Die Größe der von einem Unternehmer bewirthschafteten Fläche fällt übrigens mit dem Umfang eines Grundeigenthums nicht nothwendig zusammen, weil bald ein Eigenthümer seine Grundstücke an mehrere Landwirthe verpachtet, bald ein Landwirth Ländereien mehrerer Eigenthümer als Pachter benutzt. Bei dieser Betrachtung ist es erleichternd, die Landgüter nach ihrer Größe in Classen zu theilen. Diese können nicht mit festen Zahlen für den Flächenraum bezeichnet werden, weil eine und dieselbe Morgenzahl bald die Merkmale der einen, bald der anderen Art von Gütern zeigt (*d*); es lassen sich aber dennoch für die Ausdrücke groß, mittelmäßig u. dergl. gewisse Kennzeichen angeben (*e*). 1) Man geht am besten von solchen Landgütern aus, welche gerade **ein Pfluggespann** (gewöhnlich zwei Pferde oder zwei Ochsen) beschäftigen; denn diese Classe ist in jeder Gegend am leichtesten zu erkennen und nach dem Feldmaaße zu bestimmen. Güter dieser Art kann man **kleine** nennen. 2) Geht die Zertheilung noch weiter, so entstehen **ganz kleine Güter**, und zwar a) solche, die noch eine Familie größtentheils oder ausschließlich beschäftigen und noch eine geregelte Bewirthschaftung mit bestimmter Fruchtfolge und hinreichendem Futtergewinn zur Ernährung von Großvieh gestatten; **Halb-, Sölbengüter** mancher Gegenden, **Kuhgüter.** b) **Taglöhnerstellen**, bei denen anderer Arbeitsverdienst den größten Theil des Unterhalts decken muß, **Häusler, Büdner** ꝛc. 3) Ueber den Kleingütern stehen a) die **Mittelgüter** von mehreren Gespannen (Pflügen), bei denen der Landwirth noch im Stande ist, mit seinen Lohnarbeitern Hand anzulegen, die also noch von Besitzern aus dem Bauernstande bewirthschaftet werden können (*f*); b) **Großgüter**, deren Besorgung einen Verwalter ganz beschäftigt, so daß derselbe an den Verrichtungen der Hülfsarbeiter nicht Theil nehmen kann (*g*).

(*e*) Thaer, Einleit. z. Kenntniß d. engl. Landw., II, 2. Abth. S. 91. (Hannov. 1801). — Dess. Ann. d. Ackerb., Juli 1806, S. 1. 35. — Kraus, Staatsw. V, 72. — v. Schwerz, Belg. Landw. III, 460. — (de Lichtervelde), Mém. sur les fonds ruraux du Dép. de l'Escaut. Gand, 1815. S. 52. — Rau, Ansichten, 7. Abh. — Sinclair, Code of agric. 3. Ed. S. 41. — Loß. Handb. II, 25. — Sturm, Beitr. z. deutschen Landw. I. Bd. Nr. 1. (1821). — Cordier, Agric. de la Flandre fr., S. 31. — Chaptal, De l'ind. franç. I, 140. — Dessen Agriculturchemie, übers. v. Eisenbach, I, Vorrede, S. XXX (Stuttgart 1824). — van Aelbroeck, L'agricult. prat. de la Flandre, Paris 1830, S. 296 (die flämische Ausgabe erschien 1813). — Hundeshagen, Die Waldweide u. Waldstreu, 1830, S. 128. — Schütz, Ueber den Einfluß d. Vertheilung des Grundeigenth. auf das Volks- und Staatsleben. Stuttg. 1836. — Mac-Culloch, Stat. acc., I, 449. — Vogelmann in Rau, Archiv IV, 1, Hanssen, ebd., S. 432. Rau ebd. S. 19 u. 445. — Kreyßig, Die Vertheilung des landw. nutzb. Bodens, 1840. — H. Passy in Journ. des Econ. IX. 97. X, 105. 345. XV, 1. — Schneer in Rau u. Hanssen Arch. N. F. III, 1. — Koppe, Beiträge zur Beantwortung der Frage: Sind große oder kleine Landgüter zweckmäßiger für das allgemeine Wohl? 1847. — J. Kay, The social condition and education of the people in England and Europe, Lond. 1850, 1r Bd. — de Gasparin, Cours d'agriculture, V, 247 (s. a.) — Rau, Ueber den geringsten Umfang eines Bauerngutes, 1851, auch im Archiv, N. F. IX, 145. — Göriz, Landwirthsch. Betriebslehre, I, 22. 1853. — Funke, Die heillosen Folgen der Bodenzersplitterung, Gött. 1854. — de Lavergne, Essai sur l'écon. rurale de l'Angleterre, 1854. S. 106. 124, s. auch die in II, §. 76 (a) ang. Schriften. Die Landwirthschaftslehre untersucht, welche Größe eines Landgutes für einen einzelnen Landwirth unter gegebenen Umständen die vortheilhafteste sei. In vielen Fällen ist jedoch dieser verhindert, zu wählen, oder er wählt nicht das Nützlichste. Die Volkswirthschaftslehre hat die Wirkungen der Güter verschiedener Größe von ihrer gemeinnützigen oder gemeinschädlichen Seite zu erforschen. Es ist dieß ein sehr verwickelter Gegenstand, von welchem hier nur die Anfangsgründe erklärt werden können und über den sich nur auch wenige allgemeine Sätze mit Zuverlässigkeit aufstellen lassen. Die Meinungen hierüber sind noch immer sehr getheilt. In Frankreich sprach der ältere Mirabeau (§. 42 (b)) zuerst eifrig zu Gunsten der Kleingüter, dagegen trat der englische landwirthschaftliche Schriftsteller A. Young als Vertheidiger der großen Güter auf und seine Ansicht ist in England herrschend, doch werden von Kay a. a. O. die Vortheile des kleinen bäuerlichen Grundeigenthums mit Wärme dargestellt.

(b) Gebundenheit der Bauerngüter, Majorate des Adels. Die Betrachtung dieser Einrichtungen gehört in die Volkswirthschaftspolitik, II, §. 76 ff.

(c) Die Statistik hat diesen Umstand früher fast ganz vernachlässigt, in der neuesten Zeit aber viele sehr schätzbare Thatsachen dargeboten, wozu ohne Zweifel die volkswirthschaftlichen Untersuchungen über diesen Gegenstand den Anstoß gegeben haben. Zur Erläuterung dienen folgende Angaben:
I. Preußen, nach den von Dieterici (Mittheilungen 1852 S. 65 und Statist. Tabellen V, 1025) bekannt gemachten Nachrichten, auch bei Rotelmann, Die preußische Landw., 1853, S. 299. A bedeutet die auf 1 ☐.Meile kommende Zahl großer Güter von 600 und mehr pr. Morg., B der Güter von 3—500 M., C von 30—300, D von 5—30 M., E unter 5. F die Zahl aller Güter auf 1 ☐.Meile, den Wald eingeschlossen.

Provinzen:	A	B	C	D	E	F
Preußen	2,9	3,6	70,2	27,8	34,3	140,7
Posen	4,5	1,8	83,6	50,7	33,7	174,3
Pommern	3,9	2,3	42,8	37,3	42,8	129,6
Brandenburg	2,5	2,4	61,7	49,9	69,2	185,8
Schlesien	3,1	1,6	58,6	125,3	148,3	337
Sachsen	1,8	2,5	79,0	124,3	172,3	379,6
Westfalen	1,6	1,9	124,8	185,0	251,6	566,7
Rheinprovinz	1,8	2,9	95,9	372,6	933,1	1405,7
Ganzer Staat	2,9	2,6	72,5	102,3	171,7	352,4

Auf 1 Besitzer kommen in der obigen Reihenfolge der 8 Provinzen 113 — 99 — 122 — 81 — 43 — 40 — 29,⁷ — 12,⁴ Morgen. Zieht man die Waldfläche ab und nimmt man noch die nämliche Zahl von Besitzern an, so treffen auf jeden derselben 91 — 76,⁸ — 96,⁸ — 58 — 30 — 32 — 20 — 8,⁴ Morgen.

II. Im Königreich Hannover betragen vom Acker- und Grasland die Güter

	bis 30 M.	von 30—60 M.	über 60 M.
Lüneburg	8,⁴ Proc.	13,⁴ Proc.	78,² Proc.
Stade	18,⁹ ″	16,⁶ ″	64,⁵ ″
Osnabrück	21,⁴ ″	21 ″	57,⁶ ″
Hannover	21,⁴ ″	22,⁸ ″	55,⁸ ″
Aurich	22,⁹ ″	9,⁵ ″	67,⁶ ″
Hildesheim	30,⁹ ″	16,⁹ ″	52,⁹ ″
Ganzes Land	19,² ″	6,⁴ ″	64,⁴ ″

Der Morgen hat 1,⁰⁹⁶ pr. M. Abeken in Hübners Jahrb. II, 304.

III. Königr. Sachsen, Engel, Zeitschrift des statist. Bureaus des kön. sächs. Minist. des Innern, 1855, I, 24. Viehbesitzer auf eine Q.-Meile in den Kreisen

	Dresden	Leipzig	Zwickau	Bautzen	ganzes Land
bis ¼ Acker	67,⁵	65,¹	70,⁴	118,⁹	76,⁴
über ¼—1 Acker	64,²	43,²	55,²	101,¹	62,⁷
1—5	116,⁷	73,¹	124,²	188,³	120,⁹
5—20	87,³	102,⁵	110,⁵	113,⁴	102,³
20—50	81,⁶	87,⁵	91,⁶	69,³	84
50—100	29,²	29,⁸	21,⁹	24,³	25,⁴
über 100	6,⁵	7,³	3,⁹	7,⁸	6,⁴
Zusammen	453	408	477	623	478

1 Acker = 2,¹⁶⁷ preuß. Morgen.

IV. Der ehemalige Unter-Donaukreis in Baiern hatte Güter

bis zu 1 Morgen	17 042	von 21—50	15 272
von 2—5	17 680	50—100	9 416
6—10	15 688	über 100	4 275
11—20	15 168	zusammen	94 541

mit 2·480 915 M. Zierl, Baierns landw. Zust. I, 112.

V. In Baden hat man gezählt 1468 Güter über 10 000 fl. Grundsteueranschlag, 44 869 von 1—10 000 fl., 55 006 unter 1000 fl., zusammen 101 343 Güter. — Dieß macht, da im Ganzen 3·511 532 Morgen nutzbares Land mit 465 Mill. fl. Steuercapital vorhanden waren, 34,⁶ bad. = 43,² preuß. Morgen mit 4500 fl. Preisanschlag auf jeden Eigenthümer, und 132 fl. auf den bad. Morgen, jedoch mit Einschluß der Waldungen, weßhalb diese Zahlen wenig nützen.

VI. Kreisamt Altenburg, 9⅐ Q.-Meilen mit 66 000 Einw., der Acker = 2,⁵¹ pr. Morgen. Es sind 62 Kammer- und Rittergüter, im D. zu 172 Acker, 154 Anspanngüter, im D. zu 97 Acker, 667 dergl. zu 42,⁴ Ack., 780 Güter zu 13,² Ack., 1655 Güter zu 3 Ack., 3214 Güter zu ⅓ Ack. (Geutebrück) Einige Nachrichten über den Bezirk des Kreisamts Altenburg 1843, S. 68.

VII. Großbritanien nach der Aufnahme (Census) von 1851, Zahl der Landwirthschaften (farms) auf der geogr. Q.-Meile:

	England u. W.	Schottland.
unter 100 Acres	51,83	30,44
1—200	16,06	4,75
2—300	6,7	1,66
3—500	4,24	0,65
500—1000	1,54	0,55
1000 und mehr	10,99	0,94
	91,29	38

In England und Wales zählte man 223 271, in Schottland 56 150 Güter. Nach Caird (English Agric. S. 482) ist die mittlere Größe eines Gutes in den östlichen Gegenden, wo der Körnerbau vorherrscht, 430 Acres, im Mittelland und den westlichen Gegenden, wo das feuchtere Klima den Graswuchs mehr begünstigt, 220 Acres.

In Irland war die Größe der Pachtbesitzungen diese:

Bis zu 1 Statute-Acre haben	135 314 Personen
von 1—5	181 950
5—10	187 909
10—20	187 582
20—100	187 213
über 100	25 047
Zahl der Pachter	905 015

wozu noch 25 789 kommen, die ihr Land in Gemeinschaft gepachtet haben und 4431 nicht classificirte, zusammen 935 235. auf 19¼ Mill. Ac. Fläche. Auf etwa 8 Ac. (12⅔ pr. M.) kann sich eine Familie erhalten; Minutes of Evidence, Occupation of land in Ireland, 1845, IV, 288.

VIII. Belgien. Zahl der Landwirthe (exploitations), sowohl der Pachter als der Eigenthümer, aber ebenfalls mit Einschluß der Waldbesitzer, wodurch die Zahl der größeren Besitzungen wahrscheinlich bedeutend stärker wird. Auf 1 Q.-Meile kommen in den Provinzen:

	Antwerpen	Ostflandern	Luxemburg	im ganz. Lande
bis ½ Hekt.	137,6	703,5	87,2	461,1
über ½—1 :	27,4	163,2	58,7	131,3
1—2 :	39,1	241,8	84,8	159,3
2—10 :	31,4	391	166,6	234,9
10—50 :	92,1	97,9	56,6	77,4
über 50 :	1,7	2,4	6,9	8
	329	1598	461	1072

Ohne Wald kommen im D. auf eine Wirthschaft im ganzen Lande 3,13 Hekt., in Ostflandern 2,18 Hekt. (min.), in Namur 4,22 (max.), Luxemburg 3,9, Brabant 3 Hekt.

IX. Frankreich hat 50 000 große Güter, durchschnittlich zu 300 H., 500 000 mittlere zu 30 H., 5 Mill. kleine zu 3 Hekt. de Lavergne, Econ. sur de la France S. 53.

Viele Angaben aus verschiedenen Ländern enthalten die Papers on the state of agricult. and the condition of the popul. in Europe, 1836, Nr. 127 der Parlaments-Acten. Ueber einzelne Gemeinden in Rheinhessen s. Hesse, Rheinhessen, 1535, S. 78 ff.

(d) Sinclair nennt Güter unter 100 Acres (158 pr. M.) noch klein, über 200 A. groß. Passy erklärt Güter für klein, die nicht mehr 1 Pflug beschäftigen, etwa unter 15 Hekt. — 59,4 pr. M., mittlere haben 1—2 Pfl. oder 15—40 Hekt., große darüber. — In Beziehung auf die Kurmark Brandenburg hat man Güter unter 300 Morgen noch klein genannt. Thaer's Annalen a. a. O. — Nach Hlubek (Landwirthschaftslehre III, 113) ist dasjenige Gut ein mittleres, bei welchem eine Person mit der Verwaltung und Aufsicht hinreichend beschäftigt ist, während ein großes hiezu wenigstens zwei Personen erfordert.

(e) Die Verständigung in dieser Sache wurde dadurch erschwert, daß die Ausdrücke groß, klein, in verschiedenem Sinne genommen wurden.

(f) Wenn auf einem solchen Gute der Eigenthümer ebenfalls nur die Leitung des Wirthschaftsbetriebes übernimmt, ohne selbst Hand anzulegen, so hat er Zeit übrig. — Wie viel Land von einem Pferdegespann zu bearbeiten ist, dies hängt nicht blos vom Boden, sondern auch von der Fruchtfolge und Feldbestellungsart, von der zerstreuten oder zusammenhängenden, der ebenen oder bergigen Lage, von der Güte der Ackergeräthe ꝛc. ab; im Durchschnitt 40—50 pr. Morgen.

(g) Man könnte ein Gut ganz groß nennen, wenn ein einziger Verwalter nicht alle Geschäfte besorgen kann und neben ihm ein Rechnungsführer und dergl. gehalten werden muß. Göriz a. a. O. erklärt erst ein solches Gut für ein großes.

§. 369.

Die großen und in geringerem Maaße auch die Mittelgüter gestatten manche Kostenersparungen und manche vortheilhafte Einrichtungen, welche auf kleinen nicht anwendbar sind. Hierzu sind vorzüglich zu rechnen: 1) die bessere Arbeitstheilung (§. 116) in der Leitung der Unternehmung durch einen wohl unterrichteten Landwirth und in den Verrichtungen der Hülfsarbeiter (a), 2) der Gebrauch von arbeitsparenden Maschinen, die nur bei beträchtlichem Umfange der Wirthschaften Vortheil bringen (b), und die größere Leichtigkeit, die besten Viehraßen einzuführen; 3) die geringeren Kosten der Gebäude, weil eine gewisse Menge von Menschen, Thieren, Bodenerzeugnissen ꝛc. wohlfeiler in einem großen, als in mehreren kleinen Gebäuden untergebracht wird (c), weßhalb auch auf die zweckmäßige Einrichtung der Gebäude mehr verwendet werden kann; 4) der vortheilhaftere Einkauf des Bedarfes in größeren Massen und die verhältnißmäßig geringeren Kosten bei der Fortschaffung und dem Verkaufe größerer Vorräthe von Erzeugnissen; 5) die bessere Gelegenheit, mannichfaltige Gewächse zugleich zu bauen, wodurch die Gefahr des Mißwachses oder einer starken Preiserniedrigung für den einzelnen Landwirth vermindert wird; 6) die leichtere Ausführung mancher Grundverbesserungen, die nur auf einer Strecke von bedeutendem Umfange unternommen werden können (d). Wenn die Bewirthschaftung eines großen Gutes zugleich mit einem reichlichen Capitale und hoher Geschicklichkeit betrieben wird, so kann sie wegen der in den vorstehenden Sätzen enthaltenen Vortheile sehr günstige Ergebnisse bewirken und in solchen Fällen zeigen Großgüter in vielen Zweigen die höchste Stufe der landwirthschaftlichen Kunst und dienen als Vorbilder für die kleineren Landwirthe. Man darf jedoch jene Voraussetzungen nicht übersehen, welche keineswegs überall eintreten (*e*).

(*a*) Die Butter von den großen Gütern in Schleswig und Holstein wird ihrer Vorzüglichkeit willen um 25—30 Proc. besser bezahlt als von den Bauern, Hanssen a. a. O. S. 437.

(*b*) Säemaschinen, Pferdehacken und andere zusammengesetzte Ackergeräthe, Schollenwalzen, Dresch-, Futterschneidemaschinen ꝛc. In Großbritanien werden auf den großen Gütern häufig stehende oder fahrbare Dampfmaschinen gehalten, die zum Dreschen und zur Bewegung verschiedener anderer Maschinen gebraucht werden. Auch Mähmaschinen kommen allmälig in Gebrauch, die aber ziemlich große zusammenhängende Grundstücke erfordern. — Indeß können manche Maschinen auch an kleinere Landwirthe vermiethet werden, wie dieß schon hie und da geschieht. Rau, Die landw. Geräthe der Londoner Ausstellung, Berl. 1853.

(*c*) Nach Klebe (Gemeinheitstheil., I, 82) kosten die Gebäude für ein Gut von 1000 Morgen nach der Beschaffenheit des Bodens 5—10 000 Thaler; setzt man im Durchschnitt 7000 Thlr., also 7 Thlr. auf den Morgen, so ist einleuchtend, daß die nöthigen Gebäude auf einem Gute von 100 Morgen nicht für 700 Thlr. und auf 33 Morgen nicht für 233 Thlr. angeschafft werden können.

(*d*) Z. B. Trockenlegung sumpfiger Stellen durch Abzugsgräben, verdeckte Abzüge, Saugeschachte und dgl. — Aufführung von Mergel und anderer Erde, — Umbau der Wiesen zur Bewässerung, Aufschwemmungen, — Vorrichtungen der Engländer, um flüssigen Dünger durch unterirdische Röhrenleitungen in die verschiedenen Abtheilungen eines Landgutes zu bringen zum Behufe des Ausgießens mit Schläuchen, wobei schon das aufzuwendende stehende Capital über 4 L. St. auf den Morgen beträgt, und dergl.; s. vorzüglich Sprengel, Die Lehre von den Urbarmachungen und Bodenverbesserungen, 1838. — Hartstein, Fortschritte der engl. Landw. I, 15. 1853.

(*e*) Die englischen Schriftsteller, wie Arth. Young und Mac-Culloch, legen darauf großes Gewicht, daß einem großen Landwirthe ein weit stärkeres Capital zu verschiedenen wirksamen Unternehmungen zu Gebote steht. Der Reichthum in Großbritanien wendet der Landwirthschaft auch wirklich viel Capital zu; allein dennoch fehlt es dort ebenfalls nicht an Beispielen eines unzulänglichen Capitales. „Ein Gut, welches vollständig unter den Pflug genommen wird (arable farm im Gegensatz von einem Gute mit unbebauten Weideflächen), wenn es vollständig mit Vieh und dgl. ausgestattet und schwunghaft bewirthschaftet werden soll (fully stocked and fully farmed), erfordert ein ansehnliches Capital. Hier (in Northamptonshire) soll unter den Pachtern in diesem wichtigen Stück ein großer Mangel sein, denn viele haben ein Feldgut jener Art in der Meinung angetreten, daß Pflügen und Säen, mit Aussaat und Arbeitern, die einzigen Erfordernisse seien." Caird, S. 414. — Man hielt in Großbritanien bisher ungefähr 8 L. St. auf den Acre für das erforderliche Capital des Pachters, dem dabei viele Grundverbesserungen sowie die Gebäude nicht zur Last fallen (§. 215a. (*d*)), aber neuerlich, bei der Vermehrung der künstlichen Einrichtungen, gehen die Anschläge noch weiter, bis 15 L. St., de Lavergne, S. 136. — Nach Block (v. Lengerke, Annalen, VIII, 329) soll das sogenannte Inventar (stehendes Capital beweglicher Art, Vieh und Geräthschaften ꝛc.) bei kleinen Gütern 70—99, bei großen 60—40 Proc. des Rohertrages sein.

§. 370.

Gleichwohl ist es erfahrungsmäßig, daß in vielen Fällen eine und dieselbe Fläche, die bloß große Güter enthält, einen geringeren Rohertrag abwirft, als wenn sie in mehrere mittlere und kleine Güter getheilt ist (*a*). Dieß ist folgenden Ursachen zuzuschreiben: 1) die Bewirthschaftung der Großgüter beschäftigt wenigere Unternehmer und dagegen mehr Lohnarbeiter, (Hausgesinde und Taglöhner), als man im Kleinbau zu Hülfe nimmt (*b*). Deßhalb kann auf die zweckmäßigste Behandlung des Bodens und der Gewächse, auf die sorgfältigste Benutzung aller örtlichen und Zeitumstände, auf mancherlei Ersparungen und auf die Verhütung kleiner Verluste und dergl. kein solcher Fleiß gewendet werden, als es bei der ununterbrochenen Aufmerksamkeit und dem großen Eifer mehrerer kleineren Unternehmer möglich ist, welche ihre Ländereien näher im Auge haben (*c*). Der Anbau solcher Gewächse, die viele Sorgfalt erfordern und hoch im Preise stehen, ist schon darum auf größeren Gütern schwieriger (*d*). 2) Bei kleineren Besitzungen wird gewöhnlich eine verhältnißmäßig große Menge von Arbeit auf den Boden gewendet, weil hiezu für jeden einzelnen Landwirth eine geringere Capitalauslage nöthig und die Aufsicht leichter ist, auch pflegt der Viehstand beträchtlicher zu sein (*e*), daher können solche Güter sorgfältiger bearbeitet und stärker gedüngt werden und es ist nur auf ihnen ein dem Gartenbaue sich annäherndes Verfahren möglich (*f*). Dieser größere Aufwand von Arbeit und Vieh bewirkt eine vollständigere Benutzung der Naturkräfte und steigert die Hervorbringung, und dieß kann leicht den Vortheil aufwiegen, welcher aus den Kostenersparungen und den besseren stehenden Einrichtungen bei großen Gütern entspringt, §. 369 (*g*).

(*a*) Les pays où la culture est la plus avancée, sont en général ceux où dominent les petites propriétés. de Lavergne, a. a. O. S. 115. Man hat zu Gunsten der kleinen Güter bemerkt, daß im preuß. Rheinland im D. 10—12, bisweilen sogar 18—19 Scheffel Roggen auf dem preuß. Morgen geerntet werden, während in den östlichen und mittleren Provinzen schon 8—10 Scheffel als hoher Ertrag gelten, Dieterici,

Statist. Tafeln V, 1032. — Les terres dans le bassin du Bas-Escaut... sont les mieux cultivées du dép., et cela parceque la plupart des fermes ne sont que de 21 à 22 arpens, au plus, de terres labourables (37—38 pr. M.), de Lichtervelde S. 54. — Die Behauptung, daß ein Naturgesetz die Production in allen blühenden Staaten zum großen Betriebe der Landwirthschaft hindränge (de Stolipine [ruff. Stolipin] in Journ. des Econ. Febr. 1854, S. 205), gilt offenbar nicht von allen Zweigen des Landbaues und allen Fällen, vielmehr kann man unter manchen Verhältnissen ein Hindrängen zum Kleinbau nachweisen.

(*b*) In der Lombardei, Toscana, der Gegend von Genua ꝛc. findet man wenig Lohnarbeiter; dies wäre in einem minder günstigen Klima nicht vortheilhaft. In Belgien kommen auf 1 Feldarbeiter (die Landwirthe mit eingerechnet) im D. 1,⁴⁷ Hekt. der landwirthschaftlich benutzten Fläche, min. 0,⁹⁶ Hekt. in Oſtflandern, max. 2.³⁸ in Namur, 2 in Lüttich, 1,⁹ in Luxemburg. — Im preuß. Staat kommen auf 1 Eigenthümer in der Provinz Pommern 3,⁷³, Preußen 2,⁵⁰, in Sachsen und Brandenburg 2, in Westfalen 1,⁸³, im Rheinland 0,⁹⁵ Dienstboten und Taglöhner. — Nach den Berichten in den a. Papers kommen bald 3—6 Acres (um Brest), bald 10 (um la Rochelle und Nantes), bald 20 (Boulogne, Havre), bald 33 (Kiel, Osterode) bald bis 40 A. auf einen Feldarbeiter (Calais).

(*c*) Ein hochgeachteter Landwirth (von Riedesel) entdeckte erst kürzlich, daß sein großes Landgut nach der (vortheilhaft ausgefallenen) Ablöſung der Frohnen und verschiedener Gerechtsame fast keinen Reinertrag brachte, weil ein Theil der Felder zu wenig Fruchtbarkeit hatte, s. Dessen Drei landw. Abhandlungen, 1853, S. 59.

(*d*) 3. B. Krapp, Lein, Hopfen ꝛc. Der Tabakbau wird von großen Gutsbesitzern öfters Taglöhnern um den halben Ertrag überlassen. Nur auf die Viehzucht sind diese Bemerkungen nicht anwendbar, denn sie wird auf größeren Gütern mit nicht geringerem, wohl sogar größerem Eifer und Erfolge getrieben. In Flandern werden Schaafe gewöhnlich nur auf Gütern von 40—50 Hekt. gehalten, die man deßhalb S ch a a f ‑ g ü t e r (fermes à moutons) nennt. Cordier, S. 99, s. auch §. 369 (a).

(*e*) von Gasparin (Cours d'agric. V, 252) schildert den üblen Zustand eines großen Gutes bei einem unzulänglichen Capitale und bemerkt weiter: „In dem größten Theile von Frankreich und von vielen anderen europäischen Ländern findet sich gerade dieser Zustand vor. Man trifft große Güter, die schlecht gehalten sind, schlecht angebaut, mit Unkraut bedeckt, ohne Behackung, ohne Düngung; überall zeigt sich das Bild der Nachlässigkeit und der Armuth, weil der Pächter zu wenig Capital und keinen Credit hat. Wenn die kleinen Güter auch nicht immer sattsam mit Geldmitteln versehen sind, so haben sie in den Armen des Pachters und seiner Familie den Stellvertreter für ein umlaufendes Capital, der meistens den Bedarf des Gutes übersteigt; man kann außer den regelmäßigen Verrichtungen das Land einhägen, entwässern, tief bearbeiten, man kann einträgliche Handelsgewächse anbauen und dabei die Frau und die Kinder mit dem Behacken und der Verarbeitung beschäftigen, während diese Arbeiten durch Taglöhner zu hoch kommen würden. Der Viehstand, der auf den ersten Blick unzureichend scheint, ist im Verhältniß zum Flächenraum fast immer größer als auf den großen Gütern." — Es fehlt noch zu sehr an statistischen Nachrichten über diese Verhältnisse, als daß die obigen Sätze hinreichend mit Thatsachen belegt werden könnten. Beispiel aus den von Rudhart

(Ueber den Zustand des Königreichs Baiern) mitgetheilten Zahlen: die Spalte A enthält die Zahl von bair. Morgen (zu 1⅓ pr. M.) Acker, Wiese und Garten, die im Durchschnitt auf einen Eigenthümer kommt, B Zahl der Familien auf 1 □.-M., C Mittelpreis des Morgens Acker, D Zahl der Morgen Acker, Wiese und Garten, auf welche ein Stück Pferde und Rindvieh kommt.

	A	B	C	D
1) Isarkreis	25,5	377	96 fl.	6,3
2) Unterdonaukreis	22,7	499	120	5,6
3) Regenkreis	19,6	444	103	6,5
4) Oberdonaukreis	17,6	610	132	5,1
5) Obermainkreis	15,8	643	109	8,3
6) Rezatkreis	10,3	781	138½	5

Wenn man hier den dritten und fünften Kreis ausnimmt, so stehen in den übrigen die Zahlen aller 4 Spalten in einer gleichmäßigen Fortschreitung. Die Zahlungen des Viehstandes sind jedoch am wenigsten zuverlässig. — In der Regel geht die Zerstückelung des Grundeigenthums da am weitesten, wo sich die stärkste Bevölkerung befindet; hier ist aber auch der stärkste Viehstand. — A. Young nimmt für England auf einem Gute von 30 A. 3 Pferde und 2 Arbeiter, auf 55 A. 5 Pferde und 3 Arbeiter, auf 68 A. 6 Pferde und 4 Arbeiter an. Eine □.-Meile Acker hätte demnach, wenn sie lauter Güter gleicher Größe enthielte, 451 Güter von 30 A. mit 1353 Pferden und 902 Arbeitern, oder 246 von 55 A. mit 1230 Pferden und 738 Arbeitern, oder 154 von 68 A. mit 924 Pferden und 616 Arbeitern. Kraus, Staatsw. V, 72. — In den preußischen Provinzen kamen 1849 auf die □.-M (Dieterici, Tabellen, I, 305 ff.):

	Einw.	Pferde.	Stücke Rindvieh.	Landgüter.
Pommern	2077	262	800	129
Preußen	2111	401	833	140
Posen	2520	294	935	174
Brandenburg	2900	263	836	185
Sachsen	3867	328	1053	379
Westfalen	3981	339	1476	566
Schlesien	4128	260	1286	337
Rhein	5771	250	1706	1405
Durchschnitt	3204	310	1057	352

In Irland (Occupation, Appendix Nr. 90, S. 274), mit Einschluß von ⅕ der Schaafe, kommen 1) auf ein Gütchen von 1—5 Acres (Durchschn. also 3 A.) 1,3 Stück Großvieh, auf ein Gut von 5—15 A. (Durchschn. 10) 2,8, auf eines von 15—30 A. (D. 22½) 5,9 Stück, also 1 Stück auf 2,40 — 3,4 und 3,8 A. Die Güter über 30 A. haben im D. 18,6 Stück, hier ist aber keine mittlere Größe zu berechnen.

In Belgien ist der Viehstand nicht da am größten, wo die Güter den kleinsten Umfang haben, sondern in der Provinz Luxemburg (169 Stück auf Großvieh reducirt auf 100 Hekt. der productiven Fläche), weil hier die Viehzucht besonders hervortritt, aber Namur hat auf jener Fläche die kleinste Zahl von Gütern (23,7), den kleinsten Viehstand (82 Stück) und die kleinste Zahl von Feldarbeitern (42, die Landwirthe selbst mit eingerechnet). — In Sachsen trifft obige Regel nicht zu, denn es findet sich der höchste Viehstand (3234 auf die □.-M.) in der Kreisdir. Leipzig, die gerade die wenigsten Güter bis zu 5 Acker und die meisten von 50 Acker an hat, der schwächste (2441 Stück) in der Kreisdir. Bauzen, in welcher jene kleinen Besitzungen die zahlreichsten sind, weßhalb hier vermuthlich die Theilungen etwas zu weit gegangen sind. Es wurden hiebei 10 Schaafe für 1 Stück Rindvieh gezählt. — Im K. Hannover hat Lüneburg, wo die Güter über 60 M. 78 Proc. (max.) ausmachen, den schwächsten Viehstand (158 Stück auf 1000 Morgen Acker u. Grasland), sodann folgt aber Hildesheim (169 Stück), wo jene Güter nur 53 Proc. (min.) betragen. Die stärkste Viehzahl (218 — 206 — 202) zeigen Aurich, Hannover, Stade, mit 67 — 56 — 57 Proc. jener größeren Besitzungen. Bei den Pferden sind die nicht zur Landwirthschaft gebrauchten überhaupt nicht auszuscheiden. Vgl. II, §. 78. — In 11 Orten der Ebene und 12 der Bergstraße bei Heidelberg kommen $7{,}^{10}$ und $5{,}^{24}$ M. auf die Familie, $3{,}^{96}$ und $3{,}^{5}$ M. auf 1 Stück Großvieh. — In England gab es im J. 1815 8 Grafschaften, wo im D. 320 Ac. auf jeden größeren Landwirth kamen, auf jeden Landarbeiter (mit Einschluß der Landwirthe) 45 Ac. und auf den A. eine mittlere Rente von $13^{3}/_{4}$ Sch. Dagegen fanden sich 5 Grafschaften, wo ein Landwirth im D. nur 159 A. bewirthschaftete, ein Arbeiter 28 A. besorgte und die Rente des A. 20 Sch. 1 P. betrug, Rau, Archiv, III, 120.

(s) Defteres Jäten, Behacken der Gewächse, Verpflanzen, Ableiten des Wassers, Begießen, Bereitung künstlicher Düngemittel und dergl. — Die zu großen Gütern gehörenden Aecker werden oft nicht genug gepflügt, auch die Düngung kann meistens nicht der ganzen Fläche gleichmäßig gegeben werden, weßhalb man in manchen Gegenden die entfernteren Felder als Außenschläge benutzt. Die Brache erhält sich gewöhnlich länger auf großen Gütern, auch da wo sie nicht durch Boden und Klima gerechtfertigt wird. — In Flandern werden Güter von 11—22 Hekt. — 43—86 pr. M. am meisten geschätzt, van Aelbroeck S. 297. Im Waesland, dem bestangebauten Theile von Flandern, halten die meisten Güter nicht über $9{,}^{35}$ bis $9{,}^{8}$ Hekt. — $36^{1}/_{2}$—$38^{1}/_{4}$ pr. M. Lichtervelde S. 54. Im französ. Flandern (Norddep.) dem Sitze der trefflichsten Bewirthschaftung, ist die mittlere Größe eines wohleingerichteten Gutes 25 pr. M. = 97 pr. M. Der leichte Boden gestattet dort, daß der Pflug von einem Pferde gezogen wird. Cordier, Agric. de la Flandre franç. S. 31 ff. — Der schottische Landwirth Robertson empfiehlt für den mitarbeitenden Landwirth (Bauern) Güter von 40 A., für den blos aufsehenden und leitenden 200 A. als die beste Größe, angef. Occupation of land in Ireland, Nr. 294. — Croof (Grafschaft Cork, ebend. Nr. 764) sagt: „Im Allgemeinen sind hier die Pachtgüter groß, und zwar zu groß, als daß die Landwirthe im Stande wären, sie vortheilhaft zu benutzen. — Es ist hier kein Gut, welches nicht dreimal soviel Ertrag geben könnte, wenn es zweckmäßig behandelt würde." Diese schlechte Bewirthschaftung leitet allerdings der Sprecher von der Besorgniß der Pachter ab, im Pachtzinse gesteigert zu werden.

(g) Schon bei den Römern wurde über die Nachtheile der Latifundien geklagt. Vgl. Craig, Grundzüge der Politik, übers. von Hegewisch, II, 177. (Leipzig 1816.)

§. 370a.

Man unterscheidet in der Landwirthschaft den schwunghaften und den schwachen Betrieb (intensive und extensive Cultur), je nachdem auf eine gegebene Fläche viel oder wenig Capital, Arbeit und Kunst verwendet, also von dem Lande mehr oder weniger Erzeugniß gewonnen wird, vgl. §. 215. In der Kindheit der Volkswirthschaft, bei niedriger Bevölkerung, geringem Verkehre und geringem Capitale, war nur ein sehr schwacher Betrieb möglich, der von weiten Flächen nur einen spärlichen Ertrag zu ziehen vermochte. Allmälig, mit den Fortschritten in den genannten Verhältnissen, wird die Landwirthschaft schwunghafter und dieß ist nothwendig, um dem gesteigerten Begehre von Bodenerzeugnissen zu genügen. Welche von beiden Betriebsarten mehr Vortheil bringt, dieß hängt von mancherlei Umständen ab, unter denen die von der Bevölkerung bedingten Preise der Bodenerzeugnisse und die Gelegenheit zum Absatz derselben, ferner die in Klima und Bodenart begründete Fruchtbarkeit, die dem Landwirthe zur Verfügung stehende Menge von Arbeitern, der Capitalreichthum des Landes ꝛc. die einflußreichsten sind. So lange der schwache Betrieb sich behauptet, werden die größeren Güter vorgezogen, weil auf ihnen jene einfache, den Naturkräften das Meiste überlassende Bewirthschaftungsweise leicht ausführbar ist und die vortheilhaften Eigenthümlichkeiten der kleineren Güter noch nicht zum Vorschein kommen. Mit dem Uebergange zu einer mehr intensiven Behandlung treten dagegen diese Vorzüge der kleineren Besitzungen mehr hervor (a), besonders da, wo unmittelbar auf das Erzeugniß viele Arbeitskräfte verwendet werden, während in den Fällen, wo ein ansehnliches Capital zu stehenden Vorrichtungen oder Bodenverbesserungen oder zu Anschaffungen von Hülfsmitteln benutzt wird, die größeren Güter nicht zurückstehen (b). Indeß muß man bei der Entgegenstellung dieser beiden Betriebsarten erwägen, daß es zwischen den Extremen viele Mittelstufen giebt und daß auch bei einerlei Wirthschaftsweise im Ganzen doch noch eine mehr oder weniger intensive (sorgfältige) Behandlung Statt finden kann (c).

(a) Uebereinstimmend Roscher a. a. O. III, 305.
(b) Gebirgsgegenden z. B. haben in dieser Hinsicht viel Eigenthümliches. Man hat kraftvolle Zugthiere nöthig, das rauhe Klima verbietet manche Zweige des Landbaues, das Ackerland nimmt einen kleineren Theil der Fläche ein und die Wege sind beschwerlich, weßhalb man auf die Nähe der Felder am Hofe höheren Werth legen muß, das viele Weideland giebt eine Ermunterung zur Viehzucht ꝛc., daher ist es hier nützlich, größere Güter zu erhalten.

(c) Dieß ist der Fall bei dem high farming oder rich farming im heutigen Sinne der Engländer, wozu z. B. das Drainiren, der Ankauf von Düngemitteln (Guano, Natrumsalpeter, doppeltphosphorsaurem Kalk ꝛc.), die Anwendung künstlicher Ackergeräthe, fahrbarer Dampfmaschinen, der Dreschmaschinen und dergl. gehört. Auf einem 200 Acres enthaltenden Pachtgute in Lanarkſh. (Schottland) iſt das Capital bis 13 L. St. 7 Sch. vom A. gebracht und es ſind 1080 L. auf dauernde Verbeſſerungen gewendet worden, außer den vom Eigenthümer beſtrittenen Drainirungskoſten von 800 L. Morton, On rich farming, Edinb. 1851. — do Lavergne, S. 209. — Auf einem engliſchen Gute war in Folge dieſer Verbeſſerungen der Ertrag auf dem Acre

Durchſchnitt von 1833–39 25 Buſhel Waizen, 31 B. Gerſte,
     1842–46 29 „ „ 33 „ „
     1847. 48 36 „ „ 45 „ „
Caird S. 171.

§. 371.

Mittlere und kleinere Güter liefern dann, wenn ihnen das zur Verfügung der Besitzer stehende größere Maaß von Fleiß und Eifer wirklich zugewendet wird und die in §. 370 a genannten Umstände dieser Bewirthschaftungsart günstig sind, nicht blos einen größeren rohen, sondern auch **einen stärkeren Reinertrag von gleicher Fläche**, tragen also auch mehr Grundrente, als große Besitzungen (a). Wie die Erfahrung zeigt, werden Ländereien in kleinen Abtheilungen um höhere Preise verpachtet und verkauft als in größeren Massen, und der Eigenthümer einer großen Besitzung kommt deßhalb leicht in Versuchung, dieselbe zu zertheilen. Diese Erscheinung muß zum Theil aus der höheren Rente kleiner Güter erklärt werden, die sich auch durch Ertragsberechnungen nachweisen läßt. Eine andere Ursache liegt freilich auch in dem stärkeren Mitwerben von Kauf- und Pachtlustigen für kleine Güter und besonders für einzelne Stücke, weil Taglöhner und Besitzer weniger Morgen eifrig darnach streben, Land zu erwerben, um vollständig und sicher beschäftigt zu sein, wobei sie sich für ihre Arbeit nöthigenfalls mit spärlicher Vergütung begnügen. Muß ein zur Beschäftigung einer Familie zureichendes Gut aus einzelnen Stücken zusammengekauft oder gepachtet werden, so kommt dasselbe oft so hoch zu stehen, daß der Kaufpreis durch die Rente nicht vollständig verzinst und der Pachtzins schwer aufgebracht wird. Indeß würde eine solche, bloß von großem Mitwerben herrührende Steigerung der Bodenpreise nicht dauernd sein, sie setzt die Käufer oder Pachter in Gefahr zu verarmen und wenn die Rente größrer Besitzungen wirklich größer wäre, so würden mit der Zeit wohlhabende Käufer und Pachter die kleineren überbieten und die Landgüter wieder vergrößern.

(a) Häufig wird behauptet, die Kleingüter überträfen zwar im Rohertrage die großen, aber nicht im reinen. Auch Lotz (Handb. II, 37) giebt den Gegnern der kleineren Güter zu, daß sie geringeren Reinertrag abwerfen, sucht aber zu beweisen, daß dieses in volkswirthschaftlicher Hinsicht nicht nachtheilig sei. — Mit obigen Sätzen übereinstimmend Passy a. a. O. X, 359.

§. 372.

Dieselben Ursachen, welche den Reinertrag mittlerer und kleiner Güter über den der größeren zu erheben pflegen, können unter gewissen Bedingungen auch noch bei ganz kleinen Besitzungen (§. 368) Statt finden. Die Güter können da am kleinsten sein, wo man nach Maaßgabe des Klimas, des Bodens und Absatzes Gelegenheit hat, solche Stoffe zu gewinnen, die viel Fleiß und Geschicklichkeit erfordern und vergüten. Dieß ist bei dem Getreide weniger der Fall (a), wohl aber bei manchen anderen Feldfrüchten, namentlich den sogenannten Handelsgewächsen, ferner bei dem Reben- und Gartenbaue (b). Die Fläche, von welcher eine landbauende Familie hinreichend beschäftiget wird, die **Arbeitsfläche** (c), muß da größer sein, wo Gewächse jener Art nicht an ihrer Stelle sind und daher hauptsächlich Halmfrüchte, andere Nährpflanzen und Futtergewächse erzielt werden. Da aber auf einem solchen Gute ein besonderes Gespann von Zugvieh nicht genug zu arbeiten hätte und folglich zu viel kostete, so werden mit Nutzen die Kühe zur Zugarbeit gebraucht, welche auf diese Weise die geringsten Kosten verursacht. Die Besitzer solcher Kuhgüter halten in der Regel kein Gesinde (d). Sie müssen zwar, besonders wenn sie Schulden haben, genügsam leben und fleißig arbeiten, befinden sich aber in einer besseren und gesicherteren Lage als Taglöhner und wetteifern in dem rohen und reinen Bodenertrage häufig mit den Bewirthschaftern größerer Güter (e). Es wäre jedoch nicht gut, wenn alle Landgüter bis auf dieses Maaß herab verkleinert würden, §. 375. Die Familie eines schuldenfreien Eigenthümers kann von einem Gute leben, welches kleiner ist als die Arbeitsfläche, indem die Grundrente mit zu dem Unterhalte verwendet wird. Der Besitz einer solchen **Unterhaltsfläche** liefert zwar für den Augenblick das Auskommen einer Familie, setzt aber den Eigenthümer in Gefahr, durch jeden Unfall oder durch mancherlei ungünstige Umstände in Bedrängniß zu gerathen und gestattet dann, wenn eine Erbtheilung nöthig wird, keine selbständige Ernährung mehr aus dem eigenen Landbau (*f*). Diese Nachtheile solcher, unter der Arbeitsfläche stehenden Besitzungen (§. 368. 2, b) fallen übrigens ganz oder größtentheils hinweg, wenn die Eigenthümer Gelegenheit finden, noch weitere Grundstücke zu pachten und so die Arbeitsfläche zu ergänzen, oder durch andere Verrichtungen ihre Zeit auszufüllen, wobei sie ihrem Lande hauptsächlich den eigenen Bedarf an Bodenerzeugnissen abzugewinnen suchen (*g*).

(*a*) Getreide und Viehfutter gewinnt man auf dem Acker und den Wiesen mit weniger Kosten als durch Spatenbau, es ist aber nützlich, wenigstens immer nach einigen Jahren, zum Anbau gewisser Pflanzen, wie von Möhren, den Acker tief umzugraben. Viele Erfahrungen aus verschiedenen Gegenden sprechen zu Gunsten des Spatenbaues unter gewissen Umständen, namentlich in Irland, z. B. angef. Occupat. of land in Ireland, I, 922. 946. In der Nähe der Städte ist der Milchverkauf einträglich. In solchen Gegenden, wo gartenmäßiger Anbau vorherrscht, pflegt man Getreide, Vieh, selbst Dünger aus benachbarten Bezirken zu kaufen.

(*b*) Beispiele geben die warmen Länder, wo der Rebbau, die Seidenzucht ꝛc. vorherrschend sind, und wo der bewässerte Acker- und Gartenboden mehrere Ernten in einem Jahre trägt. In der Ebene von Valencia sind mehrere tausend kleine Güter, meistens von nicht mehr als 8 pr. Morgen, bei 40 M. wird der Eigenthümer schon für reich gehalten. Jaubert de Passa, Voyage en Espagne ou recherches sur les arrosages II, 239 (Paris, 1823). — Aehnliche Verhältnisse sind in Südfrankreich, Lullin de Chateauvieux in Bibl. univ., Agric. XI, 5. An der Durance (südöstl. Frankreich) lebt man von 3 Hekt. schon reichlich, mit geschliffenen Möbeln von Nußbaumholz ꝛc. De Gasparis, Sur les machines. In manchen Gegenden von Süddeutschland, wo der Gemüse- und Rebbau ausgebreitet ist, genügen 7—8 pr. Morgen für eine Familie.

(*c*) Rau Archiv. N. F. IX, 145 und Staatswiss. Zeitschr. 1856. S. 213. — Der Gleichförmigkeit willen ist es zweckmäßig, drei erwachsene arbeitsfähige Mitglieder anzunehmen, von denen jedoch die Frau zum Theil mit den Kindern u. a. Verrichtungen im Hause zu thun hat. Die Arbeitsfläche muß auch einen Pachter ernähren, d. h. die Familie ohne allen Bezug von Grundrente erhalten, wenn die Pachtzinse nicht durch das starke Mitwerben bei Stückpachtungen gesteigert sind. Bei den Angaben aus Irland (*f*) sind auch durchgängig Pachter zu verstehen. — Es würde lehrreich sein, diese Arbeitsfläche in vielen Gegenden zu erforschen und dabei die Ursachen der Verschiedenheit zu beachten.

(d) Dieser Umstand wird mit Recht hoch angeschlagen, weil die Familie in theuren Zeiten sich leichter einschränkt, auch eifriger in der Arbeit ist, als die Dienstboten.

(e) In Flandern sind die Kuhgüter, die von ihren Eigenthümern bewirthschaftet werden, auf das vollkommenste angebaut. Schwerz, Landw. Mittheil. I, 57. Im Rheinthal zwischen Basel und Mainz und in den benachbarten Gegenden geben ungefähr 10 bad. — 14 pr. M. einer Familie Arbeit und Unterhalt, und die Besitzer befinden sich bei gehörigem Fleiße in einer befriedigenden Lage, so daß sie übersparen oder Schuldzinsen bezahlen können. Ist der Boden oder das Klima minder günstig, in Hügel= und Berggegenden ꝛc., oder ist der Landwirth der Absatzgelegenheit wegen vorzüglich auf Getreidebau, Butter= und Viehverkauf angewiesen, so steigt der Bedarf schon auf ungefähr 20 pr. M. In Gebirgen ist der Ackerbau so mühsam, daß eine gewisse Arbeiterzahl nicht so viel Land versehen kann, als in ebenerem Lande, aber die Ergiebigkeit ist zugleich geringer, weßhalb starke Viehzucht mit Hülfe von Weideland hinzugenommen werden muß, vgl. §. 370 a. (a). Es macht unter anderen einen Unterschied, ob man gute Wiesen hat, wobei weniger Arbeit nöthig ist, oder ob man das Futter auf dem Acker gewinnen muß. In Irland stimmen die meisten Aussagen darin überein, daß 10 irische Acres (25 pr. M.) auf gutem Boden, oder 15—20 auf schlechterem Lande eine genügende Fläche bilden. Auch Koppe (Beiträge ꝛc.) erachtet 24 pr. M. auf Mittelboden zu einem Kuhgute für hinreichend. Auf der Insel Jersey trifft man sehr eifrige und unterrichtete Landwirthe, die viel Vieh halten und reichlich düngen; die Durchschnittsrente ist 4—5 L. St. vom Acre. Ein als Beispiel erwähntes Gut hat 13 A. (26 pr. M.) und giebt 7 L. St. Rente vom A.! Es kommen Fälle von 8—10 L. St. vor und die meisten Landwirthe haben nur 15 A. Economist, 29. Nov. 1851. de Lavergne, S. 114. Jene landwirthschaftlichen Verhältnisse, bei denen 14—15 pr. M. die Arbeitsfläche bilden, sind in größeren Ländern nicht als Regel anzunehmen, schon weil die genannten Erzeugnisse eines sehr sorgfältigen Anbaues in geringerer Menge begehrt sind, als Getreide. Die Kuhgüter werden da minder ungünstig beurtheilt, wo man Gelegenheit hat, sie näher kennen zu lernen. Es bildet sich mit der Zeit ein Schlag guter Arbeitsfühe aus, der zwar anderen an Milchergiebigkeit nachsteht, aber doch bei guter Behandlung nicht soweit, als oft vermuthet wird.

(f) Rau a. a. O. — Viele Angaben für die Größe dieser Unterhaltsfläche lassen dieselbe zu ungefähr $3/5$ — $2/3$ der Arbeitsfläche annehmen. Sind Schulden oder bäuerliche Belastungen vorhanden, so ist die erforderliche Fläche größer.

(g) Taglohn, Vorspann, Gewerksarbeiten sind die gewöhnlichsten Nebengeschäfte. Die Menge der Taglöhner, welche sich erhalten kann, findet aber in den gegebenen Gewerbsverhältnissen eine natürliche Gränze. Es ist sehr nachtheilig, wenn die Besitzer ganz kleiner Güter aus Trägheit oder irregeleitetem Ehrgefühl unterlassen, ihre freie Zeit zum Taglohnerwerb oder anderen Nebengeschäften zu verwenden. Wo der Fleiß nicht fehlt, da findet man zahlreiche Beispiele von Familien, die mit kleinem Besitze angefangen und sich allmälig zu einem größeren emporgearbeitet haben. In Neuenheim bei Heidelberg haben 90 Proc. der Grundeigenthümer nicht über 3 Morgen, 60 Proc. unter 1 Morgen, in Handschuchsheim resp. 71 und 43 Proc. Rau, Landw. in der Rheinpfalz, 1830, S. 27. Wo die Fläche zu klein ist, um zwei Kühe zu erhalten, helfen sich zwei Landwirthe durch Zusammenspannen, oder sie lassen die Gespannarbeit von einem größeren Landwirth gegen Bezahlung

verrichten, am liebsten von demjenigen, bei dem sie zugleich in Taglohn arbeiten. — Rau in Festschrift für die 21. Vers. der Landw.
S. 293. — Rien n'est plus frequent ni plus avantageux, surtout pour
la fabrication de la toile, que les exploitations de 2½ — 3 hect. et
même de 1½ à 2 hect. (in Flandern), van Aelbroeck S. 297.

§. 373.

Wo keiner dieser Fälle eintritt, da sind ganz kleine Güter unvortheilhaft. Die Besitzer können ihre Kräfte nicht nützlich genug anwenden und erzielen also wegen des zu kostbaren Unterhaltes wenig Reinertrag. Sie unternehmen bei dem Mangel an Capital und Kenntniß keine Verbesserungen des Betriebes. Wenn sie das Gut blos gepachtet haben oder mit Schulden belastet sind, so müssen sie höchst kümmerlich leben und es ist ihnen sehr schwer, sich auf einem solchen Gute schuldenfrei zu erhalten, §. 372. In schwachbevölkerten, für entfernten Absatz angebauten Ländern ist diejenige Bewirth-schaftungsart, welche auf die stärkste Benutzung des Bodens berechnet ist (intensive Cultur, §. 370 a), noch nicht belohnend genug; daher pflegt die Verkleinerung der Güter erst bei einem gewissen Grade von Wohlstand und Bevölkerung zu beginnen und fortzuschreiten, wenn die Landwirthe denkend und unter-richtet sind. Unter dieser Voraussetzung muß auch die Gränze, bei welcher die Zertheilung aufhört zuträglich zu sein, sich von selbst geltend machen (a). Ist sie überschritten worden, so können, wenn verständige und mit beträchtlichem Capitale ausgerüstete Unternehmer sich der Landwirthschaft widmen, leicht wieder größere Besitzungen entstehen, weil die kleinen Landwirthe ihre Grundstücke bei der Concurrenz der Begüterten nicht zu be-haupten vermögen; hieburch stellt sich dann der größte Rein-ertrag des Bodens wieder her, die zahlreichen kleinen Landwirthe aber werden augenblicklich in eine bedrängte Lage versetzt (b). Es ist übrigens am nützlichsten, wenn Güter von sehr ungleicher Größe neben einander bestehen, wobei dann für jede Betriebsart sowie für alle verschiedenen persönlichen Verhältnisse der Land-wirthe der gehörige Spielraum offen steht.

(a) „Die Gewohnheit, die Güter nicht getheilt zu sehen und die Ueberzeugung von ihrer Nützlichkeit hat sich so sehr in Flandern erhalten,
daß, wenn noch heute ein Bauer mit Tod abgeht und mehr Kinder
hinterläßt, als aus der Baarschaft oder den Klobien befriedigt werden

können, die Erben nicht daran denken, sich in den Hof zu theilen, obgleich er keinem Lehnverbande noch Majoratsrechte unterworfen ist. Sie verkaufen ihn vielmehr im Ganzen und theilen sich in den Erlös. Sie betrachten das väterliche Gut als einen Edelstein, der an Werth verliert, wenn er durchgesägt wird." Schwerz, Landw. Mittheil. I, 185. — In einem rauhen Klima, wo die Feldarbeit einen längeren Theil des Jahres hindurch unterbrochen ist, kann schon deßhalb die Theilung ohne schädliche Folgen nicht so weit gehen, als in einer milderen Gegend. Während in den gut bewässerten Gegenden von Spanien der Kleinbau herrschend und zweckmäßig ist, müssen in den trockeneren Gegenden größere Güter sein, weil man nur eine Ernte jährlich nehmen kann und Mühe hat, den Futterbedarf zu gewinnen, de Jovellanos, Gutachten ... z. e. landw. Gesetzgeb. D. von Beguelin, 1816, S. 61.

(b) In Großbritanien verschwinden die kleinen und ganz kleinen Güter des Bauernstandes mehr und mehr, weil sie von den reichen Gutsbesitzern angekauft werden, die Nachkommen der ehemaligen Besitzer sinken zu bloßen Taglöhnern herab. Auch die kleinen Pachtgüter sind nach und nach in größere zusammengezogen worden. Kay, The social condition and education of the people, I, 362 ff. — „Die Auslage für die Arbeit ist heutiges Tages so groß und die Landrente so hoch, daß der Gewerbsgewinn von einem kleinen Gute nicht mehr zureicht, um auch bei der größten Genügsamkeit einer Familie behagliches Auskommen zu gewähren. Wie nachtheilig es auch immer für die Entstehung einer zahlreichen und kraftvollen Bevölkerung sein mag, die großen Güter vermehren sich und sie müssen es, damit ihre Bewirthschafter (their holders) ihren Unterhalt finden, und die kleineren Pachter werden gezwungen, sich anderen Gewerbsbeschäftigungen zu widmen." Sinclair, Code of agric. S. 87 der 3 Ausgabe. Diese Veränderung hat die ganze Lage der Feldarbeiter sehr verschlimmert. Sie ist eine Folge von der Uebermacht des in den Händen der Reichen angehäuften Capitals. Es verdient genau untersucht zu werden, ob nicht noch andere Umstände als die Aussicht auf eine höhere Rente der vergrößerten Güter dieß Auskaufen der kleinen Grundeigenthümer befördert haben und ob dieselben nicht durch eine bessere Bewirthschaftungsart sich hätten behaupten können. In dem Buche: Darstellung der Landw. Großbritaniens, b. von Schweitzer, 1838, I, 64, wird wenigstens die beschränkte Einsicht der kleinen Pachter angedeutet; bei Gütern mit Milchwirthschaft (dairy farms) vermögen sich auch kleine Besitzer zu erhalten, ebd. S. 65. — Das Zusammenkaufen zu kleiner Güter kommt in manchen Gegenden vor. Beispiel aus der baierischen Rheinpfalz bei Hanssen, Historisch-statistische Darstellung der Insel Fehmarn, Altona 1832, S. 197. Schilderung der übermäßigen Zerstückelung im berner Oberlande bei Kasthofer, Alpenreise über den Brünig, 1825, S. 20. Im Dorfe Karmühle haben 40 Proc. der Familien keine Kuh, und die Zahl der Kühe nimmt überhaupt ab. Selbst einzelne Obstbäume haben mehrere Eigenthümer.

§. 374.

Die großen und kleinen Güter müssen auch in Ansehung der Menge von Bodenerzeugnissen, welche sie für die anderen Volksclassen erzeugen, mit einander verglichen werden, §. 368. Man nimmt gewöhnlich an, daß die Besitzer der großen Güter nach Abzug ihres eigenen Bedarfs mehr Nahrungsmittel übrig haben, die sie für den Unterhalt der anderen Volksclassen zu Markte bringen und von denen sie auch einen Theil für Mißjahre aufspeichern können, so daß demnach die großen Güter eine größere städtische Bevölkerung ernähren und gegen Theuerung eine bessere Aushülfe gewähren, als die mittleren und kleinen. Allein da diese bei guter Bewirthschaftung einen größeren Roh- und Reinertrag hervorbringen, so muß auch eine größere Menge von Erzeugnissen verkauft werden, um die Grundrente und die anderen Geldausgaben zu bestreiten, §. 366. Jene Meinung fand vielleicht darin ihre Nahrung, daß die Erzeugnisse bei großen Gütern in beträchtlichen Massen gesammelt angetroffen werden und daher mehr in die Augen fallen, indeß die Erfahrung die reichlicheren Hülfsquellen zeigt, welche ein unter kleinere Wirthschaften vertheilter Boden geben kann (a). Freilich bestehen aber die zu Markt geführten Erzeugnisse mittlerer und kleiner Güter nicht blos in Getreide und Fleisch, sondern zugleich in mancherlei anderen Nahrungsmitteln und Stoffen verschiedener Art, z. B. Geflügel, Eiern, Milch, Butter, Käse, Häuten, Haaren, Federn, Wachs, Honig, Tabak, Hopfen, Arznei-, Oel- und Gespinnstpflanzen, Gemüse, Obst, Wein, Zierblumen ꝛc. Vgl. III, §. 132 (b). Ganz kleine Güter liefern weniger verkäufliche Vorräthe, allein wenn der Besitzer noch eine Nebenarbeit verrichtet, so bietet dieselbe den Ersatz für die von ihm verzehrte verhältnißmäßig größere Menge von Lebensmitteln, und nur dann, wenn er nicht genug beschäftigt ist, also bei einer übermäßigen Verkleinerung, ist wirklich ein Nachtheil für die anderen Stände vorhanden.

(a) Lotz. Handb. II, 32. 31.

§. 375.

Große Güter haben außer den bisher betrachteten Umständen auch das Nachtheilige, eine größere Menge von Taglöhnerfamilien nöthig zu machen (a), deren Lage, wenn gleich nicht durchgehends kümmerlich, doch in volkswirthschaftlicher Hinsicht auch nicht für günstig gehalten werden darf. Ihr Lohn ist ziemlich unveränderlich, der Verdienst aber bisweilen unterbrochen, sie können schwer etwas ersparen und werden durch Unglücksfälle leicht in Armuth gestürzt (b), auch haben sie weder den Erwerbseifer, noch die Anhänglichkeit an das Vaterland, an die Gesetze und die rechtliche Ordnung, welche das Grundeigenthum hervorbringt (c). Daher hat die auf kleinen Gütern ansässige größere Zahl von Grundeigenthümern, abgesehen von der Bewirthschaftungsweise und dem Bodenertrage, in Hinsicht auf Bildung, Sittlichkeit und staatsbürgerliche Verhältnisse erhebliche Vorzüge. Doch ist es nützlich, daß auch mittlere und große Güter neben den kleinen vorhanden sind, weil nur auf jenen wissenschaftlich gebildete Landwirthe gefunden werden, deren Betriebsart als Muster auf die Umgegend wirkt, und welche Muße genug haben, sich mit der Vervollkommnung der Gewerbskunst zu beschäftigen, weil ferner manche Verbesserungen und insbesondere eine kunstmäßige Viehzucht nur auf ihnen einheimisch sind, weil nur hier die vermögenslosen Lohnarbeiter einen Taglohnverdienst erhalten, und weil endlich auch das Vorhandensein wohlhabender Grundeigenthümer, die sich gemeinnützigen Thätigkeiten widmen und manche wohlthätige Anwendung ihres reichlichen Einkommens machen können, in allgemeinerer Beziehung nützlich ist. Jede Classe der Gutsbesitzer kann von den anderen etwas lernen, jede ist im Stande, selbst in irgend einem Zweige der landwirthschaftlichen Thätigkeit ein Beispiel zu geben. Es läßt sich nicht im Allgemeinen bestimmen, welches Zahlenverhältniß der verschiedenen Classen nebeneinander bestehender Güter das beste sei, weil dieß von mancherlei Umständen abhängt. Es ist jedoch bei der Beurtheilung statistischer Angaben über diesen Gegenstand nicht blos darauf zu achten, wie viel die Anzahl der kleinen und der ganz kleinen Güter gegen die größeren gehalten beträgt, sondern auch welchen Theil der Fläche diese und jene einnehmen, und diese Erwägung dient manche Besorgnisse wegen der weitgetriebenen Verkleinerung zu beschwichtigen (d).

(a) Beispiel eines mecklenburgischen Gutes von 1800 Acres (2844 pr. M.) mit 22 Köpfen Gesinde und 30 Taglöhnern in den a. Papers.
(b) Aus dieser Ursache ist einige Wahrscheinlichkeit dafür, daß die Sterblichkeit im Allgemeinen da größer ist, wo sich mehr große Güter befinden. Dieß hat man für Frankreich zu beweisen gesucht. Die Mortalität ist $1/_{46}$ in denjenigen Departements, wo im Durchschnitt 4 Hekt. auf den Grundeigenthümer kommen, dagegen stirbt jährlich $1/_{33}$, wo ein Grundeigner im Durchschnitt 7 Hekt. besitzt. Journ. des débats, 19. Februar

1826. — Vgl. Thaer, Engl. Landw. II, 2. S. 52. — Die langsame Volksvermehrung in Frankreich, ungeachtet der beträchtlichen Zertheilung des Grundeigenthums, ist ein bemerkenswerther Umstand, der mehr Besonnenheit der kleinen Grundeigenthümer vermuthen läßt, als sie gewöhnlich bei Taglöhnern getroffen wird. — Taglöhner, welche vermöge eines festen Vertragsverhältnisses mit dem Gutsherrn sicher sind, das ganze Jahr Arbeit zu haben, befinden sich besser daran, z. B. die Inslen in Preußen, Hanssen a. a. O. S. 415 nach v. Harthausen.

(c) Simondo, Nouv. princ. I, 173. — Schilderung der trägen mecklenburgischen Büdner, v. Lengerke, Darst. der Landw. in dem Großh. Mecklenb. 1831, 1, 41. — Armuth, Unwissenheit und Rohheit der Taglöhner auf den größeren Pachtgütern der Lombardei, Burger, Reisen, II, 208. — Schilderungen ähnlicher Art von den englischen Feldarbeitern, im Vergleich mit dem deutschen und schweizerischen Bauernstande, bei Kay im angef. 1. Bande seines Werkes.

(d) Vgl. II, §. 79 (b). Im preuß. Staate betragen die (Besitzungen mit Einrechnung des Waldes) in Procenten der ganzen landwirthschaftlich benutzten Fläche

	Pommern	Preußen	Westfalen	Rheinland
von 600 M. und mehr	62	38	15	21
300—600	5	8	8	6,6
30—300	28	49	57	34,7
5—20	3	3	15	27
0—5	0,78	0,6	3,6	10,8

Beispiel eines günstigen Verhältnisses, Dorf Babenhausen, zwischen Darmstadt und Aschaffenburg:

2 Güter	von 100 und mehr Morgen,	gegen	5,3 Proc.
14	: 50—100	:	18,6 :
100	: 20—50	:	63,3 :
40	: 10—20	:	11,1 :
35	: 1—10	:	1,6 :

In der Nähe ansehnlicher Städte kann ein größerer Theil der Fläche ohne schädlichen Folgen aus ganz kleinen Besitzungen bestehen.

§. 376.

In Bezug auf die Beschaffenheit des Rechtes, welches dem Landwirthe auf die von ihm bebauten Grundstücke zusteht (§. 385), sind mehrere in ihren volkswirthschaftlichen Wirkungen wesentlich verschiedene Verhältnisse möglich, welche sich so überblicken lassen (a):

1) Am vortheilhaftesten ist es, wenn der Landwirth unbeschränkter Eigenthümer seines Bodens ist, weil er dann sowohl den größten Eifer, als die vollste Freiheit zur Anwendung aller Verbesserungen hat, ferner weil er durch die ihm zufallende Grundrente in den Stand gesetzt wird, behaglicher zu leben, als ein Lohnarbeiter, sein Capital durch Ersparnisse zu vergrößern und ungünstige Zeitumstände leichter auszuhalten, als ein Pachter. Die Verschuldung mindert den letzteren Vortheil,

läßt aber wenigstens den ersten ungeschwächt. Doch können die Landwirthe nur dann diese günstige Lage in ihrer ganzen Ausdehnung benutzen, wenn sie zugleich im Besitze der nöthigen Kenntnisse und Capitale sind (§. 367), und nur die Eigenthümer kleinerer Güter gehören in der Regel dem Stande der Landwirthe an. Es ist unvermeidlich, daß reiche Privatpersonen oder Körperschaften Land an sich bringen, um ihr Vermögen sicher anzulegen und eine Pachtrente zu beziehen.

(*a*) Nach Lullin de Chateauvieur sind in Frankreich 14 Mill. Hect. Bauland in den Händen kleiner Grundeigner, 10 Mill. werden von Halbmaiern, 7½ Mill. von Pachtern mit festem Pachtzins, 3¾ Mill. von mittleren Grundeignern bewirthschaftet.

§. 377.

2) Die nächste Stelle nimmt die Bewirthschaftung durch solche Pachter ein, die den Landbau wie eine andere Gewerbsunternehmung, mit dem gehörigen Capital, mit Kenntniß und Eifer betreiben (*a*). Zwar werden von den Pachtern diejenigen Verbesserungen, deren Wirkungen sich über die Dauer der Pachtzeit hinaus erstrecken, nicht leicht vorgenommen, doch können die Eigenthümer mit den Pachtern sich über solche Unternehmungen verständigen. Wo sich ein wohlhabender und unterrichteter Stand von Pachtern bildet und die Grundeigenthümer die Klugheitsregel annehmen, mehr auf dauernde als auf augenblicklich erhöhte Pachtrente zu sehen, da sind die volkswirthschaftlichen Ergebnisse der Pachtungen vortheilhaft (*b*). Unbegüterte Pachter sind dagegen in einer so nachtheiligen Lage, daß sie selbst noch den beschränkten Eigenthümern (§. 378) nachgesetzt werden müssen. Dieß rührt daher, daß sie nur sehr kleine Güter oder einzelne Stücke pachten können und hauptsächlich ihren Unterhalt durch eigene Feldarbeit sichern müssen, daß sie wegen ihres ganz geringen Capitales keine bessere Betriebsart einführen können, und wegen der Unmöglichkeit, eine andere Erwerbsart zu ergreifen, von den Grundeigenthümern in Ansehung der Pachtbedingungen abhängig sind. Pachtungen dieser Art, sie mögen einen in Geld bedungenen Pachtzins (*c*), oder einen Antheil an dem Bodenertrage (*d*) geben, wirken sowohl auf die gesammte Production, als auf den Zustand der

Landwirthe sehr ungünstig und lassen, bei der fortwährenden Dürftigkeit der Pachter, sehr schwer eine Umänderung zu.

(a) Solche Pachtungen sind in England und Belgien am häufigsten. In diesem Lande ist die Zahl der Landwirthe, die ganz oder doch über die Hälfte des bewirthschafteten Gutes eigenthümlich besitzen, in Luxemburg 71,³ Proc. (max), Namur 53, Limburg 48 Proc., — in Ostflandern 23,³ in Westflandern nur 17 Proc., hier sind also 83 Proc. Pachter. — In Großbritanien sind viele kleine Grundeigenthümer (yeomen) in den Pachterstand übergetreten, um aus dem Erlöse ihrer Ländereien ein größeres Betriebscapital zu bilden.

(b) Sehr große Pachtungen können den Unternehmern eine Art von Monopol im Verkaufe der Erzeugnisse und im Miethen von Lohnarbeitern geben, wobei der Gewerbsgewinn auf Kosten des Gemeinwohles gemacht wird; diese Lage der Dinge wird sich aber nur bei fehlerhaften Gesetzen oder dem Mangel an Mitwerben von begüterten Pachtlustigen erhalten, und sie wäre durch Zertheilung der übergroßen Güter zu beseitigen. Beispiele bei Simonde, Nouv. princ. I, 22 Die Stadt Ronciglione im Kirchenstaate ist von einem Pachter abhängig, dessen Ländereien die Stadt ganz umgeben. — Wenn nach de Gasparin der Pachter auf Gütern von 100 Hekt. 10 Proc. seines Capitales gewinnt, bei 50—100 H. nur 8 Proc., bei 25—50 H. 6, bei 1—10 H. sogar nur 3 Proc., so muß dieß theils aus den im §. 369 angeführten Umständen, theils daraus erklärt werden, daß bei kleinen Pachtgütern die Concurrenz größer und die Pachtrente höher ist, §. 373.

(c) So die irländischen Bauern, vgl. §. 368 (c). Crumpe, Ueber die besten Mittel dem Volke Arbeit und Verdienst zu verschaffen, S. 304. — Graf Soden, VI, 45. — Edinb. Rev. Jan. 1815, ebb. Nr. 159 S. 249 (1844). — Jones, Distrib. of wealth, S. 143 (führt die Geldpachtszins solcher bäuerlichen Landwirthe unter dem Namen Cottier-Rent. auf.) — Inglis, Journey throughout Ireland, 1835. — Bibl. univ. 1836. V, 52. — de Beaumont, L'Irlande sociale, polit. et relig. 1839. — Vom Ackerb. und von dem Zustande der den Ackerb. treibenden Classen in Jrl. und Großbr., I, 69. (1840.) — Clement, Reisen in Jrl. 1845 S. 384 — Foreign Quart. Rev. Nr. 73 S. 105. — Angef. Occupation of land in Ireland. Besonders fehlerhaft war früher in Irland, daß die Pachter größerer Güter dieselben unter mehrere Afterpachter vertheilten, welche dieselben oft abermals stückweise um kaum erschwingliche Preise verpachteten, sowie auch daselbst beim Tode eines Pachters die Pachtung unter dessen Erben zerstückelt wurde, LI, §. 96 (d). Viele dürftige Feldarbeiter pachten ein Stück schon zugerichtetes Land (conacre-system), den gedüngten Acre ungefähr zu 6 bis 10 L. St., ungedüngt zu 3 – 5 L. St. — In Portugal, besonders in Alemtejo, gehört nur ein kleiner Theil der Ländereien denen, die sie anbauen. Ceci fait, que les terres sont extrêmement négligées, parceque les maîtres des possessions, dès qu'ils les voient améliorées, ou les reprennent pour eux, ou bien les donnent à un autre fermier, qui leur offre un bail plus avantageux. Balbi, Essai statist. I, 164.

(d) Unter diese Verpachtungen gehört die im südlichen Europa sehr verbreitete und sogar bis auf die canarischen Inseln sich erstreckende Halbpacht (métayage, mezzeria), eine Folge der Dürftigkeit der Landleute, denen es an Mitteln gebrach, um die Haftung für eine feste Summe zu übernehmen, wie sie dem gewöhnlichen Zeitpachter obliegt. Der Pachter, Meier (modictarius, métayer, colono alla metà) muß dem

Eigenthümer in der Regel die Hälfte des Rohertrages abgeben, wobei er sich nur kümmerlich ernährt und nichts erübrigen kann. Das erforderliche Betriebscapital muß der Gutsherr dazu geben. Ueberall findet man die meisten Halbpachter dürftig, unwissend und bei jeder schlechten Ernte dem Verarmen nahe. Verbesserungen im Betriebe können bei dieser Einrichtung kaum vorkommen, denn kein Theil entschließt sich dazu, schon um dem anderen keinen unverdienten Gewinn zu bereiten. Diese Theilpachtungen, die sich nur durch die Einfachheit und die leichtere Sicherstellung des Verpachters empfehlen und bei dem Rebbau auch in Deutschland hie und da vorkamen, waren im römischen Reiche sehr häufig und erhielten sich bis auf unsere Zeit, obgleich selbst das Interesse der Gutsherren eine andere Einrichtung rathsam machte. Der Halbpachter kann nur schwer zum Zeitpachter werden und sich auch durch Aufkündigung nicht helfen, „denn es melden sich bei der bestehenden Uebervölkerung statt seiner zehn andere, die sich vielleicht noch härtere Bedingnisse gefallen lassen — und er ist nun arbeits- und verdienstlos und muß sehen, sich als Taglöhner durchzubringen" (Burger). Die venezianischen Bauern sind zufolge dieses Pachtverhältnisses so arm, daß sie keine Caution stellen können. Unter 1000 Bauern ist kaum einer, der ganz auf eigenem Lande wirthschaftet. (v. Martens, Reise nach Venedig, II, 98. Aehnlich Bronn, Reisen, II, 332, über die Landwirthschaft um Pisa.) In der Provinz Brescia giebt der Bauer nur $^1/_3$ der Früchte ab und ist Eigenthümer des Viehes, steht also viel besser als in den anderen Gegenden. Doch bemerkt man sowohl in Oberitalien (Jacini), als in Frankreich (de Lavergne), daß die Zeitpacht mit festem Geldpachtzins sich gegen die Halbpacht ausdehnt. In Frankreich fängt die Halbpacht im Süden der Loire an. Nach Quesnay sollte (§. 38) von dem angebauten Lande (36 Mill. Arpens = 18 Mill. Hektaren) $^1/_3$ in großen Gütern mit Pferden, meistens in Zeitpacht, liegen, dagegen $^2/_3$ in kleinen Gütern (petite culture) mit Ochsen in Halbpacht. Jetzt soll die letztere etwas weniger Ausbreitung haben, vergl. §. 376 (a) und II, §. 80 (e). — Im französischen Dep. Ober-Vienne klagt man wie überall über die Nachlässigkeit und den schlechten Anbau dieser Halbpachter, die gewöhnlich 13 bis 21 Heft. bewirthschaften und ganz vermögenslos sind. Rev. encycl. März 1829. S. 592. Im Dep. Aude ist das Urtheil der amtlichen Statistik dieses: Si le métayer ne depend plus d'un seigneur, il n'est pas moins l'esclave de sa position misérable. Sans argent, sans crédit, il ne peut sortir du cercle où l'enferment les besoins. Faute de capital et de fonds de roulement, il ne peut entreprendre d'améliorations foncières; son bail tient toujours suspendue sur sa tête l'épée de Damocles. Agric. franç. Dep. de l'Aude, 1847, S. 80. Günstiger urtheilt über die französ. Halbpacht Bastiat in Journ. des Econ. XIII, 225. Die Abgabe ist bisweilen nur $^1/_3$ oder gar $^1/_4$. — Burger, Reise d. Oberitalien, II, 195. 205 ff. — Ad. Smith, II, 180. — Simonde de Sismondi, Nouv. pr. I, 187. — Jones, S. 73—108. — A. de Gasparin, Mém. sur le métayage, 1832. — Cours d'agric. V. 317. — de Lavergne in Revue des deux mondes, Nouv. Per. II, 236. — Jacini, La proprietà fondiaria e le popolazioni agricole in Lombardia, 1854. Deutsch: Der Grundbesitz ꝛc. Mailand 1857.

§. 378.

3) Das in vielen europäischen Ländern vorkommende bäuerliche Verhältniß, wobei die Landwirthe nur ein beschränktes

Eigenthumsrecht oder ein erbliches Nutznießungsrecht auf ihre Güter haben, zeigt sehr mannichfaltige Abstufungen, die in volkswirthschaftlicher Hinsicht desto günstiger sind, je mehr sie den Bauer dem Zustande des Eigenthümers nahe bringen (a). Hat derselbe nur einfache Abgaben an einen Berechtigten zu entrichten, die ihm noch einen Theil der Grundrente übrig lassen und ihn sonst nicht beschränken, so ist seine Lage ungefähr mit der eines verschuldeten Eigenthümers zu vergleichen. Viel nachtheiliger ist es, wenn die bäuerlichen Lasten durch ihre Größe, durch die Art ihrer Bemessung oder durch die Zeit ihres Eintretens dem Landwirthe die Mittel zum guten Betriebe entziehen, seine Neigung zu demselben schwächen, weil er nicht sicher ist, daß ihm die Früchte der Verbesserungen in belohnendem Maaße zufallen (b), — oder wenn sie ihn auch in der Anwendung seiner Zeit beengen, z. B. Frohndienste (c). Wenn schon ein solches Verhältniß den Eifer des Landwirths beträchtlich lähmt, so muß diese Wirkung in noch höherem Grade da eintreten, wo derselbe gar kein erbliches Recht hat, und nicht einmal, wie ein Pachter vermöge des Contracts, auf bestimmte Zeit des Besitzes sicher sein kann.

(a) Nähere Betrachtung dieser Verhältnisse im II. Bande, §. 46 ff.

(b) Dieses bäuerliche Verhältniß entstand in früheren Entwicklungsperioden der Volkswirthschaft sehr oft als ein Mittel, ohne eigene Bewirthschaftung eine Grundrente zu beziehen, ehe es noch Zeitpachtungen gab (§. 207), bisweilen jedoch als Erpressung des Mächtigen, wie z. B. die Beludschen am Indus den Eingebornen die Abgabe des halben Ertrags auflegten, v. Orlichs, Reise, 1845. Die Gleichheit der Umstände rief in vielen Ländern gleiche Einrichtungen hervor, daher erstrecken sich diese bäuerlichen Lasten durch ganz Europa bis nach Ostindien, wo die Ryots dem Fürsten als Gutsherrn einen Theil des Bodenertrages abgeben, ungefähr ⅓ oder ⅕. Die Lage dieser Ryots (Bauern) ist durch das Eindrängen der Zemindars, die aus bloßen Einnehmern der Rente zu einer Art von Gutsherren wurden, sehr verschlechtert worden.

(c) Die Ansetzung von Frohnbauern war in früherer Zeit nothwendig, um sich neben dem Gesinde die erforderlichen Hülfsarbeiter bei dem Mangel an Taglöhnern zu sichern. Schon die Angelsachsen hatten zweierlei Frohnleute, die Geburen (2 Frohntage wöchentlich) und die Kotsetlan, Kothsassen, welche Geräthe und Vieh eigen hatten und nur einen Tag wöchentlich frohnten, Rectitudines singular. person. Herausg. v. Leo, 1842.

Zweites Hauptstück.
Einzelne Zweige der Landwirthschaft.

§. 379.

Der Bau der Gartenkräuter und Reben beschäftiget die größte Menge Arbeiter auf gleicher Fläche (a) und bringt den größten Reinertrag (b) zu Wege, welcher theils aus der Benutzung vorzüglich fruchtbarer oder für den Anbau und Absatz sehr günstig gelegener Grundstücke (c), theils aus der sorgfältigen und kunstmäßigen Bewirthschaftung derselben, theils endlich aus der Hülfe eines beträchtlichen Capitales hervorgeht. Das letztere wird größtentheils zum Unterhalte der Arbeiter verwendet, doch muß bei dem Reblande auch eine nicht unerhebliche Summe auf Grundverbesserungen, z. B. tiefes Umgraben (Anrotten), Terrassiren, Errichtung von Stützmauern ꝛc. angelegt werden, wozu als stehendes Capital die Keltern, Keller und Fässer kommen (d). Die von dem Rohertrage zu vergütenden Kosten sind weit beträchtlicher, als der übrigbleibende Reinertrag, nur kann das Verhältniß beider Größen nicht allgemein in Zahlen ausgedrückt werden (e). Eine große Ausdehnung des Gartenbaues wird vorzüglich neben der Bodenbeschaffenheit (§. 218) durch die Nähe volkreicher Städte begünstigt (f), doch kann sich jene bei vorzüglicher Geschicklichkeit der Gärtner auch in einiger Entfernung vom Markte erhalten (g). Der Rebbau hängt nordwärts von den Alpen sehr von den klimatischen Bedingungen ab, und wo diese nicht günstig sind, da kann er im Mitwerben mit anderen Gegenden nicht bestehen.

(a) Gegen 5 preuß. Morgen Rebland würden eine Familie hinreichend beschäftigen, indeß besitzen in den Rebgegenden viele Familien von Taglöhnern und ganz kleinen Grundeigenthümern nur 1—2 Viertelmorgen. — In der Provinz Rheinhessen, früher mit 8300, jetzt 9400 Menschen auf der O.-Meile, sind 78 Proc. der Oberfläche Acker, 6½ Proc. Rebland. In dem Gemüseort Gonsenheim bei Mainz waren 1843 auf den Kopf der Einw. nur 1,^{22} hess. M. Acker, Wiese, Garten und Rebland, in dem Rebort Nierstein bei Oppenheim (mit ⅕ der Fläche Rebland) 1,^{8} M. auf den Kopf. Hesse, Rheinhessen, S. 32. — Der weinreichste Theil von Würtemberg (Neckarkreis) hatte 1852 8280, die Gerichtsbezirke Frankenthal und Landau im baierischen Rheinkreise, in denen die Weinberge der Hardt liegen, hatten schon früher 7090 Menschen auf der O.-Meile (nach den Zahlen bei Rudhart, Beil. S. 11. 23); würde man aber von diesen Bezirken die darin begriffene Getreidegegend abrechnen, so würde sich die Bevölkerung des eigentlichen Weinlandes noch weit beträchtlicher zeigen. — An der badischen Bergstraße von Wiesloch bis Laudenbach auf 2,4 □.-Meilen Fläche und 5 Meilen Länge wohnten im Jahre 1861 27000 Menschen, ohne die 21500 Einwohner der Städte Heidelberg und Weinheim, in 16 Dörfern und 1 Landstadt, mit starkem Rebbau. Unter jenen Dörfern hat Handschuchsheim 2150 Einwohner, mit 1400 Morgen Acker, 304 M. Reben und 105 M. Wiese, zusammen im D. 0,84 Morgen auf den Kopf.

(b) Dieß beweist schon der hohe Preis des Gartenlandes. Der Morgen Rebland wird in guten Lagen mit mehreren tausend Gulden, im Rheingau, namentlich in Rüdesheim noch jetzt bis zu 5—6000 fl. (Bronner, Weinb. in Süddeutschl., III, 139), im Waadtlande zu 2300 bis 4600 fl. (6—12000 Schw. Fr. die Pose) bezahlt. Hieraus widerlegt sich von selbst die Behauptung, daß der Rebbau gar keinen Reinertrag gebe. Vgl. Correspondenzbl. des württ. landw. V. 1822, I, 409. 418. Bei den Berechnungen, die das Gegentheil beweisen sollen, ist entweder die Beschaffenheit der Grundstücke für den Rebbau nicht passend, oder man muß diejenigen Weinbergsbesitzer, die Alles mit gedungenen Arbeitern auszurichten gezwungen sind, von den selbstarbeitenden unterscheiden. So erklärt sich z. B., daß nach v. Gock (Correspondenzbl. 1834. S. 57. 165) an der württ. Alp und am obern Neckar bei einem mittleren Rohertrage von 72 fl. die Kosten auf 74 fl. angeschlagen werden, was 2 fl. Schaden anzeigen würde. — Die Berechnung für ein Rebgut bei Hesse, Rheinhessen, S. 58, nimmt an, daß die Hälfte der Weinberge vollkommen tragbar sei, die andere aus älteren und neu angelegten Stücken bestehe. Der Reinertrag von 15 hess. Morgen ist 420 fl., womit der Anschlag des Gutes auf 12330 fl. übereinstimmt (zu 3½ Proc. verzinslich). Der Morgen guter Rebberge ist hier zu 800 fl. genommen. — In der Thalfläche um Bozen, dem „Bozener Boden," wird der Graber (160 Klafter = 0,125 pr. M.) Rebland (in welchem zugleich andere Pflanzen gebaut werden, §. 380 (e)), mit 800—1000 fl. Bozener Währung bezahlt (zu 57¼ Kr. im 24½ fl.-Fuß), also der preuß. M. 3555—4444 fl. — In Sachsenhausen bei Frankfurt a. M. gilt der Morgen (0,793 pr. M.) Gemüseland 3—4000 fl. — Vor den Thoren von Hamburg werden öfters 100 □.-Fuß Gartenland um 1 Mark (43 Kr.) verpachtet, welches gegen 180 fl. für den pr. M. beträgt und einen Kaufpreis von 4500 fl. anzeigt. Das beste Gartenland bei Bamberg wird mit 3—4000 fl. für den Morgen (= 1,33 pr. M.) bezahlt, und 4—6 Metzen Land (1⅓—2 M.) bilden schon eine vollkommene Gärtnerwirthschaft; die Bamberger Gärtnerei hat gegen 700 Meister und eben so viel Gesellen, v. Reider, Bambergs Gartenbau, Leipz. 1821, S 126. 128.

(c) Das Gartenland muß einen nicht zu festen Boden haben, in der Nähe der Ortschaften liegen und leicht zu begießen sein, weßhalb die Lage an einem Bache besonders geschätzt wird.

(d) In Steiermark rechnet man den Capitalaufwand für die erste Anlage und den Bau in den vier ersten Jahren mit Zinsen auf 408 fl. des 20 fl.-F. für das Joch, Kelter und Keller auf 175 fl. Hlubek, Landw. v. St. S. 100—104.

(e) Nach Chaptal (Ind. franç. 1, 177. 191. 218.) bringt 1 Hektar
Rebland . . . . roh 363 Fr., rein 100 Fr.
Gemüsegarten . . „ 600 „   „ 120 „
Obstgarten . . . „   60 „   „   40 „

Wenn die Zahlen richtig sind, so muß in Frankreich der Rebbau verhältnißmäßig geringeren Reinertrag (27½ Proc.) abwerfen, als in Deutschland. Cavoleau (Oenologie franç. 1827) setzt den Rohertrag des Hektars auf 310 Fr., in den einzelnen Dep. soll derselbe zwischen 710 Fr. (Yonne) und 125 Fr. (Charente) fallen. Nach anderen Ausmittlungen (de Férussac, Bull. des sc. agricoles XVI, 55) wäre der Rohertrag eines Hektar 21,⁶⁷ Hektoliter zu 15,⁶⁴ Fr., also in Geld 338 Fr. Frankreich hatte 1834 2·134822 Hekt. Rebland, welche gegen 45 Mill. Hektol. Wein erzeugen. Hievon werden 6 Mill. zum Branntweinbrennen verbraucht, 1·360000 ausgeführt, 36¾ Mill. im Lande getrunken, was 1 Hektol (1,⁶⁵ pr. Eim.) auf den Kopf macht. Die Eigenthümer und Weingärtner mit ihren Familien betragen 2¼ Mill. Köpfe. Schnitzler, Création, I, 62. Im Dep. Gironde ist ⅕ des Bodens Rebland, Rohertrag 562 Fr., reiner 346 oder 58 Proc. (?) Für Württemberg berechnet Späth (in Memminger's Würt. Jahrb. 3. u. 4. Jahrg. S. 291) die jährlichen Kosten vom dortigen Morgen (1,²³ preuß.) auf 72 fl.; Andere (Correspondenzbl. a. a. O.) auf 86, auf 54 fl. 10 kr. v. Gock a. a. O., am Bodensee auf 85½ fl. Setzen wir sie auf 60 fl. und den Rohertrag auf 100 fl. (gegen 4 Eimer), so ergiebt sich, daß der Reinertrag 40 Proc. des rohen ausmacht. Aehnliche Verhältnisse gelten für den Rebbau am Haardtgebirge.

(*f*) Z. B. die Gärtnerei von Erfurt, Bamberg, Sachsenhausen bei Frankfurt, der Umgebung von Hamburg.
(*g*) Z. B. Gönningen im württemb. Oberamte Tübingen, mit Samenhandel bis in weite Ferne, Bolweiler im Dep. Oberrhein (berühmte Zierpflanzen-Gärtnerei von Baumann), — Zeiskam in der baier. Rheinpfalz zwischen Landau und Germersheim, dessen Bewohner die Märkte von Mannheim, Heidelberg, Bruchsal, Speier 2c. besuchen und von wo aus auch ausgedehnter Samenhandel durch Wanderungen im Frühjahr betrieben wird.

§. 380.

Der Rebbau giebt auch in den wärmsten Gegenden von Deutschland nicht alljährlich einen in Güte und Menge belohnenden Ertrag, während er fortwährend ansehnliche Kosten für Arbeit, Düngung, Holzwerk 2c. erfordert. In den zahlreichen minder guten Lagen ist die Gefahr des Mißrathens noch größer. Derjenige Reinertrag, nach welchem sich der Preis des Reblandes richtet, stellt sich nur im Durchschnitt einer ganzen Reihe von Jahren her (a). Wenn mehrere ungünstige Jahre aufeinander folgen, in denen bisweilen nicht einmal die Kosten wiedergewonnen werden, so gerathen deßhalb die wenig begüterten Eigenthümer von Weingärten in Schulden. In reichen Jahren wird bisweilen durch das große Angebot der Preis des Weines sehr erniedrigt, besonders weil viele Rebbesitzer aus Mangel an Fässern und Kellern ihr Erzeugniß schnell verkaufen müssen, so daß nur die Aufkäufer (Weinhändler) nebst den wohlhabenderen Weinbauern bei der späteren Preiserhöhung Gewinn ziehen (b). Daher befinden sich die meisten kleinen selbstarbeitenden Rebbesitzer in dürftiger Lage. Solche Weingärtner, die zugleich Ackerbau treiben, sind leichter im Stande, Mißjahre zu ertragen (c); auch die zahlreichen Taglöhner stehen sich gut, weil der Arbeitslohn in den Weingegenden ziemlich hoch zu sein pflegt (d).

(a) Beispiele: 1) Im Elsaß waren im 18. Jahrh. 13 gute, 43 mittlere, 38 kleine, 6 Fehlherbste, im 19. Jahrh. bis 1827 5 gute, 11 mittlere, 11 sehr kleine; Stolz, Notizen über den Rebbau und die Weine des Elsaßes, Straßb. 1828, S. 44. 85. 2) An der Mosel hatte man in den 50 Jahren von 1773—1822 nur 10 gute Herbste, von denen 6 reich zu nennen waren, 13 mittlere, 27 schlechte. 3) In Rheinhessen zählte man von 1792—1833 (42 Jahre) 3 vollkommene, d. h. überaus reiche Herbste. Dieß ist das Maximum, welches eigentlich nicht zum Maaßstabe gebraucht werden sollte. In 14 Jahren war der Ertrag wenigstens nicht unter ⅔ (gute J.), in 15 J. ⅓—½ (mittlere), in 11 Jahren ¹/₁₂—¹/₂₄ (schlechte). Pabst, Zeitschr. für die landw. Vereine des Gr. Hessen. 1834, Nr. 6. 4) In Würtemberg waren von 1800—21 7 gute, 7 mittlere, 7 Fehljahre. — Dieß Verhältniß, daß unter 3 Jahren ein gutes, ein mittleres und ein schlechtes sei, ist überhaupt in Deutschland Erfahrungsregel, nur trifft es sich oft, daß erst längere Jahresreihen die Ausgleichung herstellen, wie z. B. in den 12 Jahren 1813—1824 8 schlechte Jahre (1813. 14. 16. 17. 20. 21. 23 24.) eingetreten sind. Es leidet keinen Zweifel, daß ungeachtet dieser Fehljahre doch der Weinbau jenen ansehnlichen Reinertrag giebt, weil der Ertrag der guten Herbste den Verlust reichlich ersetzt. Doch ist die große Ungleichheit von Jahr zu Jahr höchst lästig, weil sie oft das aufgewendete Capital erst nach einigen Jahren vergütet. Dieser Umstand schränkt von selbst den Rebbau auf diejenigen Gegenden ein, wo er wegen einer wärmeren, geschützteren Lage der Grundstücke mit der geringsten Gefahr verbunden ist. Er ist deßhalb diesseits der Alpen, mit Ausnahme vorzüglicher Weinlagen, auf gutem, ebenem Ackerboden nicht vortheilhaft, weil dieser minder guten Wein liefert und von dem Froste mehr leidet, als mittägliche Abhänge, die ohnehin zum Ackerbau weniger geeignet sind. Man findet auch in den Weingärten der Ebene einen viel häufigeren Wechsel, indem bei höheren Fruchtpreisen solches Weinland ausgestockt, bei niedrigeren neues angelegt wird.

(b) Walther in Schlözer's Staatsanzeigen, XV, 264. In dem reichen Jahre 1763 fehlte es an Gefäßen, ebenso 1811 und 1818. — In der Kolles (Gegend bei Pettau im unteren Steiermark) hat man ein eigenes slavisches Wort für den Gläubiger von Weinbauern, der auf den Most Geld und Fässer geliehen hat: namoschtnik (Anmöstler). Es sind dort kleine Bauern und viele Häusler mit etwas Weinland, träge und nie aus den Schulden kommend. Verhandl. u. Aufsätze, herausg. v. d. Landw. Ges. in Steierm., 1828, I, 117.

(c) In Südtirol und Italien werden zwischen den Rebzeilen andere Gewächse gebaut, vorzüglich Mais, auch Obstbäume stehen häufig hier, daher ist ein doppelter Bodenertrag vorhanden, aber ohnehin hat man in diesen wärmeren Gegenden das Fehlschlagen der Weinlese wenig zu fürchten, ausgenommen in Folge der neueren Traubenkrankheit. In Italien ist es der Oelbaum, dessen unsicherer Ertrag auf den Vermögenszustand der Landleute ungünstig wirkt, Simonde, Tableau de l'agric. Toscane S. 126.

(d) Häcker, Weinzierl in Oesterreich. — In Steiermark wird die ganze Arbeit auf dem Joch, mit Einschluß der Lese und des Kelterns, zu

120 Tagen jährlich angeschlagen, Hlubek. S. 101. Ein Theil der Verrichtungen wird in den Weingegenden häufig in Verding gegeben.

§. 381.

Der Anbau der übrigen **Obstgewächse** außer der Rebe ist im Klima des mittleren und nördlichen Europa nur eine Nebenbeschäftigung der Landleute, indem diese Pflanzen keine so häufige Pflege erfordern, um Arbeiter fortwährend beschäftigen zu können; auch ist wenig Boden denselben ausschließlich gewidmet (a). Gleichwohl hat der gute Betrieb dieses Zweiges der Landwirthschaft auf den Wohlstand der Landleute den günstigsten Einfluß, da er sie theils mit einem schätzbaren Nahrungsmittel versorgt, theils einen ansehnlichen Erlös bewirkt, und keinen guten Boden, auch fast gar keinen Capitalaufwand erfordert, weil die nöthigen Geschäfte füglich in Nebenstunden verrichtet werden können. Nur auf großen Gütern findet sich hiezu keine Gelegenheit, auf mittleren und kleinen Gütern aber desto bessere, jedoch wird sie nur von dem Landwirthe, der für sich und seine Erben des Grundbesitzes sicher sein kann und Herr seiner Zeit ist, gehörig benutzt (b).

(a) Eine Ausnahme bilden die Baumschulen und Kastaniengärten (Flöße), zu welchen letzteren man steile, sonst nur als Wald zu benutzende Abhänge anwendet. Reinertrag derselben in Frankreich 20 Fr. vom Hektar (Chaptal, I, 220); bei Heidelberg ist der Mittelpreis des bad. Morg. Kastanienflöß in 3 Classen auf 400—160—48 fl. zu setzen, im bad. Mittelrheinkreis auf 118 fl. — Das Baumfeld giebt zwar an Feldfrüchten eine bedeutend geringere Ernte, aber das Obst ist bei leichtem Absatze ein reichlicher Ersatz. Tiroler Obst wird bis München geführt. Kirschen aus den Dörfern bei Heidelberg gehen an den Niederrhein und bis London. — Junge Obstbäume aus der Bamberger Gegend wurden sonst von wandernden Verkäufern bis Rußland und Norwegen gebracht.

(b) Da die Kenntnisse des Landmanns und die Zerstückelung des Grundeigenthums den Obstbau ebenfalls bedingen, so ist die Behauptung Cordier's, die zahlreichen Baumpflanzungen seien ein Kennzeichen einer guten Staatsverwaltung, zu allgemein; Agric. de la Fl. fr. S. 353.

§. 382.

Bei dem **Ackerbaue** sind verschiedene Benutzungsarten (Fruchtfolgen, Feldeintheilungen) zu unterscheiden, die sowohl in Ansehung der Menge von Capital und Arbeit, die sie beschäftigen, als in Hinsicht auf die Größe des rohen und reinen Ertrages sehr von einander abweichen (a). Sie entsprechen verschiedenen Entwickelungsstufen und zeigen ein verschiedenes Verhältniß der Kunst zur Thätigkeit der Naturkräfte. Die Vortheilhaftigkeit einer jeden solchen Feldeintheilung wird von den Preisen der Erzeugnisse und der Absatzgelegenheit, von der Bodengüte und dem Klima, von der Größe des Capitals, der Zahl der verwendbaren Arbeiter und dergl. bedingt. In dem frühsten Zustande der Volkswirthschaft, bei schwacher Bevölkerung und geringem Capital, blieb viel Land zur Weide liegen, man nahm nur soviel als Acker in Anbau, als zur Ernährung der Menschen nöthig war, und verließ denselben nach einigen Jahren wieder, um ein anderes ödes Stück umzubrechen, §. 362. Diese allerschwächste (ertensiveste) Wirthschaftsweise erfordert großen Raum, um nur eine Haushaltung zu ernähren (b). Als man sich nachher genöthigt sah, den Wechsel aufzugeben und die besten Stücke fortwährend als Acker zu benutzen, ließ man doch einen Theil des Ackerfeldes regelmäßig nach mehrjährigem Getreidebau brach liegen, weil man ihn dabei mit Muße besser lockern und reinigen konnte und an Dünger sparte, und weil die Brachfelder auch zur Weide dienten (c). In späterer Zeit war diese sehr ertensive Bodenbenutzung (§.370a.) nicht mehr genügend, man mußte einen Theil der Weiden unter den Pflug nehmen und anfangen, auch das Brachland zu bestellen, um sowohl verschiedene andere Gewächse neben den Halmfrüchten zu gewinnen, als auch den Futtervorrath zu verstärken (d). Wo man eine hinreichende Menge von gutem, zum Mähen tauglichem Graslande (Wiesen) neben dem Acker hat, da ist der Uebergang von dem Weidegange zur Stallfütterung ausführbar, die aber schon beträchtlich mehr Capital in Anspruch nimmt. Wo die Feuchtigkeit des Bodens und Klima's den Graswuchs vorzüglich begünstigt, da findet man Veranlassung, die Aecker nach einigen Ernten als Grasland liegen zu lassen und gleichzeitig ältere Grasschläge in regelmäßiger Reihenfolge wieder umzubrechen (e). Die schwunghafteste Bewirthschaftung besteht darin, daß man von dem Ackerlande nur die Hälfte oder einen noch kleineren Theil den Halmfrüchten, den Rest aber Gewächsen für anderen Gebrauch, namentlich den Futterpflanzen widmet, wobei dann das dauernde Grasland ganz entbehrlich wird. Diese Einrichtung erfordert mehr Kunst und Capital als die vorhin erwähnten, und ist nur bei einer hohen Entwickelung der Volkswirthschaft anwendbar (*f*). Ob in einer Gegend der Getreidebau, oder ein Zweig der Viehzucht, oder die Gewinnung von Handelsgewächsen einträglicher sei, dieß hängt von den oben bezeichneten Umständen ab. In der Regel muß eine wohlgeordnete Landwirthschaft ihren Dünger selbst erzeugen (*g*), aber bei reichlichem Capital und guter Gelegenheit kann es vortheilhaft werden, noch von außen Dünger anzukaufen (*h*).

(*a*) Außer den landwirthschaftlichen Schriften über diesen Gegenstand (vorzüglich von Schwerz, Anleitung zum prakt. Ackerbau, 3r Bd. — Göriz, Betriebslehre, II, 76 ff., — de Gasparin, Cours d'agric., 5r Bd.) ist die Darstellung der Feldsysteme in geschichtlicher Methode von Roscher (Archiv, N. F. III.) zu vergleichen.

(*b*) Dieß von den französischen Schriftstellern sogenannte celtische System (de Gasparin, V, 185) ist vielmehr altgermanisch, Tac. Germ. 26: Arva per annos mutant et superest ager; nec enim cum ubertate et amplitudine soli labore contendunt, ut pomaria conserant et prata separent et hortos rigent; sola terrae seges imperatur, eine gute Bezeichnung der extensivsten Benutzung. Ein Rest hat sich in mehreren teutschen Gebirgsgegenden erhalten. Der wilde Berg im Schwarzwald überzieht sich nach 1 oder 2 Baujahren mit Pfriemen (Spartium scoparium), Farnkraut und Gesträuch und wird acht oder mehr Jahre beweidet, dann wird bei dem neuen Anbau Rasen und Gesträuch auf der Stelle verbrannt. Eine Verbesserung ist es, auf diesem vernachlässigten Berglande einen Niederwald anzulegen (Reutbusch), der ebenfalls periodisch nach dem Verbrennen des Reisigs ein oder zwei Jahre zum Acker gemacht wird. Im Odenwalde und im ehemaligen Siegener Land sind diese Hackwälder oder Hauberge Eichenschälwaldungen, von denen bei 15—16jährigem Umtriebe gute Lohrinde gewonnen wird. Das Verbrennen des Holzes als Vorbereitung zum Ackerbau ist uralt, s. §. 362 (*a*). Niemann, Dänische Forststatistik S. 130. Amtl. Bericht über die 21. Vers. der Landw. S. 164. — Ein Beispiel der allerschwächsten Bodenbenutzung giebt die Verwendung des schlechten Heidebodens zum Rasenschälen, um die Stücke des Rasens (Plaggen) als Streumittel zur Vermehrung des Düngers zu gebrauchen, im nordwestlichen Deutschland und im südwestlichen Frankreich, wo dieser Plaggenhieb étrépage heißt, de Gasparin, V, 214. Der Heiderasen ersetzt sich in ungefähr 12 Jahren. Der kalenberg. Morgen giebt gegen 60 Fuder (2000 Cubikf. oder 1400 Ctr.), die für 12 Kühe mit Weidegang hinreichen. Meyer, Gemeinheitstheilung, III, 61. In der französ. Heitegegend braucht man zu 10 Heft. Acker und 3 Heft. Wiese 12 Heft. ödes Land zur Weide und zum Plaggenhauen.

(*c*) Felder- oder Körnerwirthschaft mit Brache (römisches System, de Gasparin), gewöhnlich im dritten Jahre (Dreifelderwirthschaft), obschon auch eine Brache in jedem zweiten Jahre vorkam und noch jetzt in Frankreich hie und da sowie häufig in Schweden besteht, Yvart, Considérations sur la jachère, Par. 1822. — In Frankreich ist noch über 1/7 des ganzen Ackerlandes Brache, in Belgien 1/17, in England 1/94 (de Lavergne), auch in Deutschland nur ein kleiner Theil, hauptsächlich in kalten Lagen und auf sehr thonhaltigem Boden, oder in den schwachbevölkerten Gegenden. Die Beibehaltung der Brache ist zwar bisweilen nur Folge der Unwissenheit oder Trägheit, aber in anderen Fällen Ergebniß verständiger Ueberlegung unter gegebenen Umständen, s. z. B. v. Thünen, Der isolirte Staat, I, 125. — Loudon, Encyklop. d. Landw. I, 444. II, 149. — v. Lengerke, Holst. Landw. II, 3.

(d) **Felderwirthschaft mit angebauter Brache**, das häufigste System in Deutschland, hauptsächlich auf Klee-, Kartoffel- u. Runkelrübenbau gestützt. Je mehr man Grasland daneben hat, ein desto größerer Theil des ehemaligen Brachfeldes kann zu Handelsgewächsen verwendet werden, die viel Arbeit und Dünger erheischen, aber auch einen ansehnlichen Gelderlös einbringen. Sind Wiesen und Weiden vorhanden, so ist allerdings für die ganze benutzte Fläche der Betrag der Bewirthschaftungskosten geringer als in der Koppelwirthschaft, weßhalb v. Thünen S. 115 beweist, daß unter jener Voraussetzung, bei 64 Proc. Weideland und 36 Proc. Acker, niedrige Fruchtpreise die Dreifelder-, höhere die Koppelwirthschaft vortheilhafter machen.

(e) **Feldgraswirthschaft**, wie die mecklenburgische und holsteinische **Koppelwirthschaft**. Sie besteht nicht blos am nördlichen, sondern auch am Südende von Deutschland, im Schwarzwalde und den Alpengegenden (Egarten-W.), ist auch in England sehr verbreitet. Die Anzahl der Weide- und Baujahre ist verschieden. Die Weide auf solchen bisherigen Feldern ist weit ergiebiger, als auf dauernden Triften.

(f) **Fruchtwechselwirthschaft**, mit einer durch die Erfahrung als vortheilhaft nachgewiesenen Abwechselung von Halm-, Hackfrüchten und Futterkräutern. Diese Fruchtfolge wird in Großbritanien, Belgien, auch der deutschen Rheingegend und dem Elsaß angetroffen. Als Muster gilt die norfolkische vierschlägige Fruchtfolge: Hackfrüchte — Gerste — Klee — Waizen, man zieht aber neuerlich eine mehrjährige Reihenfolge vor. Die Halmfrüchte nehmen einen kleineren Theil des Ackers ein, geben aber dafür einen höheren Ertrag. Hat man kein dauerndes Grasland, so wird, nur die mehrjährigen Futterkräuter (vorzüglich Luzerne) ausgenommen, die ganze Fläche jährlich bearbeitet. Daher ist hier der größte Capitalaufwand nöthig. Nach der Vergleichung der belgischen und mecklenburgischen Wirthschaft (diese zu 3 Getreide-, 3 Weidejahren und 1 Brachjahre, jene zu 3 Getreide-, 1 Klee-, 1 Kartoffelernten) ist auf 100 000 □.-Ruthen bei gleichem Boden und 10fachem Kornertrage anzunehmen:

	Belgien.	Mecklenburg.
der Rohertrag	10494 Thlr.	4865 Thlr.
die Kosten . , . .	8034	3436
der Reinertrag .	2460	1429

Auf Ackerland von geringer Güte wird die mecklenburgische Bewirthschaftungsart vortheilhafter. Sie erfordert ungefähr nur ⅖ von den Arbeitskräften der belgischen, v. Thünen, S. 138 — v. Weckherlin (Ueber engl. Landw. 1842, S. 267) berechnet ohne Abzug der allgemeinen Wirthschaftskosten den Ertrag des Morgens bei der Dreifelterwirthschaft mit Brache auf 8 fl., Koppel-W. 9—9½ fl., Dreifelterwirthschaft ohne Brache 10—15 fl., Fruchtw.-W. 12—17 fl. — Nach den ausführlichen Berechnungen bei de Lichtervelde, Mém., Taf. 1-12, war um 1815 in dem bestangebauten Theile von Belgien im Durchschnitt von 13 Gütern, die eine mittlere Größe von 41,³ Arpens = 72³⁄₄ pr. M. haben,

	auf den Arpent	preuß. Morgen
Rohertrag	269,⁷ Fr.	72,⁶ fl.
Kosten	169,⁴ =	45,⁵⁷ =
Reinertrag	100 =	27 =
Zahl der Arbeitstage		
für Menschen	31,⁵ =	18 =
für Gespann	4,¹⁷ =	3 =

(*g*) Die Mineralstoffe machen eine Ausnahme, weil sie im Mist nicht in genügender Menge enthalten sind, z. B. Kalk, Phosphorsäure, Kali.

(*h*) Guano, Knochenmehl, Pferch der Schaafe, städtische Abtrittsgruben, Pferdemist ꝛc. In Belgien ist dieser Ankauf sehr ausgedehnt, in der Nähe von Städten ist er überall üblich.

§. 382 a.

Das Grasland verursacht viel geringere jährliche Bewirthschaftungskosten, als der Acker, und zwar die Weide noch weniger als die Wiese (*a*). Aus diesem Grund überließ man in alter Zeit einen großen Theil des ganzen Landes dem Graswuchse, §. 382. Wenn der Anwachs des Capitales und der Bevölkerung den Landwirth in den Stand setzt, zwischen verschiedenen Benutzungsarten des Bodens zu wählen, auch die hiezu erforderliche Einsicht hinreichend ausgebildet ist, so wird nach und nach viel Grasland in Ackerland umgewandelt, um die mannichfaltigen werthvollen Erzeugnisse desselben zu erzielen und der Arbeit der Menschen und Thiere eine belohnende Anwendung zu verschaffen, und es bleibt nur dasjenige Grasland übrig, dessen Beibehaltung durch örtliche Umstände nothwendig oder rathsam gemacht wird (*b*). Dahin gehören hauptsächlich nachstehende Fälle:

1) Schwierigkeit des Ackerbaues, a) wegen der Gefahr öfterer Ueberschwemmungen in den Niederungen am untern Lauf von Flüssen und Strömen oder am Meere, oder wegen dauernder Nässe (*c*), b) wegen der abhängigen oder hohen und kalten Lage, der Seichtheit der oberen Erdschicht (Krume), des schlechten Bodens oder des steinigen Untergrundes. In Gebirgen findet man deßhalb große Strecken Weideland, die keine andere Benutzung zulassen, wenig Ertrag geben und besonders dann, wenn sie, wie gewöhnlich, im Eigenthum der Gemeinden sind, nachlässig behandelt werden, II, §. 85. Auch solche Flächen, die sonst nach Lage und Boden zum Anbau geeignet sein würden, bleiben aus jener Ursache oft öde liegen und die Sorg-

falt der Landwirthe richtet sich dort vorzüglich auf die Viehzucht. Auf großen, von den Wohnungen weit entfernten Weiden muß das Vieh die wärmsten Monate hindurch fortwährend verweilen, wobei wenige Menschen zur Wartung und zur Bereitung von Butter und Käse zureichen; **Alpenwirthschaft** (*d*). Sind die Bergweiden minder entlegen und im Besitze einzelner Landwirthe, so ist mehr Antrieb vorhanden, ihnen eine bessere Pflege zu geben und es wird auch die Mühe nicht gescheut, einen Theil von ihnen so zu verbessern, daß gute Wiesen aus ihnen entstehen (*e*). In ebenem Lande verschwinden die fortdauernden (permanenten) Weiden allmälig, wie es Bedürfniß wird, auch unergiebige Grundstücke anzubauen (*f*).

2) Vorzügliche Tauglichkeit zum Graswuchse, a) durch natürliche Feuchtigkeit des Klimas oder des Bodens, besonders des Untergrundes, b) durch Gelegenheit zur künstlichen Bewässerung aus Bächen, Flüssen oder Canälen. Die Herstellung guter Wässerwiesen ist in vielen Fällen kostbar, das darauf verwendete Capital trägt aber insgemein reichliche Früchte (*g*). Wo aus einer dieser beiden Ursachen viel Grasland vorhanden ist, da tritt der Ackerbau zurück und die Viehzucht wird vorherrschend, wie in den Gebirgen (*h*).

3) Vortheilhafter Absatz von Milch oder Mastvieh, besonders in der Nähe von Städten. Dieser Umstand verstärkt wenigstens die in dem vorhin genannten (2) liegende Ermunterung, Grasland bestehen zu lassen.

In trockenen, stark bevölkerten Ebenen hat das Grasland den kleinsten, in Berggegenden den größten Umfang (*i*).

(*e*) Nach der sächsischen Schätzungsanweisung von 1838 ist der Reinertrag von dem besten Ackerland 51, vom mittleren 40 Proc. des rohen, bei den besten Wiesen aber 80 Proc. Die Productionskosten auf 1 sächsischem Acker (2,16 pr Morg.) des besten Ackerlandes sind 82,17 Metzen Roggen, der besten Wiesen 31,15 M. In Belgien schätzt man die Erzeugungskosten des metr. Centner Heu auf 2,30—2,80 Fr., der mittlere Preis ist 6,85 Fr. — Im Französischen wird unter prairie alles Grasland und selbst das Futterfeld (prairie artificielle) verstanden. Bei starkem Graswuchse ist nach den Umständen bald das Beweiden, bald das Mähen des Grases vortheilhafter, und man wechselt hierin nicht selten. Das grün von dem Viehe verzehrte Gras wird für nahrhafter gehalten als das daraus bereitete Heu.

(*b*) Man findet in Deutschland noch viele Wiesen, die als Acker mehr Reinertrag abwerfen würden und die nur aus alter Gewohnheit fortbestehen.

(c) Stehende Feuchtigkeit läßt aber die guten Gräser und andere Wiesenpflanzen nicht aufkommen und giebt nur sogenanntes saures Futter. Wo jedoch das Stroh theuer ist, da bringen auch solche Wiesen, die viel grobes Gras tragen, zur Streugewinnung Nutzen, wie an mehreren Seen der Schweiz in Tirol (z. B. Etschthal) ꝛc.

(d) Die Weidezeit ist nach der Höhe der Alpen (Bergweiden) verschieden, 14—20 Wochen. Der Ertrag dieser Alpenwirthschaft ist gering und die Beschaffenheit mancher Weiden verschlechtert sich sogar. Der Canton Glarus hat jetzt Gebirgsweiten (Alpen) für 10000 Kühe. 1672 schätzte man sie noch auf 13000, zwei Menschenalter früher auf 15000 Kuhweiden (Stöße). Die Ursache hievon liegt in dem zerstörenden Einfluß der Lawinen, Erdfälle, Gletscher ꝛc. und in dem Mangel an Sorgfalt; Steinmüller, Beschr. der schweiz. Alpenwirthsch., I, 7. (Winterthur, 1802.) Vgl. Hegetschweiler, Reisen in den Gebirgsstock zw. Glarus u. Graub., Zürich, 1625. — Gleichwohl hat dieser Canton nicht Wiesen genug, um so viel Vieh zu überwintern, als die Alpen im Sommer ernähren. Wiesen sind durchgehends in der Schweiz in sehr hohem Preise, der Wiesenbedarf zum Ueberwintern einer Kuh (50 Ctr. Heu) wurde im berner Oberlande schon mit 100—150 Louisd'or bezahlt, und diese kostbare Winterfütterung wird durch den Milchertrag nicht vergütet, so daß ein Theil des Erlöses aus Milchproducten im Sommer den im Winter erwachsenen Verlust vergüten muß. Dürftige sammeln mit Lebensgefahr Gras auf steilen Abhängen (Wiltheuer). Kasthofer, Bemerk. auf einer Alpenreise über den Susten ꝛc. S. 239. 255. Dessen Bemerk. . . . über den Brunig ꝛc. S. 3. — Das ganze Milch- und Käseproduct der Schweiz von den Kühen (250000 Stück) und Ziegen wird auf 17 Mill. fl. geschätzt, Franscini, Stat. d. Schw. S. 123. Die Schweiz verkauft viel Vieh nach Italien und Frankreich, z. B. der Canton Schwyz gegen 4000, Glarus gegen 1200 Stück Rindvieh jährlich. Blos über den Gotthardspaß zogen im Jahr 1822 7127 Stück Hornvieh nach Italien, was eine Einnahme von mehr als 2 Mill. fl. anzeigt, im Durchschnitt von 1831—33 8274 Kühe. (Die Viehausfuhr nach Frankreich hatte wegen der dortigen Zolleinrichtungen abgenommen.) Dagegen muß viel Getreide zugekauft werden. Die traurigen Folgen der Theurung von 1817 haben das Bedürfniß eines fleißigeren Anbaues von vegetabilischen Nahrungsmitteln sehr fühlbar gemacht; auch die Alpen sind größtentheils culturfähig, während sie in ihrem bisherigen Zustande sehr geringen Ertrag geben. Eine Alpenweide für 100 Kühe ist 1000—1200 berner Morgen groß und trägt gegen 700 fl. Pachtzins ein. Kasthofer, Vorles. über die Cultur der Kuhalpen, S. 12 (1818). Desselben Alpenreise über den Susten, S. 221 ff. — In Tirol ist der Ertrag einer Kuh in der Weidezeit (nach Abzug der Verzehrung der Senner und Hirten) 20—40, im D. gegen 30 Wiener Pfund (zu 1,⅕ Zollpfd.) Butter und 40 Pfd. Magerkäse nebst etwas Ziegenkäse. Der reine Geldertrag wird auf 20—30 fl. angeschlagen, womit der Miethzins einer Kuh von ungefähr 15 fl. wohl übereinstimmt. Eine Kuhweide wird beiläufig mit 50 fl. erkauft oder mit 2—4 fl. gepachtet. Manche Alpen geben nur spärliche Nahrung. Die unten in den Ortschaften gebliebenen sogenannten Heimkühe sind weit milchreicher, wenn gleich die Milch auf den Hochalpen die beste, die von Stallfütten im Winter erhaltene die schlechteste ist (390 und 420 Maaß zu 1 Centner Käse erforderlich). Einige Nachrichten hierüber bei B. Weber, Das Land Tirol, 1837, I, 651. 842. II, 74. Staffler, Tirol und Vorarlberg, 1839, I, 292. Auch in Tirol wird über den schlechten Zustand der Alpen geklagt und der Anbau eines Theils derselben gewünscht, Bericht der Handelskammer in Insbruck, 1551, S. 11. — In beiden Ländern wird die Milch aller auf einer Alp weidenden Kühe mehrerer Eigenthümer vereinigt und von einigen dazu bestellten Personen zu Butter und Käse verarbeitet, wodurch an Kosten viel erspart und an Güte der Erzeugnisse gewonnen wird. Als Beispiel dient, daß eine Sente von 208 Kühen 10 Männer (Senner, Hirten, Holzhauer) beschäftiget (Splügen); der oberste Senner oder Käser (fruitier) erhält 3—4 Louisd'or und Brot, die anderen ungefähr halb so viel. Um einen Maaßstab zur Vertheilung der Erzeugnisse zu haben, wird der Milchertrag aller Kühe mehrmals in Beisein aller Eigenthümer oder einer Commission gemessen. Der vortheilhafter gewordene Absatz des Käses ins Ausland hat in manchen Gegenden die Folge gehabt, daß der Feldbau der Weide Platz machen mußte. (v. Bonstetten) Briefe über ein schweiz. Hirtenland, 1782 (treffliche Schilderung), und die a. Schriften v. Kasthofer u. Steinmüller. — Auch in den niedrigeren Theilen der Schweiz, wo keine Alpenwirthschaft besteht, hat man angefangen, solche Milchgesellschaften (fruitières) zu errichten, besonders im Canton Waadt. Täglich wird alle Milch zusammengegossen, nachdem man den Beitrag jedes Eigenthümers gemessen und aufgezeichnet hat. Die Erzeugnisse (Butter, Käse) werden der Reihe nach in natura ausgetheilt. Lullin, Ueber Milchwirthschaftsvereine, a. d. Franz. Weimar, 1832.

(e) Z. B. viele tiefer liegende Abhänge im Canton Appenzell, in Tirol, Vorarlberg und die mit großem Fleiße von Felsen gereinigten und geebneten Wiesen im badischen Münsterthal bei Staufen, wo ebenfalls die Graswirthschaft vorherrscht und wenig Acker vorhanden ist. Mit 1½ bis 2 bad. Morgen kann eine Kuh im Stalle das Jahr hindurch ernährt werden, der Milchertrag ist 40—60 fl. jährlich.

(f) Zum Unterhalte einer Kuh während des Sommers sind, wenn man den seltenen Niederungsboden ausnimmt, nach den Erfahrungen in Norddeutschland, wenigstens 2, oft aber 6 und mehr pr. Morgen erforderlich. Nach Block geben die besten Weiden auf dem pr. Morgen gegen 1000, die schlechtesten gegen 50 Pfd. Heuwerth Rohertrag, der Reinertrag geht von ungefähr 100 bis zu 4 Pfd. Roggenwerth herab, und sinkt bei entlegenen Grundstücken noch tiefer. Solche Weiden geben als Acker mehr Vortheil.

(g) Am kostbarsten ist der Umbau in Stücken zum Berieseln, aber das angewendete Capital verzinset sich reichlich, II, §. 150. Eine natürliche Neigung (Hang) der Wiesenfläche erleichtert die Wässerung sehr, wie z. B. auf den schönen Wiesen bei Meran und im bad. Münsterthal (e).

(h) Z. B. auf den Fettweiden an der Maas im holländischen Limburg, in der Gegend von Verviers, wo auf 100 Heft. Acker 268 Heft. Grasland kommen und die Bereitung der Limburger Käse viel einträgt, in Westflandern um Dixmude (wo nach van Aelbroek vielleicht die reichsten Weiden in Europa liegen), in Holland, in den clevischen Niederung. In Gebirgsgegenden, wo wenig Ackerland vorkommt, kann man Mist und Jauche den Wiesen zuwenden, die dadurch sehr ergiebig werden.

(i) In Belgien beträgt das Grasland ⅐ der ganzen Oberfläche oder ⅓ (26 Proc.) des Ackerlandes, aber in den Ardennen 70—130 Proc., in den Poldergegenden 55—60, in den trockensten Gegenden nur ungefähr 15 Proc. Viel Lehrreiches hierüber in der Abtheilung Agriculture der Statistique de la Belgique, S. CLXIII ff. — Beispiele anderer Länder:

	Das Grasland beträgt Proc. der ganzen Oberfläche	Weide insbesondere in Proc.
Oesterreich. Staat.		
Lombardei	24	13
Tirol	23	14
Ungarn	22	15
Galizien	20	9
Nieder-Oesterreich	19	7,6
Mähren	17,6	10
Schlesien	17	11,2
Preußischer Staat	16,1	7,6
Pommern	21,5	13,6
Preußen	16,1	8,4
Rheinland	16,6	9,38
Brandenburg	13,9	5,9
Sachsen	11,6	6
Schlesien	6,5	1,63
Baiern	18	4,2
Würtemberg	18,6	4,3
Sachsen	13,1	2
Baden	15,9	5,5
Frankreich	10,8	
England	41	
Holland	35,8	
Rußland	22,3	20

In Holland beträgt das Grasland mehr als das Ackerland, welches nur 20 Proc. ausmacht. In Dalmatien ist 4mal so viel Grasland als Acker (Weide allein 3,94mal), in Tirol 4,0mal (Weide 2,60mal), in Kärnthen und Krain 2,8mal (Weide 1,76mal), in Mähren und Schlesien macht das Grasland nur 36 Proc. des Ackerlandes (Weide allein 19 Proc.). — Im westlichen und mittleren Theile von England sind nach Caird (Engl. agric. S. 522) 8⅓ Mill. Acres Grasland und 4⅓ Mill. Ac. Acker (tillage), im östlichen Theile dagegen 4⅔ Mill. Ac. Gras- und 9½ Mill. Ac. Ackerland, im ganzen Lande 13⅓ Mill. Ac. Grasland und 13⅔ Mill. Ac. Ackerfeld. In Italien wurde schon zur Zeit des Kaiserreiches über die Menge des Weidelandes geklagt. — Wenn Moreau de Jonnès (Bulletin des sc. agricoles, XVI, 305) das Weideland als ein wichtiges Element der Wohlfahrt ansieht, so erklärt sich dieß daraus, daß er unter pâturage überhaupt Futterland versteht. Nach seinen Ausmittlungen erzeugt das Futter von 1 Hektare 88 Pfund Fleisch von öden Weideplätzen (vaine pâture), 152 Pfund von guten Wiesen, 400 Pfd. von Futterfeldern, 187 Pfd. im Durchschnitt der englischen Wiesen und Futterfelder. Nach Block kann man auf Boden erster Classe gegen 22 Ctr. Kleeheu, 26½ Ctr. Luzernenheu, 126 Ctr. Kartoffeln (= 63 Ctr. Heu), 165 Ctr. Runkelrüben (= 55 Ctr. Heu) vom pr. M. ernten, woraus sich ebenfalls der große Mehrertrag der Futterfelder gegen die Weiden ergiebt.

§. 383.

Die **Forstwirthschaft** (a) ist sehr einfach zu betreiben und beschäftiget wenige Menschen, da die einheimischen Holzgewächse sich in der Regel durch Saamenausfall oder Stockausschlag selbst fortpflanzen, dem Einfluß der Jahreswitterung wenig unterworfen sind, keiner wiederholten Bodenbearbeitung, keiner Düngung und Pflege bedürfen und daher die erforderlichen Verrichtungen hauptsächlich nur in der Holzernte (Fällen, Zerstücken und Fortbringen) bestehen, überdies jährlich nur ein kleiner Theil der Waldfläche gehauen wird (*b*). Zufolge der verhältnißmäßig hohen Versendungskosten des Holzes ist der Preis desselben und die Rente des Waldgrundes von Land zu Land und selbst von einer Gegend zur andern sehr verschieden, der Holzpreis erreicht aber leicht eine solche Höhe, bei welcher die Rente der meisten Waldungen über die Hälfte des Erlöses steigt (*c*). Die Waldungen dienen nicht blos zur Befriedigung eines dringenden Bedürfnisses, dessen Umfang sich, was die Feuerung betrifft, in jedem Lande nach den Wärmeverhältnissen richtet, sondern sie tragen bei zweckmäßiger Lage zur Fruchtbarkeit des Landes und zur Verbesserung des Klimas bei und gewähren in vielen Gegenden durch ihre Nebenerzeugnisse der Landwirthschaft eine sehr erhebliche Hülfe (*d*). Der Zustand der Forstwirthschaft ist für die gesammte Volkswirthschaft dann am günstigsten, 1) wenn der Holzpreis zu den Preisen der anderen Waaren und dem Arbeitslohne in einem solchen Verhältnisse steht, daß das Bedürfniß von Brennstoffen, Bau= und Werkholz von allen Volksclassen ohne Schwierigkeit befriedigt werden kann, 2) wenn zugleich der Boden so vortheilhaft, als es seine Beschaffenheit gestattet, benutzt wird. Hiezu wird erfordert, a) daß man die Holzzucht sorgfältig und kunstmäßig betreibe und auf gleicher Fläche die größte Werthmenge von Holz erziele, damit entweder der zum Anbau taugliche und für das inländische Holzbedürfniß entbehrliche Theil des Waldbodens zur Hervorbringung anderer nützlicher Stoffe angewendet werden könne, — vorausgesetzt, daß es dazu nicht an Arbeitern und Capital fehlt, — oder damit wenigstens das überflüssige Holzerzeugniß zur Ausfuhr gelange oder zum Betriebe einträglicher Gewerke diene; b) daß vorzüglich diejenigen Stellen dem Holzwuchse gewidmet werden, welche zu keiner anderen landwirthschaftlichen Benutzung gleich gut geeignet sind. Indeß ist da, wo wohlfeile Versendungsmittel, z. B. Wasserstraßen, fehlen, auch eine gute Vertheilung der Waldungen in den einzelnen Gegenden eines Landes wünschenswerth (§. 214), weßhalb z. B. in weiten Ebenen auch gutes Bauland der Holzzucht gewidmet werden muß.

(a) Pfeil, Grundf. der Forstwirthschaft in Bezug auf die Nationalökon. und die Staatsfinanzwissensch. 1822. 23. II. B. — Hundeshagen, Lehrb. d. Forstpolizei, 1831. Einleitung. — Schenk, Bedürfniß der Volksw. II, 35. — v. Tavel, Ueber das Wesen der Wälder, mit besond. Rücksicht auf den C. Bern, 1834. — v. Berg, Staatsforst-wirthschaftslehre. 1830. — Roscher, Ein nationalökon. Hauptprincip der Forstwiss., Leipzig 1854. — Statistische Materialien enthalten: C. W. v. Bülow, Deutschlands Wälder, Berlin, 1834. — Baur, Forststatist. der d. Bundesstaaten, 1842. — Wessely, Oesterreichs Alpenländer, 1853.

(b) Die hiezu gebrauchten Arbeiter sind Taglöhner, denen der Wald auch nur in einem Theile des Jahres Beschäftigung giebt. Nach Hundeshagen werden zu 7000 Morgen Staatswald 9 Holzhauer, 1 Revierförster, 3 Waldschützen u. 1 Arbeiter erfordert, also 14 Personen, Forstpoliz. S. 62, nach v. Berg S. 44 auf 127 bis 206 pr. M. 1 Mann.

(c) Hundeshagen setzt die Kosten auf 32 Proc. des Rohertrages, ebend. S. 38. — Nach den sächsischen Abschätzungsgrundsätzen werden (ohne Hau- und Fuhrlohn) vom Rohertrage abgezogen 1) für Unfälle beim Nadelholze 16, beim Laubholz-Hochwalde 12, beim Niederwalde 8 Pr.; 2) als Culturkosten für den Acker (= 2,^{16} preuß. Morgen) dieser drei Arten von Wäldern 5 Thlr. — 3 Thlr. — 18 Ggr.; 3) als Aufsichtskosten 6 Ggr.

(d) Die Waldungen im Harze (451 585 kalenb. M.) ernähren fast gänzlich 10 000 Stück Rindvieh, 200 Pferde, 5000 Schaafe, 600 Schweine. Zimmermann, Das Harzgebirge, I, 249. — In Belgien nimmt man an, daß 6 Hektaren (23,^{4} pr. M.) erwachsener Wald 1 Stück Großvieh den Sommer hindurch ernähren. — In Serbien wird der sehr zahlreiche Viehstand durch die Waldweide, vorzüglich in den großen Eichenwaldungen, erhalten.

§. 384.

Der Preis des Holzes wie jeder anderen Waare hat auf das Volkseinkommen im Ganzen nur bei dem ein- oder auszuführenden Holzvorrathe Einfluß. Die Holzzucht zur Ausfuhr ist aber, wenigstens wo es an Wasserstraßen fehlt, in der Regel nicht sehr einträglich, weil sowohl die beträchtlichen Frachtkosten, als das Mitwerben mehrerer holzreichen Gegenden oder Länder den Preis, der an Ort und Stelle dem Waldeigner bezahlt wird, herabdrücken (a). Bei dem im Lande erzeugten und verzehrten Holzvorrathe bestimmt der jedesmalige Preis zunächst nur den Vortheil der Holzkäufer oder der Waldbesitzer, weil jene das bezahlen müssen, was diese aus einem hohen Preise gewinnen; indeß zeigt ein hoher Holzpreis an, daß ein Theil des Holzerzeugnisses ansehnliche Anbau-, Ernte- und Fuhrkosten verursacht (§. 211), weßhalb die Mehrausgabe der Käufer zum

Theil von den vermehrten Kosten verschlungen wird. Ein Holz‐
preis, der längere Zeit hindurch unverändert fortbestanden hat,
ist auch unfehlbar mit den übrigen Preisen ins Gleichgewicht
getreten, denn da das Holz nicht blos zu dem menschlichen
Unterhalte, sondern auch zu der Erzeugung vieler Güter drin‐
gend nothwendig ist, so gehört der Holzaufwand unter den
Kostensatz, der den Arbeitern im Lohne (§. 190), und allen Er‐
zeugern im Verkaufspreise ihrer Waaren (§. 166) erstattet wer‐
den muß (*b*). Das beträchtliche Einkommen, welches bei hohem
Holzpreise den Forstbesitzern zufällt, entgeht also hauptsächlich
den Capitalisten, Unternehmern und den übrigen Grundeignern.

(*a*) Vgl. Pfeil, Grundſ. I, 137. — Die Versendung in die Ferne macht
den Waldbesitzer von dem Holzhändler abhängig, der sein Geschäft im
Großen betreiben muß und an abgelegenen Orten wenig Mitwerben zu
fürchten hat. Anders verhält es sich z. B. in der Gegend von Lichten‐
fels im nördlichen Baiern, wo der Main schiffbar wird, indem dort
das zur Versorgung des Niederrheins und der Niederlande bestimmte
Bauholz für sehr ansehnlichen Preis abgesetzt werden kann; vgl. Rud‐
hart, S. 42. Im Hautsmoor bei Bamberg, wo ausgezeichnet gutes
Kiefernholz zu Mastbäumen wächst, wurde im Jahre 1832 ein Kiefer‐
stamm von 92 Fuß Länge zu 410 fl. versteigert. — Im Schwarzwalde
ist durch die Erweiterung des Floßwesens und folglich des Absatzes von
Bauholz an den Ober- und Niederrhein die Waldrente ansehnlich ge‐
stiegen. — Der Spessart versendet für 200 000 fl. Commercial- (d. h.
Bau- und Nutz-) und für ⅙ Mill. fl. Brennholz, doch würde, wie
D. C. Müller zu zeigen sucht (Des Spessarts Holzhandel, Frankf.
1837), der inländische Verbrauch volkswirthschaftlich vortheilhafter sein.
— Stämme, die in den Gebirgen von Kärnthen zu 5 fl. erkauft wer‐
den, sollen in Triest bis auf 3—400 fl. zu stehen kommen, von wo sie
(zu Mastbäumen) ausgeführt werden.

(*b*) Vgl. Pfeil a. a. O., S. 534.

§. 385.

Wenn der Holzpreis schnell und beträchtlich steigt, so hat
dieß für einige Zeit nachtheilige Folgen. Weder der Arbeits‐
lohn, noch die Preise der anderen Landeserzeugnisse können
gleich schnell erhöht, auch kann die Anwendung holzsparender
Mittel nicht bald verbreitet werden, da sie nicht allein besondere
Kenntnisse, sondern auch einen neuen Capitalaufwand erfordert.
Der erhöhte Holzpreis muß deßhalb der Mehrzahl der Volks‐
mitglieder eine empfindliche Entbehrung verursachen (*a*), auch
werden manche Gewerbsunternehmungen, bei denen viel Holz
verbraucht werden muß, in ihrer Fortdauer bedroht. Allmälig
verlieren sich diese Störungen, wenn der Holzpreis sich gleich

bleibt, indem 1) der Holzverbrauch sparsamer eingerichtet wird, 2) Ersatzmittel, als Stein- und Braunkohlen und Torf, eifrig aufgesucht und benutzt werden, 3) der Arbeitslohn und auch die Preise mancher Waaren in die Höhe gehen (*b*), auch vielleicht 4) das Angebot von Holz durch Einfuhr, Anlegung neuer und bessere Bewirthschaftung der älteren Waldungen vergrößert wird (*c*). Doch kann diese Abhülfe lange Zeit erfordern. Bei der Zunahme der Volksmenge werden Waldrodungen auf dem zum Feldbaue tauglichen Boden vorgenommen, durch welche die Waldfläche sich allmälig vermindert und im Ganzen genommen eine Vertheurung des Holzes entsteht, jedoch mit Unterbrechung aus den vorstehenden Ursachen. Wegen der Verbesserungen der Land- und Wasserstraßen werfen allmälig auch ziemlich entlegene Waldungen noch eine Rente ab. Das Holz pflegt stärker im Preise zu steigen, als das Getreide, weil das Angebot des ersteren weniger zunimmt, ja sogar öfter sich vermindert, auch die Frachtkosten bei einiger Entfernung einen größeren Theil des Preises ausmachen (*d*). Daher muß die Waldrente auf Kosten der übrigen Volksclassen beträchtlich anwachsen.

(*a*) Ganz besonders leiden hiebei die Landwirthe, die keine Waldungen besitzen. Das Getreide kann nicht sogleich theurer verkauft werden, wenn der Getreidebauer seinen Holzbedarf mit höherem Preise bezahlen muß.

(*b*) Doch ist ein so hoher Holzpreis denkbar, daß er nicht durch verhältnißmäßige Lohnvermehrung ersetzt werden kann, weil diese die Arbeitserzeugnisse zu sehr vertheuern und den Absatz derselben verhindern würde. Dann bleibt nichts übrig, als daß die arbeitende Classe sich mit geringem Holzverbrauche zu behelfen sucht. Hundeshagen, S. 32.

(*c*) Daß das Letztere bei hohen Holzpreisen geschieht, zeigt das Beispiel Großbritaniens und Belgiens. Finden sich Ländereien, welche zum Walde besser geeignet sind, als zum Acker, zur Wiese oder zur Weide, so gehört nicht einmal ein hoher Holzpreis dazu, um das Ansäen oder Bepflanzen mit Forstgewächsen einträglich zu machen, doch ist dieß eine Unternehmung, zu welcher sich wegen der späten Erstattung der Auslagen große wohlhabende Gutsbesitzer eher entschließen als mittlere und kleine, III, §. 140. Hievon abgesehen, läßt sich schon wegen des in jedem Lande anders gestalteten Verhältnisses zwischen verschiedenen Bodenarten im Allgemeinen nicht sagen, wie hoch der Holzpreis steigen könne, bis man auf Vergrößerung des Angebotes Bedacht nehme. Belgien giebt den Beweis, daß man bei beträchtlichen Holzpreisen selbst eine Art von gartenmäßiger Pflege der Bäume vortheilhaft finden könne. Die Säume der Felder sind in Flandern mit einem Streifen Schlagholz, worunter sich einzelne Hochstämme zu Bauholz befinden, eingefaßt. Es sind Baumschulen für Forstbäume vorhanden; Hopfenstangen, aus Setzlingen gezogen, geben nach 10 Jahren eine Einnahme von wenigstens 3000, bisweilen 4—6000 Fr. auf den Hektar, und überdieß können in den beiden ersten Jahren noch Kartoffeln in den Zwischenräumen gebaut werden; Cordier, Agricult. de la Flandre fr. S. 410. — Lichtervelde (Mém. S. 56) schätzte 1815 den Holzertrag einer Ruthe (von 14 Fuß) Hecke auf 1 brab. Gulden (51½ fr.) und nahm an, daß auf einem Gute von 1 Pfluge (44 arp. — 77½ pr. M.) bei 5jähriger Fruchtfolge jährlich 300 Ruthen gehauen werden, wovon 150 zum Verkaufe. — Doch würde diese „Forstgärtnerei" (Pfeil, Grundsätze, 1, 366. 374.) das Holzbedürfniß nicht befriedigen können, wenn nicht die Fülle wohlfeiler Steinkohlen hinzukäme. — In Schottland sind 913 695 engl. Acr. (1·400 000 pr. M.) Wald, wovon 45 Pr. künstlich angelegt sind; Perthshire allein hat 50 970 schott. Acr. Pflanzungen (plantations). Die Angaben des Ertrages, obschon unter sich abweichend, zeigen doch die Nützlichkeit des Unternehmens an, da z. B. der Acre 100jähriger Eichen gegen 242, 150jähriger sogar 670 L. St. werth sein soll, was mit dem großen Bedarfe der englischen Schifffahrt zusammenhängt; Transact. of the Highland Soc. V.

(d) Nachrichten über die Zunahme der Holzpreise geben Schmidlin in Memmingers Würtemb. Jahrb. 1835, S. 309, Moser in dessen Nationalökonomen, III. Jahrg. I, 380, Jäger, Die Land- u. Forstwirthsch. des Odenwaldes, 1845, S. 185. Der Preis im Walde nimmt stärker zu als der Verkaufspreis auf dem Markte, welcher jenen um den Hauer- und Fuhrlohn übersteigt. Beispiel für Würtemberg:

Durchschnitt.	Eine Klafter Buchenscheitholz im Walde.	Ein Scheffel Dinkel.	Verhältniß beider.	
1590—1630	— fl. 45 kr.	2 fl. 3 kr.	36	
1640—1660	— , 37 ,	2 , 6 ,	29	
1690—1730	— , 57 ,	3 , 8 ,	30	: 100
1740—1750	2 , 14 ,	3 , 8 ,	71	
1790—1830	5 , 40 ,	4 , 21 ,	130	
Im J. 1830	8 , 42 ,	3 , 58 ,	248	

Der Waldpreis der Klafter Nadelholz war im J. 1700 noch 15 kr., 1760 schon 1 fl. 10 kr., 1800 2 fl. 34 kr. und 1830 5 fl. 6 kr. oder das 20fache. Der Marktpreis der Klafter war

	Stuttgart.		Erbach (Odenw.)
	Buchenholz.	Kiefern.	Buchen.
1710 . . .	5 fl. 30 kr.	— fl. — kr.	1730 — fl. 15 kr.
1720 . . .	— , — ,	3 , 20 ,	1740 1 , 6 ,
1750 . . .	8 , — ,	6 , 15 ,	1750 2 , — ,
1790 . . .	10 , 30 ,	8 , — ,	1790 3 , 56 ,
1800—30 . .	16 , — ,	12 , — ,	1810 7 , 12 ,
			1840 14 , 48 ,

§. 386.

Der Holzpreis und die Rente des Waldbodens sind 1) da am niedrigsten, wo das Holzerzeugniß den gegenwärtigen Bedarf übersteigt und auswärtiger Absatz fehlt, folglich ein Theil des Holzes weder concreten Gebrauchswerth für das Land noch Verkehrswerth hat. Diese Umstände finden sich a) wo viel sogenannter **unbedingter Waldboden** (a) angetroffen wird, d. h. solcher, der zu einer anderen landwirthschaftlichen Benutzung weniger oder gar nicht tauglich ist und auf dem sich deßhalb die Eigenthümer jeden, auch den niedrigsten Holzpreis gefallen lassen müssen (b), b) wo es, wenn auch ein Theil des Waldbodens baufähig ist, für eine andere Benutzung noch zur Zeit an Arbeitern, Capital und Absatzgelegenheit gebricht. Dieß ist am häufigsten, doch nicht ausschließlich in neu angebauten Ländern der Fall (c), weßhalb die Rodungen nur allmälig fortschreiten (d). 2) Beide sind **höher** in solchen Gegenden, die nicht mehr Holz erzeugen, als die Bewohner auch bei sparsamem Gebrauche nöthig haben. Indeß macht die Lage der Waldungen schon in mäßiger Entfernung einen großen Unterschied in ihrer Rente, §. 383. 3) Sie sind am **höchsten** in fruchtbaren, stark bevölkerten und gut angebauten Ebenen, welche einen Theil ihres Holzbedarfes aus der Ferne beziehen müssen. Hier können deßhalb die übrig gebliebenen Waldungen eine ansehnliche Rente tragen (e).

(a) Nach **Hundeshagen's** und **Pfeil's** Bezeichnung.
(b) Steile oder felsige Bergabhänge, hohe kalte Bergrücken, beide in Gebirgsgegenden häufig; — Sandflächen, Haideland, Torfboden ꝛc.
(c) Die westlichen Staaten in Nordamerika, auch Brasilien, sind Beispiele der ersteren Art; aber in jedem größeren europäischen Staate finden sich Gegenden, die von den größeren Städten so wie von schiffbaren Gewässern weit entfernt sind und in denen noch nicht die ganze culturfähige Fläche von dem Feld- und Gartenbaue in Anspruch genommen wird, z. B. im nördlichen Theile von Rußland. Wenn in einer Gegend die Grundrente des Waldbodens sehr gering ist, so verdient es untersucht zu werden, wie weit diese Erscheinung der jetzt betrachteten oder der vorhin (b) erwähnten Ursache zuzuschreiben sei. — Im Reg.-Bezirk Danzig ist 1851 der Reinertrag des Morgens Staatswald auf 10 Pfennige, im Reg.-Bez. Marienwerder auf 1,⁶⁸ Sgr., in Bromberg 3,⁴⁴, Königsberg 4,¹, Köslin 4,³³ Sgr. berechnet worden. Der Preis der Klafter ist gegen 1½ Thlr. Tabellen, IV, 15. — In Baiern war früher der mittlere Preis des Morgens Wald (Rudhart, Taf. XXXIV) 26⅖ fl. in 5 Rentämtern des Fichtelgebirges, 23½ fl. in 8 Aemtern an den Alpen, 61½ fl. in 12 Aemtern in ebenem Lande oder bei guter Absatzgelegenheit. Die Klafter Brennholz galt in einigen Gegenden des Isar- und Unterdonaukreises nur zwischen 30 und 40 kr., in manchen Orten des Rheinkreises aber 20—25 fl. Rudhart, S. 112. Im J. 1844 schlug man den Reinertrag des Morgens Wald im Durchschnitt zu 3 fl. 9½ kr. an, und die Gränzen waren 20 kr. (F.-Amt Partenkirchen in Oberbayern), 6 fl. 40 kr. (F.-Amt Steinwiesen, an der thüringischen Gränze). Die Forstverwaltung Baierns, München 1844, S. 117. —

Im baierischen und Böhmer-Walde sind noch wahre, nie gehauene Urwaldungen, in denen die Stämme verfaulen, ebenso in den höchsten Theilen der Alpen. In dem Walde von Bialowieza in Litthauen, in der Gegend von Bialystock (30 Q.-Meilen groß, wovon 22½ Staatseigenthum) sind (wegen der übereinander gestürzten Bäume) 15 000 M. unzugänglicher Urwald, ein Bild aus den ältesten Zeiten Deutschlands. De Brincken, Mém. descriptif de la forêt impér. de Bialowieza, Varsov. 1828. — In Serbien gehört der Wald den Gemeinden. Jedermann kann Holz holen, daher wird der Holzpreis nur durch die Kosten des Hauens und Fortschaffens bestimmt und eine Rente findet nicht Statt.

(d) Es wird hier vorausgesetzt, daß die Regierung noch nicht in die Verhältnisse der Holzzucht durch Gesetze eingegriffen habe; wo dieß der Fall ist, da kommt in dem unbedingten Verbote des Rodens noch eine dritte Ursache hinzu, die den Holzpreis sehr niedrig halten kann.

(e) Die Provinz Rheinhessen hat nur 5 Procent ihrer Oberfläche Wald. Der Stecken (100 heff. oder 57 bad. Cubik-Fuß) Buchenscheitholz gilt dort im D. 8 fl. 10 kr., Eichenholz 6½ fl., Nadelholz 5 fl. und der Bedarf wird aus anderen Ländern, das Bauholz vom Schwarzwalde und Fichtelgebirge herbeigeführt; es werden hie und da Repsstroh und Stoppeln zum Brennen gebraucht, wie in dem südlichen Theile von Ungarn Rohr, Stroh, Unkräuter und Mistkuchen, die ein Handelsartikel sind, und letztere auch in der Gegend von Odessa. Hesse, Rheinhessen, S. 22. — v. Csaplovics, Gemälde von Ungarn, II, 60. — Auch in Mannheim und Heidelberg gilt (1863) die Klafter Buchenholz gegen 26 fl. — Viele Beispiele von Waldungen in Großbritanien, welche ungeachtet des schlechten Bodens einen hohen Ertrag gewähren, bei Sinclair, Grundges, S. 586 f. — Beispiele von Holzpreisen in verschiedenen Gegenden eines Landes. Baden, nach dem Straftarif von 1844, die Klafter (144 Cub.-F.) Nadelholz min. 3½ fl. in einzelnen entlegenen Bezirken des Schwarzwaldes, 5½—7 fl. am Bodensee, 8—12 fl. um Karlsruhe, 10—12 fl. um Heidelberg, Neckargegend, max. 15 fl. in einem Theile des Amtes Bruchsal. Der Cubikfuß Eichenbauholz steht von 7—24 kr., Nadelbauholz 4—18 kr. — In Würtemberg galt 1845 die Klafter Buchenholz (max.) Forstamt Leonberg 18 fl. 10 kr. — min. Freudenstadt 6 fl. 30 kr.; Cubikfuß Eichenholz max. 19 fl. Tübingen, min. 12 fl. Freudenstadt (Gwinner). — Steiermark, Klafter Nadelholz max. 5—6 fl. in Graz, min. 1½ bis 2 fl. bei Branthof. Hlubek, Landw. v. St. S. 92. — In Tirol wird die Klafter Holz auf dem Stamm zu 5 kr. — 8 fl. geschätzt, in Salzburg von 10 kr. — 2 fl., Oberkärnthen von 40 kr. — 4 fl. 10 kr., gehauenes Holz in Nordtirol zu 1 fl. 30 kr. — 6 fl. 40 kr., Durchschnitt 3 fl. 30 kr. (Wessely). Beispiel der Zunahme des Holzpreises längs einer Wasserstraße: 1837 galt die Klafter Buchenscheite in Baireuth 11½ fl., — Bamberg 14½ fl., — Würzburg 18½ fl., — Aschaffenburg 24 fl.

§. 387.

Ist der Holzpreis so niedrig, daß der Waldboden im Vergleiche mit anderen Bodenbenutzungen nur eine geringe Rente giebt, so hat dieß nachtheilige Wirkungen (a). 1) Es fehlt an einem Antriebe, Holz zu sparen und man ergiebt sich aus Bequemlichkeit einem verschwenderischen Holzverbrauche (b). Eine mäßige Erhöhung des Holzpreises würde diesem volkswirthschaftlichen Uebelstande abhelfen, ohne den Zehrern sonderlich lästig zu sein, weil man durch haushälterische Einrichtungen beim Brennen und Bauen mit einem geringeren Holzvorrathe ebenso leicht auskommen kann (c). 2) Man vernachlässigt die Ersatzmittel des Brennholzes, z. B. den Torf. 3) Die Waldeigner haben keinen Antrieb, die Bewirthschaftung ihrer Forsten zu verbessern, z. B. Blößen zu bepflanzen, bessere Holzarten einzuführen, Beschädigungen und Mißbräuche zu verhüten und dergl., weil die hierauf gerichteten Ausgaben und Bemühungen sich nicht belohnen (d). Die vorstehenden Nachtheile haben die weitere Folge, daß bei niedrigem Holzpreise ein größerer Theil der ganzen Oberfläche eines Landes dem Holzwuchse gewidmet bleibt, als es bei einer anderen Handlungsweise nöthig wäre.

(a) Pfeil a. a. O. I, 522.
(b) Darum läßt sich aus der wirklichen Verzehrung nicht auf den wahren Bedarf schließen, und es ist schwer, diesen genau auszumitteln. In Oesterreich rechnet man auf die Familie jährlich 6 Klafter Brennholz (André, Jahlenstat. I, Beil. XXIII), welches, da auf dem Joch in Desterr. unter der Enns 0,^{84} Klafter durchschnittsmäßig erzielt werden (nach Haas, Der Waldstand im Erzh. Oest. u. d. E., Wien, 1846) 7,^{16} Joch = 16 pr. M. für die Familie anzeigt. Andere halten dagegen einen Morgen auf den Kopf für hinreichend. In Nordamerica fordert man nach Madison für jede Feuerstelle wenigstens 10 Acres (15$^{4/5}$ pr. M.) Waldboden, Sinclair, Code, S. 40 der 3. K. In Obersteiermark werden im Ganzen zum Brennen, Bauen ꝛc. 13 Klafter, in Untersteiermark 7 Kl. auf die Familie angenommen, welche (zu 1$^{1/4}$ Klafter Zuwachs vom Joch) 10,^{4} und 5,^{8} Joch erfordert, Hlubek, S. 91. 92. In Frankreich kommt auf die Familie ein Hektar Waldfläche, wobei die klimatische Wärme des südlichen Landestheiles und die Hülfe der Steinkohlen zu berücksichtigen sind. In Baiern kommen (1844) auf die Familie 7,^{5}, auf den Kopf 1,^{64} baier. Morgen Wald, und wenn etwa 1 bad. M. = 1,^{4} pr. = 1,^{056} baier. M. als der Bedarf eines Kopfes angesehen wird, so bleiben an 36 Proc. der Waldfläche übrig, deren Holzertrag in Gewerken verbraucht oder ausgeführt, oder deren Boden gerodet werden könnte. Bei guter Forstwirthschaft und fleißiger Holzersparung wird im Klima von Deutschland das gesammte Holzbedürfniß, auf die Familie ausgeschlagen, nicht mehr als 5 preuß. Morgen Wald fordern, also 1 pr. = 0,^{7} bad. Morgen auf den Kopf, und bei gehöriger Benutzung der Ersatzmittel wird man mit einer noch kleineren Fläche ausreichen. Hundeshagen rechnet auf den Kopf 50 Cubikfuß. Sind für den Kopf etwa 2 bad. = 2,^{8} pr. M. Acker, Grasland ꝛc. nöthig, so ist der Waldbedarf gegen ¼ der ganzen zum Unterhalt erforderlichen Fläche. — Wenn man das Nutz-, Reisig- und Knüppelholz in Scheitholz ausdrückt, so darf man mit allen Zwischennutzungen den jährlichen mittleren Holzertrag eines vollkommen bestandenen pr. Morgens Kiefernwald auf gutem Boden, bei 60jährigem Umtriebe, auf 66 Cubikfuß rechnen. Aber im Durchschnitt ganzer Länder ist der Ertrag viel kleiner. Vergl. Hartig, Abhandl. 1830.

§. 221. — Dieser jährliche Holzzuwachs, der natürlich von Klima, Boden, Holzart, Güte des Bestandes und dergl. bedingt wird, ist in den baier. Staatswaldungen auf 0,^{33}—0,^{68}, im Durchschn. 0,^{5} Klaft. zu 126 Cubikf. vom Tagwerk angeschlagen (0,^{425} Klaft. vom bad. — 0,^{38} Klaft. vom pr. M.). Die Forstverwalt. Baierns, 1844, Taf. A. In Preußen wird er zwischen 5,^{6} Cubikf. (Reg.-B. Danzig) und 30,^{6} (Erfurt), durchschnittlich zu 15 Cubikfuß angenommen. (Dieterici, Statist. Taf. IV, 16), in Frankreich zu 4,^{19} Steres vom Hektar (34,^{11} pr. Cubikf. vom Morgen). In Baden trägt der Morgen im D. 79 Cubikf. Kiefern- oder 54 Cubikf. Buchenholz. Die Waldungen nehmen verhältnißmäßig in schwachbevölkerten kalten und in Gebirgsländern den größten, in fruchtbaren warmen Flachländern den kleinsten Theil der Oberfläche ein. Zahlreiche Angaben bei v. Reden, Deutschland und das übrige Europa S. 56 ff. Beispiele: der Wald beträgt

Proc.
- 0,^{6} hannöv. Prov. Ostfriesland,
- 1,^{3}—1,^{50} vier russische Statthalterschaften am schwarzen und asowischen Meere,
- 2,^{6} Jütland,
- 4,^{4} Portugal,
- 5,^{5} Spanien, Dänemark,
- 6—12 russische Steppe,
- 7,^{1} Niederlande,
- 7,^{5} belgisches Limburg (min.),
- 7—8 hannöv. Hügelland,
- 10—10,^{3} Ost- und Westflandern,
- 11,^{4} Mecklenburg,
- 12,^{5} Hannover,
- 13,^{17} preuß. Sachsen (min.),
- 15,^{34} Prov. Preußen,
- 16,^{5} Frankreich,
- 18,^{2} preuß. Staat,
- 19,^{3} Belgien,
- 25 Holstein und Lauenburg,
- 26 Mähren, Galizien,
- 26,^{17} preuß. Rheinland (max.)
- 26,^{5} Deutschland,

Proc.
- 28 Ungarn,
- 29,^{3} Böhmen,
- 29,^{8} Baiern,
- 30,^{8} Sachsen,
- 30,^{9} Rußland,
- 31 Würtemberg,
- 32,^{4} belg. Luxemburg,
- 32,^{5} Baden,
- 34,^{2} Namur (max. von Belg.),
- 35,^{8} Tirol,
- 36,^{8} europ. Rußland,
- 40 Kurhessen,
- 41,^{4} Steiermark,
- 47,^{7} Siebenbürgen,
- 62—91 russ. Statth. Nowgorod, Perm, Kostroma, Olonez, Wiatka, Wologda,
- 60 Schweden,
- 66 Norwegen,
- 75 Serbien,
- 79 hannöv. Harz (Berghauptm. Clausthal).

(Die Zahlen über Rußland nach Tengoborski, über Belgien nach der amtl. Statistik, über Hannover nach der Festgabe für 1852, I, 68. II, 5. Die Katasterzahlen, die v. Reden benutzt, geben 13,^{6} Proc.)

Theilt man Frankreich in 4 Regionen, so ergeben sich folgende Verhältnisse nach den älteren Angaben bei Paiseau-Lavanne, Rech. statist. sur les forêts de la Fr. Par. 1820. 4.

	Der Wald beträgt	Hektaren auf 1 Kopf	
		Wald.	Ganze Oberfläche.
1) Nordwest, 22 Dep. . . .	8½ Proc.	0,^{11}	1,^{28}
2) Südost, 21 = . . .	9 =	0,^{19}	1,^{98}
3) Südwest, 21 = . . .	10½ =	0,^{20}	2,^{01}
4) Nordost, 21 = . . .	23 =	0,^{38}	1,^{63}
Ganz Frankreich . . .	13 =	0,^{22}	1,^{69}

Das max. der Bewaldung ist 38 Proc., Vogesen und Oberrhein, — sodann folgt 35 Proc. Obermarne, Niederrhein, — 30 Proc. Maas, Obersaone, — 29 Proc. Meurthe, — 28 Jura, Côte d'or, — 26 Ardennen, Nièvre, — 24 Doubs, Mosel. Diese 13 aneinander gränzenden Dep. enthalten 32 Proc. aller Wälder in Frankreich. — Die holzärmsten Gegenden sind: min. 2 Proc. Corrèze, Morbihan, Finisterre, — 3 Proc. Manche, Vendée, — 4 Proc. Charente, Obervienne, Nordküste, Rhone.

Wenn der Kopf der Einwohner 1 preuß. Morgen Wald nöthig hat, so ist die zur Versorgung der Einwohner erforderliche Waldfläche bei 1000 Menschen auf der Q.-Meile 4,3 Proc. des Landes, bei 2000 M. 9,3 Proc., bei 3000 M. an 14 Proc., bei 40 0 M. 18,6 Proc., bei 5000 M. 23,3 Proc., bei 6000 M. an 28 Proc. Indeß darf man aus der Vergleichung dieser Zahlen mit den vorhergehenden nicht sogleich auf Mangel oder Ueberfluß des Holzes schließen, weil nicht blos der Holzverbrauch, sondern auch der Zustand der Waldungen höchst ungleich ist.

(c) Nur daß solche Einrichtungen blos allmälig Eingang finden, zumal bei den weniger Begüterten, vgl. §. 384.

(d) Der Holzertrag eines Morgens ist überaus verschieden, sowohl aus natürlichen Ursachen, als wegen der höchst ungleichen Behandlung der Wälder. Die Vernachlässigung derselben erstreckt ihre Folgen auf lange Zeit hinaus. Die hannöverschen Domänenwaldungen tragen auf dem Harze 66, in den übrigen Landestheilen 30 Cubikfuß auf den kalend. Morgen.

§. 388.

Der niedrige Stand des Holzpreises und der Waldrente wird jedoch selbst zur Ursache einer Aenderung, denn er giebt den Waldbesitzern eine Ermunterung, solche Waldungen, deren Boden und Lage zu anderen Arten des Anbaues günstig ist, urbar zu machen, weßhalb zunächst die auf gutem Boden in den Ebenen, in der Nähe der Städte und Dörfer liegenden Waldungen allmälig verschwinden, sodann auch andere, von denen die Holzabfuhr nicht schwierig ist (a). Von diesen Rodungen wird man sich nur dann abhalten lassen, wenn man noch nicht Mittel genug hat, um das Rodeland als Acker, Wiese ꝛc. gehörig zu benutzen, oder wenn man zu besorgen hat, daß die zum Verkaufe ausgebotenen Holzmassen den Holzpreis stark herabdrücken. Sowohl wegen dieser Rücksichten als darum, weil in jedem größeren Lande ein Theil der Waldungen auf unbedingtem Waldboden steht, werden in schwachbevölkerten Ländern durch den freien Entschluß der Eigner (b) viele Forsten erhalten.

(*a*) Es hängt jedoch viel davon ab, ob die meisten Waldungen im Besitze des Staates und der Corporationen, oder speculirender Privatpersonen sind.

(*b*) Nämlich auch da, wo nicht forstpolizeiliche Verordnungen dafür sorgen und nicht große Staatswaldungen vorhanden sind.

§. 389.

Die Holzgewächse werden erst in einem ziemlich vorgerückten Alter geerntet (*a*). Diese lange Dauer der Holzerzeugung ist die Ursache mehrerer Eigenthümlichkeiten, welche die Forstwirthschaft von den anderen Zweigen der Landwirthschaft sehr unterscheiden.

1) Eine mit ganz jungen Holzpflanzen bewachsene Fläche giebt bei den meisten Arten des Forstbetriebes erst nach einem oder mehreren Menschenaltern eine beträchtliche Einnahme (*b*). Um jährlich Holz hauen zu können, muß man folglich eine so große Waldfläche besitzen, daß darauf Bäume von jedem Alter bis zu dem Jahre der Haubarkeit in einer für die zweckmäßige Bewirthschaftung nicht zu geringen Anzahl vorräthig sein können. Kleine Waldungen, in denen man nicht alle Jahre einen Hieb vornehmen kann, sind deßhalb für die Eigenthümer unbequem und selbst bei gleicher Größe des mittleren Reinertrages ein weniger wünschenswerthes Besitzthum, als Gärten, Aecker und Wiesen. Hiezu kommt, daß in einem langen Zeitraum, z. B. von 70—120 Jahren, mancherlei Unfälle den Wald beschädigen können (*c*). Aus diesen Ursachen eignet sich der Besitz von Waldungen, wenigstens von Hochwald, zwar gut für den Staat, für Stiftungen, Corporationen und reiche Privatpersonen, nicht aber für solche Einzelne, die nur mittelmäßig oder wenig begütert sind.

(*a*) Dieß ist 1) nothwendig für Bau- und größeres Werkholz, weil dieses nur von alten Stämmen erhalten wird; 2) vortheilhaft, weil theils der Saame, durch dessen Ausfall die Fortpflanzung sehr leicht erfolgt, erst in einem gewissen Alter des Holzes reift, theils aber der jährliche Nachwuchs bei ganz jungen Stämmen viel schwächer ist, als bei etwas älteren, welche wegen der größeren Menge von Blättern weit mehr Nährstoffe aus der Luft aufnehmen. In höherem Alter nimmt der Zuwachs wieder ab. Um daher von einer gegebenen Fläche die größte Holzmasse zu erlangen, muß man die Bäume zu einem ansehnlichen Alter kommen lassen.

Nach Cotta (Anweis. z. Waldbau, S. 228) ist der jährliche Zuwachs eines gut bestandenen pr. Morgens Wald auf Boden mittlerer Güte (5. Classe) in jedem Jahrzehend:

bei einem Alter von	Buchen.		Kiefern.	
0—10 Jahren	10,9 Cub.-F.		23 Cub.-F.	
10—20 ,	18 ,		47 ,	
20—30 ,	27 ,		49 ,	
30—40 ,	28 ,		51 ,	
40—50 ,	29 ,		52 ,	
50—60 ,	31 ,		54 ,	(max.)
60—70 ,	33 ,		52 ,	
70—80 ,	35 ,		51 ,	
80—90 ,	37,5 ,	(max.)	47 ,	
90—100 ,	37,5 ,		46 ,	
100—110 ,	37 ,		37 ,	
110—120 ,	36 ,		33 ,	

Nach den sächsischen Erfahrungen tritt das Maximum des Zuwachses bei Eichen mit 120, Fichten und Tannen mit 70, Erlen 50—60, Birken 40—50, Lärchen mit 40 Jahren ein. — Aehnliche Erfahrungssätze, in denen wegen vieler örtlicher Umstände keine volle Uebereinstimmung sein kann, geben z. B.: Erfahrungstafeln ... nach Pfeil von Schneider, 1843 — Pernitzsch, Unters. über Zuwachs ... der Wälder, 1842 — Th. Hartig, vergleichende Unters. über den Ertrag der Rothbuche, 1847.

(d) Es giebt jedoch Ausnahmen. Dahin gehören die Anpflanzungen von Weiden zu mancherlei Flechtarbeit, welche jährlich geschnitten werden, wie in den Elbmarschen bei Hamburg (Absatz nach Nordamerica) und zu Sindlingen bei Höchst am Main, Bad. landwirthsch. Correspondenz-Blatt, 1853, Nr. 9

(e) Waldbrand, Raupenfraß, Verheerung des Borkenkäfers, Windfall, Schneebruch, überhandnehmender Diebstahl u. dgl. — Dagegen hat die Langsamkeit des Wachsthums auch das Gute, daß der Holzertrag nicht unter dem Einfluß der Witterung von Jahr zu Jahr verschieden ist, wie bei Feldfrüchten, Obst und dergl.

§. 390.

2) Die Holzzucht erfordert aus der im vorigen §. angegebenen Ursache einen großen Vorrath von stehendem Holze, an welchem der Nachwuchs erfolgt. Dieser Holzbestand ist zwar dem Begriffe nach so wenig ein Capital, als das Gras einer Wiese, weil er noch von Natur mit dem Boden verbunden ist (§. 51), aber er hat doch darin mit dem Capitale Aehnlichkeit, daß er, wie dieses, von dem unmittelbaren Verbrauche für persönlichen Vortheil verschont und als Mittel zur Production neuer Güter benutzt wird, und da es so leicht ist, ihn jederzeit vom Boden zu trennen und folglich in einen beweglichen Gütervorrath umzuwandeln, so darf man sich der Kürze willen füglich

erlauben, ihn als ein Holzcapital anzusehen. Die Erzeugung dieses Holzvorrathes geschieht fast ohne Kosten, hauptsächlich von den Naturkräften (a), erfordert jedoch vieljährige Bewachung und Pflege. Der Eigenthümer kann zu jeder Zeit einen Theil dieser Holzmasse herausnehmen, in Geld umsetzen und dieses auf eine andere Weise werbend anlegen. Diese Unternehmung wird einträglich, sobald der fernere Holzzuwachs im Verhältniß zu dem Holzcapitale kleiner ist, als der Zinsfuß ausgeliehener Summen. Sieht man blos auf die Masse des Holzes, so ist es unbezweifelt, daß der Jahreszuwachs, obgleich er an sich betrachtet bis zu einem gewissen Alter der Bäume zunimmt (§. 389 (a)), doch in Procenten des Holzcapitals ausgedrückt immer schwächer wird (b), es tritt also hier einer der Fälle ein, in denen zwar der Bodenertrag durch Anwendung eines größeren Capitales noch gesteigert wird, dasselbe sich aber minder ergiebig nachweist, als das früher angelegte kleinere, §. 215 a). Hieraus entsteht also für den Waldbesitzer eine Aufforderung, entweder das ganze Holzcapital zurückzuziehen und den Boden anderweitig zu benutzen, oder wenigstens das ältere Holz hinwegzunehmen und nur Bäume bis zu einem solchen Alter stehen zu lassen, in welchem der Holzbestand durch den Zuwachs gehörig verzinst wird; es findet dann eine Abkürzung der Umtriebszeit Statt, wie z. B. bei der Umwandlung des Hochwaldes in den Schlag- oder Niederwald auf $1/4$ oder noch weniger (c).

(a) Ausgenommen, wo man den Wald ansäete oder pflanzte (künstliche Holzzucht).

(b) Nach den Erfahrungstafeln von Pfeil läßt sich für den preuß. Morgen eines gut bestandenen Waldes auf gutem Boden Folgendes annehmen:

Alter.	Buchen.			
	Holzmasse in Cubikfußen		Zuwachs in Procenten	
	im einzelnen Jahre.	im D. des ganzen Zeitraums.	des einzelnen Jahres.	des ganzen Zeitraums.
10	152	70,1	16,9	21,7
20	428	183,3	7,8	11,5
40	1200	497,7	3,6	6
80	3153	1332,6	1,7	2,9
120	5276	2306,2	0,9	1,0

Alter.	Kiefern.			
	Holzmasse in Cubikfußen		Zuwachs in Procenten	
	im einzelnen Jahre.	im D. des ganzen Zeitraums.	des einzelnen Jahres.	des ganzen Zeitraums.
10	247	128,4	13,3	19,2
20	575	275	6,7	10,4
40	1359	624,9	3,2	5,4
60	2210	1019,5	1,8	3,6
80	2955	1417	1,3	2,6
100	3575	1792	0,8	1,9
120	4067	2133,6	0,5	1,5

Hundeshagen berechnet die jährliche Nutzung höher, so daß sie bei 60jährigem Buchenwalde 5 Proc., bei 90 Jahren 4, bei 120 Jahren 2½—3 Proc. betragen würde, Encyklop. II, 754. Forstpolizei, S. 47. In jedem Falle ist jedoch die niedrige Verzinsung älterer Bestände außer Zweifel.

(c) Vergleichung der Hoch- und Niederwaldwirthschaft auf 1 preuß. Morgen Buchenwald in einem 120jährigen Zeitraume: 1) Hochwald mit 120jährigem Umtriebe. Ganze Holzmasse in 120 Jahren: 7030 Cubikfuß Klafterholz, worunter 52 Klafter Scheit- und 24½ Kl. Prügelholz nebst 53 Karren Wellen. Holzerlös 299 fl., Zins im Laufe des Zeitraums 162 fl., Summe beider 461 fl. Die Zinsen sind nicht beträchtlich, weil erst die dritte Durchforstung im 90. Jahre eine etwas erhebliche Einnahme giebt, die stärksten Einnahmen aber vom 110. Jahre an Statt finden. 2) Niederwald mit 30jährigem Umtriebe, wobei also in 120 Jahren viermal gehauen wird. Die ganze Holzmasse ist nur 3450 Cubikfuß Klafterholz, worunter 6 Klafter Scheitholz nebst 56 Karren Wellen, der Erlös also nur 156 fl. Aber die Zinsen, da sie vom ersten Hiebe im 30jährigen Alter 90 Jahre lang, vom zweiten durch 60, vom dritten wenigstens durch 30 Jahre bezogen werden, betragen zu 4 Proc. berechnet nach 120 Jahren 261 fl., wodurch der Ertrag des Niederwaldes auf 417 fl. steigt. Würde man mit Hartig (Lehrbuch für Förster, II, 224, 6. Aufl. 1820) auch die Zinseszinsen einrechnen, so gäbe der Hochwald 541 fl., der Niederwald aber 829 fl. Ertrag.

Ein Kiefernwald bei 60jährigem Umtriebe giebt mit Einrechnung von 5 Proc. einfachen Zinsen nach 120 Jahren 39 Thlr. vom Morgen mehr, als bei 120jährigem Umtriebe. Wird in einem bisherigen Hochwalde der Niederwaldbetrieb eingeführt, so ist ein Theil des Holzvorrathes entbehrlich. Aus der obigen Tabelle ergiebt sich, daß auf dem preuß. Morgen Buchenwald bei 40jährigem Umtriebe im Durchschnitt 497, bei 120jährigem 2306 Cubikfuß Holz stehen müssen. Der Unterschied beträgt 1809 Cubikfuß. Wenn man nun alles ältere Holz über 40 Jahre verkauft, so giebt dieß eine einmalige Einnahme, deren Zinsen reichlich den geringeren Holzertrag des Niederwaldes vergüten können. Der mittlere Zuwachs in den ersten 40 Jahren ist 30, in 120 Jahren gegen 44 Cubikfuß, die jährlichen Zinsen jenes verkäuflichen Ueberschusses sind aber schon 72 Cubikfuß gleich zu setzen. Bei neuen Waldanlagen ist, abgesehen von aller Verzinsung, das frühere Eintreffen der Nutzung eine bedeutende Empfehlung des Niederwaldes, den daher auch Kasthofer (Der Lehrer im Walde, II, 59) für den Bauersmann und die stark bevölkerten Gemeinden vorzieht. — Vgl. Oekon. Neuigk. 1823, I, 316. — Hartig, Abhandl. S. 217. — v. Berg, Staatsforstwirthschaftslehre, S. 66.

§. 390 a.

Die verhältnißmäßig geringere Einträglichkeit der Waldungen mit langer Umtriebszeit kann durch das allgemeine Steigen des Holzpreises nicht abgeändert werden, weil dann zugleich der Erlös zunimmt, den man bei dem Verkaufe des älteren Holzvorrathes erhalten kann. Nur dann wird der Hochwald oder überhaupt die Erziehung von älterem Holze vortheilhaft, wenn diejenigen Holzsorten, welche ein längeres Alter zu ihrer Ausbildung brauchen, auch verhältnißmäßig theurer bezahlt werden, so daß hiedurch die schwächere Verzinsung nach der bloßen Holzmasse wieder vergütet wird, wie denn auch Scheitholz höheren Werth und Preis hat als junge Stämme und Zweige, ferner Bauholz und viele Arten des Nutzholzes noch höheren (a). Das Mitwerben muß daher den Preis der älteren Hölzer soweit erhöhen, daß ihre Erzeugung keinen Schaden bringt, wobei jedoch zu bemerken ist, daß Nadelholz, welches gerade wegen seiner Genügsamkeit in Ansehung des Bodens sehr verbreitet ist, nicht als Niederwald gezogen werden kann (b). Zum Brennen kann älteres und jüngeres Holz gleichmäßig gebraucht werden und jenes wird daher gegen dieses nicht mehr im Preise steigen, als das Verhältniß der Hitzkraft mit sich bringt, weßhalb nur zur Erzielung von starkem Bau- und Nutzholze die Aufzucht von sehr alten Bäumen Vortheil gewährt (c).

(a) Beispiel. Nach den Pariser Holzpreisen gilt 1 Cubikmeter oder Stère = 37 bad. Cubikfuß auf dem Stamme von 15–18jährigem Kohlholz $5,^2$ Fr., von 25–30jähr. Brennholz $11,^{66}$ Fr., von 100jähr. Nutzholz $44,^{15}$ Fr. Journ. des Éc. XII, 264. In der Gegend von Heidelberg wurde (Tarif von 1844) als Mitelpreis des Cubikfußes angenommen: Eichen, Holländerholz 16–18 fr., Spalt- und Sägeholz 13–15fr., Bauholz bis 6″ Dicke 12–13 fr., Brennholz (die Klafter zu etwa 100 Cubikfuß Masse) $5,^4$–$8,^4$ fr; Kiefern, Holländerholz 12 fr., Spalt- und Sägeholz 10–12 fr., Bauholz bis 6″ Dicke 9–12 fr.; Brennholz 6–$7,^2$ fr. — Hartig (Abh. S. 221) setzt den Cubikfuß Scheitholz (Kiefern) zu 1, Bau- und Nutzholz zu 3, Knüppel- (Prügel-) holz zu $^5/_6$, Stangen- und Reisholz zu $^4/_7$, Stockholz zu $^3/_8$. Jäger a. a. O. bestimmt den Cubikfuß Bau-, Scheit-, Prügel-, Stock- und Reißholz bei Eichen auf 15–6–5–4–3 fr. Nach Pfeil giebt ein Morgen 80jähriger Nadelwald

```
10 Kl. Nutzholz    = 39 Kl. Scheitholzwerth
23  : Scheitholz   = 23  :         :
22  : Knüppelholz  = 18  :         :
───                  ───
55  :                71  :
```

(b) Nadelholz schlägt nicht aus dem Stocke aus und pflanzt sich nur durch den Saamen fort, weßhalb die Verjüngung selten vor dem 70. Jahre erfolgt. Die Kiefer ist ein höchst schätzbares Mittel zur Benutzung eines schlechten Sandbodens.

(c) Beim Hochwalde dürfen die erst in neuerer Zeit eingeführten Durchforstungen (Zwischennutzungen) nicht übersehen werden, nämlich das mehrmalige Hinwegnehmen der zu nahe bei anderen stehenden jüngeren Stämme. Der Durchforstungsertrag kann sich der Masse nach der Hälfte des Hauptertrages im haubaren Alter nähern. Jäger (Land= u. Forstw. des Odenw. S. 213) ermittelt den Holzbestand eines hess. M. Kiefernwald bei 75 Jahren auf 8550 Cubikfuß, die in der Zwischenzeit genommenen Nutzungen zu 3600 Cubikfuß.

§. 391.

Wenngleich in gegebenen Fällen der besseren Verzinsung wegen die Zucht von jüngerem Holze für den Waldeigner vortheilhafter sein mag, so verhält es sich doch in volkswirthschaftlicher Hinsicht anders. Hier entscheidet nicht die Geldeinnahme des Einzelnen, sondern die nach dem concreten volkswirthschaftlichen Werthe bemessene Größe des Volkseinkommens, und für diese ist der frühere Empfang einer Holzmasse, der nur ein= für allemal Statt findet, kein hinreichender Ersatz für den fortwährend geringeren Holzzuwachs. Eine gewisse Holzmenge, die neben dem gewöhnlichen Jahreserzeugniß außerordentlicher Weise einmal in den Verkehr tritt, kann keineswegs ganz als Vermehrung des Nationalcapitales betrachtet werden, indem ein größerer Vorrath einer einzelnen Waare ohne gleichmäßige Vermehrung der übrigen wenig zur Gütererzeugung nützt. Man wird blos darum, weil gerade jetzt mehr Holz angeboten wird, die holzverzehrenden Gewerke nicht erweitern, weil dieser Umstand nicht dauernd ist. Daher wird nur der Holzpreis für einige Zeit erniedrigt, wobei die unproductive Verzehrung des Holzes etwas zunehmen kann (a). Könnten freilich die neu hinzugekommenen Holzmassen im Auslande vortheilhaften Absatz, oder zufällig gerade im Lande eine gute Verwendung als Capital finden, so wäre ein volkswirthschaftlicher Nutzen vorhanden. Diesen selteneren Fall ausgenommen darf man den aus jener Umwandlung entspringenden dauernden Nachtheil, daß die ganze Waldfläche einen geringeren rohen und reinen Ertrag giebt und folglich zur Erlangung einer gleichen Holzmenge mehr Wald nöthig ist, für die Volkswirthschaft als überwiegend ansehen (b). Der Boden wird schlechter benutzt und die größere Einnahme der Waldeigenthümer muß von den übrigen Bürgern getragen werden (c).

(a) Abweichend Pfeil, Grunds. I, 95: "Der Vortheil, welchen der kürzere Umtrieb gewährt, besteht für den Einzelnen wie für das Allgemeine ganz gleich darin, daß der im Holze vorhandene Erwerbstamm geschwinder und öfter in ein Geldcapital verwandelt wird, und dieses, oder der Erwerbstamm im Gelde, einen höheren Ertrag giebt, als das Holzcapital oder der Erwerbstamm im Holze." Das Fehlende an Holz soll von den Zinsen des erworbenen Geldcapitales leicht angeschafft werden können. — Diese Ansicht widerlegt sich durch die genaue Unterscheidung des Geldes von anderen Bestandtheilen des Capitales, §. 127. 133. Das Volk wird in einem solchen Falle, wie der angenommene, nicht um eine Geldsumme reicher, denn die Geldmenge des Landes bleibt dieselbe, sondern nur um eine Menge von gehauenem Holze, und es ist die Frage, ob diese das Volkseinkommen soviel vermehren kann, als es durch den Zuwachs am stehenden Holze geschieht. — Gegen Pfeil s. Linz, Vertheidigung des höchstnachhaltigen Forstnaturalertrages ... S. 23 (Trier, 1821). Für die Vorzüge des Hochwaldes auch Noirot, Traité de la culture des forêts, Paris, 1832, und de Chateauvieux in Bibl. univ. Juni 1832, S. 166. — Der Niederwald hat allerdings wieder den Vortheil, leichter bewirthschaftet zu werden und besser gegen Uebergriffe geschützt zu sein. Vgl. Quart. Rev., Dec. 1827, S. 591.

(b) Erfolgt der Uebergang in eine kürzere Umtriebszeit langsam, so vertheilt sich der Verkauf des älteren Holzes auf eine Reihe von Jahren und die Preise werden weniger erniedrigt, endlich aber tritt doch der fortdauernde geringere Holzertrag ein. Vgl. v. Berg S. 87.

(c) Wenn z. B. ein Volk jährlich 1 Mill. Klafter Brennholz nöthig hätte, so wären dazu erforderlich (die Klafter von 144 Cubikfuß zu 160 Cubikf. Holzmasse gesetzt) nach den badischen Erfahrungen auf Mittelboden (aus den Nachrichten bei v. Wedekind, N. Jahrb. d. Forstkunde, XV, 135. Darmstadt, 1839 berechnet): 1) von Buchenhochwald mit 90jährigem Umtriebe 1½ Mill. bad. Morgen, von denen 16 666 jährlich abgetrieben würden, 2) von Buchenmittelwald mit 30jährigem Umtriebe 2·811 000 Morgen, deren 93 700 jährlich gehauen würden; man braucht also 1·311 000 Morgen mehr.

Zweiter Abschnitt.

Verhältnisse der Gewerke.

§. 392.

Die Volkswirthschaft verdankt den Gewerken 1) eine große Vermehrung des Gütererzeugnisses, indem eine Mannichfaltigkeit nützlicher und angenehmer Dinge, die zu den verschiedensten Zwecken dienlich sind, hervorgebracht und der Werth der dazu gebrauchten rohen Stoffe vervielfacht wird (§. 98. 102), 2) die Beschäftigung einer zahlreichen Volksclasse, hauptsächlich in den Städten, 3) eine Veranlassung zur Ausbildung vieler Zweige der Kunst sowie zur wissenschaftlichen Erforschung der Naturgesetze, 4) eine günstige Rückwirkung auf die Erdarbeit, theils wegen des Absatzes, den die rohen Stoffe bei den Gewerksunternehmern finden (§. 365), theils wegen der Versorgung der Erdarbeiter mit Werkzeugen, Maschinen und Genußmitteln (a), 5) eine bessere Gelegenheit, als sie sich in der Regel bei rohen Stoffen findet (§. 364), Landeserzeugnisse ins Ausland zu senden und damit andere nützliche Dinge einzutauschen.

(a) Einige setzen deßhalb die Gewerke über die Erdarbeit (z. B. Glaser, Ueber die Bedeutung der Industrie, 1845, S. 15), allein diese liefert immer erst den Stoff, aus welchem alle Kunstwaaren bereitet werden.

§. 393.

Kein Volk, welches das früheste Kindesalter der wirthschaftlichen Entwicklung überschritten hat, kann ohne Gewerke sein. Diese werden ursprünglich in jeder Familie als Nebengeschäfte betrieben und sind auf die Bereitung und Verfertigung der nothwendigsten Dinge, als Nahrung, Kleidung, Wohnung, Geräthe ꝛc. beschränkt (a), lösen sich allmälig bei der fortschreitenden Arbeitstheilung als selbstständige Gewerbe ab und nehmen bei steigender Bildung und Wohlhabenheit sowohl an Ausdehnung als an Güte der Erzeugnisse fortwährend zu. Der verschiedene Grad von Ausbildung, den die Gewerke in einem Lande erreicht haben, läßt sich schon in dem Zahlenverhältniß zwischen den Erd- und Gewerksarbeitern erkennen, und dieß Verhältniß zeigt von Land zu Land große Verschiedenheiten. Bald machen die Gewerktreibenden nur einen kleinen Theil der Einwohner aus, bald bilden sie die Mehrzahl. Das Emporkommen der Gewerke wird außer der Neigung und Geschicklichkeit der Arbeiter (b) zugleich durch das Dasein eines hinreichenden Capitals und durch die Gewißheit eines guten Absatzes für die Gewerkserzeugnisse bedingt. Der Absatz bietet sich allmälig im Innern des Landes selbst dar, sowie der Reinertrag der Erdarbeit zunimmt und hiedurch die Mittel zum Ankaufe von Gewerkswaaren sich vermehren, und wenn zugleich das Bedürfniß oder wenigstens die Neigung zum Gebrauche verschiedener Kunstwaaren anwächst. Die Gewerke gewinnen bei den Fortschritten der Erdarbeit größeren Umfang und vervollkommnen sich, wirken aber auch wieder vortheilhaft auf jene zurück und diese beiden Hauptzweige der Gütererzeugung befördern sich also wechselseitig. Indeß wird die Entwicklung der Gewerke beschleunigt, wenn sich Gelegenheit zum auswärtigen Absatze von Kunstwaaren findet, weil dann einzelne Zweige, zu deren Betreibung besonders günstige Bedingungen vorhanden sind, in kurzer Zeit großen Umfang erreichen können (c).

(a) Diese häusliche Verfertigung von Gewerkswaaren für den eigenen Bedarf wird in entlegenen schwach bevölkerten Gegenden noch jetzt angetroffen, vermindert sich aber allmälig, vgl. Oluffen, Beiträge zu einer Uebers. d. Nation. Industr. in Dänemark, S. 180 (deutsch v. Gliemann, Altona, 1820).

(b) Die Araber in Spanien waren sehr kunstfleißig. Die Verarbeitung der Seide und Baumwolle, die Färberei, die Bereitung feiner Lederforten ꝛc. beschäftigte viele Menschen und die Hauptsitze dieser Gewerke, wie Granada, Cordova, Sevilla, waren überaus blühend. Die Unterwerfung der Araber unter die christlichen Könige und die Vertreibung der ersteren zerstörten diesen Wohlstand.

(c) Während des Mittelalters erhob sich der Wohlstand der Städte im nördlichen Europa mit Hülfe des auswärtigen Verkehres unabhängig von dem Landbau und wirkte dann fördernd auf diesen (§. 365); die Ursache hievon lag vorzüglich in der rechtlichen Stellung der verschiedenen Volksclassen. Smith, 3. B., 3. u. 4 Cap. besonders II, 202.

§. 394.

In Ländern von schwacher Bevölkerung und wenig entwickeltem Gewerbewesen werden wenige Gewerke betrieben, weil es an Capital und geschickten Arbeitern fehlt, während dort die Landwirthschaft herkömmlich als Hauptnahrungszweig angesehen wird und da, wo sich gute Versendungsmittel, besonders Wasserstraßen, finden, die Gewinnung roher Stoffe zur Ausfuhr vorzüglichen Eifer auf sich zieht, §. 186. In diesem Zustande beschränkt sich der einheimische Gewerksfleiß auf die Verfertigung oder Bereitung solcher Kunstwaaren, die zur Befriedigung der bringendsten Bedürfnisse dienen und leicht zu erzeugen sind, während die eine höhere Stufe der Kunst erfordernden Waaren von außen eingetauscht werden, bis nach und nach die Anhäufung von Capital, der Anwachs der Volksmenge, die Verbreitung nützlicher Kenntnisse und die höhere Verstandesentwicklung auch zur Betreibung der schwierigeren Gewerkszweige ermuntern, wozu auch bisweilen die wachsende Schwierigkeit der Ausfuhr von Bodenerzeugnissen mitwirkt. Je mehr dieß geschieht, desto mehr nimmt der Wohlstand zu, und die Blüthe der Volkswirthschaft wird dann erreicht, wenn die Erdarbeit mit den Gewerken im **Gleichgewichte** steht, auch beide gleichmäßig mit dem Beistande von Kunst und Capital geübt werden (a).

(a) Hume, Versuche, I. Abth. — Das oben erwähnte Gleichgewicht beider Hauptgewerbe wird auch von List, Das nationale System ꝛc. S. 20. 236, als wünschenswerth geschildert, aber der Zustand der vorherrschenden Landwirthschaft der Erfahrung entgegen zu ungünstig dargestellt. — Die Herstellung dieses Gleichgewichts erfolgt in einigen Ländern schnell, in anderen höchst langsam, so daß Jahrhunderte lang die Erdarbeit das Hauptgewerbe bleiben kann. Sowohl die Maaßregeln der Regierung, als manche Orts- und Zeitumstände wirken auf dies Verhältniß in sehr verschiedener Weise ein. — Untersucht man die Ursachen der staunenswerthen Ausbreitung des Gewerkswesens in Großbritanien, so wird man nicht auf einen einzigen Umstand, sondern auf einen günstigen Zusammenfluß mehrerer hingewiesen. Mac-Culloch (Stat. acc. II, 35) führt als solche auf: 1) moralische Ursachen; Sicherheit der Personen und des Eigenthums, — Freiheit im Gewerbewesen, — Allgemeinheit des Unterrichtes, Verbreitung von Büchern und Zeitschriften ꝛc., — bereitwillige Aufnahme geschickter Ausländer, — den in der Ungleichheit des Vermögens und selbst in der Besteuerung liegenden Sporn zum Fleiße; 2) natürliche Ursachen; Reichthum an inländischen Rohstoffen, vor Allem an Steinkohlen, deren Lager man als Kraftmagazine (hoarded or warehoused power) ansehen kann (vgl. §. 120), und die Insellage des Landes, welche den Verkehr mit andern Ländern überaus erleichtert. — Es ist zur Erläuterung der obigen Sätze lehrreich, das Verhältniß zu erforschen, in welchem unter den Ausfuhrgegenständen eines Landes die rohen Stoffe und die Gewerkswaaren zu einander stehen, allein die statistischen Angaben hierüber sind großentheils nicht genau nach diesem Unterschiede eingerichtet, indem sie z. B. bisweilen die halbfertigen mit den ganz rohen Stoffen zusammenwerfen. Beispiele einiger Staaten: Zollverein 1852, aus den Zahlen bei Hübner (Jahrb. III, 18) berechnet, ungefähr:

	Proc. der Ausfuhr
landwirthschaftliche Erzeugnisse	35
Mineralstoffe	7
Erzeugnisse einfacher Gewerke	5
Erzeugnisse künstlicherer	53
	100

In Belgien bestand im D. 1841—50 die Ausfuhr aus 40,3 Procent Kunstwaaren, 44,5 Proc. Verwandlungs- und Hülfsstoffen (matières premières) und 15 Proc. rohen Stoffen zur Verzehrung für unmittelbaren Genuß (denrées), Situat. IV, 156. In Oesterreich betrugen die Kunstwaaren mit Ausschluß der sogenannten Halbfabricate 1852 31 Proc., in Frankreich die Gewerkswaaren 1837—46 41 Proc., in den vereinigten Staaten 1850—51 41 Proc. Serbien führt fast nur Vieh, Häute und Wolle aus.

§. 395.

Die Gewerke stehen dann im völligen Zusammenhange mit der Erdarbeit eines Landes, wenn sie 1) deren Erzeugnisse verarbeiten, wenn zugleich 2) die Arbeiter inländische Lebensmittel verzehren und auch 3) der Absatz großentheils an die Landesbewohner geht. Wenn aber die Gewerke stark zunehmen, so wird dieser Zusammenhang leicht unterbrochen, bald geht man zur Verwendung fremder Verwandlungs- und Hülfsstoffe über, bald übersteigt die Erzeugung den inländischen Bedarf, und so ist öfters selbst in Ländern von geringer Fruchtbarkeit eine schnellere Volksvermehrung hervorgerufen worden, als es ohne diese Berührungen mit dem Auslande geschehen wäre (a). Eine solche Lage der Dinge bringt eine bedeutende Gefahr mit sich, weil sowohl im Einkaufe der fremden Verwandlungs- und Hülfsstoffe und Unterhaltsmittel als im Absatze der Gewerkserzeugnisse, also von zwei Seiten, Störungen möglich sind (b). Der ausländische Absatz insbesondere kann bald von den Maaßregeln anderer Regierungen, bald von dem neuentstandenen Mitwerben anderer Völker geschmälert werden, und es geschieht leicht, daß man im Vertrauen auf die fortdauernde Erweiterung des auswärtigen Marktes die Hervorbringung einzelner Arten von Gewerkswaaren übermäßig ausdehnt, was dann empfindliche Verluste nach sich zieht. Bei großem Schwunge des auswärtigen Handels, zumal wenn er von einer ausgedehnten Schifffahrt unterstützt wird, ist man eher im Stande, solche Störungen zu überwinden (c), am gewaltsamsten wirken diese dagegen in Gebirgsgegenden, in denen wegen der beschränkten Theilnahme am Welthandel den unbeschäftigten Arbeitern und Capitalen nicht so bald andere Wirkungskreise angewiesen werden können, und auch die eigene Erzeugung derjenigen Waaren, die man sonst vom Auslande eintauschte, großen Schwierigkeiten unterliegt (d). Rege Betriebsamkeit weiß sich indeß vielfältig neue Nahrungsquellen zu eröffnen (e).

(a) Ueber die Volksvermehrung in den englischen Fabrikgegenden s. §. 126. 196.
(b) Noth der Spitzenklöpplerinnen in der Gegend von Tondern in Schleswig, wegen des verminderten Absatzes. Sie verdienen wöchentlich nur gegen 40 kr. und werden wegen des Sitzens bei schlechter Kost meistens

schwächlich. Hanssen, Statist. Forsch. über das Herz. Schleswig, Heidelb. 1832, I, 50. 60. Bedrängniß der schlesischen Leinweber wegen Unzulänglichkeit des Absatzes, Schneer, Ueber die Noth der Leinenarbeiter in Schlesien, Berl. 1844. Ein auffallendes Beispiel der Nachtheile, welche die Abnahme des Absatzes nach großer Erweiterung desselben verursacht, giebt der Verfall des Leinengewerks in Flandern. In Ost- und Westflandern, Brabant und Hennegau waren 1843 194 091 Spinner und Spinnerinnen, 57 821 Leinweber, 76 337 Flachsbrecher und Hechler. Es wurden 1839 in beiden flandrischen Provinzen 255 471 Stück, 1848 nur 129 774 St. Leinwand auf den Märkten verkauft. Die belgische Leinwandausfuhr belief sich 1838 auf beinahe 37 Mill. Fr., 1846 auf etwas über 20 Mill. Daher der geringe Lohn. Viele Weber verdienten nur gegen $1/2 - 3/4$ Fr. täglich. 1848 erhielten in Ostflandern allein 18 616 Weber und 49 513 Spinnerinnen Almosen. Genaue Darstellung dieses Zustandes in Ducpétiaux, Mémoire sur le paupérisme dans les Flandres. Brux. 1850.

(c) In dieser Lage ist Großbritanien. Es ist zwar unvermeidlich, daß bei dem großen Umfange einzelner Gewerkszweige bisweilen Erschütterungen eintreten, bei denen viele Familien in Armuth gerathen, aber wegen des lebhaften Handels mit allen Erdtheilen, der immer bald neue Absatzwege auffindet, und des hohen Kunstfleißes wußte man doch die Verlegenheiten immer wieder zu heben. Auch in Belgien zeigt sich ein solches Vorherrschen des Fabrikwesens, aber ohne die Hülfe eines so ausgedehnten Seehandels, wie ihn Großbritanien besitzt.

(d) Simondo, Nouv. princ., I, 289. — Mißjahre müssen in solchen Fabrikgegenden, welche ihren Getreidebedarf von außen beziehen, die traurigsten Folgen haben. Beispiele geben die Noth des sächsischen Erzgebirges und der schweizerischen Fabrikgegenden in den Jahren 1816 und 1817. Der Canton Appenzell verlor 1817 3425 Menschen oder 6 Proc. der Volkszahl, die inneren mehr mit Viehzucht beschäftigten Boden ertrugen aber die Noth leichter als die äußeren. Zollikofer, Das Hungerjahr 1817. St. Gallen, 1818. 10. — Nicht minder furchtbar war die Noth in den beiden Thälern von Glarus, die ebenfalls viele Baumwollenarbeiter haben, und das Aufhören des Handspinnens zufolge der Maschinenspinnerei trug zur Vergrößerung des Elends bei.

(e) Das Fürstenthum Neuenburg hatte schon 1781 unter seinen 40 000 Einwohnern nur 6000 Landbauende, dagegen 7300 mit Kattun-, Spitzen- und Uhrenfabrication beschäftigte Arbeiter. Blos im Val-des-Travers waren nach Picot (Statist. S. 533) 1530 von den 4950 Einwohnern mit Spitzenklöppeln, 1156 Menschen mit Uhrmachen und Verfertigen von Uhrmacherwerkzeugen beschäftiget. Descript. topograph. de la Chatellenie du Val-de-Travers, 1830. — Der merkwürdige Fabrikort Barmen erhob sich vermöge dieser in der Betriebsamkeit liegenden Kraft, neue Hülfsmittel zu erschaffen. Den Anfang machten die Bleichen, dazu kam um das Jahr 1709 die Verfertigung von Leinenbändern und Nähzwirn, später die Schnürriemen, Zwirnspitzen, die gestreiften Leinenzeuche und die Färbereien, nach dem siebenjährigen Kriege die halbbaumwollenen Zeuche (Siamoisen) 2c. Barmen (1846 mit 33 000 E.) hatte 1836 8412 Bandstühle, 78 Färbereien, 30 Bleichen, 210 Baumwollenwebstühle 2c. v. Viebahn, Statist. des R.-B. Düsseld S. 178. — Holzuhrmacher im badischen Schwarzwalde, deren Absatz bis America und Asien geht. Im Jahr 1844 zählte man 1123 Meister mit 694 Gehülfen, daneben 364 Meister und 116 Gehülfen in einzelnen zugehörigen Gewerken, als Verfertigung der Gestelle, Ketten, Räder, Schilder 2c. Indessen werden die Räder und Aren längst aus Metall gefertigt. Neuerlich hat man die Verfertigung metallener Taschenuhren zu Hülfe genommen. Die nordamericanischen Holzuhrfabriken hörten bald wieder auf, dem Schwarzwalde zu schaden. — Holzschnitzer in der Gegend von Sonneberg, wo neuerlich die Verfertigung der Waaren von Papierzeug (papier-maché) hinzugekommen ist, — in der Umgegend von Berchtesgaden und im Grödner Thal (Val Gardena) in Tirol, wo das Bildschnitzen 1703 seinen Anfang nahm und gegen 2500 Menschen beider Geschlechter mit demselben beschäftigt sind, aber die Verminderung der Zirbelkiefer (pinus cembra) sehr lästig empfunden wird. Weber, Das Land Tirol, III, 127.

§. 396.

Die Gewerke können in Verbindung mit der Landwirthschaft getrieben werden, so daß die Lohnarbeiter und auch wohl die kleinen Unternehmer sich abwechselnd mit beiden Verrichtungen beschäftigen. Hiebei bildet das Gewerk entweder nur die Nebenarbeit, die der Landmann zur vollständigen Ausfüllung der Zeit zwischen den ländlichen Geschäften, besonders im Winter, zu Hülfe nimmt, — ein Ueberrest des ältesten Zustandes, in welchem es noch keine besondere Classe von Gewerksunternehmern gab (§. 393), — oder es ist vorherrschender Nahrungszweig und der Gewerksmann sucht nur nebenher seinen Bedarf von Nahrungsmitteln selbst zu bauen, wozu schon ein kleiner Grundbesitz genügt, §. 372 Nr. 2). Diese Verbindung zweier verschiedenartiger Gewerbe, besonders die erste Art, ist in Beziehung auf die Güte und Menge der Erzeugnisse nicht vortheilhaft, denn die Arbeiter können in diesem Falle nach dem Gesetze der Arbeitstheilung (§. 114) nicht leicht so große Geschicklichkeit erlangen, als wenn sie sich ausschließend auf eines von beiden Geschäften beschränkten, auch ist die Unterbrechung in manchen Hinsichten störend und der Anwendung der besten Kunstmittel hinderlich. Die zweite Art der Verbindung, bei welcher die Landwirthschaft eine untergeordnete Stelle einnimmt, erscheint in Bezug auf die Vollkommenheit des Gewerksbetriebes als weniger ungünstig, ist aber doch von jenen Mängeln nicht ganz frei.

§. 397.

Von einer anderen Seite hat dagegen diese Betriebsart einleuchtende Vorzüge. Die Arbeiter befinden sich bei derselben in einem vortheilhafteren und gesicherterm Zustande, als wenn sie nur ein einziges Gewerbe hätten, sie vermögen sich während einer Stockung des Absatzes leichter zu erhalten und werden auch von Mißernten und Theurung minder hart getroffen; sie leben ferner wohlfeiler, als wenn sie alle Lebensmittel kaufen müßten, auf dem Lande sind ihre Bedürfnisse einfacher und die Preise der einzukaufenden Dinge, z. B. Holz, niedriger, sie sind folglich im Stande, sich mit geringerem Lohn und Gewerbsverdienst zu begnügen und die hiedurch verursachte Wohlfeilheit ihrer Erzeugnisse verschafft denselben leichter Absatz. Die Abwechslung beider Beschäftigungen ist für das körperliche Wohlbefinden höchst zuträglich und das Zusammenwirken der Familienmitglieder von verschiedenem Geschlecht und Alter befördert nicht blos der Arbeitstheilung wegen die wohlfeilste Ausführung der Verrichtungen, sondern auch das einträchtige Familienleben, sowie den guten Einfluß der Aeltern auf die Kinder (a). Es können jedoch nur diejenigen Gewerkszweige in dieser Verbindung mit der Landwirthschaft betrieben werden, die weder einen hohen Grad von Geschicklichkeit, noch große kostbare Hülfsmittel, wie Maschinen, Oefen ꝛc., noch auch das Ineinandergreifen vieler Arbeiter erheischen (b). Ist das erforderliche Capital gering, kann z. B. der Verwandlungsstoff in der Nähe angekauft oder von dem Arbeiter selbst erzeugt werden, so wird es diesem möglich, auf eigene Rechnung, als Unternehmer thätig zu sein, nur muß er dann, wenn der Absatz die Versendung in andere Gegenden nothwendig macht, das fertige Erzeugniß an einen Aufkäufer (Verleger) zu verkaufen suchen, um seine Auslagen bald erstattet zu erhalten.

(a) Rau, Ansichten, S. 106. — Cordier, Agric. de la Fl. fr., S. 27. 28. In jedem Bauernhause in Flandern wird gesponnen und gewoben, ebd. S. 34. — In der Gegend von Leeds, Huddersfield und in Nord-Wales sind viele Tuchmacher, die zugleich einige Acres Land bauen. Man hat sogar Maschinen, auf denen solche Weber für Lohn arbeiten lassen können, so daß sie auch in der Güte der Waaren mit den Fabriken zu wetteifern im Stande sind. Die Vortheile dieses „domestic system" in der Wollenverarbeitung sind anerkannt. Mac-Culloch, Statist. acc. II, 37. — Verfertigung von vielerlei Gegenständen aus Knochen, Elfenbein, Perlmutter ꝛc. (tabletterie) im franz. Dep. Oise, wobei die Familien mit Hülfe von einigem Feld- oder Gartenbau in Wohlstand, zugleich gesittet leben. Ein gewöhnlicher Arbeiter verdient täglich 2—2½, eine erwachsene Arbeiterin 1—1½ Fr. M. Mohl, Aus den gewerbswissensch. Ergebnissen einer Reise in Frankreich, 1845, S. 108. — Unter die nützlichen Seiten dieser Verbindung gehört, daß die Zwischenzeiten zwischen den Feldarbeiten vollständig ausgefüllt sind, daß alle Familienglieder, selbst Kinder, zum Erwerbe zweckmäßig beschäftiget werden können und daß die Zerstückelung des Grundeigenthums leichter unschädlich wird.

(b) Vorzüglich die Bearbeitung des Flachses, Weben, Schmieden ꝛc. — Die Weberei ist eine sehr häufige Beschäftigung der Landleute und eignet sich darum sehr gut für sie, weil man eine große Menge gewöhnlicher Zeuche nöthig hat. Im preußischen Staat waren 1843 276111 zur Nebenbeschäftigung benutzte Webstühle, Dieterici, Statist. Tab. S. 155. — In Böhmen sind gegen 20000 Baumwollenwebstühle der Landweber, welche sich weit besser befinden, als die ununterbrochen auf dem Stuhle arbeitenden sogenannten Commercialweber. Czörnig, Statist. Tafeln für 1842. — Die Seidenweber im Canton Zürich, die Baumwollenweber in Appenzell a. R., Barmen, dem baierschen Oberfranken (Hof, Münchberg ꝛc.), die Leinweber auf der Rhön, dem Vogelsberg, der schwäbischen Alp, in Böhmen, Schlesien, Westfalen, im Königreich Hannover ꝛc. wohnen meistens auf dem Lande und betreiben einigen Landbau, so auch die meisten Holzuhrmacher des Schwarzwaldes. — Strohflechten im Schwarzwalde, besonders in Toscana. Doch vertragen sich mit seiner Flechtarbeit keine härteren Verrichtungen, welche die Finger ungelenkig machen würden, weßhalb die flechtenden Bauerntöchter sich häufig Mägde miethen. Bronn, Reise II, 434. — Die zahlreichen Verfertiger von Uhrtheilen in der Gegend von Prescot (Lancasshire) treiben etwas Feldbau, wie die Weber um Manchester, Dingler, Pol. Journ. XXX, 203.

§. 398.

Beachtet man die Ausdehnung der einzelnen Gewerksunternehmungen und das Verhältniß zwischen den Unternehmern und Lohnarbeitern, so findet man einen auffallenden Unterschied zwischen den **Handwerken**, welche im Kleinen, von einem selbst mitarbeitenden Unternehmer mit wenigen Gehülfen und meistens mit einfachen Kunstmitteln betrieben werden, und den **großen Gewerksunternehmungen, Großgewerken (Fabriken und Manufacturen)**, bei welchen in hohem Grade von der Arbeitstheilung Gebrauch gemacht wird und wo, wie bei großen Landgütern (§. 369), ein (wenn nicht mehrere) besonderer Vorsteher die Leitung des ganzen Geschäfts zu besorgen hat. Der Handwerksbetrieb hat unverkennbar mehrere erhebliche Vortheile (a):

1) In Bezug auf die **Unternehmer**. Die Handwerke beschäftigen viele Meister, welche neben ihrem Gewerbsverdienste noch Capitalrente und Arbeitslohn beziehen und sich deßhalb in einer besseren Lage befinden, als die bloßen Lohnarbeiter. Es tritt mithin eine günstige Vertheilung des Einkommens ein, während sonst in den Händen weniger Fabrikherren eine große Masse von Gewerbsverdienst und Capitalrente zusammenfließt,

welche zu einem hohen Luxus auffordert. Die Handwerks=
meister bilden den Kern des Bürgerstandes in den Städten.
Der vor Alters gepriesene „goldene Boden" des Handwerkes,
d. h. die reichliche, leichte und sichere Ernährung, ist zwar heutiges
Tages nicht mehr zu finden, weil das Mitwerben zu Gunsten
der Käufer von Gewerkswaaren viel stärker geworden ist, wozu
theils der leichtere Zutritt zu den Handwerken, theils die Ver=
fertigung vieler Kunstwaaren in den zahlreichen Fabriken vor=
züglich beitragen, allein der fleißige, geschickte und haushälterische
Meister darf in der Regel immer noch ein gutes Auskommen
erwarten.

(*a*) Uebereinstimmend de Sismondi in Pix, Revue d'écon. polit. III, 1.
(Juli 1834), vgl. Roscher in Die Gegenwart, X, 688.
(*b*) Der kleine Unternehmer kann auch durch die Mitglieder seiner Familie
eine nützliche Beihülfe in seinem Geschäfte erhalten.

§. 398 a.

2) In Bezug auf die Lohngehülfen. Schon in der
Anzahl derselben zeigt sich der Unterschied, indem dieselbe bei
den Handwerken verhältnißmäßig kleiner ist, während mancher
Fabrikherr Hunderte, ja Tausende von ihnen in seinem Dienste
hat (*a*). Noch auffallender ist der Vorzug der Handwerke in
Hinsicht auf die Lage der Lohnarbeiter. Die Handwerksge=
hülfen leben größtentheils im Hause, in der Familie des Mei=
sters, der „den Tisch wie die Werkstätte, den Genuß wie die
Arbeit mit seinen jüngeren Gehülfen theilt" (*b*), und dieser
Umstand hat auf ihre sittliche und geistige Ausbildung sehr
gute Wirkung. Sie haben die nahe Hoffnung, späterhin selbst
Meister zu werden (*c*) und beide Classen stehen sich so nahe,
daß sie nur einen einzigen Stand in der Gesellschaft ausmachen.
Bei den Fabrikarbeitern dagegen ist a) die Möglichkeit, je selbst=
ständig zu werden, so entfernt, daß ihnen der aus dieser Aus=
sicht entspringende Antrieb zur Beeiferung und Sparsamkeit in
der Regel fehlt (*d*). b) In manchen Gewerkszweigen ist der
Absatz sehr veränderlich. Wenn sich derselbe ausdehnt, so daß
die Unternehmungen einträglich sind und durch die Anwendung
neuer Capitale rasch erweitert werden, so tritt ein starker Zu=
fluß von Arbeitern ein, denen die Verheirathung nicht verwehrt

werden kann. Erfolgen dann Stockungen des Absatzes, so entsteht in diesen Familien Bedrängniß, sei es, daß ein Theil der Arbeiter ganz verabschiedet wird (e), oder daß sie nur einen Theil der Zeit hindurch beschäftiget werden, oder sich wenigstens mit einem geringeren Lohne begnügen müssen. Wo mehrere Fabriken gleicher Art nahe beisammen liegen, da macht schon die Menge solcher Lohnarbeiter in dem erwähnten ungünstigen Falle die Unterkunft in anderen Nahrungszweigen schwierig. Neue Fabrikzweige pflegen für die Arbeiter vortheilhafter zu sein, als länger bestehende, in denen das Mitwerben stärker ist (f). c) Die Zahl der Fabriken in jedem einzelnen Zweige ist in der Regel klein, bisweilen befindet sich in einer Gegend nur eine einzige. Daher haben die Lohnarbeiter viel weniger Aussicht, bei anderen Unternehmern Beschäftigung zu finden, als die Handwerksgesellen, sie sind daher von ihren Lohnherren mehr abhängig. Zugleich bringt es die große Zahl der Fabrikgehülfen und die Nothwendigkeit einer strengen Ordnung und Unterordnung mit sich, daß dieselben den Fabrikherrn persönlich ziemlich fremd bleiben und zwischen den beiden Classen ein weiter Abstand in Hinsicht auf Vermögen, Bildung, Lebensweise ꝛc. Statt findet. d) Der Leichtsinn, die Rohheit und Unsittlichkeit, die aus diesen Umständen entspringen, werden noch stärker, wenn in einer Gegend so viele Fabrikarbeiter leben, daß sie eine abgesonderte Classe bilden, in der sich üble Gewohnheiten verbreiten und fortpflanzen. Dieser Zustand ist häufig anzutreffen, weil neue Zweige des Fabrikwesens leichter da unternommen werden, wo schon andere bestehen, von denen mancherlei Beistand zu erwarten ist. e) Solche Fabriken, bei welchen die Arbeiter in **großen Werkstätten** beisammen sind (engl. factories), wirken am nachtheiligsten auf den sittlichen Zustand, zumal wenn Personen von beiden Geschlechtern und auch schon im jugendlichen Alter in einer Anstalt nebeneinander beschäftiget sind, wodurch das Familienleben gestört und zu Unordnungen aller Art Anlaß gegeben wird. Dieß Zusammenarbeiten in großen Werkstätten ist in vielen Gewerken nothwendig wegen der Anwendung von Maschinen oder anderen stehenden Vorrichtungen, wegen der Ersparung an Brennstoff u. a. Ausgaben, wegen der zur Güte der Erzeugnisse erforderlichen genauen Aufsicht ꝛc. (g).

(a) In Würtemberg betragen die Gesellen nur 22 Procent aller Gewerksarbeiter. Nach den französischen Volkszählungen enthält der Gewerksstand
75 Proc. Meister, 19 Proc. Gesellen und 6 Proc. Lehrlinge. In Baden
zählen die 35 wichtigsten Handwerke auf 100 Meister 42 Gesellen. In
Preußen kamen in den 82 handwerksartigen Gewerken auf 100 Meister
im Jahre 1849 77, 1852 aber 82 Gesellen und Lehrlinge, nur die
Maurer, Zimmerleute und Töpfer hatten mehr Gehülfen als Meister
(801, — 648 und 405 auf 100), Tabellen V, 882. — Im Königreich
Hannover sind (mit den Gast- und Schenkwirthen) 91 733 selbstständige
Gewerbeleute mit 40 637 Gehülfen aufgezählt, darunter 91 eigentliche
Fabriken mit 1440 Gehülfen, also auf jede beinahe 16 Lohnarbeiter,
von Reden, 1, 493. — In Belgien waren 1846 in den handwerksartigen Gewerken 105 835 Unternehmer mit 135 726 Gehülfen, die arbeitenden Familienmitglieder eingerechnet, also 127 auf 100 Meister.
Die 8188 Fabriken dagegen hatten 117 279 Arbeiter, also jede im
Durchschn. 14,3. — In Kurhessen zählte man (Hildebrand, Statist.
Mittheil. 1853, S. 111) in den Handwerken ohne die Weber auf
100 Meister 64 Gehülfen, in den Fabriken auf 1 Unternehmer 15 Gehülfen und die Handwerker (Meister und Gesellen) sind 4½mal so zahlreich als die in den Fabriken beschäftigten Personen. — In Sachsen
kommen auf 100 Meister bei den Maurern 2320, Zimmerleuten 1623,
Steinmetzen 321, Flaschnern (Klempnern) 153, Schlossern 152, Töpfern
143, Posamentirern 142, Messerschmieden 136 Gehülfen, bei Schuh-
machern 85, Schneidern 83, Wagnern und Böttchern 54 (min.). Stat.
Mittheilungen aus dem Königr. Sachsen, 3. Lief. 1854. — Beispiele
einzelner riesenhafter Unternehmungen: Seraing bei Lüttich, 1817 von
John Cockerill († 1840) angelegt, jetzt im Eigenthum einer Actiengesellschaft; 4200 Arbeiter, wovon 800—1000 in den Kohlenbergwerken;
6 Hochöfen, die täglich 1600 Ctr. Eisen liefern, Puddelöfen, Walz-
werke, Schmieden, Maschinen-Fabrik; es sind 27 Dampfmaschinen in
Thätigkeit, es werden jährlich 50 Locomotiven gemacht und das ganze
rohe Erzeugniß wird auf 17 Mill. Fr. geschätzt, Lecocq, Description
de l'établiss. de J. Cockerill à Seraing. Liège, 1846. — Beaucourt,
Dep. Oberrhein, Fabrik von Uhren, Eisen- und Stahlwaaren, über
2100 Arbeiter; Gebr. Japy. — Joh. Liebig's Wollenzeugfabrik
zu Reichenberg in Böhmen, gegen 3000 Webstühle, 7—8000 Arbeiter.
— Rhymney-Eisenwerk bei Merthyr-Thydvil (Wales), 9 Hochöfen, 3000 Arbeiter. — Nägeli's Baumwollenspinnerei von 65 000 Spindeln und
1500 Arbeitern in Mülhausen. — Spinnerei, Weberei und Druckerei
der Gebr. Hartmann in Münster (Oberrhein), 3500—4000 Arbeiter ꝛc. — Buchdruckerei von Clowes in London mit 19 Dampf- und
23 Handpressen. — Ungeheure Brauereien in London ꝛc.

(b) Hoffmann. — Den Uebergang zwischen beiden Betriebsarten bilden
solche Arbeiter, die in ihren Wohnungen eine gewisse Gewerksverrich-
tung, allenfalls mit Gehülfen, besorgen, jedoch von einem Verleger
(Fabricanten) den Rohstoff erhalten und nur Stücklohn beziehen, wie
die sogenannten Façonmeister. In Nimes z. B. waren 1853
2330 Seidenwebstühle in Gang, die durch 978 Façonmeister mit 4200
Gehülfen beiderlei Geschlechts benutzt wurden.

(c) Doch giebt es auch in manchen Handwerken bloße Handlanger und
Taglöhner, und die Größe des erforderlichen Capitales versperrt in
einem Theile der Handwerke den unbegüterten Gesellen den Zutritt zur
Meisterschaft.

(d) Der Fabrikarbeiter kann indeß hoffen, Werkmeister u. dergl. zu werden,
wenn er sich auszeichnet.

(*e*) Geschieht dieß auch in den Handwerken, so sind doch die Gesellen meistens unverheirathet und können leicht anderswohin wandern.

(*f*) Besonders übel ist die Lage der Handweber. Bei der Verfertigung solcher Zeuche, die weder vorzügliche Körperkraft noch besondere Geschicklichkeit erfordern, ist der Lohn am schwächsten, so daß mancher Weber in Großbritanien nur 5 Schill. (3 fl.) die Woche verdient und viele ⅓ des Jahres ohne Beschäftigung sind, Report of the commissioners on the condition of the handloom weavers, S. 22. 24. 1840.

(*g*) Diese großen Werkstätten werden unvermeidlicher Weise immer zahlreicher. Bei der Verfertigung der Cigarren oder der Handweberei kommen zwar keine Maschinen, Oefen und dergl. in Anwendung, aber man zieht es doch vor, die Arbeiter beisammen zu haben, damit man mehr für die genaue Ausführung der Arbeiten und für die sparsame Verwendung des Verwandlungsstoffes sorgen könne.

§. 398 b.

Die Uebelstände, welche in moralischer und wirthschaftlicher Hinsicht aus einer großen Ausdehnung des Fabrikwesens entstehen, und wegen des Daseins vieler vermögensloser, leicht aufzureizender Lohnarbeiter selbst die Sicherheit im Staate bedrohen können, lassen sich durch viele Erfahrungen nachweisen, doch scheint die Größe und Häufigkeit der Nachtheile öfters mit Uebertreibungen dargestellt worden zu sein, zum Theile weil man die zum Beweise gebrauchten Thatsachen nur von solchen Gewerben hernahm, welche im Stillstande oder sogar in Abnahme waren. Gewerkszweige für entfernten und deßhalb sehr veränderlichen Absatz wirken am ungünstigsten, §. 395. Indeß sind jene Uebel wenigstens zum Theile vermeidlich, indem, abgesehen von dem, was die Staatsgewalt zur Verbesserung der Arbeiter thun kann, das fleißige, haushälterische und gesittete Verhalten der letzteren, unter dem Einfluß guter Volksschulen, eines guten Religionsunterrichtes und äußerer Ermunterungen zur Sparsamkeit, ferner bei guter Einwirkung der Fabrikherren auf den Lebenswandel ihrer Gehülfen, sehr Vieles vermag, um den Zustand derselben zu verbessern, vgl. §. 201 a (a) und II, §. 203.

(*a*) In der neuesten Zeit sind viele einzelne Thatsachen gesammelt worden, welche darüber keinen Zweifel lassen, daß ein Theil der Fabrikarbeiter sich in einer betrübenden Lage befindet. Man kann daraus nicht folgern, daß überhaupt gar keine Fabriken vorhanden sein sollten, aber man muß wenigstens die schnelle Zunahme und Ausdehnung derselben für etwas Bedenkliches halten, nicht etwa in der Graffchaft Lancaster oder in Flandern das volkswirthschaftliche Ideal sehen, dagegen aber auf die Verhütung der das Fabrikwesen begleitenden unerfreulichen Folgen desto mehr Aufmerksamkeit richten. Die Ursachen dieser bedrängten und leidensvollen Lage liegen in dem übergroßen Angebot von

Arbeitern und der daraus entspringenden Erniedrigung des Lohnes, der selbstsüchtigen Gleichgültigkeit vieler Lohnherren und selbst einzelnen Bedrückungen von Seite derselben, z. B. dem schimpflichen Truckſyſtem (truck, franz. troc == Tauſch), d. h. der aufgedrungenen Entrichtung eines Theiles des Lohnes in gelieferten, zu hoch angeſchlagenen oder auch den Bedürfniſſen der Arbeiterfamilien nicht entſprechenden Waaren. Zu den Aeußerungen des Uebels gehören hauptſächlich nachſtehende: 1) In Bezug auf Geſundheit. Zu den anſtrengenden und zum Theil angreifenden Verrichtungen kommen die kärgliche Nahrung, beſonders die engen, dumpfigen Wohnungen, namentlich die Keller, in denen Tauſende zu wohnen gezwungen ſind, die verderbte Luft in den dichtgedrängten Stadttheilen und Werkſtuben, die Nachtarbeiten, die frühzeitige und übermäßige Anſtrengung der Kinder, die mangelhafte Pflege der kleinen Kinder ꝛc., daher iſt die Sterblichkeit unter den Fabrikarbeitern größer, die Lebensdauer bedeutend kürzer, als bei anderen Claſſen. Das Nervenfieber insbeſondere richtet unter ihnen große Verheerungen an. Indeß zeigen ſich dieſe Erſcheinungen auch in Handelsſtädten, z. B. in Liverpool, wo gegen 22 000 Menſchen in Kellern wohnen und wo ſich eine Menge dürftiger Irländer aufhält. Hier iſt die mittlere Lebensdauer nur 17 J., in Mancheſter 20, in Leeds 21 J., in London 26½ J. Der Stadttheil von Liverpool, in welchem 58 Proc. in Kellern und Höfen wohnen, hat 1 Todesfall auf 23½ Einw. und 1 von 27 Menſchen wird jährlich vom Fieber befallen, in dem Theile, wo die Wohnungen am beſten ſind, nur 1 auf 237 und es ſtirbt 1 von 41,⁶ (Duncan). In Preſton iſt die Sterblichkeit unter den Lohnarbeitern 1 von 18,⁴⁸, unter den Gewerbsunternehmern 1 von 31,⁶³, unter den Reichen und den mit höheren Dienſten beſchäftigten 1 von 47,³⁹ und die mittlere Lebensdauer in dieſer Stadt iſt ſeit dem Aufkommen der Fabriken (um 1783) von 31,⁶⁵ auf 19,⁶ J. geſunken (Clay). In den Bezirken der Stadt Nottingham geht die Sterblichkeit je nach der Geräumigkeit und Lage der Wohnungen von ¹⁄₃₂—¹⁄₈₀ (Hawksley). Die ſorgfältigen Nachweiſungen von Ducpetiaux (De la mortalité à Bruxelles 1844) zeigen die große Sterblichkeit der ärmſten Stadttheile in Brüſſel. Unter den Dienſtboten und Taglöhnern ſtirbt (ohne Todtgeb.) 1 auf 14, unter den Gewerbsleuten 1 auf 27, unter den höheren Ständen 1 auf 50,⁶. — Der ſchädliche Einfluß dieſer Urſachen auf den körperlichen Zuſtand läßt ſich aus folgenden Wahrnehmungen darthun. Während im Durchſchnitt von Frankreich, um 100 taugliche Soldaten zu finden, 80 junge Männer aus körperlichen Urſachen übergangen werden müſſen, iſt die Anzahl der Untauglichen auf 100 im Dep. Niederſeine, wo viele Gewerke ſind, 126, in Rouen 166, in Elbeuf 168, in Mühlhauſen doch nur 110. Nach Ch. Dupin findet man im Durchſchnitt von 10 vorzüglich landbauenden Dep. 40, von 10 Fabrik-Dep. 99, im Elſaß 68 Proc. Untaugliche, Dingler, Pol. Journ. 77, 149. Auch im Canton Zürich ſind mehr Dienſtuntaugliche, als in anderen Cantonen, wegen der Spinnereien. — In Belgien hatte 1839—43 der vorzüglich landbauende Bezirk Waremme 5,⁴ Proc., die Fabrikarbeiter in der Provinz Lüttich hatten 8,⁹ Dienſtuntaugliche aus anderen körperlichen Urſachen als wegen der Kleinheit. Die mittlere Größe eines Wehrpflichtigen war im Bezirk Waremme 1,⁶⁴⁰, im Bez. Verviers 1,⁶¹⁸ Meter. — „Die urſprünglichen Bewohner Barmens waren Menſchen von großem, ſtarkem Körperbau, wie es die Abkömmlinge derſelben, welche man in einigen alten Familien trifft, noch ſind, und der größere Haufen der jetzigen Barmer würde daſſelbe athletiſche Anſehen behalten haben, wenn die Beſchäftigung mit Fabrikarbeit dieſelben von Generation zu Generation nicht ſchwächlicher und graciler gemacht hätte." Sonderland, Gesch. von Barmen, 1803, S. 92. Man ist darüber einig, daß durch Maaßregeln der Gesundheitspolizei Vieles zur Beseitigung dieser Uebelstände geschehen könne, wie denn z. B. in Belgien die angeführten Uebel in den Jahren 1839—43 schon merklich geringer waren als 1819—23. Auch fehlt es nicht an Beispielen großer Fabriken mit wohlgelüfteten und reinlich gehaltenen Räumen, ferner gesunder, von Seite der Fabrikherren hergestellter Miethwohnungen für die Arbeiter. Einzelne Belege in Bezug auf den nachtheiligen Gesundheitszustand und dessen Ursachen finden sich vorzüglich in den oben (§. 201 (c)) genannten englischen Berichten und in der belgischen Enquête, f. unten. Ueber die Beschäftigung der Kinder in den Fabriken s. auch die in II, §. 202a ang. Schriften. — 2) Sittlichkeit. Der häufige Hang zum Trunk entsteht leicht aus der mangelhaften häuslichen Erziehung und den anderen in §. 398a unter d bemerkten Umständen. Wilde Ehen (Concubinat) und zahlreiche uneheliche Geburten sind ebenfalls häufige Begleiter des Fabrikwesens. In den Ländern, die keinen Schulzwang haben, wird auch lebhaft über die Unwissenheit der Fabrikarbeiter geklagt. In Belgien fand man in 306 Unternehmungen 648 von 1000 Lohnarbeitern ganz ohne Schulkenntnisse, unter den Arbeiterinnen insbesondere sogar 722 p. m. — 3) Wirthschaftlichkeit. Mangel an Sparsamkeit und Ordnung im Haushalte der Arbeiterfamilien, leichtsinniges Aufzehren des reichlichen Lohnes und desto größere Noth bei der Abnahme des Verdienstes. Die Mädchen, welche frühzeitig in die Fabriken kommen, werden keine guten Hausfrauen, weil sie keine Gelegenheit haben, die dazu nöthigen Kenntnisse zu erwerben. — Das Beispiel von Sedan zeigt, daß guter Wille und Einverständniß unter den Fabrikherren gegen die genannten Unordnungen mit Erfolg wirken können. Die Erkundigungen von Tufnell und Taylor begründen die Annahme, daß man die Bedrückungen und Leiden der Fabrikarbeiter (es ist sogar von „weißer Sklaverei" gesprochen worden) doch für allgemeiner angesehen hat, als sie wirklich sind. Vgl. Gaskell, The manufacturing popul. of Engl. L. 1832. — Mohl in Rau's Archiv, II, 141. Kleinschrod, ebend. S. 348 und dessen Großbrit. Gesetzgeb. S. 177. — Dagegen Ure, Das Fabrikwesen, S. 248 ff. — Mac-Culloch in Edinb. Rev. 124, S. 463 und dessen Stat. acc. II, 81. — Ueber den Zustand der französischen Arbeiter in den Baumwollen-, Seiden- und Wollengewerken Villermé, Tableau de l'état physique et moral des ouvriers, P. 1840. II B. — de Villeneuve-Bargemont, Ec. polit. chrét., L. I, ch. 11. 13. — Taylor, Tour in the manufacturing district of Lancash. Lond. 1842. — Edinb. Rev. 155, S. 190. — Engels, Die Lage der arbeit. Classe in Engl. 1815. — Vorzüglich lehrreich ist die Enquête sur la condition des classes ouvrières et sur le travail des enfants, Brux. 1848, 3 Bde.

§. 399.

Der handwerksmäßige Betrieb steht den großen Unternehmungen in Absicht auf den Erfolg der Arbeit in vielen Fällen nach, weil nämlich 1) in Fabriken mehr Maschinen und andere Kunstmittel angewendet werden können, die ein großes Capital voraussetzen, 2) die Arbeiten unter Viele getheilt werden, 3) die Vorsteher der Unternehmungen sich wissenschaftliche Bildung aneignen, zur Vervollkommnung der Gewerbskunst mehr bei tragen können, auch neue Erfindungen leichter erfahren und benutzen, als Handwerksmeister. Hiezu kommen die wirthschaftlichen Vortheile, die der große Unternehmer in Bezug auf Einkauf, Versendung und Absatz besitzt. Er kann Vorräthe seiner Erzeugnisse anlegen und die vortheilhaftesten Gelegenheiten zum Verkaufe aufsuchen oder abwarten, während der Handwerker entweder von Bestellungen abhängt, oder die unbestellten Waaren schnell an den Großhändler verkaufen muß. Diese Vorzüge zeigen sich hauptsächlich bei den für ausländischen oder doch entfernten Absatz arbeitenden Gewerken. Daher sind bei manchen Zweigen derselben die Handwerksmeister nicht im Stande, in der Güte und Wohlfeilheit der Erzeugnisse das Mitwerben der Fabriken zu ertragen, und es ist eine unaufhaltsame Folge der Capitalanhäufung und der fortschreitenden Gewerbskunst, daß in einem Theile der Gewerke die Handwerke durch die Fabriken verdrängt werden; in anderen Zweigen, bei denen jene Vorzüge des großen Betriebes wegfallen, können sich die Handwerke leichter erhalten und es entstehen sogar manche neue Zweige, die sich für den Betrieb im Kleinen eignen (a). Der Handwerksstand vermag diesen Kampf gegen das Andringen der großen Unternehmungen eher zu bestehen, wenn er sich bemüht, in Kenntnissen und Geschicklichkeiten den Anforderungen der gesteigerten Bildung zu genügen. Man kann ungeachtet der vorhin dargestellten Nachtheile das Aufkommen der Fabriken im Ganzen genommen nicht für ein Uebel halten, wo es nöthig ist, um einem Volke den seiner Bevölkerung und überhaupt dem Stande seiner Güterquellen entsprechenden Antheil an der Betreibung der Gewerke zu sichern, aber man darf nicht wünschen, daß die Vermehrung der Fabriken rascher erfolge, als es in jener Hinsicht Bedürfniß ist, und daß ein Volk sich mit Vernachlässigung anderer Gewerbe den Gefahren eines vorherrschenden Gewerkswesens überlasse, §. 395.

(a) Fabriken liefern große Massen von Waaren gleicher Art und können deßhalb nicht den individuellen Neigungen und Bedürfnissen des Käufers entsprechen. Schon deßhalb ist die Fortbauer vieler Handwerke gesichert, z. B. des Schneiders, Schlossers, Schuhmachers, Schreiners, Wagners. Manche Gewerke sind ganz oder großentheils örtlich, wie das Zimmer-, Maurer-, Glaser-, Bäcker-, Fleischer-, Buchbinder-, Tüncher-, Zuckerbäcker-Gewerk, es sind wenigstens für die Ausbesserung schon gebrauchter Gegenstände Handwerker an Ort und Stelle erforderlich, weßhalb in jeder nicht ganz kleinen Stadt ein Uhrmacher, Büchsenmacher und dergl. nöthig ist. Ferner sind manche Gewerke so einfach, daß der große Betrieb keine Vortheile durch Anwendung kostbarer Kunstmittel ziehen kann, z. B. der Tapezierer, Sattler, Zinngießer, Knopf-, Bürstenmacher, Buchbinder, Töpfer, Goldschläger, Steinhauer, Tüncher, Kürschner, Flaschner ꝛc. In manchen Handwerken hat jedoch schon eine Beschränkung des Absatzgebietes durch Fabriken begonnen, z. B. bei Kämmen, die durch Maschinen geschnitten werden, feinen Seifen, Maschinennägeln ꝛc. Auch Schnüre und Stricke werden im Großen wohlfeiler verfertigt.

§. 400.

Die Gewerke geben die häufigste Veranlassung zur Anwendung von **Maschinen** (§. 118), obgleich dieselben auch in dem Bergbau (§. 351) und in der Landwirthschaft (§. 369) wesentliche Dienste leisten. Daher ist hauptsächlich in Bezug auf die Gewerke öfters die Besorgniß rege geworden, es möchte die Einführung der Maschinen für die arbeitende Classe verderblich wirken, indem sie einem Theile derselben Beschäftigung und Unterhalt entziehen, — es möchte das Verarmen vieler Arbeiter mit dem daraus hervorgehenden Elende den in der besseren Beschaffenheit und der Wohlfeilheit der Kunstwaaren liegenden Vortheil überwiegen; — es möchte sogar die Vermehrung der Maschinen für den Nutzen der Unternehmer selbst widersinnig sein, weil sie das Angebot von Genußmitteln vermehre, zugleich aber die Zahl von Käufern vermindere (a). Zur Unterstützung dieser Ansicht können auch einzelne Erfahrungen angeführt werden (b).

(a) Si un ouvrage est à un prix médiocre, et qui convienne également à celui qui l'achète et à l'ouvrier qui l'a fait, les machines qui en simplifieraient la manufacture, c. à d. qui diminueraient le nombre des ouvriers, seraient pernicieuses; et si les moulins à eau n'étaient pas partout établis, je ne les croirais pas aussi utiles, qu'on le dit, parcequ'ils ont fait reposer une infinité de bras, qu'ils ont privé bien des gens de l'usage des eaux, et ont fait perdre la fécondité à beaucoup de terres. Montesquieu, Esprit des lois, XXIII, Chap. 15. — „Wenn die Menschenzahl in dem Maaße abnähme, wie die Arbeitsmaschinen zunehmen, so würden sie unsere Rettung, da die Maschinen sich aber eben so schnell vermehren, wie die Menschen, so sehe ich die Möglichkeit, daß wir noch einmal aus lauter Kunstfleiß Hunger sterben." G. Forster, ungedr. Briefe, Morgenblatt, 1818, Nr. 298. — Aehnliche Ansichten bei Sismondi, N. princ. I, 365. II, 312. — Pictet in Bibl. univ., Abth. Sc. et arts, IX, 62. — de Villeneuve-Bargemont, L. I. ch. 12, wo jedoch auch die Vertheidiger der Maschinen redend eingeführt werden.

(b) Oeftere Unruhen in den Fabrikgegenden zufolge der Einführung neuer Maschinen. Die Maschinenzertrümmerer (Ludditen) in England, die

z. B. 1526 in Lancashire viele Webemaschinen zerstörten. 1758 wurde Everett's Tuchscheermaschine vom Pöbel verbrannt, 1768 die erste in England erbaute Windsägemühle zerstört, doch ersetzte in beiden Fällen der Staat den Schaden und die Maschinen wurden abermals hergestellt. Poppe, Gesch. der Technol., I, 290. II, 38. — Noch 1846 traten die Arbeiter zu Elbeuf gegen die Wollreinigungsmaschine (trieuse) auf. Die Teigknetmaschinen haben den heftigen Unwillen der Bäckerknechte erregt, auch der Jacquardstuhl fand anfänglich Widerstand.

§. 401.

Die Maschinen wie manche andere Verbesserungen des Betriebes vergrößern das reine Volkseinkommen, indem sie eine Ersparung an den Erzeugungskosten bewirken, woraus sodann eine Erniedrigung des Preises und eine Ausdehnung des Absatzes der Kunstwaaren entsteht. Der Vortheil der Kostenersparung fließt 1) zum Theil den Unternehmern zu, insofern die Preise der Waaren noch einen Gewinn übrig lassen, §. 163. 2, §. 186. 3, a). Dieser Ueberschuß kann bei dem auswärtigen Absatze der Gewerkswaaren am größten werden und zu einer schnellen Erweiterung der Gewerbe Anlaß geben (a); 2) den Käufern der wohlfeiler und besser gewordenen Waaren. Was jene an ihren bisherigen Ausgaben ersparen, das wird von ihnen unfehlbar auf andere Art verwendet (§. 338), und zwar entweder um mehr Genußmittel zu verzehren (b), was den Absatz der inländischen Unternehmer von Stoffarbeiten erweitert, oder um sich mehr Dienste leisten zu lassen, oder um neue Capitale auf die Betreibung von Gewerben zu verwenden, wobei die Verkäufer von Gütern, die hiezu dienlich sind, z. B. von Lebensmitteln, Stoffen ɾc. mehr absetzen und mehr Lohnarbeiter Beschäftigung finden, §. 339. 1).

(a) Ueber den Einfluß der Maschinen auf die Baumwollenverarbeitung s. §. 125 a. Ein merkwürdiges Beispiel rascher Ausdehnung giebt insbesondere die Verfertigung von Spitzengrund oder Bobbinet (Bobbin net), ein erst seit 1808 aufgekommenes Gewerk. Whitacker erfand die erste Maschine hiezu, Heathcoat führte zuerst eine solche (nach eigener Erfindung) aus. Neuerlich sollen 4500 Maschinen im Gange sein, die 200 000 Menschen beschäftigen und 23 Mill. O.Yards (181 Mill. Pariser O.Fuß) Geflechte liefen. Dieß Product wird für 1'691 875 L. St. verkauft, während die rohen Stoffe (1'600 000 Pfund Baumwolle und 25 000 Pfd. Seide) nur 150 000 L. St. gelten. ⅜ des Erzeugnisses werden in den Fabriken geflickt, wodurch der ganze Erlös derselben auf 3'417 700 L. St. steigt. Dieser Gewerkszweig ist dem Absatze der geklöppelten Spitzen sehr in den Weg getreten. Weber, Beitr. z. Gew.- und Handelsk., I, 309. — v. Kees und Blumenbach, I, 505. —

Dingler, Pol. J. XLII, 430. — Babbage, Ueber Maschinen- u. Fabrikwesen, S. 376.

(*b*) Die Vergrößerung des Gütergenusses in Großbritanien zeigt sich im Anwachse des Verbrauches verschiedener Lebensmittel. En aucune contrée le peuple n'est aussi bien habillé, aussi bien logé, aussi bien nourri. Si quelquo étranger intelligent lit un contrât pour la fourniture annuelle de quelque maison des pauvres dans la Gr. B., il ne peut s'empêcher d'exprimer une vive surprise sur la quantité de viande, de beurre, de fromage, de thé, qui compose chaque ration, et sur les soins minutieux qui sont pris pour que chacun de ces objets soit de la meilleure qualité dans son espèce. Dupin a. a. D. S. 82.

§. 402.

Aus dieser Betrachtung ergiebt sich, daß man bei dem häufigen Gebrauche der Maschinen im Ganzen nicht geringere Summen zur Beschäftigung von Arbeitern aufwendet, daß mithin noch dieselbe oder selbst noch eine größere Arbeiterzahl ihren Unterhalt finden kann (*a*). Wenn das stehende Capital durch die Maschinen einen steten Zuwachs gewinnt, so muß darum doch das umlaufende und namentlich der aufgewendete Arbeitslohn nicht abnehmen, vielmehr bringen es die schnellen Anhäufungen neuer Capitale mit sich, daß alle Zweige des Capitalaufwandes stärkeren Zufluß erhalten. Die Arbeiter können Unterkunft finden 1) in denselben Gewerken neben den Maschinen, weil diese die Beihülfe des Menschen nie ganz entbehrlich machen. Bei einer großen Ausdehnung des Absatzes, wie sie z. B. durch auffallende Kostenverminderung oder durch Verkauf ins Ausland verursacht wird, ist es möglich, daß nach der Einführung von Maschinen ein Gewerk noch ganz die gleiche Zahl von Arbeitern beschäftiget, wie zuvor (*b*); 2) in anderen Zweigen der Stoffarbeit, die weniger Gelegenheit zum Gebrauche von Maschinen darbieten. Es fehlt zu keiner Zeit an solchen Verrichtungen, auch entstehen immer neue in demselben Maaße, als man mehr auf sie zu verwenden vermag (*c*). Selbst die Verfertigung von Maschinen setzt wieder Menschen in Thätigkeit; 3) in verschiedenen Diensten, die sich ebenfalls bei der Vergrößerung des reinen Einkommens fortwährend vervielfachen (*d*).

(*a*) Vgl. v. Jakob, Nationalök. S. 162. — Im Jahre 1762 hatten Großbritanien und Irland gegen 15 Mill. Einwohner, darunter befanden sich gegen 4 Mill. Handarbeiter, die Maschinen ersetzten ungefähr 11 Mill. Menschen, also kam ein Erzeugniß zu Stande, wie es 15 Mill.

Handarbeiter hätten liefern können. 1807, bei 18 Mill. Einwohnern, berechnete man die Zahl der Handarbeiter zu 6 Mill., die Wirkung der Maschinen zu 200 Mill. Das Erzeugniß ist demnach beinahe 14mal so groß geworden, und die Menge von Handarbeitern hat verhältnißmäßig mehr zugenommen als die Volksmenge. Solche Rechnungen können indeß nicht genau zutreffen, sondern sich nur der Wahrheit mehr oder weniger nähern; vgl. Weber, Beiträge, I, 3. — Nach Cowell steigt in den englischen Baumwollenfabriken regelmäßig der Lohn mit den Verbesserungen der Maschinen, ohne daß die größere Leistung dem Arbeiter schwer würde. Mac-Culloch, Stat. acc. II, 83, vergl. §. 188 (a).

(b) „Si l'on pouvait croire que l'inconvénient, qu'ont d'abord les nouvelles machines, d'oter du travail aux ouvriers, ne se répare pas bientôt, il suffirait, pour être persuadé du contraire, de compter les travailleurs des manufactures immédiatement avant l'invention d'une nouvelle machine, et immédiatement après qu'elle y est généralement en usage." Villermé, Tabl. II, 298. — Große Vermehrung der Reisenden in Folge der Dampfschifffahrt und der Eisenbahnen.

(c) In den chemischen Gewerken, z. B. dem Branntweinbrennen, Färben, der Glasbereitung, der Verfertigung verschiedener Farb- und Apothekerwaaren und dergl. wird durch die Anwendung vortheilhafter Vorrichtungen weniger an der Arbeit, als am Verwandlungs- und Hülfsstoff gespart. Eine Menge einfacher Handwerke, ferner manche zum Gebiete der schönen Künste gehörige Gewerke lassen ebenfalls keine Maschinen zu. Rau in Malthus und Say, S. 250. — Zunehmende Hervorbringung von Steindrücken, Stahlstichen, Photographien ꝛc.

(d) Lehrer, — Künstler, z. B. Schauspieler und Musiker, — Aerzte, Wundärzte, Geburtshelfer, — Boten, Kutscher ꝛc. — Dieß hat auch Ganilh bemerkt, Des systèmes d'ec. pol. I, 212.

§. 403.

Die Maschinen, deren große und dauernde volkswirthschaftliche Wirkungen im Allgemeinen keinem Zweifel unterliegen, sind demnach für die Dauer und im Ganzen auch der arbeitenden Classe eher nützlich, als schädlich (a). Unverkennbar können aber vorübergehende Stockungen aus der Einführung neuer Maschinen entstehen. Die Unternehmer lassen sich durch die Rücksicht auf die Bedrängniß der Arbeiter nicht abhalten, Maschinen einzuführen, wenn diese ihnen Gewinn versprechen. Die hiedurch aus ihrer bisherigen Wirksamkeit verdrängten Arbeiter finden nicht immer sogleich neue Beschäftigungen, auch treten hier öfters die oben (§. 160. 161) dargestellten Hindernisse des Ueberganges von einem Gewerbe zu dem andern in großer Ausdehnung ein. Wie weit diese anfängliche Nahrungslosigkeit von Arbeiterfamilien sich erstrecken und wie lange sie dauern könne, dieß ist im Allgemeinen nicht bestimmbar, auch läßt sich nichts zur Verhütung derselben thun, weil man der Vermehrung der Maschinen nicht widerstreben darf. Ein Volk, welches die Maschinen von sich abweisen wollte, würde dadurch nur bewirken, daß ein Theil der von ihm betriebenen Gewerke sich in die Nachbarländer zöge (*b*). Man gelangt daher zu der Ueberzeugung, daß die mit der Einführung neuer Maschinen möglicher Weise verbundenen Uebel, die doch immer von weit kürzerer Dauer sind, als die guten Folgen, unter die Opfer gehören, mit welchen die Erhöhung des allgemeinen Wohlstandes erkauft werden muß (*c*).

(*a*) Say, Darst. I, 153. Dessen Briefe an Malthus in: Malthus und Say, S. 158. — Lotz, Handb. I, 215 ff. — von Hövel in Schulz, Die Bedeutung der Gewerke im Staate, S. 18. 121 (Hamm, 1821). — Ganilh, Systèmes, I, 201. — Dict. technol. L Bd. S. XLIII. — Hundeshagen, Zeitbedürfnisse, I, 134 (1832). — Murhard, Theorie und Politik des Handels, I, 117. — Vgl. die in §. 118 (*a*) angeführten Schriften.

(*b*) „Il ne s'agit plus de savoir, si l'emploi des machines condamne des bras au repos; il suffit d'être convaincu qu'elles sont devenues nécessaires pour maintenir la concurrence et preserver notre industrie d'une ruine certaine." Chaptal, De l'ind. franç. II, 229.

(*c*) Eben dahin muß gerechnet werden, daß bei einem großen Schwunge der Betriebsamkeit, wo viele neue Unternehmungen ergriffen und mancherlei mächtige Verbesserungen der Gewerke versucht werden, auch dagegen die Anzahl der mißlungenen Bestrebungen, der verlorenen Capitale und der verarmten Familien nicht unbeträchtlich ist.

§. 404.

Der Erfahrung zufolge treten jene nachtheiligen Folgen von neuen Maschinen nur in wenigen Fällen ein (*a*). Von einer Menge der wirksamsten und allgemeinsten Maschinen ist nicht bekannt, daß bei ihrer Einführung Nachtheile wahrgenommen wurden, und noch jetzt sehen wir das Maschinenwesen in vielen Gewerken ohne Störung sich ausbreiten. Diese beruhigende Erfahrung läßt sich aus der Natur der Sache erklären: 1) Die außer Thätigkeit gesetzten Arbeiter bieten alle Kräfte auf, um andere Erwerbswege zu finden, was gewöhnlich einem Theil derselben bald gelingt. 2) Die Maschinen schaden dann am wenigsten, wenn das Gewerk, in welchem sie angewendet werden, bisher noch wenige Menschen in Thätigkeit setzte, oder wenn der Begehr der mit Hülfe der Maschinen zu Stande gekommenen Erzeugnisse zugleich sehr zunimmt; sie sind daher ohne alle nachtheilige Folgen in Ländern, in welchen die zugehörigen Gewerke erst jetzt entstehen (b). 3) Die wirksamsten Maschinen sind gewöhnlich sehr kostbar und verbreiten sich nur langsam, weßhalb das Angebot von Arbeitern sich sehr allmälig vermindert. Ein Theil der Unternehmer wird bald durch die Besorgnisse wegen der Fortdauer des Absatzes, bald auch durch Mangel an genauer Kenntniß und durch das von manchen getäuschten Erwartungen begründete Mißtrauen gegen neue Einrichtungen abgehalten, sich sogleich Maschinen anzuschaffen (c), daher sind plötzliche Erschütterungen des Nahrungswesens weniger zu befürchten.

(a) Besonders bei den Spinn- und Tuchscheermaschinen, und neuerlich bei den Maschinenwebstühlen.
(b) Dieß ist z. B. die Lage der nordamericanischen Freistaaten.
(c) Eine Dampfmaschine, nach den Preisen von 1837 in Berlin, Ruhrort und Eschweiler kostete bei 6 Pferdekräften 2200—3000 Thaler, bei 10 3200—4200 Thlr., bei 20 5400—6900 Thlr., bei 40 Pferdekräften 8500—12300 Thaler. Jede Pferdekraft kommt also bei den kleinsten erwähnten Maschinen auf 366—500, bei den größten auf 212—310 Thaler zu stehen. In Nordamerica kostete 1824 nach Marestier (Sur les bateaux à vapeur, S. 49) eine Pferdekraft bei Maschinen von 20 Kräften 3250, bei 100 Kräften nur 1770 Franken. Die Société du Rénard in Brüssel lieferte 1841 die Pferdekraft einer Dampfmaschine mit niedrigem Druck ungefähr zu 1150 Fr. — Die gravirten Walzen zum Kattundruck sind kostbar und jede ist nur zu einem einzelnen Muster zu brauchen, weßhalb ihre Anwendung immer sehr beschränkt bleiben muß, besonders da die Kattunmuster der Mode sehr unterworfen sind. Die Schnellschütze hat, ungeachtet ihrer geringen Anschaffungskosten, sehr langsame Verbreitung gefunden. — Nachtheilig ist für die Weber, daß die Webmaschinen wenig kosten, nämlich eine solche, die von einem Menschen mit der Kurbel gedreht wird (dandyloom), nur 4 L. St., ein Maschinenstuhl, der von einer Dampfmaschine bewegt wird (power-loom oder steam-loom) ungefähr 12 L. St., in Frankreich 400 Fr., in Gent 1841 350 Fr., indeß muß man deren mehrere zugleich anschaffen und eine Dampfmaschine haben. Im Jahre 1836 zählte man im britischen Reiche 115601 Maschinenwebstühle, wovon 109472 in Baumwolle, 5292 in Wolle. Mac-Culloch, Statist. account. II, 105. — Für viele Landleute in Deutschland wird die Einführung der Flachsspinnmaschinen eine Zeit lang sehr empfindlich sein, wie jetzt in einigen Gegenden von Irland die Handspinner leiden. Diese Maschinen sind zwar unentbehrlich, um große Massen eines wohlfeileren und ganz gleichförmigen Garns zu liefern, die Handspinnerei wird jedoch nicht ganz aufhören, weil sie das feinste Garn bis jetzt besser liefert als die Spinnmaschinen, und es werden allmälig auch andere Beschäftigungen Ersatz geben. Im britischen Reiche hat sich die erst im jetzigen Jahrhundert entstandene Maschinen-Flachsspinnerei überaus schnell verbreitet, so daß man jetzt schon 2 Mill. Feinspindeln annimmt, von denen jede im D. $1/2$ Centner Garn liefert. Die Garnausfuhr war 1835 erst 2·611215 Pfund, 1842 erreichte sie $29\frac{1}{2}$ Mill. Pfd., nahm aber dann wegen der erhöhten französischen Einfuhrzölle ab. 1852 war sie wieder

23·928 592 Pfd. Zugleich hat sich die gesammte Leinenverarbeitung und die Ausfuhr von Leinenwaaren sehr erweitert. Es wurden 1835 für 2·605 000, 1853 für 3·872 000 L. St. Leinengewebe ausgeführt. In Belgien waren 1838 47 000, 1851 100 000 Spindeln, in Frankreich 1849 250 000, im Zollverein 1851 erst 60 000, in Oesterreich 30 000 Maschinenspindeln in Gang. Der Mittelpreis eines Bundle Leinengarn war in England in den 3 Jahrzehnden 1820—29, 1830—39, 1840—49: 13,^{88}—11,^{19}—8,^{15} Sch. Amtl. Bericht über die Londoner Ausstellung, II, 155. — Für 1 Spindel, welche jährlich nach der Feinheit 50—80 Pfd. Garn spinnt, kosten die Maschinen in Belgien gegen 90 Fr., mit Gebäude und Mobiliar gegen 150 Fr., mit dem umlaufenden Capital ist der ganze Capitalbedarf gegen 220 Fr., Enquête sur l'industr. linière, Rapport S. 221 und Beil. Nr. 28. Brux. 1841, vgl. die in II, §. 28 (b) genannten Schriften. — Zum Glücke kann beim Anbaue des Leins und der ersten Behandlung des Flachses noch weit mehr Arbeit mit großem Nutzen angewendet werden, wie das Beispiel von Belgien zeigt, wo der Leinbau mit großer Sorgfalt betrieben wird. Hier wie in einem Theile von Frankreich (Dep. Aisne) kommt eine solche Arbeitstheilung vor, daß besondere Landwirthe (liniers locataires) den Lein auf den hiezu vorzüglich geeigneten gepachteten Feldern, die oft sehr zerstreut liegen, bauen und die Ernte sowie die weitere Verarbeitung dem Flachsbereiter (linier exploitant) verkaufen. Durch gute Auswahl des Saamens, gute Düngung und Bearbeitung des Feldes, zeitiges Ausraufen ꝛc. läßt sich zur Verfeinerung des Flachses Vieles thun. Das Rösten (z. B. in warmem Wasser nach Schenk), Brechen und Spinnen wird am besten in großen Fabriken besorgt, deren auch in Deutschland schon mehrere bestehen.

§. 405.

Auf das Gedeihen der verschiedenen Zweige von Gewerksunternehmungen haben örtliche und Zeitumstände Einfluß, deren ungünstige Beschaffenheit sich zwar überwinden läßt, aber nur mit Anstrengung, vorzüglicher Geschicklichkeit und erhöhtem Aufwand (a). Die wichtigeren dieser Umstände sind nachstehende: 1) Bei Gewerkswaaren, in deren Preis der verbrauchte Verwandlungs- und Hülfsstoff einen beträchtlichen Theil ausmacht, kommt viel auf die Kosten der Versendung an, besonders wenn dieser Stoff nicht kostbarer Art ist, weßhalb solche Gewerke sich von selbst dahin ziehen, wo man diese Stoffe am nächsten und auch wohl in der größten Auswahl hat. Dieß ist bei inländischen Erzeugnissen die Gegend ihrer Entstehung (b), bei ausländischen Stoffen derjenige Bezirk, der sie am schnellsten und wohlfeilsten durch Einfuhr erhält (c). 2) Bei Gewerken, die viel Handarbeit erfordern, ist der niedrige Arbeitslohn einer Gegend vorzüglich nützlich (d). 3) Wo eine andere bewegende Kraft zu Hülfe genommen werden soll, ist man genöthigt, die Oertlichkeit hiernach zu wählen, z. B. nach den Wasserkräften.

4) Manche Gewerke erfordern eine so hohe Geschicklichkeit der Arbeiter und so künstliche Hülfsmittel, z. B. Maschinen, daß sie erst da leicht emporkommen, wo andere leichter zu betreibende Gewerkszweige schon Raum gewonnen haben. Es giebt daher eine gewisse Reihenfolge, in der die Gewerke bei der allmäligen Entwicklung des Kunstfleißes nacheinander mit bestem Erfolge gegründet werden können (*e*). Solchen z. B., welche Gegenstände eines hohen und verfeinerten Luxus verfertigen, müssen andere vorausgehen, die für die Bedürfnisse der arbeitenden Classen (des **gemeinen Mannes**) sorgen, und manche sehr kunstreiche Gewerke gelangen nur in größeren Städten zur Blüthe, wo sich Reichthum, Kenntnisse und veredelter Geschmack vereinigen.

(*a*) Rau, Ansichten der Volkswirthschaft S. 122.

(*b*) Köhlerei, Sägemühlen, Holzschnitzer, Theer- und Pechhütten, Kienrußbrennereien, Glas- und Porzellanfabriken, Hüttenwerke in waldreichen Berggegenden, — manche Fabriken, die viel Brennstoffe verzehren, in der Nähe der Steinkohlenlager, z. B. chemische, — Oelmühlen und Tabaksfabriken da, wo Reps und Tabak in Menge gebaut wird, — Rübenzucker-Fabriken in Gegenden wo viel Runkelrüben wohlfeil gebaut werden können, — Salz- und Alaunwerke in der Nähe der entsprechenden Lagerstätten (oder Salzquellen) und dergl. Durch Wasserstraßen wird man jedoch in den Stand gesetzt, bei einem Theile der genannten Gewerke die Sitze nach anderen Rücksichten zu wählen. Papierfabriken dürfen nicht zahlreich nahe beisammen sein, um sich nicht die Lumpen zu vertheuern.

(*c*) Zuckersiedereien entstehen am leichtesten in großen Handelsstädten, wo man den Rohzucker in beliebiger Menge und Beschaffenheit vom Auslande beziehen kann, — Thransiedereien, Natrumfabriken in der Nähe von Küsten.

(*d*) Vgl. §. 493 Nr. 3 b. §. 207 (*a*). — Bei den Spitzen kostet der Zwirn (schon Gewerkswaare) nur $1/4$–$1/10$ des ganzen Aufwandes; namentlich in Neuenburg 10, in Schleswig 12, in Dieppe bei den feinen 10, bei groben Spitzen 16 Proc., um Puy auch 16 Proc. (Tagsverdienst bei den Zwirnspitzen 9–10, bei den Seidenspitzen 12–20 Sous, 15 bis 20000 Weibspersonen sind beschäftigt. Horbin, Stat. génér. de la France, II, 99. 101). Bei den Mechelner Spitzen (points de Malines), die aune zu 16 Fr., wird ebenfalls das Garn zu $10,^6$ Proc. berechnet; bei den unerreichbaren Brüsseler Spitzen beträgt es viel weniger.' Das Spitzengarn wird meistens aus Frankreich bezogen, das Pfund bis zu 1800 Fr. 1841 sah man in Brüssel zweidrähtigen Spitzenzwirn, von dem die Unze ($1,^{875}$ bad. Loth) gegen 19000 Met. enthielt und zu 254 Fr. geschätzt wurde, das Zollpfund also 4334 Franken. — Es sind 50–60000 Arbeiterinnen in Belgien beschäftigt. Briavoinne, Ind. en Belg. II, 367. Perrot, Revue de l'exposit. en 1841, S. 10. — In London war 1851 irländisches leinenes Handgespinnst ausgestellt, von welchem 230 400 Yards auf 1 Pfund gingen.

§. 405 a.

Die Gewerksverrichtungen zerfallen nach dem Wesen ihres Zweckes in zwei Abtheilungen (*a*):

1) Solche, die eine Veränderung in der stofflichen Beschaffenheit der Güter bewirken sollen, d. h. Mischungen oder Scheidungen. Hier sind die Regeln des Verfahrens auf die **chemischen** Naturgesetze gebaut, die Veränderungen werden meistens mit Hülfe der Wärme oder des Wassers (auf **trockenem** oder **nassem Wege**) hervorgebracht und erfordern wenig Arbeit, aber bei vielen Waaren kostbare und kunstvolle stehende Vorrichtungen. In den Kosten nehmen die verbrauchten Verwandlungs- und Hülfsstoffe einen größeren Theil ein als der Lohn. Die Erzeugnisse solcher Vorrichtungen sind zum Theile sogleich oder nur mit geringer Formveränderung zu menschlichem Genusse brauchbar, z. B. Branntwein, Mehl, Bier, Essig, Seife, Leuchtgas, meistens aber muß sich noch eine der in die folgende Abtheilung gehörenden Vorrichtungen hinzugesellen.

2) Solche, welche den Stoffen eine gewisse Gestaltung (Form) geben und also auf **mechanische** Wirkungen gerichtet sind. Hier entsteht der beabsichtigte Erfolg anfänglich durch Menschenhand mit Hülfe von Werkzeugen, bis späterhin die Arbeit zum Theil durch Maschinen ersetzt wird. Die meisten Kunstwaaren erhalten erst durch die Gestaltung ihren vollen Gebrauchswerth, wobei sie oft mehrere Stufen der Verarbeitung zu durchschreiten haben und aus halbfertigen zu ganz vollendeten Kunsterzeugnissen werden. Die Arbeit nimmt bei diesen Vorgängen fortwährend eine wichtigere Stelle ein, als bei den chemischen, zumal da mit zunehmender Bildung ein immer lebhafter werdendes Bestreben entsteht, in den Gütern von längerer Dauer gefällige und selbst schöne Formen zu Stande zu bringen. Der Luxus ruft diese Steigerung der Gewerkskunst hervor und das Mitwerben treibt zu der Bemühung, die verschönerten Erzeugnisse durch niedrigere Preise mehreren Menschen zugänglich zu machen. Bei vielen Arten von Kunstwaaren giebt es von den einfachsten bis zu den zierlichsten und kostbarsten Erzeugnissen eine vielfache Abstufung (*b*). Die Verfertigung der letzteren wird am spätesten unternommen, auch haben dieselben

in jedem Lande den kleinsten Markt, dagegen können sie wegen der geringeren Fortschaffungskosten am leichtesten in andere Länder versendet werden und veranlassen deßhalb einen Wettstreit der in den Gewerken am meisten fortgeschrittenen Völker.

In vielen Gewerken kommen chemische und mechanische Veränderungen zugleich vor, so daß die eine oder andere Art nur als die vorherrschende betrachtet werden kann (c).

(a) Es liegt im Wesen der Sache, daß an dieser Stelle der Volkswirthschaftslehre über die Gewerke nicht so viele allgemeine Betrachtungen mitgetheilt werden, als über die Landwirthschaft, weil diese nur in wenige Hauptzweige zerfällt, die Gewerke aber sehr zahlreich und von einander sehr verschieden sind, so daß Untersuchungen über statistische und volkswirthschaftliche Verhältnisse einzelner Zweige sehr ausführlich sein müßten.

(b) Z. B. vom gemeinen Trinkglas zu dem bunten, geschliffenen, geschnittenen Kryhstallbecher, von einfacher Leinwand zum gestickten Battist, von dem einfachen Baumwollenzeuche bis zu dem gemusterten und bedruckten Gewebe, vom groben Wollentuche zum Kaschmirshawl, vom Töpfergeschirr zum vergoldeten und bemalten feinen Porzellan, vom Tisch aus Nadelholz zu dem mit edlem Metall, Perlmutter ꝛc. eingelegten Prachttisch aus einem ausländischen Holze.

(c) In der Verarbeitung des Flachses ist das Rösten, in der Papierbereitung das Bleichen, Bläuen und Leimen, in dem Wollengewerbe das Färben oder Bedrucken eine chemische Veränderung, in der Glasbereitung das Blasen oder Gießen und das Schleifen, in der Porzellanbereitung das Formen ein mechanisches Geschäft.

Dritter Abschnitt.

Verhältnisse des Handels.

Einleitung.

§. 406.

Der Handel (a) als selbstständiges Gewerbe entsteht dann, wenn die Arbeiten so weit getheilt sind, daß nur durch eine besondere, die Tauschgeschäfte vermittelnde Thätigkeit die Hervorbringung mit den Bedürfnissen in Verbindung und Ausgleichung gebracht werden kann, §. 104. Jede nur etwas ausgebildete Volkswirthschaft hat also unfehlbar eine Zahl von Kaufleuten und deren Gehülfen (b); doch sind weit weniger Menschen erforderlich, um eine gewisse Gütermenge im Handel von den Erzeugern zu den Verzehrern zu bringen, als um sie durch Erd- und Gewerksarbeit zu erzeugen (c). Uebrigens sind die Hauptzweige des Handels so sehr von einander verschieden, daß in volkswirthschaftlicher Beziehung (§. 349) weniger ihr Gemeinschaftliches, als vielmehr das, was jedem von ihnen eigenthümlich ist, in Untersuchung kommen muß.

(a) G. B. Conte Arco, Dell' influenza del commercio sopra i talenti e costumi in den Classici Ital. P. moderna, T. XXXI. Deutsch: Abhandlung über den Einfluß des Handels auf den Geist und die Sitten der Völker, 1788. — Dessen Dell' influenza dello spirito del commercio sull' economia interna de' popoli e sulla prosperità degli stati. ebb. — Niemeyer, Ideen über Ursachen, Fortschritte und Wirkungen der Handlung, Hannov. 1796. II, 3. Ausg. 1844. — Murhard, Ideen, S. 124. Dessen Theorie und Politik des Handels, I. Bd. 1831. (Der II. Bd. enthält die Handelspolitik.) — Geier, Versuch einer Charakteristik des H. Würzb. 1823. — A. v. Mylius, Der Handel, betrachtet in seinem Einflusse auf die Entwicklung der bürgerlichen, geistigen und sittlichen Cultur, Köln, 1829. — Mac-Culloch, Ueber Handel und Handelsfreiheit, b. v. Gambihler, Nürnb. 1834.

(b) Sowohl die im Dienste eines einzigen Unternehmers stehenden (Handelsdiener, Packer, Ausläufer), als die, welche mehreren für Lohn beistehen, wie Fuhrleute, Schiffer, Mäkler, Lastträger, Auslader. Die Inhaber von Fuhrwerken und die Schiffsherren sind unter die Unternehmer zu zählen.

(c) Preußen hatte 1852 an Arbeitenden:
   14 044 Großhändler,
   10 630 Gehülfen derselben,
    2 239 Mäkler,
   136 556 Kleinhändler,
   24 161 Gehülfen der Kaufleute mit offenem Laden,
   34 414 Schiffleute,
   16 100 Fuhrleute,
   235 174 oder $^1/_{70}$ der Einwohner.
In Belgien zählte man 1846 nach den Köpfen in den Familien:
   51 697 Großhändler mit Einschluß der Mäkler, Holz- und
      Pferdehändler und Reder,
   100 958 Kleinhändler aller Art,
    41 836 Schiff- und Fuhrleute,
   194 491 oder 4,^{44} der Einwohner.
In Sachsen sind (die selbständigen Familienhäupter gezählt) in Handel 2,^{00} Proc. der Einw. beschäftigt, daneben in der Fortschaffung, im Wegbau, der Post, Eisenbahn, den Telegraphen 0,^{90} Proc.

§. 407.

Der Handel wird nach der Beschaffenheit und Menge der vertauschten Gegenstände auf folgende Weise eingetheilt:

1) **Waarenhandel**, welcher bewegliche Güter von einer besonderen Art der Tauglichkeit, die als Capitale oder Genußmittel gebraucht werden (a), in Umlauf bringt. Da beträchtliche Massen von Waaren mit verhältnißmäßig geringeren Kosten von einem Lande oder Landestheile dem anderen zugeführt werden können, ihr Verbrauch aber in den meisten Fällen eine Zertheilung der größeren Vorräthe in kleine Quantitäten erfordert, so theilt sich der Waarenhandel wieder in **Groß-** und **Kleinhandel**. Wo jener aufhört, dieser anfängt, läßt sich nicht allgemein nach der Quantität bestimmen, es ist jedoch zur Feststellung beider Begriffe das Merkmal hinreichend, daß der Kleinhandel sich mit der Vertauschung so kleiner Gütermengen abgiebt, wie sie der tägliche Gebrauch verlangt (b).

2) **Papier-** oder **Effectenhandel**, der sich mit Creditpapieren (§. 293) beschäftigt. Diese kommen hier nicht blos als Zahlungsmittel und Gegenwerthe für ausgeliehenes Vermögen, sondern zugleich als Gegenstände, welche des Gewinnes willen eingekauft und wieder verkauft werden, in Erwägung.

(a) Auch Grundstücke in einzelnen Fällen; es giebt Menschen, die mit Landgütern handeln.

(b) Dieser Bedarf ist der Quantität nach sehr ungleich. Talg, Kochsalz, Butter, Gyps brauchen des geringen Preises willen nicht so sehr zerstückt zu werden, als Zimmt und Pfeffer; Holz wird nicht in so kleinen Abtheilungen verbraucht als Räucherpulver. Wo eine Waare aus einzelnen Stücken besteht, deren jedes für sich zu gebrauchen ist, wie Papier, Schreibfedern, Oelkuchen, Knöpfe, Feuersteine, Reisbündel, da giebt der Kleinhandel dieselben stückweise aus, sonst aber zertheilt er die Quantitäten nach der Bequemlichkeit der Zehrer, damit sie nicht mehr zu kaufen brauchen, als sie in kürzester Zeit zu verzehren pflegen. — Die in Frankreich aufgestellte Mittelstufe zwischen Groß- und Kleinhandel ist eine Verbindung beider Geschäfte, indem die Kleinhändler mit offenem Laden in Städten oft zugleich die Krämer kleinerer Orte versehen und insofern Großhändler sind.

§. 408.

Eine andere Eintheilung der Handelszweige entspringt aus der Rücksicht auf das Verhältniß des Handels zur Volkswirthschaft eines einzelnen Landes.

1) **Inländischer** oder **Binnenhandel** ist der Inbegriff derjenigen Handelsgeschäfte, bei welchen Waaren lediglich innerhalb des Landes vertauscht werden (a).

2) Der **auswärtige Handel** überschreitet mit seinen Unternehmungen und Sendungen die Gränzen des Landes. Er zerfällt wieder in zwei Abtheilungen:

a) Der **Aus- und Einfuhrhandel** führt inländische Erzeugnisse ins Ausland und bringt von da fremde Waaren für die Verzehrung im Lande zurück (b).

b) Der **Zwischenhandel** beschäftigt sich blos mit dem Umtausche ausländischer Erzeugnisse gegeneinander, ohne den Stoffarbeitern des eigenen Landes Absatz, oder den Zehrern desselben Zufuhr zu verschaffen.

Hält man diese Eintheilung mit der vorigen (§. 407) zusammen, so ergiebt sich, daß nur bei dem Waarenhandel diese Rücksicht auf den Ort der Entstehung und Verzehrung von Waaren Bedeutung hat, — ferner daß der Kleinhandel, etwa den Hausirhandel ausgenommen, nicht leicht ins Ausland geht, weil Versendungen in die Ferne sich nur bei beträchtlichen Gütermassen verlohnen.

(a) Auch ausländische Erzeugnisse, wenn sie eingeführt worden sind, können im Binnenhandel weiter vertauscht werden und mischen sich im Kleinhandel auf unkenntliche Weise mit den Landeserzeugnissen.

(b) Nicht jeder einzelne Kaufmann, der mit dem Auslande handelt, muß nothwendig Einfuhr und Ausfuhr zugleich besorgen, aber wenn der eine nur die Ausfuhr der einheimischen Producte betreibt, so wird immer auch ein anderer da sein, der die Ergänzung, nämlich die Einfuhr, sich zum Geschäfte macht. Man unterscheidet in Seeplätzen die Aus- und die Einfuhrhändler, exporteurs, importeurs.

Erste Abtheilung.

Der Großhandel.

I. Der Binnenhandel.

§. 409.

Der inländische Großhandel eines Volkes verschafft den einheimischen Erzeugern den Absatz ihrer Waaren, den inländischen Zehrern, d. h. allen Einwohnern, eine leichte Befriedigung ihrer Bedürfnisse. Die Wirkung gereicht also in beiden Hinsichten vollständig dem eigenen Lande zu Vortheil. Jedes auf den Einkauf von Waaren gewendete Handelscapital erstattet einem inländischen Unternehmer einer Stoffarbeit seine Kosten und setzt ihn dadurch in den Stand, sein Geschäft fortzusetzen. Der unmittelbare Verkehr zwischen den Erzeugern und Zehrern vermag in den meisten Fällen die Absichten beider Classen nicht so vollständig zu erfüllen, als die Vermittlung durch den Kaufmann. Deßhalb ist blühender Binnenhandel die nothwendige Bedingung einer ausgedehnten Erzeugung mannichfaltiger, für die eigene Verzehrung des Volkes bestimmter Güter; durch ihn treten die Stoffarbeiten in ein richtiges Verhältniß zu den Bedürfnissen und dem Einkommen der Bürger und die ganze Volkswirthschaft erhält erst durch ihn Zusammenhang und Festigkeit. Es ist ein Erfahrungssatz, daß diejenigen Staaten den höchsten, und zwar einen unerschütterlichen Wohlstand genießen, in denen der Binnenhandel die größte Lebhaftigkeit erreicht (a). Doch kann derselbe in einem kleinen Lande, wo der Absatz vieler Waaren eine ziemlich enge Gränze hat, der Production nicht die wünschenswerthe Ausdehnung geben, und es können in diesem Falle ohne Beistand des auswärtigen Verkehres manche

Gelegenheiten zum vortheilhaften Betriebe einzelner Gewerbe nicht gehörig benutzt werden.

(a) A. Smith, II, 150. — Die Irrthümer des Handelsshstems verleiteten dazu, den innern Handel darum gering zu schätzen, weil er die Geldmenge des Landes nicht vermehrt. Man kann den Belauf dieses Zweiges statistisch nicht so leicht berechnen, als den des in wenigere größere Canäle zusammengebrängten auswärtigen Handels. Nimmt man indeß den weiteren Begriff des Handels an, so daß auch der Absatz der Erzeuger an die Verzehrer mit in ihn fällt (§. 99), so ist offenbar der größere Theil aller in einem Lande verzehrten Erzeugnisse desselben Gegenstand dieses inneren Güterverkehres. Der innere Güterverkehr auf den Flüssen und Canälen von Rußland, mit Ausschluß der zur Ausfuhr bestimmten Waaren, umfaßte im Jahre 1837 eine angekommene Gütermasse von 612 Mill. Rubel, Berghaus, Annalen, Febr. 1839. — Auch der innere Handel zeigt bisweilen überraschend schnelle Fortschritte. Am Hudsoncanal im Staate Newyork ist die Stadt Lockport an einer Stelle entstanden, wo 1821 erst einige Bauernhäuser standen. 1825 hatte sie schon 600 Häuser, 2 Kirchen, 1 Postamt. Reise des Herzogs Bernhard von Weimar, I, 128.

§. 410.

Das Capital des Kaufmanns ist größtentheils umlaufend, indem es zur Anschaffung der fertigen Waaren und zur Bewirkung des Fortschaffens dient, und sein Umlauf erfolgt im Binnenhandel schneller, als im auswärtigen, weil die Versendung und Bezahlung in kürzerer Zeit bewirkt werden kann. Eine Summe wird hier leicht in einem Jahre zweimal oder noch öfter umgesetzt und dadurch zugleich der ganze Bedarf von kaufmännischem Capitale verringert. Das stehende Capital, welches der Handel erheischt, ist jedoch nicht allein im Vermögen des Kaufmanns enthalten, sondern begreift auch die beweglichen Versendungsmittel (Fuhrwerke, Schiffe), welche den Hülfspersonen, und die unbeweglichen (Niederlagen, Krahnen, Waagen, Landstraßen, Canäle, Brücken, Eisenbahnen), welche dem Staate, den Gemeinden oder Gesellschaften gehören, §. 127. Schon hieraus erhellt, daß das Gedeihen des Handels mehr als das Emporkommen der Stoffarbeiten von öffentlichen Einrichtungen abhängig ist.

§. 411.

Der Gewinn, den der inländische Handel den Unternehmern abwirft, ist in der Regel im Verhältniß zu dem Capitale (dem Procentsatze nach) nicht beträchtlich, denn die Geschäfte desselben sind mit geringeren Schwierigkeiten und Gefahren verbunden als im auswärtigen Handel, die Einkaufspreise und die anderen Kosten sind offenkundig, die erforderlichen Capitale von mäßiger Größe, so daß stets ein starkes Mitwerben vorhanden ist, welches die Preise zu Gunsten der Käufer niedrig hält. Auch Personen ohne eigentliche kaufmännische Bildung befassen sich mit solchen Handelsgeschäften, wozu sie bald durch den Besitz eines Capitals, bald durch Waarenkenntniß in einem einzelnen Gegenstande oder Theilnahme an einem Gewerbe der Erzeugung veranlaßt werden (a). Der ungestörte, gefahrlose Fortgang der Unternehmungen hält die Kaufleute für den geringeren Belauf des Gewerbsgewinnes schadlos.

(a) So wird z. B. häufig der Getreide-, Holz-, Hopfen-, Viehhandel ꝛc. in kunstloser Weise betrieben.

II. Der Aus- und Einfuhrhandel.

A. Allgemeine Betrachtung desselben.

§. 412.

Die Vortheile, welche dieser Handelszweig (a) für die Volkswirthschaft gewährt, erklären sich daraus, daß derselbe einen Austausch zwischen den Völkern und eine Folge der Arbeitstheilung unter denselben bildet. Kein Volk vermag alle Gegenstände, die zur Befriedigung seiner Bedürfnisse und zur Erhöhung seines Genusses dienen, leicht, gut und wohlfeil hervorzubringen. Dieselben Umstände, welche den Betrieb einiger Gewerbszweige besonders begünstigen, stehen andern hindernd im Wege. So entsteht für jedes Volk eine Ermunterung, sich vorzüglich denjenigen Stoffarbeiten zu widmen, bei denen es den größten Erfolg zu hoffen hat, und dagegen auf andere zu verzichten, in denen es das Mitwerben anderer Völker nicht bestehen kann. Als Ursachen einer solchen Verschiedenheit lassen sich hauptsächlich anführen: 1) Die Naturbeschaffenheit der Länder, die sich besonders bei der Erdarbeit entscheidend zeigt, §. 87 ff. 119. Die heißen Länder zeichnen sich durch eigenthümliche edlere Erzeugnisse vor den anderen aus, gemäßigte unterscheiden sich wieder von den kalten Gegenden und Gebirge von den Ebenen theils durch die Art ihrer Erzeugnisse, theils wenigstens durch die ungleichen Hervorbringungskosten derselben (b). Diese natürliche Verschiedenheit hat auch auf die Gewerke Einfluß (§. 405) und diese Verschiedenartigkeit der von jedem Volke angebotenen Erzeugnisse bildet eine mächtige und immerwährende Aufforderung zum Tauschverkehr (§. 27), welchem sich von selbst ein geistiger Verkehr anschließt (c). 2) Die ungleiche Vertheilung der einzelnen Güterquellen, indem häufig das eine Land eine Fülle von Capital und Kunstmitteln besitzt, das andere einen Ueberfluß an Arbeitskräften, der den Lohn auf einem niedrigen Stande hält, ein drittes eine Menge des fruchtbarsten Bodens, so daß nur die besten Grundstücke angebaut und die rohen Stoffe mit den geringsten Kosten erzielt werden (d). 3) Mancherlei zufällige Umstände, welche die Gewerbsthätigkeit einzelner Länder besonders auf den einen oder den anderen Zweig der Stoffarbeiten hinlenken, so daß im Verlaufe der Zeit die Vorliebe für denselben und die erworbene Geschicklichkeit ähnliche Wirkungen äußern, wie die verschiedenen Naturbeschaffenheiten, nur daß diese Richtung des Kunstfleißes sich auch wieder ändern kann (e).

(a) Er wird auch auswärtiger Consumtions- oder Bedarfshandel genannt. Kraus, Staatsw. III, 124.

(b) Hic segetes, illic veniunt felicius uvae,
Arborei foetus alibi atque injussa virescunt
Gramina; nonne vides, croceos ut Tmolus odores,
India mittit ebur, molles sua thura Sabaei?
Virgil. Georgic. I, v. 53—56.

(c) „Euch, ihr Götter, gehört der Kaufmann. Güter zu suchen,
Geht er, doch an sein Schiff knüpfet das Gute sich an."
Schiller.

Die hohe völkerverbindende Macht des Handels zeigt sich z. B. deutlich in den Caravanenzügen, die durch Sandwüsten und Steppen den Verkehr in Asien und Africa unterhalten. Durch reisende Kaufleute dringt die europäische Bildung in das Innere beider Erdtheile. Geht hiedurch die Sitteneinfalt eines bisher ganz abgeschiedenen Volkes verloren, so wird dafür eine mannichfaltige Kraftentwickelung gewonnen. „Der Mensch hebt sich nur durch Reibung des Geistes am Geist, und froh müssen wir aufblicken, wenn wir Völker, die bisher einzeln und isolirt standen, in dem Treiben der Welt mit fortgewälzt sehen. In der Wüste wird nie aus dem Kinde ein Mann, und im beschränkten Raume, wo nur für wenige Ideen Platz ist, bildet sich keine Nation." v. Buch, Reise durch Scandinavien, II, 120.

(d) Alte und neue Länder, old und new countries. Vgl. Torrens, Prod. of w., S. 253.

(*) Es giebt manche Beispiele von Gewerben, die von einem kunstfleißigen Volke neu ergriffen und bald so vollkommen betrieben werden, wie in ihren alten Sitzen.

§. 413.

Der Aus- und Einfuhrhandel hat für ein Volk überhaupt den Nutzen, daß dasselbe mit gleichem Kostenaufwande eine größere Gütermenge erwirbt, als wenn es alle Gegenstände des eigenen Bedürfnisses selbst erzeugen wollte (a). Dieß läßt sich bei den zwei Geschäften, in welche sich dieser Handel spaltet, näher nachweisen: 1) Die Ausfuhr von Landeserzeugnissen bewirkt, daß gerade diejenigen Zweige der Hervorbringung, welche die Bürger des Landes besser und wohlfeiler als andere Völker zu betreiben vermögen, eine größere Ausdehnung gewinnen. Auf diese Weise werden die Grundstücke, Capitale, und Arbeitskräfte am ergiebigsten und vollständigsten benutzt, der höhere von dem Auslande erstattete Verkaufspreis giebt reichliche Gewinnste, es werden in raschem Fortgange neue Capitale erübriget, die Stoffarbeiten entwickeln sich schneller, und man darf annehmen, daß durch diesen im auswärtigen Absatze liegenden Anstoß zur Anstrengung der Kräfte die gesammte Erzeugung eines Landes ansehnlich vermehrt wird. 2) Die Einfuhr verschafft zugleich dem Volke solche Güter, die von ihm selbst gar nicht oder doch nur mit größeren Kosten hervorgebracht werden, um einen niedrigen Preis, und bringt eine Manchfaltigkeit von Genußmitteln hervor, welche wieder die Veranlassung geben, daß man, um sie erlangen zu können, eifriger arbeitet.

(a) Smith, II, 266. — Ricardo, 7. Cap., besonders S. 129 der Ueberf. von Baumstark. — Mac-Culloch, Ueber Handel und Handelsfreiheit, S. 13. — Gegen Smith: Herrenschwand, Abhandl. über den auswärt. Handel der europ. Nationen. Aus d. Franz. Berl. 1790.

§. 414.

Der aus dem Aus- und Einfuhrhandel hervorgehende Vortheil findet sich 1) in dem reinen Gewinne der Kaufleute, wenn sie die ausgeführten Waaren im Auslande, und die dafür eingetauschten fremden wieder im Innern um einen die Kosten übersteigenden Preis verkaufen. Hätte man genaue Verzeichnisse der Aus- und Einfuhr, würden ohne Zutritt anderer Leistungen alle eingeführten Waaren mit ausgeführten vergütet und alle Geschäfte dieser Art innerhalb eines Jahres ganz beendigt, so daß weder Schulden noch Forderungen an andere Länder stehen blieben, so würde sich zeigen, daß die Einfuhr mehr beträgt, als die Ausfuhr, beide nach ihren inländischen Preisen bemessen, und der Unterschied würde nach Abzug der Handelskosten die Gewinnste der Kaufleute anzeigen; 2) in dem reinen Gewerbsgewinn, den andere an der Hervorbringung theilnehmende Personen in Folge der ausgedehnteren Production und des einträglichen Verkaufes machen; 3) in der Ersparniß der Käufer, welche ihre Bedürfnisse mit Hülfe der eingeführten Waaren wohlfeiler befriedigen können, d. h. in der größeren Werthmenge, welche sie sich bei gleicher Ausgabe verschaffen. Dieser Werthüberschuß entzieht sich der Berechnung (a).

(a) Krug (Nationalr. des pr. St. 1, 220) glaubt, nur der Gewinn bei der Ausfuhr könne als reiner Zuwachs zu dem Volkseinkommen betrachtet werden, weil der Kaufmann den höheren Preis der eingeführten Waaren von seinen Mitbürgern erhalte, sich also blos auf ihre Kosten bereichere; allein es läßt sich mit Sicherheit annehmen, daß diese auch bei dem höheren Preise, den sie bezahlen, noch am Werthe gewinnen.

§. 415.

Dieser Vortheil des Aus- und Einfuhrhandels ist wie aller Gewinn aus dem Tausche (§. 151) nothwendig ein gegenseitiger; jedem an diesem Verkehre theilnehmenden Volke fließt ein Gewinn zu, obschon nicht gerade ein gleich großer, sowie auch der Grad der Mitwirkung zu diesem Tausche nicht überall derselbe ist. Wenn ein Volk die Aus- und Einfuhr mit seinen eigenen Capitalen und Fortschaffungsmitteln betreibt, wenn es also auf seine Rechnung und Gefahr die Landeserzeugnisse hinaus sendet und anderen Völkern zum Kaufe anbietet, zugleich aber die fremden Waaren an ihren Erzeugungsorten einkauft und nach Hause bringt, so ist dieß eine stärkere Theilnahme an dem Handel, die man deßhalb Activhandel nennt, während der Ausdruck Passivhandel den Verkehr desjenigen Volkes bezeichnet, welches sich von Fremden seine Erzeugnisse abholen und seinen Bedarf an fremden Waaren zuführen läßt (a). Der Passivhandel erfordert kein größeres Capital, als der inländische, er ist leichter, bequemer und gefahrloser und entspricht daher solchen Völkern, die noch wenig Capital haben und dasselbe besser für ihre Stoffarbeiten verwenden können. Dagegen ist der Absatz der Erzeugnisse im Passivhandel unsicherer, während es im Activhandel leichter ist, neue Absatzwege aufzusuchen und neue Verbindungen anzuknüpfen. Der letztere eignet sich daher mehr für reiche Länder. Da er vorzüglich durch Wasserversendung ausgedehnt werden kann, so hängt sein Gedeihen zugleich von dem Zustande der Schifffahrt eines Landes und dadurch mittelbar von der Gelegenheit zum wohlfeilen Einkaufe des Bauholzes und von der Ausbildung der Schifffahrtskunst ab.

(a) Bisweilen versteht man unter Activhandel denjenigen, welcher eine Forderung an das Ausland begründet (Ausfuhrhandel), unter Passivhandel den, aus welchem ein Land an andere schuldig wird (Einfuhrhandel). Diese ältere Bedeutung beider Ausdrücke ist unfruchtbar, weil Aus- und Einfuhr immer miteinander verbunden sein müssen.

§. 416.

Die Begriffe von Activ- und Passivhandel beziehen sich nur auf den Fall, wenn das eine Volk dem Aus- und Einfuhrhandel viel mehr Capitale und Kräfte widmet, als das andere, sie fallen also ganz hinweg, wenn die Aus- und Einfuhr von jedem der beiden in Verkehr stehenden Völker wetteifernd besorgt wird, wobei dann das Mitwerben der beiderseitigen Kaufleute und Schiffer den Abnehmern und Verkäufern desto günstigere Bedingungen verschafft (a) und jedes Volk nur einen Theil des erforderlichen Handelscapitales aufzuwenden braucht. In diesem Falle bleibt aber das dazu bestimmte umlaufende Capital länger im Umlaufe, weil jedes Geschäft mehr Zeit erfordert (b). Dafür kann auch dem Unternehmer ein größerer Gewinn zu Theil werden, indem der große Umfang und die Gefahren der Unternehmungen, sowie die dazu nöthigen Kenntnisse und Verbindungen das Mitwerben einengen (c). Dieß tritt vorzüglich bei neu eröffneten Handelsgeschäften ein, doch scheint dabei der reine Gewinn größer, als er wirklich ist, weil man auf die Gefahren des Mißlingens Rücksicht nehmen und deßhalb eine entsprechende Vergütung unter die Kosten aufnehmen muß, §. 239. Die Erzeuger der Ausfuhrgegenstände können dagegen nur so lange einen das gewöhnliche Maaß übersteigenden Gewinn genießen, als der Absatz im Steigen ist.

(a) Es giebt jetzt wenige Völker mehr, die sich ganz passiv im auswärtigen Handel verhielten; doch geben die Chinesen im Verhältniß zu den Europäern ein Beispiel hievon.

(b) Wer eine Sendung in ein anderes Land gemacht hat, kauft daselbst meistens sogleich für den Erlös fremde Waaren ein, schon damit das Schiff nicht leer zurückgehen muß. Wenn dagegen englische Kaufleute Baumwollen- und Stahlwaaren nach Spanien schicken, dort Weine und Oele kaufen, diese in Schweden absetzen und erst hier, oder vollends in einem vierten Lande die zur Einfuhr nach England bestimmten Dinge kaufen, so wird dieß Geschäft als eine besondere Art des Aus- und Einfuhrhandels angesehen (Smith, II, 151), die man den indirecten oder umschweifigen Consumtionshandel genannt hat, Kraus, Staatsw. III, 216. Vgl. §. 412 (a). Genau betrachtet ist dieß eine Verbindung zweier ungleichartiger Unternehmungen, denn das Einkaufen spanischer Producte, um sie in Schweden zu verkaufen, gehört dem Zwischenhandel an.

(c) Die Preise der Waaren können in verschiedenen Ländern so sehr von einander abweichen, daß die ersten Handelsunternehmungen reiche Früchte bringen, nur werden meistens durch das Mitwerben die Preise in dem einem Lande allmälig so weit erhöht, in dem anderen aber um soviel erniedrigt, daß sie fast nur noch um den Betrag der Fortschaffungskosten verschieden sind. Die anfängliche Preisverschiedenheit ist desto größer, je weniger die beiden Länder in der Bildung und der Richtung der Gewerbe einander ähnlich sind. — In einer amtlichen Bekanntmachung des russischen Senates von 1775 wurden die Verkaufspreise von 28 russischen Ausfuhrartikeln zu Constantinopel und die sämmtlichen Kosten angegeben, und es ergab sich, daß im Durchschnitt ein Gewinn von 24 Proc. für den Kaufmann übrig blieb. v. Peyssonel, Verfassung des Handels auf dem schwarzen Meere, übers. von Cuhn, S. 380. (Leipz. 1788.)

§. 417.

Kein Volk kann die Vortheile des Aus- und Einfuhrhandels genießen, ohne sich zugleich manchen Gefahren auszusetzen. Unterbrechungen des Verkehrs zwischen den Völkern werden sowohl durch Kriege, als durch Maaßregeln der Regierungen veranlaßt, auch wird nicht selten ein Volk durch ein anderes, welches die Stoffarbeiten mit noch besserem Erfolge zu betreiben anfängt, aus seinem Absatze verdrängt. Wenn die für die Ausfuhr arbeitenden Gewerbszweige in Stocken gerathen, so treten wenigstens für den Augenblick empfindliche Störungen des Wohlstandes ein, Capitale und Arbeiter werden außer Thätigkeit gesetzt und es sind Verluste und Bedrängnisse zu ertragen, bis es gelingt, neue Anwendungen für die Güterquellen aufzufinden. Das natürliche Heilmittel unter solchen Umstänben liegt darin, daß bei der Verminderung der Ausfuhr auch die Einfuhr abnehmen muß, die Production sich mehr auf die Gegenstände der einheimischen Verzehrung richtet, und die bisher zum Einkaufe fremder Waaren angewendeten Einkünfte nun den inländischen Erzeugern Absatz verschaffen. Doch verstreicht, besonders wenn einzelne Productionszweige ausgedehnt waren, oft geraume Zeit, bis die Hervorbringung diese neue Richtung vollständig angenommen hat und die Nachtheile verschwunden sind. Obgleich solche Ereignisse bisweilen den Nutzen des Aus- und Einfuhrhandels verringern, so dürfte man doch keinem Volke rathen, jener Gefahren willen auf die unberechenbaren Vortheile des auswärtigen Verkehres ganz zu verzichten (a). Eher könnte dieses Besorgnisse erregen, wenn ein Volk des jetzigen wohlfeileren Einkaufes vom Auslande willen die eigene Erzeugung hochwichtiger Güter unterließe, von denen es zweifelhaft ist, ob sie zu jeder Zeit in wünschenswerther Menge und Güte werden eingeführt werden können.

(a) Die auswärtige Staatskunst erhält hiedurch zu dem völkerrechtlichen Gebote auch einen wichtigen Klugheitsgrund, das friedliche Staatenverhältniß mehr und mehr zu befestigen.

B. Verhältniß zwischen der Aus- und Einfuhr.

§. 418.

Wenn auch nicht die lange als unerschütterlich angenommenen Lehren des Handelssystems zu der Untersuchung aufforderten, wie sich die ausgeführte Gütermenge zu der eingeführten verhalten müsse, und welche Bewandtniß es mit der vielfach besprochenen Handelsbilanz (a), dem Unterschiede jener beiden Quantitäten, habe, so wäre doch schon darum die Beleuchtung dieses Gegenstandes von Wichtigkeit, weil die Ausfuhr von der Erzeugung herrührt, die Einfuhr aber zunächst zur Verzehrung dient, und in dem Verhältnisse jener beiden Größen sich das allgemeine Grundverhältniß zwischen der Erzeugung und Verzehrung wiederholen muß. Die Vergleichung der Aus- und Einfuhr kann, wenn sie in Zahlen geschehen soll, nur nach den Preisen vorgenommen werden. Die Grundlage der ganzen Betrachtung ist der einfache Satz, daß jede Leistung, welche eine Person für eine andere im Handel vornimmt, entweder alsbald durch eine Gegenleistung vergütet werden muß oder eine Forderung und Schuldigkeit nach sich zieht. Daher ist auch die Preissumme, welche ein Volk während eines Jahres von allen anderen Völkern empfängt, derjenigen gleich, die es für sie leistet oder ihnen einstweilen schuldig wird. Dahin gehören aber nicht blos Waarenverkäufe und Baarsendungen, sondern auch andere Ausgaben und Arbeiten in Handelsangelegenheiten, z. B. die Fortschaffung von Gütern für Ausländer, die Auslagen des Spediteurs beim Empfang und Absenden fremder Waaren, die Bemühungen des Commissionars u. dergl. Die Darleihen in das Ausland können hiebei ebenfalls mit eingerechnet werden, denn obschon sie nicht selbst Handelsgeschäfte sind, so steht doch wie bei diesen der Sendung von Sachgütern eine neuentstandene Schuld oder die Tilgung einer solchen gegenüber, auch sind Käufe auf Credit zugleich Darleihen. Diese Gleichheit gilt aber nur von den vertragsmäßig verabredeten Preissummen, während die Einfuhrgegenstände noch durch Frachtkosten ꝛc. über den Einkaufspreis vertheuert werden können, §. 414.

(a) Art. Handelsbilanz in der Encyklop. von Ersch und Gruber (von Rau). — Murhard a. a. O. I, 222 ff.

§. 419.

Wenn in einem gegebenen Falle ein Volk mehr an andere zu geben scheint, als es dafür einnimmt, so kann dieß theils von der Unrichtigkeit der statistischen Zahlenangaben, theils aber von solchen Leistungen zwischen den Ländern herrühren, die nicht aus Handelsgeschäften entspringen und also nicht dem Gesetze der Gleichheit unterworfen sind. Solche einseitige, keine Vergütung erfordernde Leistungen geschehen theils von Privaten, z. B. Verzehrung der Reisenden im Auslande (a), Vermögen, welches die Auswandernden mitnehmen (b), Erbschaften, Geschenke, Gewinnste (c); theils von den Regierungen, z. B. Subsidien, Kriegskostenersatz, Kosten der Gesandtschaften (d).

(a) Viele irländische Gutsbesitzer leben in England, viele Engländer auf dem europäischen Festlande, §. 340. Die Verzehrung der Engländer außerhalb ihres Vaterlandes wurde auf 3—3½ Mill. L. St. angeschlagen, Lady Morgan, Absenteeism. Lond. 1825. — Im Jahr 1833 sollen 60000 Engländer das Festland bereiset haben, deren Ausgaben man auf 12 Mill. L. anschlug! — In die Schweiz bringen die vielen Reisenden theils Münze mit, theils Wechsel auf Schweizer-Häuser.

(*b*) Die aus dem Freistaate Merico vertriebenen Spanier nahmen große Summen mit sich hinweg, nach Ward (Mexico in the year 1826. Lond. 1828) 80 bis 100 Mill. Piaster; blos nach Bordeaux sollen durch sie fast 100 Mill. Franken gekommen sein, und ein einziges Schiff brachte im December 1829 1½ Mill. Piaster baar und 150 Surenen Cochenille dahin.

(*c*) Ferner die aus den katholischen Ländern nach Rom (an die Dataria) gehenden Summen. Diese Zahlungen von Spanien bis gegen 1820 wurden jährlich auf 795000 fl. berechnet, Allg. polit. Annalen, VIII, 3. Heft, vgl. überhaupt v. Sonnenfels, Grunds. II, §. 303: — sodann die beträchtlichen Sendungen, welche die Colonien ohne Rückersatz dem Mutterlande machen, weil die Eigenthümer der Pflanzungen zum Theil in demselben leben. Frankreich hatte im Durchschnitt von 1787—89 eine jährliche Einfuhr von 613·543333 Liv., eine Ausfuhr von 448·748266 L., also wurden mehr eingeführt 164·795067 Liv. Dieser große Unterschied erklärt sich daraus, daß von den Colonieen 240 Mill. Liv. eingeführt und nach ihnen nur 90 Mill. Liv. ausgeführt wurden, Chaptal, Ind. fr. I, 134. — Die ostindische Compagnie zieht nach älteren Anschlägen aus dem brit. Ostindien gegen 3·200000 L. St. Landeinkünfte, Privatpersonen gegen ¾ Mill. ohne Ersatz. Neuerlich nimmt man an, daß jährlich 4 Mill. L. St. ohne Ersatz aus Ostindien nach dem Mutterland gehen, Economist 8. März 1851.

(*d*) Auch der vormalige Tribut an die Raubstaaten.

§. 420.

Wenn man zur Vereinfachung des Gegenstandes von den kleineren im Handel vorkommenden Leistungen (§. 418) absieht, so giebt es drei Mittel, durch welche ein Volk das Ausland für die ihm abgekauften Waarenvorräthe zufriedenstellen kann, nämlich:

1) es übernimmt eine Schuld an dasselbe,
2) es sendet Geld hinaus,
3) es sendet den Ausländern Waaren zu.

Zu 1). Treffen Schulden, die von einem Volke gemacht werden, mit einer Einfuhr von Waaren zusammen, so braucht die Vergütung der letzteren durch eine Sendung in entgegengesetzter Richtung nicht sogleich vorgenommen zu werden. Solche Schulden entstehen a) durch Waarenkäufe auf längeren Credit, die von den Empfängern erst bezahlt werden, wenn schon neue ähnliche Sendungen unterwegs oder bereits angelangt sind, so daß immer der Verkäufer mit dem einmaligen Betrage im Vorschuß ist und dem Käufer das zum Handel mit den fremden Waaren erforderliche umlaufende Capital leiht; b) durch förmliche Geldanleihen von den Regierungen oder von Einzelnen. Ob dieß gleich gewöhnlich aus anderen Absichten geschieht, so hat es doch die nämliche Wirkung, als wenn man blos borgte, um Waaren einführen zu können. Der Ankauf von fremden Staatspapieren oder Actien und die Theilnahme der Reichen an neuen Anleihen und Gewerbsunternehmungen in einem andern Lande erleichtern dieß Anlegen des beweglichen Vermögens im Auslande und sind heutiges Tages sehr häufig. Diese Darleihen werden, soweit es angeht, ohne eine Baarsendung durch Wechsel gegeben, welche die Verkäufer von Waaren an ihre ausländischen Käufer ausstellen; die Darleiher erkaufen diese Wechsel und remittiren sie an diejenigen, welche von ihnen borgen wollen. Die Wirkung ist jedoch die nämliche, wenn die Darleihe in einer herbeigesendeten Geldsumme empfangen und mit Hülfe derselben wieder die Einfuhr baar bezahlt wird, denn auch in diesem Falle bleibt der inländische Geldvorrath unverändert und es stehen sich bloß die eingeführte Gütermenge und die Schuld an das Ausland gegenüber. Die Anleihen müssen nicht gerade bei dem nämlichen Volke gemacht werden, welchem man die Waaren abkauft, die Erfahrung zeigt indeß, daß das borgende Volk gewöhnlich von dem leihenden mehr Güter kauft, als es außerdem thun würde, und zwar sowohl wegen der näheren Berührungen zwischen beiden Völkern, als weil der Wechselcurs in dem borgenden Lande nach dem leihenden niedrig ist und daher die Waaren etwas wohlfeiler zu stehen kommen, als unter anderen Umständen (a).

(c) Von 1818—30 wurden von englischen Capitalisten über 125 Mill. L. St. an auswärtige Regierungen geliehen. In den Canälen, Eisenbahnen und Banken der vereinigten Staaten wurden aus England über 25 Mill. angelegt, auf Landkäufe in Canada und Australien über 2½ Mill. Hiezu kommen angekaufte französische und andere Staatspapiere, Capitalanlagen in europäischen Unternehmungen und dergl., ferner die auf americanische Bergwerke verwendeten 5 Mill. Diese sind zwar größtentheils verloren, auch bei den fremden Staatsanleihen ist viel eingebüßt worden, doch wird man immerhin annehmen dürfen, daß Großbritanien die Zinsen von mindestens 150 Mill. L. St. bezieht. Vgl. Porter, Progress, S. 626. — Meidinger, Das brit. Reich, S. 482.

§. 421.

Privatpersonen oder Gesellschaften, welche im Auslande borgen, haben gewöhnlich die Absicht, Capital zu einem gewerblichen Zwecke um niedrigeren Zins zu erhalten, als es im Lande geschehen könnte, und geben daher der geliehenen Gütermenge, die sie in Waaren oder in Geldform empfangen (§. 240), in der Regel eine werbende Anwendung. Es bleibt indeß noch zu untersuchen, inwiefern überhaupt die eingeführten Waaren, in denen ein Volk den Betrag der im Auslande gemachten Anleihen empfängt, als Capitale wirken können und folglich zur Erweiterung der inländischen Gewerbsthätigkeit dienen. Dieß ist ohne Zweifel der Fall, wenn die Einfuhr aus Unterhaltsmitteln der Arbeiter, Verwandlungs-, Hülfsstoffen und Werkgeräthen, also aus Dingen besteht, die selbst zu den Capitalen gehören. Bei der Einfuhr von bloßen Genußmitteln findet dieser unmittelbare Einfluß auf die Gütererzeugung nicht Statt; es sind aber hiebei zwei Fälle zu unterscheiden: 1) Wenn ein Volk eine Zeit lang jährlich im Auslande borgt und dafür Genußmittel einführt, so werden die inländischen Capitale, mit denen jene sonst hervorgebracht werden müßten, für andere vortheilhaftere Zweige der Gütererzeugung verwendbar. 2) Wird nur in einzelnen Jahren eine Anleihe im Auslande gemacht und dadurch eine Zunahme der Einfuhr veranlaßt, so ist anzunehmen, daß die neu eingeführten Waaren hauptsächlich Bestandtheile des Capitals im volkswirthschaftlichen Sinne sein werden, weil die Borgenden nicht zum Behufe eines reichlicheren Gütergenusses Schuldner des Auslandes werden wollen und die anderen Einwohner keine Vermehrung ihrer Einkünfte erhalten, die sie zu größerem, unproductivem Aufwande reizen könnte. Solche Anleihen kommen zwischen zwei gleich wohlhabenden Völkern wenig vor, vielmehr pflegt das ärmere Volk auf solche Weise sein unzureichendes Capital von dem wohlhabenderen zu ergänzen (§. 80), welches dabei ebenfalls einigen Vortheil hat (a). Dagegen ist der bloße Begehr von fremden Waaren bei den Zehrern, ohne ein Capitalbedürfniß auf der einen, und einen reichlichen Capitalvorrath auf der anderen Seite, noch kein Beweggrund zu auswärtigen Anleihen, und wenn auch die einzelnen inländischen Käufer die Waaren auf Credit von demjenigen Kaufmann an sich bringen, der sie einführt, so hat dieß auf die Art und Weise, wie dieser dem Auslande den Gegenwerth vergütet, keinen Bezug (b). Sieht das Volk welches auf solche Weise fremdes

Capital zu Hülfe nahm, seinen Wohlstand allmälig zunehmen und folglich den Zinsfuß sinken, so beginnt es die Tilgung der Schulden im Auslande. Anleihen der Regierungen sind großentheils nicht zu productiver Verwendung bestimmt.

(a) Aehnlich in ihren Folgen, nur in Ansehung des rechtlichen Verhältnisses abweichend, ist die ebenfalls nicht selten vorkommende Gründung von Fabriken oder Handlungen in einem anderen Lande, die der Unternehmer durch einen vertrauten Verwalter besorgen läßt und mit dem nöthigen Capitale ausstattet. Solche Filialhandlungen haben die Engländer fast in allen civilisirten Ländern der Erde.

(b) Es ist daher nicht glaublich, daß der häufige Ankauf fremder Waaren eine Ursache der Verarmung ganzer Völker oder Volksclassen sein könne, die man eher dem Verfalle der Nahrungszweige oder der unwirthschaftlichen Lebensweise zuschreiben müßte, wenn sie wirklich eintritt. Rau im Archiv, I, 32.

§. 422.

Zu 2). Inwiefern Geld und namentlich **Münzen aus edlem Metalle** zur Vergütung der eingeführten Waaren ins Ausland gehen können, dieß ist aus den obigen Betrachtungen über den Bedarf, Vorrath und Preis des Geldes in verschiedenen Ländern (§. 268. 270) leicht zu beurtheilen. Eine solche Vermehrung oder Verminderung der Geldmenge eines Landes, welche die Preise der Waaren merklich erhöht oder erniedrigt, kann nicht lange bestehen, denn sobald der Unterschied die Frachtkosten übersteigt (§. 271 (b)), findet man eine Aufforderung, Geld von da wegzuführen, wo es wohlfeil ist, und dahin zu bringen, wo es den höchsten Preis hat (a). Würde man also die Einfuhr fortdauernd baar bezahlen, so würde auch bald durch die Unternehmungen der Kaufleute wieder soviel Geld herbeifließen, als man hinausgesendet hat (b). Das Geld dient folglich nur vorübergehend, die empfangenen Waaren zu vergüten, denn da es unfehlbar wieder entgegengesetzte Richtung annimmt, d. h. hinausgeht, wo es sich gehäuft hatte, und herbeiströmt, wo es vermindert worden war, so muß immer zuletzt ein anderes Ausgleichungsmittel, nämlich Schulden (§. 420) oder Waarensendungen (§. 424), eintreten. Obgleich die Kaufleute in einzelnen Fällen es vortheilhaft finden, Metallgeld oder rohe edle Metalle hinaus zu senden, so kann man doch in der Regel annehmen, daß jährlich die ausgeführten und eingebrachten Geldmengen einander gleich sind (c).

(*a*) Verbote der Aus- oder Einfuhr oder Zölle erschweren dieß Zu- oder Abfließen des Geldes. Bestände z. B. in einem Lande ein Einfuhrzoll von 10 Proc., so könnten nur solche fremde Waaren, die um mehr als 10 Proc. wohlfeiler oder besser wären, mit Nutzen eingeführt werden. Indeß ist zu erwägen, daß nicht alle Waaren einem so hohen Einfuhrzolle unterworfen werden, sondern gewöhnlich nur Gewerkswaaren, — daß der Schleichhandel bei hohen Zöllen eine mächtige Wirkung äußern kann, — endlich daß der Geldüberfluß auch zu anderen Anwendungen, z. B. Landkäufen ꝛc. außer Landes geht.

(*b*) Nur die folgende Besorgniß bleibt in einem solchen Falle übrig. Das Zurückströmen des Geldes in ein Land, welches seine Waarenkäufe baar bezahlt und folglich seinen Geldvorrath verringert hat, erfolgt erst, wenn der Preis des Geldes gegen die Waaren gestiegen ist, §. 274. Diese Veränderung des Geldpreises könnte also Störungen in den Einkünften der verschiedenen Volksclassen hervorbringen (§. 276), bevor die Ausländer es vortheilhaft fänden, Geld herbei zu senden und Waaren auszuführen. Indeß ist eine solche Lage der Dinge nur selten zu erwarten. Denn sobald das Hinaussenden von Geld anfängt, sinkt auch der Wechselcurs um die Fracht- und Assecuranzkosten der Baarsendungen unter Pari, §. 290. Beträgt der Unterschied z. B. 2 Procent, so kann der ausländische Käufer eines nach dem fraglichen Lande traffirten Wechsels mit einer Ausgabe von 100 fl. die Verfügung über 102 fl. erlangen, und dieß giebt bald eine Ermunterung, Waaren kommen zu lassen, weil man sie um 2 Procent wohlfeiler ankaufen kann. Noch ehe also im Lande selbst die Geldpreise sich merklich verändert haben, kann schon durch den Wechselcurs der Anstoß zum Einkaufe von Waaren erfolgt sein, wodurch das Hinaussenden von Münze entbehrlich gemacht wird. Für die Einwohner kann durch Beschleunigung des Geldumlaufes, sowie durch Einführung von Papiergeld die Verminderung der Münzmenge unfühlbar gemacht werden. Kein größeres Land, es sei ärmer oder reicher, wird Mangel an solchen eigenthümlichen Erzeugnissen haben, die, wenn ihr Preis etwas sinkt, im Auslande leicht Absatz finden. Vergl. §. 192. 193. 213. Rau, im Archiv, 1, 33.

(*c*) Wer noch heutiges Tages das Handelssystem vertheidigen wollte, der müßte sowohl die Möglichkeit als die Nützlichkeit eines fortwährenden Geldzuflusses vom Auslande darthun. Erstere ist aus den Angaben über Aus- und Einfuhr nicht zu erweisen, weil die Geldsendungen leicht verheimlicht werden können. In Rußland sollen in den beiden Jahrzehnden 1814—23 und 1824—33 im Durchschnitt 32 Mill. Rub. Ass. Gold und Silber ein- und gegen 6 Mill. ausgeführt worden sein (Schubert, Handb. der a. Staatsk. 1, 237), und auch späterhin wird jährlich eine größere Einfuhr von Münzmetallen angegeben, deren Mehrertrag gegen die Ausfuhr z. B. 1835 8 Mill., 1838 16 Mill. R. Ass., 1843 800 000, 1844 5 600 000 R. Silber gewesen sein soll. Die Zunahme des inneren Verkehrs könnte zwar ein stärkeres Geldbedürfniß veranlaßt haben, dagegen ist aber auch die starke Gold- und Silberproduction zu erwägen und es kann an der langen Gränzlinie viel edles Metall ohne Aufzeichnung ausgeführt worden sein. — In Frankreich soll an Gold, Silber und Platina 1800—35 zusammen die Einfuhr 3778 Mill. Fr., die Ausfuhr 2039 Mill. Fr., 1827—36 die Einfuhr 1646 Mill., die Ausfuhr 700 Mill. Fr. gewesen sein. Dieß gäbe in jedem Jahre des letzten Jahrzehents einen Ueberschuß der Einfuhr von 94 Mill. Fr., in dem ganzen 36jährigen Zeitraume aber von jährlich 48 Mill. Fr., während die Abnützung und Verarbeitung wahrscheinlich weniger betragen hat. Daher hat vermuthlich jene zum Theil durch die Staatsanleihen veranlaßte Geldzufuhr wieder nach irgend einer Seite ihren Abfluß gefunden, und der amtliche Bericht im Tableau décennal du commerce de la France, 1827—1836 (Paris 1838), sagt auch bei den edlen Metallen nur: Les entrées et les sorties, *qui en ont pu être constatées*. — Man hat Großbritannien als Beispiel eines Landes angeführt, welches wegen der Ueberlegenheit seiner Betriebsamkeit eine große Metallmenge anzuhäufen im Stande sei, ohne daß seine Ausfuhrartikel zu sehr vertheuert würden, also ohne Abnahme der Ausfuhr. Allein Großbritaniens Münzmenge ist bekanntlich keineswegs groß zu nennen, §. 266 (*a*), der niedrigere Preis der Münzmetalle in diesem Lande rührt vielmehr von dem wohlfeileren Eintausche derselben her (§. 221 (*b*)) und die jährliche Geldausfuhr beweist, daß man nicht geneigt ist, über den Bedarf von den einströmenden Gold- und Silbermassen zu behalten. Ueberhaupt ist die Geldmenge der größeren Handelsplätze in unaufhörlichen Wechseln begriffen, da z. B. bei jeder Erhöhung des Disconto sogleich Waarensendungen veranstaltet werden. Ueber den Nutzen des Geldzuwachses s. §. 273 (*b*), vgl. auch II, §. 298 (*a*). Für die entgegengesetzte Ansicht: Kaufmann, De falsa A. Smithii circa bilanciam mercatoriam theoria. Heidelb. 1827. Dessen Untersuch. 1. Bd. — Einige Worte über Handel und Industrie in Deutschland. München, 1830.

§. 423.

Es giebt jedoch mehrere bemerkenswerthe Ausnahmen dieser Regel, nämlich Fälle, in welchen eine Aus- und Einfuhr von Münzmetallen keine Veränderung in den Preisen des Geldes hervorbringt und also wirklich zur Vergütung von Waarenkäufen dienen kann. Dieß ist so zu erklären: a) Jedes Land, welches keine Gold- und Silberbergwerke hat, muß jährlich eine gewisse Menge edler Metalle einführen, um sowohl die Abnützung und den Verlust an Münzen (§. 277 a. (*a*), als die anderweitige inländische Verarbeitung zu ersetzen. In dieser Beziehung erscheinen die edlen Metalle blos als Verwandlungsstoff. b) Ein Volk, welches aus seinen Berg- oder Waschwerken edle Metalle gewinnt, kann jährlich den für das eigene Land überflüssigen Theil derselben ausführen, und dieser Theil ist dann nicht als Geldmaterial, sondern wie irgend ein anderer Ausfuhrgegenstand zu betrachten. Aehnliche Wirkung, nur auf kürzere Zeit, hat die Einführung und Vermehrung des Papiergeldes, §. 297. c) In Ländern, deren Bevölkerung, Gewerbfleiß und Güterumlauf sich schnell erweitern, findet bis zu einer gewissen Gränze hin eine fortdauernde Mehreinfuhr von Münzmetallen ihre Verwendung zur Befriedigung des Geldbedürfnisses. Dieß findet in noch höherem Maaße da statt, wo das umlaufende Papiergeld zum Theil zurückgezogen und durch Münze ersetzt werden soll. d) Eine geringe Aenderung der Geldmenge kann auf die Preise in einem größeren Lande noch keine Wirkung äußern, weßhalb kleine Unterschiede der Ein- und Ausfuhr ohne Schwierigkeit mit Münzsendungen ausgeglichen werden können.

(a) Nimmt man die Geldmenge eines Landes zu 30 fl. auf den Kopf, diesen Abgang zu 2 p. m. an, so muß schon aus dieser Ursache auf jede Million Einwohner ein jährlicher Geldzufluß von 60 000 fl. kommen.

§. 424.

Zu 3). Von diesen Ausnahmen abgesehen, bleibt die Deckung der Einfuhr durch die **Ausfuhr von Waaren** als das leichteste, am allgemeinsten anwendbare und daher gewöhnlichste Mittel übrig. Es liegt in der Natur des Verkehres, daß in den meisten Fällen Aus- und Einfuhr einander ziemlich gleich sind und sich wechselseitig bedingen, weßhalb man nicht die Vortheile einer großen Ausfuhr genießen kann, ohne sich auch zum Einkaufe ausländischer Waaren zu entschließen. Wird die eine von beiden Größen vermehrt oder vermindert, so pflegt dieß bald die entsprechende Aenderung der andern nach sich zu ziehen. So wird z. B. durch eine Abnahme der Ausfuhr die Einfuhr ausländischer Luxusgegenstände vermindert, denn jene Veränderung verursacht eine Stockung in den für die Ausfuhr arbeitenden Gewerben und vermindert die Einkünfte der dabei betheiligten Unternehmer, Capitalisten und Grundeigner, so daß diese sich im Ankaufe von Genußmitteln einschränken müssen (a). Eine große Einfuhr enthält nichts Beunruhigendes, denn man darf voraussetzen, daß das Volk Mittel findet, die anderen Völker für die gekauften Waaren zu befriedigen, und wie dieß auch geschehen mag, so entstehen daraus keine Nachtheile für den Wohlstand des einführenden Volkes. Die Erstattung durch ausgeführte Waaren ist für Erzeuger und Zehrer vortheilhaft (§. 413), die Deckung durch Geld (§. 422) oder Schulden (§. 420) wird aber gewöhnlich nur dann zu Hülfe genommen, wenn sie nicht schädlich sein kann (b). Daher braucht man, um den günstigen Zustand des auswärtigen Handels zu bemessen, nur nach der Größe, den Erzeugungskosten und Verkaufspreisen der a u s g e f ü h r t e n Waarenmenge zu fragen.

(a) Auf den canarischen Inseln hat die Weinausfuhr nach England abgenommen, weßhalb man weniger französische Kunstwaaren kauft. Mac Gregor, Die canarischen Inseln S. 189—192. — Seitdem Norwegen weniger Bauholz nach England absetzt (von 1809 an), kauft es weniger englische Kunstwaaren und dagegen mehr deutsche, weil der Holzhandel stärker nach Deutschland geht.

(b) Es läßt sich allerdings im Allgemeinen nicht bestimmen, bis zu welchem Grade die Störungen des auswärtigen Verkehrs durch die in der Volkswirthschaftspolitik (2. Band) zu betrachtenden Zölle und Verbote gehen können. Sie äußern sich hauptsächlich in der Verringerung der Ausfuhr und in der Verkümmerung derjenigen Gewerbe, durch welche die einträglichsten Ausfuhrartikel erzeugt werden könnten, und wenn auch zufolge einer solchen Veränderung die Einfuhr kleiner wird, so sind doch empfindliche Nachtheile für die Gewerbsthätigkeit möglich, bis sich nach einiger Zeit das oben bezeichnete Gleichgewicht wieder herstellt, §. 417.

§. 425.

In den vorstehenden Sätzen sind schon einige Ursachen erklärt worden, aus denen Abweichungen von der Regel des Gleichgewichtes zwischen der Aus- und Einfuhr von Waaren entspringen, nämlich 1) die Fälle, in denen ein Volk mehr Waaren aus- als einführt, weil es Anleihen in ein anderes Land giebt oder abträgt, oder solche einseitige Leistungen (§. 418. 419) vornimmt, die gar nicht oder nur augenblicklich in Geld entrichtet werden (a). Ohne Zweifel ist ein aus Anleihen an andere Völker herrührender Ueberschuß der Ausfuhr, als Zeichen des Reichthums (§. 80) für günstig zu halten; 2) die Fälle, wo eine Aus- oder Einfuhr von Geld stattfinden kann (§. 423), und folglich eine dieser Geldsumme entsprechende Menge anderer Güter in entgegengesetzter Richtung von einem Lande in das andere geht. Hiezu kommen noch einige andere Ursachen. 3) Da die Handelsgeschäfte nicht gerade im Laufe eines Jahres gegenseitig beendet werden, sondern oft für die versendeten Güter erst im folgenden Jahre oder noch später der Gegenwerth in Empfang genommen wird, so kann schon deßhalb die Einfuhr eines Jahres von der gleichzeitigen Ausfuhr verschieden sein. 4) Werden Aus- und Einfuhr nach den inländischen Preisen berechnet, so muß letztere, auch abgesehen von allen anderen Ursachen, um den Betrag der Handelsgewinnste und Handelskosten größer erscheinen, §. 414, Nr. 1 (b).

(a) Solche Leistungen zwischen den Völkern werden also eigentlich in Waaren entrichtet. Irland hat jährlich an England mehr zu geben, als es von demselben empfängt (§. 419 (a)), weßhalb z. B. im Durchschnitt von 1790—1794 die Ausfuhr von Irland um 1·195810 L. St. größer war, als die Einfuhr. Als man jedoch 1795 anfing, die für Irlands öffentliche Bedürfnisse nöthigen Anleihen in England zu borgen, so änderte sich jenes Verhältniß. Irland wurde mehr schuldig und führte desto weniger Waaren aus, daher war 1795—1799 im D. die Ausfuhr nur noch um 466 466 L. St. größer, 1800—1804 aber sogar um 1 071 428 L. kleiner als die Einfuhr; J. Leslie Foster, An essay on the principles of commercial exchanges. Lond. 1804. — Hüttner, Engl. Miscellen XVII. Bd. — Großbritaniens Ausfuhr nahm während der letzten Kriege mit Frankreich in gleichem Schritte mit den aufgewendeten Kriegskosten zu. Daß der Unterschied zwischen der Aus- und Einfuhr nicht so groß erscheint, als die Summe der Kriegsausgaben, rührt theils von den unzuverläßigen Aufzeichnungen, theils auch von dem Umstande her, daß viele durch den Krieg veranlaßte Ausgaben in Großbritanien selbst vorgenommen wurden. Der Ueberschuß der Ausfuhr betrug jährlich A im Ganzen, B im Handel mit Deutschland und Preußen insbesondere:

	A	B
Friedensjahre 1784—1792	905 190 L. St.	535 723 L. St.
Kriegsjahre 1793—1801	4 671 430 = =	4 537 891 = =
Kriegsjahre 1802—1815	9 543 736 =	3 581 800 = =

Vgl. Cäs. Moreau, Uebers. des brit. H. nach allen Ländern der Welt, übers. von Eisenbach, Stuttg. 1824. 4 Bogen Fol. — Frankreichs Einfuhr war seit lange nicht so niedrig als im Jahre 1815. In den Jahren 1815—1820 soll die Ausfuhr zusammengenommen um 746 Mill. Fr. größer gewesen sein als die Einfuhr ꝛc. s. die Tabellen bei v. Gülich, I. Heft S. 29, was mit der Kriegscontribution von 700 Mill. Fr. in Verbindung gebracht werden kann, vgl. III. §. 77. — Ungarn führte nach den Zolllisten fortwährend mehr aus als ein. Der Mehrertrag der Ausfuhr wird angegeben im Jahre 1800 zu 9 Mill. fl., 1802 zu 6, 1812 zu 5 Mill. fl., 1842 zu 3¾ Mill. im Verkehr mit den andern österr. Provinzen (Csörnig, Statist. Tafeln). Zur Erklärung dient der Aufenthalt vieler Reichen in Wien, die Zins-, Kriegssteuerzahlungen, die hinausgehenden Domänen, Zoll-, Post-, Lotteeinkünfte ꝛc. Vgl. Neueste geogr. stat. Beschreib. des K. Ungarn, 2.A. 1834. S. 75.

(³) Es ist auffallend, daß das Handelssystem diesen Umstand übersehen konnte. Führt ein Volk für 10 Mill. fl. inländische Waaren aus und tauscht im Auslande für 10½ Mill. fremde Waaren ein, die im Lande 11 Mill. gelten, so ist ein Ueberschuß von 10 Proc. für Fracht- und andere Kosten und Handelsgewinn vorhanden. Wenn freilich ein Volk sich im Handel ganz passiv verhielte (§. 415), so würde die Einfuhr dem Preise nach den dafür eingekauften Ausfuhrgegenständen gleich stehen müssen. Sonst aber ist eine Mehreinfuhr von z. B. 10—20 Proc. ganz in der Natur der Sache gegründet und nur wenn der Ueberschuß der Einfuhr über den wahrscheinlichen Gewinnsatz und Kostenbetrag hinausgeht, muß man eine andere Art der Deckung vermuthen. Das Cap hat im Durchschnitt von 1827 u. 28 jährlich für 273 507 L. ein-, für 232 852 L. ausgeführt, was ein Verhältniß der Ausfuhr zur Einfuhr wie 100 zu 117 anzeigt. Im Durchschnitt der nämlichen Jahre war in Cuba die Ausfuhr 68½ Mill. Fr., die Einfuhr 92 219 000 Fr., also wie 100 zu 134. Dieß wäre ein überaus einträglicher Handel, wenn die Einfuhr blos mit der genannten Ausfuhr erkauft worden ist.

§. 426.

Das Handelssystem verkannte die natürlichen Gesetze des Verkehres zwischen den Völkern und nahm an, es könne fortwährend ein beträchtlicher Unterschied zwischen der Aus- und Einfuhr eines Landes (**Handelsbilanz**, §. 35) statt finden, welcher durch Geldsendungen ausgeglichen werde, so daß also das eine Land durch die Fortsetzung eines solchen Verkehres großentheils um seine Münzmetalle käme, das andere aber immer größere Fülle derselben erlangte. Da man die Nützlichkeit des auswärtigen Handels bloß nach der Beschaffenheit der Bilanz beurtheilte, so gewöhnte man sich daran, den Ueberschuß der Ausfuhr oder die günstige Bilanz als **Gewinn**, die ungünstige (die sogenannte **Unterbilanz**) als **Verlust** für das Land zu betrachten (a). Diese Ansicht wird eben sowohl durch die Forschungen über die Preise der edlen Metalle in verschiedenen Ländern (§. 268 ff.), als durch den Erfahrungssatz widerlegt, daß die Geschichte kein Beispiel eines Landes darbietet, welches zufolge eines solchen vermeintlich nachtheiligen Handels seinen nothwendigen Geldvorrath und seinen Wohlstand eingebüßt hätte. Auch ist es schon im Allgemeinen undenkbar, daß in einer höheren Weltordnung jedem einzelnen Volke nur ein solcher Weg zur Erhöhung seiner Wohlfarth angewiesen worden sein sollte, auf dem es nicht vorwärts schreiten könnte, ohne andere in diesem Wettkampfe unterliegende Völker zu Grunde zu richten. Es verdienen jedoch die Mittel noch eine besondere Beleuchtung, deren sich die Anhänger des Handelssystems bedienten, um die Größe der Handelsbilanz zu berechnen, nämlich der **Wechselcurs** und die **Zollverzeichnisse, Zolllisten**.

(a) J. B. de Vaublanc, Du commerce de la France (Paris 1824), S. 58: Suivant ces états la France a obtenu, en 1820, un *avantage* de 91 millions, mais en 1821, de 10 millions seulement. — On conçoit qu'un commerce presque stationnaire se change ensuite en *perte* etc.

§. 427.

Wenn der **Wechselcurs** eines Landes A nach einem anderen B, nach dem reinen Metallgehalte der Münzen (a) bemessen, über dem Pari steht, so ist dieß kein sicheres Kennzeichen einer sogenannten für A ungünstigen Handelsbilanz, d. h. einer Mehreinfuhr von Waaren in A, denn er beweist nur, daß mehr Geldsummen von A nach B als in umgekehrter Richtung zu bezahlen sind, aber diese Geldzahlungen müssen nicht nothwendig zur

Vergütung von Waarenſendungen beſtimmt ſein, §. 291. Ueberdieß bezieht ſich jeder einzelne Wechſelcurs nur auf den Verkehr zwiſchen je zwei Völkern, die in dieſem aus- oder eingehenden Geldſummen können aber leicht nach einer anderen Seite wieder ein- oder ausfließen (§. 422); nur aus der Geſammtheit der Aus- und Einfuhr eines Landes bildet ſich die Handelsbilanz und ſteht unter dem Geſetze des Gleichgewichts (§. 418 ff.). Wenn alſo auch keine anderen Urſachen im Spiele wären und keine Schulden zwiſchen den betheiligten Völkern ſtehen blieben, ſo müßte und dürfte man doch nur aus den Wechſelcurſen eines Landes nach allen übrigen Ländern zugleich auf die Verhältniſſe des Waarenhandels ſchließen. Es giebt jedoch nicht einmal von einem einzelnen Lande nach allen anderen einen regelmäßigen Wechſelverkehr, auch finden im Handel mit nahen Plätzen des Auslandes öfters Baarſendungen Statt, die gar nicht auf den Curs der Wechſel wirken.

(a) Smith, II, 300. Zur genauen Ausmittlung des Pari muß man die wirkliche, nicht bloß die geſetzliche Beſchaffenheit der umlaufenden Sorten berückſichtigen, die bisweilen durch fehlerhafte Prägung und Abnutzung erheblich geringhaltiger ſind, als ſie ſein ſollen.

§. 428.

Nicht weniger unſicher ſind die Ergebniſſe der bei den Zollämtern eines Landes geführten Verzeichniſſe der aus- und eingehenden Waaren, der Zolliſten. Die Urſachen ihrer Unzuverläſſigkeit verdienen darum eine aufmerkſame Betrachtung, weil man insgemein ſowohl das Urtheil über die günſtige oder ungünſtige Beſchaffenheit des Handels, als die Vorſchläge zu Regierungsmaßregeln auf dieſe Angaben ſtützt (a). Die genannten Verzeichniſſe können

1) des Schleichhandels wegen die aus- und eingeführte Menge von Waaren nicht genau angeben. Jener iſt unzerſtörbar, ſo lange er wegen der hohen Zölle anſehnliche Gewinnſte verſpricht, auch kann man nicht darauf rechnen, daß die heimlich ein- und ausgeführten Gütermengen einander ungefähr gleich ſeien, denn die Ausfuhrzölle ſind gewöhnlich niedrig und nur bei wenigen rohen Stoffen, die man nicht leicht unbemerkt über die Gränze ſchaffen kann, von Belang, dagegen werden hohe

Einfuhrzölle vorzüglich von kostbaren Colonial- und Gewerkswaaren erhoben; hier ist also die Versuchung zum Einschwärzen
weit stärker und die Angaben sind bei der Einfuhr unrichtiger
als bei der Ausfuhr (b).

(a) Vielleicht hat man auch den Erfund dieser Listen bisweilen nicht mit urkundlicher Treue behandelt und absichtlich an den Zahlen geändert, um dasjenige darzustellen, was die öffentliche Meinung als untrügliches Merkmal des Volkswohlstandes ansah; ein solches Verfahren konnte sogar bei den redlichsten Absichten vorkommen, indem der Staatsmann, der den blühenden Zustand der Volkswirthschaft deutlich erkannte, die Zahlen, die eine ungünstige Bilanz anzudeuten schienen, für irrig hielt. — Man geräth auf diese Vermuthung, wenn man bedenkt, daß fast in allen Staaten die Bilanz als günstig dargestellt wird, was doch unmöglich ist.

(b) In manchen Ländern giebt man sich nicht die Mühe, die zollfrei aus- oder eingeführten Waaren aufzuzeichnen, und dieß vergrößert noch die Unrichtigkeit der Verzeichnisse. In den englischen Listen ward bis 1797 das ausgeführte Gold und Silber mit aufgerechnet, nicht aber das eingeführte, weil es keinen Zoll entrichtet. Cäsar Moreau a. a. O. Neuerlich hat sich ergeben, daß auch die Goldausfuhr in vielen Fällen verschwiegen wird. — Belgien führte viele Spitzen nach Großbritanien, die weder hier in der Einfuhr, noch dort in der Ausfuhr angezeigt waren. „C'est bien tenter le diable que de mettre des droits de 30 p. c. sur les dentelles . . . Ce commerce, qui s'élève à plusieurs millions, rétablit en partie la balance dans nos rapports avec l'Angleterre." Perrot, Rev. de l'exposition en 1841, Brux. S. 91.

§. 429.

2) Auch die Beschaffenheit der Waaren ist aus den Zolllisten nicht sicher zu erkennen, weil die Untersuchung durch die
Zollbeamten nicht immer genau ist, die Eigenthümer aber oft
geflissentlich eine geringere, vielleicht niedriger verzollte Sorte
angeben (a).

3) In Ansehung der Preissätze bieten sich neue Schwierigkeiten dar, und zwar

a) in Hinsicht der Quelle, aus welcher die Preissätze genommen werden. Läßt man dieselben von den Eigenthümern
der Waaren angeben, so ist nicht zu erwarten, daß eine solche
Erklärung (Declaration) ganz richtig sei, weil man aus
irgend einem Mißtrauen oder zur Erreichung eines Vortheils
oft falsche Zahlen, und zwar meistens zu kleine Zahlen angiebt.
Bedient sich dagegen die Regierung feststehender Preissätze, so
weichen diese schon nach wenigen Jahren von den wirklichen
Preisen ab, und nach längerer Zeit sind sie durchgehends un-

brauchbar, um die Größe der Bilanz anzuzeigen. Ein unveränderlicher Preissatz gewährt jedoch einen anderen Nutzen, denn es läßt sich aus ihm erkennen, wie von Jahr zu Jahr die ganze ein- und ausgeführte Waarenmenge sich verändert hat (*b*). Die in einigen Ländern den Zollbeamten auferlegte Erforschung der jedesmaligen Marktpreise ist sehr mühsam. Sie giebt keine völlige Genauigkeit, aber doch immerhin nützliche Anhaltspuncte zur Schätzung der Ein- und Ausfuhr.

b) In Ansehung der **Zeit und des Ortes**, für welchen man die Preise berechnet. Am natürlichsten ist es, sowohl bei der Aus- als bei der Einfuhr die inländischen Preise zu Grunde zu legen, weil sie anzeigen, welchen Erlös der inländische Erzeuger erlangt und wieviel der Zehrer auszugeben hat. Wo man die Einfuhr nach dem Einkaufspreise im Auslande ansetzt, da erhält man ein anderes Ergebniß, welches zwar den Tausch-Gegenwerth unter den Kaufleuten, nicht aber die anderen, der Einfuhr willen vorgenommenen Ausgaben anzeigt. Ist in dem einen Lande die erste, in dem andern die zweite Methode angenommen, so können dieser Ungleichheit willen die Zahlen nicht mit einander verglichen werden (*c*).

(*a*) In Würtemberg gaben die sechsjährigen Zolllisten eine Einfuhr von 1850 Centner Blei zu 15 fl. und nur 25 Centner Zinn zu 58 fl. Man vermuthete daher, daß unter dem angeblichen Blei auch viel Zinn verborgen gewesen sei.

(*b*) Bei jeder einzelnen Waare ist zwar die ein- und ausgeführte Menge geradezu in den Zolllisten zu finden, aber eine Hauptsumme ist nur zu erhalten, wenn man Preise zu Hülfe nimmt. Die englischen Listen sind seit 1696 nach den damaligen Marktpreisen fortgeführt worden, die jenen Vortheil, daß sie genau die Zu- oder Abnahme der aus- und eingehenden Waarenmengen anzeigen, in vollem Maaße geben. Dieß sind die sogenannten amtlichen oder Zollhauspreise (official, customhouse-prices) im Gegensatze der von den Eigenthümern declarirten Preise, welche erst seit 1798 in den Ausfuhrlisten mit aufgeführt werden und wahrscheinlich noch zu niedrig sind. Lowe, Gegenw. Zustand von England, S. 28. de Vaublanc a. a. O. S. 14. MacCulloch, Stat. acc. II, 106. — Die amtlichen Preise blieben allmälig so weit hinter den Marktpreisen zurück, daß man die letzteren während der Kriegsjahre im Ganzen um 50 Procent höher erachtete. Im Jahre 1803 verhielt sich sogar die officielle zum declarirten Preise wie 100 zu 180. Erst seit 1820 bleiben die Marktpreise im Ganzen genommen unter den Zollpreisen, welches aber keineswegs ein so großes Sinken aller Güter, sondern nur die Wohlfeilheit der Hauptbestandtheile der Ausfuhr, z. B. der Zeuche und Metallwaaren, beweist. 1821 war der declarirte Marktpreis nur 87 Procent des Zollpreises, 1826—28 im Durchschnitt 72 Proc., 1832—34 gleichmäßig nur 56 Proc., 1836—40 65 Procent, in den 11 Jahren 1841—51 sogar nur 43 Procent. Die

Einfuhr ist nur nach den amtlichen Preisen angegeben. Da dieselbe in Großbritanien meistens aus rohen Stoffen besteht, so ist zu vermuthen (§. 186), daß die officiellen Preise bei ihr noch jetzt unter den Marktpreisen stehen. — In Frankreich werden bei den Angaben über Aus- und Einfuhr die durch Verordnung vom 29. März 1827 festgestellten sogenannten permanenten Preise, nämlich sowohl bei der Einfuhr als bei der Ausfuhr die damals am Erzeugungsorte bestehenden, zu Grunde gelegt. 1848 wurden durch eine dazu ernannte Commission die neueren Preise ermittelt, und zwar bei der Ausfuhr die am Absendungsorte, bei der Einfuhr die in den französischen Lagerhäusern (also ohne Zoll) geltenden. N. Rondot in Journal des Econ. XXIII, 21. Annuaire de l'écon. polit. 1851, 392. Diese sogen. valeurs actuelles werden jährlich neu berichtigt. Im Durchschnitt 1851—53 war der jetzige Preis der Einfuhr 2,⁷ bei der Ausfuhr 3,² Procent über dem älteren (officiellen) Preise. — In Belgien wird der amtliche Preis (v. permanente) von 1833 fortwährend angewendet, seit 1847 aber daneben der in jedem Jahre ausgemittelte Marktpreis, valeur variable. Dieser war im D. 1846—50 bei der Einfuhr 93,³ Procent, bei der Ausfuhr 81,⁴ Procent des amtlichen Preises.

(c) In Großbritanien nahm man 1696 die Einfuhrartikel nach den Preisen des Landes an, aus welchem sie gebracht wurden. In Nordamerica wird jetzt die Einfuhr nach den Preisen der fremden Häfen berechnet, mit Zuschlag der weiteren Kosten, Ges. vom 3. März 1851.

§. 430.

Ungeachtet dieser unvermeidlichen Ungenauigkeit darf man doch nicht unterlassen, die Aus- und Einfuhr zu erforschen, um wenigstens näherungsweise den Gang des Handels kennen zu lernen (a). Vorzüglich lehrreich ist es, die Menge jeder Art der aus- und eingehenden Waaren auszumitteln und die hierin sich zutragenden Veränderungen zu beobachten (b). Bei der Erforschung der ein- und ausgeführten Gütermenge ist zu unterscheiden:

1) die Ausfuhr von eigenen Erzeugnissen eines Landes und die Einfuhr von Waaren, welche in demselben zum Verbrauch gelangen;
2) die Einfuhr zum Zwecke der Ausfuhr im Zwischenhandel (§. 432) und die wirkliche Wiederausfuhr.

Die Summe beider ist die gesammte Aus- und Einfuhr (Commerce général), der unter 1) aufgeführte, für die Volkswirthschaft vorzüglich wichtige Theil ist die eigene Aus- und Einfuhr des Landes (commerce spécial). Der Unterschied zwischen der gesammten und der eigenen Aus- und Einfuhr zeigt den Umfang des Zwischenhandels an (c). Am wichtigsten ist die Kenntniß der Ausfuhr und ihrer Bestandtheile (§. 424), um daraus den Umfang und die Richtung der für das Ausland betriebenen Stoffarbeiten sowie die Zu- oder Abnahme derselben von Jahr zu Jahr zu beurtheilen (*d*). Die Kenntniß der Einfuhr wäre, wenn die Ausfuhr bekannt ist, eher zu entbehren, weil man irgend einer Art von Vergütung der ausgeführten Waaren sicher sein kann, doch ist es immer nützlich, die Beschaffenheit der eingeführten Waaren zu erfahren, woraus sich unter Anderem abnehmen läßt, wie sich die productive Verzehrung zu der unproductiven verhält.

(*a*) In Frankreich wurde schon unter Ludwig XIV. ein Bureau der Handelsbilanz (bureau de la balance du commerce) errichtet, welches sorgfältig die Marktpreise der Waaren erforschte und sie auf die Zolllisten anwendete. de Vaublanc, a. a. O. S. 77.

(*b*) In jedem Falle ist es nützlich, das, was die Zollverzeichnisse aussagen, mit dem zusammenzuhalten, was man sonst über den Verkehr eines Landes weiß, und dadurch eine Art von Kritik der ersteren zu üben. Vgl. v. Malchus, Statistik, S. 391.

(*c*) Oft findet bei einer und derselben Waarengattung sowohl Aus- als Einfuhr Statt. Man könnte versucht sein, beide Größen von einander abzuziehen und nur den Mehrbetrag der stärkeren in Rechnung zu bringen, wie z. B. im Zollverein 1850 494298 Centner rohe Baumwolle ein-, 151953 Ctr. ausgingen. Allein in vielen Fällen sind es nicht die nämlichen Arten oder Sorten, wie z. B. mageres Vieh herein- und gemästetes hinausgeht, auch kann es eine Ersparung an Frachtkosten sein, daß an der einen Gränze Einfuhr, an der anderen Ausfuhr vorkommt, endlich ist das Einführen zur Wiederausfuhr immer ein einträgliches Geschäft des Zwischenhandels.

Statistische Beispiele.

	Gesammter Handel Fr.	Handel des eigenen Landes Fr.
Belgien. **A. Permanente Preise:**		
D. 1841—45 Einfuhr	302·837 000	215·733 000
Ausfuhr	245·754 000	162·393 000
Mehr-Einfuhr	57·083 000	53·340 000
D. 1846—50 Einfuhr	391·690 000	228·991 000
Ausfuhr	373·775 000	211·959 000
Mehr-Einfuhr	17·915 000	17·032 000
B. Jahrespreise:		
D. 1846—50 Einfuhr	365·096 000	213·818 000
Ausfuhr	321·808 000	172·016 000
Mehr-Einfuhr	43·288 000	41·802 000

Wenn man für die letztere Periode die Aus- und Einfuhr nach den Jahrespreisen zusammenrechnet, so ergiebt sich, daß die eigene Aus- und Einfuhr des Landes 56 Proc. der gesammten, der Zwischenhandel also 44 Proc. beträgt. Die Mehr-Einfuhr im eigenen Handel ist 25,3 Proc. der Ausfuhr.

Bremen. D. 1851—53 Einfuhr 42·051 000 Thlr.
Ausfuhr 38·342 000 Thlr.
Mehr-Einfuhr 3·709 000 Thlr.
oder 9,⁶ Proc. der Ausfuhr. Der Thaler ist 1/5 des Friedrichsd'or

Frankreich, feste amtliche Preise, gesammter Handel.

	Einfuhr.	Ausfuhr.
D. 1827—36	667 Mill. Fr.	698 Mill. Fr.
1839—43	1089,⁸ ,, ,,	1002 ,, ,,
1844—48	1179 ,, ,,	1187,⁶ ,, ,,
1849—53	1306,⁸ ,, ,,	1625,² ,, ,,
Jahr 1853	1632 ,, ,,	1861 ,, ,,
D. 1839—53	1192,⁸ ,, ,,	1271,⁷ ,, ,,

Diese Zahlen zeigen die große Zunahme des auswärtigen Handels; die Einfuhr aber ist wahrscheinlich zu niedrig angegeben.

Eigener Handel des Landes, D. 1851—53:

	Feste Preise.	Jahrespreise.
Einfuhr	957 Mill. Fr.	982,³ Mill. Fr.
Ausfuhr	1238 ,, ,,	1319 ,, ,,
Mehr-Ausfuhr	281 Mill. Fr.	335,⁷ Mill. Fr.

Hamburg, D. 1848—52, Einfuhr 331·482 000 Mark Bco.
Ausfuhr 301·900 000 ,, ,,
Mehr-Einfuhr 29·582 000 Mark Bco.
oder 9,⁸ Proc. der Ausfuhr.

Nordamerikanische Freistaaten.

1784 Einfuhr 18 Mill. Doll.
Ausfuhr 4 ,, ,,
Mehr-Einfuhr 14 Mill. Doll. = 350 Proc.
D. 1790—1820 E. 48 Mill. Doll.
A. 35 ,, ,,
Mehr-Einfuhr 13 Mill. Doll. = 37 Proc.
D. 1822—1828 E. 82,² Mill. Doll.
A. 79,⁵ ,, ,,
Mehr-Einfuhr 2,⁷ Mill. Doll. = 3,³ Proc.
D. 1850—1853 Einfuhr 218·739 000 Doll.
Ausfuhr 202·595 000 ,,
Mehr-Einfuhr 16·144 000 Doll. = 7,⁹ Proc.

Oesterreich, D. 1831—40 Einf. 87·388 000 fl.
Ausf. 89·688 000 ,,
Mehr-Ausf. 2·300 000 fl. = 2,⁶ Proc.
D. 1841—50 Einf. 113·602 000 ,,
Ausf. 96·030 000 ,,
Mehr-Einf. 17·572 000 fl.
oder 18,³ Proc. der Ausfuhr.

Deutscher Zollverein:

D. 1837—41 nach Biersack Einf. 165·782 000 Thlr.
Ausf. 168·497 000 ,,
Scheinbare Mehr-Ausf. 2·715 000 Thlr.

D. 1842—46 nach Junghanns E. 210·303 000 Thlr.
                          A. 170·089 000 "
               Mehr-Einfuhr 40·214 000 Thlr. = 23,⁶Proc.
D. 1850 u. 51 nach Hübner E. 183·582 000 Thlr.
                          A. 175·717 000 "
               Mehr-Einfuhr 7·865 000 Thlr. = 4,⁴Proc.

Biersack (Ueber Schutzzölle von B., 1843) wendete die sorgfältig ermittelten Marktpreise auf die in den amtlichen Verzeichnissen angegebenen Mengen an. Junghanns (Fortschritt d. Z. B. 1848) bediente sich der von Biersack mitgetheilten Preise. Hübner (Jahrb. 1852, 53) rechnete ebenfalls nach Marktpreisen. — Bei diesen Angaben läßt sich durchgängig nicht ausmitteln, wieweit sie von der Wahrheit abweichen mögen. In den nordamericanischen Freistaaten war im vorigen Jahrhundert zufolge der Privatanleihen und Einwanderungen die Einfuhr sehr überwiegend, später wurde sie bisweilen von der Ausfuhr übertroffen, nachher war sie wieder viel stärker als diese, was den Anleihen in Europa und später der beträchtlichen Einfuhr von Münzmetallen, welche an die Stelle der Banknoten treten, zuzuschreiben ist, Rosegarten in Rau, Archiv IV, 367. — Die zum Erstaunen rasche Ausdehnung des britischen Handels, die sich in den Ausfuhrlisten am sichersten erkennen läßt, könnte leicht zu der irrigen Meinung führen, als sei bloß hieraus der große Wohlstand Großbritanniens hervorgegangen. Dieß widerlegt sich, wenn man zugleich die Entwicklung der Betriebsamkeit und des Verkehrs im Innern des Landes erwägt. Material in Betreff des auswärtigen Handels bei Dupin, Systéme de l'administr. brit. en 1822, S. 49 (nach dem ministeriellen Jahresberichte: State of the nation). — Césár Moreau, angef. Tab. — Moreau de Jonnès, Le comm. du 18. siècle. II. B. — Pebrer, Hist. fin. et stat. gén. II. B. — Mac-Culloch, Stat. acc. II, 196. — Porter, Progress, S. 356. — Tables of Revenue etc. für jedes Jahr.

Nach den amtlichen oder Zollpreisen waren im jährlichen Durchschnitt

	Ausfuhr.	Einfuhr.
	L. St.	L. St.
1697—1701 (Krieg)	6·449 000	5·570 000
1739—1749 (Krieg)	9·744 000	7·281 000
1749—1755 (Friede)	12·221 000	8·211 000
1784—1792 (Friede)	18·622 000	17·716 000
1793—1801 (Krieg)	29·843 000	15·171 000
1802 (Friede)	25·632 000	29·826 000
1803—1815 (Krieg)	28·106 000	31·022 000
1816—1820 (Friede)	38·091 000	21·673 000
1821—1830 (Friede)	42·697 000	39·661 000
1831—1840 (Friede)	89·827 000	54·099 000
1841—1850 (Friede)	132·749 000	83·716 000
D. 1851. 52.	193·417 000	110·012 000

Man sieht hieraus, daß die verschiedensten Umstände, sowohl Krieg als Frieden, zur Erweiterung des Handels dienten. Minder schnelle Zunahme oder selbst vorübergehende Abnahme trat ein in den Jahren 1760—63, 1793—95, 1811—12, 1819—21. — In der Ausfuhr sind nur die britischen Erzeugnisse, nicht auch die wiederausgeführten fremden und Colonialerzeugnisse enthalten, die im D. 1850—52 nach dem amtlichen Preise 22·985 000 L. St. ausmachten. Nach dem declarirten Preise betrugen die ausgeführten britischen Erzeugnisse im D. von 1850—52 74 631 000 L. St. Von manchen Artikeln hat sich die Ausfuhr seit 1700 über das 10fache vermehrt. Ueber die Baumwollenwaaren s. §. 125 a (*b*). Von Schaafwolle wurden zur inneren Verarbeitung eingeführt im Durchschnitt von 1800—09 6·983 000 Pfd. von 1810—19 9·291 000 1829—34 29·037 000, im J. 1838 52·437 000, 1845 76·813 000 Pfd. Im D. 1851. 52 war

Einfuhr fremder Wolle	. .	88·537 000 Pfd.
Ausfuhr : :	. .	12·523 000 :
also im Lande geblieben		76·014 000 Pfd.
Ausfuhr britischer Wolle	.	11·246 000 :
: von Wollengarn		14·397 000 :
: von Wollenwaaren		8·554 000 L. St.

nach dem declarirten Preise 1819—33 war die Ausfuhr von Wollenwaaren 5·827 000 L. St. Cás. Moreau, Ueber Wollhandel und Wollmanuf. in Gr. Br. a. d. Engl. Berl. 1829. S. 56. — Mac-Culloch, Stat. acc. II, 48. — Von der ganzen Ausfuhr gingen 1852 (nach dem declarirten Preise) nach den nordamericanischen Freistaaten 16·134 000 L. St., 7·890 000 nach Deutschland und ganz Preußen, 7·353 000 brit. Ostindien, 4·222 000 Australien, 4·110 000 Niederland, 3·650 000 Italien, 3·464 000 Brasilien, 3·065 000 brit. Nordamerica, 2·731 000 Frankreich, 2·503 000 China ꝛc.

(*d*) Zur Erläuterung dient der Ueberblick des auswärtigen Verkehrs des Zollvereins von 1851. Hübner, Jahrb. d. Volksw. u. Statist. 1854, S. 308. Es sind nur die Hauptgegenstände aufgeführt.

Einfuhr.

I. Rohe Stoffe:

17·294 000	Thlr.	Baumwolle,
17·049 000	:	Kaffee,
15·402 000	:	Wolle,
13·322 000	:	Seide,
13·319 000	:	Häute, Felle, Haare,
8·945 000	:	Getreide,
7·274 000	:	Tabaksblätter,
6·049 000	:	Zucker,
6·000 000	:	Holz,
5·309 000	:	Saamen,
4·871 000	:	Vieh,
4·712 000	:	Indigo,
4·145 000	:	Oel,
3·897 000	:	Fische,
3·664 000	:	Flachs, Hanf,
3·613 000	:	Eisen,
1·930 000	:	Reis,
136·795 000	Thlr.	Betrag dieser 17 Waarengattungen.

II. Kunstwaaren:

19·465 000	Thlr.	Seidenwaaren,
17·311 000	:	Baumwollengarn,
13·185 000	:	Baumwollenwaaren,
5·153 000	:	Wollenwaaren,

6·670 000	Thlr.	Wollengarn,
4·179 000	=	kurze Waaren
3·960 000	=	Leinengarn,
3·695 000	=	Leinenwaaren,
76·618 000	Thlr.	diese 8 Gattungen,
66·833 000	=	alle anderen rohen und verarbeiteten Gegenstände.
270·246 000	Thlr.	ganze Einfuhr.

Ausfuhr.

I. **Rohe Stoffe:**

23·842 000	Thlr.	Getreide,
10·526 000	=	Holz,
5·109 000	=	Wolle,
3·361 000	=	Baumwolle,
3·217 000	=	Saamen,
2·675 000	=	Vieh,
2·436 000	=	Steinkohlen,
2·418 000	=	Flachs, Hanf,
1·901 000	=	Zink,
55·465 000	Thlr.	Betrag dieser 9 Gattungen.

II. **Kunstwaaren:**

19·211 000	Thlr.	Baumwollenwaaren,
16·700 000	=	Wollenwaaren,
15·140 000	=	Leinenwaaren,
13·262 000	=	Seidenwaaren,
6·912 000	=	kurze Waaren,
5·529 000	=	Holzwaaren,
4·001 000	=	Tabak,
2·668 000	=	Thonwaaren,
2·408 000	=	chemische Waaren,
1·917 000	=	Eisenwaaren,
87·778 000	Thlr.	Betrag dieser 10 Gattungen,
35·224 000	=	alle anderen rohen u. verarbeiteten Waaren,
178·487 000	Thlr.	ganze Ausfuhr.

§. 431.

Die Lage eines Landes am Meere, große Ströme und gute Häfen geben die größte Begünstigung des auswärtigen Handels; es sind aber zugleich zahlreiche Schiffe und geschickte Seeleute erforderlich, um den sogenannten Activhandel (§. 415) zu führen. Vergleicht man die Ausdehnung der Handelsschifffahrt eines Landes mit der Menge von fremden einlaufenden Schiffen, so erkennt man leicht, welcher Theil der Geschäfte des auswärtigen Handels durch stärkere Mitwirkung der Landesbewohner, d. h. im Activhandel ausgeführt wird. Doch bezieht sich die Schifffahrt derjenigen Völker, welche die meisten Fahrzeuge zu der Waarenversendung anwenden, zum Theil auch auf den

Zwischenhandel, zum Theil sogar blos auf den Transport für auswärtige Handelsunternehmer, als ein besonderes Hülfsgewerbe des Handels (Rederei) (a).

(a) In Großbritanien wird die Ladung der Fahrzeuge nach Tonnen (zu 20 Centnern) angegeben. Nimmt man die Durchschnittszahl der ein= und ausgelaufenen Schiffe, so war dieselbe im Mittel von 1850—52 in den britischen Häfen jährlich:

britische Schiffe	22 115	von 4·874 897 Tonnen,
fremde Schiffe	16 692	von 2·894 620 Tonnen.
zusammen	38 807	7·769 517 Tonnen.

Im J. 1854 war der D. des ganzen Ein= und Auslaufs 34 087 Schiffe mit 7·885 139 T., wovon 18 035 britische mit 4·736 820 T., also 53 Proc. der Schiffe mit 60 Proc. der Tonnenzahl. Dazu kamen im Küstenhandel ein= und auslaufend, D. 1851. 52 140 175 Schiffe mit 13·067 058 Tonn. J. 1854 Einlauf 129 031 Fahrzeuge mit 12·808 590 T. Hiebei ist begreiflich, daß ein Fahrzeug bei mehrmaligem Einlaufen mehrmals angerechnet ist. Großbritanien, Irland, Jersey, Guernsey und Man besaßen zu Ende 1852 24 821 Segel= und 1269 Dampfschiffe, zusammen mit 3·747 300 Tonnen Ladungsfähigkeit. Die Zahl der wirklich im Handel beschäftigten Schiffe (mit Ausschluß der Strom=Dampfer) war zu derselben Zeit:

	Fahrzeuge.	Tonnengehalt.	Mannschaft.
im Küstenhandel	9134	768 409	40 975
im auswärtigen Handel	7550	2·449 364	110 769
theilweise in beiden	1105	163 111	7 819
zusammen	17 819	3·380 884	159 563

Hierunter sind 549 Dampfer mit 165 219 T. und 13 277 Mann. Zum inländischen oder Küstenhandel werden auch die auswärtigen Häfen zwischen Brest und Elbe gerechnet. Tables of the revenue etc. XXII, 80. Die nordamericanischen Freistaaten sollen 1850 in ihren Handelsschiffen eine Zahl von 3·535 000 Tonnen gehabt haben. — In Frankreich war 1850 die Zahl der Schiffe 14 354 mit 688 130 T. Ladungsfähigkeit, also im D. 48 Tonnen auf 1 Schiff, woraus sich ergiebt, daß auch kleinere Fahrzeuge mitgezählt sind. — Nord= Deutschland ohne Hannover hatte 1852 2351 größere Schiffe (langer Fahrt) von 1·132 000 Tonnen. Die österreichische Monarchie besaß 1852 689 Schiffe von mehr als 100 Tonnen, zusammen mit 200 959 Tonnen Ladungsfähigkeit. — Bei der Zahl der in einem Hafen jährlich eingelaufenen Schiffe muß man die Größe und Beschaffenheit derselben unterscheiden, nämlich die größeren, mit dem Auslande verkehrenden Seeschiffe und die kleineren Küstenfahrzeuge. Es liefen z. B. in London im J. 1852 9986 Seeschiffe langer Fahrt mit 2·160 157 Tonnen ein, in Liverpool 4186, in Newcastle 2821, in Hull 2307, in Hamburg 4440, in Bremen 2665.

III. Der Zwischenhandel.

§. 432.

Die Unternehmungen des Zwischenhandels haben den Zweck, Waaren anderer Länder gegen einander umzutauschen, wobei nur der Kostenersatz und Gewinn des Kaufmanns sowie der Verdienst der Schiffer oder Fuhrleute einen Zuwachs zu dem Einkommen des Volkes bildet, dem der Kaufmann angehört. Eine Anzahl von Menschen findet zwar bei diesem Handelszweige ihren Unterhalt, auch läßt sich annehmen, daß wenigstens für den Betrag des Handelsgewinnes und Kostenersatzes ausländische Waaren eingeführt werden; allein es findet kein Absatz einheimischer und kein großer Einkauf fremder Erzeugnisse statt. Dieser Handel hat daher auf die Wirthschaft des eigenen Landes geringeren Einfluß, als der Aus- und Einfuhrhandel. Es ist folglich am vortheilhaftesten, wenn die Capitale und Arbeitskräfte sich nicht eher zu dem Zwischenhandel wenden, als bis die gemeinnützigeren Handelszweige eines Landes bereits diejenige Ausdehnung erreicht haben, deren sie fähig sind. Dies ist auch wenigstens bei solchen Völkern, deren Betriebsamkeit sich ohne starken Anstoß von Außen allmählig im Innern aus eigener Kraft entwickelt, der gewöhnliche Gang, denn 1) der Zwischenhandel erfordert beträchtliche Capitale, weil er nur im Großen einträglich wird und der Umsatz langsam erfolgt; 2) er ist mit der Gefahr häufiger Unterbrechungen und Verluste verbunden. So lange daher Capitale leicht im Binnen- und im Aus- und Einfuhrhandel belohnende Anwendung finden, zieht man diesen vor und der Zwischenhandel wird im regelmäßigen Fortgange des Wohlstandes von jedem Volke erst spät ergriffen (a).

(a) K. Smith, II, 149.

§. 433.

Es giebt jedoch Umstände, die den Zwischenhandel besonders begünstigen. Dahin gehört die vortheilhafte Lage eines Landes zwischen anderen und auf dem Wege, den die Erzeugnisse derselben bei ihrer Versendung zum gegenseitigen Austausche zurücklegen müssen (Handelszug) (a), ferner der Besitz guter Häfen und die Nähe solcher Länder, die bei ansehnlichem Reichthum von Erzeugnissen sich gern mit dem Passivhandel begnügen. Aus der letzteren Ursache ist der Zwischenhandel häufig der Hauptnahrungszweig in kleinen, am Meere oder an schiffbaren Strömen liegenden Staaten, deren Boden zur Erdarbeit wenig Gelegenheit giebt und die durch die Neigung ihrer Einwohner sowie durch die Geschicklichkeit im Schiffbau und in der Schiffahrt mehr zum Handel als zu den Gewerken hingewiesen sind (b). Hat der Handel schon eine gewisse Ausdehnung erreicht, sind Verbindungen in der Ferne angeknüpft, Fortschaffungsmittel eingerichtet, ist man mit den Erzeugnissen und Bedürfnissen anderer Länder sowie mit den Mitteln zur Verhütung von Verlusten bekannt, so ist es leicht, neue Unternehmungen neben den schon betriebenen in Gang zu bringen (c). Daher haben öfters Völker im Zwischenhandel eine Zeit lang große Gewinnste gemacht und sich schnell bereichert. Dagegen ist der so errungene Wohlstand wieder gefährdet, wenn die Handelszüge sich ändern (d), oder wenn die Völker, für welche der Zwischenhändler Zufuhr und Absatz besorgte, an dem auswärtigen Verkehre thätigeren Antheil zu nehmen anfangen (e). Der Aus- und Einfuhrhandel, da er in die Wirthschaft des Volkes mehr eingreift, ist ein weit dauerhafterer Erwerbszweig.

(a) Diese Handelszüge sind die ersten, oft mit Kühnheit gelegten Fäden des Netzes, welches der Verkehr nach und nach immer dichter über alle civilisirten Länder breitet. Der Zug von Waaren aus dem hinteren Asien, vielleicht sogar aus China, bis ans schwarze Meer gründete den Wohlstand von Bactra am Orus; der südlichere Zug vom Euphrat nach dem mittelländischen Meere war vermuthlich die Ursache, welcher Palmyra, auf einer Oase der Wüste gelegen, seinen Wohlstand verdankte. Kiew blühte durch den Zug der asiatischen Waaren nach Rußland und der Ostsee. — Der Waarenzug längs des Rheines und der Donau, und von dieser zu jenem hin durch die Mitte von Deutschland bereicherte Regensburg, Wien, Köln ꝛc.; die Donauplätze vermittelten zugleich den Verkehr der Ostseeländer mit Ungarn und Italien, an welchem Geschäfte nachher auch Breslau und Prag Theil nahmen. Roynier, Persans, S. 224. 237. Fischer, Gesch. des deutschen Handels, I, 226. 244. Hüllmann, Städtewesen, I, 157. 337. 345. 372.

(b) Phönicien, Karthago in der früheren Zeit; die italienischen Handelsstaaten Venedig, Genua, Pisa, Amalfi ꝛc. im Mittelalter; die Hansestädte, welche am Meere lagen; Holland, neuerlich die griechischen Inseln. Hydra z. B., ein bloßer Fels, 1,³ O.-Meilen groß, hat seit den 1779er Jahren großen Reichthum und eine Volksmenge von 45 000 Einwohnern erlangt. — Die Handelsgeschäfte von Hamburg und Bremen sind zum Theil Zwischenhandel, zum Theil Aus- und Einfuhrhandel für deutsche Länder. Man nimmt an, daß beide im D. 1842—44 für

58 Mill. Mark Bco. Waaren von außereuropäischen Ländern empfangen und für etwa 31 Mill. dahin gesendet haben. Soetbeer, Ueber Hamburgs Handel, III, 312.

(c) Im Handel, wie in anderen Beschäftigungen, sind die ersten Unternehmungen die schwersten.

(d) Venedig, Augsburg, Nürnberg, Ulm ꝛc. sanken seit der Entdeckung des Wasserweges nach Ostindien.

(e) Die Holländer nahmen z. B. den Franzosen Seidenzeuche, Bänder, Papier, Wein, Salz, Südfrüchte, Branntwein und mancherlei Gewerkswaaren ab und führten ihnen Specereien, Zinn, Blei, Kupfer, Pelzwerk, Flachs, Hanf, Zimmerholz, Pech, Salpeter, Schwefel, Flinten, Pottasche, Fische und dergl. zu. Die Ausfuhr französischer Waaren nach Holland wurde 1656 auf 42 Mill. fl. geschätzt und in der Mitte des 18. Jahrhunderts stieg der Verkehr beider Länder auf das Doppelte des Umfangs, den er in der Mitte des 17. Jahrhunderts gehabt hatte. Lueder, Gesch. des holl. Handels, nach Luzac, S. 437. 446. Dieß hat sich geändert; Frankreich erzeugt einen großen Theil seiner vormaligen Einfuhrgegenstände selbst und hat eine lebhaftere Schifffahrt, als vorhin, vermöge deren es sich mit manchen ausländischen Erzeugnissen unmittelbar versorgen kann. Doch war noch 1789 die Einfuhr von Holland nach Frankreich $36^{3}/_{4}$ Mill. Fr. und die Ausfuhr nach Holland 43·127000 Fr. Chaptal, Ind. fr. I. 83.

§. 344.

Der Zwischenhandel ist der eigenen Gütererzeugung des Landes, in welchem er betrieben wird, keineswegs ganz fremd, er trägt vielmehr zu ihrer Erweiterung bei, indem er ihr leichten Absatz verschafft, und regt sie erst an, wenn sie bisher noch ganz gering war. Der Kaufmann wird hiezu durch seinen eigenen Vortheil bewogen, weil er seine Geschäfte sicherer begründet sieht, wenn ein Theil der Waaren, die er anderen Ländern zuführt, in seiner Heimath hervorgebracht wird; auch dient die Fülle fremder Erzeugnisse, die der Zwischenhandel versammelt und von denen immer ein Theil im Lande bleibt, den Wetteifer inländischer Stoffarbeiter zu erwecken. So kann dieser Handel sich mit der Zeit in den Aus- und Einfuhrhandel umwandeln (a).

(a) Die Holländer vermehrten und vervollkommneten ihre Gewerke in hohem Grade, bis seit dem Jahre 1648 (westfälischer Friede) der Verfall derselben begann und mit dem Sinken des Handels gleichmäßig fortschritt. Die Tuchgewerke waren schon früh blühend, aber viele andere, z. B. die Zuckersiedereien, Seiden-, Porzellan-, Hut-, Tabaksfabriken, Wachsbleichen, das Diamantschleifen, der Schiffbau und die vielen Sägemühlen haben vermuthlich ihre Entstehung zu danken. Noch 1789 gingen für $8^{1}/_{2}$—10 Mill. Fr. holländische Landeserzeugnisse nach Frankreich. Vgl. Lueder a. a. O. S. 36. 375. — Chaptal a. a. O. I, 83. — Venedig hatte ebenfalls bedeutende Gewerke zu Hülfe genommen, z. B. Goldschmiedsarbeiten, Glasfabrication, Seidenweberei ꝛc.

Zweite Abtheilung.

Der Kleinhandel.

§. 435.

Die Nützlichkeit des Kleinhandels, welche in dem Zerlegen der Waarenvorräthe und dem Verkaufen derselben in ganz kleinen Abtheilungen besteht (§. 407), ergiebt sich schon daraus, daß die Zehrer weit weniger kaufen würden, wenn sie sich beträchtliche Vorräthe auf einmal anschaffen müßten, weßhalb durch jenen Handel der Absatz und folglich die Hervorbringung sehr befördert werden. Der Kleinhandel kann mit Hülfe eines viel kleineren Capitals die Zehrer versorgen, als diese selbst in angekauften Vorräthen liegen haben müßten (a), sie können ihm also Arbeitslohn, Capitalzins und Gewerbsgewinn bezahlen und befinden sich noch immer im Vortheil, zumal da ihnen auch zwischen verschiedenen Arten und Sorten von Waaren die Auswahl offen steht. Der Großhändler würde in seinem eigenthümlichen Wirkungskreise gestört und genöthigt werden, einen Theil seines Capitales aus belohnenderen Unternehmungen zurückzuziehen, wenn er sich selbst mit dem Kleinhandel befassen müßte. Dieser erscheint demnach in seiner Absonderung als ein wesentliches Glied in der Kette der hervorbringenden Thätigkeiten. Der Großhändler schafft die Waaren aus der Entfernung herbei und liefert sie in solchen Quantitäten, wie er sie ohne sonderliche Mühe bequem abgeben kann, einer Anzahl von Kleinhändlern, die sowohl ihm als den Zehrern nahe sind, so daß diese zu jeder Zeit mit unbedeutendem Zeitverluste ihren jedesmaligen Bedarf einkaufen können. Durch diese Verzweigung, die von dem Hauptstamme bis zu den einzelnen Consumenten reicht, erfüllt der Handel erst vollkommen seine Bestimmung, die Vertheilung der Güter leicht und vollständig zu bewirken.

(a) Wenn z. B. das Kochsalz nur centnerweise verkauft würde, so müßte eine Familie, die jährlich 90 Pfund verbraucht, immer den Bedarf für 14 Monate einkaufen und es läge im Durchschnitt in jeder Familie ½ Centner, auf 1000 Familien also 500 Centner vorräthig, während bei wöchentlichem Einkaufe nur etwa 20 Centner im Laden des Kleinhändlers nöthig sind. — Bei solchen Gegenständen, die von vielen Gewerbsleuten in kleinen Quantitäten hervorgebracht werden, übernimmt der Kleinhändler auch das Zusammenkaufen, z. B. bei dem **Höckerhandel** mit Lebensmitteln. Von ähnlicher Art ist der **Trödelhandel** mit schon gebrauchten Sachen.

§. 436.

Der Kleinhandel erfordert 1) sehr geringes Capital, weil dasselbe wegen der kleinen Entfernung und der üblichen augenblicklichen Baarzahlung des Käufers im Laden schnell umläuft und daher jährlich mehrmals umgesetzt werden kann. In dem Einkommen des Krämers ist ein beträchtlicher Antheil von einfachem Arbeitslohne für die Mühe des Kleinverkaufes enthalten, §. 187 (*b*). Wird dieß ganze Einkommen als Gewerbsverdienst angesehen, so bildet derselbe in dem Verhältniß zu dem Capitale einen sehr hohen Procentsatz, §. 239 (*a*). 2) Er erfordert viel geringere Geschicklichkeit als der Großhandel, weil die Unternehmungen leichter zu beschließen und auszuführen, die Hülfsmittel einfacher sind (*a*). 3) Er ist mit geringerer Gefahr verbunden, indem die Unternehmungen nur auf kurze Zeit, in Gemäßheit der bekannten Ortsverhältnisse und Bedürfnisse der Käufer, mit kleinen Summen für jede Art von Waaren, gemacht werden.

(*a*) Es kommen z. B. keine Wechselgeschäfte, keine künstliche Buchführung vor, man braucht keine Kenntniß anderer Sprachen und der Gesetze ꝛc. anderer Länder. Viele Kleinhändler kaufen und verkaufen lediglich innerhalb eines Ortes, doch giebt es auch wandernde Krämer. Bei sehr schwacher Bevölkerung eines Landes, in der Kindheit des Handels, muß der Kaufmann die Abnehmer aufsuchen, wovon noch jetzt in dem Hausirhandel ein Ueberrest geblieben ist. Dieser wird mit der zunehmenden Bevölkerung fortwährend auf wenigere Gegenstände eingeschränkt. Sowie eine Waare in einer Gegend soviel Abnehmer findet, daß ein Krämer sich ermuntert sieht, sie anzuschaffen und zu verkaufen, so kann sie von diesem wohlfeiler geliefert werden als von dem Hausirer, der seine Reisekosten auf den Verkaufspreis schlagen muß. Die Unerfahrenheit und Unüberlegtheit der Käufer macht es freilich oft dem Hausirer möglich, sich dadurch zu behaupten, daß er betrügerischer Weise schlechte Waaren verkauft

Dritte Abtheilung.
Der Papierhandel.

§. 437.

Unter den verschiedenen Arten von Creditpapieren giebt das **Papiergeld** zu einem besonderen Handel keine Veranlassung, da es ohnehin in stetem Umlaufe ist und bei den Veränderungen seines Curses jeder Besitzer selbst wider Willen in die Lage kommt, gewinnen oder verlieren zu können. Was die **Verschreibungen** (Effecten) betrifft, so sind 1) die Schuldbriefe von Privatpersonen in der Regel kein Handelsgegenstand, weil jede solche Urkunde durch die Person des Schuldners, die Summe, die Bedingungen ꝛc. etwas Eigenthümliches hat und nur derjenige Capitalist einen Schuldbrief kauft, welcher mit den Verhältnissen des Schuldners genau bekannt ist und dieselben für günstig erachtet (a). 2) Anders verhält es sich dagegen mit den Schuldbriefen der Gemeinden und anderer Körperschaften sowie des Staates, ferner mit den Actien großer Bank-, Versicherungs-, Eisenbahn-, Bergwerks-, Handelsgesellschaften und dergl. Diese Papiere sind ein bequemes Mittel, Vermögen werbend anzulegen; sie werden häufig erkauft und verkauft und die Capitalisten wählen sich diejenigen Arten aus, die ihnen nach der Zuverlässigkeit der ausstellenden Person, nach der Größe der Summe, nach den Terminen der jährlichen Verzinsung, den Formen der Uebertragung und dergl. am meisten zusagen. Verschieden von diesen Erwägungen sind die Absichten des Effectenhändlers, der Papiere einkauft, um sie mit Gewinn wieder zu verkaufen. 3) Auch **Wechselbriefe** werden öfters gekauft und an einem andern Orte wieder verkauft, um aus der Verschiedenheit des Curses zu gewinnen; Arbitragegeschäfte (b).

(a) Eine Ausnahme machen Schuldbriefe reicher und allgemein bekannter Gutsbesitzer, welche oft viele Obligationen von gleicher Beschaffenheit und auf gleiche Summen in Umlauf bringen.

(b) Diese werden meistens als Mittel gebraucht, eine Zahlung an einem entfernten Orte auf die wohlfeilste Art zu bewirken, §. 291 (b). Wenn z. B. eine Summe von Frankfurt nach Genua übermacht werden soll, so könnte es bei gewissen Cursen der Wechsel Nutzen bringen, in Frankfurt Wechsel auf Amsterdam zu kaufen, diese in Paris verkaufen und dafür Wechsel auf Neapel einkaufen zu lassen, die man dann nach Genua sendet, wo sie (mit Gewinn) verkauft werden, um die Summe zu liefern, die man zu bezahlen hat.

§. 438.

Auf den Preis der Verschreibungen hat hauptsächlich die Meinung von den Vermögensumständen des Schuldners und von seiner Geneigtheit, die übernommenen Verbindlichkeiten zu erfüllen, großen Einfluß. Nach dem Grade von Wahrscheinlichkeit, die in dieser Hinsicht stattfindet, ist der Preis (Curs) bald höher, bald niedriger, und insbesondere ist er bei vielen Staatsschuldbriefen (Staatspapieren) überaus beweglich. Theils wird durch die mannichfaltigen Erscheinungen im Innern oder in den äußeren Verhältnissen das Zutrauen zu den Hülfsquellen einer Regierung und zu ihrer Gewissenhaftigkeit erhöht oder geschwächt, theils kann schon die Vermuthung, daß neue vortheilhaftere Arten von Verschreibungen in den Verkehr kommen werden, auf den Curs der älteren nachtheilig einwirken (a). Die Dividende der Actien hängt von dem Erfolge der Unternehmungen ab, der daher auch den Preis der Actien bestimmt.

(a) Das Sinken der Staatspapiere in Kriegszeiten rührt zum Theil von dieser Erwartung, also nicht blos von dem schwächeren Credite der Regierungen her. — Der Curs verschiedener Obligationen ist übrigens, wenn dieselben ungleichen Zinsfuß haben, schon aus diesem Grunde ungleich.

§. 439.

Diejenigen Papiere, deren Curs den meisten Veränderungen ausgesetzt ist, bilden den beliebtesten Gegenstand des Effectenhandels (a), weil bei ihnen die größten Gewinnste gemacht werden können. Es ist zwar unmöglich, den Curs einer Art von Papieren auf eine gewisse Zeit bestimmt vorauszusehen, weil er oft von manchen plötzlichen, ganz unerwarteten Ereignissen bestimmt wird, doch kann man durch scharfsichtige Auffassung der Zeitverhältnisse, ausgebreitete Erfahrung und sinnreiche Combinationen es wenigstens zu solcher Geschicklichkeit bringen, daß man sich öfter richtige als falsche Vermuthungen bildet. Dieser Handelszweig erscheint daher vorzugsweise als ein Wettkampf des Verstandes. Die Mittel zum Gewinne beschränken sich nicht auf das Voraussehen des künftigen Curses, es giebt auch Gelegenheit, auf denselben einzuwirken, indem man arglistig das Vertrauen der Menschen zu einer Art von Papieren zu verstärken oder zu schwächen sucht (*b*). Der Nutzen dieses Handels für die Volkswirthschaft ist gering, denn er besteht bloß darin, daß er jedem Besitzer einer übergesparten Geldsumme den Ankauf einer seinen Wünschen entsprechenden Art von Verschreibungen erleichtert. Die Gewißheit, daß man jede Summe beliebig, auf kurze oder längere Zeit verzinslich unterbringen, auch für die Urkunden jederzeit leicht wieder Abnehmer finden werde, kann zum Uebersparen ermuntern (§. 293 (*b*)), doch läßt sich dieser Vortheil durch Banken ebenfalls erreichen. Für die Regierung ergiebt sich noch der Nutzen des Papierhandels, daß neue Anleihen mit Hülfe desselben leichter zu Stande gebracht werden können.

(*a*) Die Schuldbriefe der großen europäischen Mächte, z. B. Englands, Oesterreichs, Rußlands, Frankreichs, besonders aber Spaniens und der neuen americanischen Staaten sind von einem weit beweglicheren Curse, als die von den mittleren und kleineren deutschen Staaten.

(*b*) Sucht z. B der Kaufmann eine Quantität von Papieren einer gewissen Art zu kaufen, so drückt er zuvor den Curs durch einen, auf Erregung von Besorgnissen berechneten Scheinverkauf oder durch einen wirklichen Verkauf einer kleineren Quantität herab, oder verbreitet Gerüchte oder Vermuthungen, um die öffentliche Meinung nach seinen Absichten irre zu leiten. Dieß ist eine Ursache vieler falschen Zeitungsartikel. Die Verkaufs- und Kauflustigen (bears und bulls, haussiers und baissiers) pflegen mit tausendfältiger List gegen einander zu Felde zu ziehen.

§. 440.

Der Effectenhandel wird von vielen Menschen mit Vorliebe, und selbst mit Leidenschaft betrieben, zumal in Zeiten, wo die Capitale im Waarenhandel und in den Stoffarbeiten weniger leicht untergebracht werden können als sonst (*a*). Die Ursachen dieser Hinneigung zu dem Papierhandel sind hauptsächlich folgende: 1) Einzelne Beispiele großer, in solchen Geschäften gemachter Gewinnste stehen lockend vor den Augen, während die nicht selteneren Fälle von großen Verlusten und gänzlichem Verarmen nicht gehörig berücksichtigt werden. 2) Es gesellt sich zu der Hoffnung des Gewinnes auch der den Glücksspielen eigene Reiz des Wagens und der gespannten Erwartung. 3) Jedermann, nicht bloß wer dem Stande der Kaufleute angehört, ist berechtigt, solche Unternehmungen zu machen. 4) Man hat beim Ankaufe von Papieren keine Nebenkosten für Gebäude, stehende Vorrichtungen, Fracht, Zölle und dergl. und kann daher mit gleichem Capitale ausgedehntere Geschäfte machen, auch läßt sich die Vollziehung der Käufe durch die Uebereinkunft beider Theile auf einen beliebigen Zeitpunct hinausschieben — Zeitkäufe, marchés à terme, — und es ist möglich, durch Ausbedingung einer Prämie für den Fall des Rücktrittes dem möglichen Verluste eine Gränze zu setzen. 5) Es giebt sogar Mittel, solche Geschäfte zu schließen, ohne daß die Käufe förmlich vollzogen werden müßten; dann ist also gar kein Ankaufs-Capital nöthig und Jeder kann Geschäfte machen, der nur bis auf den Betrag des allenfalls zu erwartenden Verlustes Credit hat. Diese Abänderung, wodurch die Unternehmung das Wesen des Handelsgeschäftes verliert und sich eher mit einer Wette auf den Curs vergleichen läßt, heißt Differenzgeschäft, Stocksjobberei, jobbery, agiotage, jeu de la bourse. Man verabredet dabei, wie bei einem Kaufe, eine gewisse Anzahl von Papieren, einen gewissen Curs und einen bestimmten Termin zur Beendigung des Geschäftes. Tritt dieser Termin ein, so vergleicht man blos den verabredeten Preis mit dem Curse des Tages, und mittelt dadurch aus, ob derjenige, der den Käufer vorstellt, oder der scheinbare Verkäufer gewonnen hat, und der Verlierende zahlt dem Gewinnenden den Unterschied des Curses heraus (*b*). Diese Ausgleichung liegt entweder gleich Anfangs in der Absicht beider Theile, oder sie wird erst später beschlossen, indem man es bequemer findet, einen beabsichtigten Verkauf nicht förmlich zu vollziehen (*c*).

(*a*) Ueber diese Unternehmungen Pinto, Traité de la circulation, S. 289. — The System of stockjobbing explained. By a practical Jobber. Lond. 1816, im Auszuge: Minerva, September 1816. — Coffinières, De la bourse et des spéculations sur les effets publics. Par. 1824. Deutsch: Die Stockbörse und der Handel mit Staatspapieren, herausg. von Schmalz. Berlin, 1824. — Bresson, Des fonds publics français et étrangers et des opérations de la bourse de Paris, 7. Ad. Par. 1834. — Mehrere kleine Schriften sind genannt bei Mittermaier, Grundsätze des Privatrechts, II, §. 189, recensirt in Hermes, XIII, S. 231—49. — Bender, Der Verkehr mit Staatspapieren im In- und Auslande, 2. Ausg. Gött. 1830. — v. Gönner, Von Staatsschulden, deren Tilgungsanstalten und vom Handel mit Staatspapieren. I, München, 1826. — Nebenius, Der öffentliche Credit, I, 557. — Bleibtreu, Lehrb. d. Handelswissenschaft, S. 307. Deff. Handb. d. Contorwissensch. S. 288. — Thöl, Der Verkehr mit Staatspapieren, Gött. 1835.

(*b*) Z. B. A verkauft an den B 600 Stück Metalliques (österreichische Staatsobligationen zu 5 Procent in Metallgeld verzinslich) um einen Preis von 80 (für 100) nach 6 Wochen zu liefern. Steht nun nach Verlauf der 6 Wochen der Curs des Tages auf 82, so hat der Käufer B an jedem Stück 2 fl. gewonnen und A zahlt ihm diesen Gewinnst mit 1200 fl. aus. Steht der Curs nur auf 79, so hat der Verkäufer A 600 fl. gewonnen, die ihm B abliefert.

(*c*) Die tägliche Erfahrung zeigt, daß in sehr vielen Fällen gleich von Anfang an die Vertragschließenden nur die Vergütung der Cursdifferenz im Sinne hatten. Die Menge und der Belauf dieser vorgeblichen Käufe sind so ungeheuer groß, daß es offenbar unmöglich wäre, nur die Hälfte derselben durch wirkliche Ablieferung von Papieren in Vollzug zu bringen. Nach einer neueren Angabe werden in Paris jährlich für 12000 Mill. Franken Käufe in Staatspapieren zwischen den Mäklern geschlossen. Dazu kommen diejenigen, bei denen nur ein einziger Mäkler gebraucht wird, ferner die sogleich baar bezahlten, so daß der ganze Belauf auf die doppelte Summe, täglich auf 80 Mill. Fr. geschätzt werden kann. Im J. 1830 kamen aber nur für 1760 Mill. wirkliche Uebertragungen von Renten vor, also etwa 1/13 aller Geschäfte. Revue enc. Oct. 1831. S. 60. Schon Pinto sagt: Excepté donc ceux, qui reçoivent et qui transportent réellement les fonds, le reste, qui compose la foule des actionistes et des joueurs, n'achète et ne vend que ce qu'on appelle en terme d'art, du vent; et ces opérations se réduisent à des espèces de gageures, a. a. O. S. 305. La plupart de ces engagemens ne sont réellement destinés qu'à se résoudre sans livraison réelle de rente. Vincens, Législ. commerc. I, 623. Ebenso Taillandier, Commissionsbericht, Deput.-Kammer, 26. Jan. 1833. — Diese Form des Glücksspieles ist fast zwei Jahrhunderte alt. 1634—37 wurde der Handel mit Tulpenzwiebeln in Holland mit Leidenschaft getrieben, die Zwiebeln hatten ihren Curs, der so hoch stieg, daß einmal für die Zwiebel der Tulpe semper augustus 4600 fl., eine Kutsche und zwei Pferde gegeben wurden. Dabei wurden sehr viele Scheinkäufe vorgenommen. Man muß indeß vermuthen, daß an dem hohen Curse die Blumenliebhaberei reicher Holländer den größten Theil gehabt habe; vgl. Beckmann, Beiträge zur Gesch. d. Erfind. I, 228. — In der Zeit des Law'schen Systems (§. 314) wurden ähnliche Speculationen mit der größten Spannung verfolgt, indeß scheinen nicht gerade Scheinkäufe (Differenzengeschäfte) vorgegangen zu sein, was man auch nicht nöthig hatte, da es käufliche Actien in Fülle gab. — Weitere Ausbildung erhielt die Jobberei in den Niederlanden, wo die Actien der holländisch-ostindischen Compagnie ihr zum Gegenstand dienten; daher der Name Actienspiel, jeu d'actions. Neuerlich wird sie hauptsächlich mit Staatspapieren getrieben, deren Curs in den stürmischen Zeiten der Kriege von 1793—1815 und der Bewegungen im Innern vieler Staaten einem vielfältigen Wechsel ausgesetzt war. — Die Hauptarten von Geschäften im Papierhandel lassen sich so überblicken: 1) Tageskauf, marché à comptant, per cassa, sogleich gegen baare Bezahlung zu vollziehen; 2) Zeitkauf, marché à terme; dieser kommt vor a) einfach, ohne Nebenbestimmungen, gewöhnlich zu Ende oder in der Mitte eines Monats zu vollziehen, in Paris immer auf fin (du mois) courant oder fin prochain abgeschlossen. Wer eine Speculation mit einem Kaufe anfängt, muß wünschen, der Curs gehe in die Höhe, damit er gut verkaufen könne. Wer aber Papiere, die er noch nicht hat, verkauft (à découvert), muß, um sie wohlfeiler an sich bringen zu können, ein Sinken hoffen; b) abgeändert oder ausgeartet, als Differenzengeschäft; c) mit der Verabredung, daß dem einen oder anderen Theile gestattet sein solle, mit Aufopferung einer Prämie zurückzutreten, Prämiengeschäft, marché à prime. Die Prämie wird in Procenten ausbedungen, gewöhnlich ⅛—1½ Procent. Hat sich der Käufer den Rücktritt vorbehalten, so muß er die Prämie sogleich vorausbezahlen, die in diesem Falle Vorprämie heißt. 3) Mehrere Geschäfte können miteinander verbunden werden, und es giebt verschiedene Arten solcher Combinationen. Ein Beispiel hievon ist der Rückkauf, indem Jemand einem Anderen Papiere für einen gewissen Curs gegen Baarzahlung verkauft und sie sogleich wieder von ihm auf Zeit zurückkauft. Der Unterschied in den Cursen, für welche Käufe, die zu verschiedenen Zeitpuncten vollzogen werden sollen, jetzt abgeschlossen werden, heißt überhaupt report, wenn der später zu bezahlende Preis der höhere ist, deport im entgegen gesetzten Falle. Der report ist genau betrachtet der Zins für die Zwischenzeit, in welcher der eine Theil den Erlös aus dem Tagesverkauf benutzen konnte; z. B. französische Dreiprocents werden zu 66,5 baar verkauft unter der Bedingung, daß sie zu 67 nach 1½ Monaten zurückgenommen werden, also ist der report 0,5 Fr. oder 6 Proc. jährlich.

§. 441.

Der Papierhandel, wenn er in solcher Ausdehnung geführt wird, wie es in neuerer Zeit geschieht, hat volkswirthschaftliche Nachtheile, welche durch die aus ihm entspringenden Vortheile (§. 439) keinesweges aufgewogen werden (a). 1) Er zieht große Geldsummen an sich, welche in ihm ganz unproductiv angewendet werden und daher zur Vergrößerung des Volkseinkommens gar nichts beitragen (b). Die Gewinnste der glücklichen Handelsunternehmer sind meistens mit den Verlusten Anderer verbunden (c). 2) Eine Menge von Menschen, und großentheils von sehr verständigen und thätigen, wird zu einer für das Gemeinwohl unfruchtbaren Beschäftigung hingezogen und von nützlichen Verrichtungen abgelenkt. Das ungestüme Verlangen, plötzlich und mühelos reich zu werden, lähmt den beharrlichen und genügsamen Fleiß, der allein das Gute stiftet. 3) Die Wege, die man einschlägt, um zu gewinnen, sind nicht selten unedel und unrechtlich und man hört namentlich leicht auf, die absichtliche Täuschung Anderer gebührend zu verabscheuen, weil sie dem Einzelnen, der sie vornimmt, Vortheile bringt.

(a) Die Behauptung, der Papierhandel sei darum nützlich, weil er den Curs der Staatspapiere erhöhe, läßt sich nicht mit zureichenden Gründen vertheidigen. Die gewöhnlichen Operationen der Speculanten können den Curs im Ganzen nicht leiten, weil derselbe aus der öffentlichen Meinung über den Zustand jedes Staates und über die Verhältnisse jeder Art von Verschreibungen entspringt; sie können blos kleinere und vorübergehende Schwankungen zur Folge haben. — Mehrere neuere Schriftsteller haben, die Gesichtspuncte verwechselnd, in der Absicht die rechtliche Gültigkeit der hieher gehörigen Geschäfte in Gemäßheit der bestehenden Gesetze zu erweisen, oder die Unzweckmäßigkeit mancher vorgeschlagenen Regierungsmaaßregeln zu zeigen, auch die volkswirthschaftlichen Nachtheile dieses Zweiges von Geschäften zu bestreiten gesucht.

(*b*) Es könnte hiebei der Zweifel entstehen, ob dieser Handel nur überhaupt eigene Capitale in Anspruch nimmt, weil er nur die Staatsobligationen in andere Hände bringt und dem bisherigen Besitzer das auf sie gewendete Capital beim Verkaufe wieder erstattet. Allein es ist zu bedenken, 1) daß die Speculationen der Papierhändler noch neben den in fester Hand bei den Capitalisten liegenden Staatspapieren eine Anzahl derselben im Umlaufe erhalten, die vielleicht sonst kein einheimischer Staatsbürger besitzen würde; 2) daß man mehr Geschäfte macht, als man wirklich durch Kauf und Verkauf vollziehen kann, §. 440 (*e*), und für diesen Mehrbetrag doch immer einiger Geldvorrath nöthig ist; 3) daß überhaupt die an jenen Börsengeschäften Theilnehmenden zusammengenommen eine Baarsumme in Bereitschaft halten müssen, die nicht in jedem Augenblicke auf den Ankauf verwendet sein kann, also zum Theil unbeschäftigt liegt.

(*c*) Der Besitzer eines Papieres gewinnt, wenn dasselbe steigt, ohne daß Jemand verlöre, aber der Verkäufer hat Schaden, wenn er das im Curse gestiegene Papier, welches er zu liefern hat, erst einkaufen muß, wie dieß sehr oft vorkommt. Z. B. Jemand verkauft 1000 Stück einer Art um den Curs von 95, der Tagescurs bei der Ablieferung ist 96, so muß er 96000 Thaler aufwenden und erhält nur 95000. Besaß er die Papiere schon und hatte er sie zu 93 erworben, so gewinnt er 2000, der Käufer 1000 Thaler.

Anhang

zu §. 154.

Die Versuche, die Wirkungen des Mitwerbens auf den Preis der Waaren mit Hülfe arithmetischer Formeln zu verdeutlichen, sind bisher noch nicht gelungen. Leichter ist dieser Zweck auf einem anderen Wege, durch eine geometrische Darstellung zu erreichen. Man kann hiebei von dem Satze ausgehen, daß, wenn der Begehr von dem Angebote, oder dieses von jenem übertroffen wird, ein Theil der Verkauf- oder Kauflustigen genöthigt ist, zurückzutreten, bis nur noch soviel Waaren angeboten als begehrt werden. Von denen, die ein Gut z. B. um einen

Preis von 10 fl. kaufen wollen, ist nur ein Theil geneigt, bis
auf 18 fl., und noch ein kleinerer Theil, bis 24 oder 30 fl.
hinaufzugehen. Der Preis wird sich, wenn der jetzige Begehr
nicht dem Angebote gleich ist, desto mehr oder weniger verändern, je langsamer oder schneller das Gleichgewicht sich durch
das Zurückziehen eines Theils der Mitwerber herstellt. Die
Linie A B zeigt die verschiedenen Preise eines gewissen Gutes
an. Die auf ihr senkrechten Linien a b, a'l, a"m ꝛc. drücken
die bei einem gewissen Stande des Preises oder der Preisforderung stattfindende Größe des Begehrs aus. Verbindet man die
Endpuncte dieser Linien durch eine Linie h b m g, so kann
diese die Begehrslinie heißen, denn sie stellt das allmälige
Abnehmen des Begehrs dar. Der Punct, wo A B von der
Begehrslinie geschnitten wird, zeigt denjenigen Preis an, den
der allereifrigste und begütertste Käufer noch zu geben entschlossen
ist. Die Begehrslinie kann auch gekrümmt sein, wie f b o n p i,
und es sind mancherlei Curven hiebei denkbar. Nimmt man
an, das Angebot sei unveränderlich, so wird dasselbe durch die
Linien a c, a"m, a'"p dargestellt, und e c m p d ist also
die Angebotslinie. Wenn bei höherem Preise das Angebot
anwächst, so kann seine jedesmalige Größe durch eine rechts abweichende Linie, wie z. B. die Curve e c l n k angedeutet werden. Es sei nun bei einem bisherigen Preise von 10 fl. der
Begehr a b, das Angebot a c. Die Verkäufer machen sich dieß
zu Nutzen, und verlangen mehr, worauf ein Theil der Käufer
in dem Maaße vom Kaufe absteht, wie es die Annäherung von
b g an A B zu erkennen giebt. Ist die Forderung bis 24 gekommen, wo die Begehrslinie mit der Angebotslinie in m zusammentrifft, so kann gerade der noch übrige Begehr befriedigt
werden, und es wird sich also der Preis ungefähr auf diesen
Betrag stellen, wobei dann zugleich das Rechteck A a" m e die
ganze bezahlte Preismenge bezeichnet. Nähme der Begehr wegen
des hohen Werthes der Sache in einer langsameren Fortschreitung ab, etwa nach Linie f b o p i, so würde der Preis bis
zur Höhe des Schnittpunctes p, also bis auf 40 fl. in die Höhe
gehen. Wenn dagegen die Aussicht auf einen höheren Preis das
Angebot vergrößerte, z. B. nach der Curve c l n k, so könnte
die Steigerung bei der ersten Begehrslinie nur bis l oder auf

22 fl., bei der zweiten bis n oder auf 32 fl. gehen. Wenn die Begehrslinie eine gerade ist und der Winkel abg mit w bezeichnet wird, so ist bei dem Begehr ab und dem Angebot a'c die Preiserhöhung cm = (ab — ac) tang. w. Dieselbe Zeichnung kann auch den Fall versinnlichen, wenn das Angebot größer ist, als der Begehr, also hg oder fi die Angebotslinie, ed oder ek die Begehrslinie anzeigt, nur daß dann die Zahlen der Scala AB nicht die Steigerung, sondern die Erniedrigung des Preises andeuten, und die Begehrslinie beim Herabgehen der Preisforderung sich stärker von AB entfernt, als hier eck. Für jede Waare wird die Veränderung der beiden Linien des Mitwerbens nach einem eigenen Gesetze, nach Linien verschiedener Art, mit convexen und concaven, mit wellenförmigen Krümmungen ꝛc. erfolgen; es wird aber hieraus deutlich, daß man nicht von der Größe des Angebots und Begehrs schlechthin, sondern nur unter der Voraussetzung eines gewissen angebotenen oder geforderten Preises, sprechen kann.

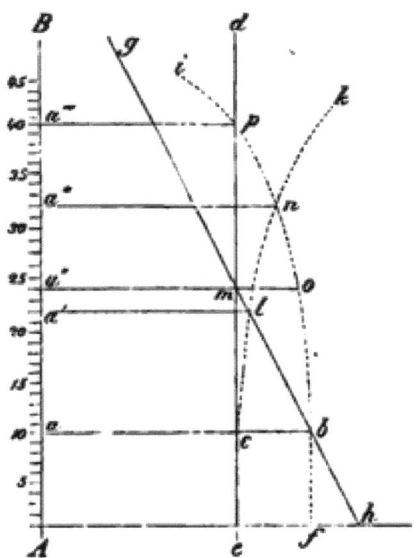